Mutterschutz (auch) für Selbständige?

Recht der Arbeit und der sozialen Sicherheit

Herausgegeben von Wolfgang Däubler, Katja Nebe, Konstanze Plett, Ursula Rust, Klaus Sieveking

(bigas - Bremer Institut für Gender-, Arbeits- und Sozialrecht, Fachbereich Rechtswissenschaft der Universität Bremen)

Band 38

PETER LANG

Kirsten Knigge

Mutterschutz (auch) für Selbständige?

Umsetzungsbedarfe und -perspektiven des Art. 8 der RL 2010/41/EU zur Verwirklichung des Grundsatzes der Gleichbehandlung von Männern und Frauen, die eine selbständige Erwerbstätigkeit ausüben, und zur Aufhebung der RL 86/613/EWG in Deutschland

PETER LANG

Bibliografische Information der Deutschen Nationalbibliothek
Die Deutsche Nationalbibliothek verzeichnet diese Publikation in der Deutschen Nationalbibliografie; detaillierte bibliografische Daten sind im Internet über http://dnb.d-nb.de abrufbar.

Abdruck der Logos auf dem Umschlag
mit freundlicher Genehmigung der Universität Bremen

ISSN 0178-4285
ISBN 978-3-631-77403-8 (Print)
E-ISBN 978-3-631-77773-2 (E-PDF)
E-ISBN 978-3-631-77774-9 (EPUB)
E-ISBN 978-3-631-77775-6 (MOBI)
DOI 10.3726/b15227

Peter Lang – Berlin · Bern · Bruxelles · New York ·
Oxford · Warszawa · Wien

Diese Publikation wurde begutachtet.

www.peterlang.com

Geleitwort

Vereinbarkeit der in § 1a Abs. 5 der Musterbedingungen des Verbandes der Privaten Krankenversicherung für die Krankentagegeld 2009 in der Fassung vom Januar 2018 vorgesehenen Wartezeit von acht Monaten ab Versicherungsbeginn zum Krankengeld während der Mutterschutzfristen und am Entbindungstag mit Art. 8 der Richtlinie 2010/41/EU?

Auf drei besondere Verdienste der vorliegenden Arbeit möchte ich in meinem Vorwort hinweisen. Frau Knigge identifizierte erstmals die Lücke, die 2010 im Zusammenspiel zwischen der gesetzlichen und der privaten Krankenversicherung zum Mutterschutz selbständig Erwerbstätiger bestand. Sie erschließt die zum Verfahren 2008/0192/COD zugänglichen Dokumente der Entstehungsgeschichte der Richtlinie 2010/41/EU für die Rechtsprechung und weitere rechtswissenschaftliche Forschung. Für eine anstehende Weiterentwicklung ist es außerdem besonders wichtig, dass in der Arbeit die im geltenden Recht für die Landwirtschaft bereits bekannte Sozialleistung der Betriebshilfe vorgestellt wird. In Österreich haben selbständige Frauen mittlerweile neben den Leistungen, die medizinischen Betreuungskosten und einen Krankenhausaufenthalt abdecken, beim Versicherungsfall Mutterschutz nach dem Gesetz für Selbständige Anspruch auf die Sachleistung Betriebshilfe. Nur in Ausnahmefällen wird in Österreich selbständig erwerbstätigen Frauen Wochengeld gewährt.

Für Frau Knigge entstand das Interesse, die Umsetzung der Richtlinie 2010/41/EU zum Mutterschutz für die selbständige Erwerbsarbeit in Deutschland zum Gegenstand der von ihr geplanten Dissertation auszuwählen, nachdem sie in der engagierten Diskussion in der Arbeitsgruppe der 12. Anwältinnenkonferenz in Bremen auf das Thema aufmerksam wurde. Als ich in Vorbereitung der 12. Konferenz der Arbeitsgemeinschaft Anwältinnen des deutschen Anwaltsvereins gefragt wurde, ob ich mich mit einem Thema beteiligen könnte, meldete ich in Vorbereitung der Tagung den Titel „Warten auf die neue Mutterschutzrichtlinie" an. Für mich stand keinesfalls fest, dass der Kommissionsvorschlag aus dem Jahr 2008 tatsächlich das Europäische Parlament und den Rat passieren würde. Die Diskussion im Rat gab Anlass zur Skepsis. Eine Woche vor dem Beginn der 12. Anwältinnenkonferenz, die im September 2010 in Bremen stattfand, war die Richtlinie mit Stimmenthaltung von Vereinigtes Königreich und Ungarn beschlossen worden. Ich konnte die im Amtsblatt gerade erschienene Richtlinie mit Nachweis des Abstimmungsverhaltens der Mitgliedstaaten verteilen. Die Übersicht folgt als Anlage anschließend. Den Titel meines Beitrags aktualisierte ich mit der veränderten Fragestellung: „Aufwendungsausgleichgesetz auch für Selbständige? Umsetzung der Richtlinie 2010/41/EU“. In den Unterlagen für die Arbeitsgruppe wies ich auf das Verschlechterungsverbot hin, dass nach Unionsrecht während der Umsetzungszeit besteht und die Notwendigkeit einer effektiven Umsetzung in das deutsche Recht. Kernaussagen aus dem Urteil des BVerfG vom 18.11.2003 zum Mutterschutz ergänzten die Unterlage und der Nachweis des in Umsetzung des Urteils eingeführten Aufwendungsausgleichgesetzes vom 22.12.2005.

Frau Knigge begann ihre Arbeit an der Dissertation 2011 parallel zu ihrer ersten Beschäftigung. Ihr gelang, parallel zu ihrer zunächst auf Teilzeit vereinbarten Beschäftigung als Anwältin Ende 2016 ihre Arbeit vorzulegen.

Frau Knigge referierte zum Thema ihrer Dissertation erstmals bei der Fachtagung „Völkerrecht und Frauen – welche Ansatzpunkte bietet das Völkerrecht für Gleichbehandlung“. Frau Knigge konnte über ihre ersten Ergebnisse nicht nur referieren. Ihr Vortrag wurde auch in der Dokumentation veröffentlicht. Nach der ersten Tagung in Loccum veröffentlichte sie den bis heute einzig einschlägigen Zeitschriftenaufsatz in der ZESAR 2013, Heft 1. Er wird mittlerweile in der Fachliteratur herangezogen. Es folgte ihr Referat und ihr Beitrag in der Dokumentation der Fachtagung „Mutterschutz für Selbständige Umsetzungsbedarfe und -perspektiven der Richtlinie 2010/41/EU in Deutschland“ in der evangelischen Akademie Loccum, die in Kooperation mit dem Bremer Institut für Gender-, Arbeits- und Sozialrecht der Universität Bremen und der Friedrich-Ebert-Stiftung durchgeführt wurde. Die Einzelnachweise sind im Literarturverzeichnis zu finden.

Zusätzlich konnte Frau Knigge im Rahmen des Hans-Böckler Nachwuchscolloquium, welches vom 13.02.2013 bis 15.02.2013 in Erfurt stattfand, mit einer fachkundigen rechtlichen Öffentlichkeit ihre damaligen Ergebnisse diskutieren. Frau Knigge war außerdem Mitglied des in dem von der Universität finanziell unterstützen Doc-Netzwerkes „Diskriminierungsschutz und Teilhabe im Bereich des nationalen, europäischen und völkerrechtlich geprägten Arbeits-, Sozial-, Gender- und Rehabilitationsrecht“ am juristischen Fachbereich, mit welchem sie zusätzlich zu meiner Betreuung ihre Teilergebnisse besprechen konnte. In dieser Rahmung gelang es Frau Knigge, den Spagat zwischen den zunehmenden Anforderungen der anwaltlichen Tätigkeit und ihrer wissenschaftlichen Arbeit erfolgreich zu erstellen und jetzt zu veröffentlichen.

Für die Veröffentlichung im Verlag wertet Frau Knigge auch die Gesetzesänderung aus, die 2017 im Rahmen des Heil- und Hilfsmittelversorgungsgesetzes erfolgte und in das Gesetzgebungsverfahren durch einen Änderungsantrag der Regierungsfraktionen der CDU/CSU und SPD im Ausschuss für Gesundheit eingebracht wurde. Dem Gesetz folgte 2018 die Änderung der Musterbedingungen des Verbandes der Privaten Krankenversicherung für die Krankentagegeld 2009, die unter https://www.pkv.de/service/rechtsquellen/ musterbedingungen zu finden sind. Es ist zweifelhaft, dass die Wartezeit von acht Monaten ab Versicherungsbeginn zum Krankengeld während der Mutterschutzfristen und am Entbindungstag mit Art. 8 der Richtlinie 2010/41/EU vereinbar ist.

In der Zukunft gilt es, den arbeits-, sozial- und zivilrechtlichen Standard der selbständigen Erwerbsarbeit in der rechts- und sozialwissenschaftlichen Forschung zu vertiefen. Mit der vorliegenden Arbeit sind hierfür die Grundlagen wesentlich vorangetrieben worden. Kurzfristig sollte die Frage geklärt werden, ob die in § 1a Abs. 5 der Musterbedingungen des Verbandes der Privaten Krankenversicherung für die Krankentagegeld 2009 in der Fassung vom Januar 2018 vorgesehenen Wartezeit von acht Monaten mit dem Unionsrecht vereinbar ist.

Bremen, im Juli 2018 Prof. Dr. Ursula Rust

Vorwort der Autorin

Die vorliegende Arbeit wurde im Dezember 2016 von der Universität Bremen als Dissertation angenommen. Das Kolloquium fand am 10. Mai 2017 statt. Die Arbeit wurde vorwiegend in den Jahren 2011 bis 2015 nebenberuflich zu meiner im Jahre 2010 aufgenommenen Tätigkeit als Rechtsanwältin in Bremen verfasst.

Nachdem in der Zeit zwischen Annahme der Arbeit und Kolloquium hinsichtlich des Versicherungsvertragsgesetzes (VVG) eine Gesetzesänderung stattfand, die sich nachhaltig auf die vorliegende Arbeit auswirkte, wurde die Arbeit vor Veröffentlichung entsprechend ergänzt. Zudem wurde der Kapitelaufbau neu strukturiert sowie die Arbeit insgesamt redaktionell überarbeitet, als auch gekürzt, was vor allem die Darstellung der verschiedenen denkbaren Rechte und Leistungsansprüche (werdender) Mütter betrifft. Ebenso wurde nachträglich die Novellierung des Mutterschutzgesetzes zum 01.01.2018 berücksichtigt. Literatur und Rechtsprechung entsprechen grundsätzlich dem Stand von November 2016. Hinsichtlich der letzten gesetzgeberischen Entwicklungen, insbesondere mit Blick auf die Einführung des § 192 Abs. 5 S. 2 VVG vom April 2017, konnte vereinzelt Literatur bis März 2018 berücksichtigt werden. Verweise auf Internetseiten wurden bis Juni 2018 eingearbeitet.

Zu beachten ist, dass sich das vorliegende Thema auch nach Fertigstellung der vorliegenden Arbeit fortlaufend im Wandel befindet. So wurde beispielsweise am 05. Juni 2018 eine Stellungnahme des Deutschen Juristinnenbund e. V. (djb) veröffentlicht, die sich mit dem jüngsten Vorschlag der Europäischen Kommission für eine Richtlinie zur Vereinbarkeit von Beruf und Privatleben für Eltern und pflegende Angehörige beschäftigt (KOM(2017)253). Dabei regt der djb an, auch für Selbständige entsprechende Mindeststandards zu schaffen. Als Regelungsort empfiehlt der djb die Richtlinie 2010/41/EU. Zugleich wird angeregt, Schutzvorschriften während der Schwangerschaft, Geburt und Stillzeit auf selbständige Mütter auszudehnen, wozu es nach Auffassung des djb einer Weiterentwicklung des Art. 8 der Richtlinie 2010/41/EU bedarf. Der Themenkomplex „Mutterschutz (auch) für Selbständige“ ist und bleibt daher weiter spannend.

Mein besonderer Dank gilt zunächst meiner Doktormutter, Frau Prof. Dr. Ursula Rust, die mich schon während meiner Zeit als Studentin ihres Schwerpunktes Arbeits- und Sozialrecht und vor allem nach meinem Referendariat ermutigt hat, eine Dissertation anzufertigen. Sie hat mich die gesamte Zeit über unterstützt. Ich danke ihr für ihre Geduld, ihre Anregungen und die Betreuung der Arbeit. Überdies gilt mein Dank Herrn Prof. Dr. Sebastian Kolbe, der sich bereit erklärt hat, die Zweitbegutachtung der Arbeit zu übernehmen sowie Frau Prof. Dr. Konstanze Plett, die mir hinsichtlich der letzten Überarbeitung vor der Veröffentlichung ebenfalls mit ihrem Rat zur Seite stand. Auch bedanken möchte ich mich bei meinen Kollegen und Freunden, die mich während der Zeit der Ausarbeitung dieser Arbeit immer wieder darin bestärkt haben, dran zu bleiben. Mein größter Dank gebührt meiner Familie, insbesondere meinen Eltern und meinen verstorbenen Großmüttern, denen ich diese Arbeit widme. Sie haben mich stets in all‘ meinen Vorhaben unterstützt.

Bremen, im Juni 2018 Kirsten Knigge

Inhaltsgliederung

Inhaltsverzeichnis

Abbildungsverzeichnis

Abkürzungsverzeichnis

Als Abkürzungen werden die in Kirchner, Hildebert, Abkürzungsverzeichnis der Rechtssprache, 8. Auflage, Berlin, 2015, aufgeführten Abkürzungen verwendet.

Die Gleichstellungsfrage ist nach wie vor eine der zentralen Fragestellungen, der sich unsere Gesellschaft, die Wirtschaft und insbesondere der Gesetzgeber gegenübersieht. Dabei lag der Fokus der Politiker in den letzten Jahren vor allem verstärkt darauf, dass noch immer zu wenige Frauen in Führungspositionen oder überhaupt in herausgehobenen Positionen tätig sind. Auch musste festgestellt werden, dass der Anteil an weiblichen Unternehmerinnen in Europa geringer ausfällt als er es sollte und könnte. Währenddessen stellt sich für die Frauen selbst dagegen noch viel zu häufig die Frage, wie die eigene Berufstätigkeit mit dem unbedingten Wunsch, eine Familie zu gründen und Kinder zu bekommen, am besten zu vereinbaren ist. Bücher wie „Die Feigheit der Frauen“ von Bascha Mika oder „Der Konflikt – Die Frau und die Mutter“ der französischen Professorin Elisabeth Badinter über das zeitgenössische Frauen- und vor allem auch Mutterbild wurden hierüber zu Bestsellern.

Trotz eines unbestreitbar starken Potentials gibt es nur wenige Frauen, die tatsächlich den Mut aufbringen, in die Selbständigkeit zu gehen. Viele scheuen sich trotz hervorragender Ausbildung und vieler Ideen vor diesem Schritt, da in Köpfen vieler noch immer der Gedanke verankert ist, beides – Karriere und Kinder – seien kaum zu vereinbaren. Gleichzeitig wollen viele Frauen aber auf ihr persönliches Glück mit einer eigenen Familie samt Kindern nicht verzichten. Wer selbständig ist, ist selbständig verantwortlich für sich und für seinen Nachwuchs. So eine ausgeglichene Work-Life-Balance bzw. eine verbesserte Vereinbarkeit von Familie und Beruf zu finden, erscheint vielen die Quadratur des Kreises zu sein. Die geringen Geburtenquoten bei Akademikerinnen und Selbständigen, als auch die hohe Zahl an Müttern, die einer abhängigen Beschäftigung als Teilzeitkraft nachgehen, spiegeln diese Sorge nur allzu deutlich wider. Dabei ist der Wunsch danach alles zu erreichen, d. h. Familie und Eigenverwirklichung, gerade in der heutigen Zeit in der jungen Generation ausgeprägter denn je. Es gibt ihn, den Wunsch nach Selbständigkeit unter jungen Frauen, aber eben auch die Angst, dass der künftige eigene Nachwuchs zu kurz kommen könnte. Ein Hemmnis, das es dringend abzubauen gilt. Den Frauen von heute sollte es schließlich erlaubt sein, alles zu erreichen.

Soll der Forderung nach einer verbesserten Vereinbarkeit von Familie und Beruf bei gleichzeitig stärkerer Präsenz an Unternehmerinnen in der Wirtschaftswelt gerecht werden, so dürfen zweifelsohne die selbständigen Mütter und ihre Probleme nicht unberücksichtigt bleiben. Und so verwundert es nicht, dass sich die Europäische Union neben vielen anderen Zielen auch dem der Stärkung der Mütterrechte und dabei vor allem der Work-Life-Balance verschrieben hat. Dieses Ziel zu erreichen, ist eine sozialpolitische Herausforderung; eine Lösung zugunsten der betroffenen Frauen zu finden, hingegen eine rechtliche Notwendigkeit, wie die vorliegende Ausarbeitung zeigen wird. Ohnehin ist das Gender Mainstreaming, d.h. die Förderung des Versuchs, die Gleichstellung der Geschlechter auf allen gesellschaftlichen Ebenen durchzusetzen, aus den Zielsetzungen der Europäischen Union heutzutage kaum mehr wegzudenken. Frauen und Männern sollen die gleichen Chancen und Möglichkeiten zuteilwerden. Dies gilt selbstverständlich auch auf dem Gebiet der Verwirklichung des Wunsches nach einer einträglichen, selbständigen Tätigkeit sowie Eigenverwirklichung. Die Europäische Union verfolgt in diesem Zusammenhang schon seit einigen Jahren verstärkt die Strategie, das Potential von Frauen sowie den weiblichen Unternehmergeist zu fördern. Es ist erkannt worden, dass in Zukunft nicht nur mehr Frauen als Männer die besseren Hochschulabschlüsse machen oder dass in Unternehmen mit starker weiblicher Beteiligung in der Führungsebene die wirtschaftlichen Ergebnisse ertragreicher ausfallen, es wurde ebenso erkannt, dass ohne das Potential der Arbeitskraft der Frauen eine weitere Weltwirtschaftskrise nur schwerlich meisterbar sein wird. Die Frauen sind ein starker Motor der europäischen Wirtschaft, den es zu pflegen gilt. Soll die europäische Wirtschaft gar gestärkt werden, muss dieses Reservoir an Ideenreichtum, Arbeitskraft und Know-how genutzt und zugleich weiter ausgebaut werden. Selbständige Mütter sind dabei besonders zu beachten. Ihre Chancengleichheit, gerade auch im Wege eines verbesserten Mutterschutzes, ist damit von herausragender Bedeutung für den gesamten wirtschaftlichen Raum der Europäischen Union. Hieran soll die vorliegend im Mittelpunkt stehende Richtlinie 2010/41/EU des Europäischen Parlaments und des Rates vom 07. Juli 2010 zur Verwirklichung des Grundsatzes der Gleichbehandlung von Männern und Frauen, die eine selbständige Erwerbstätigkeit ausüben, anknüpfen.

A. Problemstellung

Die hier im Zentrum des Interesses stehende Richtlinie 2010/41/EU könnte ein wichtiger Ansatzpunkt sein. Dabei stellt sich vor allem die Frage, ob ein solcher Mutterschutz, wie ihn die Selbständigen-Richtlinie mit Art. 8 der Richtlinie 2010/41/EU fordert, im deutschen Recht womöglich längst existiert. Wird (auch) den Selbständigen ein Mutterschutz gewährt, der es ihnen ermöglicht, Beruf und Familie besser in Einklang bringen zu können? Gibt es Rechtsgrundlagen, die den deutschen Gesetzgeber schon längst verpflichten, mehr Chancengleichheit oder gar einen ausdrücklichen Mutterschutz auch im Bereich der Selbständigkeit zu schaffen? Oder bestehen diesbezüglich noch immer Lücken, die es auszufüllen gilt? Diese Fragen zu beantworten wird die Aufgabe der nachfolgenden Ausarbeitung sein.

Während über den Schutz der Mutter allgemein bereits hinreichend geforscht und das Thema in einer Vielzahl an Kommentierungen, Monographien, Ratgeber und Aufsätzen sowie Dissertationen wiederholt aufgegriffen wurde, nahmen all diese Arbeiten bislang vornehmlich den Schutz derjenigen Mütter in den Fokus, die einer unselbständigen Tätigkeit als abhängig Beschäftigte nachgehen. Dissertationen betreffend wird gelegentlich auch der historische Werdegang des Mutterschutzes aufgegriffen. Auch aus europäischer Sichtweise beschäftigt sich die einschlägige Literatur in aller Regel nur beiläufig mit dem Thema. Hier steht ebenfalls vor allem die abhängig beschäftigen Mutter im Mittelpunkt des Interesses. Selbst zum Zeitpunkt der Verabschiedung der Richtlinie 2010/41/EU im Juli 2010 war die Debatte entsprechend hauptsächlich von Auseinandersetzung mit einer etwaigen Überarbeitung der Mutterschutz-Richtlinie 92/85/EWG[1], nach der die Mindestdauer des Mutterschaftsurlaubes für abhängig Beschäftigte von 14 Wochen auf 18 oder gar 20 Wochen erhöht werden sollte sowie der Forderung nach mehr Frauen in Führungsposition großer Unternehmen[2], geprägt. Dies hat sich auch im Folgenden zunächst nicht geändert. Bei Aufnahme des vorliegenden Dissertationsvorhabens Ende 2010 / Anfang 2011 gab es zum Vorstoß des Europäischen Parlaments und des Rates durch die Richtlinie 2010/41/EU nur einige wenige Randnotizen, wie z. B. von *Rust* im Frühjahr 2011 zum 100. Jahrestag des Internationalen Frauentags in Hamburg[3] oder im Zuge der 12. Anwältinnenkonferenz der Arbeitsgemeinschaft Anwältinnen des Deutschen Anwaltsvereins im September 2010 in Bremen[4]. Die damalige Zurückhaltung zu dem hier aufgegriffenen Thema war Anstoß für die vorliegende Arbeit. Sie ließ viele Fragen offen, denen es geschuldet war und ist, im Rahmen dieser Ausarbeitung gebührend nachzukommen.

1 KOM(2008)637 endg. vom 03.10.2008; 2008/0193 (COD). Am 23.08.2010 wurde der Vorschlag der Kommission im Europäischen Parlament im Rahmen einer ersten Lesung behandelt. Die Entscheidung des Europäischen Parlaments folgte im Oktober 2010. Die tatsächliche Umsetzung wurde ursprünglich für Dezember 2010 erwartet.

2 Vgl. z. B. die Frauencharta zum Frauentag 2010; KOM(2010)78 und die „Strategie 2020“; KOM(2010)2020.

3 Rust, Europäischer Anstoß – Mutterschutz für Selbständige, in: Hamburger Frauenbündnis 100 Jahre Internationaler Frauentag, Emanzipation, Macht, Gerechtigkeit, 100 Jahre Internationaler Frauentag in Hamburg 2011, S. 107.

4 Die 12. Anwältinnenkonferenz des DAV (Herbsttagung Bremen 2010) fand in der Zeit vom 23.09.2010 bis zum 25.09.2010 in Bremen statt. *Frau Prof. Dr. Rust* hat im Rahmen der Tagung einen Workshop zur Verabschiedung der Richtlinie 2010/41/EU veranstaltet.

Erst in jüngster Vergangenheit und deutlich nach Ablauf der von der Richtlinie vorgesehenen Umsetzungsfrist nahm das Thema in Deutschland vorsichtig Fahrt auf. Lange wurde kein Umsetzungsbedarf gesehen. Tatsächliche Maßnahmen hat der deutsche Gesetzgeber daher auch nur sehr zögerlich und praktisch unbemerkt von der breiten Öffentlichkeit ergriffen. So hatte beispielsweise das für die Umsetzung der Vorgaben der Richtlinie 2010/41/EU in das deutsche Recht zuständige Bundesfamilienministerium noch im Frühjahr 2012 auf eine Anfrage aus dem Bundestag kurz und knapp und ohne ausführliche Begründung erklärt, es sei bereits alles Notwendige, beispielsweise im Wege der Anspruchsgewährung von Elterngeld auch für Selbständige, getan. Es bestehe kein weiterer Umsetzungsbedarf.[5] Die Chance, den Selbständigen eine klar und deutlich formulierte Regelung zur Frage des Mutterschutzes an die Hand zu geben, wurde versäumt. Und auch der im Mai 2016 vorgelegte Gesetzesentwurf der Bundesregierung zur Neuregelung des Mutterschutzrechtes mag zwar davon sprechen, den unionrechtlichen Vorgaben folgend endlich erforderliche Anpassungen vornehmen zu wollen, die Vorgaben des Art. 8 der Richtlinie 2010/41/EU werden sodann aber nicht weiter in Bezug genommen. Für den Bereich des Mutterschutzes für Selbständige kam es erneut zu keinen Novellierungsvorschlägen.[6]

Der indes maßgebliche Vorstoß des Bundesgesundheitsministeriums vom September 2016, der letztlich in einer Änderung des § 192 Abs. 5 Versicherungsvertragsgesetzes (VVG) mündete, blieb in der Folge nur von wenigen bemerkt[7], was auch kaum verwundert, wenn doch die zuständige Bundesfamilienministerin erst kurz zuvor noch erklärte, sie sehe in diesem Bereich eine Vielzahl an Fragen. Eine Lösung für das Vorhaben eines Mutterschutzes für alle Selbständigen werde

5 BT-Drs. 17/9615 vom 11.05.2012, S. 53 – Antwort des BMFSFJ auf schriftliche Anfrage der Abgeordneten Dr. Eva Högl (SPD).

6 Gesetzesentwurf der Bundesregierung, Entwurf eines Gesetzes zur Neuregelung des Mutterschutzrechts, BR-Drs. 230/16 v. 06.05.2016, S. 1 f., 2 ff.; BT-Drs. 18/8963 v. 28.06.2016. Allein für arbeitnehmerähnliche Personen soll der Anwendungsbereich des Mutterschutzgesetzes künftig geöffnet werden, wobei sie auch weiterhin keinen Anspruch auf Mutterschutzlohn und Mutterschaftsgeld erhalten sollen. Auf diese Weise will der Gesetzgeber den Vorgaben der „*Danosa*"-Rechtsprechung des EuGHs vom 11.11.2010, Rs. C-232/09, zum Kündigungsschutz genügen.

7 Der Vorstoß der Gesundheitsstaatssekretärin Widmann-Mauz (CDU) wurde beispielsweise von der Evangelischen Arbeitsgemeinschaft Familie (eaf), wie auch vom Verband der Gründer und Selbständigen Deutschland e. V. begrüßt. Vgl. hierzu z. B. die entsprechenden Pressemitteilungen abrufbar unter: http://www.eaf-bund.de und http://www.vsgd.de/ (zuletzt abgerufen am 15.06.2018).

voraussichtlich erst in den kommenden Jahren erzielt werden[8]. Diesen Fragen soll nun vorliegend nachgegangen werden.

B. Gang der Untersuchung

Als Denkansätze für eine weitergehende Auseinandersetzung mit der vorliegenden Problemstellung, wie auch als Leitfaden für diese Ausarbeitung sollen allen voran die folgenden Fragestellungen dienen:

1. Was ist allgemeinhin unter „Mutterschutz" zu verstehen? Besteht eventuell ein Konflikt zwischen Selbständigkeit und Mutterschaft? Wenn ja, wie und woran knüpft ein solches Spannungsverhältnis an? Wo liegen die Hinderungsgründe, die gegebenenfalls gegen eine gelungene Vereinbarkeit von Beruf und Familie sprechen könnten?
2. Was fordert der novellierte Art. 8 der überarbeiteten Richtlinie konkret vom deutschen Gesetzgeber und welche Zielsetzung verfolgt die Richtlinie 2010/41/EU im Einzelnen?
3. Welche Ansprüche bietet das deutsche Recht selbständig erwerbstätigen Frauen, sollten sie schwanger werden und aus diesem Grunde die Zeit vor bzw. nach der Geburt ihrem beruflichen Alltag nicht länger nachkommen können oder wollen? Und welche Forderungen werden bereits heute an das deutsche Rechtssystem gestellt? Ergeben sich gegebenenfalls schon aus dem grundrechtlichen Kontext Anforderungen, an die sich der deutsche Gesetzgeber zu halten hat und die einen Mutterschutz (auch) für Selbständige nach sich ziehen würden? Und welche Folgen haben die letzten Gesetzesnovellierungen, wie beispielsweise die Gesundheitsreform 2007 und die damit zum 01.01.2009 eingeführte allgemeine Versicherungspflicht aller Bundesbürger im Bereich der Krankenversicherung? Hat der Gesetzgeber spätestens mit der Einführung des neuen § 192 Abs. 5 S. 2 VVG seiner Umsetzungspflicht Genüge getan?
4. Welche Fragen müssen also gegebenenfalls noch rechtlich in das deutsche Recht umgesetzt werden, damit den Forderungen des Art. 8 der Richtlinie 2010/41/EU entsprochen werden kann? Besteht weiterer Umsetzungsbedarf? Wo bestehen eventuelle Lücken? Und wenn ja, wie könnten die Vorgaben der Europäischen Union sinnvoll, d. h. praxisnah, in das deutsche Rechtssystem integriert werden. Wie könnten also beispielsweise mögliche Umsetzungsperspektiven aussehen?

---

8 So z. B. die Mitteilung „Mutterschutz für Studentinnen: Kabinett billigt Reform" im Weser Kurier vom 04.05.2016; abrufbar unter: http://www.weser-kurier.de (zuletzt abgerufen am 15.06.2018).

Neben der wohl nicht zu bestreitenden Frage der Notwendigkeit eines Schutzes von (werdenden) Müttern und ihrer Gesundheit unmittelbar vor bzw. nach der Geburt im Sinne eines besonderen Frauenrechts, ist folglich ein zentrales Anliegen dieser Ausarbeitung, herauszufinden, wie der Mutterschutz auch für die selbständig erwerbstätigen Frauen bereits umgesetzt ist und welche Lücken es mit Blick auf den Umsetzungsauftrag aus Brüssel gegebenenfalls noch zu schließen gilt. Ist eine unterschiedliche Behandlung womöglich gerechtfertigt? Und wie kann dessen ungeachtet das Spannungsfeld Beruf und Familie sinnvoll aufgelöst werden und den Frauen in Deutschland die Angst vor dem Schritt in die eigene Selbständigkeit genommen werden, so dass künftig das Potential an weiblichen Gründergeist besser genutzt werden kann? Geklärt werden muss natürlich grundsätzlich auch, wie sich eine solche Umsetzung im Einzelnen sinnvoll realisieren lässt. Dabei kann es aber nicht Ziel der Ausarbeitung sein, konkrete Vorgaben zur Umsetzung zu machen. Dies steht allein im Ermessen des Gesetzgebers, wie im Folgenden noch zu zeigen sein wird. Es soll vielmehr nur Ziel sein, eine präzise Darstellung des derzeit bereits gewährten Mutterschutzes in Deutschland zusammenzustellen und die sich dabei derzeit eventuell (noch) ergebenen Lücken, die mit Blick auf die europarechtlichen Vorgaben einer Ausfüllung bedürfen, auf diesem Wege herauszuarbeiten. Im Rahmen des 5. Kapitels schließen sich sodann entsprechend auch nur weitergehende Denkanstöße an.

Die Sondersituation „Mutterschaft", in der sich ausschließlich Frauen wiederfinden, betrifft selbstverständlich gleichermaßen sowohl abhängig erwerbstätige (werdende) Mütter, wie auch selbständig tätige (werdende) Mütter. Die (werdenden) Mütter sind damit in der vorliegenden Arbeit die zentrale Personengruppe, deren Rechte auf Schutz und Fürsorge näher beleuchtet werden soll. Der Begriff der Mutter ist dabei grundsätzlich weit zu verstehen. So gibt es immerhin zahlreiche Arten der Mutterschaft, wie z. B. die Mutterschaft in einer klassischen Familienbeziehung, die Mutterschaft in einer gleichgeschlechtlichen Beziehung zweier Frauen oder aber die Leihmutterschaft.[9] Hierauf soll vorliegend jedoch nicht vertieft eingegangen werden. Dies würde den Rahmen dieser Ausarbeitung deutlich überfrachten. Vom Untersuchungsgegenstand ebenso ausdrücklich ausgenommen wird ein Rechtsvergleich hinsichtlich der Umsetzung der Richtlinienvorgaben in den einzelnen Mitgliedsstaaten der Europäischen Union. Ein solcher Ansatz würde bedeuten, die Rechtsordnungen aller 28 Mitglieds-

9 Mit der Frage der rechtlichen, biologischen und sozialen Elternschaft hat sich beispielsweise der 71. Deutsche Juristentag 2016 gerade erst näher beschäftigt; vgl. hierzu das Gutachten F. zum 71. DJT, erstattet von *Helms* mit dem Titel „Rechtliche, biologische und soziale Elternschaft – Herausforderungen durch neue Familienformen".

staaten der europäischen Union detailliert daraufhin zu untersuchen, inwieweit sie den Schutz der selbständig erwerbstätigen Mutter gewähren. Dieses würde den vernünftigen Umfang der Ausarbeitung sprengen. Auch die von der Richtlinie 2010/41/EU ebenfalls geforderte Integration von mitarbeitenden Ehepartnern selbständiger Erwerbstätiger in das für selbständig Erwerbstätige bereits bestehende soziale Sicherungssystem des jeweiligen Mitgliedsstaates (Art. 7 der Richtlinie 2010/41/EU) sowie die sonstigen Regelungen der Richtlinie 2010/41/EU zur Verwirklichung des Grundsatzes der Gleichbehandlung von Männern und Frauen, die eine selbständige Erwerbstätigkeit ausüben, sollen im Rahmen dieser Ausarbeitung bewusst ausgeklammert werden. Allein der Mutterschutz (auch) für Selbständige und die Mutterschaftsleistungen, wie sie i.S.d. Art. 8 der Richtlinie gefordert werden, stehen im Fokus der vorliegenden Arbeit. Ihnen gilt das hauptsächliche Interesse. Der Forschungsgegenstand „Integration von mitarbeitenden Ehepartnern“ soll anderen Dissertationsvorhaben überlassen bleiben, wobei er hier selbstverständlich nicht gänzlich unerwähnt bleiben kann, da unter Berücksichtigung des Art. 7 der Richtlinie künftig gerade auch die mitarbeitenden Ehepartner im gegebenenfalls neu zu schaffenden sozialen System für Mutterschaftsleistungen Berücksichtigung finden sollen.

1. Kapitel: Mutterschutz und Selbständigkeit

Die hier im Mittelpunkt der Ausarbeitung stehende Richtlinie 2010/41/EU widmet sich mit seinem Art. 8 der Frage nach einem Mutterschutz (auch) für Selbständige. Bevor sich diese Ausarbeitung nun aber im Einzelnen mit der von Art. 8 der Richtlinie formulierten Zielrichtung, seinem erstmals konkret gefassten Handlungsauftrag, wie auch den sich hieraus gegebenenfalls ergebenen Umsetzungsbedarfen für den nationalen Gesetzgeber beschäftigen kann, sollen zunächst die in dieser Arbeit zentralen Begriffe des „Mutterschutzes“ und der „Selbständigkeit“ näher bestimmt werden. Auch soll der Frage nach einem etwaig bestehenden Spannungsverhältnis zueinander nachgegangen werden.

A. Mutterschutz

Was verbirgt sich hinter dem Begriff „Mutterschutz“ und wozu bedarf es eines solchen „Schutzes“ überhaupt? Die nachfolgenden Ausführungen werden zeigen, dass sich das Sicherungsziel des „Mutterschutzes“ selbstverständlich zugleich immer auch auf den Schutz des (ungeborenen) Kindes erstreckt, dessen Gesundheitsschutz ebenso im Mittelpunkt der einschlägigen Schutzvorschriften steht. Die sich anschließenden Darlegungen und Erläuterungen werden sich aber gleichwohl allein auf Mütter konzentrieren. Sie und der Mutterschutz als Frauenrecht sollen hier im Fokus stehen.

I. Was ist „Mutterschutz”?

Die folgenden Ausführungen werden der Frage nachgehen, was sich hinter dem Begriff „Mutterschutz“ im Einzelnen verbirgt sowie einen ersten Überblick geben, wie dieser „Schutz der Mütter“ rechtlich abgesichert wird. Eine genauere Betrachtung des „Status Quo“ des Mutterschutzrechts für Selbständige bleibt sodann den später nachfolgenden Ausführungen des 4. Kapitels vorbehalten.

1. Zum Begriff des „Mutterschutzes“ im deutschen Recht – einem besonderen Gefährdungsschutz während der Schwangerschaft, frühen Mutterschaft und Stillzeit

Es ist allgemein anerkannt, dass eine Schwangerschaft, als auch die erste Zeit nach der Geburt eine ganz besondere Phase im Leben einer Frau und nunmehr auch Mutter darstellen. Im Hinblick auf eine denkbare gesundheitliche Gefährdung, der eine (werdende) Mutter, als auch das ungeborene Kind im beruflichen Alltag ausgesetzt sein können, wurde bereits seit Ende des 19. Jahrhunderts vehement ein gesonderter „Mutterschutz“ gefordert. Es ist nicht abzustreiten, dass die „anderen Umstände“ während der Schwangerschaft und kurz nach der Entbindung einen besonderen, eben einen „anderen“ Umgang mit der doch nur vorübergehenden Situation verlangen.[10]

a) Die Begriffsentwicklung aus historischer Sicht

Das Wort „Mutterschutz“ ist, im Vergleich zu den ihm zugrundeliegenden Gedanken oder aber den ersten gesetzlichen und privaten Vorstößen zu diesem Thema, noch nicht alt. Es wurde zu Beginn des 20. Jahrhunderts erstmals von der Dichterin Ruth Bré[11] geprägt, die es sich zum Ziel gesetzt hatte, Einrichtungen für den Schutz der von der bürgerlichen Gesellschaft schlecht behandelten ledigen Mütter zu schaffen. 1904/1905 wurde das Wort schließlich inhaltlich weiter mit Leben ausgefüllt, als der „Bund für Mutterschutz“ gegründet wurde[12]. Ruth Bré zählte dabei, neben solchen Persönlichkeiten wie dem Nationalökonomen und Soziologe Max Weber, oder der Feministin und Pazifistin Helene Stöcker und der Frauenrechtlerin Adele Schreiber, zu den Initiatoren jener Bewegung.[13]

Vor 1910 findet man das Wort „Mutterschutz“ im Vokabular des Handwörterbuchs der Staatswissenschaften (noch) nicht. Eine konkrete Ausführung des Begriffs „Mutterschutz“ war seither von vielen Seiten versucht worden, gelang jedoch bisweilen nur unvollständig. Die Vorstellungen, die sich hinter dem Wort verbargen, waren schlicht zu unterschiedlich. So beschrieb Alice Salomon im Jahr 1910 in der 3. Auflage des Handwörterbuchs der Staatswissenschaften ihr Verständnis vom „Mutterschutz“ wie folgt:

> ***„Unter Mutterschutz ist die Gesamtheit der Maßregeln, sowohl der auf gesetzlicher Grundlage ruhenden wie auch der von der Wohlfahrtspflege geschaffenen Einrichtungen zusammenzufassen, die die Frauen in ihrer Eigenschaft als Mutter zu schützen***

---

10 Vgl. Nebe in: Düwell, Göhle-Sander, Kohte (Hrsg.), juris-PraxisKommentar „Vereinbarkeit von Familie und Beruf“, 2009, Kap. 5.1 Rdnr. 1; vgl. zur nachfolgend dargestellten historischen Entwicklung des Mutterschutzes in Deutschland Ute Edel, „Die Entwicklung des Mutterschutzes in Deutschland“, Arbeits- und Sozialrecht Band 29, Nomos-Verlag, 1993. Die nachfolgenden Ausführungen fußen vor allem auf ihren Ausführungen.

11 Vgl. Fürth, Lage der Mutter, S. 286.

12 Vgl. Fürth, Lage der Mutter, S. 287.

13 Vgl. zum „Bund für Mutterschutz“: Gudrun Hamelmann, „Helene Stöcker, der „Bund für Mutterschutz“ und „Die Neue Generation“, 1992, als auch insgesamt hierzu: Edel, S. 17 f.

versuchen, die verheiratete sowohl wie die ledige Mutter. Es ist darunter die Hilfe zu verstehen, die den Müttern zur Beseitigung eines Notstandes gebracht wird, der durch den Zustand der Mutterschaft, als auch durch Schwangerschaft, Niederkunft und die Periode des Stillens hervorgerufen wird."[14]

In dem von Henriette Fürth 1911 veröffentlichten Buch über Mutterschaftsversicherung werden hingegen unter Mutterschutz schlicht die

„für den Schutz der Schwangeren, der Wöchnerin, der stillenden Mutter notwendigen Maßnahmen"

verstanden[15]. Im Jahr 1922 wird der Begriff des „Mutterschutzes" in einem deutschen Gesetz, nämlich dem Reichsjugendwohlfahrtsgesetz[16] verwendet. Im Jahr 1942 wird der nationalsozialistische Gesetzgeber ihn im Titel des „Gesetzes zum Schutze der erwerbstätigen Mutter (Mutterschutzgesetz)"[17] nutzen, angereichert und verfälscht mit der zu jener Zeit herrschenden Ideologie.[18]

In der Brockhaus Enzyklopädie von 2006 wird Mutterschutz schließlich als

„der arbeitsrechtliche Schutz für berufstätige werdende Mütter und Wöchnerinnen"

definiert[19].

Heute wird der Mutterschutz als der Kernbereich des Frauenarbeitsschutzes schlechthin bezeichnet.[20] Er ist endgültig im Arbeits- und Sozialrecht angekommen und wird inzwischen vor allem als rechtswissenschaftlicher Begriff verstanden.[21] Ansonsten unterscheidet sich die heutige Definition von „Mutterschutz" kaum von der schon mehr als 100 Jahre zuvor beschriebenen.

---

14 Alice Salomon in: Conrad/Lexis/Elster/Loening (Hrsg.), Handwörterbuch der Staatswissenschaften, 1910, S. 860 ff.

15 Fürth, Die Mutterschaftsversicherung, 1911, Vorwort, S. IXf.

16 RGBl. I 1922, S. 633; Gesetz vom 09.07.1922; in § 4 Nr. 2 „Mutterschutz vor und nach der Geburt".

17 RGBl. I 1942, S. 92 ff.

18 S. insgesamt zum Vorstehenden: Edel, S. 17 f.

19 Brockhaus Enzyklopädie 2006, 19. Band, 21. Aufl., Stichwort: Mutterschutz.

20 In den 1970er Jahren war der Frauenarbeitsschutz einer höchst kontroversen Debatte unterlegen. Für die Frauenrechtsbewegung war der Arbeitsschutz von Frauen von immenser Bedeutung und wurde entsprechend eingefordert. U.a. der Erlass der Richtlinie 76/207/EWG war ein Ergebnis ihrer damaligen Forderungen. Vgl. hierzu auch die Ausführungen des 4. Kapitels unter A. I. 7.

21 Dies zeigt auch ein Blick in den Brockhaus – Gesundheit – Schulmedizin und Naturheilkunde, Arzneimittel, Kinderheilkunde und Zahnmedizin, 8. Aufl., 2010, der – an sich ein medizinisches Nachschlagewerk – sich beinahe ausschließlich auf die rechtlichen Aspekte des Begriffs „Mutterschutz" beschränkt.

b) Die Minimalanforderungen der ILO

Trotz aller Bemühungen hat es auch die Internationale Arbeitsorganisation („International Labour Organisation", ILO[22]) in ihrer ebenfalls annähernd 100-jährigen Geschichte nicht geschafft, eine handlichere Begriffsbestimmung als Anwendungsmaßstab für ihre Mitgliedsstaaten, zu denen auch Deutschland zählt, zu schaffen. Sie beschreibt den „Mutterschutz" ebenfalls eher schwammig als

> ***„diejenigen festgelegten Normen, die dem Schutz von Wöchnerinnen[23] vor und nach der Geburt eines Kindes dienen."***

Dazu gehören laut der ILO nicht nur Minimalanforderungen in Bezug auf Arbeitsverbote für Wöchnerinnen sowie auf einen Kündigungsschutz für Schwangere und Wöchnerinnen, sondern z. B. auch eine Mutterschaftsversicherung, d. h. eine Lohnfortzahlung während des Arbeitsverbotes.

Es bleibt festzuhalten, dass die ILO dem Schutz von Mutter und Kind höchste Priorität verordnet – und das bereits seit 1919.[24] Gleichwohl steht es den Mitgliedern der ILO, die deren Regelungen zum Mutterschutz ratifiziert haben, frei, den Mutterschutz auf ihre Weise zu gestalten, solange sie sich nur an die minimalen Anforderungen halten. Wieweit sich Deutschland an diese Vorgaben hält, wird im Einzelnen an späterer Stelle genauer zu erörtern sein. Im Folgenden soll zunächst nur eine kurze Übersicht über die wichtigsten Rechtsquellen des Mutterschutzes nach deutschem Recht sowie deren Regelungsziel gegeben werden, um so der heutigen Auffassung von dem Begriff des „Mutterschutzes" nach deutschem Rechtsverständnis zumindest näher zu kommen.

---

22 ILO ist die Abkürzung für die „International Labour Organisation" mit Sitz in Genf. Sie ist eine Sonderorganisation der Vereinten Nationen und damit beauftragt, soziale Gerechtigkeit sowie Menschen- und Arbeitsrechte zu fördern. Die Verbesserung der Arbeits- und Lebensbedingungen aller Menschen ist damit ihre Hauptaufgabe. Die ILO hat 185 Mitgliedstaaten, darunter auch Deutschland und die anderen Mitgliedsstaaten der EU. Mehr zur ILO unter: http://www.ilo.org (zuletzt abgerufen am 15.06.2018).

23 Unter dem Begriff „Wöchnerin" versteht sich die Frau während des sog. „Wochenbetts", d. h. der Zeitspanne vom Ende der Entbindung (Geburt) bis zur Rückbildung der schwangerschafts- und geburtsbedingten Veränderungen, was typischerweise sechs bis acht Wochen dauert. Während dieser Zeit erholt sich die Mutter von Schwangerschaft und Geburt.

24 Vgl. hierzu auch die Anlage zur ILO-Konvention zum Schutz der Mutterschaft C3 „Erklärung über die Ziele und Zwecke der Internationalen Arbeitsorganisation", Abschnitt III lit. h) von 1919; Übereinkommen über die Beschäftigung der Frauen vor und nach der Niederkunft vom 13.06.1921. Zum Mutterschutz i.S.d. der Vorgaben der ILO insgesamt ausführlich im 4. Kapitel unter Punkt A. I. 7.

c) *Die drei Säulen des Mutterschutzes heute*

Allen voran bekennt sich Art. 6 Abs. 4 GG zu einem besonderen Schutz werdender und stillender Mütter. Aber auch in Erfüllung anderer staatlicher Schutzpflichten, wie denen aus Art. 2 Abs. 2 S. 1, Art. 3 Abs. 2 oder Art. 2 Abs. 1 i.V.m. Art. 1 Abs. 1 GG, wird der Schutz vor mutterschutzspezifischen Gesundheitsgefahren über den allgemeinen Schutz am Arbeitsplatz hinaus gesetzlichen Regelungen zugeführt. Der Mutterschutz hat damit einen weiteren als nur auf Art. 6 Abs. 4 GG beschränkten Verfassungsbezug.[25] Eine konkrete Begriffsbestimmung, was dabei unter dem Begriff „Mutterschutz" im Einzelnen zu verstehen ist, bietet allerdings auch das Grundgesetz nicht.

Das Mutterschutzgesetz (MuSchG) sowie die Mutterschutzrichtlinienverordnung vom 05. April 1997 (MuSchRiV) bilden daneben auf einfachgesetzlicher Ebene die wichtigsten Rechtsquellen und sind wechselseitig miteinander verwoben.[26] Hinzu kommen mutterschutzrechtliche Regelungen in zahlreichen weiteren Vorschriften, wie z. B. in den gesonderten Rechtsverordnungen hinsichtlich des Mutterschutzes für Beamtinnen und Soldatinnen. Darüber hinaus existieren in besonderen Gesetzen

---

25 S. hierzu auch Nebe in: Düwell, Göhle-Sander, Kohte (Hrsg.), juris-PraxisKommentar „Vereinbarkeit von Familie und Beruf", Kap. 5.1 Rdnr. 34.

26 Die Regelungen der aufgrund der MuSchRiV, veröffentlicht im BArbBl. I 1997 S. 782, erlassenen Verordnung zum Schutze der Mütter am Arbeitsplatz (MuSchArbV) werden mit Inkrafttreten des umfassend reformierten Mutterschutzgesetzes (MuSchG), dem Gesetz zur Neuregelung des Mutterschutzrechts v. 23.05.2017, veröffentlicht am 29.05.2017 im BGBl. I 2017 S. 1228, zum 01.01.2018 in dieses integriert. Die MuSchArbV wird gemäß Art. 10 Abs. 3 des Gesetzes v. 23.05.2017 zum vorgenannten Tage aufgehoben. Ihre enge Verzahnung wird damit künftig noch stärker hervorgehoben. S. hierzu auch den Gesetzesentwurf der Bundesregierung nebst umfassender Begründung vom 06.05.2016, Entwurf eines Gesetzes zur Neuregelung des Mutterschutzrechts, BR-Drs. 230/16 / BT-Drs. 18/8963. Die Reform des MuSchG sieht zudem verschiedene Einzeländerungen zur Weiterentwicklung des Mutterschutzes vor, wie z. B. die Verlängerung der Schutzfrist für Frauen nach der Entbindung von einem Kind mit Behinderung sowie die Ausweitung des Anwendungsbereiches auf Studentinnen, Schülerinnen, Praktikantinnen und arbeitnehmerähnliche Personen. Ansonsten sieht der Novellierungsvorschlag vor allem redaktionelle Überarbeitungen und eine Neustrukturierung der einzelnen Paragraphen vor. Das reformierte Gesetz soll sich so den geänderten gesellschaftlichen und rechtlichen Rahmenbedingungen anpassen. Da die Gesetzesänderung zum Zeitpunkt der Fertigstellung dieser Ausarbeitung noch nicht in Kraft getreten war, werden die weiteren Ausführungen sich nach den bisherigen Regelungen richten, gleichzeitig aber bereits auf die neuen Paragraphenbezeichnungen Bezug nehmen. Vgl. insgesamt zur Reform des Mutterschutzrechts auch die nachfolgenden Ausführungen unter A. I. 2. d).

nicht wenige Vorschriften zu speziellen Gefährdungssituationen. Hierzu zählt u. a. die Röntgenverordnung (RöV)[27] und die Strahlenschutzverordnung (StrlSchV)[28] sowie die Arbeitsstättenverordnung (ArbStättV)[29] und die Gefahrenstoffverordnung (GefStoffV)[30].[31] Neben diesen durch und durch arbeitsschutzrechtlichen Vorschriften bestehen ferner konkret sozialrechtliche (wie die §§ 13, 15 MuSchG a. F.) und ebenso auch privatrechtliche Normen (vgl. in etwa die §§ 11, 14 MuSchG a. F.)[32].

Im Ganzen betrachtet wird das Mutterschutzrecht aufgrund der Zielrichtung des Schutzes einer bestimmten Beschäftigungsgruppe[33], nämlich die der berufstätigen Frauen, entsprechend insbesondere zum sozialen Arbeitsschutz gezählt.[34] Das Mutterschutzrecht soll dabei in erster Linie vor denjenigen Gesundheitsgefahren schützen, denen (werdende) Mütter an ihrem Arbeitsplatz ausgesetzt sind oder werden könnten. In der Zeit der Schwangerschaft, Geburt und der hieran sich anschließenden Zeit des sog. „Wochenbettes“[35] können sich vielerlei Umstände – insbesondere am Arbeitsplatz – negativ auf die Gesundheit von Mutter und Kind auswirken, die unter anderen Umständen weniger risikoreich sind. Dies gilt vor allem unter dem Gesichtspunkt der mit der Schwangerschaft und Geburt einhergehenden stark erhöhten physischen wie psychischen Belastungen, die im Interesse der Gesundheit von Mutter und Kind unbedingt berücksichtigt werden müssen. Diesem Bedürfnis nach einem besonderen Gesundheits-

27 Vgl. §§ 22 Abs. 1 Nr. 2 lit. d), Abs. 2, 31a Abs. 4, 36 Abs. 3 RöV i.d.F. vom 30.04.2003, BGBl. I 2003, 604.

28 Vgl. §§ 37 Abs. 1 Nr. 2 lit. d), Abs. 2, 43 Abs. 2, 55 Abs. 4, 58 Abs. 2, 95 Abs. 8, Abs. 9, 103 Abs. 5 StrlSchV i.d.F. vom 20.07.2001, BGBl. I 2001, 1714.

29 Vgl. § 6 Abs. 3 S. 4 ArbStättV i.d.F. vom 12.08.2004, BGBl. I 2004, 2179.

30 Vgl. § 11 GefStoffV i.d.F. vom 23.12.2004, BGBl. I 2004, 3758.

31 S. hierzu Nebe in: Düwell, Göhle-Sander, Kohte (Hrsg.), juris-PraxisKommentar „Vereinbarkeit von Familie und Beruf“, Kap. 5.1 Rdnr. 4 f. sowie vertiefend zum Punkt Mutterschutzrecht als öffentliches Recht Rdnr. 6.

32 So die h.M., vgl. insoweit nur Buchner/Becker, MuSchG, 2008, § 11 Rdnr. 3 m.w.N. sowie § 14 Rdnr. 132a.

33 Andere solche Gruppen sind z. B. die Jugendlichen, vgl. JArbSchG, oder die Schwerbehinderten, vgl. §§ 68 ff. SGB IX.

34 Der Arbeitsschutz wird gemeinhin in drei Säulen untergliedert, namentlich in die Säulen des betrieblichen, des sozialen und des vorgreifend produktbezogenen Arbeitsschutzes untergliedert. Diese Zuordnung allerdings aufgeben möchte Nebe, siehe hierzu Nebe in: Düwell, Göhle-Sander, Kohte (Hrsg.), juris-PraxisKommentar „Vereinbarkeit von Familie und Beruf“, Kap. 5.1 Rdnr. 7 und ausführlicher in Nebe, Betrieblicher Mutterschutz ohne Diskriminierung, S. 316.

35 Vgl. hierzu die nachfolgenden Ausführungen zum medizinischen Notwendigkeit des Mutterschutzes unter A. II.

schutz für (werdende) Mütter folgt das Mutterschutzrecht von Anbeginn seiner Normierung.[36] Dieses Schutzziel bildet die erste Säule von insgesamt dreien, die das Mutterschutzrecht in Deutschland kennzeichnen.[37] Das Regelungsziel des Gefährdungsschutzes wird infolgedessen insbesondere durch weitreichende Verbote der Arbeitsleistung, sog. Beschäftigungsverbote, erreicht.[38] Hinzutreten die weiteren Schutzziele des Entgelt- und des Arbeitsplatzschutzes. Grundsätzlich soll einer Mutter der Arbeitsplatz erhalten bleiben; sie soll ihn solange wie möglich ausfüllen können. Hierzu normiert § 9 MuSchG a. F. / § 17 MuSchG 2018 zum einen ein besonderes Kündigungsschutzverbot zugunsten der (werdenden) abhängig erwerbstätigen Mutter. Die betroffenen Frauen sollen in dieser besonders sensiblen Lebensphase vor den mit einem Arbeitsplatzverlust verbundenen wirtschaftlichen Nachteilen und psychischen Belastungen geschützt werden. Er flankiert damit zugleich auch den bereits dargestellten Gesundheitsschutz, indem auf diese Weise verhindert wird, dass ein Arbeitgeber zur Umgehung der besonderen Gesundheitsschutzanforderungen das Beschäftigungsverhältnis schlicht einseitig beendet.[39] Zum anderen sollen u. a. mit Hilfe der Verordnung zum Schutze der Mütter am Arbeitsplatz (MuSchArbV)[40] die Arbeitgeber dazu veranlasst werden, verstärkt die konkreten Einsatzbereiche ihrer schwangeren Mitarbeiterinnen nach Gefahrenquellen zu überprüfen und ggf. entsprechende Schutzmaßnahmen (Umgestaltung des Arbeitsplatzes, Arbeitsplatzwechsel)[41] zu ergreifen, bevor die (werdende) Mutter schlicht mit einem Beschäftigungsverbot[42] überzogen wird.

---

36 Vgl. Nebe in: Düwell, Göhle-Sander, Kohte (Hrsg.), juris-PraxisKommentar „Vereinbarkeit von Familie und Beruf", Kap. 5.1 Rdnr. 8; vgl. auch die in diesem Kapitel unter A. I. 2. nachfolgenden geschichtlichen Ausführungen zur Entstehung des Mutterschutzrechts in Deutschland.

37 Meisel/Sowka, Mutterschutz und Erziehungsurlaub, 1999, Einl. Rdnr. 22; Graue, MuSchG, 2010, § 1 Rdnr. 1.

38 Vgl. §§ 3 Abs. 1, 4, 6 Abs. 2, 8 MuSchG a. F., s. auch Nebe in: Düwell, Göhle-Sander, Kohte (Hrsg.), juris-PraxisKommentar „Vereinbarkeit von Familie und Beruf", Kap. 5.1 Rdnr. 20.

39 Nebe in: Düwell, Göhle-Sander, Kohte (Hrsg.), juris-PraxisKommentar „Vereinbarkeit von Familie und Beruf", Kap. 5.1 Rdnr. 10; vgl. auch die Anforderungen gem. Art. 10 RL 92/85/EWG.

40 Art. 1 der Verordnung zur ergänzenden Umsetzung der EG-Mutterschutz-Richtlinie (Mutterschutzrichtlinienverordnung – MuSchRiV) vom 15.04.1997, BGBl. I 1997, 782. Die Regelungen der MuSchArbV wurde zum 01.01.2018 aufgehoben und in das MuSchG integriert.

41 Vgl. hierzu § 3 MuSchArbV.

42 Im Rahmen der MuSchArbV in §§ 4, 5 geregelt.

Neben den Regelungen des Mutterschutzgesetzes sind im Übrigen vor allem die Bestimmungen des 5. Sozialversicherungsgesetzes (SGB V) zum Leistungsumfang der gesetzlichen Krankenversicherung im Falle der Schwangerschaft und Mutterschaft bzw. Geburt sowie die entsprechenden Regelungen gemäß Versicherungsvertragsgesetz (VVG) die private Krankenversicherung betreffend (auch) für Selbständige von Bedeutung. Auf diese wird im Rahmen des 4. Kapitels umfassend zurückzukommen sein. Eine Definition des Begriffs „Mutterschutz" findet sich allerdings auch dort nicht.

d) *Ergebnis*

Alle Versuche einer griffigen Definition können dem Gesamtkonzept, welchem der Mutterschutz – damals wie heute – zugrunde liegt, nicht gerecht werden.[43] Ein besseres Verständnis erhält nur derjenige, der sich die Mühe macht und die gesetzlichen Ausformungen des Mutterschutzes genauer unter die Lupe nimmt, weshalb die aktuellen Nachschlagewerke, wie etwa der zuvor bereits benannte Brockhaus, aber auch juristische Nachschlagewerke wie das Rechtswörterbuch von *Creifelds*[44], sich vornehmlich auf die Darstellung des rechtlichen Rahmens des Mutterschutzes, sprich des Frauenarbeitsschutzes im Falle der Schwangerschaft, zu Recht beschränken.

Insgesamt wird nach den obigen Ausführungen allerdings zumindest eines festzuhalten sein, nämlich, dass „Mutterschutz" nach dem Verständnis unserer Zeit in jedem Fall Arbeitsschutz ist und in diesem Rahmen einen speziellen Schutz der Frauen, also ein besonderes Frauenrecht, darstellt. Das Mutterschutzrecht soll dabei in erster Linie vor denjenigen Gesundheitsgefahren schützen, welchen die (werdende) Mutter an ihrem Arbeitsplatz ausgesetzt wird. Hinzutreten die weiteren Schutzziele des Entgelt- und des Arbeitsplatzschutzes. Sie bilden gemeinsam die drei tragenden Säulen des Mutterschutzes. Zur Gewährleistung dieser Regelungsziele ist der Mutterschutz im deutschen Recht sowohl verfassungsrechtlich als auch einfachgesetzlich verankert. Doch all dies spiegelt nicht das wider, was Mutterschutz eigentlich ist oder sein sollte. „Mutterschutz" ist grundsätzlich mehr. Allen voran das Studium des von Adele Schreiber schon im Jahr 1912 herausgegebenen Werkes „Mutterschaft – Ein Sammelwerk für die Probleme des Weibes als Mutter" verdeutlicht die Vielfältigkeit des Problemfeldes „Mutterschutz"[45], wie es

---

43 So auch Edel, S. 18.

44 Creifelds, Rechtswörterbuch, 20. Aufl., 2011.

45 Schreiber, Mutterschaft – Ein Sammelwerk für die Probleme des Weibes als Mutter, 1912, auch online abrufbar unter: https://archive.org/details/mutterschaftein00braugoog (zuletzt abgerufen am 15.06.2018).

noch heute debattiert wird und welche einer griffigeren Begriffsbestimmung womöglich gerade entgegensteht und verhindert. Heute ist die Diskussion wieder ins Bewusstsein der breiteren Masse gelangt und dabei aktueller denn je. Inzwischen dominiert allerdings vielmehr die Frage nach der Vereinbarkeit von Familie und Beruf und welche Rolle der Mutter im Allgemeinen, aber auch dem „Mutterschutz" im Speziellen, in diesem Zusammenhang zukommen kann.[46] Hierauf wird im Folgenden noch ausführlich zurückzukommen sein.

Was im Einzelnen unter diesem Begriff zu fassen ist, ist also sehr mannigfaltig. Der Frage nach den einzelnen gesetzlichen Regelungen und welche von ihnen insbesondere den selbständigen Müttern dienlich sind, wird ebenfalls im Folgenden noch ausführlich nachgegangen werden.

2. *Zur historischen Entwicklung des Mutterschutzes in Deutschland*

Die drei Säulen des Mutterschutzes haben sich in der Vergangenheit nicht immer gleichlaufend fortentwickelt, dennoch markieren die drei Säulen bis heute die auch weiterhin wesentlichen Regelungsziele des Mutterschutzrechtes. Diese Denkweise wird in den letzten Jahren indes zunehmend durchbrochen. Vor allem auf europäischer Ebene hat ein gewisser Paradigmenwechsel eingesetzt, dem im Weiteren ebenfalls Beachtung geschenkt werden muss, will man der Frage „Was ist Mutterschutz – heute?" gebührend nachgehen. Zunehmend wird der Mutterschutz mit der Problematik der Vereinbarkeit von Familie und Beruf in Verbindung gebracht. Damit wird zugleich die Frage nach der Chancengleichheit zwischen den Geschlechtern im Berufsleben mit in den Mittelpunkt gerückt. Hierauf wird im Weiteren noch näher einzugehen sein. Um die Bedeutung dieses Wandels letztlich besser nachvollziehen zu können, ebenso wie die im Rahmen dieser Arbeit noch darzustellenden rechtlichen Zusammenhänge im Bereich des Mutterschutzrechtes im Allgemeinen, soll nunmehr zumindest ein kurzer Überblick über die wechselvolle Geschichte des Mutterschutzes in Deutschland gewährt werden.

Auch wird ein historischer Überblick im Weiteren hilfreich sein, wenn es schließlich darum gehen wird, die Forderungen der später noch im Detail zu beleuchtenden Richtlinie 2010/41/EU, als auch die den Mutterschutz insgesamt betreffenden aktuellen europarechtlichen Entwicklungen und ihren Einfluss auf das deutsche Recht

46 Vgl. z. B. Barbara Vinken „Die deutsche Mutter", welches nicht nur das Rollenverständnis der deutschen Frauen hinsichtlich der Mutterschaft darstellt, sondern auch einen Blick auf die Entwicklung des Mutterschutzes und die Forderungen der Frauenbewegung rund um Adele Schreiber und dem „Bund für Mutterschutz" wirft, S. 177 ff.

richtig einzuordnen. Die Thematik des „Mutterschutzes" – insbesondere auch im Hinblick auf die Selbständigen, kann nur in seiner Gesamtheit überblicken, wer auch die dazugehörigen Hintergründe kennt und versteht. Erst wer die Ursprünge der rechtlichen Entwicklungen, also die einzelnen Schritte der Entwicklung bis zu unserem heutigen Regelungssystem nachvollziehen kann, vermag es, sich ein klares Bild darüber zu machen, in welche Richtung sich die aktuellen Entwicklungen richten.

Eine ausführlichere Darstellung der historischen Hintergründe findet sich bei Ute Edel „Die Entwicklung des Mutterschutzrechtes in Deutschland"[47], auf die im Weiteren wiederholt zurückgegriffen werden wird.

a) Die ersten Schritte der Mutterschutzgesetzgebung

Die besondere Situation, in der sich Schwangere und Wöchnerinnen befinden, bot schon vor über 100 Jahren Anlass, Forderungen an den Gesetzgeber zu formulieren. Die ersten gesetzlichen Regelungen zum Mutterschutz entspringen dem Zeitgeist jener Tage, genauer entstammen sie der Novelle der Gewerbeordnung vom 17. Juli 1878. Dort hieß es im vierten Abschnitt zu den Verhältnissen der Fabrikarbeiter in § 135:

> ***„[...] Wöchnerinnen dürfen während drei Wochen nach ihrer Niederkunft nicht beschäftigt werden."***[48]

Diese Regelung zum Schutze erwerbstätiger Frauen vor schwangerschaftsbedingten Gesundheitsgefahren am Arbeitsplatz war notwendig geworden, nachdem zu jener Zeit die Frauen immer mehr in den industriellen Arbeitsprozess eingegliedert worden waren. Sie bot den ersten, wenn auch (noch) geringen Wöchnerinnenschutz.[49]

Die Arbeits- und Lebensbedingungen hatten sich zuvor durch die industrielle Revolution gravierend verändert. Frauen- und auch Kinderarbeit war für das Überleben der Familien in den Städten zwingend geworden, der Arbeitskräftebedarf in den Fabriken war kontinuierlich gestiegen. In ihrem Arbeitsalltag unterlagen Männer wie Frauen den gleichen Arbeitsbedingungen. Es erscheint uns heute absolut unverständlich, dass im Jahr 1891 die Höchstarbeitszeit für Frauen über 16 Jahre auf 65 Stunden festgesetzt wurde (Novelle zur Gewerbeordnung), während es zuvor überhaupt keine zeitlichen Höchstgrenzen gab.[50] Die Frauen

47 Ute Edel, „Die Entwicklung des Mutterschutzes in Deutschland", Arbeits- und Sozialrecht Band 29, Nomos-Verlag, 1993.

48 RGBl. I 1878, S. 199.

49 Vgl. Schmalz, GMH 1950, 282, 282.

50 Vgl. Schmalz, GMH 1950, 282, 282.

litten unter überlangen Arbeitszeiten von zum Teil bis zu 16 Stunden täglich, unter Sonn- und Feiertagsarbeit sowie Nachtarbeit. Ihre Gesundheit war ständig gefährdet. Spezielle Schutzvorschriften für Schwangere und Wöchnerinnen gab es nicht[51], bis insbesondere Ärzte - aufgeschreckt durch die hohe Säuglings- und Kindersterblichkeit - erste Forderungen für einen Schutz der Frauen, speziell Schwangere und Wöchnerinnen, erhoben. Gerade diese waren wegen der „körperlichen Ausnahmesituation", in der sie sich befanden, besonders gefährdet. Es kam in Fabriken häufig zu Fehlgeburten.[52]

Ludwig Hirt, der sich besonders für einen Schutz der schwangeren Frau einsetzte, fasste das damalige Problem im Jahr 1873, fünf Jahre vor der Novellierung der Gewerbeordnung, in seinem Werk „Die gewerbliche Thätigkeit der Frauen vom hygienischen Standpunkte aus" wie folgt zusammen:

> ***„In neuerer Zeit ist die Arbeit der Frauen immer mehr ein notwendiger Faktor zum Unterhalt der Arbeiterfamilie geworden, so daß der Mutter die notwendige Ruhezeit vor der Entbindung und nach derselben die erforderliche Zeit zur Pflege und Ernährung des geborenen Kindes in schädlicher Weise gekürzt wird."***[53]

Die Forderungen blieben vom Gesetzgeber nicht ungehört und endeten in der zuvor benannten Novelle der Gewerbeordnung von 1878. Ein Lohnausgleich war vom neu eingeführten § 135 GewO allerdings nicht vorgesehen. Dies hatte zur Folge, dass die Schutzzeiten von den betroffenen Frauen oftmals umgangen wurden, um den so dringend für das eigene Überleben sowie das des Kindes benötigten Lohn nach Hause zu bringen. Erst das Krankenversicherungsgesetz vom 15. Juni 1883 führte die Zahlung einer Wochenunterstützung in Höhe des Krankengeldes (maximal halber Lohn) für alle versicherungspflichtigen Frauen ein und versuchte zumindest so die Inanspruchnahme des Beschäftigungsverbotes abzusichern. Das Wochengeld reichte jedoch immer noch nicht aus, zumal nur ein sehr geringer Teil der Frauen überhaupt der Versicherungspflicht unterlagen und die Höhe des ausgezahlten Krankengeldes keinesfalls als ausreichend angesehen werden konnte. Die Schutzfristen wurden zumeist auch weiterhin nicht eingehalten.[54]

---

51 Vgl. Edel, S. 23; Kuczynski, S. 139 f.

52 S. bei Schmalz, GMH 1950, 282, 282: „Die Arbeiter standen neben den Fabrikarbeiterinnen an den Maschinen und mussten oft genug die ersten Handreichungen leisten bei Geburten und leider allzu häufigen Fehlgeburten in den Fabriken. Vielfach waren es ihre eigenen Ehefrauen, unter deren dreifacher Belastung Haushalt und Kinder zu leiden hatten."

53 Hirt, Gewerbliche Thätigkeit, S. 34.

54 Vgl. Edel, S. 127 f.

Eine weitere Novellierung der Gewerbeordnung dehnte das Arbeitsverbot im Jahr 1900 für Wöchnerinnen schließlich auf sechs Wochen aus.[55] Auch ansonsten wurde der Schutz der Frauen und vor allem der Schwangeren sowie Wöchnerinnen bis zum Beginn des ersten Weltkrieges fortlaufend weiterentwickelt.[56] Eine Arbeitsbefreiung für die Zeit vor der Niederkunft war zwar gesetzlich noch immer nicht gewährleistet und viele Krankenkassen vereitelten gar die gesetzlich vorgeschriebenen Leistungen, indem sie die Unterstützung für vier Wochen auszahlten, aber für die restlichen zwei Wochen die Gewährung von Wochengeld an die Vorlage eines Arbeitsunfähigkeitsattestes knüpften[57]. Dennoch waren zumindest die ersten Schritte hin zu einem „Mutterschutz", wie wir ihn noch heute kennen, getan.

Insgesamt lässt sich für Deutschland festhalten, dass ausgehend von den Anfängen des Mutterschutzgedankens in der Kaiserzeit und den ersten Kodifikationen sich unter dem gesellschaftlichen Druck ein Regelwerk des Mutterschutzes und der Finanzierung durch die Krankenkassen entwickelte, das alle Ansätze eines modernen Schutzes enthielt.[58] Aber auch auf internationaler Ebene gab es zu jener Zeit die ersten Bestrebungen hinsichtlich der Regelung eines Mutterschutzes, wenngleich hier das oberste Gebot die Vereinheitlichung aus Wettbewerbsgründen lauten mochte.[59] Die ILO, die ihre Tätigkeit 1919 auf der Friedenskonferenz von Versailles begann, verabschiedete noch im selben Jahr das Washingtoner „Übereinkommen über die Beschäftigung der Frauen vor und nach der Niederkunft" (ILO-Konvention zum Mutterschutz C3). Es ist am 13. Juni 1921 in Kraft getreten, wurde von Deutschland allerdings erst 1927 ratifiziert.[60] Besondere Impulse gaben Mediziner und die Frauenbewegung[61], die mit immer schärferen Forderungen die Gesetzgebung zum Handeln zwingen wollten, oftmals aber scheiterten. Es waren zumeist moderne Forderungen, die zu jener Zeit (noch) scheitern mussten.[62]

---

55 RGBl. I 1900, S. 871.

56 Vgl. Edel, S. 35 ff.

57 Dies galt in etwa – wie das Arbeitersekretariat aufdeckte – für die die Bremer Krankenkassen, Jahrbuch Arbeiter Sekretariat 1900, S. 97 f.

58 So auch Edel, S. 56.

59 Vgl. Edel, S. 60.

60 Zu den Ursprüngen und der Geschichte der ILO: http://www.ilo.org/global/about-the-ilo/history/lang--en/index.htm (zuletzt abgerufen am 15.06.2018).

61 Hierzu zählte der Bund für Mutterschutz, Helene Stöcker und Adele Schreiber.

62 Vgl. Edel, S. 56.

b) „Mutterschutz" zur Zeit der Weimarer Republik und des zweiten Weltkrieges

In der Republik von Weimar stieg die Anzahl der berufstätigen Frauen. Insbesondere die Wirtschaft hatte an der Ausweitung der Frauenarbeit ein hohes Interesse. Diese Entwicklung führte zu neuen Forderungen und damit erneut zu verbesserten Schutzbestimmungen, die für die Republik von Weimar in dem Gesetz über die Beschäftigung vor und nach der Niederkunft (Mutterschutzgesetz) vom 16. Juli 1927[63] gipfelten.[64] Mit diesem Gesetz wurde im Übrigen das zuvor bereits benannte Washingtoner Übereinkommen der ILO vom 29. Oktober 1919 letztendlich mit beinahe 8-jähriger Verzögerung doch noch in nationales Recht übersetzt.[65]

Das Mutterschutzgesetz von 1927 stellte eine deutliche Weiterentwicklung des Mutterschutzes und damit einen großen Schritt dar – wenn auch hauptsächlich in Form von Beschäftigungsverboten, flankiert durch ein Kündigungsverbot.[66] Man versuchte sich mit der Frauenerwerbstätigkeit „zu arrangieren". Das „Problem der erwerbstätigen Ehefrau und Mutter", welches sich nunmehr insbesondere durch die geringe Geburtenzahl andeutete, sollte durch Maßnahmen des Arbeitsschutzes speziell für Mütter und Schwangere gelöst werden.[67] Die Regelungen des neugeschaffenen Mutterschutzgesetzes sahen hierzu u. a. eine Ausdehnung der Schutzfristen auf sechs Wochen nach der Niederkunft und ein Fernbleiben der Arbeit vor der Niederkunft von ebenfalls sechs Wochen auf Wunsch der Frau vor. Den Frauen wurde während der Zeit nach der Entbindung die Hälfte des Durchschnittseinkommens gezahlt. Für die Zeit vor der Niederkunft erhielten sie grundsätzlich keinen Lohnausgleich. Die Reichsversicherungsordnung (RVO) gewährte z. B. lediglich für den Fall der Arbeitsunfähigkeit eine geringe Wochenhilfeleistung. Diese finanziellen Schwierigkeiten führten dazu, dass Frauen – wie bisher – vor der Entbindung weiterarbeiteten.[68]

Der wesentlichste Fortschritt des Mutterschutzgesetzes von 1927 war die erstmalige Gewährung eines arbeitsrechtlichen Kündigungsschutzes für werdende Mütter und Wöchnerinnen.[69] Es ging sogar über die Forderungen des Washingtoner Abkommens hinaus, doch leider nicht auch über die Forderungen im eige-

63 RGBl. I 1927, 184.

64 Edel, S. 128.

65 RGBl. II 1927, 498.

66 S. Nebe in: Düwell, Göhle-Sander, Kohte (Hrsg.), juris-PraxisKommentar „Vereinbarkeit von Familie und Beruf", Kap. 5.1 Rdnr. 13.

67 Vgl. Edel, S. 57 f.

68 Vgl. Edel, S. 65 f., 128.

69 Vgl. Edel, S. 64 f., 128.

nen Lande. Es setzten sich weiterhin Frauengruppen, Gewerkschaften, politische Gruppierungen und Ärzte für eine Verbesserung der Schutzbestimmungen für Schwangere und Wöchnerinnen ein.[70]

c) *Der „Mutterschutz" in der Zeit nationalsozialistischer Herrschaft von 1933 bis 1945*

Mit der Machtübernahme durch die Nationalsozialisten 1933, die in eine Zeit hoher Arbeitslosigkeit fiel, sollten die Frauen ihre Arbeitsplätze für Männer wieder freimachen. Nach dem „Großen New Yorker Börsenkrach" vom 25. Oktober 1929 („Schwarzen Freitag"), und der daraufhin einsetzenden Weltwirtschaftskrise erreichte im Februar 1932 die Krise auf dem deutschen Arbeitsmarkt ihren Höhepunkt. Es gab rund 6,2 Millionen Arbeitslose. Im Jahr 1933 waren in Deutschland beinahe 5 Millionen Männer und ca. 1 Million Frauen arbeitslos. Es wurde daraufhin das Idealbild der tüchtigen Hausfrau und Mutter vieler Kinder propagiert[71] und durch gesetzliche Maßnahmen zu erreichen versucht, Frauen fortan über ihre Gebärfähigkeit zu definieren. Sie sollten zurückkehren zu Heim, Herd und Familie. Diese mehr oder weniger erfolgreiche Verdrängungspolitik wurde bis etwa 1936 forciert. Durch die Reduzierung der Anzahl erwerbstätiger Frauen wurden zugleich die mutterschutzrechtlichen Regelungen in den Hintergrund gedrängt.[72] Durch den Rüstungsboom im Zuge der Kriegsvorbereitungen stieg ab 1936 der Arbeitskräftebedarf allerdings erneut erheblich. Die Beschränkungen der Frauenerwerbstätigkeit wurden z. T. stillschweigend, manchmal sogar offiziell fallengelassen und die Frauenarbeit wurde durch eine Änderung der nationalsozialistischen Propaganda erneut vorangetrieben. Einher mit der Erhöhung der Erwerbstätigkeit von Frauen wurden die Schutzbestimmungen ausgebaut und streng überwacht. Das Idealbild der deutschen Mutter[73] musste ideologisch mit der nach dem Verständnis der Nationalsozialisten an sich nicht gewollten erwerbstätigen Frau widerwillig in Einklang gebracht werden.[74]

Als 1939 der Krieg begann, wurden die Frauen immer stärker unter Druck gesetzt, erwerbstätig zu werden. Behindernde Arbeitsschutzgesetze[75] wurden aufgeho-

---

70 Vgl. Edel, S. 65 f., 128.
71 Frau und Mutter waren zu jener Zeit noch untrennbare Begriffe.
72 Vgl. Edel, S. 68 f., 128 f.
73 Zum Idealbild der „deutschen Mutter" in der Zeit des Nationalsozialismus ausführlich Vinken, S. 217 ff.
74 Vgl. Edel, S. 74, 81, 129.
75 Wie z. B. die Arbeitszeitverordnung von 1938, welche alle die Frau betreffenden Beschäftigungsverbote zusammenstellte.

ben, viele Ausnahmegenehmigungen bewilligt, um die Produktion in den Betrieben nicht zu gefährden. Um die Vereinbarkeit der nun geforderten Erwerbstätigkeit mit dem nationalsozialistischen Ideal der Frau und Mutter zu erreichen, wurde 1942 das Gesetz zum Schutz der erwerbstätigen Mutter erlassen.[76] Dass die weibliche Erwerbstätigkeit jedoch kriegsbedingt nur geduldet wurde und der „Mutterschutz" für sich genommen eigentlich keinem arbeitsrechtlichen Ziel oder gar der Gleichbehandlung dienen sollte, zeigen bereits die das Gesetz einleitenden Worte:

> ***„Die deutsche Frau kann ihre größte Leistung für die Volksgemeinschaft, die Geburt gesunder Kinder, nur vollbringen, wenn sie vor allen Schäden und Nachteilen vor und nach der Niederkunft behütet wird. Die Sorge für einen ausreichenden Schutz gilt allen deutschen Frauen. Vordringlich ist jedoch ein besonderer Schutz für die im Erwerbsleben stehende Mutter, die trotz erschwerter Lebensbedingungen dem Vaterlande Kinder schenkt. Damit sie die Pflichten ihrer Mutterschaft ungefährdet erfüllen kann, hat die Reichsregierung das folgende Gesetz beschlossen, das hiermit verkündet wird."***[77]

Allein wegen der Kriegs- und Rüstungswirtschaft, die die Arbeitskraft der Frauen anstelle der im Krieg sich befindlichen Männern benötigte, wurde eine Verbesserung des Mutterschutzes auch unter der nationalsozialistischen Diktatur mit seinem ideologisch durchtränkten Mutterbild diskutiert. Nach dem Krieg sollten die Frauen ausschließlich wieder im Hause tätig sein und das Gesetz deshalb sodann auf alle Mütter, also auch auf die in Familienbetrieben mithelfenden Ehefrauen sowie die Hausfrauen, ausgedehnt werden. Die praktisch wichtigste Neuerung des Mutterschutzgesetzes 1942 war § 7, der den Frauen das volle Durchschnittseinkommen als Wochengeld gewährte. Keine Mutter sollte aus finanzieller Not ihr Kind alleine lassen müssen. Ansonsten blieb es dabei, dass werdende Mütter in den letzten sechs Wochen vor der Geburt auf eigenen Wunsch von jeder Arbeit zu befreien waren und Wöchnerinnen bis sechs Wochen nach der Geburt nicht beschäftigt werden durften.[78]

Hervorzuheben ist abschließend jedoch, dass trotz allem fast alle in jenem Gesetz von 1942 erreichten Verbesserungen auf Vorschläge und Initiativen der Gewerkschaften, des Zentrums und der SPD zurückzuführen waren, wenn das Mutterschutzgesetz von 1942 letztlich auch zu den Gesetzen gehörte, die durch die NS-Gesetzgebung unter besonderen bevölkerungspolitischen Gesichtspunkten geschaffen wurden.[79]

---

76 Vgl. Edel, S. 76 ff., 129.

77 RGBl. I 1942, S. 321.

78 Vgl. Edel, S. 80 f., 84, 129; vgl. ebenso Nebe in: Düwell, Göhle-Sander, Kohte (Hrsg.), juris-PraxisKommentar „Vereinbarkeit von Familie und Beruf", Kap. 5.1 Rdnr. 14.

79 Schmalz, GMH 1950, 282, 283.

d) *Nach dem Krieg bis heute*

Nach der bedingungslosen Kapitulation Deutschlands am 05. Mai 1945 kam – bedingt durch die Situation der Zerstörung, Flucht und Besatzung – auf die Frauen eine Vielzahl an neuen Aufgaben zu, die mutterschutzrechtlichen Regelungen fielen abermals weitgehend weg. Diejenigen Gesetze, Verordnungen und Erlasse, die in spezifischer Weise vom Nationalsozialismus geprägt waren, wurden außerdem durch Gesetze der Alliierten außer Kraft gesetzt und für diejenigen, die nach 1945 in Kraft blieben, verbot das Gesetz Nr. 1 der Militärregierung vom 30. August 1945 die Auslegung oder Anwendung nach nationalsozialistischen Lehren.[80] Für den Mutterschutz bedeutete dies, dass Bestimmungen ganz oder teilweise nicht angewendet werden durften, da sie im Dritten Reich neu erlassen wurden und nur für deutsche „arische" Frauen galten, nicht jedoch für Fremdarbeiterinnen, Jüdinnen und Ausländerinnen.[81] Von der von den Alliierten eingeführten Arbeitspflicht waren nur Frauen mit Kindern unter 14 Jahren oder hilfsbedürftigen Angehörigen ausgenommen. Direkt nach dem Krieg waren damit Frauen in großer Zahl erwerbstätig[82] und man besann sich erneut auf die Arbeitsschutzbestimmungen für die Frau. Die Beschäftigungsverbote wurden wieder verstärkt beachtet, diesmal aber vor allem um Arbeitsplätze für die heimgekehrten Männer freizumachen.[83]

Ab 1949 setzte zwischen den Gewerkschaften, Frauenverbänden, Kirchen und Parteien eine Diskussion um mutterschutzrechtliche Regelungen ein. Bis zur Gründung der Bundesrepublik Deutschland am 12. September 1949 kam es gleichwohl zunächst zu keiner neuen Regelung.[84] Erst mit Gründung der Bundesrepublik Deutschland am 12. September 1949 zeichneten sich schon bald positive Bestrebungen im Bereich des Mutterschutzes ab, nachdem die Frauenerwerbstätigkeit genauso schnell zunahm wie die Forderungen der Gewerkschaften und der SPD nach mehr entsprechenden gesetzlichen Regelungen.[85] Bereits in dem am

---

80 Kranig, Arbeitsrecht, S. 14, m.w.N.

81 Vgl. Edel, S. 87, 129.

82 Das weibliche Arbeitskräftepotential soll sich allein in der Britischen Besetzungszone auf 6,4 Millionen belaufen haben; s. Veröffentlichungen des Statistischen Amtes des Vereinigten Wirtschaftsgebietes im Monat Juli 1949, S. 399; vgl. auch Edel, S. 88 m.w.N.

83 Vgl. Darstellung bei Meyer/Schulze, S. 139; vgl. Moers, S. 97; vgl. Edel, S. 93, 129.

84 S. Edel, S. 129.

85 Ein erster entsprechender Antrag auf Ausarbeitung eines Gesetzesentwurfes wurde von der SPD bereits am 05.10.1949 in den Deutschen Bundestag eingebracht und in der 12. Sitzung vom 20.10.1949 von der Abgeordneten Liesel Kipp-Kaule begründet (BT-Drs. Nr. 79; Bericht über die 12. Sitzung des Deutschen Bundestages, S. 273).

23. Mai 1949 in Kraft getretenen Grundgesetz für die Bundesrepublik Deutschland wird diesen Forderungen begonnen nachzugehen. In Art. 6 Abs. 4 des neugeschaffenen Grundgesetzes der Bundesrepublik Deutschland wird seither jeder Mutter ein

„Anspruch auf den Schutz und die Fürsorge der Gemeinschaft"

eingeräumt. Dieser Vorgabe wollte die Bundesrepublik Deutschland schließlich durch das Mutterschutzgesetz von 1952[86] gerecht werden, das im Wesentlichen dem Mutterschutzgesetz von 1942 mit erweitertem Anwendungsbereich entsprach[87], nun auf dem Boden des Grundgesetzes stand, und von einem Entwurf der SPD-Fraktion des Deutschen Bundestages von 1950[88] ausgehend debattiert und verabschiedet wurde.[89] Der Entwurf der SPD-Fraktion sah dabei zwar einen weitaus weiterreichenden Anwendungsbereich vor, als das Gesetz am Ende umsetzte. So forderte die SPD-Fraktion mit dem § 1 Abs. 2 ihres Entwurfes, dass

„alle erwerbstätigen Frauen in Betrieben und Verwaltungen, in der Hauswirtschaft, Land- und Forstwirtschaft und alle Heimarbeiterinnen von dem Geltungsbereich des Gesetzes erfasst werden. Durch § 1 Abs. 2 sollte der Bundesarbeitsminister ermächtigt werden, für Ehefrauen der Arbeiter, Angestellten und Beamten, der Handwerker, Landwirte und sonstigen Gewerbetreibenden sowie der Angehörigen der freien Berufe und deren mithelfenden Familienangehörigen Vorschriften über einen entsprechenden Mutterschutz zu erlassen."[90]

Mit einem derart ausgedehnten Anwendungsbereich, der einen weitreichenden Schutz für erwerbstätige (werdende) Mütter sowie wie z. B. auch für schwangere Ehefrauen von selbständig Erwerbstätigen vorsah, konnte sich die SPD seinerzeit jedoch nicht durchsetzen. Insbesondere wegen der finanziellen Auswirkungen eines solchen weiten Geltungsbereiches wurde politisch von der Mehrheit im Bundestag nicht gebilligt. Es wurde stattdessen beschlossen, dass das Gesetz sich zunächst ausschließlich auf weibliche Arbeitnehmer in abhängiger Stellung beziehen solle. Der Titel des Gesetzes wurde vom weitreichenden „Gesetz zum Schutz

86 BGBl. I 1952, 69.

87 Zum gemäß der damaligen politischen Ideologie in einem unerträglichen Maße eingeschränkten Anwendungsbereich des Mutterschutzgesetzes von 1942 A. I. 2. c).

88 Antrag der SPD-Fraktion – Entwurf eines Gesetzes zum Schutze der Mutter (Mutterschutzgesetz) vom 18.07.1950 (BT-Drs. Nr. 1182); zur Begründung s. Bericht über die 80. Sitzung des Deutschen Bundestages vom 27.07.1950, S. 2996.

89 Vgl. Edel, S. 97, 129; vgl. auch Nebe in: Düwell, Göhle-Sander, Kohte (Hrsg.), juris-PraxisKommentar „Vereinbarkeit von Familie und Beruf", Kap. 5.1 Rdnr. 15.

90 BT-Drs. Nr. 1182.

der Mutter“ in ein „Gesetz zum Schutze der erwerbstätigen Mutter (Mutterschutzgesetz)“ abgeändert. Weiterhin wurde folgende Entschließung zu § 1 des Gesetzes verabschiedet:

> ***„Der Bundestag gibt der Erwartung Ausdruck, dass der vom Bundesinnenministerium vorbereitete Gesetzesentwurf zum Schutze von Mutter und Kind eine über den derzeitigen Stand hinausgehende Fürsorge für solche werdenden Mütter vorsieht, die im Gesetz zum Schutze der erwerbstätigen Mutter nicht erfasst werden.“***[91]

Der eingeschränkte Anwendungsbereich des Gesetzes, der einen Schutz von selbständig erwerbstätigen Müttern grundsätzlich nicht vorsah, hat bis heute Bestand. Eine Ausweitung des Anwendungsbereiches, etwa hinsichtlich der mitarbeitenden Familienangehörigen, ist bislang unterblieben, im Kern ist das Gesetz bis heute kaum angetastet worden.[92] Zwar kam es im Jahr 1968 zu einer Neufassung des Mutterschutzgesetzes, doch dieses sah nur einige wenige Änderungen im Vergleich zum Gesetz von 1952 vor. Es hat zum größten Teil bis heute Geltung. Es führte eine neue Regelung ein, namentlich die in § 2 MuSchG 1968 normierte Pflicht zur Gestaltung des Arbeitsplatzes der schwangeren Frau bzw. soeben entbundenen Mutter. Zugleich konzentrierte sich die Rechtsanwendung auch weiterhin auf die Beschäftigungsverbote.[93] Die letzte maßgebliche Änderung des Mutterschutzgesetzes erfolgte im Jahr 2012. Seinerzeit wurden die Regelungen zum Mutterschaftsgeld aus der bis dahin diesbezüglich noch immer geltenden Reichsversicherungsordnung (RVO) in das SGB V überführt.[94].

Nicht gänzlich unerwähnt bleiben sollen die auch außerhalb des Mutterschutzgesetzes erfolgten Änderungen der letzten Jahre:

So tritt seit 2006 das Bundeselterngeld- und Erziehungszeitgesetz (BEEG) dem Anspruchskanon bei[95]. Es wurde zuletzt im Dezember 2014 geändert. Zu dieser Zeit wurde das sog. „*Elterngeld Plus*“ eingeführt, mit dessen Hilfe Eltern-

91 BT-Drs. Nr. 2876 – mündlicher Bericht des Ausschusses für Sozialpolitik über den von der Fraktion der SPD eingebrachten Entwurf eines Gesetzes zum Schutze der Mutter (Mutterschutzgesetz); vgl. auch den Bericht über die 180. Sitzung des Deutschen Bundestages, S. 7518 ff.

92 Zu den Details vgl. Edel, S. 97 f.

93 Vgl. Nebe in: Düwell, Göhle-Sander, Kohte (Hrsg.), juris-PraxisKommentar „Vereinbarkeit von Familie und Beruf“, Kap. 5.1 Rdnr. 15.

94 Letzte Änderung: Art. 6 Gesetz zur Neuausrichtung der Pflegeversicherung vom 23.10.2012, BGBl. I S. 2246, 2261. Die Regelung des § 24i SGB V ersetzt die Norm des § 200 RVO annähernd wortgleich; vgl. hierzu die weiteren Ausführungen des 4. Kapitels unter A. II. 1. b) (Fn. 1049).

95 Gesetz zum Elterngeld und zur Elternzeit vom 05.12.2006, BGBl. I 2006, 2748.

zeit und Teilzeitarbeit (noch) besser vereinbart werden sollen. Die Bezugszeit des Elterngeldes wurde für den Fall einer parallel ausgeübten Teilzeittätigkeit von nicht mehr als 30 Wochenstunden verlängert.[96] Ab August 2013 ergänzte im Übrigen kurzzeitig das sog. „Betreuungsgeld" den vom Bundeselterngeld- und Erziehungszeitgesetz gewährten Leistungsumfang.[97] Es wurde von der schwarz-gelben Koalition 2012 im Bundestag beschlossen. Dies geschah allerdings nur unter heftiger Kritik. Während die CDU auf diese Weise die tradierte Hausfrauenehe unterstützen wollte, kritisierte die Mehrheit, das Gesetz fördere ein verfassungswidriges Familienmodell und setze falsche Anreize für den Ausstieg von Frauen aus dem Beruf. Der Staat fördere ein überholtes Rollenmuster und begünstige nicht die Erwerbskarriere von Frauen, sondern, im Falle der Scheidung, stattdessen eine „Hartz-IV-Karriere".[98] Bundespräsident Gauck unterzeichnete das Gesetz erst nach einigem Zögern; eine Klage vor dem Bundesverfassungsgericht wurde umgehend eingereicht. Das Bundesverfassungsgericht hatte daraufhin binnen kürzester Zeit, genauer am 21. Juli 2015, über die sog. „Herdprämie" von 150,00 EUR pro Monat für Eltern, die ihre Kinder nicht in eine staatliche finanzierte Betreuungseinrichtung geben, entschieden und das Betreuungsgeld richtigerweise für verfassungswidrig erklärt.[99]

Hervorzuheben ist an dieser Stelle ferner das seit dem 01. Januar 2006 in Kraft befindliche Aufwendungsausgleichsgesetz (AAG), das seither die Arbeitgeber unabhängig von der Unternehmensgröße in das Umlageverfahren einbezieht. Die Einbeziehung aller Arbeitgeber in das Umlageverfahren und damit die Schaffung des AAG wurde nach einer Entscheidung des Bundesverfassungsgerichts notwendig, welche die Vorgängerregelung des § 10 Abs. 1 Nr. 2 und Nr. 3 LFZG a.F. als verfassungswidrig ansah. In der an jener Stelle geregelten Beschränkung des Kreises derjenigen Arbeitgeber, die ihre Zuschüsse nach

---

96 Letzte Änderung: Art. 1 Gesetz zur Einführung des Elterngelds Plus mit Partnerschaftsbonus und einer flexibleren Elternzeit im Bundeselterngeld- und Elternzeitgesetz vom 18.12.2014, BGBl. I S. 2325.

97 §§ 4a BEEG; eingeführt zum 01.08.2013, Gesetz zur Einführung eines Betreuungsgeldes (Betreuungsgeldgesetz) vom 15.02.2013, BGBl. I S. 254. Das Betreuungsgeld erhielten Eltern, die für ihr Kind keine frühkindliche Förderung in öffentlich bereit gestellten Tageseinrichtungen oder in öffentlich finanzierter Kindertagespflege gemäß § 24 Abs. 2 SGB VIII in Anspruch nahmen. Die Bezugszeit von längstens 22 Monaten schloss nahtlos an die vierzehnmonatige Rahmenbezugszeit für das Elterngeld an. Das Gesetz wurde am 21.07.2015 vom Bundesverfassungsgericht für verfassungswidrig erklärt, BVerfG, Urt. v. 21.07.2015, Az. 1 BvF 2/13.

98 S. hierzu Prantl, „Letzte Schlacht ums Betreuungsgeld", SZ v. 11./12.04.2015, S. 1.

99 BVerfG, Urt. v. 21.07.2015, Az. 1 BvF 2/13.

§§ 11 und 14 MuSchG a. F. erstattet bekommen sollten, auf lediglich solche mit mehr als 20 Mitarbeitern, sah das oberste Verfassungsgericht einen Verstoß gegen Art. 3 Abs. 2 GG. Diese Entscheidung verdeutlicht den inzwischen auch im deutschen Recht nachvollzogenen Zusammenhang zwischen Gefährdungs- und Diskriminierungsschutz.[100]

Die weitere Entwicklung des deutschen Mutterschutzrechtes wird heute jedoch nicht nur von der Rechtsprechung, sondern vor allem auch durch das Europäische Unionsrecht maßgeblich geprägt und hier allen voran durch die Mutterschutzrichtlinie 92/85/EWG[101]. Insbesondere das 1. sowie das 2. Änderungsgesetz des MuSchG[102] gehen auf die Mutterschutzrichtlinie der Europäischen Union zurück.[103] Auch die Richtlinie 86/613/EWG nimmt bereits seit 1986 den Mutterschutz (auch) für Selbständige in Bezug, beinhaltet dabei allerdings nur einen Prüfungsauftrag; eine tatsächliche Umsetzung fordert sie nicht. Dies wird nunmehr durch Richtlinie 2010/41/EU, die die erfolglose Richtlinie 86/613/EWG ersetzt, geändert. Hierauf wird im Folgenden noch näher einzugehen sein.

Am 23. Mai 2017 wurde das Gesetz zur Neuregelung des Mutterschutzrechts verabschiedet. Es ist zum 01. Januar 2018 in Kraft getreten.[104] Ziel der umfassenden Reform des Mutterschutzgesetzes ist dabei vor allem den unionsrechtlichen Vorgaben zum Anwendungsbereich, im Gesundheitsschutz und im Kündigungsschutz Genüge zu tun. Das überarbeitete Gesetz soll den Veränderungen der gesellschaftlichen und rechtlichen Rahmenbedingungen gerecht werden und hierzu entsprechend die Chancen der Frauen verbessern und ihre Rechte stärken, dem Beruf während Schwangerschaft und Stillzeit ohne Beeinträchtigung ihrer Gesundheit und der ihres Kindes weiter nachzugehen. Es soll ein ausreichendes einheitliches Schutzniveau für alle schwangeren und stillenden Frauen erreicht werden. Hierzu wird der Anwendungsbereich des

---

100 Ausführlicher hierzu Nebe in: Düwell, Göhle-Sander, Kohte (Hrsg.), juris-PraxisKommentar „Vereinbarkeit von Familie und Beruf“, Kap. 5.1 Rdnr. 18.

101 RL 92/85/EWG des Rates vom 19.10.1992, ABlEG L 348 v. 28.11.1992, S. 1.

102 1. Änderungsgesetz vom 20.12.1996, BGBl. I 1996, 2110; vgl. dazu nur den Überblick bei Zmarzlik, DB 1997, 474 ff.; 2. Änderungsgesetz vom 06.06.2002, BGBl. I 2002, 1812 ff.; hierzu zum Überblick bei Graue, AiB 2002, 589; Friese, NJW 2002, 3208; Joussen, NZA 2002, 702, 702 ff.

103 So auch Nebe in: Düwell, Göhle-Sander, Kohte (Hrsg.), juris-PraxisKommentar „Vereinbarkeit von Familie und Beruf“, Kap. 5.1 Rdnr. 17.

104 Gesetz zur Neuregelung des Mutterschutzrechts v. 23.05.2017, veröffentlicht am 29.05.2017 im BGBl. I 2017 S. 1228.

Gesetzes insbesondere im Hinblick auf den Gesundheitsschutz erweitert, so dass zukünftig auch Frauen, die in arbeitnehmerähnlichen Strukturen tätig sind sowie Schülerinnen, Praktikantinnen und Studentinnen erfasst werden. Den arbeitnehmerähnlich erwerbstätigen Frauen soll dabei jedoch auch weiterhin jedweder Anspruch auf Mutterschutzlohn oder Mutterschaftsgeld verweigert werden; sie sollen allerdings einen Anspruch auf Kündigungsschutz erhalten. Darüber hinaus sind Einzeländerungen zur Weiterentwicklung des Mutterschutzes vorgesehen, wie z. B. die Verlängerungen der Schutzfrist nach der Entbindung von einem Kind mit Behinderung. Das gesamte Mutterschutzgesetz wurde zudem redaktionell überarbeitet und neu strukturiert.[105] Bei alldem versäumt es die Reform jedoch eine Ausweitung des Mutterschutzes auch auf alle selbständig erwerbstätigen Frauen vorzusehen. Diese Chance wurde, wie schon im Jahr 1952, nicht genutzt.

Während im Rahmen der Reform des Mutterschutzgesetzes eine Ausweitung dessen Anwendungsbereichs auch auf selbständig erwerbstätige Frauen unterbleibt, trat im Zuge der Verabschiedung des Gesetzes zur Stärkung der Heil- und Hilfsmittelversorgung (Heil- und Hilfsmittelversorgungsgesetz – HHVG) am 11. April 2017 mit § 192 Abs. 5 S. 2 Versicherungsvertragsgesetz (VVG) n. F. nahezu unbemerkt von der breiten Öffentlichkeit eine neue Regelung in Kraft, gemäß der die privaten Krankenversicherer fortan verpflichtet sind, ihren Versicherten im Falle des Abschlusses einer Krankentagegeldversicherung den Verdienstausfall, der ihnen während der Schutzfristen nach § 3 Abs. 2 und § 6 Abs. 1 MuSchG a. F. / § 3 Abs. 1, Abs. 2 MuSchG 2018 sowie am Entbindungstag entsteht, durch das vereinbarte Krankentagegeld zu ersetzen, soweit der versicherten Person kein anderweitiger angemessener Ersatz für den während dieser Zeit verursachten Verdienstausfall zusteht.[106] Obgleich mit den Regelungen des HHVG ursprünglich allein die Versorgung mit Heil- und Hilfsmitteln im Rahmen der GKV (Gesetzlichen Krankenversicherung) gestärkt werden sollte, das System der Preisfindung soll weiter flexibilisiert und die Rahmenbedingungen für die Gewährleistung der Struktur-, Prozess- und Ergebnisqualität der Hilfsmittelversorgung konsequent weiterentwickelt werden, wurde also erstmals auch eine die privaten Krankenversicherer verpflichtende

105 Vgl. zur Zielsetzung des Gesetzes zur Neuregelung des Mutterschutzrechtes die umfassenden Ausführungen und Begründungen der Bundesregierung in: BR-Drs. 230/16, S. 1 f., 32 ff.; BT-Drs. 18/8963, S. 1, 33 ff.

106 S. Art. 1i zum Gesetz zur Stärkung der Heil- und Hilfsmittelversorgung (Heil- und Hilfsmittelversorgungsgesetz – HHVG) v. 04.04.2017, veröffentlicht am 10.04.2017 im BGBl. I 2017 S. 778.

Vorgabe zur Schaffung eines Anspruchs auf Mutterschutzleistungen für alle bei ihnen im Krankentagegeldtarif versicherten Frauen gesetzlich niedergelegt.[107] Insbesondere hierauf wird im Folgenden noch ausführlich zurückzukommen sein.

e) *Ergebnis*

Der Mutterschutz ist ein Rechtsinstitut mit vergleichsweise keiner langen Tradition. Die ersten Schritte hin zu einem Schutz der Mütter wurden gerade einmal vor rund 130 Jahren getätigt. Schwerpunkte waren dabei von jeher Fragen der Vermeidung von Gesundheitsschäden, die Mütter und Kinder durch die Arbeit während der Schwangerschaft erleiden, und der Verlagerung von Einkommenseinbußen, die die Frauen wegen geringerer Produktionsleistung erleiden könnten, auf den Arbeitgeber oder die Allgemeinheit.

Wirft man einen genaueren Blick auf die bisherige Entwicklung des Mutterschutzrechtes, so wird schnell deutlich, dass die Ziele des Mutterschutzes auch immer eine Frage ihrer Zeit waren. Die Entwicklung des Mutterschutzes unterlag stets starken Schwankungen, die allen voran von der jeweiligen Akzeptanz der Frauenerwerbsarbeit in der Gesellschaft und den gesellschaftspolitischen Wertungen zu den verschiedenen Zeiten abhingen.[108] Zunächst ging es um Gesundheitsschutz und Frauenrechte, die in der Frauenbewegung geltend gemacht wurden – dann folgte das Idealbild der Mutter, das mit der kriegsbedingten Notwendigkeit der weiblichen Erwerbstätigkeit vereinbart werden sollte. Alle Frauenarbeits- und Schutzbestimmungen standen bis zum Jahre 1918 und während der NS-Zeit, der damaligen Auffassung entsprechend, hauptsächlich unter dem Gesichtspunkt der Sicherung des Nachwuchses, während die Arbeitervertreter vor allem auf die große körperliche und seelische Not der Mütter hinwiesen.[109] Die Geschichte zeigt uns, dass die mühsam erstrittenen Regelungen zum Mutterschutz gleichsam dazu zweckentfremdet wurden, um die Frauen wieder an den Herd zurückzubringen – ihnen die Chance auf eine gleichberechtigte Ausübung einer freigewählten Erwerbstätig-

---

107 S. zur Begründung dieses Vorstoßes sowie der sich damit ergebenden weiteren Gesetzesänderungen die Ausführungen zum Änderungsantrag 6 der Fraktionen der CDU/CSU und SPD zum Entwurf eines Gesetzes zur Stärkung der Heil- und Heilmittelversorgung (Heil- und Heilmittelversorgungsgesetz – HHVG) BT-Drs. 18/10186 v. 18.11.2016, Ausschussdrucksache 18(14)0226.1, S. 25 ff.

108 Vgl. Nebe in: Düwell, Göhle-Sander, Kohte (Hrsg.), juris-PraxisKommentar „Vereinbarkeit von Familie und Beruf", Kap. 5.1 Rdnr. 20.

109 Schmalz, GMH 1950, 282.

keit zu nehmen. Sie sollten dem Idealbild der guten Hausfrau und Mutter entsprechen.[110] Die gesetzlichen Möglichkeiten halfen dabei. Insbesondere in der Zeit des Nationalsozialismus stand diese Ideologie im Mittelpunkt, doch nur solange wie die Frauen nicht kriegsbedingt im Arbeitseinsatz an der Heimatfront gebraucht wurden.

Erst spät setzte sich die Erkenntnis durch, dass die mütterliche Gesundheit während und kurz nach der Schwangerschaft viel wichtiger war als alle nachträglichen Hilfsmaßnahmen. Heute ist das Ziel deshalb auch ein gänzlich anderes: Frauen sollen die Chance haben ihren Beruf, ihre Erwerbstätigkeit auszuüben, ohne Angst vor finanziellen Einbußen oder Kündigung haben zu müssen, und um sodann nach der Geburt gesund zurück ins Berufsleben starten zu können. Frauen sollen und müssen darüber hinaus besser in die Erwerbstätigkeit eingebunden werden, um ein kontinuierliches Wachstum unserer Wirtschaft auch weiterhin garantieren zu können.[111] Seit Ende des 2. Weltkrieges stand das Bedürfnis, sich der zu jener Zeit weiter zunehmenden Frauenerwerbsarbeit gebührend zu widmen, erneut im Vordergrund. Heute geht es obendrein darum, einen weiteren Anstieg der Frauenerwerbstätigkeit überhaupt zu erreichen.[112] Zunächst galt es vornehmlich die Geburtenraten aufgrund zunehmender Erwerbstätigkeit von Frauen nicht sinken zu lassen, heute heißt es eine bessere Vereinbarkeit von Familie und Beruf zu erreichen.[113] Die Frage der Chancengleichheit rückt damit zunehmend in den Fokus.

Die gesamte Entwicklung im Bereich der Schutzgesetzgebung für Schwangere, Wöchnerinnen und Mütter führte trotz allem stetig zu einer Verbesserung der Lage der betroffenen Frauen. Jedoch wurden einerseits nie die von verschiedenen Seiten erhobenen Forderungen ganz erfüllt und andererseits in besonderen Lagen des Staates (Krieg, Finanzengpässe) der Schutz und die damit verbundenen Leistungen immer wieder eingeschränkt bzw. aufgehoben.[114] Erkennbar waren und sind noch immer diese Lücken insbesondere bei den selbständig erwerbstätigen Frauen, wie noch zu zeigen sein wird. Selbständige Mütter standen nie im Mittelpunkt des Interesses. Auf den ersten Blick exis-

---

110 Ausführlich zum Rollenbild der Mutter im Nationalsozialismus auch bei Vinken, S. 217 ff.

111 Vgl. hierzu vor allem die Lissabon-Strategie der Europäischen Union, näheres hierzu im 2. Kapitel unter Punkt B. I., II. 1.

112 Vgl. auch hierzu die Lissabon-Strategie der Europäischen Union.

113 Zur „Vereinbarkeit von Beruf und Familie" s. die nachfolgenden ausführlichen Darstellungen unter 1. Kapitel unter Punkt C.

114 Edel, S. 130.

tiert für sie nach unserer derzeitigen nationalen Rechtslage deshalb auch kein bedeutender Mutterschutz. Von den Regelungen des Mutterschutzgesetzes sind sie seit jeher jedenfalls ausgeklammert.[115] Als sich im Jahre 1952 die Chance bot, einen umfassenden Mutterschutz (auch) für Selbständige im Mutterschutzgesetz aufzugreifen, wurde dieser Weg aus finanziellen Gründen nicht gewählt. Und auch die aktuelle Reform des Mutterschutzgesetzes von 2017, die zum 01. Januar 2018 in Kraft getreten ist, klammert die selbständig erwerbstätigen Frauen erneut aus. Vorgesehen ist allein eine Ausweitung des Anwendungsbereichs auf arbeitnehmerähnliche Personen sowie Schüler, Praktikantinnen und Studentinnen.[116]

Dass es dennoch zumindest allgemein betrachtet zu einer steten Weiterentwicklung kam, ist der Einsicht der Gesellschaft und der gesetzgebenden Organe hinsichtlich der besonderen Schutzbedürftigkeit der Mutter (und des ungeborenen Kindes), der wirtschaftlichen Bedeutung von Frauenarbeit im Allgemeinen sowie der abnehmenden Geburtenrate, deren Hauptursache in der – oftmals noch immer – schweren Vereinbarkeit von Familie und Beruf liegt, geschuldet.[117] Es bleibt abzuwarten, wie weit diese Entwicklung künftig noch voranschreiten wird und welchen Einfluss vor allem die europäischen Vorgaben, wie der hier im Mittelpunkt stehenden Richtlinie 2010/41/EU, auf den Mutterschutz für Selbständige haben werden. Während die Bundesfamilienministein *Schwesig* noch im Mai 2016 angekündigt hat, sie wolle in den kommenden Jahren auch eine Lösung für selbständige Frauen finden[118], haben die Fraktionen der CDU/CSU und SPD auf Betreiben des Bundesgesundheitsministeriums hin zumindest eine Anpassung des Versicherungsvertragsgesetzes (VVG) geschaffen, die vorliegend durchaus von Bedeutung sein könnte.[119]

---

115 Siehe hierzu nur Graue, MuSchG, § 1 Rdnr. 15 ff. Vgl. im Übrigen die ausführliche Darstellung des Mutterschutzrechts (auch) für Selbständige nach deutschem Recht im 4. Kapitel.

116 Vgl. hierzu die Begründung des Gesetzesentwurfs zur Neuregelung des Mutterschutzrechtes, BR-Drs. 230/16; BT-Drs. 18/8963, verabschiedet am 23.05.2017 und veröffentlicht am 29.05.2017 im BGBl. I 2017 S. 1228.

117 S. Edel, S. 130.

118 So z. B. die Mitteilung „Mutterschutz für Studentinnen: Kabinett billigt Reform" im Weser Kurier vom 04.05.2016; abrufbar unter: http://www.weser-kurier.de (zuletzt abgerufen am 15.06.2018).

119 Vgl. hierzu die obigen einleitenden Ausführungen unter A. I. 2. d) sowie die nachfolgende Darstellung und Bewertung der Neuregelung des § 192 Abs. 5 VVG im 4. Kapitel unter B. II.

3. *Zu den Einflüssen des europäischen Unionsrechts auf das Mutterschutzrecht (auch) für Selbständige*

Mit der obigen Beschreibung der Regelungsziele des deutschen Mutterschutzrechts wurde deutlich, dass dieses bislang stark ausgrenzend ausgerichtet ist. Das Beschäftigungsverbot, welches den Gesundheitsschutz von Mutter und Kind garantieren soll, steht im absoluten Mittelpunkt. Dies lässt sich mit den aktuellen mutterschutzrechtlichen Grundsätzen des europäischen Unionsrechts allerdings kaum mehr in Einklang bringen[120], wie noch zu zeigen sein wird.

Die folgenden Ausführungen werden sich mit dem Mutterschutz beschäftigen, wie ihn das Europarecht heute versteht und im Übrigen auch der Frage nachgehen, welcher Mutterschutzbegriff von der hier im Fokus stehenden Richtlinie 2010/41/EU aufgegriffen wird.

a) *Regelungsziel nach dem europäischen Unionsrecht: Mutterschutz und verbesserte Chancengleichheit*

Das Unionsrecht verfolgt heute ein präventives, gestaltendes und die Beschäftigten integrierendes Konzept.[121] Es sucht im sensiblen Bereich des Mutterschutzes dabei stets zugleich auch den notwendigen Ausgleich zum Recht auf Nichtdiskriminierung zu schaffen.[122] Dazu ist neben den Aspekt des Gesundheitsschutzes vor allem die Frage nach einer verbesserten Vereinbarkeit von Beruf und Familie getreten.[123] Spätestens seit der Verabschiedung des „Fahrplans für die Gleichstellung von Frauen und Männern 2006–2010“[124] und dem damit verbundenen Bestreben nach einer verbesserten Vereinbarkeit von Familie und Beruf[125] soll die Beschäftigungsfähigkeit von Frauen verbessert werden. Der Bezug zum Gleichstellungsrecht wird seither auch hinsichtlich der Frage nach dem Mutterschutz

120 So Nebe in: Düwell, Göhle-Sander, Kohte (Hrsg.), juris-PraxisKommentar „Vereinbarkeit von Familie und Beruf“, Kap. 5.1 Rdnr. 21.

121 Vgl. zusammenfassend Nebe, Betrieblicher Mutterschutz ohne Diskriminierungen, S. 156 f. und ausführlich S. 124 ff.

122 Zum Schutz der Gleichberechtigung im Mutterschutz Nebe, Betrieblicher Mutterschutz ohne Diskriminierungen, S. 156 f.

123 Ausführlich zur Vereinbarkeit von Beruf und Familie beispielsweise im 3. Kapitel unter B. I. 2. oder im 4. Kapitel unter A. I. 3.

124 Ein Fahrplan für die Gleichstellung von Frauen und Männern 2006–2010, KOM(2006)92 endg. vom 01.03.2006. Vgl. hierzu auch die Ausführungen zur sog. „Lissabon Strategie“ im 2. Kapitel unter Punkt B. I., II. 1.

125 Bessere Work-Life-Balance: stärkere Unterstützung der Vereinbarkeit von Beruf, Privat- und Familienleben, KOM(2008)635 endg. vom 03.10.2008.

immer deutlicher.[126] Prägend sind diesbezüglich neben den primärrechtlichen Anforderungen, z. B. des Art. 157 AEUV (Entgeltgleichheit), insbesondere die folgenden drei Richtlinien, die sich allesamt mit dem vorliegend im Mittelpunkt stehenden Themenkomplex beschäftigen: die Gleichbehandlungs-Richtlinie[127], die Arbeitsschutz-Richtlinie[128] und die Mutterschutz-Richtlinie 92/85/EWG.[129] Folgerichtig muss seit ihrer Verabschiedung nun auch die hier im Fokus stehende Selbständigen-Richtlinie 2010/41/EU, vor allem wegen ihrer in Art. 8 der Richtlinie ausdrücklich normierten Forderung nach einem Mutterschutz für alle Selbständigen, zu dieser Auflistung hinzugenommen werden.[130] Die Entwicklung auf europäischer Ebene hat somit in den letzten Jahren zunehmend dahin geführt, dass die Europäische Union den Mutterschutz auch als Mittel für mehr Chancengleichheit nutzt. Es geht nicht länger allein um den Gesundheitsschutz von Mutter und Kind.

b) Zum europäischen Verständnis vom Begriff des „Mutterschutzes" im Rahmen der Selbständigen-Richtlinie 2010/41/EU

Die zu der im Rahmen dieser Ausarbeitung bedeutsamen Selbständigen-Richtlinie bestehende Vorgänger-Richtlinie 86/613/EWG[131] trug noch den passenden Titel „Richtlinie zur Verwirklichung des Grundsatzes der Gleichbehandlung von Männern und Frauen, die eine selbständige Erwerbstätigkeit – auch in der Landwirtschaft – ausüben, sowie über den Mutterschutz"[132]. Die hier im Mittelpunkt des Interesses stehende Nachfolger-Richtlinie aus dem Jahre 2010 wird verkürzt nur noch mit „Richtlinie zur Verwirklichung des Grundsatzes der Gleichbehandlung von Männern und Frauen, die eine selbständige Erwerbstätigkeit ausüben"

126 Vgl. hierzu insgesamt die Schlussfolgerungen der Ausführungen zum 2. Kapitel.

127 RL 76/207/EWG vom 09.02.1976 zur Verwirklichung des Grundsatzes der Gleichbehandlung von Männern und Frauen hinsichtlich des Zugangs zum beruflichen Aufstieg zur Beschäftigung, zur Berufsausbildung und sowie in Bezug auf Arbeitsbedingungen (ABl. L 39, S. 40), geändert durch die RL 2002/73/EG vom 23.09.2002 (ABl. L 269, S. 15), geändert durch die RL 2006/54/EG vom 05.07.2006 (ABl. L 204, S. 23). Zur RL 2006/54/EG Kocher, Streit 2007, 178, 178 ff.

128 RL 89/391/EWG vom 12.06.1989 (ABl. L 183, S. 1).

129 RL 92/85/EWG vom 19.10.1992 (ABl. L 348, S. 1); s. hierzu ausführlich Nebe in: Düwell, Göhle-Sander, Kohte (Hrsg.), juris-PraxisKommentar „Vereinbarkeit von Familie und Beruf", Kap. 5.1 Rdnr. 22 ff.

130 Zum Hintergrund der Verabschiedung der RL 2010/41/EU und ihrer genauen Zielsetzung vgl. die nachfolgenden Ausführungen des 2. Kapitels unter Punkt B.

131 Ausführlicher zur Vorgänger-RL 86/613/EWG im 2. Kapitel unter A. II.

132 RL 86/613/EWG vom 11.12.1986, ABl. Nr. L 359 S. 56.

betitelt. Der „Mutterschutz“ mag damit zwar aus dem Titel herausgenommen worden sein, nicht aber aus dem Inhalt der Richtlinie selbst. Art. 8 der Nachfolger-Richtlinie beschäftigt sich auch weiterhin damit, dass es „Mutterschaftsleistungen“ geben müsse, die den Müttern sodann einen gewissen Schutz für die Zeit rund um die Geburt zu bieten haben.

Der Begriff der „Mutterschaft“ oder des „Mutterschutzes“ ist in der Selbständigen-Richtlinie 2010/41/EU selbst nicht benannt oder definiert. In Art. 8 Abs. 1 der Richtlinie 2010/41/EU wird lediglich mitgeteilt, dass es sich um solche „Mutterschaftsleistungen“ handeln soll, die eine Unterbrechung der Erwerbstätigkeit wegen Schwangerschaft oder Mutterschaft während mindestens 14 Wochen ermöglichen. Ausreichend soll gemäß Art. 8 Abs. 2, 3 der Richtlinie ein „Mutterschutz“ sein, der eine gegenfinanzierte Auszeit von 14 Wochen und/oder Vertretungsregelung zum Gegenstand hat. Auf diese Weise wird eine klare Verbindung zu den Vorgaben gemäß der Mutterschutzrichtlinie 92/85/EWG hergestellt. Diese wird zudem nochmals dadurch verstärkt, dass die einleitende Erwägung Nr. 19 zur Richtlinie ausdrücklich besagt, dass der Zeitraum, in dem selbständig erwerbstätigen Frauen Mutterschaftsleistungen gewährt werden, der Dauer des Mutterschaftsurlaubs für Arbeitnehmerinnen, wie er derzeit auf Unionsebene gilt, ähneln soll. Weiter heißt es: Falls die Dauer des Mutterschaftsurlaubs für Arbeitnehmerinnen auf Unionsebene geändert wird, sollte die Kommission dem Europäischen Parlament und dem Rat Bericht erstatten und prüfen, ob die Dauer der Mutterschaftsleistungen für selbständig erwerbstätige Frauen ebenfalls geändert werden sollte. Es ist demnach davon auszugehen, dass die Selbständigen-Richtlinie kein anderes Verständnis von Mutterschutz nach sich ziehen soll, wie es nicht bereits seit Langem mit Blick auf die für die abhängig erwerbstätigen Frauen geltende Mutterschutzrichtlinie besteht. Überlegungen zur Kohärenz des gemeinschaftlichen Gleichbehandlungsrechts sprechen ebenfalls dafür, den Begriff wie z. B. in der Gender-Richtlinie, der Richtlinie über Gleichbehandlung in den Bereichen Beschäftigung, Beruf und Arbeitsbedingungen[133], zu interpretieren.[134] Es soll also eine Unterbrechung der Erwerbstätigkeit wegen Schwangerschaft oder Mutterschaft während mindestens 14 Wochen ermöglicht werden. Damit ist eine deutliche Parallele zur sog. „Mutterschutz“-Richtlinie 92/85/EWG[135] zu ziehen, jener Richtlinie, die einen konsequenten Mutterschutz für die abhängig Erwerbstätigen im Blick hat. Die

133 RL 2002/73/EG, ABl. L 269 vom 05.10.2002.

134 S. von der Groeben/Schwarze-*Rust*, EUV/EGV, Art. 141 EG Rdnr. 295.

135 RL 92/85/EWG vom 19.10.1992, ABl. L 348 – „Richtlinie über die Durchführung von Maßnahmen zur Verbesserung der Sicherheit und des Gesundheitsschutzes

„Richtlinie 92/85/EWG (Mutterschutzrichtlinie) über die Durchführung von Maßnahmen zur Verbesserung der Sicherheit und des Gesundheitsschutzes von schwangeren Arbeitnehmerinnen, Wöchnerinnen und stillenden Arbeitnehmerinnen am Arbeitsplatz" betrifft neben dem Mutterschaftsurlaub dabei aber auch andere Leistungen, wie einen Kündigungsschutz oder den Schutz vor Diskriminierung am Arbeitsplatz. Diese speziell auf die abhängig erwerbstätigen (werdenden) Mütter ausgerichteten Vorgaben sind nur soweit wie möglich und nötig auf die selbständigen (werdenden) Mütter zu übertragen. Sie benötigen keinen Kündigungsschutz, wohl aber genauso wie Arbeitnehmerinnen unter Umständen eine ausreichende finanzielle oder personelle Unterstützung für die Zeit rund um die Geburt.

Am 03. Oktober 2008 schlug die Europäische Kommission im Übrigen auch eine Änderung der Richtlinie 92/85/EWG vor, die u.a. eine Verlängerung des Mutterschutzurlaubes von 14 auf 18 Wochen vorsah. Einige Mitgliedsstaaten, darunter Deutschland, wehrten sich vehement gegen eine Verlängerung des Mutterschutzurlaubes und warnten insbesondere vor finanziellen Belastungen der Arbeitgeber und daraus resultierend vor Nachteilen für Frauen auf dem Arbeitsmarkt. Dessen ungeachtet sprach sich das Europäische Parlament am 20. Oktober 2010 sogar für eine Verlängerung auf 20 Wochen aus. Eine tatsächliche Novellierung ist trotz aller Bemühungen bislang nicht erfolgt. Das Vorhaben wurde stattdessen bereits seit Juni 2011 auf Eis gelegt und im August 2015 sogar durch die Kommission zurückgenommen. Dies geschah jedoch, um im Zuge einer neuen Initiative einen klaren Neuanfang hinsichtlich der festgefahrenen Verhandlungen zu schaffen. Die Thematik einer Novellierung der Mutterschutzrichtlinie ist damit auch weiterhin aktuell.[136]

4. *Fazit*

Unter dem Begriff „Mutterschutz" wurde im Laufe der Jahre immer wieder anderes gewertet. Chancengleichheit, Arbeitsschutz, Gesundheitsschutz – der „Mutterschutz" hat viele Gesichter. Der Mutterschutz dient heute nicht mehr allein dem

---

von schwangeren Arbeitnehmerinnen, Wöchnerinnen und stillenden Arbeitnehmerinnen am Arbeitsplatz.

136 Bereits seit Juni 2011 ruhte das Rechtssetzungsverfahren; am 06.08.2015 wurde schließlich die Rücknahme durch die Kommission erklärt, um das Vorhaben durch eine neue Initiative im Rahmen des Arbeitsprogrammes 2016 zu ersetzen. Zum aktuellen Stand https://eur-lex.europa.eu/procedure/DE/197460 (zuletzt abgerufen am 15.06.2018).

Schutz der Gesundheit von Mutter und Kind. Insbesondere nach europarechtlichem Verständnis soll es sich beim Mutterschutz vor allem auch um eine Regelung handeln, die eine verbesserte Chancengleichheit nach sich zieht. Eine bessere Vereinbarkeit von Beruf und Familie soll hierzu maßgeblich beitragen. Der Mutterschutz ist stets nur als ein Mosaiksteinchen des Gesamtbildes zu sehen. Die vorliegende Ausarbeitung kann jedoch nicht alle Aspekte im gleichen Maße begutachten und wird sich daher im Folgenden vornehmlich auf die Frage des Mutterschutzes im Sinne einer 14-wöchigen Auszeit in der Phase rund um die Geburt konzentrieren, wie er gemäß den Vorgaben der Mutterschutz-Richtlinie 92/85/EWG für abhängig Beschäftigte bereits seit Langem Bestand hat. Das Augenmerk wird darauf zu richten sein, was die Selbständigen-Richtlinie 2010/41/EU an konkreten Forderungen an die Mitgliedsstaaten der Europäischen Union, mithin auch an den deutschen Gesetzgeber, stellt.

Schon im Jahr 1952 wurde vom deutschen Gesetzgeber die Chance vertan, einen umfassenden Mutterschutz (auch) für Selbständige zu schaffen. Und auch der im Mai 2016 vorgelegte und im Mai 2017 verabschiedete Gesetzentwurf einer Neuregelung des Mutterschutzrechts sieht keine Änderungen zugunsten selbständig erwerbstätiger Frauen vor; auch wenn immerhin arbeitnehmerähnliche Personen künftig vom Anwendungsbereich des Mutterschutzgesetzes umfasst sein sollen, eine Folge der „*Danosa*“-Rechtsprechung des Europäischen Gerichtshofs[137], die allerdings keinen Anspruch auf Mutterschaftsgeld nach sich ziehen soll. Das aktuell gültige Mutterschutzrecht weist damit auch weiterhin erhebliche Lücken auf, während fast schon still und heimlich zumindest im Zuge der Verabschiedung des Gesetzes zur Stärkung der Heil- und Heilmittelversorgung eine nicht unwichtige Ergänzung der Regelung des § 192 Abs. 5 VVG vorgenommen wurde, wie noch zu zeigen sein wird. Die nachfolgenden Ausführungen dieser Ausarbeitung sollen daher vor allem auch den Status Quo des deutschen Mutterschutzrechtes untersuchen und der Frage nachgehen, ob der nationale Gesetzgeber insbesondere mit Blick auf die novellierten Forderungen der Richtlinie 2010/41/EU gehalten ist, zumindest heute weitergehende Schritte hin zu einem umfassenden Mutterschutz im vorgenannten Sinne (auch) für Selbständige zu schaffen oder, ob bereits alles Notwendige getan ist. Werden auch den selbständig erwerbstätigen Müttern ausreichende Mutterschaftsleistungen i.S.d. Art. 8 der Richtlinie 2010/41/ gewährt?

---

137 Anmerkung zur „*Danosa*“-Entscheidung des EuGHs vom 11.11.2010, C-232/09, und den Auswirkungen der Selbständigen-RL 2010/41/EU auf das deutsche Recht: Porsche, Streit 2013, 64.

II. Zur Notwendigkeit eines Mutterschutzes in der Zeit rund um die Geburt

Gerade in der Zeit kurz vor und nach der Geburt eines Kindes bedürfen Frauen besonderem Schutz und individueller Fürsorge. Während der Schwangerschaft und Geburt ist der Körper der Frau starken Veränderungen und Beanspruchungen ausgesetzt. Schwangerschaft und Geburt stellen im Leben der Frau physiologische Vorgänge dar, die mit tiefgreifenden funktionellen Veränderungen verschiedener Organsysteme einhergehen.[138] Es ist eine intensive Zeit, in der die (werdenden) Mütter körperlich, wie auch psychisch Verschiedenes zu verkraften haben.

Schon mit einem ersten, kurzen Blick in heutige Standardwerke, wie den „Brockhaus – Gesundheit“[139], zeigt sich schnell, dass selbst ein medizinisch ausgerichtetes Werk, wie dieses, verstärkt auf die rechtlichen Fragen des Mutterschutzes abstellt, nicht jedoch versucht darzustellen, aus welchen medizinischen Erwägungen heraus ein Schutz der Mutter letztlich überhaupt notwendig ist. Um nun aber zu verstehen, was eine werdende Mutter bzw. eine Wöchnerin tatsächlich körperlich und seelisch durchzustehen hat, bedarf es nach diesseitigen Verständnis zumindest eines kurzen Überblicks dazu, warum eine „Auszeit“ von 14 Wochen rund um die Niederkunft aus schulmedizinischer Sicht von Bedeutung für die Gesundheit und das Wohlbefinden von Mutter und Kind ist.

1. Die Zeit vor der Geburt

Schon im Laufe der Schwangerschaft kommt es zu diversen körperlichen Veränderungen, auf die sich die werdende Mutter einzustellen hat. Die hormonelle Umstellung ist dabei nur ein Aspekt, mit dem es gilt klar zu kommen. Im Laufe der Schwangerschaft kommt es darüber hinaus u. a. auch zu einer Vermehrung der Blutmenge, so dass das Herz eine höhere Leistung erbringen muss. Auch die anderen inneren Organe, wie Leber und Nieren werden stärker beansprucht. Durch Veränderungen der Blutzusammensetzung bilden sich in der Schwangerschaft eher Blutgerinnsel (Thrombosen).[140] In den letzten Wochen vor der Geburt wächst überdies der obere Rand der Gebärmutter bis unter den Rippenbogen. Das Zwerchfell kann sich während des Einatmens deshalb kaum mehr senken, die werdende Mutter

138 So auch z. B. H. Schneider in: Pfleiderer, Breckwoldt, Martius (Hrsg.), Gynäkologie und Geburtshilfe, 4. Aufl., 2001, S. 273.

139 Der Brockhaus – Gesundheit – Schulmedizin und Naturheilkunde, Arzneimittel, Kinderheilkunde und Zahnmedizin, 8. Aufl., 2010.

140 Der Brockhaus – Gesundheit – Schulmedizin und Naturheilkunde, Arzneimittel, Kinderheilkunde und Zahnmedizin, 8. Aufl., 2010.

wird kurzatmig und ist bei körperlicher Anstrengung schneller erschöpft. In der Zeit kurz vor der Geburt beschäftigt sich das Kind zudem mit vielen kleinen Vorübungen, die auch von der werdenden Mutter nicht unbemerkt bleiben. Sobald die Mutter zur Ruhe kommt, wird das Kind aktiv. Leichte Wehen und Vorwehen bereiten es auf die Geburt vor.[141] Alles in allem muss die schwangere Frau mit einer verlängerten Reaktionszeit, einer Auflockerung der Bänder mit daraus resultierender geringerer Trittsicherheit, einer veränderten Statik, einer Neigung zur Ohnmacht rechnen und ihre Tätigkeiten darauf abstimmen.[142] Frauen, die berufstätig sind, müssen all dies beachten und im Interesse ihrer eigenen Gesundheit und der ihres Kindes unbedingt berücksichtigen. Je weiter die Schwangerschaft vorangeschritten ist, desto ausgeprägter sind diese Erscheinungen.

Die physischen Anpassungsmechanismen einer Schwangeren entsprechen nicht weniger tiefgreifenden psychischen Veränderungen.[143] Die seelische Verarbeitung und Anpassung an die Schwangerschaft, als auch das kommende Geburtserlebnis sind zweifelsohne von entscheidender Bedeutung. Schwangerschaft und Geburt stellen Phasen eines intensiven emotionalen Erlebnisses dar. In den letzten Wochen und Tagen verändern sich die Gefühle der werdenden Mutter: Die Schwangere lebt im Spannungsfeld widersprüchlicher Gefühle wie Glück, Erwartung, Zuversicht, Vertrauen und Dankbarkeit auf der einen und Angst, Unsicherheit, Zweifel und Misstrauen auf der anderen Seite. Die Entwicklung der psychischen Veränderungen ist stark geprägt von der individuellen Persönlichkeit der Schwangeren, wie auch von der jeweiligen Lebenssituation und dem Umfeld. Dennoch sind für Mediziner bestimmte Grundmuster in der psychischen Anpassung erkennbar. Überdruss macht sich breit, auch Ungeduld, vielleicht sogar schlechte Laune und innere Unruhe. Die Hormone der Frau verändern sich erneut und bereiten sich auf die kommenden Aufgaben vor.[144] Die Frau bedarf gerade in dieser Zeit besonderer Unterstützung und Begleitung. Vor allem aber braucht die Schwangere Zeit für sich.[145]

---

141 S. Klein/Schön/Stüwe, Das Baby Buch – der große Ratgeber für Schwangerschaft, Geburt und erstes Lebensjahr, S. 112 f.

142 H. Schneider in: Pfleiderer, Breckwoldt, Martius (Hrsg.), Gynäkologie und Geburtshilfe, S. 308.

143 Vgl. zum Nachfolgenden nur H. Schneider in: Pfleiderer, Breckwoldt, Martius (Hrsg.), Gynäkologie und Geburtshilfe, S. 283.

144 S. Klein/Schön/Stüwe, Das Baby Buch – der große Ratgeber für Schwangerschaft, Geburt und erstes Lebensjahr, S. 108.

145 S. H. Schneider in: Pfleiderer, Breckwoldt, Martius (Hrsg.), Gynäkologie und Geburtshilfe, S. 284.

Manche Frauen verkraften die Zeit vor der Geburt gut, andere weniger. Die eine kann und möchte bis zum errechneten Geburtstermin arbeiten, die andere ist froh, wenn sie endlich die nötige Ruhe findet, um mit ihren körperlichen und seelischen Veränderungen klarzukommen.

2. Das Wochenbett – Ankommen in einem neuen Leben

Die Belastungen der Mutter in den ersten Wochen nach der Entbindung, dem früher sog. „Wochenbett"[146], und die Anpassungsvorgänge des Kindes werden in ihrer Bedeutung oftmals unterschätzt. Nach Schwangerschaft und Geburt stellt das Wochenbett für die gerade erst entbundene Mutter eine Phase der Anpassung dar, in der die anatomischen und physiologischen Schwangerschaftsveränderungen sich wieder zurückbilden und Wundheilungsvorgänge stattfinden; ausreichende Ruhephasen im Bett helfen dabei.[147] Die Geburt hat viel Kraft und Energie geraubt, diese muss die Wöchnerin erst wiedererlangen. In dieser Zeit braucht die Frau besondere Pflege und Schonung. Der Körper benötigt einige Wochen, um sich von den Strapazen der Schwangerschaft und der Geburt zu erholen. Ruhe und Geduld, angepasste Bewegung sowie eine ausgewogene Ernährung unterstützen die körperliche Rückbildung. Ein stressfreies Umfeld ist ebenfalls von großer Bedeutung, so dass sich die Mutter mehr oder minder ausschließlich um sich und das Kind kümmern kann.

Während dieser intensiven Zeit entsteht und entwickelt sich zudem die Beziehung zwischen Kind und Mutter. Zentrale Themen für Mutter und Kind sind in der ersten Zeit meist die Gewöhnung an das Stillen, der Schlaf- und Trinkrhythmus des Kindes und allgemein seine Zufriedenheit. Die Familie lernt sich kennen und beginnt zusammenzuwachsen. Kind und Mutter müssen gebührend viel Zeit gewährt werden sich zu erholen, um so dann gestärkt wieder in den Alltag zu starten – einen Alltag, der ehedem gänzlich anders aussehen wird als zuvor.

3. Fazit

Insgesamt ist festzuhalten, dass jede schwangere Frau bzw. Wöchnerin sich in einer Art „körperlichen Ausnahmezustand" befindet. Der Einen fällt die Schwan-

146 Brockhaus-Gesundheit: Das Wochenbett (lat. Puerperium), oder auch Kindbett genannt, umfasst die Zeit vom Ende der Entbindung bis zur Rückbildung der Schwangerschaftsveränderungen. Das Wochenbett dauert 6–8 Wochen, wobei die ersten sieben Tage als Frühwochenbett bezeichnet werden.

147 H. Schneider in: Pfleiderer, Breckwoldt, Martius (Hrsg.), Gynäkologie und Geburtshilfe, S. 436.

gerschaft und Geburt leichter als der Anderen, dennoch machen all ihre Körper Veränderungen durch, die es dringend erforderlich machen, sich diesen nicht zu verschließen und auf sich und das Kind besonders zu achten. Aus schulmedizinischer Sicht erscheint es indiziert, sämtliche werdenden und frisch entbundenen Mütter und deren Kinder in ihrer Gesundheit zu schützen, d. h. selbstverständlich auch die selbständig erwerbstätigen Frauen und deren Nachwuchs. Die Gesundheit der Mutter und die des Kindes machen keinen Unterschied dahingehend, ob die Frau selbständig oder abhängig erwerbstätig beschäftigt ist.

III. Ergebnis

Es sollte grundsätzlich Einigkeit dahingehend bestehen, dass schon aus medizinischer Sicht ein Schutz aller (werdenden) Mütter angezeigt ist – unabhängig davon, ob die betroffene Frau in einer abhängigen Beschäftigung oder selbständig erwerbstätig ist. Die Frau befindet sich während der Schwangerschaft, und erst recht während der Zeit rund um die Geburt, in einer Art „körperlichen Ausnahmezustand", den es entsprechend zu berücksichtigen gilt.

Rechtshistorisch wird dieser Umstand allerdings nicht für alle Frauen in den gleichen Maßen vorgesehen. So hatte es der deutsche Gesetzgeber im Jahr 1952 doch versäumt, einen umfassenden Mutterschutz für alle Frauen zu schaffen. Das Mutterschaftsgesetz beschränkte sich aus rein finanziellen Erwägungen auf den Schutz von Arbeitnehmerinnen. Selbständig erwerbstätige Frauen wurden bewusst ausgeklammert. Wie es nach heutiger Rechtslage um diese Frage bestellt ist, werden die weiteren Ausführungen näher beleuchten.

Auf europäischer Ebene steht neben der Frage des Gesundheitsschutzes zudem zunehmend die Frage nach der Chancengleichheit und einer verbesserten Vereinbarkeit von Beruf und Familie im Mittelpunkt.[148] Eine 14-wöchige, gegenfinanzierte Auszeit rund um die Geburt könnte dabei ein Weg sein, dieses Ziel (auch) für Selbständige zu erreichen.

B. Selbständigkeit

Der folgende Kapitelabschnitt widmet sich dem hier ebenfalls zentral im Blick stehenden Begriff der „Selbständigkeit", wie er nach deutschem Rechtsverständnis bzw. unionsrechtlich bestimmt ist. Wer sind „die Selbständigen", wie genau beschreibt sich der Personenkreis, an den sich diese Ausarbeitung vornehmlich richtet? Und wie viele wagen überhaupt den Schritt in die Selbständigkeit? Dabei

---

148 Vgl. hierzu die obigen Ausführungen unter A. I. 3.

wird sich zeigen, dass sich die Gruppe der Selbständigen inzwischen so heterogen gestaltet wie nie zuvor.

I. Zum Begriff der „Selbständigkeit"

Der Begriff der Selbständigkeit wird vom nationalen Gesetzgeber, wie auch von der Rechtsprechung auf der einen Seite und dem Unionsrecht auf der anderen Seite nicht zwingend übereinstimmend verstanden.

1. Der Begriff der „Selbständigkeit" im deutschen Recht

Auf nationaler Ebene existierte lange keine Definition des Begriffs der Selbständigkeit, auf die allgemein zurückgegriffen werden konnte. Die Rechtsprechung war somit diejenige Quelle, auf die stets verwiesen werden musste. Diese passte und passt sich dabei den Fortentwicklungen in unserer Gesellschaft und dem damit einhergehenden sich fortlaufend ändernden Verständnis von abhängiger oder selbständiger Erwerbstätigkeit fortwährend an.

Über die Jahrzehnte hat die Rechtsprechung verschiedene Abgrenzungskriterien entwickelt. Was sich genau hinter dem Begriff „Selbständigkeit" verbirgt bzw. wie dieser aus Sicht des Rechts zu definieren ist, wurde und wird für die Bundesrepublik Deutschland maßgeblich von der Rechtsprechung der hiesigen obersten Gerichte, d.h. vom Bundesverfassungsgericht (BVerfG), dem Bundesgerichtshof (BGH), dem Bundesarbeitsgericht (BAG) und dem Bundessozialgericht (BSG), wie auch inzwischen zunehmend auch vom Europäischen Gerichtshof (EuGH) bestimmt.[149]

Die selbständige Tätigkeit kennzeichnet gemäß Rechtsprechung der deutschen obersten Gerichte allen voran das eigene Unternehmerrisiko, die Verfügungsmöglichkeit über die eigene Arbeitskraft und die im Wesentlichen freigestaltete Tätigkeit und Arbeitszeit. Dies birgt Chancen, aber auch Risiken in sich. Die große Zahl von einzelnen Abgrenzungskriterien, die die Rechtsprechung aufbietet, sorgt zudem in der Vertragspraxis oftmals für ernsthafte Unsicherheiten, gleichzeitig bieten sie aber auch eine ganze Reihe Gestaltungsmöglichkeiten, die

---

149 Zwecks Vermeidung von für diese Ausarbeitung unnötigen langen Ausführungen wird an dieser Stelle auf die hierzu umfassende Kommentarliteratur sowie die dort ausführlich dargestellte einschlägige Rechtsprechung verwiesen. Vgl. hierzu statt vieler z.B.: Winkler-*Lüdtke/Winkler*, SGB IV, 2016, § 7 Rdnr. 9 ff., 43 ff. und § 8 Rdnr. 31; Kreikebohm-*Marschner*, SGB IV, 2014, § 7 Rdnr. 3 ff.; Koller/Roth/Morck-*Roth*, HGB, 2015, § 84 Rdnr. 3 sowie Griebeling, NZA 1998, 1137; Hopt, DB 1998, 863 oder Hromadka, NZA 1997, 569 – jeweils mit diversen Verweisen auf die über die über die letzten Jahrzehnte höchstrichterlich entwickelten Abgrenzungskriterien.

es zu nutzen gilt.[150] Entscheidend für die Bejahung einer selbständigen Tätigkeit ist nach ständiger Rechtsprechung der obersten deutschen Gerichte jedenfalls immer die persönliche Freiheit, und zwar die rechtliche im Gegensatz zur wirtschaftlichen, die bei jeder Art von Vertragsverhältnis und auch bei Selbständigen vielfach sogar gänzlich fehlen kann.[151] Entscheidend ist das Gesamtbild der vertraglichen Gestaltung und tatsächlichen Handhabung.[152] Dazu hat die Rechtsprechung verschiedene Abgrenzungskriterien entwickelt, vor allem zu Ort, Zeit und Art und Weise der Tätigkeit, Unternehmerrisiko, Art und Weise der Vergütung. Keines davon ist bei der wertenden Gesamtbetrachtung unverzichtbar; auch das Unternehmerrisiko ist nur ein Kriterium unter vielen.[153]

Zum 01. April 2017 trat mit dem Gesetz zur Änderung des Arbeitnehmerüberlassungsgesetzes und anderer Gesetze vom 21. Februar 2017 eine umfassende Neuregelung von Leiharbeit und Werkverträgen in Kraft.[154] Im Zuge der Gesetzesänderung sollte jedoch nicht nur das Arbeitnehmerüberlassungsgesetz geändert werden, es wurde zudem gemäß Art. 2 des Gesetzes mit § 611a Abs. 1 BGB n. F. erstmals eine Legaldefinition des Begriffs „Arbeitsvertrag" geschaffen. Hierzu legt die Vorschrift des § 611a Abs. 1 BGB unter wörtlicher Wiedergabe der Leitsätze der höchstrichterlichen Rechtsprechung fest, was unter einem Arbeitsvertrag zu verstehen und damit zugleich auch wer Arbeitnehmer ist.[155] Soweit andere Rechtsvorschriften eine abweichende Definition des Arbeitnehmers, des Arbeitsvertrages oder des Arbeitsverhältnisses vorsehen, bleiben diese unberührt. D.h., auch die Regelung in § 84 Abs. 1 S. 2 HGB bleibt unangetastet.[156]

---

150 Hopt, DB 1998, 863, 869 f.

151 Ständige Rechtsprechung z. B.: BGH VersR 1964, 331; BAG ZOI 1994, 1715.

152 Herrschende Lehre und ständige Rechtsprechung: BVerfG NJW 1978, 365; BGH BB 1982, 1877; BGH NJW 1982, 1758; BGH NJW 1998, 2057; BAG BB 2000, 826; Heymann-*Sonnenschein/Weitemeyer*, HGB, 1999, § 84 Rdnr. 11 f.; MüKo-*v. Hoyningen-Huene*, HGB, 2007, § 84 Rdnr. 33.

153 Baumbach/Hopt-*Hopt*, HGB, 2016, § 84 Rdnr. 36; a.A. Wank, DB 1992, 90, 90.

154 Gesetz zur Änderung des Arbeitnehmerüberlassungsgesetzes und anderer Gesetze v. 21.02.2017, BGBl. I 2017, S. 258.

155 Es wird mit § 611a BGB n. F. insbesondere die ständige Rechtsprechung des BAG gemäß Urteil v. 16.03.1972, Az. 5 AZR 460/71, v. 14.07.1983, Az. 2 AZR 549/81, v. 20.09.2000, Az. 5 AZR 61/99, und aus neuerer Zeit gemäß Urteil v. 15.02.2012, Az. 10 AZR 301/10, v. 29.08.2012, Az. 10 AZR 499/11, v. 17.04.2013, Az. 10 AZR 668/12, v. 25.09.2013, AZ. 10 AZR 282/12, sowie v. 21.07.2015, Az. 9 AZR 484/14, aufgegriffen.

156 Vgl. hierzu die Begründung zum Gesetzentwurf der Bundesregierung, Entwurf eines Gesetzes zur Änderung des Arbeitnehmerüberlassungsgesetzes und anderer Gesetze, BR-Drs. 294/16, S. 28.

In § 611a Abs. 1 BGB heißt es seither:

> ***„Durch den Arbeitsvertrag wird der Arbeitnehmer im Dienste eines anderen zur Leistung weisungsgebundener, fremdbestimmter Arbeit in persönlicher Abhängigkeit verpflichtet. Das Weisungsrecht kann Inhalt, Durchführung, Zeit und Ort der Tätigkeit betreffen. Weisungsgebunden ist, wer nicht im Wesentlichen frei seine Tätigkeit gestalten und seine Arbeitszeit bestimmen kann. Der Grad der persönlichen Abhängigkeit hängt dabei auch von der Eigenart der jeweiligen Tätigkeit ab. Für die Feststellung, ob ein Arbeitsvertrag vorliegt, ist eine Gesamtbetrachtung aller Umstände vorzunehmen. Zeigt die tatsächliche Durchführung des Vertragsverhältnisses, dass es sich um ein Arbeitsverhältnis handelt, kommt es auf die Bezeichnung im Vertrag nicht an.“.***

Mit Einführung der Regelung des § 611a Abs. 1 BGB wurde die bisherige Rechtsprechung somit erstmals gesetzlich verankert und so zumindest für das Arbeitsrecht eine Legaldefinition eingeführt, auf die nunmehr zurückgegriffen werden kann. Die von der Rechtsprechung entwickelte Abgrenzung von abhängiger zu selbständiger Tätigkeit ist damit nun auch gesetzlich niedergelegt. Die Regelung soll so der Rechtsklarheit und Rechtssicherheit dienen.[157] Die bisherige, wie auch die künftige Rechtsprechung der obersten Gerichte wird diese Definition aber gleichwohl weiterhin mit Leben füllen müssen.

2. Der Begriff der „Selbständigkeit“ i.S.d. Unionsrechts und gemäß Richtlinie 2010/41/EU

Auf unionsrechtlicher Ebene bleibt hingegen auch weiterhin festzuhalten, dass weder das unionsrechtliche Primärrecht noch das zu seiner Durchführung erlassene Sekundärrecht eine allgemein gültige positive Legaldefinition anbietet, die es – in Abgrenzung zum Begriff des „Arbeitsvertrages“ bzw. des „Arbeitnehmers“ ähnlich dem aktuellen deutschen Recht – ermöglichen könnte, den Begriff des „Selbständigen“ unionsweit einheitlich zu bestimmen. Hier bleibt es dabei, dass auf die von der Rechtsprechung, d.h. vom Europäischen Gerichtshof (EuGH) entwickelten Abgrenzungskriterien verwiesen werden muss.[158] Allenfalls die ge-

---

157 Vgl. hierzu die Begründung zum Gesetzentwurf der Bundesregierung, Entwurf eines Gesetzes zur Änderung des Arbeitnehmerüberlassungsgesetzes und anderer Gesetze, BR-Drs. 294/16, S. 10 f.

158 Vgl. hierzu statt vieler z.B. Calliess/Ruffert-*Brechmann*, EUV/AEUV, Art. 45 AEUV Rdnr. 12 f.; Calliess/Ruffert-*Korte*, EUV/AEUV, Art. 49 AEUV Rdnr. 16; Streinz-*Franzen*, EUV/AEUV, 2012, Art. 45 EGV Rdnr. 16 ff. Vgl. z.B. zur Auslegung des Arbeitnehmerbegriffs i.S.d. Unionsrechts weiterhin Fuchs-*Langer*, Europäisches Sozialrecht, Titel I, Teil 1: Artikel 45–48 AEUV, Art. 45 Rdnr. 2; EuGH, Rs. 53/81, Slg. 1982, 1035 Rdnr. 13 (Levin); EuGH, Rs. 139/85, Slg. 1986,

festigten Standards, die der Europäische Gerichtshof etwa zum Grundsatz der Freizügigkeit, genauer zum gemeinschaftlichen Arbeitnehmerbegriff, entwickelt hat, könnten an dieser Stelle gegebenenfalls übernommen werden.[159] Die Rechtsprechung ist und bleibt damit die Quelle, auf die verwiesen werden muss. Diese passt sich zudem den Fortentwicklungen in unserer Gesellschaft und dem damit einhergehenden sich stetig ändernden Verständnis von abhängiger oder selbständiger Erwerbstätigkeit an.

Die in diesem Sinne von der Rechtsprechung entwickelten Abgrenzungskriterien müssen sich stets nach den Grundsätzen einer unionsrechtlich konformen Auslegung richten.[160] Die Begrifflichkeiten müssen dabei autonom und einheitlich für das Unionsrecht bestimmt werden.[161] Der Begriff der „selbständigen Erwerbstätigkeit" grenzt dabei nach dem Verständnis des Europäischen Gerichtshofs vornehmlich die Niederlassungsfreiheit von der Arbeitnehmerfreizügigkeit ab.[162] Unter „selbständiger Erwerbstätigkeit" versteht die Rechtsprechung demgemäß jede Art der wirtschaftlichen, d. h. grundsätzlich entgeltlichen Tätigkeit, die in eigener Verantwortung und weisungsfrei ausgeübt wird.[163]

Doch was ergibt sich damit konkret für die hier im Zentrum des Interesses stehenden Richtlinie 2010/41/EU? Welches Begriffsverständnis liegt speziell der sog. „Selbständigen-Richtlinie" zur Grunde?

Bereits die Vorgänger-Richtlinie 86/613/EWG begrenzte ihren persönlichen Anwendungsbereich auf Selbständige. Art. 2 lit. a) der Richtlinie 86/613/EWG definierte hierzu als selbständig Erwerbstätige alle diejenigen,

> ***„die zu den Bedingungen des einzelstaatlichen Rechts eine Erwerbstätigkeit auf eigene Rechnung ausüben, einschließlich der in der Landwirtschaft Tätigen und der Angehörigen freier Berufe".***

1741 Rdnr. 13 (Kempf); EuGH, Rs. C-357/89, Slg. 1992, I-1027, Rdnr. 10 (Raulin); kritisch insbesondere Hailbronner, EuZW 1991, 171, 173 f.; vgl. insgesamt Calliess/Ruffert-*Brechmann*, EUV/AEUV, Art. 45 AEUV Rdnr. 11. Vgl. ferner z. B. Bleckmann, Europarecht, Rdnr. 1067; Dietrich, Freizügigkeit, S. 271 f.; Runggaldier/Reissner, in: Oetker/Preis, EAS, B 2000 Rdnr. 22 *ff.;* Veltmann, Anwendungsbereich, S. 10 f.

159 So auch z. B. *Rust* in: von der Groeben/Schwarze/Hatje-*Rust*, Europäisches Unionsrecht, 2015, Art. 157 AEUV Rdnr. 261.

160 EuGH, Rs. 75/63, Slg. 1964, 383, 396 (Unger); EuGH, Rs. 66/85, Slg. 1986, 2121 Rdnr. 16 (Lawrie-Blum); EuGH, Rs. C-357/89, Slg. 1992, I-1027, Rdnr. 10 (Raulin).

161 St. Rspr. des EuGH: vgl. nur EuGH, Rs. 53/81, Slg. 1982, 1035 (Levin).

162 Vgl. z. B. EuGH, Rs. C-152/03, EuZW 2006, 179 Rdnr. 19 (Ritter-Coulais); s. auch EuGH, Rs. C-9/02, Slg. 2004, I-2409 Rdnr. 40 (Lasteyrie du Saillant).

163 Vgl. Calliess/Ruffert-*Korte*, EUV/AEUV, Art. 49 AEUV Rdnr. 16.

Dieser persönliche Geltungsbereich sollte auch für die Ehegatten Selbständiger gelten; er findet nach Art. 2 lit. b) der Richtlinie 86/613/EWG auf Ehegatten Selbständiger Anwendung, „die weder als abhängig Beschäftigte noch als Gesellschafter gelten und zu den Bedingungen des einzelstaatlichen Rechts gewöhnlich an der Tätigkeit des selbständigen Erwerbstätigen beteiligt sind, indem sie dieselben Arbeiten und damit verbundene Arbeiten ausführen".

Die Nachfolger-Richtlinie 2010/41/EU greift die vorgenannte Bestimmung nur leicht abgewandelt wieder auf und beschreibt selbständig Erwerbstätig in Art. 2 lit. a) der Richtlinie nunmehr als

> ***„alle Personen, die nach den Bedingungen des innerstaatlichen Rechts eine Erwerbstätigkeit auf eigene Rechnung ausüben".***

Abermals werden so die unterschiedlichsten Bedingungen, die die verschiedenen nationalen Rechtsordnungen an die Begrifflichkeit der Selbständigkeit knüpfen, ausdrücklich in Bezug genommen. Auf dieser Weise soll nationalen Besonderheiten, wie z. B. den verkammerten Berufszweigen in Deutschland, Rechnung getragen werden. Zwar mag es sich nicht um einen vollumfänglichen Verweis auf die nationalen Begriffsbestimmungen, wie sie für das deutsche Recht zuvor dargestellt wurden, handeln, doch werden die Bedingungen der unterschiedlichen innerstaatlichen Rechtsordnungen zumindest derart in Bezug genommen, dass eine unionsweit einheitliche Begriffsbestimmung hinsichtlich des Anwendungsbereiches nicht möglich ist. Der Anwendungsbereich der Richtlinie wurde auf diesem Wege erheblich aufgeweicht, wobei sich die Grenze der Begriffsbestimmung selbstverständlich auch hier zumindest in der rechtswidrigen Umsetzung wiederfindet. Die von der Richtlinie vorgegebenen Mindestanforderungen, auf die im Rahmen des 2. Kapitels noch detailliert eingegangen wird, sind immerhin einzuhalten.[164]

Zudem verbleibt ein weiteres Problem: Die Eigenschaft einer Person als Selbständige im Sinne der Richtlinie entscheidet im vorliegenden Falle über den (persönlichen) Anwendungsbereich derselben; ist es aber die Richtlinie selbst, die erst bestimmt, welche nationalen Rechtsvorschriften anwendbar sind, kann hierin durchaus die Gefahr eines Zirkelschlusses liegen.[165] Tatsächlich regeln auch heute schon einige andere, anders als die Richtlinie 2010/41/EU nicht im Zusammenhang mit der Regelung zur Entgeltgleichheit[166] erlassene arbeitsrechtliche Richtlinien, dass statt eines unionsrechtlichen Arbeitnehmerbegriffs der

164 Vgl. hierzu nur Erwägungsgrund 23 der RL 2010/41/EU.
165 Vgl. insoweit auch Horn, ZIAS 2002, 120, 147.
166 Art. 157 AEUV.

Begriff des nationalen Rechts zugrunde zu legen ist und bestimmen so den Anwendungsbereich mit. So ist der nationale Arbeitnehmerbegriff beispielsweise für die Richtlinien zur Insolvenz[167], zum Betriebsübergang[168] und der Entsendung[169] maßgeblich. Der nationale Begriff bestimmt auch hier den persönlichen Anwendungsbereich von Richtlinien, die so nur teilweise eine Harmonisierung herbeiführen.[170] Der Schutzzweck des Art. 157 AEUV, auf dessen Abs. 3 sich auch die Richtlinie 2010/41/EU stützt, gebietet jedoch, es nicht der Entscheidung des Mitgliedsstaates zu überlassen, für welche Erwerbspersonen das Unionsrecht anzuwenden ist.[171] Wie bei der Freizügigkeit nach Art. 45 AEUV[172] ist daher anzunehmen, dass jedenfalls für Art. 157 Abs. 1 AEUV ein unionsrechtlicher Arbeitnehmerbegriff und damit in der Abgrenzung im Umkehrschluss ebenso ein unionsrechtlicher Begriff der Selbständigkeit Geltung finden muss. Dies war sodann auch lange Basis der nach Art. 157 Abs. 3 EG erlassenen Richtlinien gewesen. Ihr Anwendungsbereich wurde hinsichtlich der Arbeitsbedingungen entsprechend nicht nach den Vorgaben des nationalen Arbeitsrechts bestimmt. Grundlage war vielmehr stets der unionsrechtliche Begriff. Dies kann an sich auch als durchaus folgerichtig angesehen werden, da doch grundsätzlich allein dies dem Charakter der Geschlechtergleichbehandlung als europäisches Unionsgrundrecht entsprechen kann.[173]

---

167 Art. 2 Abs. 2 der Insolvenzrichtlinie 2008/94/EG verweist auf die nationale Bestimmung, dazu u. a. Fuchs/Marhold, Europäisches Arbeitsrecht, 2014, S. 274.

168 Der nationale Begriff ist nach Art. 2 Nr. 1 lit. d) Richtlinie 2001/23/EG entscheidend, eine Ergänzung der Richtlinie zum Betriebsübergang entsprechend der vorherigen Rechtsprechung des EuGHs, dazu u. a. Fuchs/Marhold, Europäisches Arbeitsrecht, S. 299 ff.

169 Zum Arbeitnehmerbegriff ist nach Art. 2 Abs. 2 Richtlinie 96/71/EG das Recht des Mitgliedsstaats maßgeblich, in dessen Hoheitsgebiet der Arbeitnehmer entsandt ist; dazu u. a. Fuchs/Marhold, Europäisches Arbeitsrecht, S. 537.

170 Vgl. von der Groeben/Schwarze-*Rust*, EUV/EGV, 2003, Art. 141 EG Rdnr. 276.

171 So *Rust* in: von der Groeben/Schwarze-*Rust*, EUV/EGV, Art. 141 EG Rdnr. 277. Ein nationaler Arbeitnehmerbegriff hätte beispielsweise die Konsequenz, dass es in Großbritannien die „Ein-Personen-Firma" geben könnte, für die Art. 157 Abs. 1 AEUV nicht anwendbar wäre, aber in Deutschland Art. 157 Abs. 1 AEUV einschlägig wäre, da für die Tätigkeit der Arbeitnehmerstatus vorliegt. Ein unionsrechtlicher Arbeitnehmerbegriff vermeidet diese unterschiedliche Wirkung des Gebots der Entgeltgleichheit.

172 Entspricht Art. 39 EG a. F. = Art. 48 EGV a. F. – Arbeitnehmerfreizügigkeit.

173 So insgesamt noch von der Groeben/Schwarze-*Rust*, EUV/EGV, Art. 141 EG Rdnr. 277.

Inzwischen gilt aber nicht nur, dass auf Art. 157 Abs. 3 AEUV gestützte Gleichbehandlungsrichtlinien auch für Selbständige Anwendung finden, was beispielsweise gemäß dem laut Art. 3 Abs. 1 lit. a) der Richtlinie 2000/43/EG sehr weit gefassten personellen Anwendungsbereich der Antirassismus-Richtlinie, wie auch gemäß der Änderungsrichtlinie 2002/73/EG gilt. Auch Art. 6 der Richtlinie 2006/54/EG bezieht seinen persönlichen Anwendungsbereich auf „die Erwerbsbevölkerung einschließlich der Selbständigen". Art. 6 der Richtlinie 2006/54/EG findet – ähnlich der Richtlinie 2010/41/EU – ebenfalls allein

„entsprechend den einzelstaatlichen Rechtsvorschriften und / oder Gepflogenheiten"

Anwendung. D.h., nach eigenem Wortlaut sollen gerade nicht unionsrechtliche Begriffe Verwendung finden. Für Selbständige ist damit gemäß Art. 6 der Richtlinie 2006/54/EG trotz der voranstehend dargestellten Bedenken und Schlussfolgerungen zum Charakter der Geschlechtergleichbehandlung als europäisches Unionsrecht in jedem Falle der einzelstaatliche Begriff einschlägig und nicht der unionsrechtliche. Gleiches gilt laut Art. 2 der Richtlinie 2010/41/EU nun auch für selbständig Erwerbstätige und deren nach innerstaatlichem Recht anerkannten Lebenspartnern.[174]

Die Harmonisierung ist im Zuge der hier vorliegenden eindeutigen Formulierung des Art. 2 lit. a) der Richtlinie 2010/41/EU also vom nationalen Recht abhängig geworden und bleibt entsprechend begrenzt. Eine begrenzte Harmonisierung folgt daraus, dass die „Bedingungen des einzelstaatlichen Rechts" wie zuvor benannt Bestandteil für die Abgrenzung des persönlichen Anwendungsbereichs sein können.[175] Zudem ist festzustellen, dass der Europäische Gerichtshof in ständiger Rechtsprechung[176] daran festhält, dass nach derzeitigem Stand des Unionsrechts die Zuständigkeit für die Gestaltung der Systeme sozialer Sicherheit weiterhin bei den nationalen Gesetzgebern liegen soll. Und trotzdem ist mit der Richtlinie 2010/41/EU zugleich auch der Auftrag erteilt, unionsweit einheitliche Regelungen zum Mutterschutz für Selbständige zu schaffen, um somit dem Schutzzweck des Art. 157 Abs. 3 AEUV gerecht zu werden und eine verbesserte Chancengleichheit zwischen den Geschlechtern herzustellen.

Die vorliegend mit Art. 2 lit. a) der Richtlinie 2010/41/EU gewählte Begriffsbestimmung hebt genau diesen Zwiespalt, zwischen der Einordnung der Richtlinie in den Bereich der Gestaltung der Systeme der sozialen Sicherheit, die in

---

174 S. hierzu von der Groeben/Schwarze/Hatje-*Rust*, Europäisches Unionsrecht, 2015, Art. 157 AEUV Rdnr. 261 ff. m.w.N.

175 Vgl. von der Groeben/Schwarze-*Rust*, EUV/EGV, Art. 141 EG Rdnr. 278.

176 Vgl. nur Rs. C-340/94, Rn. 17 (de Jaeck); Rs. C-393/99, C-394/99 (Hervein).

den Zuständigkeitsbereich der einzelnen Mitgliedsstaaten fällt, und/oder in den Bereich der Geschlechtergleichbehandlung als europäisches Unionsgrundrecht, deutlich hervor. Auf der einen Seite soll eine unionsweit einheitliche Begriffsbestimmung gelten, nämlich, dass grundsätzlich alle Personen, die eine Erwerbstätigkeit auf eigene Rechnung ausüben, im Sinne der Selbständigen-Richtlinie einer selbständigen Erwerbstätigkeit nachgehen. Zugleich wird der Anwendungsbereich dahingehend eingeschränkt, dass dies aber nach den Bedingungen des innerstaatlichen Rechts gelten solle. Auf diese Weise soll allen Seiten Genüge getan und zugleich aber auch Mindeststandards gesetzt werden. Dieser Spagat bewirkt nun aber, dass eine vollumfängliche Harmonisierung kaum möglich wird und letztlich einzig der sich stetig fortentwickelnde, einzelstaatliche Begriff als Maßstab verbleibt.

II. Die Selbständigen – eine heterogene Gruppe

Seit den 1990er Jahren hat sich in Deutschland ein unübersehbarer Wandel im Bereich der Erwerbsformen vollzogen.[177] Immer mehr Selbständige verschiedenster Couleur treten in den Markt ein. Man könnte gar von einer neuen „Kultur der Selbständigkeit"[178] sprechen, die immer weniger homogen ausgeprägt ist und damit eine nähere Bestimmung zunehmend schwieriger macht. Für eine realistische Einschätzung der Anzahl an selbständig Erwerbstätigen in unserer Gesellschaft und ihrer verschiedenen Ausprägungen muss deshalb zunächst der Blick auf die seit Langem schon beobachteten und nicht zu ignorierenden strukturellen Veränderungen selbständiger Erwerbstätigkeit gelenkt werden. Wer kann nach heutigem Verständnis unter den zuvor dargestellten Definitionsansätzen eines Selbständigen tatsächlich gefasst werden? Dieser Frage soll im Folgenden nachgegangen werden, gerade auch

177 Das bestätigen auch Biermann/Gather, Mutterschutz in der Selbständigkeit, in: Rust/Lange (Hrsg.), Mutterschutz für Selbständige?, Loccumer Protokoll 80/14, S. 69, 71. Seit den 1990er Jahren ist es zu einer kontinuierlichen Zunahme der Selbständigkeit – auch bei Frauen – gekommen und auch die zunehmende Digitalisierung der Arbeitswelt bringt neue Herausforderungen und Regelungsbedarfe mit sich, weshalb sich der 71. Deutsche Juristentag auch ausführlich mit der Frage, ob der vorhandene Rechtsrahmen den Herausforderungen der zunehmenden Digitalisierung unserer Arbeitswelt überhaupt noch gerecht wird oder ob eine Bedarf für Anpassungsmaßnahmen besteht, auseinandergesetzt hat. Vgl. hierzu die umfassenden Ausführungen von Krause, Gutachten B zum 71. DJT, B7ff. Krause beschreibt die aktuellen Veränderungen u. a. als *„Trend zu einer Verflüssigung traditioneller Organisationsformen"*.

178 Dietrich, H., Empirische Befunde zur Scheinselbständigkeit, IAB Werkstattbericht Nr. 7, Nürnberg, 1996.

um ein Gefühl dafür zu bekommen, wie viele selbständige Mütter von den Neuerungen der Richtlinie 2010/41/EU überhaupt profitieren würden.

1. Jenseits des „Normalarbeitsverhältnis": die „neuen" selbständigen Erwerbsformen

Mit Fug und Recht lässt sich feststellen, dass es heutzutage einen einheitlichen Typus des Selbständigen nicht mehr gibt. Sollte es ihn überhaupt jemals gegeben haben, so ist er spätestens seit den 1990er Jahren überholt.

Es finden gibt sich zwar noch die traditionellen Berufe wie Landwirte, Kaufleute und Handwerker sowie freie Berufe, also Anwälte, Ärzte, Zahnärzte, Architekten usw. Sie sind regelmäßig voneinander und von abhängiger Beschäftigung ohne allzu große Schwierigkeiten abgrenzbar. Doch treten neben diese klassischen Selbständigen, wie sie allgemeinhin wohlbekannt sind und problemlos benannt werden können, heutzutage eine Vielzahl an „neuen Selbständigen", die nicht derart einfach als solche zu identifizieren und kategorisieren sind. Das Spektrum reicht dabei von Inhabern größerer Betriebe über Freiberufler und Handwerker bis hin zu Personen im Grenzbereich zwischen Arbeitnehmereigenschaft und Selbständigkeit, deren Zugehörigkeit zum Personenkreis der Selbständigkeit allein häufig darauf beruht, dass die Auftraggeber sich nicht den Fesseln des Arbeits- und Sozialrechts unterwerfen wollen und Tätigkeiten daher z. B. schlicht „auslagern", um sich so der gesetzlichen Kontrolle zu entziehen. An dieser Stelle tritt die sog. Scheinselbständigkeit und/oder die „neue Selbständigkeit" auf den Plan[179]; es werden rechtliche Grenzbereiche und „Grauzonen" mit all den damit verbundenen rechtlichen Risiken geschaffen. Gerade diese letzteren „neuen" Formen der Selbständigkeit sind es, die es uns nicht eben leichtmachen, eine klare Trennlinie zwischen abhängig Beschäftigten und Selbständigen zu ziehen. Ihnen sollen die nachfolgenden Erörterungen gewidmet werden.

a) Die „neuen Selbständigen"

Der Begriff „neue Selbständigkeit" gilt bis heute als schillernd. Er ist ein seit den 1980er Jahren von unterschiedlichen Wissenschaftsdisziplinen identifizierter und seitdem fortlaufend untersuchter arbeitsweltlicher Begriff. Er dient der Beschreibung unterschiedlichster neuartiger Arbeitsformen, die sich durch zunehmende Risikogebundenheit und Gestaltungsautonomie in Abgrenzung zum Normalarbeitsverhältnis, aber auch im Unterschied zur konventionellen selbständigen Tätigkeit herausgebildet haben.

---

179 Vgl. Steinmeyer, ZSR 1996, 348, 348 ff.; Wank, DB 1992, 90, 90 ff.

aa) Die Ursprünge der Begriffsbildung

Der Begriff der „neuen Selbständigkeit" wurde in den 1980er Jahren durch Gerd Vonderach[180] geprägt und von der Soziologie sodann aufgegriffen, die damit eine soziokulturell und beruflich heterogene Gruppe mit dem Ziel der eigenverantwortlich-alternativ organisierten Arbeit definierte.[181] Mitte der 1990er Jahre begannen Arbeitsrechtler mit ihm die Tendenz Schutzrechte von Arbeitnehmern aufzuweichen zu beschreiben. Seit Ende der 1990er Jahre wird der Begriff speziell für eine Welle von Selbständigen in der Informationstechnologie und im Multimediabereich, in Beratungsdienstleistungen und Medien verwendet.

In den Sozial- und Rechtswissenschaften wird der Begriff in einer allgemeineren Form für eine neue, vom traditionellen Sozialtypus des Selbständigen abweichende Arbeits- und Lebensform gebraucht, die sich seit Anfang der 1990er Jahre als Folge struktureller und organisationaler Veränderungsprozesse etabliert hat.[182] Auf eben dieses Verständnis greifen die nachfolgenden Ausführungen zurück, wenn von den „neuen Selbständigen" bzw. der „neuen Selbständigkeit" die Rede sein wird.

bb) Mehr Vielfalt an Erwerbsformen – der Strukturwandel der letzten Jahre

In den letzten Jahren wurde von der Wissenschaft ein erheblicher Strukturwandel in den verschiedenen Ausprägungen von Erwerbsarbeit verzeichnet. Auffällig ist dabei die zunehmende Differenzierung von Erwerbsformen, wobei sozialwissenschaftliche Analysen lange Zeit fast ausschließlich Veränderungen auf Seiten der abhängigen Beschäftigten in den Blick nahmen, obgleich die neueren Ausformungen von Erwerbstätigkeit gerade bei den „neuen Selbständigen" besonders deutlich hervortreten.[183]

---

180 Gerd Vonderach war in der Zeit von 1974 bis 2004 als Professor für Arbeits- und Industriesoziologie an der Universität Oldenburg tätig. Die Arbeitsmarkt- und Sozialpolitik wurde von ihm schon zu Beginn der 1980er Jahre auf das Phänomen der „Neuen Selbständigen" aufmerksam gemacht.

181 Vgl. Vonderach, Die Neuen Selbständigen: Zehn Thesen zur Soziologie eines unvermuteten Phänomens, in: Mitteilungen aus der Arbeitsmarkt- und Berufsforschung, 1980, S. 161.

182 S. Gerlmaier, Neue Selbständigkeit in der Informationsgesellschaft. Ein Vergleich von Anforderungen und individuellen Ressourcenpotenzialen bei autonom-flexiblen und arbeitsteiligen Arbeitsformen im IT-Bereich, 2002, S. 58 ff.

183 In den letzten Jahren standen vor allem die atypischen Beschäftigungsverhältnisse verstärkt im Fokus des wissenschaftlichen Interesses.

Die Auflösung des traditionellen „Normalarbeitsverhältnisses“ und die Entstehung einer breiten Übergangszone von der selbständigen Beschäftigung zur Selbständigkeit zeigen sich dabei vor allem bei den Personen, die man „neue Selbständige“ nennt.[184] Aber wer ist das? Es sind u. a. freie Mitarbeiter im Außendienst, in der Entwicklung von Produkten, der Kundenbetreuung, in den Medien etc. Die neue Selbständigkeit ist geprägt durch Begriffe wie freier Mitarbeiter, mehrfach Beschäftigte, Micropreneurs oder Netpreneurs. Diese „neuen Selbständigen“ entsprechen nicht dem bisherigen Bild des Selbständigen („Normalunternehmers“).[185] Im Gegensatz zu den „alten Selbständigen“ (Handwerker, freie Berufe und Kaufleute) sind die „neuen Selbständigen“ nicht auf bestimmte Tätigkeiten und Berufe beschränkt, sondern haben völlig unterschiedliche, oft nicht standardisierte oder gar ständisch strukturierte Qualifikationen.[186] Auch brauchen sie zu ihrer Berufsausübung wenig und nicht spezifisch gebundenes Kapital, anders als z. B. Landwirte und Handwerker. Die „neuen Selbständigen“ sind oft „Ein-Personen-Unternehmen“. In der Regel agiert diese Gruppe am Markt mit zumindest gelegentlich wechselnden Kunden und ist ökonomisch und organisatorisch weitgehend eigenständig. Der Übergang zur abhängigen Beschäftigung ist meist fließend. Kennzeichnend ist die typische Organisation der Arbeit: unter Einsatz von Informations- und Kommunikationstechnologien bietet sie projektbezogene Dienstleistungen auf Honorarbasis an. Ihre Zahl nimmt von Jahr zu Jahr zu.[187]

Diese Strukturveränderungen die „Selbständigkeit“ betreffend sind Ausdruck verschiedener gesellschaftlicher Dynamiken. Eine wesentliche Rolle spielen hierbei

---

184 Zur Entwicklung der Selbständigkeit: Betzelt/Fachinger, Jenseits des „Normalunternehmers“: Selbständige Erwerbsformen und ihre soziale Absicherung, ZSR 2004, 312; Luber/Leicht, Growing Self-employment in Western Europe: an Effect of Modernization? International Revue of Sociology 2000, 101; Kruppe u. a., Selbständigkeit: Beschäftigungsdynamik in der Europäischen Union, in: Beschäftigungsobservatorium MISEP Nr. 64/1998, 36, 36 ff. – zit. nach Bieback in: Bieback (Hrsg.), Neue Mitgliedschaft in der Sozialversicherung – Auf dem Weg in die Volksversicherung?, 2010, S. 9, 14.

185 Betzelt/Fachinger, ZSR 2004, 312.

186 Allgem. zur Entwicklung der Selbständigen: IVSS und CANAM (Hrsg.), Soziale Sicherheit und die Entwicklung der selbständigen Erwerbstätigkeit außerhalb der Landwirtschaft, Genf, 1998.

187 Kruppe, S. 36 ff., 42 ff.; zur Entwicklung vgl. auch Franco, Selbständige außerhalb der Landwirtschaft in der Europäischen Union in: IVSS und CANAM (Hrsg.), Soziale Sicherheit und die Entwicklung der selbständigen Erwerbstätigkeit außerhalb der Landwirtschaft, S. 37 ff.

sektorale Effekte wie die Tertiarisierung[188] der Gesellschaft, aber auch nachfrage- und angebotsseitige Arbeitsmarktveränderungen – zu nennen sind Unternehmensstrategien der Flexibilisierung von Produktionsprozessen, aber auch die zunehmende Erwerbsbeteiligung von Frauen, die Bildungsexpansion und gestiegene individuelle Ansprüche an Erwerbsarbeit im Zuge der Individualisierung.

Allein durch diese kurzen, einleitenden Ausführungen wird bereits deutlich, wie die selbständige Erwerbsform in den letzten Jahren zunehmend heterogener und damit immer schwieriger zu bestimmen geworden ist. Zwar ist die Rechtsprechung von BSG und BAG erstaunlich übereinstimmend in der Anwendung der vagen Elemente des Begriffs „Arbeitsverhältnis/abhängige Beschäftigung" auf die einzelne Grenzbereiche, wie Außendienstmitarbeitern, Franchisenehmern, freien Mitarbeitern etc.[189] Aber sie reagiert immer nur im Nachhinein und oft nur dort, wo eine der beiden Seiten mit dem Arrangement nicht mehr zufrieden ist – beispielsweise nach einer Kündigung. In der „Grauzone" gibt es deshalb – bei Neuentwicklungen wie hier – nicht selten ein großes Problem, eine Abgrenzung klar vorzunehmen.

(1) Veränderung des vornehmlichen Betätigungsfeldes selbständiger Erwerbstätigkeit hin zu den breit gefächerten „Wissensberufen"

Bereits seit Jahrzehnten ist der wachsende Dienstleistungssektor das Hauptbetätigungsfeld von Selbständigen, während die Landwirtschaft und die industrielle Produktion – auch im internationalen Vergleich – an Bedeutung verloren haben. Dieser Trend setzte sich in den 1990er Jahren fort, so dass bereits zur letzten Jahrtausendwende fast drei Viertel aller Selbständigen im tertiären Bereich tätig waren. Analog zum Bedeutungsverlust des „männlichen Normalarbeitsverhältnisses" für abhängige Beschäftigung, das bisher vornehmlich im Fokus des Interesses der Wissenschaft stand, sind auch dies selbständigen Erwerbsformen inzwischen immer weniger durch ein Profil des „Normalunternehmertums" im Sinne einer kapitalbasierten, auf Expansion ausgerichteten Firmenexistenz mit bezahlten Arbeitskräften geprägt.[190] Die verschiedenen Formen „neuer Selb-

188 Grundsätzlich versteht man unter *Tertiariserung* die Umwandlung einer Industriegesellschaft in eine Dienstleistungsgesellschaft.

189 Vgl. hierzu im Übrigen beispielsweise auch die Grundsatzentscheidung des Bundesgerichtshofs i.S. „*Eismann*" zur Abgrenzung Franchisenehmer als arbeitnehmerähnliche Person zu anderen selbständigen Erwerbstätigkeitsformen, BGH, Beschl. v. 04.11.1998, Az. VIII ZR 12/98.

190 Das auch heute noch oft vertretene Selbstverständnis und die Arbeitsweise eines (männlichen) Unternehmertums, bei dem wirtschaftlicher Erfolg mit der Un-

ständigkeit" gründen stattdessen häufig auf der Entstehung neuartiger Tätigkeitsprofile, die auf persönlichen Wissensbeständen und Fähigkeiten basieren und vergleichsweise geringe Anforderungen an ökonomische und personelle Ressourcen stellen.[191]

Mit der Entwicklung zur Dienstleistungsgesellschaft wächst für Selbständige der Arbeitsmarkt. Der sog. „*knowledge-worker*" ist heute oftmals einzig auf seinen PC als Arbeitsinstrument und Werkzeug der Arbeitsorganisation angewiesen. Sein einziges Produkt kann eine gute Idee sein. Sein Leistungsangebot umfasst meist die Produktion, Verarbeitung, Verteilung und Verwaltung von Informationen. Hierzu bedarf es nicht zwingend weiterer Mitarbeiter. In diesem Arbeitsleben hat die eigene Persönlichkeit ihren Platz.[192] Die klassischen Branchen neuer Selbständigkeit sind deshalb weitestgehend der Kultur- und Kreativwirtschaft zuzurechnen, wie z. B. der Designwirtschaft, dem Architektur- oder Werbemarkt und der Software-/Games-Industrie. Generell darf man aber wohl annehmen können, dass sich die Anzahl der Selbständigen auch in anderen Segmenten der sog. „*Wissensberufe*" weiter erhöhen wird.[193]

(2) Veränderungen in der Betriebsgröße selbständig Erwerbstätiger hin zu mehr „Solo-Selbständigkeit"

Doch nicht nur die Betätigungsfelder der Selbständigen haben sich in den letzten Jahren maßgeblich verändert, sondern auch die Betriebsgrößen. So hat sich die Zahl von Einpersonen- oder Solo-Selbständigen, d. h. solchen ohne bezahlte Beschäftigte, seit Beginn der 1990er Jahre überdurchschnittlich erhöht. Die Relation von Selbständigen mit und ohne Beschäftigten hat sich zugunsten der „Solisten" verschoben. Damit arbeiten inzwischen mehr als die Hälfte aller Selbständigen

abhängigkeit von Reglementierungen und umfassender Einsatzfähigkeit in enger Verbindung stehen, ist nicht mehr der allein maßgebliche Maßstab. Historisch hat sich eine Erwerbsform herausgebildet, die hohe Verfügbarkeit und flexible Einsatzfähigkeit fordert. Damit ist allerdings, jedenfalls aus Sicht von Frauen mit Kindern, eine Arbeitsform mit besonderen Vereinbarkeitsproblemen entstanden. Das gilt insbesondere für die zunehmend bestehenden Solo- und Kleinstselbständigen. Vgl. hierzu Biermann/Gather, Sozialer Fortschritt 2014, 170, 175 m.w.N.

191 S. K. Schulze-Buschoff: Neue Selbständige – Die Entwicklung in Deutschland und in anderen europäischen Ländern, 2007, S. 5.

192 Vgl. hierzu wie zum „knowledge-worker": Bologna, Die Zerstörung der Mittelschichten. Thesen zur Neuen Selbständigkeit, S. 97 f.

193 Vgl. hierzu auch die Ausführungen zum Wandel in der „wissensintensiven" Dienstleistungsgesellschaft bei Betzelt/Fachinger, NZA 2004, 312, 317 ff. – „Wissensberufe" im kommen – Geschlechtersegregation aufgeweicht.

ohne bezahlte Arbeitskräfte. In Deutschland ist die Zahl der Solo-Selbständigen zwischen 1991 und 2005 um 66 % auf 2,29 Millionen angestiegen. In besonderem Maße hat dabei der Zustrom weiblicher Selbständiger zum Vormarsch der Kleinstselbständigen beigetragen, denn die Mehrheit der Frauen (59,7 %) war zur Jahrtausendwende als Alleindienstleister tätig.[194]

Der Trend zur Alleinselbständigkeit ist somit ebenfalls als wesentliches Merkmal des Strukturwandels zu bewerten. Auch werden die unterschiedlichen Triebkräfte der Entwicklung hier besonders deutlich: So gibt es eine große Bandbreite von Branchen, Kundenkreisen und Vertragsformen alleinselbständiger Erwerbsformen; das Spektrum reicht von der Dienstleistungserbringung für eine größere Anzahl an Auftraggebern, mit denen keine längerfristigen Vertragsbindungen bestehen, über Freelancing und verschiedene Formen freier Mitarbeit auf Basis von Honorar- oder Werkverträgen, bis zum Subunternehmertum und Franchising mit einer festen Bindung an eine einzelnes Großunternehmen. Die Vielschichtigkeit des Phänomens „neuer Selbständigkeit" tritt gerade hier mehr als deutlich zutage.[195]

cc) Der Wandel in den Köpfen

Man fragt sich, aus welcher Motivation heraus Personen derartige Tätigkeiten vor allem im Grenzbereich zwischen Arbeitnehmereigenschaft und Selbständigkeit eingehen. Woher kommt der Wandel hin zu immer mehr Freelancern, freien Mitarbeitern und Franchisenehmern?

Die neuen Organisationsformen der Arbeit („Outsourcing") und die neuen Kommunikationstechniken können Außenstehende und Selbständige flexibel und intensiv in den betrieblichen Produktionsprozess integrieren und umgekehrt vormals abhängig Beschäftigten eine größere Gestaltungsfreiheit in ihren Arbeitsbedingungen zugestehen, ohne die soziale und ökonomische Bindung an den Betrieb zu ändern („Telearbeit").[196] Für den Auftraggeber bestehen die Vorteile der Vergabe von Tätigkeiten an Selbständige gegenüber einem Beschäftigen von Arbeitnehmern darin, dass er nicht das Risiko ihrer Beschäftigung tragen muss,

194 Vgl. hierzu Waltermann, Abschied vom Normalarbeitsverhältnis?, B 101 f. m.w.N. sowie Betzelt/Fachinger, ZSR 2004, 312, 320.

195 So auch Betzelt/Fachinger, ZSR 2004, 312, 321.

196 Fink/Reisenfelder/Talos, Schöne neue Arbeitswelt? – Geringfügige Beschäftigung und Freie Dienstverhältnisse: Phänomene und Regelungen in Österreich, Deutschland, Großbritannien und Dänemark, Zeitschrift für Sozialreform 2003, 271, 271 ff., 294 ff. – zit. nach Bieback in: Bieback (Hrsg.), Neue Mitgliedschaft in der Sozialversicherung – Auf dem Weg in die Volksversicherung?, 2010, S. 9, 14.

also bei einem Auftragsmangel dieses Risiko auf die möglichen Auftragnehmer abwälzen kann. Er unterliegt auch nicht den Bindungen und Schutzvorschriften des Arbeitsrechts. Das Fehlen des Kündigungsschutzes bedeutet Flexibilität. Auch entfällt die Entrichtung des Arbeitgeberanteils an der Sozialversicherung und damit zusammenhängend alle Verpflichtungen nach den einzelnen Sozialversicherungszweigen. Die Einkommens- und ggf. Umsatzsteuer muss der Auftragnehmer selbst entrichten. Für den Auftragnehmer mag die Motivation hingegen z. B. darin bestehen, dass er sich zur Aufnahme einer Tätigkeit im Grenzbereich gezwungen sieht, weil er ansonsten keine Beschäftigung findet. Der Trend zur Selbständigkeit entsteht in der Phase der Normalisierung der Massenarbeitslosigkeit. In den vergangenen Jahren bewahrheitete sich diese Aussage: die Existenzgründung aus der Arbeitslosigkeit. *Manfred Feit*, Pressesprecher der Arbeitsagentur, nannte sie 2008 „die Flucht nach vorn", mit der Arbeitsuchende dem sozialen Abstieg in Form von ALG II entkommen wollen.[197] Selbständigkeit erscheint als Chance und Alternative zur unsicheren Arbeitnehmerkarriere bzw. zur Arbeitslosigkeit und wird zudem gefördert durch z. B. Existenzgründerzuschüsse des Bundes oder der teilweisen Abschaffung des Meisterzwanges durch die Novellierung der Handwerksordnung im Jahr 2004.[198] Mindestens genauso häufig, wenn nicht gar häufiger dürfte der Betreffende von der Perspektive der Selbständigkeit angezogen sein, die ihm aus seiner Sicht höhere Freiräume beschert. Die Einkommensperspektiven können sich auch sehen lassen, stellt man in Rechnung, dass Sozialabgaben nicht entrichtet werden und die eigene Vorsorge bescheiden ausfällt. Diese Motivation mag kurzsichtig erscheinen, ist aber im jüngeren Lebensalter durchaus verständlich und auch sonst nicht selten anzutreffen.

Zudem gibt es einen starken Wandel in der Einstellung zum Beruf: Selbständigkeit heißt, es sich selbst zu beweisen. Es gibt einen Wertewandel dahin gehend, dass insbesondere die Befriedigung der Grundbedürfnisse zu veränderten Ansprüchen an die Arbeit in Richtung von Selbstbestimmung und Sinnbezug (sog. postmaterialistische Werte) im Vordergrund steht. Der Wunsch nach selbständiger, selbstorganisierter Tätigkeit wird insofern oftmals auch gedeutet als Bemühen, die hohe biographische Bedeutung des Lebensbereiches Beruf zu er-

---

197 taz v. 10.10.2008. S. hierzu auch Biermann/Gather, Mutterschutz in der Selbständigkeit, in: Rust/Lange (Hrsg.), Mutterschutz für Selbständige?, Loccumer Protokoll 80/14, S. 69, 83.

198 Vgl. hierzu auch Kai Kelleter, „Selbständige in Deutschland – Ergebnisse des Mikrozensus 2008" in: Statistisches Bundesamt, Wirtschaft und Statistik 12/2009, 1204, 1206 sowie die weitergehenden allgemeinen statistischen Ausführungen unter B. III. in diesem Kapitel.

halten. Typischerweise kennzeichnet sich der neue Selbständige dadurch aus, dass er weder ein instrumentales Lohnarbeitsbewusstsein noch eine bürokratische oder professionelle Aufgabenidentifizierung, noch einen säkularisierten Arbeits- und Berufsethos hat.[199]

dd) Die sozialpolitischen und sozialrechtlichen Folgen des Strukturwandels der letzten Jahre

Im Blickpunkt der Sozialpolitik sowie des Sozialrechts steht – zumindest in Deutschland – regelmäßig sowohl der Arbeitnehmer[200] als auch der „Scheinselbständige". Die Gruppe der Selbständigen ist im Gegensatz zu ihnen weniger homogen. Die soziale Schutzbedürftigkeit innerhalb dieser Personengruppe ist deshalb höchst unterschiedlich, was letztlich dazu führt, dass sich eher selten mit den Selbständigen und deren sozialpolitischen Bedürfnisse auseinandergesetzt wird. Es ist nicht leicht, eine einheitliche Sozialpolitik für eine derart breit gefächerte Klientel voranzutreiben.

Dessen ungeachtet hat die selbständig ausgeübte Erwerbstätigkeit seit den 1990er Jahren in der Bundesrepublik stark an Bedeutung gewonnen. Diese Zunahme geht mit den zuvor aufgezeigten, gravierenden Strukturveränderungen einher. Mit der wachsenden Differenzierung dieses Erwerbstyps und der damit einhergehenden Zahl an sog. „neuen Selbständigen", wie freie Mitarbeiter und Freelancer sind hohe soziale Risiken für jene zahlreichen Selbständige verbunden. Diese Risiken gehen zudem einher mit steigenden gesamtgesellschaftlichen Kosten für existenzsichernde Maßnahmen und sind deshalb auch aus Sicht der Sozialpolitik nicht länger zu vernachlässigen. Von sozialpolitischer Bedeutung ist die „Neue Selbständigkeit" dabei einerseits aufgrund der häufig unstetigen Einkommensverhältnisse, andererseits aufgrund der hohen beruflichen und sozialen Mobilität der Neuen Selbständigen, die sich im verhältnismäßig häufigen Wechsel des Erwerbsstatus ausdrückt. Beides hat zur Folge, dass unter den neuen Selbständigen eine breitere Einkommensstreuung vorliegt, als im Vergleich zu abhängig Beschäftigen und Selbständigen im klassischen Sinn. Ihre Einkommensstruktur zeichnet sich dabei durch eine hohe Anzahl niedriger Einkommen aus. Darüber hinaus sind die neuen Selbständigen nicht im gleichen Maß in korporatistische Strukturen eingebunden, wie traditionelle Selbständige (z. B. Hand-

199 Vonderach, S. 161.

200 Gemeinsam mit den Arbeitnehmern stehen auch die „Scheinselbständigen" im Mittelpunkt des Interesses. Sie zählen nach dem Verständnis der deutschen Rechtsprechung zu den Arbeitnehmern und sind ebenso wie sie schutzbedürftig.

werkskammer). Generell hat die soziale Heterogenität der neuen Selbständigen zur Folge, dass diese über eine geringe bzw. keine zentralisierte Interessenvertretung verfügen. Aufgrund der mit diesen Umständen einhergehenden erhöhten Risiken prekärer Arbeitsverhältnisse, wird es mit steigender Bedeutung der neuen Selbständigkeit in Zukunft immer wichtiger, deren sozialpolitische Position zu stärken.[201]

ee) Zwischenergebnis

Immer mehr Menschen werden ihr eigener Chef. Die Gründe dafür sind vielfältig. Die einen entgehen damit drohender Arbeitslosigkeit, andere wollten sich vielleicht schon immer selbst verwirklichen. Der neue Selbständige verortet sich dabei zwischen den klassischen Arbeitsrollen des Unternehmers, des klassischen Selbständigen und des Arbeitnehmers. Mit der Figur des Unternehmers hat der neue Selbständige gemein, dass er in Bezug auf sein eigenes Arbeitsvermögen und das eingesetzte Kapital unternehmerisch handelt. Er ist für die Produkt- oder Projektentwicklung und den Erfolg verantwortlich und steht ständig in einer Auftragnehmer-Kunden-Beziehung.[202] Von der Rolle des „alten" Selbständigen grenzt er sich durch die „verstärkte Vermarktlichung von Arbeits- und Leistungsverhältnissen" ab. Freie Berufe umfassen in der Regel ein eng umrissenes, berufsstrategisch abgeschottetes Feld privilegierter Erwerbstätigkeit als typisches Ergebnis von Professionalisierungsstrategien.[203] Die neuen Selbständigen sind zwar typischerweise in bestimmten Branchen vertreten, mit ihnen sind aber in keiner Weise klare Berufsprofile oder Privilegien verbunden.

Die neuen Selbständigen sind oft in Bereichen tätig, in denen sowohl Arbeitnehmer als auch Selbständige tätig sein können. Oftmals aus der Not heraus, andernfalls arbeitslos zu sein. Die Einstellung der Menschen zur Arbeit hat sich insofern zwangsläufig geändert. Die selbständige Erwerbstätigkeit ist heute zudem eine reale Möglichkeit für viele, für die sie es früher nicht war, und für viele Arten von Arbeit, für die sie früher unrealistisch gewesen wäre. Die Anzahl der atypischen Beschäftigungsverhältnisse nimmt rapide zu. Das „Normalarbeitsverhältnis" wird zum Auslaufmodell.[204]

---

201 Zum Vorstehendenden insgesamt: K. Schulze-Buschoff, S. 7 ff.

202 Bologna, s. Fn. X S. 9–45.

203 Voß/Pongratz, Der Arbeitskraftunternehmer. Eine neue Grundform der Ware Arbeitskraft?, 1998, S. 19.

204 Vgl. zur „neuen Selbständigkeit" insbesondere insgesamt: Bögenhold/Fachinger, WISO-Diskurs, Neue Selbständigkeit, Wandel und Differenzierung der Erwerbstätigkeit, 2012.

b) Die Scheinselbständigen

Von den „neuen Selbständigen" klar abzugrenzen sind die sog. „Scheinselbständigen". Bei ihnen handelt es sich anders als bei der ersten Gruppe gerade nicht um selbständig Erwerbstätige, sondern um Personen, die zwar als Selbständige behandelt werden, eigentlich aber Arbeitnehmer sind. Es wäre daher geradezu falsch, die „neuen Selbständigen" als „Scheinselbständige"[205] zu bezeichnen oder sie mit diesen gleichzusetzen, da die „neuen Selbständigen" regelmäßig tatsächlich und rechtlich selbständig sind.

Schon der Begriff „Scheinselbständiger" für sich genommen deutet darauf hin, dass es sich um Personen handelt, die, anders als selbständig Erwerbstätige, zwar möglicherweise formal die Voraussetzungen für die Selbständigkeit erfüllen, aufgrund der tatsächlichen Situation aber eher mit den klassischen Arbeitnehmern vergleichbar sind.[206] Zweifel bestehen daher immer in den Bereichen, in denen „Selbständige" und „Arbeitnehmer" grundsätzlich gleiche Dienste verrichten (freie Mitarbeiter in den Medien, Außendienst von Versicherungen und Handel, Service und Reparaturen).[207] Dies ist auch der Grund, weshalb trotz den jüngsten empirischen Untersuchungen[208] auch weiterhin ganz erhebliche Unsicherheiten über den tatsächlichen Umfang von Scheinselbständigkeit bestehen. Das zentrale Problem der Abgrenzung, wann echte Selbständigkeit vorliegt, ist und bleibt kontrovers.

Der Begriff der „Scheinselbständigkeit" als solcher ist nach alldem also ebenso außerordentlich schillernd wie der der „neuen Selbständigkeit". Die Frage nach der Abgrenzung soll dennoch nicht weiter Gegenstand dieser Arbeit werden, weshalb diesbezüglich auch auf andere Ausarbeitungen verwiesen wird.[209]

---

205 Dies scheint im internationalen Vergleich wohl eher eine deutsche Wortbildung und wohl auch ein deutsches Verständnis des Problems zu sein. Vgl. Diskussion bei Williams, Die selbständigen Erwerbstätigen: Versorgung der Selbstversorger, Internationale Revue für Soziale Sicherheit 1/1999, 7, 7 ff., 27 ff. – zit. nach Bieback in: Bieback (Hrsg.), Neue Mitgliedschaft in der Sozialversicherung – Auf dem Weg in die Volksversicherung?, 2010, S. 9, 14.

206 Der Gesetzesentwurf zur Novellierung des Mutterschutzrechtes vom 06.05.2016, BR-Drs. 230/16 / BT-Drs. 18/8963, sieht vor, dass zumindest „arbeitnehmerähnliche Personen" (Scheinselbständige) künftig vom Anwendungsbereich des Mutterschutzgesetzes umfasst werden sollen. Ein Anspruch auf Mutterschutzlohn oder Mutterschaftsgeld sollen sie jedoch auch weiterhin nicht erhalten.

207 S. Bieback (Hrsg.), Neue Mitgliedschaft in der Sozialversicherung – Auf dem Weg in die Volksversicherung?, 2010, S. 9, 14.

208 Vgl. Institut für Arbeitsmarkt- und Berufsforschung der Bundesanstalt für Arbeit Bericht NZA 1997, 590.

209 Zur „*Phänomenologie der Scheinselbständigkeit*" z. B. Steinmeyer, ZSR 1996, 348, 354 ff.

c) *Ergebnis*

Die Veränderungen in der Arbeitswelt machen die Abgrenzung zwischen abhängiger Beschäftigung und selbständiger Tätigkeit zumindest in einer gewissen Grauzone zunehmend schwieriger. Die Diskussion um die Thematiken der „neuen Selbständigkeit" sowie der „Scheinselbständigkeit" sind nur ein spezieller Aspekt dieser Entwicklung. Die zunehmenden Abgrenzungsprobleme zwischen abhängiger Beschäftigung und selbständiger Tätigkeit führen zu wachsender Unsicherheit.[210] Risiken, denen abhängig Beschäftigte unterliegen, können somit sehr wohl z. B. auch auf Scheinselbständige oder aber die „neuen Selbständigen" zutreffen. Eine rein formale Abgrenzung bewirkt keinen Schutz gegen Risiken, die ihren Ursprung vielmehr in den tatsächlichen Umständen der Erwerbstätigkeit haben.

2. *Die mithelfenden Familienangehörigen*

Ebenso wie die „neuen Selbständigen" bewegen sich oftmals auch die sog. „mithelfenden Familienangehörigen" jenseits des „Normalarbeitsverhältnisses". Diese Gruppe soll und darf an dieser Stelle deshalb nicht völlig ungenannt bleiben; auch sie bereichert auf ihre Art die Vielfalt an verschiedensten Formen von Erwerbsarbeit.

a) *Zur Charakterisierung und Einstufung von mitarbeitenden Familienangehörigen*

Die Mehrheit aller „mitarbeitenden Familienangehörigen" stellen Frauen, genauer Ehefrauen, die als unbezahlte Helferinnen für ihren selbständigen Ehegatten tätig werden. Aber bedeutet dies zwangsläufig zugleich, dass diese mitarbeitenden Ehefrauen genauso selbständig tätig werden wie ihre Männer bzw. sind sie letztlich doch wie Angestellte zu bewerten oder gar womöglich gänzlich zu vernachlässigen? Der Umstand, dass mitarbeitende Familienangehörige häufig nicht das klassische feste Gehalt oder den üblichen Lohn für ihren Einsatz im Familienunternehmen erhalten, macht es in aller Regel schwierig, sie richtig einzustufen und damit die voranstehende Frage befriedigend zu beantworten.

Die Frage, wie ein Familienangehöriger, der für ein anderes Familienmitglied tätig wird, konkret zu charakterisieren ist, stellt davon losgelöst aber auch ganz allgemein ein großes Problem dar. Die Rechtsprechung versucht sich mit Hilfe

---

210 Thiede in: Bieback (Hrsg.), Neue Mitgliedschaft in der Sozialversicherung – Auf dem Weg in die Volksversicherung?, S. 94.

des folgenden Prüfungskataloges einer Lösung zumindest für das Sozialrecht anzunähern[211]: Ein Beschäftigungsverhältnis unter Angehörigen (einschließlich Ehegatten) ist nicht von vornherein ausgeschlossen. Allerdings ist die Beschäftigteneigenschaft besonders sorgfältig zu prüfen; es muss ausgeschlossen werden, dass ein Arbeitsvertrag nur zum Schein geschlossen wird. Außerdem muss untersucht werden, ob der Ehegatte als Mitunternehmer oder Mitgesellschafter des anderen Ehepartners anzusehen ist, ob unter Ehegatten eine Gütergemeinschaft vorliegt oder ob lediglich eine familienhafte Mithilfe gegeben ist[212]. Hierzu ist wiederum die Feststellung erforderlich, dass es sich um ein von den Eheleuten ernsthaft gewolltes und vereinbarungsgemäß durchgeführtes entgeltliches Beschäftigungsverhältnis handelt, dass insbesondere eine persönliche Abhängigkeit aufweist.[213]

Rechtlich ist die Mitarbeit somit von Beiträgen im Rahmen familienrechtlicher Unterhaltspflicht (§§ 1360 S. 1, 1612 Abs. 1 S. 2 BGB) oder Gefälligkeiten aufgrund familiärer Verbundenheit von entgeltlicher Beschäftigung zu unterscheiden. Da das Weisungsrecht eines Arbeitgebers wegen der persönlichen Verbundenheit eingeschränkt sein kann, kommt es entscheidend auf die Eingliederung in den Betrieb und eine praktizierte Entgeltvereinbarung in einer der Arbeitsleistung entsprechenden Höhe an.[214] Familiäre Mitarbeit im Betrieb eines nahen Verwandten schließt eine Beschäftigung im Sinne des Sozialrechts also nicht generell aus, zugleich aber auch nicht den Umkehrschluss einer selbständigen Erwerbstätigkeit. Ein solcher Ausschluss wäre ohnedies verfassungswidrig, so schon das Bundessozialgericht 1972.[215]

Liest man die voranstehenden Ausführungen der Rechtsprechung, werden die eingangs aufgeworfenen Fragen auch weiterhin nicht zur Genüge beantwortet. Ähnlich wie schon bei der allgemeinen Frage nach Selbständigkeit, Scheinselbständigkeit oder abhängiger Beschäftigung soll es deshalb auf eine Einzelfallprüfung ankommen, die für jeden Fall gesondert vorgenommen werden muss. Allgemeingültige Aussagen werden von der deutschen Rechtsprechung vermieden; klare Abgrenzungskriterien sind kaum sichtbar.

---

211 Vgl. BSGE 74, 275.

212 Vgl. für Kinder z. B. § 1619 BGB.

213 Insgesamt dazu Kreikebohm-*Marschner*, SGB IV, § 7 Rdnr. 16 f.

214 BSG, Urt. v. 21.04.1993, Az. 11 RAr 67/92 = SozR 3-4100 § 168 Nr. 11 mit Hinweisen auf die Rspr. des BFH.

215 BSG, Urt. v. 29.06.1972, Az. 2 RU 81/69 = SozR Nr. 31 zu § 539 RVO mit Hinweisen auf Rspr. des BVerfG.

b) Die Forderungen der Richtlinie 2010/41/EU zur Eingliederung der „mitarbeitenden Ehepartner" in die sozialen Sicherungssysteme für selbständig Erwerbstätige

Der Geltungsbereich der Richtlinie 2010/41/EU erstreckt sich nach dessen Art. 2 ausdrücklich auch auf die „mitarbeitenden Ehepartner". Art. 7 der Richtlinie 2010/41/EU beschreibt sodann im Weiteren den Auftrag an die umsetzenden Mitgliedsstaaten sicherzustellen, dass künftig auch eben diese mitarbeitenden Ehepartner in die sozialen Sicherungssysteme für selbständig Erwerbstätige aufgenommen werden. Dabei sollen die Mitgliedstaaten darüber entscheiden können, ob die Verwirklichung des Sozialschutzes auf obligatorischer oder freiwilliger Basis erfolgen soll.[216]

Wie sich diese Eingliederung im Einzelnen genau gestalten kann und welche Probleme sich an diesen Auftrag der Richtlinie generell anknüpfen, kann nicht Inhalt dieser Ausarbeitung werden und soll es auch nicht. Eine Berücksichtigung dieses speziellen Themenkomplexes, namentlich die Umsetzung der Eingliederung der mitarbeitenden Ehepartner in die sozialen Sicherungssysteme, würde zu ausufernd werden und soll deshalb anderen überlassen bleiben. Der Fokus bleibt allein auf den Mutterschutzleistungen der Selbständigen allgemein, d. h. auf der Regelung des Art. 8 der Richtlinie 2010/41/EU. Beide Thematiken sind zwar in ein- und derselben Richtlinie einer Regelung zugeführt worden, können aber problemlos voneinander losgelöst betrachtet werden. Die Arbeit wird damit die mitarbeitenden Ehepartner soweit erforderlich allein unter dem Gesichtspunkt des Mutterschutzes in Bezug nehmen.

3. Heterogenität in den eigenen Erwerbsbiographien

Abschließend sollte der Umstand, dass heutzutage selbst die einzelnen Erwerbsbiographien mehrheitlich nicht länger gradlinig ausfallen, ebenfalls nicht unerwähnt bleiben. Während es vor einigen wenigen Jahren noch selbstverständlich war, den einmal erlernten Beruf, gleich, ob selbständig oder abhängig beschäftigt, bis zum Rentenantritt auszuüben, so bringen die fortwährenden Veränderungen in der Arbeitswelt es heute mit sich, dass sich die Erwerbstätigen oftmals mehr als nur einmal während ihres Erwerbslebens umorientieren (müssen).[217] Ebenso wenig kann – wie zuvor bereits gezeigt –

216 Vgl. Franzen/Gallner/Oetker-*Mohr*, RL 2010/41/EU Art. 2 Rdnr. 1, 3; Art. 7 Rdnr. 1.

217 Stichwort: „*Patchwork-Biographie*"; s. hierzu Thiede in: Bieback (Hrsg.), Neue Mitgliedschaft in der Sozialversicherung – Auf dem Weg in die Volksversicherung?, 2010, S. 94, 95.

heutzutage kaum mehr von „den Selbständigen“ oder „den abhängig Beschäftigten“ gesprochen werden. Eine solche strenge Kategorisierung kann allenfalls für den aktuellen Erwerbsstatus eines Erwerbstätigen zu einem konkreten Zeitpunkt gelten, sie kann aber immer weniger im Sinne einer verfestigten, dauerhaften Statuszugehörigkeit interpretiert werden. In zunehmendem Maße weisen die Erwerbsbiographien der heutigen Erwerbstätigen vielmehr sowohl Zeiten der abhängigen Beschäftigung als auch Zeiten der selbständigen Tätigkeit aus.[218]

Die Vielfältigkeit der Erwerbsformen macht nicht mehr bei seinen allgemeinen Ausgestaltungen Halt, sondern auch die einzelnen Erwerbsleben zeichnen sich zunehmend durch beständigen Wechsel und zunehmender Heterogenität aus. Dies macht es nur noch dringlicher, diejenigen Risiken, die sowohl die abhängig Beschäftigten als auch die Selbständigen im gleichen Maße ereilen können, soweit wie möglich einheitlich abzusichern.

4. *Fazit*

Flexible Arbeitsformen, phasenweise Arbeitslosigkeit und selbständige und freiberufliche Tätigkeit verdrängen zunehmend das „Normalarbeitsverhältnis“. Wer heute erfolgreich selbständig sein und sich dabei vor allem auf dem Feld der „neuen Selbständigkeit“ bewegen möchte, muss

> ***„so flexibel wie Handys und so mobil wie Laptops“***[219]

sein.

> ***„Diese Nomaden der Arbeitswelt [...] wandeln ihre Tätigkeiten ab wie Chamäleons.“***[220]

Es ist schon allein aus diesem Grunde mehr als schwierig, wenn nicht gar unmöglich, die Selbständigen als geschlossene Gruppe zu sehen. Bedenkt man zudem noch die von der Rechtsprechung stets erst spät den Neuentwicklungen entsprechend angepassten Abgrenzungskriterien, so zeigt sich, dass es beinahe schon die Quadratur des Kreises zu sein scheint, den Bedürfnissen aller Selbständigen gerecht werden zu wollen und alle Selbständigen gleichermaßen zu erfassen.

---

218 Thiede in: Bieback (Hrsg.), Neue Mitgliedschaft in der Sozialversicherung – Auf dem Weg in die Volksversicherung?, S. 94, 95.

219 Willliams, International Revue für Soziale Sicherheit 1999, 7, 8. Dieses Bild fasst die heutige Situation zahlloser Erwerbstätiger bestens zusammen.

220 Willliams, International Revue für Soziale Sicherheit 1999, 7, 8.

III. Selbständige in Deutschland und der EU – was die Statistiken über sie verraten

Die Erwerbstätigkeit in Deutschland, als auch in der gesamten Europäischen Union, hat sich in den letzten Jahrzehnten vor allem hinsichtlich derjenigen Erwerbsformen dynamisch entwickelt, die nicht den Normalarbeitsverhältnissen zuzurechnen sind und wie sie voranstehend bereits hinreichend erläutert wurde. Insbesondere auf dem Sektor der selbständigen Erwerbstätigkeit ist es zu einem zunehmenden Variantenreichtum an selbständigen Erwerbsformen („neue Selbständige") gekommen, so dass sich nunmehr unweigerlich die Frage anschließt, wie viele Selbständige gibt es in Deutschland bzw. europaweit, die von der hier im Mittelpunkt stehenden Problematik überhaupt betroffen sind?

Im Nachfolgenden wird insbesondere das Augenmerk auf die Entwicklung in den Jahren bis 2008 in Deutschland gelegt. Dieses Zeitfenster wurde bewusst ausgewählt, da es denjenigen Zeitraum widerspiegelt, in dem der Ruf nach einer Überarbeitung der Selbständigen-Richtlinie immer lauter wurde und der insbesondere im 2. Kapitel der vorliegenden Ausarbeitung unter Punkt A. noch genauer untersucht und dargestellt wird. Zumeist entstammen die in Bezug genommenen Zahlen daher auch bewusst dem Mikrozensus[221] bzw. der EU-Arbeitskräfteerhebung aus eben jenem Jahr.

1. Die Entwicklung der Anzahl an Selbständigen in Deutschland zwischen 1998 und 2008

Die Zahl der Selbständigen ist laut Mikrozensus 2008 in Deutschland seit 1980 von 2,31 Millionen (früheres Bundesgebiet) auf rund 4,14 Millionen im Jahr 2008 in Deutschland gewachsen. Der Anteil der Selbständigen an allen Erwerbstätigen

221 Mikrozensus bzw. EU-Arbeitskräfteerhebung sind in Deutschland die wichtigsten Quellen für Ergebnisse über selbständige Erwerbstätigkeit und stellen beispielsweise auch die Grundlage für die Schätzung der Selbständigen in der Erwerbstätigenrechnung im Rahmen der Volkswirtschaftlichen Gesamtrechnung dar. Der Mikrozensus („Kleine Volkszählung") ist eine Stichprobenerhebung über die Bevölkerung und den Arbeitsmarkt. Die nachfolgend aufgezeigten Statistiken beziehen sich weniger auf die volkswirtschaftliche Definition von Selbständigkeit, sondern beruhen in aller Regel auf eine Selbsteinstufung der Befragten. Um eine möglichst homogene Gruppe zu bilden ist die Analyse der Ergebnisse des Mikrozensus auf die Altersgruppe der 15- bis unter 65-Jährigen beschränkt; unbezahlt mithelfende Familienmitglieder wurden nicht berücksichtigt. Für den zeitlichen Vergleich dienen vor allem die Ergebnisse des Mikrozensus 1998. Die EU-Arbeitskräfteerhebung verwendet für die Selbständigkeit vornehmlich die Definition wie sie auch von der ILO verwendet wird.

stieg im gleichen Zeitraum von 8,5 auf knapp 11 %.[222] Nach den Kennzahlen der Volkswirtschaftlichen Gesamtrechnung waren es sogar 4.434.000 Selbständige (inkl. Mithelfender Familienangehöriger) im Jahr 2008.[223]

Die Zahl der Erwerbstätigen, die eine selbständige Tätigkeit ausüben, ist im Übrigen allein in der Zeit zwischen 1998 und 2008 um 550.000 gestiegen. Die Selbständigenquote, also der Anteil der Selbständigen an allen Erwerbstätigen, ist dadurch um 0,7 %-Punkte – von 10,0 % im Jahr 1998 auf 10,7 % im Jahr 2008 – angewachsen. Der Anstieg der Selbständigenquote konzentriert sich dabei auf die Jahre 2002 bis 2005 und wurde in diesem Zeitraum insbesondere durch die bereits voranstehend näher charakterisierten „Solo-Selbständigen"[224] bewirkt. Die Zahlen spiegeln damit den bereits zuvor dargestellten Strukturwandel der letzten Jahre deutlich wider und bestätigen den Trend.[225]

Ferner lässt sich sagen, dass die Entwicklung über ein breites Spektrum an Berufen aus dem Dienstleistungssektor durchaus uneinheitlich und diskontinuierlich verläuft – keineswegs in allen Bereichen nahm die selbständige Erwerbstätigkeit zu. So hat die Zahl Selbständiger in eher traditionellen Tätigkeitsfeldern, wie dem Handel oder der Gastronomie, tendenziell eher abgenommen. Dagegen ist für jene Tätigkeiten ein überproportionaler Zuwachs zu verzeichnen, die für den Wandel zur „wissensintensiven" Dienstleistungsgesellschaft typisch sind, wobei allerdings auch innerhalb dieses Feldes durchaus uneinheitliche Entwicklungen zu beobachten sind. Die Entwicklung selbständiger Erwerbstätigkeit ist in ihrer Gesamtheit von einer ganzen Bandbreite verschiedenster Faktoren bzw. ökonomischen, sozialen und institutionellen Bedingungen in den einzelnen Branchen abhängig.[226]

a) Immer mehr Selbständige arbeiten allein

Während der Anteil der Solo-Selbständigen an allen Erwerbstätigen zwischen 1998 und 2008 um rund 20 %, konkret von 5,0 % im Jahr 1998 auf 6,0 % im Jahr 2008, angestiegen ist, ist der Anteil derjenigen Selbständigen mit Beschäftigten im gleichen Zeitraum zurückgegangen. Betrug letzterer 1998 noch einen Anteil

---

222 Kai Kelleter, „Selbständige in Deutschland – Ergebnisse des Mikrozensus 2008" in: Statistisches Bundesamt, Wirtschaft und Statistik 12/2009, S. 1204.

223 An dieser Stelle ist deutlich zu erkennen, dass die Frage nach der genauen Begriffsbestimmung, was einen Selbständigen ausmacht, durchaus auch greifbare Auswirkungen auf die Statistiken hat. Der Mikrozensus verwendet für eine bessere Vergleichbarkeit eine leicht abgewandelte Begriffsbestimmung, s. Fn. 9, 11.

224 Zum Begriff der „Solo-Selbständigkeit" B. II. 1. a) bb) (2).

225 Vgl. hierzu insgesamt Kelleter, S. 1204, 1205.

226 Betzelt/Fachinger, ZSR 2004, 312, 317 f.

von 5,0 % an allen Erwerbstätigen, so waren es 2008 nur noch 4,7 % der Erwerbstätigen, die zu dieser Gruppe zu zählen sind. Der Anstieg der Solo-Selbständigen ging zudem mit einem generellen Wandel hin zu kleineren Unternehmensgrößen einher. Gaben 1998 noch 21,9 % der Selbständigen mit Beschäftigten an, zehn oder mehr Mitarbeiter zu beschäftigen, waren es 2008 nur noch 20,7 %. Dem gegenüber stieg der Anteil an Selbständigen mit weniger als drei Beschäftigten von 23,8 % im Jahr 1998 auf 26,2 % im Jahr 2008.[227]

Ein Grund für diesen bemerkenswerten Anstieg wurde bereits zuvor benannt – die Angst vor der (Langzeit-)Arbeitslosigkeit.[228] Diese „Flucht nach vorn"[229] wird von der Statistik bestätigt. So fällt auf, dass die Entwicklung des Anteils der Solo-Selbständigen mit einer gewissen Verzögerung den Phasen konjunkturellen Abschwungs folgt, die zugleich durch steigende Erwerbslosenquoten gekennzeichnet sind. So stieg zwischen 2001 und 2004 die Erwerbslosenquote um 3 %-Punkte von 9,3 % auf 12,3 % an. Die Kurve der Solo-Selbständigen verläuft dabei nahezu parallel mit einer zeitlichen Verzögerung von gerade einmal einem Jahr. Nachdem die Erwerbslosenquote ab dem Jahr 2004 zu sinken begann, stagniert die Zahl der Solo-Selbständigen ab dem Jahr 2005.[230] Gleichwohl bildeten die Solo-Selbständigen im Jahr 2008 mit einem Anteil von 37 % noch immer die größte Gruppe unter denjenigen, die im Vorjahr noch in einem abhängigen Beschäftigungsverhältnis standen.[231]

Während die Entwicklung der selbständigen Erwerbstätigkeit im Zeitverlauf insgesamt durch einen kontinuierlichen Anstieg der Selbständigenquote in den 1990er Jahren und einer gar sprunghaften Entwicklung der Solo-Selbständigkeit zwischen den Jahren 2002 und 2005 gekennzeichnet ist, ist auch eine zunehmende „Tertiarisierung"[232] in letzten Jahre zu vermelden.[233] Hierin ist ebenfalls ein weiter Grund für die zunehmende Zahl an Selbständigen und vor allem auch Solo-Selbständigen zu sehen. Die Dienstleistungsbranche ist seit jeher ein Wirtschaftssektor mit einem überdurchschnittlich hohen Anteil an Solo-Selbständigen.[234] Die zunehmende Aus-

---

227 Vgl. hierzu insgesamt Kelleter, S. 1204, 1205.

228 Vgl. hierzu die voranstehenden Ausführungen unter B. II. 1. a) cc) sowie die zusammenfassenden Erörterungen unter B. IV.

229 taz v. 10.10.2008.

230 Vgl. hierzu insgesamt Kelleter, S. 1204, 1205.

231 Vgl. hierzu Kelleter, S. 1204, 1207.

232 Zur Begriffsbestimmung s. schon Fn. 188.

233 Vgl. hierzu insgesamt Kelleter, S. 1204, 1206 sowie Biermann/Gather, Mutterschutz in der Selbständigkeit in: Rust/Lange (Hrsg.), Mutterschutz für Selbständige, Loccumer Protokoll 80/14, S. 69, 72 ff.

234 Gerade im Dienstleistungsbereich sind vor allem Frauen solo-selbständig. So auch Bögenhold/Fachinger, Female Solo Self-Employment between Need and Innovation

weitung der Solo-Selbständigkeit als ausgeübte Erwerbsform könnte von daher auch durch den Anstieg des Anteils an Erwerbstätigen in jenem Sektor erklärt werden.[235] Auch hier spürt man den Strukturwandel der letzten Zeit nachhaltig.

Die Zahl der Solo-Selbständigen hat in dem hier betrachteten Zeitraum von 1998 bis 2008 um 515.700 Personen zugenommen. Diese Zahl zeigt dabei aber nur die absolute Veränderung und damit nur einen Ausschnitt des tatsächlichen Wandels. Wesentlich mehr lässt sich durch die Betrachtung des Zuwachses oder Rückgangs dieser Erwerbsformen nach Berufsklassen erkennen. So zeigt sich, dass sich der Anstieg insgesamt aus einer Zunahme der Zahl der Solo-Selbständigen bei einem Teil der Berufsklassen, konkret um 699.000 Personen und einem Rückgang um 183.000 Solo-Selbständigen in anderen Berufsklassen ergibt. Die nachfolgende Tabelle 1 gibt diejenigen 20 Berufsklassen wieder, die den höchsten Zuwachs an Solo-Selbständigen seit 1998 aufweisen.[236]

Abb 1: Veränderungen in den 20 Berufsklassen, in denen zwischen 1998 und 2008 die Zahl der Solo-Selbständigen am stärksten zugenommen hat.

Tabelle 1: Veränderungen in den 20 Berufsklassen, in denen zwischen 1998 und 2008 die Zahl der Solo-Selbstständigen am stärksten zugenommen hat

Ergebnisse des Mikrozensus

Berufsklasse	Solo-Selbstständige		Erwerbstätige insgesamt	
	1 000	%	1 000	%
Bildende Künstler/Künstlerinnen (angewandte Kunst)[1]	+30,4	+94,1	+63,6	+89,5
Sonstige Lehrer/Lehrerinnen[2]	+29,1	+173,2	+44,0	+69,5
Kosmetiker/Kosmetikerinnen	+27,8	+76,2	+41,4	+69,6
Unternehmensberater/Unternehmensberaterinnen und verwandte Berufe[3]	+27,3	+77,1	+62,2	+77,3
Hausmeister/Hausmeisterinnen, Hauswarte/Hauswartinnen	+23,3	+332,9	+84,9	+38,6
Publizisten/Publizistinnen[1]	+19,2	+50,5	+37,0	+33,5
Sonstige soziale Berufe	+18,2	+271,6	+50,6	+90,7
Einzelhandelskaufleute mit Fachbereichsangabe, a.n.g.	+16,3	+62,5	+57,7	+71,7
Darstellende Künstler/Künstlerinnen, Sänger/Sängerinnen[1]	+14,8	+137,0	+16,6	+57,0
Isolierer/Isoliererinnen, Abdichter/Abdichterinnen[4]	+14,1	+271,2	+3,6	+6,3
Fliesen-, Platten-, Mosaikleger und -legerinnen[4]	+12,5	+215,5	−0,5	−0,8
Lehrer/Lehrerinnen für musische Fächer, a.n.g.[1]	+12,4	+82,7	+12,0	+29,5
Masseure/Masseurinnen, Medizinische Bademeister/Bademeisterinnen und Krankengymnasten/Krankengymnastinnen[3]	+12,1	+78,1	+63,6	+59,4
Handelsmakler/Handelsmaklerinnen, Immobilienkaufleute[3]	+11,7	+90,3	+48,7	+58,8
Musiker/Musikerinnen[1]	+11,4	+60,6	+11,4	+24,6
Sportlehrer/Sportlehrerinnen[2]	+11,1	+83,5	+21,7	+44,4
Heilpraktiker/Heilpraktikerinnen[3]	+10,9	+101,9	+12,0	+88,2
Hochschullehrer/Hochschullehrerinnen und verwandte Berufe[2]	+10,8	+113,7	+5,2	+4,8
Softwareentwickler/Softwareentwicklerinnen[3]	+10,8	+93,1	+88,2	+64,3
Gebäudereiniger/Gebäudereinigerinnen, Raumpfleger/Raumpflegerinnen	+10,5	+233,3	+209,6	+31,3

1) Berufsklassen, die unter den Aufgabenbereich der Künstlersozialkasse fallen. – 2) Berufsklassen, die üblicherweise auf Basis von Honorarverträgen arbeiten. – 3) Berufsklassen, die als Freie Berufe ausgeübt werden können (ohne die in den Fußnoten 1 und 2 abgegrenzten Berufsklassen). – 4) Berufe der Baubranche.

Quelle: Kai Kelleter, „Selbständige in Deutschland – Ergebnisse des Mikrozensus 2008" in: Statistisches Bundesamt, Wirtschaft und Statistik 12/2009, S. 1204, 1208.

Challenge: Observations on Gender and Entrepreneurship in Germany, in: Journal of Enterprising Communities, zitiert nach: Fachinger, „Wer soll das bezahlen?", in: Rust/Lange (Hrsg.), Mutterschutz für Selbständige?, Loccumer Protokoll 80/14, S. 121, 123; Biermann/Gather, Sozialer Fortschritt 2014, 170, 174.

235 Vgl. hierzu Kelleter, S. 1204, 1207.

236 Vgl. Kelleter, S. 1204, 1208.

Zusammen sind diese Berufsgruppen für etwa 48 % der gesamten Veränderung der Zahl der Solo-Selbständigen verantwortlich und zeigen dabei den Wandel hin zu einer stärken Präsenz von Solo-Selbständigen in den sog. „Wissensberufen" mehr als deutlich. Insbesondere künstlerische, soziale, beratende und lehrende Berufe stehen dabei im Mittelpunkt, wobei der Anstieg der Zahl der Solo-Selbständigen im Sektor „öffentliche und private Dienstleistungen" vor allem auf die Wirtschaftszweige „Erbringung von sonstigen kulturellen und unterhaltenden Leistungen" (+49,8 %) und „Korrespondenz- und Nachrichtenbüros, selbständige Journalisten" (+54,5 %) zurückzuführen ist. Hier ergaben sich die höchsten Anteile an Solo-Selbständigen für das Jahr 2008.[237] Die klassischen freien Berufe, wie Rechtsanwälte oder Ärzte, sind hingegen nicht vertreten; die Handwerker sind nur im geringen Maße zu finden. Nur die Isolierer/Abdichter sowie Fliesen-, Platten- und Mosaikleger haben es in die oberen Ränge geschafft, was mutmaßlich auf die Änderung der Handwerksordnung aus dem Jahre 2004 zurückzuführen ist, bei der die Zahl der zulassungspflichtigen Handwerke beschränkt und die „Kleinunternehmerregelung"[238] festgeschrieben wurde.[239]

Auffallend ist, dass die Solo-Selbständigkeit seit 1998 gerade auch in den Berufsklassen stark angestiegen ist, deren Ausübende eine Absicherung über die Künstlersozialkasse beantragen können. In den fünf Berufsklassen, die in der obigen Tabelle aufgegriffen sind, trifft das bereits auf insgesamt 88.200 Personen zu. Ob allerdings ein direkter Zusammenhang zwischen der Möglichkeit der Mitgliedschaft in der Künstlersozialkasse und den steigenden Zahlen gegeben ist, lässt sich mangels einer entsprechenden statistischen Erhebung, nicht explizit nachweisen. Zumindest ist aber eine Parallelität zu beobachten.[240]

In lediglich drei Berufsklassen hat die Zahl der Solo-Selbständigen zwischen 1998 und 2008 um mehr als 5.000 Personen abgenommen. Der größte Rückgang war dabei bei den selbständigen Landwirten ohne weitere Beschäftigte zu beobachten. Ihr Anteil sank um 59.100, d.h. um 32,5 %. Dieser Wert liegt deutlich über dem Rückgang der Erwerbstätigenzahlen in allen anderen Berufsklassen und auch über dem Rückgang der Zahlen in den anderen Beschäftigungsformen dieses Berufes, wobei anzumerken ist, dass auch dort je ein Rückgang zu verzeichnen ist. Die Zahl der selbständigen Landwirte mit Beschäftigten ist

---

237 Vgl. Kelleter, S. 1204, 1209.

238 Die „Kleinunternehmerregelung" ist eine Vereinfachungsregelung im Umsatzsteuerrecht, die Unternehmern mit niedrigen Umsätzen ein Wahlrecht gewährt, weitgehend wie Nichtunternehmer behandelt zu werden (§ 19 UStG).

239 Vgl. Kelleter, S. 1204, 1208.

240 Vgl. hierzu Kelleter, S. 1204, 1208.

um 3,9 % gesunken, die der abhängig erwerbstätigen Landwirte um 15,9 %.[241] Dieser „alte“ Berufszweig verliert für die nachkommenden Generationen zunehmend an Attraktivität.

Die Analyse nach Wirtschaftszweigen bringt ans Licht, was bereits zuvor allgemein dargestellt wurde: ein Strukturwandel hin zu den „Wissensberufen“, die vornehmlich allein ausgeübt werden, und weg von den traditionellen Berufsbildern der selbständigen Erwerbstätigkeit. Diesem Umstand muss gerade auch mit Blick auf eine hinreichende soziale Absicherung der Betroffenen Rechnung getragen werden.

b) Der Anteil an Frauen wächst unaufhaltsam

Frauen haben am Wachstum und Strukturwandel der Selbständigkeit einen besonders großen Anteil. Auch dies zeigt die Statistik. Mit einer Selbständigenquote von 13,4 % waren Männer zwar im Jahr 2008 noch immer wesentlich häufiger selbständig erwerbstätig als Frauen, die im selben Zeitraum nur mit 7,3 % vertreten waren.[242] Gleichzeitig machen die Zahlen in den obigen Tabellen aber auch deutlich, dass die Zuwachsrate der Frauen die der Männer um das Dreifache übersteigt.[243] Entsprechend hat sich der Frauenanteil an den Selbständigen insgesamt deutlich erhöht, liegt aber trotz allem weiterhin deutlich unter demjenigen abhängiger Beschäftigter (45 %). Demzufolge bleibt es dabei, dass trotz des „Gründerinnenbooms“ nach wie vor eine beträchtliche Lücke zwischen der Zahl weiblicher und männlicher Selbständiger klafft („gender gap“), die sich gerade im niedrigen Anteil selbständiger an allen erwerbstätigen Frauen ausdrückt.

Nichtsdestoweniger ist festzuhalten, dass sich besonders seit den 1990er Jahren mehr und mehr erwerbstätige Frauen für eine selbständige Tätigkeit entschieden haben[244], wobei der größte Teil dieser Frauen allerdings statistisch betrachtet (nur) in Teilzeit selbständig tätig ist. Ihr Anteil war im Referenzzeitraum wesentlich höher als die entsprechenden Anteile der Männer. Besonders herauszuheben ist dabei der hohe Anteil an Teilzeit arbeitenden selbständigen Frauen mit Beschäftigten, der mit 14 % 4,7-fach den der Männer überschreitet. Hingegen war der Anteil der solo-selbständigen Frauen, die nur in Teilzeit ihrer Erwerbstätigkeit nachgingen, im Verhältnis zu dem der Männer nur 3,2mal so hoch. Bei den abhängig Beschäftigten war der Anteil der weiblichen Teil-

241 Vgl. hierzu insgesamt Kelleter, S. 1204, 1209.
242 Vgl. Kelleter, S. 1204, 1210.
243 Vgl. Betzelt/Fachinger, ZSR 2004, 312, 316.
244 Vgl. Betzelt/Fachinger, ZSR 2004, 312, 316.

zeitbeschäftigten sogar fast 5mal größer als der der Männer.[245] Gerade Frauen scheinen demnach die Möglichkeit der selbständigen Erwerbstätigkeit in Teilzeit gerne und oft anzunehmen.

Die konkreten Gründe hierfür variieren stark. Die Kategorie „Vollzeittätigkeit aus anderen Gründen nicht gewünscht" wurde im Jahr 2008 als häufigster Grund angegeben (Solo-Selbständige: 38,5 %; Selbständige mit Beschäftigten: 42,5 %). Bereits an zweiter Stelle wurde im früheren Bundesgebiet ohne West-Berlin die Betreuung und Pflege in Form persönlich-familiärer Verpflichtungen oder der Betreuung von Kindern oder pflegebedürftigen Personen genannt. Für die selbständigen Frauen im alten Bundesgebiet stellten familiäre Verpflichtungen, Kinderbetreuung und Pflege mit 52,8 % sogar den Hauptgrund für die Aufnahme einer Teilzeitbeschäftigung dar.[246]

Abschließend kommt man dem Obigen nachfolgend nicht umhin festzustellen, dass die maßgeblichen Gründe für den „Gründerinnenboom" insbesondere in den gestiegenen Karriereaspirationen hochqualifizierter Frauen bei zugleich einengenden Bedingungen in der Erwerbs- und Privatsphäre zu suchen sind. Die Selbständigkeit bietet Frauen einerseits erweiterte Handlungsoptionen für qualifikationsadäquate berufliche Karrieren und ermöglicht zugleich mehr zeitliche und räumliche Flexibilität, die sich besser mit familiären Verantwortlichkeiten vereinbaren lässt.[247] Die Erwerbsbedingungen in selbständiger Tätigkeit sind dabei nach wie vor von gesellschaftlich unterschiedlich verteilten Ressourcen zu Lasten von Frauen geprägt. So schlagen sich gesellschaftliche Benachteiligungen von Frauen z. B. in kürzer oder fehlender Arbeits- und Managementerfahrung, niedriger Kapitalausstattung, knapperen zeitlichen Ressourcen aufgrund familiärer Verantwortung und geringerer privater Unterstützung nieder. Schlechtere Zugangs- und Entfaltungschancen selbständiger Frauen ergeben sich zudem durch direkte Diskriminierungen und ein bestimmtes wirtschafts- und förderpolitisches Umfeld.[248] Familiäre Verpflichtungen können infolgedessen als Hindernis für die selbständige Marktbehauptung wirken, da sie die verfügbaren zeitlichen Ressourcen nicht unerheblich begrenzen.[249] Dies darf nicht übersehen werden, vor allem nachdem hierin einer der Hauptgründe für den weiterhin existierenden „gender gap" zu sehen sein dürfte.

---

245 Vgl. Kelleter, S. 1204, 1212.

246 Vgl. Kelleter, S. 1204, 1213.

247 Vgl. Betzelt/Fachinger, ZSR 2004, 312, 316 f.

248 Vgl. Betzelt/Fachinger, ZSR 2004, 312, 317 m.w.N.

249 Vgl. Betzelt/Fachinger, ZSR 2004, 312, 317 m.w.N.

2. *Selbständigkeit im europäischen Vergleich*

Um zu verstehen, warum die Europäische Union letztlich dem Ruf nach einer Überarbeitung der Selbständigen-Richtlinie gefolgt ist, muss zumindest auch ein kurzer Blick auf die Entwicklung Selbständigen in ganz Europa geworfen werden. Wie sieht hier die allgemeine Entwicklung aus? Wie schlägt sich Deutschland im Vergleich zu den anderen Mitgliedsstaaten? Und gibt es europaweit tatsächlich noch immer den viel zitierten „gender gap" oder schließt sich die Lücke allmählich im Zuge des „Gründerinnenbooms" der letzten Jahre? Zur Beantwortung dieser Fragen sind die Erhebungen der EuroStat[250] und damit der EU-Arbeitskräfteerhebung von besonderer Bedeutung.

a) Deutschland im Vergleich zu den anderen Mitgliedsstaaten

Der Umfang der selbständigen Erwerbstätigkeit ist in den Mitgliedsstaaten der Europäischen Union höchst unterschiedlich. Ungeachtet unterschiedlicher nationaler Begrifflichkeiten zur Abgrenzung der Selbständigkeit von anderen Erwerbsformen kann deshalb auch nur so viel gesagt werden: Die Zahl der Selbständigen ist im Verhältnis zur gesamten Erwerbsbevölkerung im europäischen Vergleich niedrig einzuschätzen. So ergibt sich aus dem Bericht der Europäischen Kommission „Soziale Sicherheit in Europa 1995", dass in Deutschland der Anteil der selbständig Erwerbstätigen bezogen auf die gesamte Erwerbsbevölkerung nur 9 % zum damaligen Berichtszeitpunkt ausmachten; geringer war mit 8 % lediglich der Anteil in Dänemark.[251] Im Durchschnitt aller damaligen 15 Mitgliedsstaaten lag zu jener Zeit der Anteil der Selbständigen bei etwa 15 % und war in Griechenland mit 34 % am höchsten, gefolgt von Portugal mit 25 %.[252]

---

250 EuroStat steht für das Statistische Amt der Europäischen Union mit Sitz in Luxemburg. Es hat den Rang einer Generaldirektion der Europäischen Kommission und ist dem Kommissar für Verwaltung, Audit und Betrugsbekämpfung zugeordnet. EuroStat stellt Statistiken für die Mitgliedsstaaten der EU zusammen, die von den jeweiligen nationalen statistischen Ämtern (in Deutschland dem Statistischen Bundesamt) erhoben und zur Verfügung gestellt werden. Eine wichtige Rolle spielt EuroStat auch bei dem Versuch der Harmonisierung von statistischen Definitionen und Berechnungsmethoden.

251 Vgl. hierzu und zum folgenden Europäische Kommission – Generaldirektion für Beschäftigung und soziale Angelegenheiten, Soziale Sicherheit in Europa 1995, Luxembourg 1996, S. 117 ff.

252 Vgl. insgesamt hierzu Steinmeyer in: Hanau/Steinmeyer/Wank, Handbuch des europäischen Arbeits- und Sozialrechts, § 24 Rdnr. 2.

In den Folgejahren hat sich an diesem Bild kaum etwas geändert. Im europäischen Vergleich stellte sich die deutsche Selbständigenquote auch im Jahr 2008 weiterhin viel zu niedrig dar. Lediglich neun andere Länder wiesen noch geringere Werte auf. Diese Platzierung ist zurückzuführen auf die im Vergleich trotz allem noch immer niedrige Quote an Solo-Selbständigen in Deutschland.[253]

b) Die Selbständigkeit in der Europäischen Union ist männlich dominiert

Unionsweit führen weitaus mehr Männer als Frauen ihr eigenes Geschäft und die Entwicklung der letzten Jahre deutet nicht daraufhin, dass sich daran von allein alsbald etwas ändern würde. Es gibt keine Hinweise für eine „natürliche" Verringerung dieser Unterschiede. Eine Schließung des „gender gap" ohne ein Eingreifen auf Ebene der Europäischen Union ist kaum denkbar.[254]

Im Jahr 2005 waren unionsweit gerade einmal 11,5 % des Gesamtanteils der in branchen- und marktbestimmenden Dienstleistungen[255] tätigen Frauen selbständig tätig. Der Anteil der Männer in diesem Bereich belief sich hingegen auf 18,7 %. Die Anzahl der selbständigen Frauen in Industrie und Handel betrug im selben Jahr 8,6 % aller erwerbstätigen Frauen in der Europäischen Union. Das sind halb so viele wie bei den Männern.

Wird sodann der Blick auf die Selbständigen mit Angestellten gerichtet, so zeigt sich gerade in diesem Bereich ein besonders großer Unterschied. Nur 2,5 % der Frauen in Industrie und Handel waren beispielsweise im Jahr 2005 unionsweit als mit Angestellten selbständig erwerbstätig zu bezeichnen, im Segment der branchen- und marktbestimmenden Dienstleistungen waren es 3,5 %[256]. Bei den Männern machte der Anteil hingegen 6,4 % bzw. 7,1 % aus. Diese Ungleichheit ist insbesondere in Dänemark augenfällig, wo die Anzahl der männlichen Selbständigen mit Angestellten beinahe 6mal größer ist als die der Frauen. Annähernd genauso groß war auch der Unterschied auf Zypern.[257]

2008 sprach wenig dafür, dass das gemessene Gefälle sich ausgleichen wird. In den vorangegangenen Jahren war der Unterschied des Anteils der Selbständigen

---

253 Vgl. Kelleter, S. 1204, 1216.

254 Vgl. Das Leben von Frauen und Männern in Europa, Ausgabe 2008, EuroStat Statistische Bücher, S. 62.

255 Ausgenommen sind von dieser Betrachtung vor allem die Selbständigen im Bildungs- und Gesundheitswesen, die in den voranstehenden Darstellungen hingegen Berücksichtigung gefunden haben.

256 Vgl. Betzelt/Fachinger, ZSR 2004, 312.

257 Ana Franco, „The entrepreneurial gap between men and women" in: Statistics in focus, Population and social conditions, 30/2007, S. 2.

mit Angestellten unter den Männern und Frauen praktisch konstant geblieben. Es gab sogar mehr Mitgliedsstaaten, in denen sich der Unterschied vergrößert hat, als solche, in denen er sich verringert hat.[258]

3. Fazit

Nach den obigen Ausführungen ist insgesamt zu sagen, dass die Zahl derjenigen, die selbständig erwerbstätig sind, zum hier interessanten Berichtszeitpunkt 2008 stark gestiegen ist. Insbesondere die Zahl der Solo-Selbständigen ist dabei hervorzuheben. Ebenso ist die Rolle der Frauen nicht zu vernachlässigen: Auch der „Gründerinnen-Boom" der letzten Jahre hat dazu beigetragen, dass die Zahlen der Selbständigen fortwährend steigen. Dennoch liegt der Anteil der Frauen insgesamt eher niedrig, ein erheblicher „gender gap" ist weiterhin allgegenwärtig. Es handelt sich bei der selbständigen Erwerbstätigkeit noch immer um eine Männerdomäne. Auch dies sollte die Selbständigen-Richtlinie ändern.

IV. Ergebnis

Die selbständige Tätigkeit kennzeichnet allen voran das eigene Unternehmerrisiko, die Verfügungsmöglichkeit über die eigene Arbeitskraft und die im Wesentlichen freigestaltete Tätigkeit und Arbeitszeit. Entscheidend ist das Gesamtbild der vertraglichen Gestaltung und tatsächlichen Handhabung. Dazu hat die Rechtsprechung verschiedene Abgrenzungskriterien entwickelt, die zwischenzeitlich in § 611a BGB auch gesetzlich niedergelegt wurden. Was sich genau hinter dem Begriff „Selbständigkeit" verbirgt bzw. wie dieser aus Sicht des Rechts zu definieren ist, wurde und wird auch künftig maßgeblich von der Rechtsprechung der obersten Gerichte im Wege einer negativen Abgrenzung bestimmt. Eine positive allgemein gültige Definition von „Selbständigkeit" gibt es nicht. Dies gilt sowohl für das deutsche, wie auch für das europäische Rechtssystem.

Auf unionsrechtlicher Ebene ist bis heute keine einheitliche Definition für den Begriff der „Selbständigkeit" zu finden, auf die allgemein zurückgegriffen werden könnte. Die Richtlinie 2010/41/EU bietet lediglich eine unzulängliche Definition an, die zum einen grundsätzlich eine gemeinschaftliche Begriffsbestimmung zugrunde legen möchte, zum anderen aber zugleich auch den nationalen Besonderheiten gerecht werden soll.

---

258 Vgl. Das Leben von Frauen und Männern in Europa, Ausgabe 2008, eurostat Statistische Bücher, S. 62, 64.

Die Rechtsprechung ist und bleibt damit gefordert und ist die Quelle, auf die zur genauen Begriffsbestimmung verwiesen werden muss. Diese passt sich den Fortentwicklungen in unserer Gesellschaft und dem damit einhergehenden sich stetig ändernden Verständnis von abhängiger oder selbständiger Erwerbstätigkeit fortlaufend an. Für die vorliegend im Fokus stehende Richtlinie 2010/41/EU wird daher auf den unionsrechtlichen Selbständigenbegriff, wie ihn der Europäische Gerichtshof entwickelt hat, verwiesen werden müssen, wobei zugleich auf die unter Art. 2 lit. a) der Richtlinie in Bezug genommenen nationalen Besonderheiten Rechnung getragen werden muss, die aber nicht darüber hinwegtäuschen dürfen, dass es sich bei den Richtlinienvorgaben um Mindeststandards handelt, die in jedem Falle von den einzelnen Mitgliedsstaaten einzuhalten sind.

Die Zahl der Selbständigen in Deutschland hat in den letzten Jahren stark zugenommen. Die selbständige Erwerbstätigkeit ist dabei heutzutage eine reale Möglichkeit für viele, für die sie es früher nicht war, und für viele Arten von Arbeit, für die sie früher unrealistisch gewesen wäre. Viele Selbständige greifen diesen Weg zudem nur deshalb auf, um der drohenden Arbeitslosigkeit zu entfliehen. Zusammenfassend ist festzustellen, dass das „Normalarbeitsverhältnis" zunehmend zum Auslaufmodell wird. Flexible Arbeitsformen, phasenweise Arbeitslosigkeit und selbständige und freiberufliche Tätigkeit verdrängen das „Normalarbeitsverhältnis". Die damit einhergehende Abgrenzungsproblematik zwischen abhängiger Beschäftigung und selbständiger Tätigkeit führt zu wachsender Unsicherheit. Es wird zunehmend schwierig die Selbständigen als geschlossene Gruppe zu sehen. All dies birgt Chancen, aber auch Risiken in sich, auf die sich sowohl die Betroffenen als auch der Gesetzgeber einzurichten haben werden.

Der stetige Anstieg der Zahl an Selbständigen ist vor allem auf die Zunahme an Solo-Selbständigen zurückzuführen. Dabei ist festzuhalten, dass die wachsende Anzahl an selbständigen Erwerbstätigen in unserer Gesellschaft nicht allein durch ihre zunehmende Tertiarisierung begründet ist, sondern ebenso auf die Entwicklungen auf dem Arbeitsmarkt Mitte der 2000er Jahre, wie den stetigen Anstieg der Arbeitslosigkeit[259] und der staatlichen Förderung der selbständigen Erwerbstätigkeit. Finanzielle Hilfen für Existenzgründer, umfassendere Beschäftigungsmöglichkeiten z. B. durch die Novellierung der Handwerksordnung sind nur einige der Faktoren, die die Zunahme an Solo-Selbständigen in dem Zeitraum zwischen

259 Im Jahr 2005 erreichte die Arbeitslosenquote in Deutschland ihren Höhepunkt; es gab ca. 4,8 Millionen Arbeitslose, die Arbeitslosenquote lag bei 11,7 %. Vgl. hierzu https://www.destatis.de/DE/ZahlenFakten/GesamtwirtschaftUmwelt/Arbeitsmarkt/Erwerbslosigkeit/Tabellen/ArbeitsloseArbeitslosenquote.html (zuletzt abgerufen am 15.06.2018).

1998 und 2008 begünstigt haben, so auch die Feststellung von *Kelleter*[260], dem an dieser Stelle nur zuzustimmen ist.

Mit der wachsenden Zahl an Selbständigen hat sich in den letzten Jahren auch deren strukturelle Zusammensetzung verändert. Neben dem Trend hin zu mehr Solo-Selbständigen, mithin hin zu immer kleiner werdenden Betrieben im Allgemeinen, dehnte sich die Solo-Selbständigkeit zudem zunehmend auch auf Berufsfelder aus, die traditionell eher mit abhängig Beschäftigten verbunden wurden. Der Selbständige wird zum „Einzelkämpfer", der auf sich allein gestellt ist und sich selbst damit dem nicht zu vernachlässigen Risiko aussetzt, im Falle einer beruflichen Auszeit, z. B. aufgrund von Krankheit oder Schwangerschaft, die Selbständigkeit nicht hinreichend fortführen zu können. Zudem ist die Selbständigkeit immer noch eine Männerdomäne; obgleich auch der „Gründerinnen-Boom" der letzten Jahre seinen Teil dazu beigetragen hat, dass die Zahlen der weiblichen Selbständigen fortwährend steigen. Gleichwohl waren im Jahr 2008 nur rund 30 % aller Selbständigen weiblichen Geschlechts. Frauen waren – und sind auch heute noch – unter den Selbständigen deutlich unterrepräsentiert. Bis zum Jahr 2011 hat sich die Quote laut Mikrozensus nur marginal auf 32 % erhöht.[261] Dies soll sich nun auch mit Hilfe der Richtlinie 2010/41/EU ändern. Etwaige Hindernisse müssen beseitigt werden.

C. Der Konflikt: Selbständigkeit vs. Mutterschaft

Doch woran liegt es, dass das weibliche Unternehmerpotenzial – trotz des „Gründerinnen-Booms" vor allem in Deutschland offenbar nicht hinreichend genutzt wird? Was für (vermeintliche) Hindernisse stehen Frauen dem Weg in die eigene Selbständigkeit entgegen? Scheitert der Schritt an einer hinreichenden Vereinbarkeit?

Das Ziel der Gleichstellung von Mann und Frau in unserer Gesellschaft ist auf das Engste mit der Frage nach der Vereinbarkeit von Familie und Beruf verbunden, welche nach wie vor zu den ganz besonderen gesellschaftlichen Herausforderungen unserer Zeit zählt. Sie steht schon seit Langem ganz oben auf den Themenlisten von Politikern, Sozialwissenschaftlern und Juristen. Ganz nach dem Motto „Viel hilft viel" scheint es allerdings beinahe so, als gäbe es inzwischen eine schier unendliche Zahl an Anknüpfungspunkten, um die es sich lohnt zu streiten – wie in etwa um die bedeutsame Frage nach der real benötigten Anzahl und Finanzierung von KiTa-Plätzen für unter Dreijährige, aber

260 Vgl. Kelleter, S. 1204, 1216.
261 Mikrozensus 2011.

auch um die Frage nach mehr Familienzeit für Arbeitnehmer und Arbeitnehmerinnen, das heutige Rollenbild der Mutter – „Super-Mutti oder Rabenmutter?" oder aber ganz allgemein die verbesserte Integration der Frauen in die Arbeitswelt, um das für die Wirtschaft immer wichtiger werdende Erwerbspotenzial der Frauen besser nutzen zu können. Das Augenmerk liegt dabei in aller Regel auf den abhängig erwerbstätigen Frauen und ihre Bedürfnisse, seltener aber auf den Selbständigen und ihren Wunsch nach einer verbesserten Vereinbarkeit der selbständigen Tätigkeit mit dem Kinderwunsch und damit der Mangel an Chancengleichheit von Frauen und Männern auf dem ehedem schwierigen Weg in die eigene Selbständigkeit.[262]

Frauen, die heutzutage in ihrem Beruf erfolgreich sein wollen, sollten diese Chance haben, ohne gleichzeitig auf Kinder bzw. Familie verzichten zu müssen. Um dieses zu erreichen, muss auch den Frauen, die den Weg in die eigene Selbständigkeit wagen wollen, die Möglichkeit gegeben werden, neben der eigenen selbständigen Tätigkeit zugleich auch das Muttersein erleben zu können. Beide Lebensbereiche miteinander sinnvoll zu vereinbaren ist eine Aufgabe, der sich unsere Politiker und unser Gesetzgeber mehr denn je stellen müssen. Sicher ist dabei eines: Es wird nicht ausreichend sein, einfach weitere Gelder zur Verfügung zu stellen. Vielmehr muss wohl bedacht sein, welche konkreten Maßnahmen gefördert, erweitert oder neu geschaffen werden sollten, um das gewünschte Ziel zu erreichen. Eine breite Mehrheit der Bevölkerung erwartet heutzutage schließlich nichts anderes, als schlicht die Schaffung und Bewahrung von Rahmenbedingungen für die eigenen, persönlichen Entscheidungen, was letztlich nichts anderes heißt, als dass heutzutage keine Frau mehr vor der Wahl stehen möchte: „Kind oder Karriere, und die vielleicht sogar im Wege der Selbständigkeit". Eben dies muss ermöglicht werden. Mit weiteren finanziellen Mitteln hat das nur mittelbar etwas zu tun. Frauen wünschen sich vor allem Zeitpolitik[263], die es ihnen erleichtert, Familie und Erwerbstätigkeit, ob als Angestellte oder Selbständige, zu vereinbaren bzw. – zeitlich an einem früheren

262 Vgl. hierzu auch Knigge, ZESAR 2013, 24, 24 f.; Knigge, Mutterschutz auch für Selbständige? Aus der Sicht der Rechtswissenschaft, in: Rust/Lange (Hrsg.), Völkerrecht und Frauen, Welche Ansatzpunkte bietet das Völkerrecht für Gleichbehandlung?, Loccumer Protokoll 59/13, S. 191, 192 sowie Knigge, Die Richtlinie 2010/41/EU und Mutterschutz für Selbständige, in: Rust/Lange (Hrsg.), Mutterschutz für Selbständige?, Loccumer Protokoll 80/14, S. 45, 46.

263 Vgl. hierzu Bujard/Grünheid u. a. in: Bundesinstitut für Bevölkerungsforschung (Hrsg.), „(Keine) Lust auf Kinder?" – Geburtenentwicklung in Deutschland, 2012, S. 45.

Punkt angesetzt – überhaupt erst die Möglichkeit eröffnet, schon die Schwangerschaft und Geburt eines Kindes mit der eigenen (selbständigen) Erwerbstätigkeit koordinieren zu können, ohne die Sorge aus rein finanziellen oder praktischen Gründen heraus diese womöglich nicht weiter aufrecht erhalten zu können.[264]

Es gibt viele Wege und Möglichkeiten das Problem anzugehen. Im Folgenden gilt es jedoch zunächst einmal einen Blick darauf zu werfen, was aus Sicht einer Frau für oder gegen eine selbständige Tätigkeit spricht. Welches sind die Gründe, die Frauen dazu bewegen, sich selbständig zu machen bzw. was sind die Gründe, die gerade sie von diesem Schritt abhalten? Und wenn sich eine Frau erst einmal für die Selbständigkeit entschieden haben sollte, wo liegen dann die praktischen Probleme und Hindernisse und wie wird in der Praxis versucht, damit umzugehen? Bietet nicht gerade die Selbständigkeit die gesuchte Chance, Familie und Beruf zeitlich besser miteinander zu vereinbaren? Und was kann ein angemessener Mutterschutz (auch) für Selbständige diesbezüglich an Vorteilen bieten?

I. Der Schritt in die unternehmerische Selbständigkeit – wagen oder lassen?

Unternehmerische Initiative ist ein wichtiger Motor für Wettbewerbsfähigkeit und Fortschritt und wesentlicher Impulsgeber für Wachstum.[265] Vielfach wird dieses unternehmerische Potenzial bisher jedoch nicht voll ausgenutzt. Es wird nicht genügend dazu ermutigt, unternehmerisch, d. h. selbständig tätig zu werden. Zwar ist der Wunsch den Schritt in die eigene Selbständigkeit zu wagen im großen Maße vorhanden. Viele tragen den Wunsch in sich, der eigene Chef zu sein. Und dennoch wird dieser Schritt nicht oft genug in die Tat umgesetzt.[266] Dies gilt insbesondere für Frauen.

---

264 Vgl. hierzu auch Knigge, ZESAR 2013, 24, 26; Knigge, Mutterschutz auch für Selbständige? Aus der Sicht der Rechtswissenschaft, in: Rust/Lange (Hrsg.), Völkerrecht und Frauen, Welche Ansatzpunkte bietet das Völkerrecht für Gleichbehandlung?, Loccumer Protokoll 59/13, S. 191, 192 f. sowie Knigge, Die Richtlinie 2010/41/EU und Mutterschutz für Selbständige, in: Rust/Lange (Hrsg.), Mutterschutz für Selbständige?, Loccumer Protokoll 80/14, S. 45, 46 f.

265 So z. B. auch Brixy/Vorderwülbecke in: Brixy/Sternberg/Vorderwülbecke, Global Entrepreneurship Monitor (GEM) – Länderbericht Deutschland 2011, S. 40.

266 Vgl. hierzu z. B. die Ausführungen des Aktionsplans: Europäische Agenda für unternehmerische Initiativen vom 30.03.2004, KOM(2004)70, S. 3. Dort heißt es, dass obwohl 47 % der Europäer sagen, dass sie Selbständigkeit bevorzugen, nur 17 % diesen Traum tatsächlich auch verwirklichen würden.

1. Gründungsneigung und Gründungsaktivität

Die Gründung eines Unternehmens bzw. der Schritt in die eigene Selbständigkeit[267] bedarf stets einer genauen Abwägung von Risiken und Chance sowie einer umfangreichen Vorbereitung. Die „Gründungsneigung" beschreibt dabei zunächst den ersten allgemeinen Wunsch oder die Absicht einer Person, sich womöglich unternehmerisch selbständig machen zu wollen. Schon in diesem ersten Stadium zeigt sich, dass die Einstellung gegenüber dem Schritt in die eigene Selbständigkeit von einer ganzen Reihe von Einflussfaktoren bestimmt wird. Hierzu zählen sowohl objektive Faktoren als auch subjektive und situationsbedingte Bewertungen. Neben dem Bildungsniveau, den Chancen auf dem Arbeitsmarkt für abhängig Beschäftigte spielen vor allem Alter und Familienstand eine herausragende Rolle. Aber auch Machbarkeitsdenken, die eigene Leistungsmotivation sowie die subjektive Einschätzung der eigenen Fähigkeiten und die etwaige Angst vor dem Scheitern sind von großer Bedeutung.[268] Daneben steht die Gruppe derjenigen Selbständigen, die erste Gründungsaktivitäten zeigen. Sie sind einen Schritt weiter und haben ihre selbständige Erwerbstätigkeit bereits eingeleitet. Beide Gruppen bilden zusammen das sog. „Gründungspotenzial"[269].[270]

Bei der Entscheidung für oder gegen die eigene selbständige Erwerbstätigkeit spielen also vielerlei Beweggründe eine Rolle. Je nach Person, Zeitpunkt, Altersgruppe oder Geschlecht kann die Bilanz höchst unterschiedlich ausfallen. Allgemein wird hier zwischen den „Pull-Motiven" und den „Push-Motiven" unterschieden, also zwischen der inneren Motivation und dem persönlichen Wunsch nach einer selbständigen Tätigkeit sowie den von außen einwirkenden Gründen, wie z. B. dem Verlust der abhängigen Beschäftigung.[271] Insbesondere in Deutschland hat die

---

267 Beides wird an dieser Stelle identisch bewertet.

268 Zum Vorstehenden insgesamt Josten/Laux in: Inmit – Institut für Mittelstandsökonomie an der Universität Trier e. V. (Hrsg.), Gründungsquell Campus, Zentrale Ergebnisse der Inmit-Befragungen an Hochschulen und Anregungen für die Gründungsförderung & -beratung, 2008, S. 4; vgl. zudem Brixy, GEM – Länderbericht Deutschland 2011, S. 10, 16 ff.

269 Die Frage nach dem „Gründungspotenzial" kann an dieser Stelle nur angerissen werden. Im Übrigen wird auf die einschlägige Literatur zum Gründungsgeschehen verwiesen, wie z. B. auf den Global Entrepreneurship Monitor (GEM) – ein internationales Forschungsprojekt, das seit dem Ende der 1990er Jahre die Gründungsaktivitäten u. a. in Deutschland beobachtet und analysiert.

270 Gründungsquell Campus, S. 5.

271 Vgl. hierzu z. B. Bosma/Harding, Global Entrepreneurship Monitor (GEM) 2006, S. 15; Sternberg/Brixy/Hundt, GEM – Länderbericht Deutschland 2006, S. 15 ff.

Arbeitsmarktsituation in Vergangenheit dazu beigetragen, dass immer mehr Notgründungen auf drohenden oder eingetretenen Arbeitsplatzverlust hin erfolgten.[272] Die Möglichkeiten auf dem Arbeitsmarkt für abhängig Beschäftigte haben sich in den vergangenen Jahren zunehmend verändert, wie bereits die voranstehenden Erläuterungen zu den „Neuen Selbständigen" aufgezeigt haben.[273] Kaum eine Erwerbsbiographie ist heutzutage geradlinig verlaufend. Neben den Gelegenheitsgründern gibt es gerade auch aus diesem Grunde immer mehr getriebene Gründer, die notgedrungen den Weg in die eigene Selbständigkeit einschlagen müssen. Eigentlich würden sie eine abhängige Erwerbstätigkeit bevorzugen, sehen aber arbeitsmarktbedingt keine andere hinreichende Alternative zur Selbständigkeit. Sie sind vornehmlich an der Sicherung ihres Lebensunterhaltes interessiert.[274]

2. *Das besondere Gründungsverhalten von Frauen*

Sobald die Ausprägung der Gründungsneigung und der Gründungsaktivitäten nach Geschlecht differenziert wird, zeigen sich erhebliche Unterschiede zwischen Männern und Frauen auf. Bezeichnend ist dabei, dass sich im Rahmen einer Inmit-Erhebung[275] des Jahres 2008 ergeben hat, dass unter den sogenannten „Gründungsoffenen", d. h. denjenigen, die eine spätere selbständige Erwerbstätigkeit nicht ausschließen, die Kluft zwischen Frauen und Männern noch deutlich weniger ausgeprägt ist, als später die Kluft zwischen den Frauen und Männern, die diesen Schritt letztlich auch tun.[276] Je weiter der Gründungsprozess voranschreitet, umso größer wird der „gender gap".[277] Und so gründen nach wie vor weniger Frauen als Männer. Frauen wagen seltener als Männer den Schritt in die eigene Selbständigkeit. Im Jahr 2012 waren rund 2,8 Millionen Männer selbständig. Demgegenüber standen gerade einmal 1,4 Millionen Frauen.[278] Und dies,

---

272 Gründungsquell Campus, S. 12; KfW-Gründungsmonitor 2008.

273 Vgl. hierzu die voranstehenden Ausführungen zur „Neuen Selbständigkeit" im 1. Kapitel unter Punkt B. II.

274 Sternberg/Brixy/Hundt, GEM – Länderbericht Deutschland 2006, S. 16.

275 Inmit – Institut für Mittelstandsökonomie an der Universität Trier e. V. Inmit gehört heute zu den ausgewählten unabhängigen Wirtschafts- und Forschungsinstituten in Deutschland, deren Kompetenz auf Belange und Bedürfnisse des Mittelstands konzentriert sind. Näheres zum Tätigkeitsbereich und weitere Publikationen sind zu finden unter http://www.inmit.de (zuletzt abgerufen am 15.06.2018).

276 Gründungsquell Campus, S. 6.

277 Gründungsquell Campus, S. 6.

278 Gemäß Statistik des Instituts für Mittelstandsforschung (IFM); abrufbar unter: https://www.ifm-bonn.org/statistiken/selbststaendigefreie-berufe/ (zuletzt abgerufen am 15.06.2018).

obgleich die Erwerbsorientierung von Frauen und insbesondere Müttern grundsätzlich zunimmt. Die Mehrheit der Frauen bleibt dabei aber vor allem in Teilzeit abhängig beschäftigt.[279] Den Schritt in die Selbständigkeit wagen sie nur selten oder tun ihn gar nur, da sie – etwa aus den zuvor bereits aufgezeigten Gründen – dazu gezwungen werden.

Um dies zu ändern und so die berufliche Gleichstellung von Frauen und Männern ganz im Sinne des Art. 3 Abs. 2 S. 2 GG auch auf diesem Gebiet zu fördern, gilt es die „Pull-Motive" bei Frauen zu stärken. Die grundsätzlich vorhandene Gründungsoffenheit von Frauen ist zu unterstützen; Frauen müssen wissen, dass sie, in ihrem Bestreben eine selbständige Erwerbstätigkeit aufzunehmen, gefördert werden. Dies geschieht offenbar bislang nicht im genügenden Maße. Das Autonomiestreben wird auf der einen Seite noch immer viel zu schnell vom Angsterleben auf der anderen Seite übertroffen. Die potenziellen Erträge scheinen das einzugehende Risiko nicht aufzuwerten. Für viele Frauen ist die angenommene flexiblere Zeiteinteilung sowie die selbstbestimmte Wahl der Arbeitsweise, der Arbeitsabläufe und des Arbeitsortes, also die Möglichkeit im Rahmen einer selbständigen Erwerbstätigkeit eigenverantwortlich zu arbeiten, zunächst noch ein wichtiges Motiv, sich für diese Erwerbsform zu entscheiden.[280]

Vor allem eine ausgeprägte Angst vor dem möglichen Scheitern, einer mangelnden sozialen Absicherung und einer womöglich nicht geklärten Eigenfinanzierung und Ressourcenmängeln, wie z. B. der hinreichenden Unterstützung durch Partner und Familie oder andere Netzwerke, stellen für potenzielle Gründerinnen in Deutschland nach wie vor eine schwierige Ausgangslage dar. Eine Ausgangslage, die für Frauen weitaus schwieriger erscheint, oder womöglich sogar ist, als für Männer.[281] Die Entscheidung für oder gegen die eigene berufliche Selbständigkeit ist damit vor allem bei Frauen nicht unabhängig vom jeweiligen Kontext und dem eigenen Haushaltszusammenhang, d. h. z. B. davon, ob kleine Kinder zu versorgen sind.[282]

3. *Fazit*

Welches sind die Gründe, die speziell Frauen dazu bewegen, sich selbständig zu machen bzw. was sind die Gründe, die gerade sie von diesem Schritt abhalten? Diese Fra-

---

279 Im Jahr 2010 lag die Teilzeitquote von Müttern bei 70 %. S. hierzu Keller/Haustein, Vereinbarkeit von Familie und Beruf, Ergebnisse des Mikrozensus 2010 in: Statistisches Bundesamt (Hrsg.), Wirtschaft und Statistik 01/2012, S. 34 f.

280 Gründungsquell Campus, S. 12, 13.

281 Gründungsquell Campus, S. 12; Sternberg/Brixy/Hundt, GEM – Länderbericht Deutschland 2006, S. 5.

282 Brixy, GEM – Länderbericht Deutschland 2011, S. 16.

ge lässt sich nicht einfach beantworten. Jeder Einzelfall ist für sich zu betrachten. Jeder hat seine eigenen Gründe, sich für oder gegen die Selbständigkeit zu entscheiden.

II. Praktische Probleme bei der Vereinbarkeit Familie und der selbständigen Erwerbstätigkeit

> ***„Frauen stehen sich oft selbst im Weg. Weil sie zum einen vorsichtiger sind und zum anderen zum Perfektionismus neigen, z. B. bei der Vereinbarkeit des aktuellen Familienstandes mit der perfekten Gründungsidee.“***[283]

Sicherlich stehen sich manche Frauen selbst im Wege oder stolpern in die Rollenfalle[284]. Das vielfach noch immer vorherrschende Rollenbild der Mutter tut dabei sein Übriges. Hieran jedoch die entscheidenden Gründe dafür festzumachen, dass nur wenige Frauen in die Selbständigkeit wechseln, greift viel zu kurz.

1. Die Rollenstereotypen

Der Normalität der Berufstätigkeit und Mutterschaft steht nicht immer die sogenannte „Feigheit der Frauen“[285], genauer deren „Mangel an Durchsetzungsvermögen und Risikomut“[286] im Weg, sondern vor allem verkrustete Rollenbilder sowie die vorhandenen mangelhaften finanziellen und organisatorischen Rahmenbedingungen. Politisch wie rechtlich werden Anreize für sehr unterschiedliche Lebensmodelle gesetzt.[287] Neben verfestigten Rollenbildern und Geschlechterstereotypen führt dies zu zahlreichen Defiziten in der beruflichen Gleichstellung von Frauen und Männern[288], insbesondere auch hinsichtlich der Frage „Selbständigkeit wagen oder lassen?“. Selbständig und Mutter zu sein, heißt auch in unserer heutigen Zeit in aller Regel noch immer gegen die deutsche „Normalität“ von weiblichen Halbtagsjobs und männlicher Vollzeitbeschäftigung zu verstoßen. Es bedeutet, aus der Konkurrenz der „Supermamis auszusteigen“[289], die sich für ihre Kleinen

---

283 Teilnehmerin FACE-Expertenrunde Heidelberg, zit. nach Gründungsquell Campus, S. 17.

284 2011 von der Öffentlichkeit kontrovers diskutiert: Mika, „Die Feigheit der Frauen“, Rollenfallen und Geiselmentalität – eine Streitschrift wider den Selbstbetrug, 2011.

285 Titel des Buches von Bascha Mika, „Die Feigheit der Frauen“, Rollenfallen und Geiselmentalität – eine Streitschrift wider den Selbstbetrug, 2011.

286 Mika, S. 100.

287 Vgl. hierzu z. B. nur die Diskussion rund um die Einführung des Betreuungsgeldes in den Jahren 2012/2013.

288 „Anwältin und Mutter – klar geht das!“, DAV – Arge Anwältinnen, 2012, S. 9.

289 So auch in: „Anwältin und Mutter – klar geht das!“, S. 18.

in jeder Hinsicht aufreiben und beinahe überschlagen, um ihren Lieben rund um die Uhr unbedingte Aufmerksamkeit und Verfügbarkeit zu schenken und sie täglich viele Stunden zum Sport, Nachhilfe oder Musikunterricht zu fahren.[290] Nicht selten heißt „selbständig sein" sich hiervon abzugrenzen, da andernfalls die eigene Selbständigkeit womöglich nicht aufrechterhalten werden kann. Aufträge könnten entfallen, sollten sich die Kunden nicht gut genug betreut fühlen und zur Konkurrenz wechseln. Dies gilt besonders für die zahlreichen weiblichen Solo-Selbständigen. Selbständig erwerbstätige Frauen schaffen auf diese Weise zwar Wachstum, leben dabei aber inmitten der „Normalität der Hinzuverdienerehe", aus der sie sich nur mit großer Anstrengung und/oder privaten Investitionen freischwimmen können.[291] Diese Anstrengungen wollen oder können aber nicht alle Frauen auf sich nehmen. Viele Frauen verfügen schließlich schlicht nicht über das immer wichtiger werdende Gesamtnetzwerk von Krippen- und KiTa-Plätzen, Kinderfrauen, Au-pairs, sich kümmernden Vätern, Omas und Opas, sondern müssen sich „klassisch" allein um den Alltag des Kindes kümmern. Die Entscheidung für oder gegen das Kind bzw. für oder gegen die Selbständigkeit fällt ihnen in diesem Falle besonders schwer und bleibt aus ihrer Sicht oftmals nicht miteinander zu vereinbaren.[292]

Ohnehin scheint die Arbeitsteilung zwischen Mann und Frau in deutschen Haushalten sowie das Rollenverständnis der Frau als Mutter an sich selbst im 21. Jahrhundert nach wie vor „wie in Beton gegossen"[293], auch wenn die Zahl der Paare, die in einer traditionellen Rollenverteilung leben, im Laufe der Zeit kleiner wird.[294] Familienarbeit bleibt dennoch insbesondere Frauenarbeit und sind erst einmal kleine Kinder im Haushalt, verschärft sich die traditionelle Arbeitsteilung zwischen Vätern und Müttern zusehends. Mit Familiengründung kehrt das etablierte Schema zurück, d. h. wenn Kinder da sind, bleibt es in aller Regel die Aufgabe der Frau und Mutter, die Problematik der Vereinbarkeit zu lösen.[295] Das Modell

---

290 Die Ideologie der deutschen Mutter lautet noch immer: Kinder sollen von der Mutter 24 Stunden am Tag erzogen werden. Berufstätigkeit und Kinder werden in Deutschland nicht als vereinbar, sondern als alternativ aufgefasst. So jedenfalls Vinken in: Die deutsche Mutter – Der lange Schatten eines Mythos, 2007, S. 21 f., 69.

291 „Anwältin und Mutter – klar geht das!", S. 18.

292 S. Vinken, S. 19.

293 Mika, S. 123.

294 S. Keller/Haustein, S. 37.

295 So auch Mika, S. 123, Vinken, S. 46 ff., Badinter, S. 29 oder Lück in: „Der zögernde Abschied vom Patriarchat", 2009, S. 22 f., 40, 201 ff.; s. außerdem Bundesministerium für Familie, Senioren, Frauen und Jugend (Hrsg.), Familienreport 2010, 50 f.; Bundesminis-

der „Hausfrauenehe", wie sie klassischerweise bis in die 1970er Jahre hinein, mit einer nahezu unumstößlichen Rollenverteilung gelebt wurde[296], mag mittlerweile vielleicht nicht mehr vorrangig sein. Damals wurde in Deutschland die Mütterarbeit in der öffentlichen Meinung noch ganz allgemein abgelehnt. Der Mann als Verdiener, als Ernährer, die Frau im Hause; dies war zu jener Zeit selbstverständlich. Bis in die 1950er Jahre galt es als erwiesen, dass die Berufstätigkeit der Mütter einen negativen Einfluss auf die Kinder, aber auch auf die Frauen selbst, habe.[297] Und auch heute gilt noch immer ähnliches. Es ist dabeigeblieben, dass zumeist der Frau die Rolle der Erzieherin der Kinder sowie der Organisatorin des Haushaltes zu kommt und damit sie allein die Verantwortung für die Bewältigung der Doppelbelastung „Vereinbarkeit von Beruf und Familie" zu tragen hat. Wie vor nunmehr rund vierzig Jahren übernehmen Frauen 3/4 der Familien- und Hausarbeit.[298] Das Bild einer glücklichen und behüteten Kindheit beinhaltet für viele auch heute noch sehr klare und von Stereotypen geprägte Vorstellungen von der Rolle der Mutter[299], wobei sich diese zwischen Ost- und Westdeutschland durchaus unterscheiden. Im

---

terium für Familie, Senioren, Frauen und Jugend (Hrsg.), Familienreport 2012, S. 77; Fthenakis/Minsel (Hrsg.), Die Rolle des Vaters in der Familie, 2002, S. 146 ff., 223 ff. – auch online abrufbar unter: https://www.bmfsfj.de/blob/94966/eafebe974a83e345e5025dbf29f6c405/prm-24420-sr-band-213-data.pdf (zuletzt abgerufen am 15.06.2018).

296 In den 1950er und 1960er Jahren hat es in den westlichen Industriestaaten eine Phase relativer stabiler und eindeutiger Geschlechterrollen gegeben („golden age of marriage"), die eine quasi naturgegebene und zeitlose Ordnung der Geschlechter, nämlich die der weiblichen „Hausarbeit" und die der männlichen „Erwerbsarbeit", suggerierte, so Lück, S. 9 f. Zur Rolle der Mutter in Haushalt und Beruf in den 1960er Jahren ansonsten z. B. Zulinger, „Die Mutter in der heutigen Gesellschaft" in: Deutscher Verein für öffentliche und private Fürsorge (Hrsg.), „Die Mutter in der heutigen Gesellschaft", Gesamtbericht über den 63. Deutschen Fürsorgetag 1963 in München, 1964, S. 10 ff.; Stahl, „Ehe und Familie im Lebenshorizont des jungen Mädchens von heute" in: „Die Mutter in der heutigen Gesellschaft", S. 44 ff. und Isele, „Die Mutter im Recht der Arbeit und der sozialen Sicherheit" in: „Die Mutter in der heutigen Gesellschaft", S. 270 ff. und zur Gleichberechtigung und Frauenerwerbstätigkeit in der Nachkriegszeit insbesondere Ruhl in: „Verordnete Unterordnung – Berufstätige Frauen zwischen Wirtschaftswachstum und konservativer Ideologie in der Nachkriegszeit (1945–1963), 1994.

297 Vgl. Pfeil, „Die berufstätige Mutter" in: „Die Mutter in der heutigen Gesellschaft", S. 123, 124 f.; vgl. zudem Ulshoefer, Mütter im Beruf – Die Situation erwerbstätiger Mütter in neun Industrieländern, 1969, S. 397; vgl. insbesondere auch Ruhl, S. 178 ff. m.w.N.

298 Badinter, S. 15; vgl. hierzu außerdem Vinken, S. 47 f.; Lück, S. 40 m.w.N.

299 Zur Entwicklung des Mutterbildes in Deutschland statt vieler: Vinken, Die deutsche Mutter, Der lange Schatten eines Mythos, 2007.

Westen ist die Ansicht, dass ein Kind darunter leide, wenn seine Mutter berufstätig ist, mit 63 % wesentlich stärker ausgeprägt als im Osten, wo immerhin noch 36 % dieser Ansicht sind.[300] Die Betreuung von Kleinkindern sollte nach verbreiteter Auffassung keinesfalls an Dritte delegiert werden, wobei sich die Mütter weitaus häufiger in der Pflicht sehen, als es die Väter tun[301] und dies trotz der Möglichkeit der Elternzeit (auch) für Väter.[302] Solange aber dieses alte Rollenverständnis vom Muttersein vorherrscht, wird es auch weiterhin schwierig bleiben, Frauen davon zu überzeugen, dass der Schritt in die eigene Selbständigkeit mit der eigenen Mutterschaft sehr wohl vereinbar sein kann; nämlich dann, wenn alle ihre Kräfte sammeln und sich gemeinsam um die familiären Aufgaben kümmern.

2. *Hohe Opportunitätskosten*

Doch nicht nur die Frage nach dem eigenen Rollenverständnis vom Muttersein ist dafür verantwortlich, dass es nach wie vor nur wenige Frauen in die Selbständigkeit zieht. Viele Frauen schrecken vor allem die finanzielle Ungewissheit und die wirtschaftlichen Risiken einer Selbständigkeit. Dies gilt besonders zu Beginn der eigenen Mutterschaft, nämlich dann, wenn es heißt, wegen der Geburt und während der ersten Lebenswochen oder gar -monate des Kindes vom Job aussetzen zu müssen. Die Sicherheit der Sozialsysteme für Arbeitnehmer erscheint hier für viele attraktiver zu sein. Der Schritt in die eigene Selbständigkeit wird so eher nicht gewagt.[303]

Bei alldem darf nicht außer Acht gelassen werden, dass zahllose selbständig erwerbstätige Mütter erheblichen wirtschaftlichen Zwängen unterliegen. Nicht allen steht im gleichen Maße die Möglichkeit offen, diejenigen finanziellen Rücklagen zu bilden, die für die benötigte „Auszeit" notwendig sind.[304] Dies gilt vor allem, da sich schwangere Selbständige altersbedingt regelmäßig in der Aufbauphase ihres Betriebes oder ihrer freiberuflichen Tätigkeit befinden[305], die sie – statistisch be-

300 Insgesamt hierzu Bujard/Grünheid, „(Keine) Lust auf Kinder?", S. 42.

301 Bujard/Grünheid, „(Keine) Lust auf Kinder?", S. 42.

302 Zur Elternzeit ausführlich im 4. Kapitel unter A. I. 4., II. 8.

303 Vgl. hierzu auch die nachfolgenden Ausführungen des 2. Kapitels unter C. I. 2. b) cc).

304 Vgl. hierzu z. B. die Ausführungen zur mangelnden Sparfähigkeit und der sich daraus ergebenen Schutzbedürftigkeit von Selbständigen bei Fachinger, Sparfähigkeit und Vorsorge gegenüber sozialen Risiken bei Selbständigen: Einige Informationen auf der Basis der Einkommens- und Verbrauchsstichprobe 1998 – ZeS-Arbeitspapier Nr. 1/02, abrufbar unter: https://mpra.ub.uni-muenchen.de/1126/1/MPRA_paper_1126.pdf (zuletzt abgerufen am 15.06.2018).

305 Zur Altersstruktur von Frauen, die sich in der Gründungsphase befinden bzw. zum durchschnittlichen Gründungsalter: s. Kay, Selbständigkeit im Erwerbsverlauf von

trachtet – vornehmlich als „Solo-Selbständige" bestreiten.[306] Die familienbedingte Unterbrechung der beruflichen Laufbahn oder gar der zeitlich länger andauernde Ausstieg aus der Erwerbstätigkeit ist mit hohen Opportunitätskosten verbunden. Fixe Kosten, z. B. für die Miete von Büroräumen oder Kredite, laufen weiter, Aufträge können womöglich nicht weiterbearbeitet oder müssen abgelehnt werden. Die laufenden Kosten bleiben, während die Einnahmen stark zurückgehen oder unter Umständen sogar ganz entfallen. Sollte keine Vertretung die Tätigkeit der Mutter übernehmen, fehlt es an derjenigen Kraft, die das Geld verdient. Demgegenüber bestehen oftmals keine hinreichenden Geldreserven oder sonstige Absicherungen, da in die Sparfähigkeit, aber auch die Sparbereitschaft von Selbständigen in aller Regel nur sehr gering ausfällt.[307]

3. *Die Selbständigkeit als Alternative beim späteren Wiedereinstieg ins Erwerbsleben*

Familiengründung und Kinder beeinflussen insbesondere Frauen in ihrem Erwerbsverhalten. Frauen schränken bis zum Alter von 30 Jahren aufgrund der anstehenden bzw. begonnenen Familiengründung ihr Erwerbsverhalten merklich ein[308] und starten oftmals erst zu einem späteren Zeitpunkt mit ihren Ideen für die eigene Selbständigkeit durch. Es besteht daher die begründete Vermutung, dass die meisten aller selbständigen Frauen erst nach Gründung einer Familie, im mittleren Alter den Sprung in die Selbständigkeit wagen, weil dann kostenintensive, familienbedingte Auszeiten nicht mehr drohen. Sind die Kinder erst einmal aus dem Alter heraus, in dem die Mütter um einen Kinderkrippenplatz kämpfen müssen, ist der Sprung in die eigene Selbständigkeit nicht mehr so erschreckend wie noch zuvor. Diese Option ist also für viele Frauen erst zu einem

Frauen, in: Rust/Lange (Hrsg.), Mutterschutz für Selbständige?, Loccumer Protokoll 80/14, S. 95, 103 f.; sowie zur Altersstruktur zum Zeitpunkt der Familiengründungsphase bei Selbständigkeit: Biermann/Gather, Mutterschutz in der Selbständigkeit, in: Rust/Lange (Hrsg.), Loccumer Protokoll 80/41, S, 69, 83 f. und Biermann/Gather, Sozialer Fortschritt 2014, 170, 175.

306 Vgl. hierzu bereits die statistisch untermauerten Ausführungen unter B. III. 1.

307 Fachinger, ZeS-Arbeitspapier Nr. 1/02; Betzelt/Fachinger, ZSR 2004, 312, 324.

308 Während Frauen ohne Kind im Alter zwischen 30 und 40 Jahren im Jahr 2010 mit rund 80 % die höchste Erwerbsquote aufwiesen, erreichten die Mütter ihre höchste Erwerbsquote von etwa 70 % erst im Alter zwischen 40 und 60 Jahren, also nach der aktiven Familienphase. Je älter das Kind, desto höher ist die Erwerbsbeteiligung der Mutter. S. hierzu. Keller/Haustein, S. 31, 33 m.w.N. zu den statistischen Daten des Mikrozensus 2010.

Zeitpunkt interessant, wenn es um die Frage der richtigen Erwerbsform nach dem bereits erfolgten familienbedingten Ausstieg aus dem Erwerbsleben geht. Die Aufnahme einer selbständigen Erwerbstätigkeit als Alternative zu einer abhängigen Beschäftigung bietet damit gerade diesen Frauen eine wichtige Option und die notwendige Flexibilität, um die Vereinbarkeit von Beruf und Familie vollends auszuleben. Jetzt gewährt die Selbständigkeit all die Vorteile, die eine flexible und von Weisungen Dritter ungebundene Erwerbsform zu bieten vermag.

4. *Fazit*

Die voranstehenden Ausführungen machen eines deutlich: Dafür, dass nicht nur insgesamt seltener Frauen eine Gründungsabsicht als Männer verfolgen und diese dann auch noch weniger häufig umsetzen, sind vor allem Schwächen in der sozialen Infrastruktur der Frauen verantwortlich, wodurch ihnen die Vereinbarkeit von Familie und beruflicher Selbständigkeit über Gebühr erschwert wird.[309] Es mangelt an KiTa-Plätzen und anderen Netzwerken sowie oftmals an organisatorischer und finanzieller Unterstützung. Aber auch in den Köpfen muss einiges geschehen. Die alten Rollenklischees müssen durchbrochen werden. Gerade jungen Frauen muss die Angst vor organisatorischen und finanziellen Problemen, die sich durch die ihr zustehende Auszeit rund um die Geburt des Kindes entstehen könnten, genommen werden. Denn auffällig ist, dass insbesondere Frauen mit Kinderwunsch, vor allem mit Blick auf die soziale Absicherung und generelle Finanzierung, offenbar eher das Risiko der Selbständigkeit scheuen, als andere.

Insgesamt betrachtet mag die Erwerbsorientierung von Frauen und insbesondere Müttern stetig zunehmen und doch werden noch immer weniger Frauen als Männer selbständig erwerbstätig. Auch ist seit Mitte des letzten Jahrzehnts eine zunehmende Angleichung der Gründungsquoten von Frauen und Männern zu verzeichnen, dennoch bleibt die Mehrheit der erwerbstätigen Frauen auch weiterhin vor allem in Teilzeit abhängig beschäftigt.[310] Die Herausforderung der Selbständigkeit – und sei es auch nur im Wege der Teilselbständigkeit – wird im Verhältnis nur selten angenommen oder die Frauen ziehen sich aus dieser erneut zurück, sobald sie merken, dass sie Familie und Beruf nach ihrem Dafürhalten womöglich nicht ausreichend in Einklang bringen können. Letzteres geschieht nicht selten dann, wenn sich die Frau für das Muttersein entschieden hat und nun glaubt, sich die für die Geburt notwendige Auszeit nicht leisten zu können. Gerade

---

309 So auch Sternberg/Brixy/Hundt, GEM – Länderbericht Deutschland 2006, S. 36.

310 S. Keller/Haustein, S. 34 f.; vgl. außerdem Brixy/Vorderwülbecke, GEM – Länderbericht 2011, S. 41.

in diesem Zusammenhang zeigt sich deutlich, dass Frauen zwar die Flexibilität der Selbständigkeit grundsätzlich wohl zu schätzen wissen, jedoch weniger Freude am Umgang mit den damit einhergehenden Chancen und Risiken verspüren. Und so besteht die Vermutung, dass sich speziell im Bereich der Selbständigkeit viele Frauen finden, die sich bewusst für die Selbständigkeit und gegen Kinder oder für das Kind und für die sichere Anstellung als abhängig Erwerbstätige mit dem entsprechenden sozialen Schutz bzw. den späteren Einstieg in die Selbständigkeit entschieden haben, nämlich dann, wenn die Kinder „aus dem Gröbsten raus sind“[311] – ein „Entweder – Oder“, das nicht die freie Wahlmöglichkeit widerspiegelt, die einer Frau heutzutage unter dem Aspekt der Chancengleichheit zugestanden werden sollte und zuzugestehen ist.

III. Ergebnis

Die Debatte über Pro und Kontra Voll- oder Teilzeittätigkeit, abhängiger oder selbständiger Beschäftigung und vor allem Pro und Kontra Kind ist auch unter Frauen ein Minenfeld. Nichtdestotrotz muss diese Debatte zugelassen werden und das Fazit lauten: Wer heute das tatsächlich gegebene weibliche Potenzial selbständiger Erwerbstätigkeit[312] nutzen möchte, muss Frauen sozialpolitisch, wie auch entsprechend rechtlich fördern. Dies gilt insbesondere für den Bereich der Vereinbarkeit von Beruf und Familie sowie hinsichtlich der Rahmenbedingungen in der Schwangerschaft und den ersten Jahren nach der Geburt. Hier ist der Gesetzgeber gefordert, denn noch immer ist im Bereich der Selbständigkeit ein erheblicher „gender gap“ vorhanden, den es zu beseitigen gilt.

Der Befund, dass der Anteil der Frauen, die eine selbständige Erwerbstätigkeit ausüben, bereits heute stetig zunimmt, lässt darauf hoffen, dass eine noch weiter verbesserte Ausschöpfung des Gründungspotenzials von Frauen zu einer nachhaltigen Erhöhung der Gründungsaktivitäten insgesamt führt und Frauen auch in diesem Tätigkeitsbereich endlich gleichberechtigt tätig werden lässt. Doch leider existieren auch aktuell noch immer zu viele ausgeprägte geschlechtsspe-

311 Hierbei handelt es sich um eine nach allgemeinem Dafürhalten fundierte Vermutung. Eine statistische Untermauerung ist aber aufgrund einer zu dieser Frage nur mangelhaften Datenlage allenfalls unzureichend möglich. S. hierzu auch Knigge, Die Richtlinie 2010/41/EU und Mutterschutz für Selbständige, in: Rust/Lange (Hrsg.), Mutterschutz für Selbständige?, Loccumer Protokoll 80/14, S. 45, 58.

312 Hier sei nur an den sog. „Akademikerinnenboom“ zu denken; vgl. hierzu z. B. Betzelt/Fachinger, ZSR 2004, 312, 322; Strohmeyer in: Leicht/Welter (Hrsg.), Gründerinnen und selbständige Frauen, Potenziale, Strukturen und Entwicklungen in Deutschland, S. 97, 105.

zifische Unterschiede bei der Risikobereitschaft zur eigenen Selbständigkeit. Um eine positive Entwicklung von Frauen in diesem Feld zu unterstützen, sind sozialpolitische bzw., soweit erforderlich, gesetzgeberische Maßnahmen zur Verbesserung der Gründungseinstellung notwendig. Eine Ursache für die geringe Gründungsbereitschaft von Frauen ist ihre familiäre Eingebundenheit und das tief verwurzelte Rollenbild der „guten Mutter" sowie die Angst vor wirtschaftlichem Versagen. Für das Gründungsgeschehen ist es somit förderlich, die Vereinbarkeit von selbständiger Tätigkeit und Kindern zu fördern, indem die alten Rollenklischees durchbrochen und Investitionen in die soziale Infrastruktur vorangetrieben werden.[313]

Der Staat ist in seiner Funktion als moderner Sozialstaat gefordert. Es gilt, die bereits vorhandenen Rahmenbedingungen hier, aber auch an anderen Stellen (Elternzeit, KiTa-Plätze etc.) weiter zu verbessern. Der Ansatz muss dabei lauten, die grundsätzlich gute Potenzialbasis unter den gründungsoffenen Frauen im weiteren Prozess zu erhalten und den sich im Laufe des Gründungsprozesses zunehmend manifestierenden „gender gap" zu verhindern. Es sollte beides möglich sein, Kind und ein erfülltes Berufsleben, z. B. als selbständig erwerbstätige Frau und Mutter. Das Potenzial der Frauen sollte nicht verschenkt werden. Eine Möglichkeit zur Zielerreichung könnte dabei eine verbesserte Vereinbarkeit von Beruf und Familie im Wege eines angemessenen Mutterschutzes (auch) für Selbständige sein, der den betroffenen Frauen sodann die Chance bieten könnte, ohne finanzielle oder organisatorische Sorge, die rund um die Geburt erforderliche Auszeit tatsächlich nehmen zu können.

---

313 So auch Brixy/Vorderwülbecke, GEM – Länderbericht 2011, S. 41 f.; s. zudem Kay, Selbständigkeit im Erwerbsverlauf von Frauen, in: Rust/Lange (Hrsg.), Mutterschutz für Selbständige?, Loccumer Protokoll 80/14, S. 95, 109 f. Kay stellt die Vermutung auf, dass sich das Gründungsverhalten von Frauen bei besserem Mutterschutz verändern wird. Die Selbständigkeit biete vielen Frauen die Chance für eine verbesserte Vereinbarkeit von Beruf und Familie.

2. Kapitel: Die Richtlinie 2010/41/EU

Mit den voranstehenden Ausführungen des 1. Kapitels wurde abschließend unter Punkt C. deutlich gemacht, welchen Spagat Frauen oftmals vollziehen müssen, die sich für den Weg in die berufliche Selbständigkeit entschieden haben, bzw. welche Gründe nicht selten gegen eine solche Entscheidung sprechen. Die hier im Fokus stehende Richtlinie 2010/41/EU „zur Verwirklichung des Grundsatzes der Gleichbehandlung von Männern und Frauen, die eine selbständige Erwerbstätigkeit ausüben, und zur Aufhebung der Richtlinie 86/613/EWG des Rates" vom 07. Juli 2010[314] nimmt sich u. a. auch dieser Problematik an. Die nachfolgenden Ausführungen sollen sich daher auch konkret auf die Zielsetzung, als auch auf die (Mindest-)Vorgaben der Richtlinie konzentrieren. Das Hauptaugenmerk wird dabei auf Art. 8 der Richtlinie liegen, der es bewirken soll, dass Mutterschaftsleistungen für Selbständige eingeführt werden, um Frauen so den Schritt in die eigene Selbständigkeit zu erleichtern. Die Regelung des Art. 8 reiht die Frage nach einem „Mutterschutz (auch) für Selbständige", ganz im Sinne des heutigen Verständnisses vom Mutterschutz sowie den Vorgaben des noch an späterer Stelle näher zu beleuchtenden Art. 33 Abs. 2 GReCh, ausdrücklich in den Gesamtkomplex der „Chancengleichheit für selbständige Männer und Frauen" ein und rückt auf diese Weise den schwierigen Spagat zwischen Mutterschaft und Selbständigkeit, also die Frage nach der „Vereinbarkeit von Familie und Beruf", in den Mittelpunkt.

A. Der Ausgangspunkt – Der Ruf nach Verbesserungen für die selbständig Erwerbstätigen in der Europäischen Union

In Bezug auf selbständig Erwerbstätige und Ehepartnern von selbständig Erwerbstätigen waren die bisherigen Versuche Brüssels hin zu einer verbesserten Gleichstellung sowie eines angemessenen Mutterschutzes nicht sehr wirksam gewesen.[315] Sie hatte es nicht vermocht, alle Mitgliedsstaaten im gleichen Maße zu einer tatsächlichen Verbesserung der Situation zu bewegen. Mitte der 2000er Jahre

314 Richtlinie 2010/41/EU des Europäischen Parlamentes und des Rates vom 07.07.2010 zur Verwirklichung des Grundsatzes der Gleichbehandlung von Männern und Frauen, die eine selbständige Erwerbstätigkeit ausüben, und zur Aufhebung der Richtlinie 86/613/EWG des Rates, Amtsblatt der Europäischen Union v. 15.07.2010, L 180/1.

315 So schon Knigge, ZESAR 2013, 24, 27; ähnlich auch Franzen/Gattner/Oetker-*Mohr*, RL 2010/41/EU Art. 4 Rdnr. 2.

waren noch immer nur rund 30 % aller Selbständigen weiblichen Geschlechts.[316] Dies sollte sich ändern und so mehr Frauen für eine selbständige Erwerbstätigkeit gewonnen werden.

Um die diesbezügliche Zielsetzung der Richtlinie 2010/41/EU zutreffend nachvollziehen zu können, bedarf es zunächst eines Blickes auf deren rechtlichen Hintergrund und ihre Einordnung in das bestehende Setting von weiteren bereits vorangegangenen Richtlinien zur Frage der Selbständigkeit, insbesondere auf ihre Vorgängerrichtlinie 86/613/EWG.

I. Zum unionsrechtlichen Hintergrund der „Selbständigen"-Richtlinie

Im Bereich der Sozialpolitik besitzt die Europäische Union eine nur begrenzte Zuständigkeit, die sich im Wesentlichen auf eine Unterstützung der sozialpolitischen Zusammenarbeit der Mitgliedstaaten beschränkt, und lediglich in bestimmten Bereichen, die Aufstellung von Mindeststandards vorsieht. Dies gilt insbesondere für die Rechte von Arbeitnehmern. Damit tragen weiterhin grundsätzlich die einzelnen Mitgliedsstaaten die primäre Verantwortung für diesen Bereich. So wird der Vielfalt der nationalen Sozialsysteme Rechnung getragen. Aufgabe der Sozialpolitik bleibt derweil die Förderung der Beschäftigung, die Verbesserung bzw. langfristig auch die Angleichung der Lebens- und Arbeitsbedingungen, ein angemessener sozialer Schutz, der soziale Dialog, die Entwicklung des Arbeitskräftepotenzials und die Bekämpfung von Ausgrenzungen. Dabei sind jedoch stets die Vielfalt der einzelstaatlichen Gepflogenheiten und insbesondere nach Art. 153 Abs. 4 AEUV die Befugnis der Mitgliedstaaten für die Festlegung der Grundzüge ihrer Sozialsysteme zu beachten. Auch dürfen Maßnahmen der Europäischen Union nicht die Stabilität der nationalen Sozialsysteme beeinträchtigen.[317]

Ein Bereich, in dem die Europäische Union ergänzend zu den Mitgliedstaaten tätig werden kann, betrifft die in Art. 153 Abs. 1 AEUV geregelten Aspekte der Arbeitssicherheit, der sozialen Sicherheit und des Sozialschutzes, die Bekämpfung von Ausgrenzungen, die Gleichstellung von Mann und Frau sowie die Regelung der Beschäftigungsbedingungen von Drittstaatsangehörigen. Auf diesem Gebiet hat die Europäische Union bereits im Jahr 1957 einen der wichtigsten Grundsätze des Arbeits- und Sozialrechts verankert, namentlich den Grundsatz, dass Männer

---

316 Vgl. hierzu auch insgesamt die statistischen Ausführungen des 1. Kapitels unter B. III.

317 Vgl. hierzu z. B.: von der Groeben/Schwarze/Hatje-*Langer*, Europäisches Unionsrecht, Art. 153 AEUV Rdnr. 22.

und Frauen gleiches Entgelt für gleiche Arbeit erhalten sollen.[318] Außerdem wird die Europäische Union gemäß Art. 153 AEUV generell auf dem Gebiet der Chancengleichheit und Gleichbehandlung im Bereich Beschäftigung und Arbeit tätig. Darüber hinaus sind innerhalb dieses Rahmens nach Art. 157 AEUV allgemein positive Maßnahmen zur Stärkung der Rolle der Frauen möglich. Auch wirkt die Europäische Union gemäß Art. 8 AEUV bei allen ihren Tätigkeiten stets darauf hin, Ungleichheiten zu beseitigen und die Gleichstellung von Männern und Frauen zu fördern (auch bekannt unter der Bezeichnung „Gender-Mainstreaming").

Eine Regelung die speziell den Schutz (auch) von selbständig erwerbstätigen (werdenden) Müttern in den Fokus rückt, gibt es zwar weder im Vertrag über die Europäische Union noch im Vertrag über die Arbeitsweise der Europäischen Union. Dessen ungeachtet bietet aber das Gebot der Förderung der Gleichstellung von Männern und Frauen und der Stärkung der Rolle der Frauen nach Art. 157 AEUV einen geeigneten Anknüpfungspunkt. Und so stützt sich die im Weiteren noch näher zu beleuchtende Richtlinie 2010/41/EU ausdrücklich auch auf Art. 157 Abs. 3 AEUV. Hierauf wird im Folgenden noch näher einzugehen sein.[319]

Die Europäische Union gilt gemeinhin als politischer Schrittmacher der Gleichbehandlung von Frauen und Männern in Europa. Seit den 1970er Jahren setzt sie hierzu vor allem auch Richtlinien ein, die die Mitgliedsstaaten der Union in eigenes Recht und in politische Maßnahmen umzusetzen haben. Dies kommt z. B. auch in der hier im Mittelpunkt stehenden Richtlinie 2010/41/EU deutlich zum Tragen.[320]

Die Frage der Gleichstellung von Frauen und Männern ist inzwischen seit mehr als 40 Jahren zentrales Thema der europäischen Gesetzgebung. Die erste Generation des Geschlechtergleichstellungsrechts bezog sich dabei allen voran auf Rechte und Pflichten im Zusammenhang mit einem Arbeitsverhältnis.[321] Die Bedürfnisse der Selbständigen waren zu jener Zeit noch kaum im Mittelpunkt des Interesses. Die Gleichbehandlung von Frauen und Männern betreffend war der Anwendungsbereich der Richtlinien jener Zeit, wie z. B. der Richtlinie 76/207/EWG[322], noch stets relativ weit gefasst und trug damit kaum der besonderen und

318 Heute findet sich die entsprechende Regelung in Art. 157 AEUV.

319 Vgl. hierzu die nachfolgenden Ausführungen unter D. I. 1.

320 S. Biermann/Gather, Sozialer Fortschritt 2014, 170; Biermann/Wobbe, Von Rom nach Amsterdam, S. 96 ff., 140 ff.

321 Vgl. hierzu nur von der Groeben/Schwarze/Hatje-*Rust*, Europäisches Unionsrecht, Art. 157 AEUV Rdnr. 1, 2 ff. m.w.N.

322 RL 76/207/EWG vom 09.02.1976 zur Verwirklichung des Grundsatzes der Gleichbehandlung von Männern und Frauen hinsichtlich des Zugangs zum beruflichen

spezifischen Situation selbständig erwerbstätiger Männer und Frauen ausreichend Rechnung, weshalb sie an dieser Stelle auch nicht weiter beleuchtet werden sollen. All dies änderte schließlich selbst die Richtlinie 86/613/EWG nicht, die zwar erstmals den sozialen Schutz von selbständig erwerbstätigen Frauen sowie den mitarbeitenden Ehefrauen, wie auch speziell die Frage des Mutterschutzes im Falle der Selbständigkeit in den Fokus nahm, dabei aber den Mitgliedsstaaten allein einen Prüfungsauftrag erteilte. Eine Umsetzungsverpflichtung gab es nicht. Hierauf wird im Folgenden noch näher einzugehen sein.

Die zweite Generation des Richtliniengleichbehandlungsrechts wurde sodann erstmals mit Beginn der 2000er Jahre eingeführt. Diskriminierung aufgrund des Geschlechts sollte fortan z. B. mit Hilfe der Richtlinie 2004/113/EG[323] oder der Richtlinie 2000/78/EG[324] verstärkter bekämpft werden als zuvor. Hierzu wurden zwischenzeitlich veraltete Richtlinien novelliert, abgelöst bzw. zusammengefasst.[325] Und so ist es auch nur folgerichtig, dass es schließlich ebenfalls zu einer Überarbeitung der bis dahin zahnlosen Richtlinie 86/613/EWG kommen sollte, die zwar den Mutterschutz für Selbständige bereits seit einigen Jahren thematisiert hat, auf Basis derer es aber nicht in allen Mitgliedsstaaten zu den erwünschten Fortentwicklungen gekommen war. Insbesondere die Bundesrepublik Deutschland hatte keine weiteren Maßnahmen erlassen. Die Regelungen zum Mutterschutz blieben weiterhin vornehmlich den Arbeitnehmerinnen vorbehalten, wie die folgenden Ausführungen noch genauer aufzeigen werden.

Erst im Jahr 2008 war es soweit, es wurde ein Vorschlag vorgelegt, gemäß dem die Richtlinie 86/613/EWG derart überarbeitet werden sollte, dass sie fortan einen tatsächlichen Umsetzungsauftrag zum Gegenstand haben würde. Im Juli 2010 wurde daraufhin die Richtlinie 2010/41/EU „zur Verwirklichung des Grundsatzes der Gleichbehandlung von Männern und Frauen, die eine selb-

Aufstieg zur Beschäftigung, zur Berufsausbildung und sowie in Bezug auf Arbeitsbedingungen (ABl. L 39, S. 40 – „Gleichbehandlungsrichtlinie"), geändert durch die RL 2002/73/EG vom 23.09.2002 (ABl. L 269, S. 15), geändert durch die RL 2006/54/EG vom 05.07.2006 (ABl. L 204, S. 23).

323 RL 2004/113/EG des Rates vom 13.12.2004 zur Verwirklichung des Grundsatzes der Gleichbehandlung von Männern und Frauen beim Zugang zu und bei der Versorgung mit Gütern und Dienstleistungen (ABl. L 373, S. 37); Art. 5 Abs. 2 der RL wurde vom EuGH am 21.12.2012 für ungültig erklärt (ABl. 2011 C 130, S. 4).

324 RL 2000/78/EG des Rates vom 27.11.2000 zur Festlegung eines allgemeinen Rahmens für die Verwirklichung der Gleichbehandlung in Beschäftigung und Beruf (ABl. L 303, S. 16).

325 Vgl. hierzu nur von der Groeben/Schwarze/Hatje-*Rust*, Europäisches Unionsrecht, Art. 157 AEUV Rdnr. 1, 19 ff. m.w.N.

ständige Erwerbstätigkeit ausüben, und zur Aufhebung der Richtlinie 86/613/EWG des Rates“ vom 07. Juli 2010[326] verabschiedet, die im nun Folgenden umfassend dargestellt werden soll. Sie ist diejenige Richtlinie, die sich mit ihrem Art. 8 seit nunmehr rund 8 Jahren explizit der Frage des Mutterschutzes für Selbständige widmet.

II. Die Vorgänger-Richtlinie 86/613/EWG

Am 11. Dezember 1986 nahm der Rat die Richtlinie 86/613/EWG „zur Gleichbehandlung von Männern und Frauen, die eine selbständige Erwerbstätigkeit – auch in der Landwirtschaft – ausüben, sowie über den Mutterschutz“ an.[327] Zuvor hatte der Rat in seiner Entscheidung vom 12. Juli 1982 „zur Förderung der Chancengleichheit der Frauen“[328] die allgemeinen Ziele der Mitteilung der Kommission über das „Neue Aktionsprogramm der Gemeinschaft zur Förderung der Chancengleichheit der Frauen (1982–1985)“ gebilligt und den Willen zum Ausdruck gebracht, geeignete Maßnahmen zur Erreichung dieser Ziele zu ergreifen.[329] Erstmals sollten auch die selbständig Erwerbstätigen ausdrücklich berücksichtigt werden. Die Gleichbehandlung von Frauen und Männern betreffend war der Anwendungsbereich vorausgegangener sonstiger Richtlinien, wie z. B. der Richtlinie 76/207/EWG[330], zuvor stets relativ weit gefasst worden und trug somit kaum der besonderen und spezifischen Situation selbständig erwerbstätiger Männer

326 RL 2010/41/EU des Europäischen Parlamentes und des Rates vom 07.07.2010 zur Verwirklichung des Grundsatzes der Gleichbehandlung von Männern und Frauen, die eine selbständige Erwerbstätigkeit ausüben, und zur Aufhebung der Richtlinie 86/613/EWG des Rates, Amtsblatt der Europäischen Union v. 15.07.2010, L 180/1. Vgl. zu den einzelnen Artikeln der RL 2010/41/EU die Kommentierung von *Mohr* in: Franzen/Gallner/Oetker, Beck'sche Kurzkommentare, Kommentar zum europäischen Arbeitsrecht, München: C. H. Beck, 2016.

327 Richtlinie 86/613/EWG des Rates vom 11.12.1986 zur Verwirklichung des Grundsatzes der Gleichbehandlung von Männern und Frauen, die eine selbständige Erwerbstätigkeit – auch in der Landwirtschaft – ausüben, sowie über den Mutterschutz (ABl. L 359 vom 19.12.1986, S. 56).

328 ABl. Nr. C 186 vom 21.07.1982, S. 3.

329 So auch die einleitenden Erwägungen zur RL 86/613/EWG.

330 RL 76/207/EWG vom 09.02.1976 zur Verwirklichung des Grundsatzes der Gleichbehandlung von Männern und Frauen hinsichtlich des Zugangs zum beruflichen Aufstieg zur Beschäftigung, zur Berufsausbildung und sowie in Bezug auf Arbeitsbedingungen (ABl. L 39, S. 40 – „Gleichbehandlungsrichtlinie“), geändert durch die RL 2002/73/EG vom 23.09.2002 (ABl. L 269, S. 15), geändert durch die RL 2006/54/EG vom 05.07.2006 (ABl. L 204, S. 23).

und Frauen ausreichend Rechnung, wie im voranstehenden Abschnitt bereits dargelegt.

Die Richtlinie von 1986 sollte also nunmehr erstmalig versuchen, den besonderen Beitrag der selbständig Erwerbstätigen zum Familieneinkommen zu untersuchen, mithelfenden Ehegatten einen eindeutig definierten beruflichen Status zu gewähren und darüber hinaus ihre Anwartschaft auf Leistungen der sozialen Sicherheit festzustellen. Des Weiteren sollte die Möglichkeit eines Mutterschutzes für selbständig erwerbstätige Frauen sowie für die mithelfenden Ehefrauen nicht länger unerwogen bleiben.[331] Zu mehr als einem bloßen Versuch, die Chancengleichheit von Männern und Frauen auch auf dieser Ebene zu erreichen, sollte es, gerade was den Mutterschutz anbetrifft, in den Folgejahren aber gleichwohl nicht kommen. Dies ist auch nicht weiter verwunderlich, betrachtet man den in der Richtlinie von 1986 ausgewiesenen Regelungsauftrag, oder besser gesagt Prüfungsauftrag, genauer. So erlegte Art. 7 der Richtlinie den Mitgliedsstaaten doch lediglich die allgemeine Verpflichtung auf, zu prüfen, unter welchen Voraussetzungen die Anerkennung der Arbeit von mithelfenden Ehegatten gefördert werden kann, und alle geeigneten Maßnahmen hiernach zu untersuchen. Die Mitgliedsstaaten wurden jedoch gerade nicht explizit dazu verpflichtet, spezifische Maßnahmen auch nur irgendeiner Art zu treffen oder überhaupt irgendetwas zu tun. Hinsichtlich des Mutterschutzes verlangte Art. 8 der Richtlinie ausschließlich die Prüfung, ob und unter welchen Bedingungen die selbständig erwerbstätigen Frauen sowie die Ehefrauen von selbständig Erwerbstätigen bei Schwangerschaft und Mutterschaft Unterstützung in Form von Vertretungsdiensten oder öffentlichen Geldleistungen erhalten können. Wie bereits bei Art. 7 wurde auch an dieser Stelle keine Verpflichtung zu einer tatsächlichen Umsetzung, sondern allein zur Untersuchung formuliert. Ein Tätigwerden wurde nicht erwartet. Es wurde mithin seinerzeit (noch) versäumt, den Mitgliedsstaaten die Verpflichtung aufzuerlegen, erkannte Mängel anzugehen.[332]

---

331 Bericht der Kommission über die Umsetzung der Richtlinie des Rates vom 11.12.1986 zur Verwirklichung des Grundsatzes der Gleichbehandlung von Männern und Frauen, die eine selbständige Erwerbstätigkeit – auch in der Landwirtschaft – ausüben, sowie über den Mutterschutz; KOM(94)163, S. 4, 6.

332 Zur alten Richtlinie 86/613/EWG und seinen Unzulänglichkeiten sowie den Neuerungen aufgrund seiner Überarbeitung: Hilde Cadenau – „Selbständig erwerbstätige Frauen: eine Überprüfung der Richtlinie 86/613/EWG im Lichte der Lissabon-Strategie, zu finden in der EGELR 2/2008; der Artikel basiert teilweise auf einer Arbeit von Frau Cadenau „Inaquality in equality: lacunae in European equal

III. Der lange Weg zur Novellierung der Richtlinie 86/613/EWG

Bereits in ihrem Bericht über die Umsetzung der Richtlinie 86/613/EWG vom 15. September 1994[333] kam die Kommission der Europäischen Gemeinschaften nicht gänzlich unerwartet zu dem Schluss, das Ergebnis der Umsetzung jener Richtlinie sei, gemessen an den wichtigsten Zielsetzungen der Richtlinie, in der Praxis „nicht ganz zufriedenstellend"[334] erfolgt. Eine dem Bericht vorgeschaltete Untersuchung der Situation in den Mitgliedsstaaten hatte zuvor ergeben, dass die von der Richtlinie adressierten Mitgliedsstaaten gemeinhin die Ansicht vertraten, dass sie bereits alles, was die Richtlinie von ihnen abverlangen würde, getan hätten. In den meisten Mitgliedsstaaten sei es dementsprechend auch zu keinen bemerkenswerten Änderungen oder Anpassungen in der jeweiligen innerstaatlichen Gesetzgebung gekommen. Neue Maßnahmen seien nicht erforderlich, so der allgemeine Konsens der Mitgliedsstaaten.[335] Die Kommission gestand daraufhin ein, dass zwar womöglich rein rechtlich betrachtet, der Anschein bestehe, als sei die Richtlinie in den Mitgliedsstaaten umgesetzt worden, eine genauere Beurteilung der Lage sei allerdings aufgrund einer Vielzahl an praktischen Probleme nicht möglich. Zu Recht wurde in diesem Zusammenhang auf den Umstand verwiesen, dass es sich bei den Selbständigen gerade um keine homogene Gruppe handele und von daher z. B. die Vorkehrungen für die soziale Sicherheit der Selbständigen, wie auch der Mutterschutz denknotwendig sehr unterschiedlich ausfallen würden. Hinsichtlich der Ausübung einer selbständigen Tätigkeit bestünden zu vielfältige und unterschiedliche Modelle, zudem müsste den Handlungsträgern weitgehende Freiheit gelassen werden.[336] Dies ist nicht von der Hand zu weisen und wurde daher bereits einleitend eingehend thematisiert und darf auch im Weiteren nicht außer Betracht bleiben.[337]

Ebenso musste die Kommission zugeben, dass die Bestimmungen der Richtlinie 86/613/EWG zu vage formuliert worden waren. So erkannte die Kommis-

---

treatment protection of self-employed women", Utrecht, Universität Utrecht, 2008. S. auch Knigge, ZESAR 2013, S. 24, 25.

333 Bericht der Kommission über die Umsetzung der Richtlinie des Rates vom 11.12.1986 zur Verwirklichung des Grundsatzes der Gleichbehandlung von Männern und Frauen, die eine selbständige Erwerbstätigkeit - auch in der Landwirtschaft - ausüben, sowie über den Mutterschutz, KOM(94)163.

334 KOM(94)163.

335 Vgl. KOM(94)163, S. 7, für Deutschland speziell S. 18 ff.

336 Vgl. KOM(94)163, S. 76 ff.

337 Vgl. hierzu insbesondere die einleitenden Ausführungen des 1. Kapitels zur Heterogenität der Selbständigkeit unter B. II.

sion an, dass es an einer Spezifikation von speziellen Maßnahmen mangele, die in den verschiedenen Bereichen hätten getroffen werden können. Stattdessen waren die Mitgliedsstaaten allein aufgefordert, Ansätze zur Verbesserung des Status der selbständigen Erwerbstätigen und ihrer mithelfenden Ehegatten zu prüfen. Die damit bis dahin fehlende Anleitung mochte zum Teil dafür verantwortlich gewesen sein, dass die Mitgliedsstaaten kaum reagierten, so die Kommission.[338]

In Anbetracht der vorstehenden Ausführungen kam die Kommission schließlich also nicht umhin einzuräumen, dass es offensichtlich war, dass sie weiter Möglichkeiten für ein Tätigwerden in diesem Bereich untersuchen müsse, damit den Zielen der Richtlinie letzten Endes doch noch entsprochen und die Stellung der selbständigen Erwerbstätigen und ihrer mithelfenden Ehegatten verbessert werden könne.[339] Gleichwohl sollte es noch für lange Zeit bei einem reinen Wunschbegehren verbleiben, denn selbst als im Jahr 2006 die Kommission im Zuge ihres Fahrplanes für die Gleichstellung von Frauen und Männern[340] ankündigte, sie werde

> ***„die bestehenden, 2005 nicht überarbeiteten […] EU-Rechtsvorschriften zur Gleichstellung überprüfen, um sie, falls nötig, zu aktualisieren, zu modernisieren und zu überarbeiten“***,

gehörte die Richtlinie 86/613/EWG zunächst nicht zu den zu überarbeiteten Texten. Die Schlussfolgerung der Kommission aus dem Jahr 1994 wurde auch jetzt – 12 Jahre nach dem Bericht der Kommission – abermals nicht einer entsprechenden Umsetzung zugeführt. Es scheint als habe die Kommission das Thema als eher unwichtig, bzw. womöglich doch erledigt abgetan zu haben. War etwa die Gleichstellung von Männern und Frauen, die eine selbständige Erwerbstätigkeit ausüben, für die Kommission uninteressant geworden? Andere Institutionen sahen dies anders[341] und so forderte im Dezember 2007 der Rat die Kommission dazu auf, endlich

338 Vgl. KOM(94)163, S. 76 ff.

339 KOM(94)163, S. 78.

340 Mitteilung der Kommission an den Rat, das Europäische Parlament, den Europäischen Wirtschafts- und Sozialausschuss und den Ausschuss der Regionen – *Ein Fahrplan für die Gleichstellung von Männern und Frauen*, KOM(2006)92.

341 Wie z. B. das Europäische Parlament, welches bereits im Februar 1997 dazu aufgerufen hat, die Richtlinie 86/613/EWG zu überarbeiten, um insbesondere die Situation von Ehepartnern von selbständigen Erwerbstätigen zu verbessern, Abl. C 85 vom 17.03.1997, S. 186.

„zu prüfen, ob die Richtlinie 86/613/EWG gegebenenfalls überarbeitet werden sollte, um die mit Mutterschaft und Vaterschaft verbundenen Rechte von selbständig Erwerbstätigen und ihren helfenden Ehepartnern zu gewährleisten."[342]

Das Thema wurde durch den Rat erneut auf die Tagesordnung gesetzt, während das Europäische Parlament im Folgenden die Kommission mehrfach dazu aufgerufen hat, die Richtlinie zu überarbeiten, insbesondere um die Situation mitarbeitender Ehepartner in der Landwirtschaft zu verbessern, aber auch um den Mutterschutz von selbständigen erwerbstätigen Frauen zu verstärken.[343]

Die Kommission gab letztlich den Appellen des Europäischen Parlamentes und des Rates nach und kündigte die Überarbeitung jener Richtlinie in ihrem Legislativ- und Arbeitsprogramm für 2008 an.[344] Am 03. Oktober 2008 legte die Kommission sodann einen entsprechenden Vorschlag[345] vor, der schließlich am 15. Juli 2010 im Amtsblatt der Europäischen Union als

„Richtlinie 2010/41/EU des Europäischen Parlaments und des Rates zur Verwirklichung des Grundsatzes der Gleichbehandlung von Männern und Frauen, die eine selbständige Erwerbstätigkeit ausüben, und zur Aufhebung der Richtlinie 86/613/EWG des Rates"[346]

veröffentlicht wurde.[347]

B. Ziele der Richtlinie 2010/41/EU und Gründe der Europäischen Kommission für ihren Erlass

In Bezug auf selbständig Erwerbstätige und Ehepartnern von selbständig Erwerbstätigen war die Richtlinie 86/613/EWG also zu keiner Zeit tatsächlich erfolgreich oder wirksam gewesen. Ihr Geltungsbereich sollte deshalb aus Grün-

---

342 Dokument SOC 385 vom 04.12.2007 – Ausgewogenheit zwischen Frauen und Männern bei Arbeitsplätzen, Wachstum und sozialem Zusammenhalt.

343 Vgl. Ziffer (4) der einleitenden Erwägungen zur RL 2010/41/EU, Abl. L 180 vom 15.07.2010, S. 1; vgl. ebenso z.B. den Bericht über die Lage der Frauen in den ländlichen Gebieten der EU, den das Parlament am 12.03.2008 angenommen hat (2007/2117 (INI); Berichterstatterin: Christa Klaß, A6-0031/2008).

344 Vorausplanungsprogramm 2008, Nr. 2008/EMPL/021.

345 KOM(2008)636 endgültig; 2008/0192 (COD); vgl. zum Vorschlag selbst ausführlich unter C. I., II.

346 Amtsblatt der Europäischen Union, 15.07.2010, L 180/1.

347 S. zu den obigen Ausführungen auch die Begründung des Vorschlages zur Richtlinie, vorgelegt durch die Kommission am 03.10.2008, 2008/0192 (COD), S. 2 f.

den der Klarheit nach mehr als 20 Jahren endlich neu definiert werden.[348] Aber wie kommt es nun, dass so viele Jahre nach dem Aufkommen der ersten Kritik und der Feststellung der Ineffektivität der Vorgänger-Richtlinie die Kommission letzten Endes doch noch aktiv geworden ist? Wieso hat der Rat ausgerechnet im Jahr 2007 das Thema wieder zurück in den Mittelpunkt des Interesses gerückt? Ist dies etwa allein dem Modethema „Vereinbarkeit von Familie und Beruf" geschuldet, dass die Frage nach der Chancengleichheit von Männern und Frauen, die eine selbständige Erwerbstätigkeit ausüben, wieder in das Bewusstsein der Europäischen Union zurückgekehrt ist oder werden mit der überarbeiteten Richtlinie weitere Ziele verfolgt, die gerade in den Jahren 2007/2008 besonders im europapolitischen Fokus standen? Diesen Fragen gilt es im Folgenden nachzugehen.

I. Ziele der Richtlinie 2010/41/EU

Die Kommission begründete ihren Vorstoß des Jahres 2008 vor allem damit, dass der Rechtsrahmen der Europäischen Gemeinschaft für die Verwirklichung des Grundsatzes der Gleichbehandlung von Frauen und Männern in Bezug auf selbständig Erwerbstätige und deren Ehepartner geändert werden müsse. Es sollte das Ziel werden, den Grundsatz der Gleichbehandlung von Männern und Frauen, die eine selbständige Erwerbstätigkeit ausüben oder zur Ausübung einer solchen beitragen, wirksamer umzusetzen als es ihre bisherige Vorgänger-Richtlinie 86/613/EWG zuvor vermocht hatte.[349] Der Vorschlag der Kommission sah hierzu die Aufhebung der Richtlinie 86/613/EWG vor und sollte weiterhin für alle nicht von den Richtlinien 2006/54/EWG[350], 2004/113/EG[351] und 79/7/EWG[352] erfassten

348 Vgl. nur den Punkt 1 der Begründung zur RL 2010/41/EU, Abl. L 180 vom 15.07.2010 S. 1.

349 Vgl. Punkt 1 der Begründung zur RL 2010/41/EU, Abl. L 180 vom 15.07.2010 S. 1.

350 RL 2006/54/EG des Europäischen Parlamentes und des Rates vom 05.07.2006 zur Verwirklichung des Grundsatzes der Chancengleichheit und Gleichbehandlung von Männern und Frauen in Arbeits- und Beschäftigungsfragen (Neufassung), Abl. L 204 vom 26.07.2006, S. 23.

351 RL 2004/113/EG des Rates vom 13.12.2004 zur Verwirklichung des Grundsatzes der Gleichbehandlung von Männern und Frauen beim Zugang zu und bei der Versorgung mit Gütern und Dienstleistungen, Abl. L 373 vom 21.12.2004, S. 37.

352 RL des Rates (79/7/EWG) vom 19.12.1978 zur schrittweisen Verwirklichung des Grundsatzes der Gleichbehandlung von Männern und Frauen im Bereich der sozialen Sicherheit.

Bereiche gelten.[353] Es sollte vor allem nicht länger bei dem reinen Prüfungsauftrag verbleiben, wie ihn noch die Vorgänger-Richtlinie 86/613/EWG beschrieben hatte. Es sollten vielmehr endlich Taten folgen und das „Ob" eines Mutterschutzes für Selbständige fortan nicht länger im Ermessen der Mitgliedsstaaten stehen.[354]

Der Tatendrang des Vorschlages spiegelt unverkennbar die damalige Politik der Europäischen Union, insbesondere die der Lissabon-Strategie für Wachstum und Beschäftigung, wider. So hatte der Europäische Rat auf seiner Tagung von Lissabon im Jahr 2000 das strategische Ziel festgelegt, die Europäische Union

> ***„zum wettbewerbsfähigsten und dynamischsten wissensbasierten Wirtschaftraum der Welt zu machen – einen Wirtschaftsraum, der fähig ist, ein dauerhaftes Wirtschaftswachstum mit mehr oder besseren Arbeitsplätzen und einem größeren sozialen Zusammenhalt zu erzielen."***[355]

Um dieses ehrgeizige Ziel tatsächlich erreichen zu können, musste es sich die Europäische Union zur Aufgabe machen, den Unternehmergeist im Allgemeinen und besonders unternehmerische Initiativen von Frauen zu unterstützen.[356] Die ausgeprägte Kluft zwischen den Geschlechtern sollte überwunden werden, denn nur ein geringer Teil der Unternehmer in Europa sind (auch heute noch) Frauen. Im Jahr 2005 waren in Industrie und Handel europaweit nur ca. 8,6 % der insgesamt erwerbstätigen Frauen selbständig. Im Vergleich waren zum selben Zeitpunkt in etwa doppelt so viele Männer selbständig erwerbstätig. Im Jahr 2005 waren es also mehr als 16 %.[357] Den Willen zur Förderung des weiblichen Unternehmergeistes hatte die Kommission zudem schon in ihren Mitteilungen „Vorfahrt für KMU in Europa"[358] und „Eine erneute Sozialagenda"[359] aus diesem

---

353 Vgl. Begründung des Vorschlages zur Richtlinie, vorgelegt durch die Kommission am 03.10.2008, 2008/0192(COD), S. 2.

354 So auch Knigge, Mutterschutz auch für Selbständige? Aus der Sicht der Rechtswissenschaft, in: Rust/Lange (Hrsg.), Völkerrecht und Frauen, Welche Ansatzpunkte bietet das Völkerrecht für Gleichbehandlung?, Loccumer Protokoll 59/13, S. 191, 196 ff. sowie Knigge, Die Richtlinie 2010/41/EU und Mutterschutz für Selbständige, in: Rust/Lange (Hrsg.), Mutterschutz für Selbständige?, Loccumer Protokoll 80/14, S. 45, 50 ff.

355 Gipfel von Lissabon im März 2000 – „Lissabon-Strategie" v. 23./24.03.2000; aus den Schlussfolgerungen des Vorsitzes, I.5.; abrufbar unter http://www.europarl.europa.eu/summits/lis1_de.htm#V (zuletzt abgerufen am 15.06.2018).

356 So auch die Begründung des Vorschlages zur Richtlinie, vorgelegt durch die Kommission am 03.10.2008, 2008/0192(COD), S. 3.

357 Vgl. z. B. Ana Franco, „The entrepreneurial gap between men and women" in: Statistics in Focus, 30/2007, S. 1, sowie die voranstehenden Erörterungen des 1. Kapitels.

358 KOM(2008)394.

359 KOM(2008)412.

Grunde ausdrücklich bekräftigt.[360] Obendrein stellt die Gleichheit von Frauen und Männern ein Grundrecht dar, das sowohl in Art. 2 des Vertrages über die Europäische Union[361] als auch in der Charta der Grundrechte der Europäischen Union[362] verankert ist. Sie gehört damit zu den gemeinsamen Werten, auf denen die Europäische Union gemeinhin beruht. Nicht zuletzt ist es dementsprechend auch Aufgabe der Gemeinschaft darauf hinzuwirken, bei all ihren Tätigkeiten Ungleichheiten zu beseitigen und somit stets auch die Gleichstellung von Männern und Frauen zu fördern. Es ist also nicht verwunderlich, dass die Gleichstellung der Geschlechter ein bedeutendes Kernstück der sog. „Lissabon-Strategie"[363] wurde.

Um die europäischen Vorgaben für die Frauenbeschäftigungsquote im Sinne jener Strategie zu erreichen, musste nun also insbesondere im Bereich der selbständigen Erwerbstätigkeit das Ungleichgewicht der Geschlechter angesprochen und ausgeglichen werden, da hier das Missverhältnis zwischen Frauen und Männern besonders augenfällig geworden war.[364] Der geringe Frauenanteil unter den selbständigen Erwerbstätigen ist eine geschlechtsbezogene Ungleichheit, die es für die Zukunft zu beseitigen gilt und die die Kommission nun endlich angreifen wollte, da es ohne eine entsprechende Angleichung kaum zu einer Steigerung des Anteils der selbständig erwerbstätigen Frauen in unserer Gesellschaft kommen kann. Das galt 2007/2008 und gilt auch heute noch genauso so.

Ebenfalls gilt noch heute, dass Frauen und Männer speziell insofern nicht gleichgestellt sind, als dass sich die familiären Aufgaben von Frauen negativ auf ihre Teilhabe am Unternehmertum auswirken. Insbesondere was die Frage der Mutterschaft angeht, wird dieses Missverhältnis besonders deutlich. Es besteht die begründete Vermutung, dass sich viele Frauen nicht an die Selbständigkeit herantrauen, aus Angst, Beruf und Familie nicht in Einklang bringen zu können.[365]

360 Vgl. hierzu die Begründung des Vorschlages zur Richtlinie, vorgelegt durch die Kommission am 03.10.2008, 2008/0192(COD), S. 3.

361 Vertrag über die Europäische Union vom 07.02.1992, ABl. Nr. C 191, S. 1, zuletzt geändert durch Art. 1 Vertrag von Lissabon vom 13.12.2007, ABl. Nr. C 306, S. 1, berichtigt ABl. 2008 Nr. C 111 S. 56 und ABl. 2009 Nr. C 290, S. 1.

362 Charta der Grundrechte der Europäischen Union vom 12.12.2007, ABl. Nr. C 303, S. 1; vgl. zur Charta im Übrigen auch die nachfolgenden Ausführungen des 3. Kapitels unter B. I. 1.

363 Vgl. zu dieser auch die weiteren Ausführungen im nachfolgenden Kapitelabschnitt unter B. II. 1.

364 Vgl. insofern die Begründung des Vorschlages zur Richtlinie, vorgelegt durch die Kommission am 03.10.2008, 2008/0192(COD), S. 4.

365 S. hierzu insbesondere die obigen Feststellungen und Erkenntnisse des 1. Kapitels unter Punkt C.

Die Vereinbarkeit von Privatleben und Beruf, und damit auch den Bereich des Mutterschutzes, gilt es deshalb dringend zu verbessern.[366] Eben diesem Ziel sollte der Vorschlag der Kommission von 2008 näherkommen. Der Mutterschutz ist bei alldem ein wichtiges Mosaiksteinchen im Gesamtbild, das unbedingte Berücksichtigung finden muss.[367]

II. Übereinstimmung des Richtlinienvorschlages der Kommission mit anderen Politikbereichen und den allgemeinen Zielen der Europäischen Gemeinschaft – Strategien für eine verbesserte Gleichbehandlung von Frauen und Männern

Wie bereits zuvor dargestellt, basiert der im Folgenden noch näher zu beleuchtende Vorschlag der Kommission aus dem Jahr 2008 insbesondere auf den zur damaligen Zeit von der Europäischen Gemeinschaft verfolgten Politiken zum Thema Gleichstellung und Chancengleichheit sowie Stärkung des Wirtschaftsraumes Europa. Die sog. „Lissabon-Strategie" beeinflusst dabei das hier im Mittelpunkt des Interesses stehende Richtlinienvorhaben in ganz besonderer Weise. Brüssel hat erkannt, dass ohne eine weitreichende Gleichstellung von Mann und Frau, gerade auch im Bereich der selbständigen Erwerbstätigkeit, ein kontinuierliches Wirtschaftswachstum in Zukunft kaum mehr möglich sein wird. Die Stärkung der Bereitschaft vor allem von Frauen, den Schritt in die eigene Selbständigkeit zu wagen, ist hier von essentieller Bedeutung und kann nicht genug betont werden. Der Mutterschutz (auch) für Selbständige ist hierbei nur ein Ausschnitt dessen, was zur Erreichung der Zielsetzung unbedingt angegangen werden muss, und insofern keineswegs zu vernachlässigen.

Für ein besseres Verständnis des Werdeganges des Entwurfes von 2008 hin zur im Juli 2010 verabschiedeten Richtlinie 2010/41/EU sollen im Folgenden nun zunächst die Hintergründe jener Politiken der Europäischen Gemeinschaft näher beleuchtet werden.

---

366 So auch die Kommission in ihrer Mitteilung vom 02.07.2008 „Eine erneute Sozialagenda: Chancen, Zugangsmöglichkeiten und Solidarität in Europa des 21. Jahrhunderts", KOM(2008)412.

367 So auch schon Knigge, Mutterschutz auch für Selbständige? Aus der Sicht der Rechtswissenschaft, in: Rust/Lange (Hrsg.), Völkerrecht und Frauen, Welche Ansatzpunkte bietet das Völkerrecht für Gleichbehandlung?, Loccumer Protokoll 59/13, S. 191, 207 ff. sowie Knigge, Die Richtlinie 2010/41/EU und Mutterschutz für Selbständige, in: Rust/Lange (Hrsg.), Mutterschutz für Selbständige?, Loccumer Protokoll 80/14, S. 45, 63 f.

1. *Die „Lissabon-Strategie"*

Als Ausgangspunkt allen Bestrebens ist ohne Frage die „Lissabon-Strategie"[368] anzusehen. Sie ist eine auf einem Sondergipfel der europäischen Staats- und Regierungschefs im Frühjahr 2000 in Lissabon verabschiedete ehrgeizige Reformagenda, die es sich zum Ziel gemacht hat, die Europäische Union innerhalb von zehn Jahren, also bis 2010, zum wettbewerbsfähigsten und dynamischsten wissensgestützten Wirtschaftsraum der Welt zu machen.[369] Es sollte die Strategie sein,

> ***„im Rahmen des globalen Ziels der nachhaltigen Entwicklung ein Vorbild für den wirtschaftlichen, sozialen und ökologischen Fortschritt in der Welt sein."***[370]

Das zentrale Ziel der Lissabon-Strategie bestand demnach vor allem darin, die Wettbewerbsfähigkeit der Europäischen Union zu erhöhen und sich den neuen Herausforderungen der Globalisierung sowie der immer stärker werdenden Abhängigkeit von reinem Wissen in der Wirtschaft zu stellen. Die von der neuen digitalen, wissensbasierten Wirtschaft ausgehenden starken Impulse für Wachstum, Wettbewerbsfähigkeit und Beschäftigungsmöglichkeiten sollten nicht ungenutzt bleiben.[371] Die Lissabon-Strategie beschreibt kurzgesagt das Bestreben, die Produktivität und Innovationsgeschwindigkeit innerhalb der Europäischen Union durch verschiedene politische Maßnahmen zu erhöhen. Der Union sollte fortan ein maximaler Nutzen im Hinblick auf Wachstum und Beschäftigung zuteilwerden und dies durch weitreichende Wirtschafts- und Sozialreformen erreicht werden. Als vergleichender Maßstab dienten dabei die zu jener Zeit stärksten Konkurrenten Europas, wie Asien, aber natürlich auch die USA. Alles in allem kann damit festgehalten werden, dass die vom portugiesischen Vorsitz am 23. und 24. März 2000 in Lissabon einberufene Europäische Ratssitzung der Staats- und Regierungschefs

---

368 Z.T. auch „Lissabon-Prozess" oder „Lissabon-Agenda" genannt. Sie stellt den Kern der wirtschafts- und finanzpolitischen Konzeption der EU dar. Sie ist im Grunde ein Bündel sich gegenseitig beeinflussender Reformen und zugleich auch die Zusammenfassung einer grundlegenden politischen Neuorientierung in Europa, die schon Mitte der 1970er Jahre einsetzte. Nachfolger der „Lissabon-Strategie" wurde die Strategie „Europa 2020", die 2010 verabschiedet wurde.

369 Europäischer Rat, 23.03. und 24.03.2000, Lissabon, Schlussfolgerungen des Vorsitzes, I.5., abrufbar unter http://www.europarl.europa.eu/summits/lis1_de.htm#V (zuletzt abgerufen am 15.06.2018).

370 Vgl. Thomas Mann MdEP, Halbzeit Lissabon, http:// www.mann-europa.de/sonstige_wirtschaft/halbzeit_lissabon09-03-2005.pdf (zuletzt abgerufen am 13.05.2015).

371 Vgl. hierzu in etwa Europäischer Rat, 23.03. und 24.03.2000, Lissabon, Schlussfolgerungen des Vorsitzes, I.8., abrufbar unter http://www.europarl.europa.eu/summits/lis1_de.htm#V (zuletzt abgerufen am 15.06.2018).

die wohl seit Jahren wichtigste gewesen ist. Sie stellte den ersten umfassenden Ansatz der Europäischen Union dar, sich mit dem Übergang von einer tertiären hin zur digitalen, wissensbasierten Wirtschaft auseinanderzusetzen.[372] Die damalige Präsidentin des Europäischen Parlaments, *Nicole Fontaine*, erklärte in ihrer Rede anlässlich des Gipfels zudem, dass die Europäische Gemeinschaft in ihrer Anfangszeit zwar zunächst das Schwergewicht auf ihre wirtschaftliche Dimension gelegt habe, nun aber erwarte sie, dass die Union endlich auch ihre soziale Dimension mit Nachdruck herausstellen möge.[373] Wirtschaftliche Aspekte sollten also fortan mit den sozialen Bestrebungen der Union Hand in Hand gehen.

Der Gipfel zeichnete sich sowohl hinsichtlich der Analyse der Stärken und Schwächen der europäischen Wirtschaft als auch der zu ergreifenden Maßnahmen, durch eine bemerkenswerte Übereinstimmung zwischen den verschiedenen Regierungschefs aus. Wohl am deutlichsten rief der Gipfel nach aktiveren Beschäftigungspolitiken, etwa zur Entwicklung lebenslangen Lernens, Verringerung von Kenntnis- und Fertigungslücken und ganz besonders zur Förderung der Chancengleichheit. Im Übrigen wurde klargesehen, dass die Gestaltung des unternehmerischen Umfelds kleinerer und mittlerer Unternehmen (KMU) für die Arbeitsplatzschaffung von zentraler Bedeutung ist. Eine besondere Betonung wurde daher auf Unternehmertätigkeit, Risikokapital und Innovation gelegt. Eine der Hauptbotschaften war jedoch die Verpflichtung, das Tempo der strukturellen Reform in den europäischen Wirtschaftssystemen zu beschleunigen, um Wettbewerbsfähigkeit und Innovation effektiv zu fördern. Die raschen und immer schneller eintretenden Veränderungen machten den Gipfelteilnehmern mehr als deutlich, dass die Union jetzt dringend handeln musste, wenn sie die sich bietenden Chancen in vollem Umfang nutzen wollte.[374]

---

372 Vgl. zum Voranstehenden insgesamt statt vieler nur die Ausführungen in den Single Market News, Spezial-Dossier No. 21 (Mai 2000), Der Gipfel von Lissabon: Konkrete Schritte für ein wettbewerbsfähiges Europa, abrufbar unter https://ec.europa.eu/commission/index_de (zuletzt abgerufen am 15.06.2018). Vgl. auch die kritischen Ausführungen von Prof. Dr. Jörg Huffschmid auf der Tagung „alternativer ECOFIN – Wirtschaftspolitik für ein anderes Europa" am 20.04. und 21.04.2007 in Berlin, abrufbar über den Internetauftritt der Hans-Böckler-Stiftung unter https://www.boeckler.de/pdf/v_2007_06_05_huffschmid.pdf (Stand 15.06.2018).

373 Aus der Rede der damaligen Präsidentin des Europäischen Parlamentes, Nicole Fontaine, vom 23.03.2000, abrufbar unter http://www.europarl.europa.eu/summits/lis1_de.htm#V (zuletzt abgerufen am 15.06.2018).

374 Europäischer Rat, 23.03. und 24.03.2000, Lissabon, Schlussfolgerungen des Vorsitzes, I.2., http://www.europarl.europa.eu/summits/lis1_de.htm#V (zuletzt abgerufen am 15.06.2018).

Es wurde erkannt, dass es Zeit war zu handeln, zumal die volkswirtschaftlichen Aussichten bereits seit einer ganzen Generation nicht mehr so günstig waren wie zu jenem Zeitpunkt. Die Annahme der Lissabon Strategie fiel schließlich in eine Zeit, in der Börsenboom, Konjunkturaufschwung und New Economy zusammentrafen. In diesem Klima beinahe schon hektischen Wachstums sollte dieser Umstand genutzt werden. Vor allem angesichts des von Asien ausgehenden wachsenden Wettbewerbsdrucks und des zugleich niedrigen europäischen Bevölkerungswachstums galt es die Gunst der Stunde zu nutzen und Europa in die Lage zu versetzen, zu einer wirtschaftlichen Führungsmacht zu werden.[375] Doch wie genau sollten jene ehrgeizigen Ziele tatsächlich erreicht werden können? Um mehr und bessere Arbeitsplätze zu schaffen, und zugleich im selben Atemzug Chancengleichheit für alle herzustellen, musste die Europäische Union nun unter anderem versuchen, sowohl den Unternehmergeist im Allgemeinen als auch unternehmerische Initiativen von Frauen im Speziellen zu unterstützen. Zur Umsetzung der Ziele im sozialpolitischen Bereich nahm der Europäische Rat in Nizza, auch aus diesem Grunde, zeitnah im Dezember 2000 die Europäische Sozialagenda an.[376]

Die Ziele waren hochgesteckt und nur wenige Wochen nach dem Gipfel von Lissabon brachen Börsenboom und New Economy unerwartet zusammen. Der „11. September" und der Anstieg der Ölpreise taten ihr Übriges. Der konjunkturelle Boom schlug in eine Rezession um. Die Aktienmarktblase war geplatzt.[377] Nicht verwunderlich also, dass die Halbzeitbilanz daraufhin eher mäßig ausfiel. Die Konjunkturen Asiens und Nordamerikas schienen sich besser zu erholen, jedenfalls hatte sich der Wachstumsabstand zu den USA allen europäischen Zielsetzungen zum Trotz im Zuge der eingetretenen Rezession in den fünf Jahren zwischen 2000 und 2005 kontinuierlich vergrößert, während der Zwischenbericht

---

375 Vgl. Single Market News, Spezial-Dossier No. 21 (Mai 2000); vgl. Huffschmid, „alternativer ECOFIN – Wirtschaftspolitik für ein anderes Europa"; vgl. auch den sog. „Kok-Bericht", S. 9. Der sog. „Kok-Bericht" ist unter dem Titel „Die Herausforderung annehmen – Die Lissabon-Strategie für Wachstum und Beschäftigung – Bericht der Hochrangigen Sachverständigengruppe unter Vorsitz von Wim Kok, November 2004" abrufbar unter http://www.bmu.bund.de/fileadmin/bmu-import/files/pdfs/allgemein/application/pdf/lissabon_kok.pdf (zuletzt abgerufen am 15.06.2018).

376 Vgl. diesbezüglich die Schlussfolgerungen des Vorsitzes der Tagung des Europäischen Rates in Nizza, 07.-10.12.2000, Anlage I – „Europäische Sozialagenda", abrufbar unter http://www.europarl.europa.eu/summits/nice2_de.htm?textMode=on (zuletzt abgerufen am 15.06.2018) sowie die nachfolgenden Ausführungen unter B. II. 2. a).

377 Huffschmid, Alternativer Ecofin 2007, Kritik der Lissabon-Strategie, 21.04.2007; vgl. auch hierzu den „Kok-Bericht", S. 11 ff. („Europa in einer veränderten Welt").

für den Frühjahrsgipfel 2005[378] schonungslos feststellen musste, dass die Europäische Union zur Halbzeit des Lissabon-Programms ihren Zielen keineswegs nähergekommen war, sondern sich stattdessen überwiegend weiter von ihr entfernt hatte. Die im Prinzip richtige Strategie sei nur unzureichend, halbherzig umgesetzt worden. Es sei versäumt worden, die notwendigen Reformen mit dem erforderlichen Nachdruck voranzutreiben. Es habe bislang an dem nötigen Engagement und erforderlichen politischen Willen gemangelt.[379] Das hieß für die Europäische Union weitere, konkretere Schritte zu unternehmen und noch energischer aktiv zu werden. Erheblich verstärkte, koordinierte Reformanstrengungen wurden nahezu unumgänglich, um Veränderungen tatsächlich noch zu bewirken und die Ziele der „Lissabon-Strategie" erreichen zu können.[380] Im Rahmen seines Halbzeittreffens vom 22./23. März 2005 bekräftigte der Europäische Rat deshalb nochmals ausdrücklich die Lissaboner Wachstumsziele aus dem Jahr 2000[381], zu dem u. a. auch das Ziel gehörte, solche Faktoren zu beseitigen, die die Erwerbsbeteiligung von Frauen behindert. Die Förderung der Chancengleichheit in all ihren Aspekten wurde damit eines der obersten Gebote, wobei auch die Reduzierung der geschlechtsspezifischen Unterschiede im Beschäftigungsbereich und eine Erleichterung der Vereinbarkeit von Arbeits- und Familienleben dazu gehören sollten.[382]

378 „Kok-Bericht", abrufbar unter http://www.bmu.bund.de/fileadmin/bmu-import/files/pdfs/allgemein/application/pdf/lissabon_kok.pdf (zuletzt abgerufen am 15.06.2018).

379 So der „Kok-Bericht", S. 6, unter Benennung verschiedener Gründe: eine überfrachtete Agenda, mangelhafte Koordinierung, miteinander konfliktierende Prioritäten, vgl. auch S. 44 ff. („Lissabon zu einer Erfolgsgeschichte machen.").

380 Gleichlautend auch der Appell des „Kok-Berichtes", S. 7, 19 f. („Die Europäische Union muss zielgerichtet, gemeinsam und sofort handeln. Soll Europa seine Ziele erreichen, dann muss es entschlossen und zielgerichtet handeln, und es muss jetzt handeln.").

381 Vgl. insoweit Europäischer Rat, 22.03. und 23.03.2005, Brüssel, Schlussfolgerungen des Vorsitzes, 7619/1/05 REV 1, II.B., abrufbar unter http://www.consilium.europa.eu/ueDocs/cms_Data/docs/pressData/de/ec/84347.pdf (zuletzt abgerufen am 15.06.2018).

382 So schon Europäischer Rat, 23.03. und 24.03.2000, Lissabon, Schlussfolgerungen des Vorsitzes, I.29., abrufbar unter http://www.europarl.europa.eu/summits/lis1_de.htm (zuletzt abgerufen am 15.06.2018) und nochmals bekräftigt in den Schlussfolgerungen des Vorsitzes der Tagung des Europäischer Rates vom 22.03. und 23.03.2005, Brüssel, 7619/1/05 REV 1, II.B.31/32., abrufbar unter http://www.consilium.europa.eu/ueDocs/cms_Data/docs/pressData/de/ec/84347.pdf (zuletzt abgerufen am 15.06.2018).

2. *Reformanstrengungen für mehr Chancengleichheit im Bereich der selbständigen Erwerbstätigkeit*

Damit Europa seinen Lebensstandard tatsächlich erhöhen kann, müsse es sein Beschäftigungs- und Produktivitätswachstum mit Hilfe einer ganzen Reihe von Reformpolitiken beschleunigen und einen Rahmen schaffen, der Wachstum, Nachfrage und Beschäftigung soweit wie möglich unterstützt, so die gängige Meinung zu jener Zeit. Bereits der Halbzeitbericht zur Lissabon-Strategie stellte ganz in diesem Sinne fest, dass es eines ganzen Bündels miteinander verzahnter Initiativen und strukturellen Veränderungen bedürfen würde, die bei einem gemeinsamen Handeln innerhalb der Europäischen Union das zweifelsohne vorhandene Potential freisetzen könnte. Das Reformprogramm von Lissabon war dabei von Beginn an so verfasst, dass wirtschaftliche Dynamik, die sich in der Steigerung der Wachstums- und Beschäftigungsquoten wiederfinden würde, mit den traditionellen europäischen Anliegen, sozialen Zusammenhalt und soziale Gerechtigkeit, in Einklang gebracht werden sollte. Sollte es Europa nicht gelingen, seine Systeme zu modernisieren und Wachstum und Beschäftigung rasch genug zu steigern, dann würden diese Werte nicht länger hochgehalten werden können.[383] Eine positive und dynamische Wechselwirkung zwischen der Beschäftigungs-, der Wirtschafts- und der Sozialpolitik war damit nicht länger von der Hand zu weisen.

Diese geforderten Reformanstrengungen sollten es sein, die letztlich auch zum Entwurf der Richtlinie 2010/41/EU geführt haben. Unermüdlich hat sich die Europäische Union seither immer wieder bemüht, ihr in der „Lissabon-Strategie“ niedergelegtes Anliegen in verschiedene Agenden und Forderungen umzusetzen. Im Nachfolgenden soll nun auf die diesbezüglich wichtigsten Agenden und Mitteilungen sowie Entschließungen der Europäischen Union zumindest im Rahmen eines Überblickes eingegangen werden.

a) *Europäische Sozialagenda*

Schon im Rahmen seiner Tagung von Nizza vom 07. bis zum 10. Dezember 2000 hat der Europäische Rat eine ganze Reihe von Erklärungen und Entscheidungen vorgenommen, die im Einklang mit der soeben erst stattgefundenen Tagung in Lissabon standen und im Rahmen dieser beauftragt worden waren. Dabei wurde, wie bereits zuvor erwähnt, unter anderem auch die „Europäische Sozialagenda“ verabschiedet.[384] Mit ihr wurde das Einvernehmen bestätigt, das auf

383 S. insgesamt zum Voranstehenden den „Kok-Bericht“, S. 6, 9 f., 19.

384 Vgl. hierzu die Anlage 1 zu den Schlussfolgerungen des Vorsitzes der Tagung des Europäischen Rates vom 07.-10.12.2000 in Nizza („Europäische Sozialagenda“), ab-

der Tagung des Rates (Beschäftigung und Sozialpolitik) am 27. November 2000 erzielt worden war.

Die vom Europäischen Rat angenommene Sozialagenda war anhand einer Mitteilung der Kommission[385] erarbeitet worden, die die Kommission ein knappes halbes Jahr zuvor am 28. Juni 2000 vorgelegt hatte. Sie stellt eine der wichtigsten Etappen beim Aufbau und bei der Modernisierung des europäischen Gesellschaftsmodells dar, welches insbesondere dadurch gekennzeichnet ist, dass wirtschaftliche Leistung und sozialer Fortschritt untrennbar miteinander verknüpft sein sollten.[386] Die Agenda sollte diesem Gedanken folgend den Rahmen für alle sozialpolitischen Maßnahmen der folgenden fünf Jahre auf europäischer Ebene bilden[387], was allerdings zunächst als nicht ganz unproblematisch zu bewerten war. Bedacht werden musste dabei schließlich auch, dass die nachfolgend dargestellten, von der Sozialagenda verfolgten Bestrebungen grundsätzlich auf dem Gebiet des Sozialrechtes verankert sind. Die geplanten Maßnahmen fielen, und fallen noch heute, damit primär in die Zuständigkeit der Mitgliedsstaaten, da diese die Hauptverantwortung für diejenigen politischen Veränderungen tragen, die erforderlich sind, um auf die soziale Wirklichkeit zu reagieren.

Insgesamt betrachtet war das Spektrum der potenziellen Aktionsgebiete der Sozialagenda, welche durchaus als bereichsübergreifend und mehrdimensional zu verstehen sind, so groß, so dass es nahelag Prioritäten zu setzen. Die Agenda wurde deshalb auf mehrere Schlüsselbereiche ausgerichtet, in denen die beabsichtigten Maßnahmen der Europäischen Union einen klaren Mehrwert ergeben und denen den Grundsätzen der Subsidiarität und der Verhältnismäßigkeit voll Rechnung getragen werden konnte. Unter anderem gehören die Themen Nichtdiskriminierung und Chancengleichheit zu eben diesen vorrangigen Tätigkeitsgebieten. Diesbezüglich unlängst bestehende Rechtsvorschriften sollten angepasst und gestrafft, geltende Rechtsvorschriften wirksamer angewandt und durchgesetzt werden. Die Agenda lässt sich folglich nicht nur auf die klassischen Gebiete der

rufbar unter http://www.europarl.europa.eu/summits/nice2_de.htm?textMode=on (zuletzt abgerufen am 15.06.2018) sowie das Amtsblatt C 157 vom 30.05.2001.

385 Mitteilung der Kommission an den Rat, das Europäische Parlament, den Wirtschafts- und Sozialausschuss und den Ausschuss der Regionen – Sozialpolitische Agenda – vom 28.06.2000, KOM(2000)379 endg.

386 Vorwort zur Broschüre „Europäische Sozialagenda" Dezember 2000 des Amtes für amtliche Veröffentlichungen der Europäischen Gemeinschaften, Luxembourg, 2001.

387 Vorwort zur Broschüre „Europäische Sozialagenda" Dezember 2000 des Amtes für amtliche Veröffentlichungen der Europäischen Gemeinschaften, Luxembourg, 2001.

Sozialpolitik beschränken. Die zuvor bereits beschriebene Wechselwirkung tritt an dieser Stelle besonders deutlich zu Tage.[388]

Inhaltlich verweist die Sozialagenda vor allem auf die mit der Lissabon-Strategie neuformulierten politischen Leitlinien des Europäischen Rates. Dabei wird nochmals ausdrücklich auf die strategische Zielfestlegung, die Europäische Union

> ***„zum wettbewerbsfähigsten und dynamischsten wissensbasierten Wirtschaftsraum der Welt zu machen – einen Wirtschaftsraum, der fähig ist, ein dauerhaftes Wirtschaftswachstum mit mehr und besseren Arbeitsplätzen und einem größeren sozialen Zusammenhalt zu erzielen“***[389],

verwiesen. Darüber hinaus vermerkt die Agenda, dass der Europäische Rat das Ziel der Vollbeschäftigung für Europa gesetzt hat. Ziel sei es, die Beschäftigungsquote bis 2010 möglichst nahe an die 70 %-Marke heranzubringen. Die Beschäftigungsquote der Frauen soll von 51 % auf über 60 % angehoben werden.[390] Der Mensch als wichtigstes Gut sollte somit im Zentrum der Zielsetzung stehen. Die Betonung wurde darauf gelegt, dass Investitionen in die Menschen und die Entwicklung eines aktiven und dynamischen Wohlfahrtsstaates von entscheidender Bedeutung sowohl für die Stellung Europas in der wissensbasierten Wirtschaft im Allgemeinen als auch für Vermeidung einer Verschärfung der bereits bestehenden sozialen Probleme im Besonderen seien.[391] Das europäische Gesellschaftsmodell sollte entsprechend modernisiert und verbessert, die positive Wechselwirkung zwischen Wirtschafts-, Beschäftigungs- und Sozialpolitik genutzt werden. Der doppelte Zweck der Sozialpolitik wurde vor diesem Hintergrund deutlich hervorgehoben: Laut Europäischem Parlament und den Sozialpartnern müsse die Agenda die Rolle der Sozialpolitik als Wettbewerbsfaktor stärken und ihr gleichzeitig zu einer effizienteren Verfolgung eigener Ziele in Bezug auf den Schutz des Einzelnen, den Abbau von Ungleich-

---

388 Vgl. insgesamt hierzu Mitteilung der Kommission an das Europäische Parlament, den Rat, den Europäischen Wirtschafts- und Sozialausschuss und den Ausschuss der Regionen – Eine erneute Sozialagenda: Chancen, Zugangsmöglichkeiten und Solidarität im Europa des 21. Jahrhunderts – vom 02.07.2008, KOM(2008)412 endg., S. 3 f., 8, 18.

389 So die Ziff. 1 der „Europäische Sozialagenda“, Anlage 1 zu den Schlussfolgerungen des Vorsitzes der Tagung des Europäischen Rates vom 07.-10.12.2000 in Nizza, abrufbar unter http://www.europarl.europa.eu/summits/nice2_de.htm?textMode=on (zuletzt abgerufen am 15.06.2018).

390 S. Ziff. 2 der „Europäische Sozialagenda“, a. a. O.; Mitteilung der Kommission – Sozialpolitische Agenda –, KOM(2000)379 endg., S. 17.

391 S. Ziff. 7 der „Europäische Sozialagenda“, a. a. O.

heiten und den sozialen Zusammenhalt verhelfen, denn nur eine Gesellschaft mit starkem sozialen Zusammenhalt und geringer Ausgrenzung besitzt die notwendigen Voraussetzungen für eine leistungsfähige Wirtschaft.[392] Sozialpolitische Maßnahmen hatten die Europäische Union bis zu jenem Zeitpunkt stets in die Lage versetzt, jedweden Strukturwandel zu bewältigen und auch im Kommenden sei davon auszugehen, dass eine Modernisierung des europäischen Sozialmodells und Investitionen in den Menschen sich als entscheidend erweisen würden, wolle man die europäischen Werte der Solidarität und Gerechtigkeit beibehalten und zugleich seine wirtschaftliche Leistung verbessern.[393] Die Europäische Sozialagenda ist damit als einer der wichtigsten Teile des integrierten europäischen Ansatzes, mit dem die in Lissabon zuvor skizzierte wirtschaftliche und soziale Erneuerung erreicht werden sollte, zu sehen.[394]

Gerade was das Anliegen der Erhöhung der Beschäftigungsquote bei Frauen anbelangt, lässt sich aus dem Inhalt der Agenda überdies die ausdrückliche Forderung der Fortführung angemessener Familienpolitiken erkennen. Nicht nur zur Bewältigung der akut drohenden Überalterung der europäischen Bevölkerung, sondern auch zur besseren Verknüpfung von Berufs- und Familienleben, müsse dringender als je zuvor die Bekämpfung der Diskriminierung nebst einer Anpassung der Sozialschutzsysteme vorangetrieben werden.[395] Der Förderung der Gleichstellung von Männern und Frauen solle, so die Agenda, eine Leitlinienfunktion in der Sozialpolitik zukommen[396], wobei die Förderung der Gleichstellung der Geschlechter übergreifend in der gesamten Sozialpolitik verankert und durch eine Reihe an spezifischen Maßnahmen ergänzt werde, die zugleich auch der Verknüpfung des Familien- und des Berufslebens dienlich sein sollen. Die Chancengleichheit müsse eine höhere Priorität erhalten.[397] Zudem sollte auch die Weiterentwicklung der Förderung von Unternehmerinnen nicht vernachlässigt, der (weibliche) Unternehmergeist gefördert werden.[398]

392 S. Ziff. 8 f. der „Europäische Sozialagenda", a. a. O.

393 Mitteilung der Kommission – Sozialpolitische Agenda –, KOM(2000)379 endg., S. 6.

394 So auch das Vorwort zur Mitteilung der Kommission an den Rat, das Europäische Parlament, den Wirtschafts- und Sozialausschuss und den Ausschuss der Regionen – Sozialpolitische Agenda – vom 28.06.2000, KOM(2000)379 endg.

395 S. Ziff. 22 der „Europäische Sozialagenda", a. a. O.

396 S. Ziff. 32 der „Europäische Sozialagenda", a. a. O.

397 Mitteilung der Kommission – Sozialpolitische Agenda –, KOM(2000)379 endg., S. 18.

398 S. Punkt V.e) der „Europäische Sozialagenda", a. a. O.; Mitteilung der Kommission – Sozialpolitische Agenda –, KOM(2000)379 endg., S. 18.

Ähnlich der Lissabon-Strategie musste allerdings alsbald festgestellt werden, dass auch die Europäische Sozialagenda in der nachfolgenden Zeit nicht unbedingt mit großem Eifer in die Tat umgesetzt wurde. Zwar erklärte die Kommission, dass im Zeitraum 2000–2004 wesentliche Fortschritte zu verzeichnen waren[399], doch hätte noch wesentlich mehr passieren können. Auch hier zeigte sich der Wandel am Markt von seiner dunklen Seite. Die Rezession hat ihre Spuren hinterlassen. Erst gemeinsam mit der voranstehend bereits in Bezug genommenen Wiederbelebung der Lissabon-Strategie Mitte der 2000er Jahre folgte auch eine Auffrischung der Sozialagenda.

Die Mitteilung der Kommission „Sozialpolitische Agenda“[400] wurde am 09. Februar 2005 verabschiedet und läutete damit die zweite Phase der sozialpolitischen Agenda ein, die den Zeitraum bis 2010 abdecken sollte. Die Überarbeitung der sozialpolitischen Agenda sollte die Halbzeitüberprüfung der Lissabon-Strategie, die in erster Linie auf Wachstum und Arbeitsplätze abstellt, in sozialpolitische Sicht ergänzen und unterstützen. Die Kommission betonte in ihrer Mitteilung vom 09. Februar 2005 hierzu noch einmal ausdrücklich die Schlüsselrolle der Agenda bei der Förderung der sozialen Dimension des Wirtschaftswachstums und, dass der Agenda nur dann tatsächlich Erfolg beschieden werden könne, sollten alle Teile der europäischen Bevölkerung einbezogen werden. Zudem könne die Europäische Union auf eine lange Tradition entschlossener Maßnahmen im Bereich der Gleichstellung von Frauen und Männern zurückblicken. Doch trotz aller bislang erzielten Fortschritte musste die Kommission zugleich eingestehen, dass noch immer große Probleme vor allem im Bereich der Frauenerwerbstätigkeit sowie der Vereinbarkeit von Familie und Beruf bestehen würden. Es müsse dringend eine neue Phase der Förderung der Gleichstellung von Männern und Frauen beginnen, so der übereinstimmende Tenor.[401]

Sollten dies erneut nur leere Worte bleiben? Im Hinblick auf die Gleichstellung selbständig erwerbstätiger Frauen und Männer in der Europäischen Union wohl ja, denn eine im Jahr 2007 von der Kommission initiierte öffentliche Konsultation zur umfassenden Bestandsaufnahme der sozialen Wirklichkeit in Europa[402] zeigte, dass noch immer der Abschwung der Weltwirtschaft oder

---

399 Mitteilung der Kommission – Sozialpolitische Agenda – vom 09.02.2005, KOM (2005)33 endg., S. 2.

400 Mitteilung der Kommission – Sozialpolitische Agenda – vom 09.02.2005, KOM (2005)33 endg.

401 KOM(2005)33, S. 2, 4, 11 f.

402 Konsultationspapier des Beratungsgremiums für europäische Politik: „Soziale Wirklichkeit in Europa“, abrufbar unter http://ec.europa.eu/citizens_agenda/

die zunehmende Alterung der Bevölkerung ihren Tribut fordern würden. Von einem Fortschritt hinsichtlich der Förderung der Gleichstellung von Männern und Frauen, insbesondere bei den selbständig Erwerbstätigen, war noch nicht viel zu erkennen, obgleich die im Rahmen der Sozialagenda von 2005 geplanten Maßnahmen durchgeführt und insgesamt betrachtet durchaus Fortschritte auf dem Gebiet der Gleichstellung erzielt worden waren[403]. Nichtsdestotrotz wurde mit Blick auf die fortwährenden Defizite im Juli 2008 abermals „eine erneute Sozialagenda: Chancen, Zugangsmöglichkeiten und Solidarität im Europa des 21. Jahrhunderts"[404] aus der Taufe gehoben. Sie sollte fortan die Lissabon-Strategie für den Zeitraum 2008–2010 noch weiter ergänzen und sah hierzu unter anderem eine noch weiterreichende Bekämpfung von Diskriminierung, unter spezieller Betonung der Gleichstellung von Männern und Frauen, aber auch der bislang noch immer ungenügenden Vereinbarkeit von Familie und Beruf, vor.[405] Es müssten dazu insbesondere auch solche Maßnahmen getroffen werden, die zur Beseitigung des Ungleichgewichts zwischen den Geschlechtern im Unternehmertum bestehen. Ein kurzer Verweis darauf, dass sich der Frauenanteil bei den Unternehmern nur mit 31 % beziffern ließ, wurde dabei ebenfalls nicht ausgespart.[406]

Den Bürgern und Bürgerinnen der Europäischen Union sollten all die Möglichkeiten und die Fähigkeiten in die Hand gegeben werden, die notwendig sind, damit diese ihr Potenzial voll ausschöpfen können, und zugleich denjenigen, die es nicht allein können oder dazu in der Lage sind, zu helfen. In einer Gesellschaft, wie der Europas, in der alle Menschen als gleichwertig betrachtet werden, sollte niemand mit Hindernissen zu kämpfen haben.[407] Die Kommission erklärte, ihre Aktivitäten auf diesem Gebiet entsprechend den Vorgaben des EU-Fahrplans für die Gleichstellung von Frauen und Männern (2006–2010) und des Europäischen Paktes für die Gleichstellung der Geschlechter[408] intensivieren zu wollen. Es soll-

social_reality_stocktaking/docs/background_document_de.pdf (zuletzt abgerufen am 15.06.2018).

403 Zusammenfassung der Folgenabschätzung – Begleitdokument zur Mitteilung „Eine erneute Sozialagenda: Chancen, Zugangsmöglichkeiten und Solidarität im Europa des 21. Jahrhunderts" – vom 02.07.2008, SEK(2008)2157, S. 2, 4.

404 Mitteilung der Kommission an das Europäische Parlament, den Rat, den Europäischen Wirtschafts- und Sozialausschuss und den Ausschuss der Regionen – Eine erneute Sozialagenda: Chancen, Zugangsmöglichkeiten und Solidarität im Europa des 21. Jahrhunderts – vom 02.07.2008, KOM(2008)412 endg.

405 KOM(2008)412 endg., S. 15 ff.

406 KOM(2008)412 endg., S. 17.

407 KOM(2008)412 endg., S. 4, 7.

408 Ausführlich hierzu die nachfolgenden Ausführungen unter B. II. 2. b).

ten hierzu noch im Herbst 2008 mehrere Legislativvorschläge vorgelegt werden, die die Vereinbarkeit von Familie und Beruf erleichtern sollten, unter anderem durch die Verbesserung des Schutzes für schwangere Frauen.[409]

Alles in allem lässt sich festhalten, dass die zuvor dargestellte sozialpolitische Agenda, in ihrer immer wieder fortgeführten und ergänzten Ausformung, sowohl eine verbesserte Vereinbarkeit von Familie und Beruf als auch eine Verbesserung des Schutzes für schwangere Frauen ebenso ausdrücklich benannt hat, wie das Ziel den Unternehmergeist bei Frauen zu stärken. Eine Überarbeitung der erfolglos gebliebenen Richtlinie 86/613/EWG war da der nur logische nächste Schritt, wie sich im Nachfolgenden zeigen wird.

b) Roadmap zur Gleichstellung von Frauen und Männern

Die Sozialagenda sollte nicht die sozialpolitischen Maßnahmen in der Union harmonisieren, hierzu besitzt die Europäische Union im Bereich des Sozialrechts ohnedies keine eigene Kompetenz. Angestrebt werden sollten stattdessen vielmehr eine konsequentere Verfolgung gemeinsamer europäischer Ziele im Sinne der gerade erst verabschiedeten Lissabon-Strategie sowie eine verbesserte Koordination der Sozialpolitiken im Zusammenhang mit dem Binnenmarkt und der gemeinsamen Währung. Es ging also um eine Reihe von konzertierten Aktionen, die sicherstellen sollten, dass man die dynamischen Wechselwirkungen von Wirtschafts-, Beschäftigungs- und Sozialpolitik sinnvoll im vollen Umfang nutzen konnte. Wachstum ist kein Selbstzweck, sondern im Wesentlichen Mittel zum Erreichen eines höheren Lebensstandards für alle Europäer, so eine der gewonnenen Erkenntnisse der letzten Jahre.[410] Einer eben dieser Aktionsbereiche der Union sollte die derzeit noch immer unzureichende Chancengleichheit von Männern und Frauen in der Union betreffen. Die Gleichstellung von Männern und Frauen im gesamten sozialen Leben war damit zu einem der bedeutendsten Ziele der Gemeinschaftspolitik erklärt worden.[411] Doch allein das Ziel in einer Agenda niederzulegen, reichte angesichts der bestehenden Ungleichheiten nicht aus, um etwas tatsächlich bewegen zu können. Es galt daher Taten folgen zu lassen. Um also die Gleichstellung von Frauen und Männern weiter voranzutreiben, musste die Union ihre Agenda in konkrete Forderungen und Legislativvorschlägen kleiden, was schließlich mit der Mitteilung der Kommission „für eine Rahmenstrategie der Gemeinschaft zur Förderung der Gleichstellung von

409 KOM(2008)412 endg., S. 16 f.

410 Mitteilung der Kommission – Sozialpolitische Agenda –, KOM(2000)379 endg., S. 8, 15.

411 Mitteilung der Kommission – Sozialpolitische Agenda –, KOM(2000)379 endg., S. 9.

Frauen und Männern (2001–2005)"[412] geschah. Sie sollte für die kommenden fünf Jahre einen Aktionsrahmen, also eine Roadmap, vorgeben, innerhalb derer alle zu treffenden Maßnahmen der Gemeinschaft ihren Beitrag zur Zielerreichung leisten konnten.[413]

Ziel der Rahmenstrategie für die Gleichstellung von Frauen und Männern sollte es sein, im Lichte der Lissabon-Strategie und unter Berücksichtigung des allgemein gültigen „Gendermainstreaming"-Ansatzes sämtliche bisherigen Initiativen und Programme unter einem Dach zu vereinen und sich dabei auf eine einheitliche Grundlage an Bewertungskriterien, Monitoring-Instrumenten oder Evaluierungen zu stützen. Das zuvor breite Spektrum an unterschiedlichsten Maßnahmen sollte fortan besser koordiniert werden und dadurch mehr Außenwirkung erzielen.[414] Die bereits vorhandenen Instrumentarien sollten analysiert und die Entwicklung neuer, wirksamerer Instrumente forciert werden.[415] Die dadurch erhoffte höhere Schlagkraft sollte endlich die gewünschten Ergebnisse bringen. Hierzu wurden im Ganzen fünf Aktionsbereiche festgelegt, für die wiederum operative Ziele formuliert wurden, welche den Kurs der kommenden Jahre bestimmen sollten.[416]

Zu den fünf Aktionsbereichen zählten neben dem Teilbereich „Wirtschaftsleben", in dessen Kontext ein besonderes Augenmerk auf die volle Integration der Frauen in die neue Wirtschaft gelegt und die Beschäftigungsquote von Frauen allgemein angehoben werden sollte, unter anderem auch die Themenkomplexe „Soziale Rechte" und „Geschlechterrollen und Stereotypen". Zu den operativen Zielen gehörte indessen „die Stärkung der Gleichstellungsdimension in der europäischen Beschäftigungsstrategie" mit der Absicht, negative Anreize für Frauen, die in den Arbeitsmarkt eintreten wollen, abzubauen ebenso wie „die Verbesserung der Kenntnisse der einschlägigen gemeinschaftsrechtlichen Rechtsvorschriften im Bereich der Sozialpolitik (Elternurlaub, Mutterschutz etc.)", um insbesondere das Bewusstsein dafür zu wecken, dass Männer und Frauen sich Betreuungsaufgaben teilen sollten. Hinzu kommt das weitere operative Ziel, so-

412 Mitteilung der Kommission an den Rat, das Europäische Parlament, den Wirtschafts- und Sozialausschuss und den Ausschuss der Regionen für eine Rahmenstrategie der Gemeinschaft zur Förderung der Gleichstellung von Frauen und Männern (2001–2005) vom 07.06.2000, KOM(2000)335 endg.

413 KOM(2000)335 endg., S. 2.

414 KOM(2000)335 endg., S. 4.

415 KOM(2000)335 endg., S. 17.

416 Zu den fünf Aktionsbereichen sowie den operativen Zielen: KOM(2000)335 endg., S. 5 ff.

weit erforderlich, Vorschläge für neue Rechtsvorschriften bzw. Novellierungen bestehende Vorschriften vorzulegen.[417]

Die Richtlinie 86/613/EWG sollte zumindest aus Sicht der beteiligten Akteure von alldem offenbar nicht betroffen gewesen sein, denn auf dem Gebiet der Gleichbehandlung der Männer und Frauen, die eine selbständige Erwerbstätigkeit ausüben sowie dem des Mutterschutzes für selbständige Frauen, war auch weiterhin kein Fortkommen zu vermelden. Die Verabschiedung der Rahmenstrategie 2001–2005 war jedoch nur der erste Schritt von vielen, die noch folgen sollten. Weitere Maßnahmen schlossen sich an, wie etwa die Entscheidung des Rates hinsichtlich eines Aktionsprogrammes zur Durchführung der für eine erfolgreiche Umsetzung der Rahmenstrategie erforderlichen horizontalen und koordinierenden Maßnahmen[418] oder aber der Fahrplan für die Gleichstellung von Frauen und Männern, die sog. „Roadmap to Gender Equality (2006–2010)" vom 01. März 2006[419], welcher sich nahtlos an die Rahmenstrategie von 2000 anschloss und weitere fünf Jahre abdecken sollte. Er baute hierzu unmittelbar auf den Erfahrungen der Rahmenstrategie 2001–2005 auf.

Abermals wurde der duale Ansatz des Gendermainstreaming nebst spezifischen Maßnahmen ausdrücklich hervorgehoben.[420] Ein weiteres politisches Signal, die Gleichstellung von Männern und Frauen noch nachhaltiger vorantreiben zu wollen, sendete zudem der zeitgleich geschmiedete Europäischen Pakt für die Gleichstellung der Geschlechter, der die Mitgliedstaaten genauso ausdrücklich aufforderte, Gleichstellungsaspekte stärker zu berücksichtigen und die Ziele des Fahrplans zu unterstützen.[421] Neu war damit eigentlich nur, dass er, anders als

---

417 Vgl. zu diesen fünf Aktionsbereichen sowie den operativen Zielen die umfassenden Ausführungen in der Mitteilung über die Rahmenstrategie, KOM(2000)335 endg., S. 5 ff.

418 Vorschlag für eine Entscheidung des Rates über das Programm zur Unterstützung der Rahmenstrategie der Gemeinschaft für die Gleichstellung von Frauen und Männern (2001–2005), KOM(2000)335 endg., 2000/0143 (CNS); Entscheidung des Rates vom 20.12.2000 über ein Aktionsprogramm der Gemeinschaft betreffend die Gemeinschaftsstrategie für die Gleichstellung von Frauen und Männern (2001–2005), 2001/51/EG, ABl. L 17/22 vom 19.01.2001.

419 Mitteilung der Kommission an den Rat, das Europäische Parlament, den Europäischen Wirtschafts- und Sozialausschuss und den Ausschuss der Regionen über einen Fahrplan für die Gleichstellung von Frauen und Männern 2006–2010 vom 01.03.2006, KOM(2006)92 endg.

420 Vgl. insoweit auch KOM(2006)92 endg., S. 2.

421 Vgl. hierzu die Schlussfolgerungen des Vorsitzes des Europäischen Rates, Tagung vom 23./24.03.2006 in Brüssel, 7775/1/06 REV 1.

noch die ihm vorausgegangene Rahmenstrategie, für den Zeitraum 2006–2010 nicht nur fünf, sondern nun sogar sechs Schwerpunkte für EU-Maßnahmen zur Gleichstellung festlegte, die sodann je mit vorrangigen Zielen und zentralen Aktionen unterlegt wurden. Im Einzelnen handelte es sich dabei, neben den Themenkomplexen „ausgewogene Repräsentanz in Entscheidungsprozessen", „Beseitigung aller Formen geschlechterbezogener Gewalt" und „Förderung der Gleichstellung in Außen- und Entwicklungspolitik", erneut um die Aktionsbereiche „gleiche wirtschaftliche Unabhängigkeit für Frauen und Männer", „Vereinbarkeit von Beruf und Privatleben" und „Beseitigung von Geschlechterstereotypen". Viele dieser Bereiche fallen derweil in die Zuständigkeit der Mitgliedsstaaten, so dass es der Kommission nicht allein möglich war, die von ihr gesteckten Ziele zu erreichen. Daher stand der Fahrplan eher für das Engagement der Kommission, die Gleichstellungsagenda voranzubringen und die Partnerschaft mit den einzelnen Mitgliedsstaaten sowie den andern auf diesem Gebiet tätigen Akteuren weiter zu intensivieren.[422]

Die eigentlichen Ziele des Fahrplans 2006 waren damit im Grunde aus der Rahmenstrategie bereits hinlänglich bekannt. Gleichzeitig sollte mit dem neuen Fahrplan auf eine Kombination aus Stärkung der bestehenden erfolgreichen Tätigkeiten und aber auch neuen Initiativen gesetzt werden.[423] Zwar mögen die vorgeschlagenen Aktionen größtenteils erneut nur recht vage formuliert worden sein und konkrete Initiativen, Gesetzesvorhaben oder gar die Aufforderung an die Mitgliedsstaaten zur ergebnissichernden Umsetzung noch immer fehlen. Und doch war es letztlich eben dieser Fahrplan, der am Ende die ersten Impulse für die selbständig erwerbstätigen Frauen und für den Mutterschutz im Allgemeinen seit Jahren setzen sollte. Im Wesentlichen galt dies für die „Aktionsschwerpunkte für den Bereich Gleichstellung"[424] und deren Unterpunkte „Gleiche wirtschaftliche Unabhängigkeit für Frauen und Männer"[425] und „Bessere Vereinbarkeit von Beruf, Privat- und Familienleben"[426]. Die Kommission versuchte nunmehr gerade in diesem Zusammenhang das Augenmerk aller verstärkt darauf zu richten, dass gemäß der Lissabon-Strategie das Ziel einer Frauenbeschäftigungsquote von 60 %

422 KOM(2006)92 endg., S. 2.

423 So jedenfalls das Vorwort von Vladimir Spidla zur Broschüre „Ein Fahrplan für die Gleichstellung von Frauen und Männern 2006–2010", herausgegeben von der Europäischen Kommission, 2006, ebenso wie KOM(2006)92 endg., S. 2.

424 Teil 1 der Mitteilung „Ein Fahrplan für die Gleichstellung von Frauen und Männern 2006–2010", KOM(2006)92 endg., S. 3 ff.

425 Vgl. hierzu die Ausführungen in KOM(2006)92 endg. ab S. 3.

426 Vgl. hierzu die Ausführungen in KOM(2006)92 endg. ab S. 5.

für das Jahr 2010 vorgegeben wurde, während im Jahr 2006 im Schnitt nur 30 % der Selbständigen in der Europäischen Union weiblich waren.[427] Folgerichtig formulierte der Fahrplan das Bestreben der Kommission, unternehmerische Initiativen fortan verstärkt fördern zu wollen. Frauen sollten als Unternehmerinnen und ein Unternehmensumfeld so gefördert werden, dass sie bei der Gründung und dem Aufbau von durch Frauen geführten Unternehmen unterstützt werden würden. Ausdrücklich benannt wurden dabei auch diejenigen Frauen, die noch immer ohne jegliche soziale Absicherung in unzähligen Familienunternehmen mitarbeiten.[428] Darüber hinaus wurde das Bestreben der Kommission formuliert, eine bessere Vereinbarkeit von Beruf, Privat- und Familienleben schaffen zu wollen. Denn nur Maßnahmen, die die Vereinbarkeit erhöhen, tragen letztlich zur Flexibilisierung der Wirtschaft bei und verbessern so die Lebensqualität aller.[429] Darüber hinaus galt es, sich der Herausforderung einer niedrigen Geburtenrate bei zugleich sinkender Zahl an Personen im erwerbsfähigen Alter zu stellen und auch diesbezüglich bessere Regelungen für eine gelungene Work-Life-Balance zu treffen.[430]

Um all dies erreichen zu können, bedurfte es einer Stärkung der (bestehenden) Rechtsvorschriften. Die bestehenden, 2005 nicht überarbeiteten EU-Rechtsvorschriften zur Gleichstellung sollten deshalb nun gleichfalls überprüft werden, um sie, sollte es sich als nötig erweisen, ebenso zu aktualisieren, zu modernisieren und zu überarbeiten.[431] Ein jährliches detailliertes Arbeitsprogramm[432] über die im Rahmen des Fahrplanes unlängst angelaufenen und geplanten Maßnahmen sollte die tatsächliche Umsetzung insoweit unterstützen. Mit neuem Schwung sollte sich den hochgesteckten Zielen weiter angenähert werden, wobei von nun an die Vereinbarkeit von Berufs-, Privat- und Familienleben als zentrales Element und als vorrangiger Aktionsbereich benannt wurde. Und so kam es, dass bereits Ende 2006 von der Kommission eine förmliche Anhörung der Sozialpartner[433] auf europäischer Ebene zur möglichen Ausrichtung einer

427 Vgl. dazu auch die statistischen Ausführungen des 1. Kapitels unter B. III.

428 KOM(2006)92 endg., S. 3 ff.

429 KOM(2006)92 endg., S. 5.

430 KOM(2006)92 endg., S. 5.

431 KOM(2006)92 endg., S. 13.

432 Zu den Arbeitsprogrammen vgl. z.B. SEK(2007)537, SEK(2008)338; s. ebenso SEK(2008)2592 und SEK(2008)2593 zum Vorschlag einer Novellierung der RL 86/613/EWG.

433 Im Oktober 2006 konsultierte die Europäische Kommission erstmals formell die Sozialpartner zur Frage einer besseren Vereinbarkeit von Berufs-, Privat- und Fami-

Gemeinschaftsaktion in diesem Bereich eingeleitet wurde, um den bestehenden Rahmen zu verbessern bzw. zu vervollständigen. Die Sozialpartner stimmten darin überein, dass Maßnahmen ergriffen werden müssten, insbesondere um Männer zu einer verstärkten Beteiligung am Familienleben zu bewegen, z. B. indem eine bessere Verteilung der häuslichen und familiären Pflichten in Abstimmung mit dem Grundsatz der gemeinsamen Verantwortung angeregt werden sollte.[434] Aber nicht nur dies. Im Rahmen der zweiten Phase der Anhörung, die von der Kommission im Mai 2007 eingeleitet worden war, ging es zudem um konkrete Inhalte möglicher Vorschläge legislativer und nicht-legislativer Natur in diesem Bereich, welche vornehmlich die Verbesserung der Bestimmungen über den Mutterschafts- und Elternurlaub, die Einführung neuer Urlaubsarten (Vaterschafts-, Adoptionsurlaub oder Urlaub zur Betreuung abhängiger Familienmitglieder) und andere nicht legislative Maßnahmen betrafen. Nach Auswertung der Antworten konnte die Kommission entsprechend differenzierte Vorschläge zur Verbesserung des bestehenden rechtlichen Rahmens vorlegen und den Ergebnissen der erforderlichen Folgenabschätzungen entsprechend Rechnung tragen.[435] Einer dieser Vorschläge betraf letztendlich auch die Novellierung des Mutterschutzes für selbständig erwerbstätige Frauen, nachdem eingesehen worden war, dass nicht nur für abhängig erwerbstätige Frauen und Männer die Vereinbarkeit von Familie und Beruf eine bedeutende Herausforderung darstellt, sondern im gleichen Maße auch für Selbständige und ihre mitarbeitenden Ehepartner. Überdies hatte sich zunehmend die Erkenntnis durchgesetzt, dass Maßnahmen notwendig seien, um im Unternehmertum dem Ungleichgewicht zwischen den Geschlechtern entgegenzuwirken. Ein Grund für dieses Ungleichgewicht könnte derweil der bis dahin eher dürftige bzw. mangelnde Sozialschutz für selbständige

---

lienleben, SEK(2006)1245; am 30.05.2007 folgte die zweite Phase der Konsultation; nur beispielhaft soll an dieser Stelle auf die entsprechenden Stellungnahmen der European Trade Union Confederation (ETUC) verwiesen werden, die über deren Internetseite (http://www.etuc.org/a/3194 bzw. http://www.etuc.org/a/3910) abrufen können (letztmaliger Zugriff am 15.10.2016) bzw. der UNICE bzw. heute BUISNESSEUROPE, die über http://www.businesseurope.eu/ (zuletzt abgerufen am 15.06.2018).

434 So der Bericht der Kommission zur Gleichstellung von Frauen und Männern – 2008, KOM(2008)10, S. 5, 7.

435 Vgl. zum Vorstehenden die Ausführungen des Berichts der Kommission zur Gleichstellung von Frauen und Männern – 2008, KOM(2008)10, S. 5; vgl. statt vieler Stellungnahmen der angehörten Sozialpartner beispielshaft nur die der ETUC (European Trade-Union Confederation), abrufbar unter http://www.etuc.org/a/3910 (zuletzt abgerufen am 15.10.2016).

Frauen, insbesondere was den Mutterschutz anbetrifft, sein, so die Befürchtung, der nunmehr abgeholfen werden sollte.[436]

Der Vorschlag für eine überarbeitete Selbständigen-Richtlinie wurde daraufhin am 03. Oktober 2008 von der Kommission[437] vorgelegt, zeitgleich mit der Mitteilung der Kommission zum Thema „Bessere Work-Life-Balance: stärkere Unterstützung der Vereinbarkeit von Beruf, Privat- und Familienleben"[438]. Beide Initiativen standen und stehen dabei im Einklang mit dem gewichtigen Aktionsbereich „Chancen, Zugangsmöglichkeiten und Solidarität" der zuvor bereits dargestellten erneuten Sozialagenda[439] und sollten die Selbständigkeit für Frauen attraktiver machen bzw. die Absicherung von mitarbeitenden Ehepartnern erhöhen.[440] Ein anderer Vorschlag sah darüber hinaus Maßnahmen zur Verbesserungen der Mutterschutzregelungen auch für Arbeitnehmerinnen vor. Die Mutterschutz-Richtlinie 92/85/EWG sollte demnach ebenfalls überarbeitet und modernisiert werden. Die Mindestdauer des Mutterschaftsurlaubs sollte gemäß der ILO-Empfehlung R 191 vom 15. Juni 2000 von 14 Wochen auf 18 Wochen erhöht werden.[441] Eine Empfehlung, die letztendlich auch für die Selbständigen von Bedeutung sein könnte.

---

436 Vgl. zum Voranstehenden die Ausführungen in der Mitteilung der Kommission „Bessere Work-Life-Balance", KOM(2008)635, S. 8.

437 Vorschlag für eine Richtlinie des Europäischen Parlaments und des Rates zur Verwirklichung des Grundsatzes der Gleichbehandlung von Männern und Frauen, die eine selbständige Erwerbstätigkeit ausüben, und zur Aufhebung der RL 86/613/EWG vom 03.10.2008, KOM(2008)636.

438 Mitteilung der Kommission an das Europäische Parlament, den Rat, den Europäischen Wirtschafts- und Sozialausschuss und den Ausschuss der Regionen – Bessere Work-Life-Balance: stärkere Unterstützung der Vereinbarkeit von Beruf, Privat- und Familienleben vom 03.10.2008, KOM(2008)635.

439 KOM(2008)412.

440 KOM(2008)635, S. 8.

441 Vgl. hierzu z. B. die Ausführungen im Rahmen der Mitteilung „Bessere Work-Life-Balance", KOM(2008)635, S. 21, sowie den Vorschlag für eine Richtlinie des Europäischen Parlamentes und des Rates zur Änderung der Richtlinie 92/85/EWG des Rates vom 19. Oktober 1992 über die Durchführung von Maßnahmen zur Verbesserung der Sicherheit und des Gesundheitsschutzes von schwangeren Arbeitnehmerinnen, Wöchnerinnen und stillenden Arbeitnehmerinnen am Arbeitsplatz, vom 03.10.2008, KOM(2008)637 endg., als auch die ILO-Empfehlung R 191 betreffend die Neufassung der Empfehlung betreffend den Mutterschutz-1952, vom 15.06.2000, abrufbar unter http://www.ilo.org/dyn/normlex/en/f?p=NORMLEXPUB:12100:0::NO::P12100_INSTRUMENT_ID:312529 (zuletzt abgerufen am 15.06.2018).

Dank des vorbenannten Maßnahmenpaketes sollte es Frauen, egal ob abhängig oder selbständig erwerbstätig, künftig leichter fallen, nach einer Entbindung auf dem Arbeitsmarkt bzw. in der Selbständigkeit zu verbleiben. So jedenfalls die Bestrebungen der Europäischen Kommission.

c) Erschließung von Unternehmerpotenzialen – „Vorfahrt für KMU"

In ihrer Begründung des Vorschlages einer Novellierung der Selbständigen-Richtlinie 86/613/EWG vom 03. Oktober 2008[442] nahm die Kommission nicht nur die Sozialagenda von 2008 ausdrücklichen in Bezug, sondern auch die Mitteilung der Kommission „Vorfahrt für KMU in Europa – der „Small Business Act" für Europa"[443], welche erst kurz zuvor am 25. Juni 2008 verabschiedet worden war. Auch diese Mitteilung spiegelt den damaligen Zeitgeist der Lissabon-Strategie wider und schärft allen Betroffenen ganz in diesem Sinne ein, dass die Europäische Union den Unternehmergeist im Allgemeinen und insbesondere unternehmerische Initiativen von Frauen in jedem Falle unterstützen müsse, wobei diesmal vor allem das wirtschaftliche Potenzial des Mittelstandes in den Mittelpunkt gerückt wurde. Die Kommission wollte mit ihrer Mitteilung „Vorfahrt für KMU" ihre Ansicht zum Ausdruck bringen, dass der Wohlstand der Europäischen Union in Zukunft entscheidend davon abhängen werde, wie das Wachstums- und Innovationspotenzial kleinerer und mittlerer Unternehmen (KMU), dem „Rückgrat der Europäischen Wirtschaft"[444], genutzt wird.[445] Kleine und mittelständische Unternehmen seien als die Haupttriebfeder für Innovation, Beschäftigung sowie die soziale und lokale Integration in Europa anzusehen.[446] Ihr Wohlergehen sollte daher künftig als eines der wesentlichen Ziele der Politik der Europäischen Union unwiderruflich fest- und die von der Lissabon-Strategie umschriebene Idee umge-

442 Vorschlag für eine Richtlinie des Europäischen Parlamentes und des Rates zur Verwirklichung des Grundsatzes der Gleichbehandlung von Männern und Frauen, die eine selbständige Erwerbstätigkeit ausüben, und zur Aufhebung der RL 86/613/EWG, vorgelegt von der Kommission am 03.10.2008, KOM(2008)636.

443 Mitteilung der Kommission an das Europäische Parlament, den Rat, den Europäischen Wirtschafts- und Sozialausschuss und den Ausschuss der Regionen, Vorfahrt für KMU in Europa – Der „Small Business Act" für Europa vom 25.06.2008, KOM(2008)394.

444 http://ec.europa.eu/enterprise/enterprise_policy/charter/docs/charter_de.pdf (zuletzt abgerufen am 08.07.2015).

445 S. KOM(2008)394, S. 2.

446 http://ec.europa.eu/enterprise/enterprise_policy/charter/docs/charter_de.pdf (zuletzt abgerufen am 08.07.2015).

setzt werden, damit die Europäische Union zu einem im internationalen Vergleich besonders attraktiven Standort für jedwede Art von klein- und mittelständischen Unternehmen gemacht werden kann.[447]

Die Europäische Union hat erkannt, dass gerade mit Blick auf die Finanzkrise der letzten Jahre es wichtiger denn je ist, künftigen allgemeinen Konjunkturrückgängen entschieden und wirksam entgegenzutreten. Investitionen in Humankapital und soziale Infrastrukturen sollen dies bewerkstelligen und so weiteren Konjunkturabkühlungen, die sich negativ auf Wachstum und Beschäftigung in der Europäischen Union auswirken könnten, begegnen. Das Potenzial aller Frauen und Männer müsse hierzu gleichermaßen voll und ganz genutzt werden können. Es setzte sich dem folgend zunehmend die Überzeugung durch, dass generell in der Gesellschaft ein Klima herrschen sollte, welches die Gründung eines eigenen Unternehmens für alle Menschen, gleich welchen Geschlechts, attraktiv macht und in dem vor allem die Leistungen der klein- und mittelständischen Unternehmen für Beschäftigung, Wachstum und Wohlstand angemessen gewürdigt werden, was letztlich aber nur dann erreichbar sein würde, wenn die Geschlechtergleichstellung weiter vorangetrieben werden würde.[448]

Mit der Mitteilung „Vorfahrt für KMU" sollte die Herangehensweise der Politik an die unternehmerische Tätigkeit insgesamt verbessert werden. Ferner sollten vor allem Unternehmerinnen bei der Lösung von Problemen unterstützt werden, die ihre Entwicklung nach wie vor behindern. Einer der zehn Aktionslinien des „Small Business Acts" besagte dazu, dass die Europäischen Union und ihre Mitgliedstaaten ein Umfeld schaffen sollen, in dem sich Unternehmer und Unternehmen in Familienbesitz entfalten können und in dem sich unternehmerische Initiative lohnt. Mehr Unterstützung für den Unternehmernachwuchs wurde hierzu ebenso als zwingende Voraussetzung anerkannt, wie dass bei jungen Menschen und Frauen überhaupt das Interesse am Unternehmerberuf geweckt werden und Talente gefördert sowie die Bedingungen für die Übertragung von Unternehmen vereinfacht werden müsse.[449] Hinsichtlich dieser Zielsetzungen könne insbesondere eine abgeänderte Selbständigen-Richtlinie durchaus ihren Beitrag leisten, so die Idee der Kommission. Es sollte die Lust der Frauen geweckt werden, verstärkt die Chance der Selbständigkeit zu ergreifen. Hierzu gehört es die bestmöglichsten Rahmenbedin-

---

447 So jedenfalls KOM(2008)394, S. 2.

448 KOM(2008)394.

449 Vgl. hierzu insgesamt die Ausführungen der Mitteilung der Kommission an das Europäische Parlament, den Rat, den Europäischen Wirtschafts- und Sozialausschuss und den Ausschuss der Regionen „Vorfahrt für KMU" – Der „Small Business Act" für Europa – vom 25.06.2008, KOM(2008)394, insbesondere S. 6.

gungen für sie zu schaffen, was zugleich eine verbesserte Work-Life-Balance nach sich ziehen müsste, also speziell auch die Möglichkeit eines auf ihre Bedürfnisse angepassten Mutterschutzes und die Gleichbehandlung der mitarbeitenden Ehepartner umfassen sollte. Das unternehmerische Potenzial der Frauen in Europa sollte nicht länger brachliegen und insoweit die geschlechtsspezifischen Unterschiede, die dies bislang verhindert hatten, endlich beseitigt werden. Dieser Vorstoß war und ist mehr als nur zu begrüßen.

d) Fazit

Allen voranstehenden Agenden, Roadmaps und Mitteilungen ist gemein, dass sie ausgehend von der Lissabon-Strategie das Erwerbspotenzial von Frauen besser nutzbar machen wollen. Wirtschaftliche Aspekte sollen dabei Hand in Hand mit dem sozialen Auftrag gehen, dem die einzelnen Mitgliedsstaaten zu genügen haben. Die Erreichung von mehr Chancengleichheit, insbesondere im Bereich der Erwerbstätigkeit von Frauen, soll dabei das Ziel schlechthin sein und auf diese Weise sozialen Zusammenhalt gewähren sowie gleichzeitig die Wirtschaft stärken. Das enge Zusammenspiel zwischen Wirtschafts-, Sozial- und Beschäftigungspolitik wird deutlich hervorgehoben. Soll das Zusammenspiel erfolgreich sein, müssen alle Schlüsselakteure für ein gemeinsames Streben nach dem neuen strategischen Ziel mobilisiert werden.[450]

III. Ergebnis

Die Frage der Chancengleichheit von Männern und Frauen ist keine, die allzu schnell als erledigt zur Seite geschoben werden kann. Insgesamt ist festzustellen, dass es in der Vergangenheit zwar hier und da immer wieder zu Fortschritten in der Förderung der Gleichstellung und der Vereinbarkeit von Familie und Beruf gekommen sein mag, doch waren diese Schritte stets eher kleine. Immer wieder musste das Thema auf die Tagesordnung und in das Gedächtnis aller Beteiligten zurückgeholt und neu angegangen werden.

Aus der im Jahr 2007 durchgeführten *Flash Eurobarometer-Erhebung* über Einstellungen zum Unternehmertum geht hervor, dass 45 % der Europäer lieber selbständig wären. In den USA waren es im Vergleich dazu 61 % der Befragten.[451]

450 So auch das Vorwort zur Mitteilung der Kommission an den Rat, das Europäische Parlament, den Wirtschafts- und Sozialausschuss und den Ausschuss der Regionen – Sozialpolitische Agenda – vom 28.06.2000, KOM(2000)379 endg.

451 S. hierzu http://ec.europa.eu/commfrontoffice/publicopinion/flash/fl_192_sum_de.pdf (zuletzt abgerufen am 15.06.2018).

Daran hat sich in den vergangenen Jahren kaum etwas geändert. Den Menschen in Europa muss stärker bewusst gemacht werden, dass die Selbständigkeit gute Karrierechancen eröffnet. Ferner müssen ihnen die Fähigkeiten vermittelt werden, die sie brauchen, um ihre Ambitionen erfolgreich zu verwirklichen. In den kommenden Jahren werden zahlreiche Inhaber kleiner Unternehmen in den Ruhestand gehen. Europa kann es sich nicht erlauben, dass diese Unternehmen einfach deshalb nicht mehr weiterbestehen. Das unternehmerische Potenzial muss besser genutzt werden. Und doch gibt es nach wie vor geschlechterspezifische Unterschiede, was sich letztlich darin äußert, dass weniger Frauen als Unternehmer tätig sind.[452] Die Selbständigen-Richtlinie 2010/41/EU knüpft genau an dieser Stelle an. Die Zielsetzung des Vorschlags der Kommission steht damit voll im Einklang mit der Politik der Europäischen Union, insbesondere mit der eingangs dargestellten Lissabon-Strategie für Wachstum und Beschäftigung. Laut EU-Vertrag wirkt die Gemeinschaft darauf hin, bei allen ihren Tätigkeiten Ungleichheiten zu beseitigen und die Gleichstellung von Männern und Frauen zu fördern. Zudem ist die Gleichstellung der Geschlechter ein Kernstück der Lissabon-Strategie: Um die europäische Zielvorgabe für die Frauenbeschäftigungsquote zu erreichen, muss gerade im Bereich der selbständigen Erwerbstätigkeit das Ungleichgewicht der Geschlechter ausgeglichen werden, da hier das Missverhältnis zwischen Frauen und Männern besonders groß ist.[453] Ein Weg zur Zielerreichung könnte dabei beispielsweise in einem verbesserten Mutterschutz (auch) für Selbständige zu finden sein.

C. Vom ersten Richtlinienvorschlag der Kommission zur Verabschiedung der Richtlinie 2010/41/EU

Am 03. Oktober 2008 war es soweit. Die Europäische Kommission legte ihren Vorschlag zur Novellierung der Richtlinie 86/613/EWG vor. Mit ihm sollte endlich der Rechtsrahmen der Gemeinschaft für die Verwirklichung des Grundsatzes der Gleichbehandlung von Frauen und Männern in Bezug

---

452 Vgl. insgesamt hierzu die Ausführungen der Mitteilung der Kommission an das Europäische Parlament, den Rat, den Europäischen Wirtschafts- und Sozialausschuss und den Ausschuss der Regionen „Vorfahrt für KMU" – Der „Small Business Act" für Europa – vom 25.06.2008; KOM(2008)394.

453 So auch bereits der Vorschlag für eine Richtlinie des Europäischen Parlaments und des Rates zur Verwirklichung des Grundsatzes der Gleichbehandlung von Männern und Frauen, die eine selbständige Erwerbstätigkeit ausüben, und zur Aufhebung der Richtlinie 86/613/EWG, KOM(2008)636, selbst, S. 4.

auf selbständig Erwerbstätige und deren Ehepartner geändert werden. Der Vorschlag sah zu diesem Zwecke die Aufhebung der alten Selbständigen-Richtlinie 86/613/EWG vor und sollte dabei zugleich für alle nicht von den Richtlinien 2006/54/EWG, 2004/113/EG und 79/7/EWG erfassten Bereichen gelten. Ziel war es, den Grundsatz der Gleichbehandlung von Männern und Frauen, die eine selbständige Erwerbstätigkeit ausüben oder zur Ausübung einer solchen beitragen, letztendlich doch noch einer durchgreifenden Umsetzung zukommen zu lassen.[454]

I. Zur Ausarbeitung des ersten Vorschlages und den Vorarbeiten der Europäischen Kommission

Die Aufgabe, eine Novellierung der bis dahin in weiten Teilen ineffektiv gebliebenen Richtlinie 86/613/EWG zu formulieren, war, wie zuvor dargelegt, Bestandteil des Arbeitsprogramms für 2008[455]. Die Kommission nahm diesen Auftrag ernst und begann entsprechend zeitnah mit der Ausarbeitung ihres Vorschlages.

1. Anhörung der betroffenen und interessierten Kreise

Bei der Ausarbeitung hatte die Kommission, genauer die Generaldirektion Beschäftigung, Soziales und Chancengleichheit, von Anbeginn auf eine verstärkte Einbindung sämtlicher betroffener und interessierter Akteure gesetzt. Es sollte all denjenigen, für die die Thematik gegebenenfalls von Belang sein konnte, die Möglichkeit der Vorabstellungnahme gewährt werden. Entsprechend konsultierte die Kommission die Mitgliedstaaten, den Beratenden Ausschuss für die Chancengleichheit von Frauen und Männern, als auch die Sozialpartner auf europäischer Ebene und verschiedene weitere Stakeholder.[456] Auch die europäischen Sozialpartner wurden hinzugezogen, obgleich es hierzu keine Verpflichtung gab.[457] Es sollten auf diese Weise alle Interessierten eingebunden werden, um so einen möglichst breiten Konsens zu schaffen. Zugleich wurde

454 Begründung des Vorschlags für eine Richtlinie des Europäischen Parlaments und des Rates zur Verwirklichung des Grundsatzes der Gleichbehandlung von Männern und Frauen, die eine selbständige Erwerbstätigkeit ausüben, und zur Aufhebung der Richtlinie 86/613/EWG, KOM(2008)636, S. 2.

455 Vorausplanungsprogramm 2008, Nr. 2008/EMPL/021.

456 KOM(2008)636, S. 4 f.

457 Es lag kein Fall vor, in dem die Regelungen des Sozialen Dialogs einschlägig gewesen wären oder hätten Beachtung finden müssen. S. SEK(2008)2593, S. 7.

eine Konsultation der übrigen Öffentlichkeit als zu weiterreichend und nicht notwendig erachtet.[458]

Die befragten Organisationen gaben die unterschiedlichsten Erklärungen zur Überarbeitung der Richtlinie ab. Im Folgenden soll in gebotener Kürze auf die wichtigsten dieser Stellungnahmen eingegangen werden, um so das Stimmungsbild jener Zeit nachzuzeichnen.

a) *Stellungnahmen aus den Mitgliedsstaaten*

Die Meinungen der Mitgliedstaaten divergierten stark. So verlangten einige Mitgliedsstaaten eindringlich eine Verbesserung des gemeinschaftlichen Rechtsrahmens, während andere die Ansicht vertraten, es bestehe keine Notwendigkeit, die nationalen Rechtsvorschriften in den von der bisherigen Richtlinie 86/613/EWG berührten Bereichen zu überarbeiten.[459] Die Bundesrepublik Deutschland gehörte zur letzteren Gruppe. Ganz dieser Linie folgend lehnte die Bundesregierung jedweden Richtlinienentwurf von vornherein ab und äußerte sich von Anbeginn in allen das Thema betreffenden Verhandlungen stets kritisch zur Erforderlichkeit der vorgeschlagenen Regelungen sowie zu der Frage, ob eine Rechtsgrundlage auf Unionsebene überhaupt bestehe, worauf an späterer Stelle erneut zurückzukommen sein wird.[460]

b) *Stellungnahme des Beratenden Ausschuss für Chancengleichheit von Frauen und Männern*

Der „Beratende Ausschuss für Chancengleichheit von Frauen und Männern"[461], welcher der Kommission schon seit 1981 bei der Ausarbeitung und Durchführung ihrer Politik zur Förderung der Chancengleichheit unterstützend zur Seite steht,

---

458 S. SEK(2008)2593, S. 8.

459 KOM(2008)636, S. 5.

460 Vgl. zum Standpunkt der Bundesregierung zusammenfassend nur deren Sozialbericht 2009, BT-Drs. 16/13830 vom 20.07.2009, S. 149, sowie insbesondere die folgenden Ausführungen zur deutschen Kritik unter C. II.

461 Dem „Beratenden Ausschuss für Chancengleichheit von Frauen und Männern" gehören sowohl Vertreter der Mitgliedstaaten, der Sozialpartner auf Gemeinschaftsebene als auch verschiedene NGO an. Er fördert den Informationsaustausch über die gesammelten Erfahrungen, eingeleiteten Maßnahmen und angewandten Verfahren zwischen den Mitgliedstaaten und den anderen Beteiligten. In diesem Zusammenhang legt der Ausschuss der Kommission regelmäßig Stellungnahmen zu Fragen der Chancengleichheit von Frauen und Männern in der Europäischen Union vor.

veröffentlichte am 11. Juni 2008 seine Stellungnahme betreffs einer möglichen Änderung der Richtlinie 86/613/EWG. Eine bereits am 16. November 2007 eingesetzte Arbeitsgruppe hatte sich hierzu u. a. auch mit der Frage, wie die Gewährleistung eines Mutterschutzes (für Selbständige und mitarbeitende Ehepartner) verbessert werden könne, beschäftigt.[462]

Mit Blick auf die sich ständig ändernde Wirtschaftssituation Europas prognostizierte der Beratende Ausschuss, dass die Selbständigkeit weiter zunehmen und damit eine bedeutende Rolle für das Wirtschaftswachstum in der Union spielen werde. Es sei deshalb von herausragender Bedeutung, dass die selbständigen Erwerbstätigen sowie die mitarbeitenden Ehepartner der Union wettbewerbsfähig blieben, so die Ansicht des Beratenden Ausschusses.[463] Zugleich kritisierte der Beratende Ausschuss zu Recht, dass es kaum verlässliche Datensätze bzw. Statistiken zum fraglichen Thema gäbe, was im Übrigen auch heute noch so ist, und, dass so manche Mitgliedsstaaten der Europäischen Union[464] insofern schlicht die Ansicht vertreten würden, weitere Maßnahmen seien auf dem Gebiet des Mutterschutzes ohnedies nicht notwendig. Dies sei falsch, da die Selbständigen und die mitarbeitenden Ehepartner gerade nicht in allen Mitgliedsstaaten einen verbindlichen Sozialschutz genießen könnten.[465] Um dieses Ziel nun aber tatsächlich erreichen zu können, erklärte der Beratende Ausschuss weiter, dass es nach seinem Dafürhalten für alle selbständig Erwerbstätigen und mitarbeitenden Ehepartnern eine finanzielle Unterstützung geben müsse, die es ihnen ermöglicht, geeignete Vertretungsregelungen für die Zeit der Kinderbetreuung und Betreuung von pflegebedürftigen Angehörigen zu treffen. Daneben sollte ein bezahlter Mutterschafts- bzw. Vaterschaftsurlaub für selbständig Erwerbstätige und mitarbeitende Ehepartner eingeführt werden. D.h., ein solcher, wie es ihn für andere Erwerbstätige nach den nationalen Rechtsordnungen, Gewohnheiten und Traditionen der Mitgliedsstaaten ohnedies bereits gäbe.[466]

---

462 Die Stellungnahme des Beratenden Ausschusses von 2008 „Opinion on the Revision of Directive 86/613/EEC" ist abrufbar auf der Homepage der Europäischen Kommission unter http://ec.europa.eu/justice/gender-equality/files/opinions_advisory_committee/2008__revision_of_directive_86_613_eec_en.pdf (zuletzt abgerufen am 15.10.2016).

463 Vgl. hierzu die Stellungnahme des Beratenden Ausschusses von 2008, S. 10.

464 Wie z. B. Deutschland.

465 Vgl. hierzu die Stellungnahme des Beratenden Ausschusses von 2008, S. 5 f.

466 Zu den einzelnen Empfehlungen vgl. insgesamt die Stellungnahme von Jahr 2008, S. 11.

Der Beratende Ausschuss machte in seiner Stellungnahme ferner deutlich, dass er von der Überzeugung getragen wird, alle zukünftigen Entscheidungen müssten die Ergebnisse der zu jener Zeit ebenfalls anhängigen Anhörung der Sozialpartner zum Thema „Bessere Work-Life-Balance: stärkere Unterstützung der Vereinbarkeit von Beruf, Privat- und Familienleben“[467] verstärkt berücksichtigen. Die Mehrheit des Beratenden Ausschusses erklärte, dass jede entsprechend neue oder geänderte Gesetzgebung ebenso auch auf die selbständig Erwerbstätigen und mitarbeitenden Ehepartner übertragen werden müsse, wie z. B. der Grundsatz einer Auszeit nach der Geburt in Form des Mutterschutzes. Es wurde zudem der Vorschlag unterbreitet, den Struktur Fonds dafür zu nutzen, um z. B. Pilotprojekte zur Kinderbetreuung, die besser den Bedürfnissen der Arbeitsgewohnheiten von Selbständigen entspricht, zu unterstützen.[468] Der Bogen zur Verbesserung der „Work-Life-Balance“ wurde demnach auch vom Beratenden Ausschuss ganz bewusst gespannt.

c) *Stellungnahmen der Sozialpartner auf europäischer Ebene und anderer Interessierter*

Nicht nur der Beratende Ausschuss war zur Stellungnahme aufgerufen worden. Am 07. März 2008 veranstaltete die Europäische Kommission eine Arbeitstagung, um gemeinsam mit den Sozialpartnern eine mögliche Marschrichtung für die Überarbeitung der Richtlinie 86/613/EWG zu finden. Im Anschluss wurden diverse Stellungnahmen der verschiedensten Sozialpartner und anderer Interessierter angenommen. Unter ihnen gab es eine große Zahl an Befürwortern, aber auch einige besorgte Stimmen meldeten sich zu Wort.

aa) European Women's Lobby

Der zuvor bereits dargestellte Standpunkt des Beratenden Ausschusses für die Chancengleichheit wurde von der Europäischen Frauenlobby (EWL – *European*

---

467 Die damalige Anhörung endete schließlich in der Mitteilung der Kommission „Bessere Work-Life-Balance: stärkere Unterstützung der Vereinbarkeit von Beruf, Privat- und Familienleben“, die ebenfalls am 03.10.2008 veröffentlicht wurde, KOM(2008)635. Sie begleitete damit den Entwurf zur Novellierung der RL 86/613/EWG und bildet mit diesem sowie dem Entwurf einer überarbeiteten „Mutterschutzrichtlinie“ ein Gesamtmaßnahmenpaket dar.

468 Vgl. insgesamt zu den voranstehenden Ausführungen des Beratenden Ausschusses dessen Stellungnahme von 2008, S. 9 f.

Women's Lobby)[469] ausdrücklich unterstützt.[470] Schon im Vorfeld der Tagung des Rates der Europäischen Union vom März 2008[471] verdeutlichte sich diese Haltung der EWL, nachdem diese ein Positionspapier mit dem Titel „Engendering the Lisabon Strategy: for Growth, Jobs and Social Inclusion Equality between women and men as a central component for economic development and social well-being"[472] veröffentlicht hatte. Mit ihrem Beitrag vom März 2008 wollte die EWL einige Unstimmigkeiten der Lissabon-Strategie, dem Kern der damaligen sozioökonomischen Rahmenpolitik der Europäischen Union, hervorheben und auf diesem Wege veranschaulichen, wie die Europäische Union ihrer Auffassung nach zu jener Zeit ihren vertraglichen Verpflichtungen zur Förderung der tatsächlichen Gleichstellung von Frauen und Männern nur unzureichend nachkam.[473] Die EWL erklärte, dass die Frauen bezüglich der Steigerung der Erwerbstätigenquote zwar sicherlich profitiert hätten und die angestrebte Quote von 60 % für das Jahr 2010 keine Utopie sei, es müsse aber auch festgehalten werden, dass man hinsichtlich der Art und Strukturen der geschaffenen Arbeitsplätze noch weit entfernt sei von einer echten Gleichstellung.[474] Die Arbeitsstrukturen von Frauen sowie die Natur der Frauenerwerbstätigkeit an sich sei auch weiterhin zumeist in gering qualifizierten sowie gering vergüteten bzw. in atypischen Beschäftigungsverhältnissen zu finden.

---

469 Die Europäische Frauenlobby (EWL) wurde 1990 gegründet und seither der größte Zusammenschluss von NGOs, die sich um Frauenrechte und Frauenthemen kümmern, in der EU. Ihr Ziel ist es, die Gleichstellung von Frauen und Männern in allen Bereichen des öffentlichen und des privaten Lebens zu erreichen. Dazu werden aktiv Themen wie „wirtschaftliche und soziale Rechte der Frauen", „Frauen in Entscheidungspositionen", Menschenrechte oder „Gewalt gegen Frauen" von der EWL angegangen. Hauptsächlich versucht die EWL die Politik der EU zu beeinflussen und pflegt hierzu einen konsultativen Status mit dem Europarat, aber auch mit anderen maßgeblichen Institutionen der EU wie der UN.

470 So jedenfalls laut den Ausführungen des Beratenden Ausschusses in dessen Stellungnahme von 2008, S. 4.

471 Vgl. zum Ergebnis jener Tagung des Rates der Europäischen Union vom 13.03. und 14.03.2008 in Brüssel das Dokument 7652/1/08 REV 1 online abrufbar über http://www.consilium.europa.eu/ueDocs/cms_Data/docs/pressData/de/ec/99429.pdf (zuletzt abgerufen am 15.06.2018).

472 Abrufbar über die Homepage der Agentur für Gleichstellung im ESF unter http://www.esf-gleichstellung.de/88.html?&cHash=1ec6c54350&tx_ttnews[cat]=60 bzw. über den Internetauftritt der European Women's Lobby unter http://www.womenlobby.org/spip.php?rubrique62&lang=en (zuletzt abgerufen am 15.06.2018).

473 Vgl. Engendering the Lisabon Strategy, S. 1.

474 Vgl. Engendering the Lisabon Strategy, S. 1.

Der „Gender Pay Gap“[475] behindere den Zugang von Frauen zum Arbeitsmarkt ebenso wie die Überpräsenz von Frauen in Teilzeitstellen und die ungleiche Verteilung der Verantwortlichkeit für die „unbezahlte Arbeit“ im Haushalt und für die Familie. Ergänzt werde dies mit dem Mangel an guten und bezahlbaren Kinderbetreuungsmöglichkeiten, dem Mangel an Frauen in Führungspositionen als auch der stagnierenden Zahl von gerade mal 30 % an Unternehmerinnen in der Europäischen Union.[476] Alles in allem müssten Frauen also stärker gefördert werden, insbesondere was das Thema „weibliches Unternehmertum“ angehe. Ihr Beitrag zur Unternehmerkultur müsse mehr Wertschätzung erfahren, so die Empfehlung der EWL an die Entscheidungsträger der Europäischen Union. Es müssten die Gründe identifiziert werden, weshalb trotz allem Bemühen eine Stagnation der Zahl an weiblichen Unternehmerinnen in der Europäischen Union bestehe. Hierzu bedürfe es nach den Geschlechtern differenzierender Zahlen und Statistiken[477], aber auch einer Entwicklung von mehr Netzwerken, um die Solidarität zwischen den Unternehmerinnen zu stärken. Ebenso seien diejenigen Politiken und Maßnahmen zu prüfen, die bislang den Zutritt zum Arbeitsmarkt und einer wirtschaftlichen Selbständigkeit für Frauen noch immer behindern. In diesem Kontext sei es vor allem drängend, die Richtlinie 86/613/EWG zu aktualisieren.[478]

Allein würde dies aber nicht ausreichend sein, so die EWL weiter. Männer müssten überdies darin bestärkt werden, ihren Anteil an der „unbezahlten Arbeit“ zu leisten. Das Modell der sog. „Zwei-Einkommen-Familie“ sollte verstärkt gefördert und vorangetrieben werden. Die Aufrechterhaltung der weiblichen Rolle als nahezu alleinige Betreuerin der Kinder und pflegebedürftigen Familienangehörigen beeinträchtige und schade nur der eigenen Karriere der Frau, was die Ziele der Lissabon-Strategie, mehr Jobs zu schaffen und einen Zuwachs in den Erwerbstätigenzahlen zu erzielen, unterlaufen würde. Langfristig betrachtet dürfe man in diesem Zusammenhang zudem die Gefahr der Altersarmut bei Frauen nicht vernachlässigen. Berufs- und Privatleben müssten also insgesamt eine bessere Vereinbarkeit erfahren.[479]

---

475 Vgl. zum „Gender Pay Gap“ nur die Ausführungen im 1. Kapitel unter B. III. 1. b), 2. b).

476 Vgl. Engendering the Lisabon Strategy, S. 3 f.

477 Bis heute liegen keine hinreichenden Zahlen oder Statistiken zur vorliegend beleuchteten Frage vor. Vgl. zur aktuellen Datenbasis: Biermann/Gather, Sozialer Fortschritt 2014, 170, 176.

478 Vgl. Engendering the Lisabon Strategy, S. 2.

479 Vgl. Engendering the Lisabon Strategy, S. 4. Es wird also gefordert, die Richtlinie 86/613/EWG zu ändern und gleichzeitig eine verbesserte „Work-Life-Balance“ zu

Diese Forderungen im Blick empfahl die EWL konsequenterweise nicht nur, Frauen, die sich im Mutterschutz befinden, das Recht auf ein Einkommen zu geben, welches einem vollen Gehalt gleichkommt, und zu garantieren, dass die Mutterschutzzeiten in die Berechnungen zur Rente und anderen Sozialleistungen Berücksichtigung finden. Es sollte ferner einen Vaterschaftsurlaub von mindestens einem Monat bei voller Bezahlung kurz vor oder kurz nach der Geburt geben. Selbständige sollten dasselbe Recht auf bezahlten Mutterschafts- bzw. Vaterschaftsurlaub bekommen, wie Mütter und Väter, die abhängig beschäftigt tätig sind.[480]

Es wurden von der EWL solche Maßnahmen gefordert, die eine verbesserte „Work-Life-Balance" insgesamt garantieren können. Hierzu brachte sie ihre Forderung nach einer Überarbeitung der ineffektiven Richtlinie 86/613/EWG offen und deutlich zum Ausdruck. Alle Frauen, egal ob abhängig oder selbständig beschäftigt, sollten denselben Mutterschutz erhalten, so die auf den Punkt gebrachte Auffassung der EWL.

bb) COFACE – der Bund der Familienorganisationen in der Europäischen Union

Der Bund der Familienorganisationen in der Europäischen Union (COFACE)[481] trat ebenso energisch für eine Überarbeitung der Richtlinie 86/613/EWG ein wie die European Women's Lobby.[482] Der Bund hatte sich bereits seit Längerem auf dem Feld der sog. „Work-Life-Balance" sowie des Verständnisses von der heutigen Rolle des Mannes in der Familie engagiert. Er vertrat dabei schon immer die Ansicht, dass die Familienarbeit alle Familienformen ganzheitlich umfassen

---

erzielen. Eben dies ist am 03.10.2008 auf den Weg gebracht worden. Die Novellierung der Richtlinie sowie die noch darzustellende Mitteilung „Bessere Work-Life-Balance: stärkere Unterstützung der Vereinbarkeit von Beruf, Privat- und Familienleben" vom 03.10.2008, KOM(2008)635, gehen hierzu Hand in Hand.

480 Vgl. Engendering the Lisabon Strategy, S. 6.

481 COFACE (Confederation of Family Organisations in the European Union) ist eine pluralistische Organisation, welche das Ziel verfolgt, die Familienpolitik, Solidarität zwischen den Generationen und die Interessen der Kinder in der Europäischen Union zu fördern. Insbesondere fördert sie den Grundsatz der Chancengleichheit zwischen Frauen und Männern.

482 Vgl. hierzu die Stellungnahme der COFACE vom 15.07.2008, abrufbar über die Internetseite der Vereinigung unter http://www.coface-eu.org/en/ bzw. http://www.coface-eu.org/en/upload/03_Policies_WG1/2008%20COFACE%20equal%20treatment%20en.pdf (zuletzt abgerufen am 15.10.2016). Vgl. insbesondere die dortigen Ausführungen ab S. 2.

solle, unabhängig von der durch die Eltern ausgeübten Erwerbsform (Angestellte, Selbständige oder mitarbeitende Ehepartner).[483] Maßnahmen, die eine verbesserte Work-Life-Balance nach sich ziehen, seien der Schlüssel, um Frauen besser in die Wirtschaft und Arbeitswelt zu integrieren und gleichzeitig den Wunsch nach einer Familie zu verwirklichen. Dies gelte für alle Formen der Erwerbstätigkeit, wobei die selbständig Erwerbstätigen allerdings unter besonderen Einengungen zu leiden hätten, so der Bund in seiner Stellungnahme vom 15. Juli 2008.[484]

Ganz im Sinne dieses Verständnisses von der eigenen Wirkungstätigkeit erklärte der Bund der Familienorganisationen im Juli 2008 sodann auch ohne weitere Einschränkungen, dass selbständig erwerbstätige Frauen selbstverständlich einen Anspruch auf einen ausreichend langen Mutterschaftsurlaub erhalten sollten, so dass ein reibungsloser Schwangerschaftsverlauf und eine ausreichende körperliche Erholung nach der Geburt gewährleistet sind.[485] Der Bund drängte im Rahmen seiner Stellungnahme zudem darauf, dass die Mutterschutzleistungen für selbständig tätige Frauen auf Unionsebene ausgeweitet werden müssten. Selbständige Mütter sollten endlich denselben Gesundheitsschutz wie alle anderen Frauen erhalten. Darüber hinaus forderte der Bund eine ausreichend lange Auszeit für selbständig erwerbstätige (werdende) Mütter, die es ihnen erlauben würde, sich ausreichend auf die neuen Herausforderungen des Familien- und Berufslebens einzustellen. Um dies alles gewährleisten zu können, meinte der Bund der Familienorganisationen, dass der Mutterschutz auch für Selbständige vom Sozialschutz umfasst sein und dabei zumindest einen Anspruch in Höhe der Leistungen im Krankheitsfalle bieten sollte. Die finanzielle Unterstützung sollte dabei hoch genug sein, um den Frauen es zu ermöglich, diesen Weg tatsächlich nutzen zu können. Das Fehlen eines solchen Anspruches wirke hingegen abschreckend und bewirke allein, dass selbständige Frauen ihre Tätigkeit trotz Schwangerschaft und Geburt zum Schaden ihrer eigenen Gesundheit und der ihres Kindes fortführen und nicht – wie an sich geboten – unterbrechen. Ebenso notwendig erscheine deshalb eine zeitlich befristete Vertretung zu organisieren. Sie könnte den zu gewährenden finanziellen Mutterschutzleistungen ergänzen und dabei zugleich auch die enorme Vielfalt der Möglichkeiten an selbständigen Tätigkeiten[486] berücksichtigen. Der Frau sollte dabei aber nicht die Chance genommen werden, frei zu wählen. Diejenigen, die sofort nach der Geburt wieder arbeiten wollen,

483 Vgl. hierzu die einleitenden Worte zur Stellungnahme der COFACE, S. 1.

484 Vgl. die Stellungnahme der COFACE, S. 3.

485 S. insoweit auch KOM(2008)636, S. 4 f.

486 Vgl. zur Heterogenität der Selbständigkeit auch die Ausführungen des 1. Kapitels unter B. II.

sollten dieses tun können, was zugleich aber auch heißen müsse, entsprechend geeignete Kinderbetreuungsmöglichkeiten zu schaffen.[487]

Abschließend ließ es sich der Bund nicht nehmen, die allgemeine Kritik an der bisherigen Wirkungslosigkeit der Vorgängerrichtlinie ebenfalls aufzugreifen und anzuprangern.[488] Die Notwendigkeit einer Novellierung wurde somit auch von Seiten des Bundes Familienorganisationen in der Europäischen Union mit Nachdruck bestätigt.

cc) Gewerkschaften und Landwirtschaftsverbände

Genauso wie die Europäische Frauenlobby und der Bund der Familienorganisationen in der Europäischen Union sprachen sich auch die Gewerkschaften für die Abänderung der Richtlinie und die Verbesserung der Gleichstellung von selbständigen Erwerbstätigen und mitarbeitenden Ehepartnern aus, während die Dachorganisation der Landwirtschaftsverbände klar ihre Forderung nach gleichen Rechten für gleichen Einsatz Ausdruck verlieh.[489]

Insbesondere die ETUC (European Trade-Union Confederation)[490] hieß den Vorschlag einer Novellierung der Richtlinie 86/613/EWG von Anfang an willkommen. Ihrer Ansicht nach war es, gerade in Anbetracht der bisherigen Ineffektivität der Richtlinie 86/613/EWG, höchste Zeit für eine Überarbeitung auf Unionsebene.[491] In diesem Zusammenhang ließ es sich die ETUC auch nicht nehmen, darauf hinzuweisen, dass die bisherige Richtlinie eine mangelhafte Ausrichtung und darüber hinaus zugleich eine nur vage Terminologie aufweisen würde. Außerdem würden einige Artikel der Richtlinie keinerlei Verbindlichkeit

487 Vgl. Stellungnahme der COFACE, S. 2 f.

488 Vgl. Stellungnahme der COFACE, S. 1 f.

489 S. insoweit auch KOM(2008)636, S. 4.

490 Die ETUC oder auch EGB (Europäischer Gewerkschaftsbund) ist der europäische Dachverband der Gewerkschaften mit Sitz in Brüssel (Belgien). Er wurde 1973 gegründet und vertritt inzwischen 82 nationale Gewerkschaftsbünde aus 36 Ländern und 12 europäische Branchenverbände mit insgesamt 60 Millionen Mitgliedern.

491 Diese und die nachfolgenden Positionen spiegeln die gesammelten Kommentierungen aller ETUC-Mitglieder wider, die sich zu der Richtlinienüberarbeitung geäußert haben. Sie entstammen zum einen dem „ETUC position paper on the first stage consultation of social partners on the review of Directive 86/613/EWG on the application of the principle of equal treatment between men and women engaged in an activity, including agriculture, in a self-employed capacity, and on the protection of self-employed women during pregnancy and motherhood" vom 15.04.2008 und zum anderen dem „ETUC position paper on the second stage consultation of social partners on the review of Directive 86/613/EWG" vom 07.07.2008.

aufweisen und selbst dort, wo sie die Mitgliedsstaaten der Europäischen Union zu einem Handeln auffordern, hätten sie nicht die erhofften Effekte erzielt, noch die nötige Durchschlagkraft besessen. Folglich habe die bisherige Richtlinie auch nicht diejenige Bedeutung erlangt, die ursprünglich erhofft worden war. Gleichzeitig sehe die ETUC natürlich auch die Komplexität der Richtlinie; immerhin umfasse ihr Anwendungsbereich zwei verschiedene Personengruppen, namentlich die mitarbeitenden Ehepartner als auch die selbständigen Frauen im Allgemeinen. Nichtsdestoweniger unterstrich die ETUC schon in ihrer ersten Stellungnahme vom April 2008, dass es gleichwohl notwendig sei, mehr bindende rechtliche Minimumstandards auf EU-Ebene zu schaffen.[492]

Ergänzend vertritt die ETUC die Ansicht, dass die Richtlinie ein wichtiges Instrument sei, um einen weitaus umfassenderen Europäischen Arbeitsmarkt für Frauen und Männer zu schaffen.[493] Ähnlich dem Beratenden Ausschuss kritisierte die ETUC dabei zugleich aber auch den generellen Mangel an verlässlichen Daten und Statistiken zum vorliegenden Problemfeld. Aber die bisherige Richtlinie habe die Mitgliedsstaaten schließlich auch nicht gerade ermuntert, verlässliche Daten und Statistiken bereit zu stellen, so die ETUC weiter. Dies sei ein zusätzliches Problem, welches schon im Bericht von 1994 angesprochen worden sei und weiterhin Gültigkeit habe.[494]

Daneben betonte die ETUC die Bedeutung einer EU-weiten Definition der Selbständigkeit und rief die Europäische Kommission in diesem Zusammenhang dazu auf, eine Überarbeitung aller die Selbständigen betreffenden Richtlinien vorzunehmen, um diese in einer einzigen Richtlinie zusammenzuführen. So würde mehr Klarheit und Beständigkeit erreicht werden können.[495]

Was den Mutterschutz im Einzelnen anbelange, sollten nach Auffassung der ETUC dieselben Regelungen wie für Arbeitnehmerinnen nach der Richtlinie 92/85/EWG Geltung erlangen.[496] Der Mutterschutz sollte dabei auf zwei verschiedenen Ebenen greifen, die jedoch miteinander eng zu verknüpfen seien. Zunächst sollte den selbständig erwerbstätigen Frauen ein obligatorischer Anspruch auf Mutterschutz zur Seite stehen, so wie er in verschiedenen Mit-

---

492 S. ETUC position paper vom 15.04.2008, S. 1.

493 S. ETUC position paper vom 07.07.2008, S. 1.

494 S. ETUC position paper vom 15.04.2008, S. 1; ETUC position paper vom 07.07.2008, S. 2.

495 S. ETUC position paper vom 15.04.2008, S. 2. Was die Frage einer EU-einheitlichen Definition der Selbständigkeit anbelangt, vgl. die obigen Ausführungen des 1. Kapitels unter B. I. 2.

496 S. ETUC position paper vom 15.04.2008, S. 3.

gliedsstaaten bereits vorgesehen werde[497]. Allein dies reiche aber nicht. Ein angemessenes Ersatzeinkommen während der Zeit des Mutterschutzes sei ebenso wichtig.[498]

Wie schon so viele andere von ihr maß die ETUC in ihrer abschließenden Stellungnahme vom Juli 2008 zudem auch der Frage nach einer Verbesserung der Work-Life-Balance eine herausragende Bedeutung zu. Gerade in diesem Bereich seien Verbesserungen mehr als nur notwendig.[499] Insbesondere, wenn man bedenke, dass es noch immer die Frauen seien, die sich überwiegend allein um das häusliche Wohl ihrer Familie kümmern und dennoch dafür kaum Beachtung oder gar Anerkennung erlangen würden. Während sich die Lebenserwartung eines jeden Einzelnen weiter erhöhen, finden sich diese Frauen in der sog. „Sandwich-Generation" wieder. Sie würden nicht nur die Verantwortung für die Kinder tragen, sondern verstärkt hinzukommend ebenfalls für ihre Eltern. Eine Entlastung sei deshalb zwingend geboten. Eine bessere Abstimmung der Bereiche Familie und Beruf könne positiv dazu beitragen, dass sich Frauen verstärkter für eine selbständige Tätigkeit entscheiden.[500]

Die ETUC erklärte, sie glaube, dass eine Verbesserung und eine Modernisierung der Richtlinie 86/613/EWG, welche endlich die tatsächlichen Bedürfnisse der Selbständigen anpackt, einen positiven Einfluss auf die Attraktivität dieser Tätigkeitsfelder für Frauen mit sich bringen würde. Dies würde konsequenterweise einen Zuwachs an der Teilnahme von Frauen in der Arbeitswelt nach sich ziehen, was in Anbetracht der mit der Lissabon-Strategie gesetzten Ziele nur zu begrüßen sei.[501] Andererseits mache sie sich hinsichtlich der zunehmenden Zahl derer Sorgen, die sich in die Selbständigkeit aus Mangel an anderen Beschäftigungsmöglichkeiten „flüchten".[502] Sie seien es, die sich oftmals einer beträchtlichen Verschlechterung der Arbeits- und Lebensumstände gegenüberstehen sehen würden, während ihnen nur begrenzt oder teils sogar gar kein Zugang zu einem adäquaten Sozialschutz gewährt werde.[503] Mit ihrer Stellungnahme vom Juli 2008 forderte die ETUC die Kommission deshalb eindringlich auf, einen Vorschlag

497 So z. B. in Belgien, Luxemburg oder Dänemark; vgl. hierzu das gegenseitige Informationssystem für soziale Sicherheit, MISSOC Vergleichende Tabellen Datenbank, abrufbar unter http://www.missoc.org/ (zuletzt abgerufen am 15.06.2018).

498 S. ETUC position paper vom 07.07.2008, S. 3.

499 S. ETUC position paper vom 07.07.2008, S. 2 ff.

500 S. ETUC position paper vom 07.07.2008, S. 2.

501 S. ETUC position paper vom 07.07.2008, S. 2.

502 Vgl. hierzu z. B. die obigen Ausführungen des 1. Kapitels unter B. II. 1. a) cc).

503 S. ETUC position paper vom 07.07.2008, S. 3.

zu entwickeln, der präziser und mehr rechtliche bindende Verpflichtungen für die Mitgliedsstaaten aufweisen solle, als die Richtlinie 86/613/EWG es je getan habe. Vage, programmatische Regelungen sollten, insbesondere mit Blick auf die Forderung nach einem Mutterschutz und einer verbesserten Work-Life-Balance für alle selbständig erwerbstätigen Frauen, vermieden werden. Aber auch andere zusätzliche Instrumente sollten weiterentwickelt werden, wie z. B. die Kinderbetreuungsmöglichkeiten – vor allem in den ländlichen Gebieten. Sollte dies nicht geschehen, so befürchte die ETUC eine Verfestigung der bestehenden Muster an Diskriminierung und Ungleichheit.[504]

dd) Vertreter der KMU und die Arbeitgeberorganisationen

Die Vertreter der klein- und mittelständischen Unternehmen (KMU) sowie die Arbeitgeberorganisationen der verschiedenen Branchen äußerten sich dagegen besorgt über die potenziellen Kosten, die etwaige Änderungen mit sich brächten, und sprachen sich folgegemäß gegen jedwede Änderung aus, die zu einem Anstieg der Sozialbeiträge führen könnte.[505] Der europäische Arbeitgeberverband BUSINESS EUROPE[506] bestätigte mit seiner Stellungnahme zur Frage einer besseren Vereinbarkeit von Berufs-, Privat- und Familienleben vom November 2006[507] darüber hinaus zwar, dass es sicherlich eine der zentralen Herausforderungen sei, Frauen verstärkt dazu zu ermutigen, erwerbstätig zu werden bzw. auf dem Arbeitsmarkt aktiv zu bleiben. Gleichwohl sei aber zumindest nach Ansicht dieses Verbandes eine Überarbeitung der bereits existierenden rechtlichen Regelungen hinsichtlich des Mutterschutzes oder der Elternzeit nicht angezeigt.[508] Und auch die CEA-PME[509], die Europäische Vereinigung der Verbände kleiner und mitt-

---

504 S. ETUC position paper vom 07.07.2008, S. 5.

505 KOM(2008)636, S. 4.

506 BUSINESSEUROPE ist ein europäischer Arbeitgeberverband mit Sitz in Brüssel. Ihm gehörten im Jahre 2011 41 Mitgliedsverbände aus 35 Ländern an. Der Verband besteht bereits seit 1949 unter den verschiedensten Namen. Bis zum Januar 2007 trug er den Namen „Union of Industrial and Employers‘ Confederation of Europe“ (UNICE).

507 Vgl. das position paper der UNICE (Vorgängerin von BUSINESSEUROPE) vom 23.11.2006, S. 2.

508 So zumindest das position paper der UNICE vom 23.11.2006, S. 3 bzw. das position paper vom 13.07.2007, S. 7.

509 Die CEA-PME ist die europäische Dachvereinigung des Bundesverbands mittelständische Wirtschaft. Sie wurde 1992 gegründet und ist seit 2004 in Brüssel ansässig. Die Vereinigung repräsentiert 15 mittelständische Mitgliedsverbände und unterhält zu 11 weiteren Partnerverbänden in Europa und Übersee Beziehungen. Es handelt

lerer Unternehmen, erklärte in ihrem „Statement on equal opportunities“[510], dass sie prinzipiell die Bemühungen der Europäischen Kommission sowie des Europäischen Parlaments, Diskriminierungen zu bekämpfen und die Chancengleichheit der Geschlechter voranzutreiben, begrüße. Zugleich müsse aber auch an die negativen Auswirkungen einer übermäßigen bürokratischen Regulierung bei klein- und mittelständischen Unternehmen erinnert werden, so jedenfalls die CEA-PME.[511] Die CEA-PME hob in diesem Zusammenhang ebenfalls die erheblichen finanziellen Bürden, die bereits von vorangegangenen Regelungen für diese Unternehmen entstanden sind, hervor. Die Europäische Union sei schon allein deshalb aufgefordert, ganz im Sinne ihrer „Think Small First“-Politik[512] eine adäquate Balance zu schaffen[513]. Die KMU seien schließlich die treibenden Kräfte, was die Schaffung Arbeitsplätzen und Innovationen anbelange. Gesetzgebungen im Bereich der Chancengleichheit sollten deshalb vernünftig und zielorientiert für alle Beteiligten sein, so die CEA-PME.[514]

d) Zusammenfassung der Forderungen der verschiedenen Beteiligten und Interessierten

Zusammenfassend lässt sich festhalten, dass alle gehörten Akteure sich darin einig zeigten, dass Frauen zu ermutigen seien, erwerbstätig zu werden bzw. auf dem Arbeitsmarkt aktiv zu bleiben. Die Bemühung, Diskriminierungen zu bekämpfen und die Chancengleichheit der Geschlechter voranzutreiben, wurde allseits begrüßt. Sowohl die Europäische Frauenlobby, der Bund der Familien-

---

sich bei der CEA-PME um eine überparteiliche und nicht gewinnorientierte Vereinigung, deren Aufgabe in der Vertretung mittelständischer Interessen gegenüber den europäischen Institutionen und in der Beratung der Mitglieder im Bereich des europäischen öffentlichen Auftragswesens besteht.

510 Abrufbar über http://www.bvmw.de/fileadmin/_migrated/content_uploads/Statement_Gleichstellung.pdf (letzter Zugriff am 15.10.2016).

511 Vgl. das „Statement on equal opportunities“ der CEA-PME, abrufbar unter http://www.bvmw.de/fileadmin/_migrated/content_uploads/Statement_Gleichstellung.pdf (letzter Zugriff am 15.10.2016).

512 Vgl. diesbezüglich schon die obigen Ausführungen zur Mitteilung „Vorfahrt für KMU in Europa – der „Small Business Act“ für Europa“ unter B. II. 2. c).

513 Hier ist an die oftmals prekären Situationen von KMUs zu denken – wie sollen Kleinstunternehmen (zumal in Form von Solo-Selbständigen) auch noch die Last der Finanzierung eines Mutterschutzes tragen?

514 Vgl. das „Statement on equal opportunities“ der CEA-PME, abrufbar unter http://www.bvmw.de/fileadmin/_migrated/content_uploads/Statement_Gleichstellung.pdf (letzter Zugriff am 15.10.2016).

organisationen in der Europäischen Union als auch diverse Gewerkschaften und Landwirtschaftsverbände forderten dementsprechend die Schaffung eines den selbständig erwerbstätigen Frauen zur Seite stehenden obligatorischen Anspruchs auf Mutterschutz. Die Verbesserung und Modernisierung der Richtlinie 86/613/EWG könnte endlich die tatsächlichen Bedürfnisse der Selbständigen anpacken und damit positiv beeinflussen. Zugleich wurde angeregt, andere zusätzliche Instrumente, wie z. B. die Kinderbetreuungsmöglichkeiten, ebenfalls weiterzuentwickeln. Aus Sicht der klein- und mittelständischen Unternehmen, wie auch der Arbeitgeber wurde hingegen die Besorgnis vorgebracht, entsprechende Änderungen würden zu einem Anstieg der Sozialbeiträge, also zu weiteren Kosten, bzw. zu einer übermäßigen bürokratischen Regulierung führen.

2. *Einholung von Expertenwissen*

Angesichts der zumindest von der Mehrheit der Befragten anerkannten Notwendigkeit zur Überarbeitung der Richtlinie 86/613/EWG wollte die Kommission, nicht nur die vorab dargestellten Stellungnahmen der Betroffenen und sonstiger Interessierter, sondern überdies auch die Erkenntnisse und Untersuchungsergebnisse von unabhängigen Rechtsexperten und anderen Fachleuten in ihre Ausarbeitung des neuen Richtlinienentwurfes einfließen lassen. Vorbereitend hatte die Kommission deshalb schon frühzeitig diverse Experten auf das Thema angesetzt.

a) *Bericht des Europäischen Netzwerkes von Rechtsexpertinnen und Rechtsexperten auf dem Gebiet der Gleichstellung von Frauen und Männern*

Seit 1984 assistiert der Kommission ein europäisches Netzwerk von unabhängigen Rechtsexperten und Rechtsexpertinnen für die Gleichstellung von Frauen und Männern. Das Netzwerk wurde speziell dafür geschaffen, der Kommission bei der Beobachtung und Überwachung des europäischen Gleichstellungsrechts in den Mitgliedsstaaten mit gutem Rat zur Seite zu stehen. Daher ist es nur selbstverständlich, dass die Kommission auch hinsichtlich der anstehenden Novellierung der Richtlinie 86/613/EWG auf die Expertise des Netzwerkes zurückgriff und schon im Jahr 2006 eben jenes Netzwerk von Rechtsexpertinnen und Rechtsexperten damit beauftragte, einen ausführlichen Bericht über die bisherige Umsetzung der Richtlinie, ihre Lücken und Schwachstellen sowie über Möglichkeiten einer Verbesserung zu erstellen. Ein entsprechender Bericht wurde der Kommission im Vorfeld der Entwurfsausarbeitung als Hilfestellung übermittelt.[515]

---

515 Der Bericht des Netzwerkes („Report on Directive 86/613/EEC by the Network of Legal Experts on the application of Community Law on equal treatment between

aa) Das Europäische Netzwerk von Rechtsexpertinnen und Rechtsexperten auf dem Gebiet der Gleichstellung von Frauen und Männern

Das „Europäische Netzwerk der Rechtsexpertinnen und Rechtsexperten auf dem Gebiet der Gleichstellung von Frauen und Männern" ist dafür verantwortlich alle einschlägigen und relevanten Informationen der Kommission kundzutun und die nationalen Gesetzgebungen und Politiken im Bereich der Gleichstellung von Frauen und Männern unabhängig zu analysieren und zu überwachen. Eine der wichtigsten Aufgaben des Netzwerks besteht darin, die Wirksamkeit bestehender Rechtsvorschriften auf dem namengebenden Gebiet zu bewerten und gegebenenfalls gar neue gesetzgeberische Gemeinschaftsinstrumente zu entwickeln, wobei nicht nur die Anwendung der verschiedenen Gleichstellungsrichtlinien im Fokus steht, sondern auch solche Themen wie die Vereinbarkeit von Familien-, Berufs- und Privatleben. Um dieser enorm wichtigen Aufgabe angemessen begegnen zu können, besteht das Netzwerk aus je einem hochrangigen Rechtsexperten oder einer hochrangigen Rechtsexpertin aus den 28 Mitgliedsstaaten sowie den EFTA-Staaten (Liechtenstein, Norwegen und Island) und den Beitrittskandidaten, die im Rahmen von NGOs auf dem Gebiet der Geschlechtergleichstellung tätig sind. Die Arbeit dieser WissenschaftlerInnen und PraktikerInnen wird im Rahmen des europäischen Gemeinschaftsprogramms *PROGRESS*[516] finanziert und von der School of Law der Universität Utrecht, Niederlande, koordiniert.[517]

bb) Der Bericht des Netzwerks

Nach einer einleitenden Kurzdarstellung zur Selbständigkeit im Allgemeinen und der bisherigen Richtlinie 86/613/EWG im Besonderen sammelte der Bericht des Netzwerkes die verschiedenen Darstellungen der jeweils zu jener Zeit vorgefun-

men and women") kann auf der Seite der Europäischen Kommission unter http://ec.europa.eu/social/keyDocuments.jsp?type=0&policyArea=0&subCategory=0&country=0&year=2006&advSearchKey=86%2F613%2F&mode=advancedSubmit&langId=en abgerufen werden (letztmaliger Zugriff am 15.10.2016).

516 Weitere Informationen zu *PROGRESS* unter: http://ec.europa.eu/social/home.jsp?langId=de (letzter Zugriff am 15.06.2018).

517 Näheres z. B. unter http://ec.europa.eu/social/main.jsp?catId=641&langId=en oder http://ec.europa.eu/justice/gender-equality/tools/legal-experts/index_en.htm. Das Netzwerk veröffentlicht die Europäische Zeitschrift für Geschlechtergleichstellung (EGELR). In deren ersten Ausgabe von 2008 werden von Susanne Burri, Koordinatorin des Netzwerkes, die Aufgaben des Netzwerks detailliert beschrieben, auch findet sich dort eine Zusammenstellung der Mitglieder des Netzwerks, abrufbar z. B. unter: http://www.esf-gleichstellung.de (zuletzt abgerufen am 15.06.2018).

denen Umsetzungsstände der bis dahin einschlägigen Richtlinie 86/613/EWG in den von den Rechtsexperten beim Netzwerk vertretenen Mitgliedslandes der Union, den Beitrittskandidaten und den EFTA-Staaten, und fasste deren Ergebnisse in gebührender Kürze zusammen. Dabei sollte der Fokus des Berichts nicht auf die Art und Weise, wie die Richtlinie bisher in das jeweilige nationale Recht umgesetzt wurde, gesetzt werden, sondern sich vielmehr auf die verbleibenden Probleme konzentrieren und versuchen einige Ideen und Vorschläge aufzuzeigen, wie diesen begegnet werden könnte.[518]

(1) Einleitende Worte

Den Berichten aus den Einzelstaaten vorausgeschickt, bemängelte das Netzwerk, wie schon so viele andere vor ihm, zunächst insbesondere die schlechte Datenlage hinsichtlich der Selbständigen in der Europäischen Union. Das Netzwerk vermisste berechtigterweise vor allem detailliertere Statistiken und aktuelle Untersuchungen bei einer Vielzahl der in dem Bericht dargestellten Staaten. Genauere Daten wären hilfreich gewesen, um noch präziser die Hauptprobleme der Richtlinie 86/613/EWG ausmachen und darstellen zu können, so das Netzwerk weiter. Nur so wäre die tatsächliche Notwendigkeit einer baldigen Novellierung der Richtlinie und weiteren legislativen Schritten auf dem hier im Mittelpunkt stehenden Themenfeld richtig, klar und deutlich wiederzugeben gewesen. Dies gelte vor allem, da die Selbständigkeit ein außerordentlich komplexes Phänomen sei und eine große Bandbreite von verschiedensten Beschäftigungsmöglichkeiten abdecke, die an sich in wesentlich mehr Kategorien und Sub-Kategorien zu unterteilen sein müsste, als nur in die der „Selbständigen" und die der „mithelfenden Ehegatten" wie es die Richtlinie bisher jedoch allein vorsieht. Die Zielsetzung neuer Gesetzesbestrebungen könnte von daher stark von eben diesen verschiedenen voneinander abzugrenzenden Kategorien von Selbständigen abhängig sein, deren unterschiedliche Probleme es je für sich zu identifizieren gelte. Schließlich stünden doch z. B. Frauen in freien Berufen gänzlich anderen Aufgaben und Problemen gegenüber als Frauen, die beispielsweise als mithelfende Ehegattinnen in der Landwirtschaft tätig sind. Gleichwohl dürfte davon auszugehen sein, dass all diese Frauen zumindest mit ähnlichen Problemen zu kämpfen haben, wie etwa der Vereinbarkeit von Familie und Beruf.[519] Dem ist ohne Einschränkungen zuzustimmen.

518 Vgl. die in den einleitenden Worten dargestellte Zielsetzung des Berichtes, Report on Directive 86/613/EEC, S. 1.

519 S. Report on Directive 86/613/EEC, S. 1 f.

Darüber hinaus betonte das Netzwerk, dass auch das Verhältnis der Richtlinie 86/613/EWG zu den anderen Gleichstellungsrichtlinien schon in der Vergangenheit durchaus hätte genauer geklärt und dargestellt werden können. Etwaige Mängel an Koordination und Harmonisierung seien doch letzten Endes gerade immer dann problematisch, wenn wie hier die von Richtlinien ausgesprochenen Verpflichtungen der Mitgliedsstaaten nur sehr vage und schwammig beschrieben werden. Außerdem habe es in der Vergangenheit eine Reihe an Fortschritten im europäischen Gleichstellungsrecht gegeben, die es bei einer eventuellen Modernisierung der Richtlinie zu beachten gelte. Selbständige würden heute eine viel größere Absicherung genießen, als es noch zur Zeit der Verabschiedung der Richtlinie 86/613/EWG der Fall war, wie schon ein einfacher Blick auf den Regelungsgehalt der Richtlinien 2006/54/EG oder 2004/113/EG zeige.[520] Dies solle aber nicht bedeuten, dass der Schutz der Selbständigen durch die bestehenden Gleichstellungsrichtlinien, die nach 1986 verabschiedet wurden, bereits umfassend genug sei.[521]

(2) Bericht aus Deutschland

Für Deutschland meldete sich *Dagmar Schieck* zu Wort, die in der Zeit von 2000 bis 2007 als die deutsche Rechtsexpertin für das Netzwerk tätig war[522]. *Schieck* berichtete, dass es in Deutschland keine wahrnehmbaren Auswirkungen durch die Richtlinie 86/613/EWG gäbe, gerade was die Zielsetzung der Richtlinie in deren Art. 1 anbelangt. Die große Schwäche der Richtlinie bestünde darin, dass diese eine ausdrückliche Verpflichtung der Mitgliedsstaaten, im Rahmen des Richtlinienauftrages die faktische Geschlechterungleichbehandlung zu bekämpfen, vermissen lasse. In Deutschland gäbe es zwar keine Gesetze, die Frauen von bestimmten Beschäftigungsfeldern fernhalten würden. Was aber eine etwaige mittelbare Diskriminierung auf diesem Gebiet anbelange, sei eine solche Aussage nicht so leicht zu treffen. Es fehle an entsprechenden Untersuchungen und Auswertungen, insbesondere gelte dies für die Frage nach dem Zugang zu den notwendigen Finanzierungsmöglichkeiten einer selbständigen Tätigkeit. Ferner sei es wohlbekannt, dass alleinerziehende Mütter größere Probleme hätten, ei-

520 Vgl. zu den Richtlinien 2006/54/EG und 2004/113/EG auch die nachfolgenden Ausführungen des 4. Kapitels unter A. I. 7.

521 S. Report on Directive 86/613/EEC, S. 2.

522 Ihre Nachfolgerin als Deutschlands Rechtsexpertin hatte Prof. Dr. Beate Rudolf, Direktorin des Deutschen Instituts für Menschenrechte in Berlin, angetreten. Seit 2011 ist Prof. Dr. Ulrike Lembke von der Universität Hamburg das deutsche Mitglied des Netzwerkes.

nen Geschäftskredit zu erhalten, als andere Selbständige. Zudem würden Frauen oftmals durch schlechtere Kreditkonditionen benachteiligt werden. Dennoch sei die Durchsetzung des bestehenden Gleichbehandlungsrechts nicht das eigentliche Hindernis, das es zu meistern gelte. Vielmehr reiche dieses für sich nicht aus, um Gleichstellung tatsächlich erreichen zu können. Das wisse auch die Kommission. In Deutschland habe deshalb im August 2006 eine Antidiskriminierungsstelle des Bundes[523] eröffnet. Es sei aber noch zu früh, um über mögliche dadurch bedingte positive Effekte für die Selbständigen in Deutschland zu sprechen.[524]

In Bezug auf den in Deutschland den selbständig Erwerbstätigen gewährten sozialen Schutz konnte *Schieck* im Übrigen nur Altbekanntes vermelden: Wie schon von der Bundesregierung 1994 berichtet, gäbe es bislang keinerlei rechtliche Verpflichtung für Selbständige in Deutschland, sich sozial absichern zu müssen. Eine Absicherung über die für Arbeitnehmer bestehenden gesetzlichen Sozialsicherungssysteme sei nur möglich im Falle der Renten- und Krankenversicherung, wobei die Versicherungsbeiträge für die freiwillige Versicherung durchaus benachteiligend seien. Aus diesem Grunde würde die Mehrheit sich für eine private Absicherung entscheiden. Im Übrigen habe es im deutschen Recht ebenso wenig eine Fortentwicklung im Bereich des Mutterschutzrechtes gegeben, so *Schieck* weiter. Mutterschaftsgeld werde nur an die Frauen gezahlt, die der gesetzlichen Krankenversicherung unterfallen. Wie zuvor dargestellt seien laut *Schieck* aber nur die wenigsten selbständigen Frauen Mitglied der gesetzlichen Krankenversicherung. Die einzigen die hiervon umfasst seien, seien die Landwirtinnen. Selbständige Frauen, die sich für eine private Krankenversicherung entschieden haben, müssten sich ausdrücklich für oder gegen eine zusätzliche Absicherung des „Risikos Schwanger- und Mutterschaft"[525] entscheiden.[526]

---

523 Die Antidiskriminierungsstelle des Bundes ist im Internet unter http://www.antidiskriminierungsstelle.de vertreten.

524 S. Report on Directive 86/613/EEC, S. 23 f.

525 S. zum Leistungsumfang der Privaten Krankenversicherung die nachfolgenden Ausführungen im 4. Kapitel unter A. II. 5 b). Verschiedene private Krankenversicherer boten zumindest eine sog. Entbindungspauschale an, die allerdings nur die medizinischen Kosten rund um die Entbindung abgelten sollte. Die Höhe berechnete sich in der Regel nach dem versicherten Tagegeld. Die Barmenia zahlte z. B. für die Geburt einmalig einen Betrag in Höhe von EUR 500,00; s. hierzu die Tarifbedingungen zur Krankheitskostenversicherung, http://www.barmenia.de/media/dokumente/tarifbedingungen_bk/K4622.pdf (zuletzt abgerufen am 15.06.2018).

526 S. Report on Directive 86/613/EEC, S. 24.

Insgesamt resümierte *Schieck*, dass es die vornehmliche Aufgabe sein müsse, die Gewähr eines Versicherungsschutzes für Selbständige im Auge zu behalten, insbesondere unter Berücksichtigung von einheitlichen Versicherungstarifen für die selbständigen Frauen. Ein einheitliches Vorgehen sei dabei unumgänglich. *Schieck* schlug vor, künftig verstärkter die Richtlinienumsetzung von unabhängigen Stellen überwachen zu lassen. Diese könnte den selbständigen Frauen die notwendige Betreuung zukommen lassen und regelmäßig über deren Einkommensverhältnisse und Sozialschutz berichten. Zudem sollten die Mitgliedsstaaten verpflichtet werden, eigens zu diesem Zwecke diese Stellen mit öffentlichen Mitteln finanziell auszustatten. So erhielten auch jetzt schon die Industrie- und Handelskammern öffentliche Zuschüsse, wie diese allerdings genutzt werden, obliege allein ihnen. Abschließend forderte *Schieck*, dass die für die z. B. für Ärzte und Anwälte bestehenden sozialen Sicherungssysteme[527] dazu verpflichtet werden sollten, Mutterschaftsgeld als eine reguläre Leistung anzubieten, die sodann von all ihren Mitgliedern getragen wird.[528] Dies ist ein wertvoller Gedanke, der im Weiteren nochmal ausdrücklich aufgegriffen werden soll.[529]

(3) Allgemeine Feststellungen bezüglich aller am Netzwerk beteiligten Staaten

Auch mit Blick auf die Berichte der weiteren Netzwerkmitglieder ergibt sich zu meist kaum ein anderes Bild[530]: In den meisten Mitgliedsstaaten der Europäischen Union zeige die Richtlinie 86/613/EWG eine eher bescheidende Wirkung, so das Netzwerk. Oftmals seien Regelungen hinsichtlich der Gleichstellung von selbständigen Frauen und Männern in den allgemeinen Gleichstellungsregelungen umfasst. Speziellere Regelungen würden sich darüber hinaus nicht finden lassen. Nur in einigen wenigen Ländern habe man sich damit nicht begnügen wollen und infolgedessen die Sozialen Sicherungen für Selbständige und/oder mitarbeitenden Ehegatten ausgeweitet.[531] Ferner fehle es an geeigneten Strategien, wie Diskriminierungen von vornherein vermieden werden können, und an geeigneten Stellen, durch die das Thema noch verstärkter in die Öffentlichkeit gebracht werden könnte. Zudem mangele es an einer Festlegung von Minimumstandards

527 Ärzte, Anwälte und andere freie, kammerfähige Berufszweige, wie z. B. die Architekten oder Apotheker, verfügen je über eigene Versorgungswerke, die anstelle der Rentenversicherung die Altersversorgung für ihre Mitglieder sicherstellen sollen.

528 S. Report on Directive 86/613/EEC, S. 24. Weitere Überlegungen zu einer möglichst effektiven Richtlinienumsetzung ins deutsche Recht folgen im 5. Kapitel.

529 Vgl. hierzu die Forderungen, an bestehende Systeme anzuknüpfen, im 5. Kapitel.

530 Vgl. zum Nachfolgenden insgesamt Report on Directive 86/613/EEC, S. 4 ff.

531 S. Report on Directive 86/613/EEC, S. 4.

sowie an klaren Begriffsbestimmungen, wie sie die anderen Gleichstellungsrichtlinien heutzutage hingegen alle kennen. Der bisherige Richtlinienansatz greife hier viel zu kurz. Dies gelte auch hinsichtlich der Frage nach einer verbesserten Vereinbarkeit des Berufs- mit dem Familienleben, auf die nicht einmal Bezug genommen werde. Die Richtlinie beschreibe ebenso wenig, dass es verschiedenste Untergruppierungen an Selbständigen gibt, die es zu unterscheiden gelte, und die allesamt mit den unterschiedlichsten Problemen zu kämpfen hätten. In den meisten Ländern lasse die Anwendung, als auch die Durchsetzung des Prinzips der Gleichbehandlung ohnedies noch immer mehr als nur zu wünschen übrig. Anwendung und Durchsetzung könnten hier jedenfalls im Hinblick auf die Sicherstellung einer echten Gleichstellung nicht als befriedigend angesehen werden. Nichtsdestotrotz gäbe es aber natürlich auch einige Länder, die hinsichtlich der Durchsetzung des Gleichbehandlungsprinzips von einer positiven Bewertung berichten würden.[532]

Alles in allem verwundert es daher nicht, dass der Bericht lediglich den Umstand, die Richtlinie 86/613/EWG spreche wie keine andere die besondere Situation der Selbständigen sowie der mitarbeitenden Ehegatten an und würde so zu einem größeren Problembewusstsein für die Gleichstellungsfragen bei Selbständigen beitragen, als quasi einzige positive Entwicklung anerkennt. Durchweg negativ hingegen sei zu beurteilen, dass es bisher viel zu wenig ausdrückliche Verpflichtungen, positive Maßnahmen und Programme gäbe, die aber notwendig seien, um eine tatsächliche und nachhaltige Gleichstellung erreichen zu können.[533] Dieser Aussage ist zuzustimmen. Den Betroffenen müssen die ihnen zustehenden Rechte transparent gemacht werden. Ohne eine solche Transparenz ist es vielen schlichtweg nicht bekannt, welche Rechte und Möglichkeiten ihnen grundsätzlich offenstehen.[534] Dies gilt beispielsweise auch für den Art. 8 der Richtlinie. Auf ihn treffen die voranstehenden Erwägungen im besonderen Maße zu. Der Art. 8 der Richtlinie 86/613/EWG ist nur schwach und sehr unpräzise formuliert. Ein tatsächlicher Rechtsanspruch auf Mutterschutz fehlt gänzlich.[535]

Ein Blick auf die sozialen Sicherungssysteme der einzelnen Mitgliedsstaaten zeige im Übrigen, dass eine freiwillige Absicherung oftmals nur für einige wenige Risiken, wie Alter, Krankheit oder Arbeitsunfällen denkbar sei, nicht aber bezüglich des „Risikos Mutterschaft", so das Netzwerk weiter. Allein hinsichtlich der sozialen Absicherung der in der Landwirtschaft tätigen Frauen und Männer

532 Insgesamt hierzu Report on Directive 86/613/EEC, S. 4 f.

533 S. Report on Directive 86/613/EEC, S. 4.

534 So auch Knigge, ZESAR 2013, 24, 30.

535 So auch: Report on Directive 86/613/EEC, S. 4.

gäbe es in einigen Staaten ein besonderes Sicherungssystem. Ein allumfassendes System habe aber kaum ein Staat entwickelt. Insofern habe sich seit dem Bericht von 1994[536] nichts Neues ergeben.[537] Oftmals sei der Mutterschutz für Selbständige eng mit den allgemeinen sozialen Schutzsystemen verbunden. Einige Staaten würden zwar über Mutterschutzgesetze verfügen, deren Voraussetzungen hinsichtlich der Gewährung von Mutterschutzansprüchen jedoch in aller Regel für Selbständige wesentlich unvorteilhafter seien als für Arbeitnehmerinnen. Eine darüberhinausgehende Möglichkeit eines Vertretungsdienstes für die Zeit des Mutterschutzes in Anspruch nehmen zu können, gäbe es darüber hinaus so gut wie nicht und stelle insoweit ein gravierendes Problem dar. Nur selten, wie z. B. im landwirtschaftlichen Bereich, gäbe es „Stand-by-Systeme", die eine solche Vertretungsmöglichkeit bieten würden oder zumindest eine kurzzeitige, oftmals nur geringe Beihilfe für eine derartige Vertretung. Dabei verdiene gerade der Schutz der Gesundheit, als auch die Sicherheit der schwangeren, selbständigen Frauen einer besonderen Aufmerksamkeit und doch habe kein Staat mehr getan als Art. 8 der Richtlinie 86/613/EWG bisher verlangt hat, so das Netzwerk im Jahr 2006.[538] Auch hierin ist dem Netzwerk zuzustimmen.

(4) Vorschläge und Hinweise für das weitere Vorgehen

Alles in allem lässt sich nach den obigen Ausführungen resümieren, dass bei künftigen Rechtsakten, die auf dem Gebiet der Gleichstellung von Selbständigen vorgenommen werden, in erster Linie den zuvor im Bericht benannten Schwachpunkten Genüge getan werden sollte, während zugleich die aktuellen Entwick-

---

536 Bericht der Kommission über die Umsetzung der Richtlinie des Rates vom 11.12.1986 zur Verwirklichung des Grundsatzes der Gleichbehandlung von Männern und Frauen, die eine selbständige Erwerbstätigkeit – auch in der Landwirtschaft – ausüben, sowie über den Mutterschutz, KOM(94)163.

537 S. Report on Directive 86/613/EEC, S. 4 f.

538 S. Report on Directive 86/613/EEC, S. 5 f. Das Netzwerk hat im Übrigen im März 2015 eine vergleichende Analyse veröffentlicht. Im Nachgang zur Novellierung der Selbständigen-Richtlinie haben laut jener Analyse zumindest einige Mitgliedsstaaten entsprechende Änderungen in ihrer Gesetzgebung vorgenommen. S. hierzu Barnard/Blackham in: Europäisches Netzwerk von Rechtsexpertinnen und Rechtsexperten auf dem Gebiet der Gleichstellung von Frauen und Männern (Hrsg.), Vergleichende Analyse der Umsetzung der Richtlinie 2010/41/EU zur Verwirklichung des Grundsatzes der Gleichbehandlung von Männern und Frauen, die eine selbständige Erwerbstätigkeit ausüben, Luxemburg, 2015. Die Analyse ist in deutscher Sprache als Zusammenfassung abrufbar unter https://www.equalitylaw.eu/downloads/2731-self-employed-de (zuletzt abgerufen am 15.06.2018).

lungen auf dem Arbeitsmarkt hinreichend Berücksichtigung finden müsse.[539] Diesem an sich simplen Hinweis des Netzwerkes ist, gerade auch mit Blick auf die einleitenden Ausführungen zu den Punkten „Neue Selbständigkeit“ und „Prekäre Selbständigkeiten“, höchste Beachtung zu schenken.

Das Netzwerk schloss seinen Bericht mit der Forderung, das Verhältnis zu den anderen Gleichstellungsrichtlinien deutlicher hervorzuheben, also das Setting der Richtlinie, wie es im 4. Kapitel unter A. I. 7. dargestellt wird, klar herauszustellen. Das Netzwerk wurde nicht müde, die Notwenigkeit von positiven Maßnahmen, speziellen Programmen und einem Monitoring zu unterstreichen. Es galt aus Sicht des Netzwerks die Besonderheiten des vorliegenden Themenkreises zu betonen. Eine alles vereinheitlichende Herangehensweise sei hingegen schon aus Sicht des Netzwerks wenig sinnvoll, so das Fazit. Gerade mit Blick auf die enorme Vielfalt, die im Bereich der Selbständigkeit herrscht, und all den verschiedenen Situationen und Lebensumständen der Selbständigen, die es abzudecken gelten würde, ist dies auch nach diesseitiger Auffassung der einzig richtige Fingerzeig. Der vom Netzwerk formulierte Gedanke, es solle doch überlegt werden, ob nicht eventuell die zwei sehr unterschiedlichen Adressatenkreise der Richtlinie – Selbständige bzw. mitarbeitenden Ehegatten – getrennt angegangen werden könnten, geht in dieselbe Richtung und ist in diesem Zusammenhang einer, dem entsprechend ebenfalls unbedingt Beachtung geschenkt werden sollte.[540]

b) Bericht zu den „Bewährten Methoden im Bereich des Sozialschutzes für neue UnternehmerInnen und unterstützende PartnerInnen und deren Auswirkung auf Unternehmensgründungen“

Die Kommission stützte ihr Vorhaben jedoch nicht nur allein auf den Bericht des Expertennetzwerks, sondern zudem auch auf weitere, unabhängige Studien, die sie in Auftrag gegeben hatte, um so einen noch breiteren Überblick über die Situation in den Mitgliedstaaten zu erhalten, als auch Kosten und Nutzen der verschiedenen politischen Optionen schlussendlich besser ermitteln zu können. In diesem Zusammenhang besonders interessant ist eine Studie zum Thema „Bewährte Methoden im Bereich des Sozialschutzes für neue UnternehmerInnen und unterstützende PartnerInnen und deren Auswirkung auf Unternehmensgründungen“, auf die im Folgenden in gebührender Kürze näher eingegangen werden soll.

539 So auch das Netzwerk, Report on Directive 86/613/EEC, S. 6.
540 S. Report on Directive 86/613/EEC, S. 6.

Während sich die Studie ganz allgemein mit den „bewährten Methoden" des Sozialschutzes befasst, wird im Folgenden der Fokus ausschließlich auf die an dieser Stelle maßgebenden Erkenntnisse hinsichtlich des Bestehens oder Nichtbestehens eines etwaigen Selbständigen-Mutterschutzes und dessen erkennbaren Auswirkungen gelegt.

aa) Hintergrund und Ziel der Studie „Bewährte Methoden im Bereich des Sozialschutzes"

Die Europäische Kommission beauftragte schon im Zuge der Ankündigung ihres neuen „Fahrplans für die Gleichstellung von Frauen und Männern"[541], also im Jahr 2006, das unabhängige niederländische Unternehmen EIM Business & Policy Research[542] mit der Durchführung einer Studie, das Thema „Bewährte Methoden im Bereich des Sozialschutzes" betreffend. EIM sollte einen Vergleich ziehen zwischen den in den verschiedenen Staaten gewählten Methoden hinsichtlich des Sozialschutzes für neue UnternehmerInnen und deren mitarbeitenden PartnerInnen, wobei ein besonderes Augenmerk auf die Bedeutung des Umfanges des Sozialschutzes als möglicher Anreiz für eine eventuelle Unternehmensgründung zulegen war. EIM führte die Studie sodann in Kooperation mit verschiedenen nationalen Experten durch, die von den jeweiligen Behörden der EU-Mitgliedsstaaten sowie der EU-Beitrittskandidaten und der EFTA-Staaten im Rahmen des Mehrjährigen Programms für Unternehmen und unternehmerischer Initiative[543] benannt worden waren[544]. Außerdem wurden Mitglieder des Euro-

541 Mitteilung der Kommission an den Rat, das Europäische Parlament, den Europäischen Wirtschafts- und Sozialausschuss und den Ausschuss der Regionen – *Ein Fahrplan für die Gleichstellung von Männern und Frauen*, KOM(2006)92; vgl. hierzu auch die Ausführungen unter B. II. 2. b).

542 Zum Zeitpunkt der Ausarbeitung der Studie noch: EIM Business & Policy Research, Zoetermeer, Niederlande; seit 2010: Panteia Reserach to Progress, Zoetermeer, Niederlande, http://www.panteia.eu/.

543 Das Mehrjährige Programm für Unternehmen und unternehmerischer Initiative, insbesondere für die kleinen und mittleren Unternehmen (MAP), wurde in Folge der Entscheidung des Rates (2000/819/EG) vom 20.12.2000 von der Europäischen Union aufgelegt und war dazu gedacht die Wettbewerbsfähigkeit der Unternehmen stärken, die für sie geltenden rechtlichen, administrativen und finanziellen Rahmenbedingungen vereinfachen und verbessern, ihnen den Zugang zu Unterstützungsdiensten und zu den Gemeinschaftsprogrammen erleichtern und die unternehmerische Initiative fördern. Das Programm lief bis 2007.

544 Für Deutschland war die Univation Institut für Evaluation Dr. Beywl & Associates GmbH aus Köln an der Studie beteiligt worden; http://www.univation.org.

pean Network for Social and Economic Research[545] hinzugezogen. Insgesamt 31 Staaten, namentlich die damaligen 27 EU-Mitglieder, die Türkei, Island, Norwegen und Liechtenstein, nahmen an der Studie teil, die sich hauptsächlich auf Sekundärforschung, einer Analyse der Missoc-Datenbank[546] und Befragungen nationaler Interessengruppen sowie den Experten, aus dem ebenfalls von der Kommission beauftragten Europäischen Netzwerk, stützt.[547]

bb) Wahrnehmung des Sozialschutzstatus und die daraus resultierenden Auswirkungen

Die EIM-Studie kommt zu dem Ergebnis, dass die soziale Sicherung im Allgemeinen eine der maßgeblichen Determinanten der Selbständigkeit sei. Das Bestehen oder nicht Bestehen einer sozialen Absicherung könne insoweit sowohl negativen als auch positiven Einfluss auf die Entscheidung nehmen, die Selbständigkeit tatsächlich anstreben zu wollen. An dieser Stelle sei insbesondere aber auch der jeweilige persönliche Antrieb des Unternehmensgründers zu beachten. Es mache einen Unterschied, ob es zu einer chancenorientierten Unternehmensgründung oder zu einer notwendigen Unternehmensgründung kommen soll oder kommen muss.[548] So könnte sich im Falle der chancenorientierten Selbständigkeit die soziale Sicherung wegen ihrer bei Selbständigkeit relativ hohen

545 European Network for Social and Economic Research (ENSR); http://www.ensr.eu. ESNR ist ein Netzwerk von unabhängigen Organisationen aus 33 Staaten, die spezialisiert sind auf die angewandte Forschung im Bereich Soziales und Ökonomie. Es sind dabei neben den EU-Staaten, auch die EU-Beitrittskandidaten sowie die EFTA-Staaten im Netzwerk vertreten. Für Deutschland ist das IfM, das Institut für Mittelstandsforschung, im Netzwerk aktiv.

546 http://ec.europa.eu/social/main.jsp?catId=815&langId=de (zuletzt abgerufen am 15.06.2018).

547 Die Ergebnisse der Studie des EIM sind im Bericht „Good practices on social protection of new entrepreneurs and assisting partners and the impact on business creation" enthalten; http://www.tecninvest.com/_research/SocialProtectionEntrepreneursFinal_report_2007.pdf (letzter Zugriff am 15.06.2018). Die wichtigsten Ergebnisse wurden zudem in der Kurzfassung „Bewährte Methoden im Bereich des Sozialschutzes für neue UnternehmerInnen und unterstützende PartnerInnen und deren Auswirkung auf Unternehmensgründungen" zusammengestellt, die wie auch die Langfassung unter http://www.kmuforschung.ac.at/index.php/de/38-allg/192-social-security-for-new-entrepreneurs-and-their-spouses-2007 abrufbar ist (letzter Zugriff am 15.10.2016).

548 Vgl. hierzu schon die umfassenden Ausführungen im Rahmen des 1. Kapitels unter C. I. 1.

Opportunitätskosten durchaus negativ auswirken. Die Betroffenen haben die Wahl, welchen Weg sie einschlagen möchten. Erscheint ihnen das Kostenrisiko zu hoch, tendieren sie verstärkt dazu, Alternativen zu suchen. Andererseits bilde eine gute soziale Sicherung durchweg einen positiven Entscheidungsfaktor, sollten die Unterschiede zu anderen Erwerbsformen ehedem nur gering ausfallen, da sie eine Art zusätzliches Sicherheitsnetz darstelle. Ganz anders sei jedoch die Lage bei den notwendigen Unternehmensgründungen zu bewerten. Hier bestünde grundsätzlich keine Wahl. Die Betroffenen würden aus der Not heraus die Selbständigkeit anstreben. Hohe Opportunitätskosten könnten von daher schon gar keinen negativen Einfluss auf die Entscheidung nehmen.[549]

Zusammenfassend stellt die EMI-Studie fest, dass zwar mehr als die Hälfte der UnternehmerInnen über die staatlichen Sozialversicherungssysteme für Rente und Krankheit oder vorübergehende Arbeitsunfähigkeit versichert seien, dagegen aber nur knapp 10 % der Befragen angaben, eine Versicherung zu haben, die auch bei Mutterschutz und (vorübergehender) Kinderbetreuung wirksam wird.[550] Etwa ein Fünftel der Befragten habe erklärt, sie wüssten nicht, ob für sie eine Regelung hinsichtlich des Mutterschutzes bestünde oder nicht, während die Mehrheit der Selbständigen, immerhin 67 %, angab, nicht versichert zu sein.[551] Diese Aussagen verwundern, wenn man bedenkt, dass es laut EMI-Studie an sich doch Mutterschutzregelungen in fast allen an der Studie beteiligten Staaten geben solle. Sicherlich würden bisweilen Unterschiede in deren Ausgestaltung existieren, gerade zwischen den Regelungen zugunsten Selbständiger und denen zugunsten von Arbeitnehmern ergäbe sich eine ganze Reihe an Divergenzen[552], und trotzdem sollte doch davon ausgegangen werden können, dass mehr Selbständige die Vorzüge des Mutterschutzes genießen würden bzw. könnten. Dies scheint dem Ergebnis der Befragung folgend nun letztlich gerade nicht der Fall zu sein oder aber die Betroffenen kennen offenbar die ihnen gegebenenfalls zustehenden Rechte schlicht nicht. Augenscheinlich mangelt es erheblich an einer ausgereiften Informationspolitik, denn der EMI-Bericht erklärt zugleich weiter, dass zwischen 60 % und 70 % der UnternehmerInnen, die in Bezug auf einen oder mehreren Aspekte nicht durch das staatliche Versicherungssystem abgesichert sind oder jedenfalls glauben nicht abgesichert zu sein, der Auffassung seien, dass eben diese Aspekte in das staatliche Sozialversicherungssystem unbe-

---

549 S. Good practices, S. 21 f.

550 S. Bewährte Methoden, S. 8.

551 S. Good practices, S. 82.

552 Zur genauen Ausgestaltung und den entsprechenden Unterschieden: Good practices, S. 81 f.

dingt aufgenommen werden sollten. Der Mutterschutz rangiert dabei immerhin an 6. Stelle der im Rahmen des Berichtes aufgestellten Prioritätenliste. 70 % der Befragten hätten sich für eine Einbeziehung des Mutterschutzes ausgesprochen, so die Studie.[553] Es ist also keinesfalls so, dass das Thema nicht interessiert – ganz im Gegenteil.

Darüber hinaus seien aber laut dem Bericht von EMI auch diejenigen, die hinsichtlich einiger Sozialversicherungsaspekte, wie z. B. dem Mutterschutz, bereits versichert sind, im Allgemeinen nicht zufrieden mit den ihnen gebotenen Versicherungsleistungen. Diese seien – so jedenfalls 54 % der Befragten – nur ungenügend in ihrem Umfang. Den für sie bestehenden Mutterschutz würden gar 69 % als nicht ausreichend erachten.[554] Mit der Aufnahme einer selbständigen Tätigkeit seien bei ca. einem Fünftel der befragten UnternehmerInnen die zu erwartenden Versicherungsleistungen gesunken.[555] Nahezu 60 % dieser UnternehmerInnen seien dabei der Meinung, dass eine solche Verschlechterung für andere Personen sicherlich ein Grund sei, nicht den Schritt in die eigene Selbständigkeit zu wagen.[556] 43 % der Befragten konnten keine Auskunft darüber geben, ob sich Änderungen ergeben hätten und beantworteten die Frage folglich mit „*Weiß nicht*".[557] Im Übrigen hätten 81 % der befragten UnternehmerInnen ein Absinken der eigenen Absicherung mit Hilfe von privaten Versicherungen abzuwenden gesucht.[558]

Verglichen mit anderen Arten der Erwerbstätigkeit, wie der unselbständigen Beschäftigung, drohe im Falle eines Überganges in die Selbständigkeit ein Verlust an Sozialschutz, so die EMI-Studie zusammenfassend. Die Position der UnternehmerInnen sei in diesem Zusammenhang schlechter, was auch die befragten staatlichen Behörden nicht in Abrede stellten.[559] Dies ist mit Sicherheit einer der gewichtigsten Gründe, warum im Rahmen einer bereits 2006 ausgeführten, weiteren EIM-Studie 20 % der damals befragten UnternehmerInnen und die Hälfte der mitarbeitenden Partner antworteten, sie würden nebenbei zusätzlich einer unselbständigen Tätigkeit nachgehen. Bestätigt wird diese Annahme von etwa 62 % der UnternehmerInnen und nahezu 80 % der mitarbeitenden Partner, die angegeben hätten, eine zusätzliche unselbständige Erwerbstätigkeit nur des-

553 S. Bewährte Methoden, S. 9; Good practices, S. 109.
554 S. Bewährte Methoden, S. 9; Good practices, S. 107.
555 S. Bewährte Methoden, S. 9; Good practices, S. 110.
556 S. Good Practices, S. 120.
557 S. Bewährte Methoden, S. 10.
558 S. Bewährte Methoden, S. 17; Good practices, S. 119.
559 S. Bewährte Methoden, S. 11.

halb beizubehalten, um zumindest teilweise oder vollständig sozialversichert zu sein.[560] Diese Aussagen beweisen einmal mehr, dass der Sozialschutz ein durchaus gewichtiges Argument für oder gegen die Aufnahme einer selbständigen Erwerbstätigkeit darstellen kann. Die hierzu schon einleitend vor allem unter Punkt C. des 1. Kapitels dieser Ausarbeitung ausführlich dargestellten Ausführungen werden von der EMI-Studie mithin durchaus bestätigt.

cc) Der negative Einfluss bestehender Unzulänglichkeiten auf die Zahl der Unternehmensgründungen

Alles in allem zeigt die EIM-Studie, dass Sozialversicherungssysteme durchaus einen negativen Einfluss auf Unternehmensgründungen nehmen und sogar dazu führen können, dass eine Unternehmungsgründung gänzlich unterlassen wird. Laut EIM begründe sich dies über oftmals bestehende Unzulänglichkeiten[561], denen eine große Bedeutung beigemessen wird. Solche Mängel müssten insbesondere darin gesucht werden, dass die Systeme für die Betroffenen zu kompliziert seien, Informationen seien nur schwer zu finden, so 40 % der befragten UnternehmerInnen. Speziell für kleinere Unternehmen sei es schwierig, das System von Gesetzen und behördlichen Auflagen zu überblicken. Die hiermit einhergehenden Verwaltungsaufgaben werden daher eher als Belastung aufgefasst. Zu beachten sei allerdings genauso, dass die Mitgliedsstaaten, als auch die Europäische Kommission unlängst Maßnahmen ergriffen haben, um die administrativen Belastungen für Unternehmer und Selbständige zu reduzieren.[562] Die Beiträge seien fernerhin im Vergleich zu unselbständigen Beschäftigten zu hoch bemessen, während gleichzeitig die potenziellen Leistungen zu niedrig ausfallen würden.

560 S. Bewährte Methoden, S. 14; Good practices, S. 116; EIM-Umfrage zur sozialen Sicherheit von UnternehmerInnen, 2006.

561 Detailliert zu den hier im Folgenden nur kurz umrissenen Unzulänglichkeiten: Good practices, S. 115 ff.; Bewährte Methoden, S. 14 ff.; vgl. zudem die statistische Auflistung der signifikantesten Unzulänglichkeiten in: Good practices, S. 117.

562 S. Bewährte Methoden, S. 14 f.; Good Practices, S. 117. Zur Schaffung von Anreizen für das Unternehmertum und zur Förderung von Unternehmensgründungen haben zahlreiche Mitgliedsstaaten Maßnahmen ergriffen, um die Verfahren vor der Unternehmensgründung zu vereinfachen, Informations- und Beratungsstellen für Unternehmensgründungen eingerichtet. In Deutschland übernehmen vor allem die Industrie- und Handelskammern die Aufgabe der Information und Beratung; vgl. aber auch z. B. speziell für weibliche Unternehmensgründungen die Initiative „Power für Gründerinnen" der bga (Bundesweite Gründerinnenagentur), die von verschiedenen Bundesministerien unterstützt wird. Mehr zur bga unter: www.existenzgruenderinnen.de.

Die Inanspruchnahme der verschiedenen Leistungen würde überdies häufig an zu komplizierte Bedingungen geknüpft. Leistungen würden von den Betroffenen aber erst dann richtig angenommen werden, wenn man sich ihrer einfach und bequem bedienen kann. Beiträge für Leistungen, von denen erwartet wird, dass sie nie gebraucht werden würden, würden wenig wertgeschätzt, vor allem, wenn in der Zeit der Unternehmensgründung oder bei kleineren Unternehmen die finanzielle Ausstattung ohnehin schon gering ausfällt. Oder anders ausgedrückt: Selbständige zahlen nicht gerne, wenn es keine entsprechende Gegenleistung gibt, insbesondere nicht in ihrer Gründungsphase.[563]

dd) „Bewährte Methoden" zur Absicherung des Risikos der „Mutterschaft"

Seinen Titel verdankt die EMI-Studie der Tatsache, dass sie sich vornehmlich mit der Frage nach dem Bestehen von „bewährten Methoden" in den verschiedenen an der Studie teilnehmenden Staaten und was aus sich aus diesen herleiten lässt, auseinandersetzt. Im Rahmen der Studie wurden insgesamt 17 bewährte Methoden aus einer Liste von 30 Methoden ausgewählt, die sodann im Bericht detailliert dargestellt wurden. Es wurde je der nationale Kontext beschrieben und eine allgemeine Beschreibung vorgenommen, darüber hinaus wurden die Auswirkungen, die Erfolgsfaktoren, Hemmnisse sowie die Elemente der bewährten Methode und die Übertragbarkeit auf andere Länder detailliert dargelegt. Für die Kurzfassung der EMI-Studie wurden sodann sieben dieser Methoden zur weiteren Veröffentlichung ausgewählt.[564]

Leider wurden in keinen der beiden Berichtsfassungen „bewährte Methoden" abgebildet, die sich konkret mit der Frage des Mutterschutzes auseinandersetzen. Immerhin werden vereinzelt Bezüge zu denjenigen Staaten hergestellt, die einen Mutterschutz für Selbständige praktizieren. So wird im Zuge der Darstellung des finnischen Pensionsgesetzes für Selbständige darauf hingewiesen, dass in Finnland für die Selbständigen dieselben grundlegenden Sozialversicherungsleistungen wie für alle anderen finnischen Bürger gelten würden. Alle Finnen hätten somit einen Anspruch auf Leistungen bei Arbeitslosigkeit, einen Anspruch auf die nationalen Pensionen sowie auf Kranken- und eben auch Mutterschutz- und Familienleistungen, die von der Sozialversicherungsanstalt Finnlands (KELA)

563 So auch das Ergebnis der EMI-Studie, Good practices, S. 116 f. Vgl. hierzu auch die obigen Erwägungen des 1. Kapitels unter Punkt C.

564 Eine detaillierte Beschreibung sämtlicher untersuchter bewährter Methoden ist im Bericht „Good practices on social protection of new entrepreneurs and assisting partners and the impact on business creation" enthalten.

erbracht werden.[565] Ganz ähnliches gelte auch für Luxemburg[566]. In Österreich[567] sowie in Belgien[568] gäbe es hingegen spezielle Sozialversicherungen für Selbständige. In Österreich sei die Sozialversicherungsanstalt für die gewerbliche Wirtschaft verantwortlich[569]; in Belgien habe jeder Unternehmer dem „Social Insurance Fund“ beizutreten, so die EMI-Studie weiter. Die Mitglieder würden sodann u. a. im Bereich der Krankenfürsorge, Altersvorsorge, des Mutterschutzes und in Belgien sogar im Falle der Insolvenz Unterstützung finden. Er werde hierzu hauptsächlich durch Beiträge finanziert.[570] Auch, wenn damit nicht aufgezeigt wird, wie den Selbständigen im Einzelnen ein Anspruch auf Mutterschutz zur Seite gestellt wird, so zeigen die wenigen obigen Beispiele doch, dass zumindest einige Mitgliedsstaaten der Europäischen Union auch schon vor der Novellierung der Richtlinie 86/613/EWG den selbständig Erwerbstätigen einen umfassenden Sozialschutz gewährten.

ee) Die politischen Pläne der befragten Staaten hinsichtlich einer Übertragung der „bewährten Methoden“ auf die eigenen Rechtssysteme

Die im Rahmen der EMI-Studie dargestellten „bewährten Methoden“ vor Augen hatte sich ein großer Teil der im Rahmen der Studie befragten Staaten gleichwohl dahingehend geäußert, dass keine konkreten politischen Absichten bestünden, die Sozialversicherungsposition von selbständig Erwerbstätigen zu verändern. Oftmals sei dies dadurch bedingt, dass es ohnedies keine oder wenn nur geringe Unterschiede zwischen dem Sozialversicherungsstatus von selbständig und unselbständig Beschäftigten gäbe. Dies gelte z. B. für die Tschechische Republik, Ungarn oder Dänemark. Eine allgemein formulierte Absicht, z. B. dahingehend den Unterschied im Sozialschutz der zuvor benannten Gruppen (weiter) zu verringern, nannten derweil Österreich, Estland, Italien, die Niederlande, Spanien, Schweden und die Türkei. Deutschland gehörte nicht zu dieser Gruppe. Diejenigen, die ein weiteres politisches Handeln nicht für erforderlich erachteten, hätten ihre Meinung vornehmlich damit begründet, dass es doch stets die Möglichkeit

565 S. Bewährte Methoden, S. 19; s. Good practices, S. 91.

566 S. Good practices, S. 40.

567 In Österreich ist für Selbständige das GSVG einschlägig. Weitere Informationen sind abrufbar unter: http://esv-sva.sozvers.at. S. zudem Good practices, S. 87 ff.

568 Weitere Information zur belgischen Sozialversicherung für Selbständige unter: www.rsvz.be (Homepage des „Rijksinstitut voor de Sociale Verzekeringen der Zelfstandigen“ in Brüssel).

569 S. Good practices, S. 55.

570 S. Good practices, S. 31, 55.

einer privaten Absicherung zu akzeptablen Konditionen gäbe, so ein Ergebnis der EMI-Studie. Dies müsse ausreichend sein.[571]

c) *Fazit*

Die oben genannten Forschungsergebnisse, als auch die weiteren Studien sollten nach dem Willen der Kommission in die Ausarbeitung des Kommissionsvorschlages und später in die Richtlinie einfließen. Aber was genau sind die Erkenntnisse, die sich aus den Forschungsergebnissen herleiten lassen? Hervorzuheben ist im Ergebnis vor allem der Umstand, dass nicht immer alle selbständig Erwerbstätigen bezüglich aller Aspekte gleichermaßen versichert sind oder aber viele Betroffene über die ihnen grundsätzlich zur Verfügung stehenden Absicherungsmöglichkeiten nicht informiert sind bzw. diese schlicht zu kompliziert ausgestaltetet zu sein scheinen.

Während in den meisten Staaten Europas die soziale Sicherung für Arbeitnehmer im hohen Maße ausgebildet ist, empfinden die Selbständigen in Europa ihre Absicherung, gerade hinsichtlich der signifikanten persönlichen Risiken, wie Krankheit, Arbeitslosigkeit oder in Bezug auf den Mutterschutz, oftmals nur als unzureichend, was in aller Regel entweder auf eine nur begrenzte staatliche Absicherung oder auf zu hohe Kosten der privaten Versicherung zurückzuführen ist. Die betroffenen selbständig Erwerbstätigen müssen deshalb immer wieder daran erinnert werden, dass sie für sich selbst Vorsorge für das Alter, für den Fall der Krankheit oder eben die Schwanger- und Mutterschaft leisten müssen. Es ist derweil aber oft für sie verlockender, Entscheidungen auf Basis kurzfristiger anstatt langfristiger Faktoren zu treffen bzw. die oftmals ehedem nur knapp bemessenen finanziellen Mittel in das Unternehmen als in die persönliche Absicherung zu investieren. Letztendlich sind so viele im Falle des Falles gar nicht oder zumindest nicht ausreichend abgesichert. Manche Betroffene nehmen dieses Risiko einfach hin. D.h., ein Risiko, das im Zweifelsfalle sodann von der gesamten Solidargemeinschaft getragen werden muss. Andere schrecken aus diesem Grunde davor zurück, sich selbständig zu machen. Diese für die Selbständigen und vor allem GründerInnen mehr als unbefriedigende Situation sollte – auch aus Sicht der Befragten – nicht beibehalten werden.

Die dargestellten „bewährten Methoden" sind nur ein Ansatz von vielen denkbaren und sicherlich nicht auf alle Mitgliedsstaaten der Europäischen Union einfach zu übertragen, da die ökonomischen, politischen, kulturellen und institutionellen Rahmenbedingungen nicht überall in Europa dieselben sind. Die

571 S. Bewährte Methoden, S. 20. Diese Auffassung vertrat auch die Bundesrepublik Deutschland; vgl. dazu auch die nachfolgenden Ausführungen unter C. II.

jeweiligen Gegebenheiten sind stets zu berücksichtigen. Die verschiedenen sozialen Sicherungssysteme sind zu komplex. Gleichwohl erscheint es in Kenntnis der obigen Forschungsergebnisse doch von besonderer Wichtigkeit, das Leistungsspektrum den Wünschen der Betroffenen anzupassen und somit stärker als bisher auszuweiten. Insbesondere das Problem der mangelnden Informationsmöglichkeiten ist gebührend anzugehen. Denn selbst für den Fall, dass es einen durchaus ausreichenden sozialen Schutz geben sollte, so ist die Kenntnis der Betroffenen über dessen Bestehen vielfach nur allzu begrenzt. Viele machen allein aus diesem Grunde schon keinen Gebrauch von ihm. Konsequenz aus der EMI-Studie sollte es daher sein, künftig breiter über die verschiedenen, gegebenenfalls auszuweitenden Sozialleistungen zu informieren, den Sozialschutz für die interessierte Öffentlichkeit also verständlicher und leichter zugänglich zu machen.

Einige der an der Studie beteiligten Staaten zeigten durchaus ein Interesse daran, mehr tun zu wollen. Andere hingegen verwiesen schlicht auf die bereits bestehenden Leistungssysteme und befinden diese, so wie sie sind, als ausreichend. Nicht alle Staaten würden also schon von sich aus tätig werden, wenn es heißt, den Selbständigen in der Europäischen Union künftig einen angemessenen Mutterschutz gewähren zu wollen, so dass hier die Europäische Union als treibende Kraft gefordert ist.

3. *Folgenabschätzung*

Doch nicht nur die EMI-Studie machte deutlich, dass ohne eine Novellierung der Richtlinie 86/613/EU, d.h. ohne einen konkreten Umsetzungsauftrag, viele Mitgliedsstaaten der Europäischen Union auch weiterhin untätig bleiben würden. Auch der nachfolgend darzustellende Folgenabschätzungsbericht stützt dieses Ergebnis.

a) Ansatzpunkte der Folgenschätzung und Ziele des Berichtes

Bevor die Europäische Kommission neue Initiativen vorschlägt, bewertet sie diese zunächst regelmäßig hinsichtlich ihrer potenziellen wirtschaftlichen, sozialen und ökologischen Folgen. Die sog. Folgenabschätzung hilft dabei, den politischen Entscheidungsträgern über die Vor- und Nachteile der möglichen politischen Optionen Klarheit zu verschaffen. Es ist deshalb üblich, den Ausschuss für Folgenabschätzung (IAB)[572] im Vorfeld einer jeden maßgeblichen Entscheidung zu hören. So auch hier.

572 Ausschuss für Folgenabschätzung (IAB); s. zu dessen Arbeit auch https://ec.europa.eu/info/law/law-making-process/planning-and-proposing-law/impact-assessments_de (zuletzt abgerufen am 15.06.2018).

Im Rahmen seiner Aufgabenzuweisung befasste sich der Ausschuss für Folgenabschätzung in den Sitzungen vom 09. Juli 2008 sowie 26. August 2008 mit der Frage nach der Zweckmäßigkeit einer etwaigen Novellierung der Richtlinie 86/613/EWG und gab hierzu verschiedene Empfehlungen ab, die letztlich in der abschließenden Fassung seines am 03. Oktober 2008 gemeinsam mit dem Vorschlag eines Richtlinienentwurfs veröffentlichten Folgenabschätzungsberichts[573] Berücksichtigung gefunden haben.[574] Ergebnis des Berichtes war es, dass es mit der Richtlinie 86/613/EWG bislang nicht gelungen war, eine Lösung zur Frage des nur geringen Frauenanteils unter den Selbständigen zu finden. Der Frauenanteil betrug auch weiterhin lediglich ein Drittel.[575] Dies sollte sich künftig ändern.

Der im Folgenden darzustellende Bericht des Ausschusses für Folgenabschätzung identifizierte den geringen Frauenanteil unter den Selbständigen als ein maßgebliches Problem, welches es dringendst anzugehen gelte. Zu beseitigende Unterschiede gäbe es dabei vor allem bei den Gründen, die Männer und Frauen für die Aufnahme einer selbständigen Tätigkeit angeben. Im Einzelnen nannte der Bericht in diesem Zusammengang einen nur allzu bekannten Umstand, nämlich den, dass Frauen sich insbesondere deshalb selbständig machen würden, um nicht arbeitslos zu werden und zugleich Familie und Beruf geeignet miteinander vereinbaren zu können. Ferner bestehe ein erhebliches Problem darin, dass die Richtlinie 86/613/EWG[576] sehr unpräzise formuliert sei und so den Frauen bisher keine durchsetzbaren Rechte zugestanden werden.[577] Der Fall der Mutterschaft sei damit besonders heikel. Das Ungleichgewicht zwischen Frauen und Männern würde dabei sogar noch verstärkt werden, so der Ausschuss für Folgenabschätzung. Sollte jedoch künftig den selbständigen Frauen ein eigener Anspruch auf bezahlten Mutterschaftsurlaub gewährt werden, würde dies zweifelsohne zumindest eine der zahlreichen Barrieren gegen den Zugang von Frauen zur selbständigen Erwerbstätigkeit bezwingen können. Vor allem aber würde es eine bessere Verein-

573 Arbeitsdokument der Kommissionsdienststellen, Begleitdokument zum Vorschlag für eine Richtlinie des Europäischen Parlaments und des Rates zur Verwirklichung des Grundsatzes der Gleichbehandlung von Männern und Frauen, die eine selbständige Erwerbstätigkeit ausüben, und zur Aufhebung der Richtlinie 86/613/EWG, Folgenabschätzungsberichts vom 03.10.2008, SEK(2008)2593; Zusammenfassung des Folgenabschätzungsberichts vom 03.10.2008, SEK(2008)2592.

574 S. SEK(2008)2592, S. 2; vgl. zu den nachfolgenden Ausführungen auch KOM (2008)636, S. 5 ff.

575 Vgl. hierzu schon die Ausführungen im 1. Kapitel z. B. unter B. IV.

576 Vgl. insoweit auch SEK(2008)2593, S. 4.

577 SEK(2008)2592, S. 3.

barkeit von Familien- und Berufsleben bei gleichzeitiger Ausweitung des sozialen Schutzes im Falle der Mutterschaft fördern.[578]

Im Rahmen der Folgenabschätzung wurde mit Blick auf die zuvor dargestellten wesentlichen Ansatzpunkte zur zielgerichteten Problembewältigung, mithin der Verbesserung der Verwirklichung des Grundsatzes der Gleichbehandlung von Frauen und Männern und Steigerung des Anteils der selbständig erwerbstätigen Frauen, ebenfalls untersucht, ob eine Überarbeitung der Richtlinie 86/613/EWG überhaupt von entsprechendem Nutzen sein könne.[579] Der Ausschuss für Folgenabschätzung gab hierbei zu bedenken, dass es sich bei den zwei nunmehr anzugehenden Personenkreisen, um zwei vollkommen verschiedene Gruppen, mit den unterschiedlichsten Bedürfnissen, handele. Die Nöte, als auch die Bedürfnisse der selbständigen Frauen und der mitarbeitenden Ehepartner wurden deshalb separat begutachtet. Eine Verquickung der unterschiedlichen Fragen sollte unbedingt vermieden werden.[580] Auch die vorliegende Arbeit stimmt diesem Gedanken zu und konzentriert sich deshalb im Folgenden auch weiterhin vornehmlich auf die Bedürfnisse von selbständig erwerbstätigen (werdenden) Müttern. Die mitarbeitenden Ehepartner sollen ausdrücklich nicht Gegenstand der vorliegenden Ausarbeitung werden.

b) Bewertung der verschiedenen politischen Optionen

Für die Erreichung der im obigen Sinne festgelegten Ziele kommen grundsätzlich mehrere politische Optionen in Frage. Von diesen wurden drei politische Optionen ausgewählt und im Anschluss vom Ausschuss für Folgenabschätzung analysiert: (1) keine neuen Maßnahmen auf EU-Ebene, (2) Annahme nicht verbindlicher Maßnahmen und (3) Annahme einer neuen Richtlinie bzw. Überarbeitung der bisher einschlägigen Richtlinie 86/613/EWG. Um die Wirkung der letzten Option besser bewerten zu können, wurde diese in weitere sich nicht gegenseitig ausschließende Unteroptionen aufgegliedert: (a) Verbesserung des Schutzes im Falle von Schwangerschaft und Geburt, (b) Freistellung zur Pflege von Familienangehörigen, (c) Einführung eines Rechtsstatus für mitarbeitende Ehepartner und (d) eines persönlichen Anspruches auf sozialen Schutz sowie (e) Festschreibung der Zuständigkeit nationaler Gleichbehandlungsstellen in diesem Bereich.[581]

---

578 SEK(2008)2592, S. 3; vgl. auch SEK(2008)2593, S. 15.

579 S. zur allgemeinen Aufgabenstellung des Folgenabschätzungsberichts auch SEK(2008)2593, S. 4 f.

580 S. SEK(2008)2593, S. 9.

581 S. SEK(2008)2592, S. 3 f.; SEK(2008)2593, S. 4 f., 23 ff.

Die Analyse der Auswirkungen sämtlicher Optionen ergab, dass einzig die Überarbeitung der Richtlinie der richtige Weg sein könne. Nur so könnten die gesteckten Ziele erreicht werden.

Hierzu im Einzelnen:

aa) Auswirkungen der verschiedenen Optionen

Der Folgenabschätzungsausschuss stellte unmissverständlich klar, dass, sollte es beim alten Stand verbleiben, einige Staaten möglichweise schon von sich aus Maßnahmen treffen würden, die den sozialen Schutz, z. B. hinsichtlich des Mutterschutzes von selbständigen Frauen, erweitern könnten, während andere dies auch weiterhin nicht tun würden.[582] Im Übrigen würde sich die Gemeinschaft weiter schlicht darauf verlegen, Frauen einen besseren Zugang zu Finanzierungshilfen zu gewähren oder verbesserte behördliche Rahmenbedingungen zu schaffen. Die vom Ausschuss identifizierten Probleme würden so aber noch lange nicht angemessen gelöst werden können.[583] Würden also keine Maßnahmen auf EU-Ebene ergriffen werden, würde keines der vom Ausschuss identifizierten Ziele erreicht werden können, so das erste Zwischenergebnis des Berichts.[584] Ein weiteres lautete, dass nicht verbindliche Maßnahmen zwar weiterhin fortgeführt und fortentwickelt werden sollten, aber auch diese keinesfalls eine Alternative zur Änderung der Richtlinie darstellen könnten.[585] Diese Erkenntnis fußte auf dem Umstand, dass bereits in der Vergangenheit immer wieder nicht verbindliche Maßnahmen in großer Vielzahl und auf den unterschiedlichsten Ebenen ergriffen worden waren[586], dabei allerdings nie mit dem nunmehr hier gewünschten Erfolg aufwarten konnten. Sicherlich hätten sie positive Wirkungen erzielt, so das Zugeständnis

---

582 Vgl. auch SEK(2008), S. 21.

583 S. SEK(2008)2593, S. 17 f.

584 S. SEK(2008)2592, S. 4 ff.; SEK(2008)2593, S. 5 ff.

585 S. SEK(2008)2592, S. 4 ff.; SEK(2008)2593, S. 5 ff., 25.

586 So wurde z. B. im Jahr 2000 von der Europäischen Kommission das Europäische Netzwerk WES, das „European network to promote women's entrepreneurship", gegründet. Aktuell entsenden sowohl die damaligen EU-27 als auch Kroatien, Island, Norwegen und die Türkei Repräsentanten an das Netzwerk. Es bietet selbständigen Frauen Rat, Unterstützung, Information und Kontakte hinsichtlich aller bestehenden Maßnahmen, die das weibliche Unternehmertum unterstützen soll. Bis 2008 hatte das Netzwerk alljährlich einen Bericht über die nationalen Aktivitäten veröffentlicht; vgl. SEK(2008)2593, S. 21 f. bzw. http://ec.europa.eu/growth/smes/promoting-entrepreneurship/we-work-for/women/support-networks/ (zuletzt abgerufen am 15.06.2018).

des Ausschusses.[587] Als besonders nützlich könnte sich so z. B. auch künftig die Zulassung staatlicher Beihilfen für die Gründung von Unternehmen durch Frauen erweisen, da sich der Zugang zu Startkapital als eines der Haupthindernisse für die unternehmerische Tätigkeit von Frauen erwiesen habe. Diese und andere nicht verbindliche Maßnahmen könnten und sollten weiter ausgebaut werden. Das müsse aber unabhängig vom hier vorliegenden Vorhaben geschehen. Angesichts des ehedem nur unverbindlichen Charakters der meisten bisher geltenden Bestimmungen der Richtlinie 86/613/EWG sei ohnedies an eine verbesserte Durchsetzung der Richtlinie auf diesem Wege kaum zu denken.[588] Übrig bleibt somit nur die Option der Überarbeitung der bisherigen Richtlinie 86/613/EWG.

bb) Kosten der Optionen

Mit Blick auf die Kosten deutet die Folgenabschätzung an, dass eine gänzlich kostenneutrale Umsetzung der damit als einzig sinnvoll erachteten Option, mitsamt seinen Unteroptionen, voraussichtlich nicht möglich sei. Für die weitere Abschätzung der Kosten wurde die schon in der Richtlinie 92/85/EWG vorgesehene Dauer des Mutterschaftsurlaubs von 14 Wochen ebenso zugrunde gelegt, als auch der Umstand, dass bereits nach Maßgabe der Richtlinien 2000/43/EG, 2002/73/EG und 2004/113/EG in allen Mitgliedsstaaten ohnehin längst Stellen zur Förderung der Gleichbehandlung eingerichtet worden sind, die die weiteren Aufgaben annähernd kostenneutral mitübernehmen könnten, da sie ehedem bereits für den größten Teil der Zielgruppe, nämlich den der Selbständigen, zuständig seien.[589]

(1) (Zusätzliche) Kosten für die Gewährung eines Mutterschaftsurlaubs von 14 Wochen

Der Bericht erklärte, dass auf die nur acht Mitgliedstaaten, in denen selbständig erwerbstätige Frauen zum Berichtszeitpunkt noch über keinen Anspruch auf Mutterschaftsurlaub von 14 Wochen verfügten[590], durch die Einführung eines

587 S. SEK(2008)2593, S. 24.

588 S. SEK(2008)2592, S. 4; vgl. auch SEK(2008)2593, S. 21 – In gewissem Maße könnte man die Vorgaben der RL 86/613/EWG möglicherweise sogar als „nichtbindende Maßnahme" verstehen, da sie vielmehr eine Art „Empfehlung", als eine rechtliche Verpflichtung darstellte.

589 S. SEK(2008)2592, S. 5, 7 f.; vgl. auch SEK(2008)2593, S. 39.

590 In Österreich, Belgien, Griechenland, Litauen und Belgien existierte zum Berichtszeitpunkt für die Selbständigen nur ein Mutterschutz von weniger als 14 Wochen; Bulgarien, die Tschechische Republik sowie Rumänien boten zu jenem Zeitpunkt

solchen Anspruches nur geringe Kosten zukämen. Die Umsetzung der (Unter-) Option „Verbesserung des Mutterschutzes" wäre für die übrigen Mitgliedstaaten sogar kostenneutral, sollte der notwendige Anstieg der Sozialbeiträge allein von den selbständigen Erwerbstätigen getragen werden. In diesem Zusammenhang merkte der Ausschuss allerdings zugleich auch an, dass dies in der Praxis jedoch wohl kaum der Fall sein dürfte, da ein Teil der Finanzierung der Sozialversicherung gewöhnlich aus den verschiedensten Quellen vereint erfolge, wie z. B. zum einen aus den Beiträgen der Erwerbstätigen und zum anderen aus Steuern.[591] Die Kosten eines auf die Gruppe der Selbständigen ausgeweiteten Mutterschutzes könne ohnehin nicht von den Selbständigen oder gar von Frauen eines bestimmten Alters allein getragen werden. Das Prinzip der Gleichbehandlung von Frauen und Männern würde eine solche Lösung bereits ausschließen.[592]

Kurzum, die Kosten dürften nach Ansicht des Ausschusses für Folgenabschätzung letztlich auf die Mitgliedstaaten und die selbständigen Erwerbstätigen aufgeteilt werden. Die ermittelten Kosten würden, dies berücksichtigend, den höchstmöglichen Kostenanstieg für die selbständigen Erwerbstätigen wiedergeben.[593] Konkret beziffert der Bericht diesen Anstieg mit mindestens 0,05 % (in Litauen) und 1,75 % (in Bulgarien) als Maximum. Die tatsächlichen Kosten

---

eine soziale Absicherung hinsichtlich des Mutterschutzes auf freiwilliger Basis an. Bei den vorgenannten Staaten handelt es sich um die vom Bericht in Bezug genommenen acht Staaten. Deutschland betreffend sei die dortige Situation nur schwer zu fassen, die Reichweite von Mutterschaftsleistungen sei dort ebenso weitreichend wie die der Leistungen im Falle von Krankheit. Dies sei darauf zurückzuführen, dass eben diese Leistungen den selbständigen Frauen im Wege der freiwilligen Versicherung gewährt werden würden; vgl. insgesamt hierzu SEK(2008)2593, S. 25 f., 30. S. hierzu zudem die umfangreichen nachfolgenden Erörterungen des 4. Kapitels zum Mutterschutz (auch) für Selbständige nach deutschem Recht. Auch der Folgenabschätzungsbericht macht also deutlich, dass der Mutterschutz für Selbständige im deutschen Rechtssystem möglicherweise zwar verankert, aber doch für Dritte nur sehr schwer bis kaum zu greifen ist.

591 Laut *EUROSTAT* hatten im Jahr 2005 die Beiträge der Erwerbstätigen zur sozialen Sicherung im Schnitt rund 60 % aller von den Staaten eingenommenen Sozialabgaben ausgemacht, während die übrigen 40 % aus dem allgemeinen Steueraufkommen entstammten. Diese Zahlen trafen in etwa auch für Deutschland zu (62,7 % an Sozialabgaben und 35,6 % an staatlichen Zuschüssen. Vgl. insoweit Alexandra Petrášová, „Social Protection in the European Union", in: Statistics in focus, Population and social conditions, 46/2008, S. 8 f.

592 S. SEK(2008)2593, S. 29.

593 S. SEK(2008)2593, S. 29.

würden letztlich sogar eher geringer ausfallen, so die vorläufige Einschätzung des Ausschusses. Zudem könnten die finanziellen Auswirkungen der Maßnahme durchweg dadurch abgemildert werden, dass man den selbständig erwerbstätigen Frauen die Wahl lässt, ob sie die Möglichkeit eines Mutterschaftsurlaubes in Anspruch nehmen oder nicht.[594]

(2) (Zusätzliche) Kosten für die Einrichtung von Vertretungsdiensten während der Zeit des Mutterschutzes

Der Ausschuss musste im Rahmen seiner Studien im Übrigen leider feststellen, dass zum Berichtszeitpunkt kaum ein Mitgliedsstaat der Europäischen Union über ein System verfügte, dass es ermöglichen würde, während der Zeit des Mutterschutzes der selbständigen Frau eine vorübergehende Vertretung zur Seite zu stellen bzw. eine solche für sie zu organisieren. Nur sehr wenige Staaten würden zumindest im gewissen Maße über derartige Systeme verfügen. Neben Österreich, Finnland und Frankreich wird in diesem Zusammenhang auch Deutschland genannt, wo immerhin für die Landwirte eine Vertretungsregelung gefunden und gesetzlich fixiert sei[595].[596]

Währenddessen würden einige Staaten zwar keinen Vertretungsdienst im engeren Sinne anbieten, wohl aber Vergünstigungen, die in eine ganz ähnliche Richtung zielen würden. So würde es z. B. in Slowenien gefördert werden, sollte eine selbständig Erwerbstätige für die Zeit ihres Mutterschutzes einen gemeldeten Arbeitslosen einstellen. Hier würde der Staat für bis zu 15 Monate die Sozialversicherungsabgaben für den als Vertretung eingestellten Arbeitslosen übernehmen.[597]

Diese Umstände berücksichtigend kommt der Bericht zu dem Ergebnis, dass eine künftig eventuell gesetzlich vorzusehende Bereitstellung einer zeitlich für 14 Wochen befristeten Vertretung signifikante Änderungen mit sich bringen würden. Hierfür würden allerdings zweifelsohne gewisse Kosten anfallen, die nur schwer im Vorfeld zu bestimmen seien, wahrscheinlich aber im Vergleich zu den Gesamtausgaben im Sozialbereich eher gering ausfallen würden. Dessen ungeachtet versuchte sich der Bericht an einer Berechnung der verschiedensten

---

594 S. insgesamt hierzu SEK(2008)2592, S. 5; detaillierter hierzu SEK(2008)2593, S. 25 ff., 29 f.

595 Das Gesetz über die Krankenversicherung der Landwirte (KLVG) sieht die Möglichkeit einer Betriebs-, als auch einer Haushaltshilfe für die Zeit des Mutterschutzes vor. S. hierzu die nachfolgenden Ausführungen des 4. Kapitels unter A. II. 3. b).

596 S. SEK(2008)2593, S. 30.

597 S. SEK(2008)2593, S. 31.

Szenarien, z. B. was wäre, wenn 20 % der selbständigen Frauen eine etwaige Vertretungsregelung in Anspruch nehmen und während dieser Zeit 50 % an Leistungen erhalten würden, oder was wäre, wenn 60 % ein solche Regelung in Anspruch nehmen und zugleich gar 100 % an Leistungen erhalten würden. Im Anhang 1 zum Bericht werden die verschiedenen Bewertungen in der dortigen Tabelle 3 zusammengefasst. Für Deutschland zeigt diese ein Kostenspannbreite von rund 4,25 Millionen Euro bis hin zu immerhin 25,53 Millionen Euro pro Jahr.[598] Eine verlässliche Bewertungsgrundlage ist das sicherlich nicht. Dafür ist die Spannweite schlicht zu groß.

(3) Ergebnis der Kostenanalyse

Die potenziell zu berücksichtigenden Kosten würden sich nur im geringen Maße auswirken, also nur marginal ausfallen, so die Schlussfolgerung des Berichts des Ausschusses für Folgenbeseitigung. Zugleich verweist der Bericht aber auch darauf, dass eine Bemessung von potenziellen Kosten nur schwer zu bewerkstelligen ist und stets von den politischen Entscheidungen auf nationaler Ebene abhinge.[599] Eine belastbare Aussage vermag der Ausschuss demnach nicht vorzulegen, wohl aber eine hinreichende Tendenz hinsichtlich dessen, mit dem gerechnet werden kann und darf. Die entsprechenden tabellarischen Kostenaufstellungen wurden im Bericht jeweils mitveröffentlicht.[600]

Insbesondere dem Fazit, dass derzeit kaum belastbare Aussagen getroffen werden können, ist beizupflichten. Im Rahmen einer an der Evangelischen Akademie Loccum speziell zum vorliegenden Thema durchgeführten Tagung im November 2014 bestätigte dies im Übrigen grundsätzlich auch der auf diesem Feld schon seit Langem forschende *Prof. Dr. Fachinger*. Sein Tagungsbeitrag von 2014 beschäftigte sich dabei vor allem mit der Frage, wie ein Anspruch auf Mutterschutz (auch) für Selbständige ausgestaltet und sodann finanziert werden könnte. Angesichts der Heterogenität selbständiger Erwerbstätigkeit und der Leistungen im Zusammenhang mit der Frage des Mutterschutzes, würde es nach Auffassung *Fachingers* zunächst einer konkreten Fassung von Zielen für die Umsetzung bedürfen. Erst dann können die zu treffenden Maßnahmen auf deren Wirkung hin tatsächlich festgelegt werden. *Fachinger* kritisiert in diesem Zusammenhang die noch immer bestehenden Defizite in den Datengrundlagen, z. B. hinsichtlich der für die Bundesrepublik Deutschland vom Statistischen Bundesamt erhobenen

598 S. SEK(2008)2593, S. 31, 53.
599 S. SEK(2008)2593, S. 23.
600 S. SEK(2008)2592, S. 5, 6 f. bzw. SEK(2008)2593, S. 29 f., 36.

Daten oder des sozio-ökonomischen Panels.[601] Erst dann ist aber eine tatsächliche Bewertung möglich, insoweit ist *Fachinger* unbedingt zuzustimmen.

c) Schlussfolgerungen des Berichtes

Um die vorgegebenen Ziele für die verschiedenen betroffenen und von der Richtlinie 86/613/EWG zugleich berücksichtigten Personenkreise, namentlich der selbständigen Frauen und der mitarbeitenden Ehepartner, möglichst weitgehend zu erreichen und unter Berücksichtigung der Kostenwirksamkeit der verschiedenen Optionen und Unteroptionen, schlug der Ausschuss für Folgenabschätzung letztlich eine Verknüpfung mehrerer Optionen vor. Als beste Lösung schwebte ihm eine Kombination aus Aufrechterhaltung der bestehenden bzw. geplanten nicht verbindlichen Maßnahmen sowie der Vorlage eines Vorschlages für eine Richtlinie zur Änderung der Richtlinie 86/613/EWG vor. Das vom Ausschuss bevorzugte Konzept umfasste dabei ausdrücklich auch die Schaffung eines Anspruchs auf Mutterschaftsurlaub für selbständig erwerbstätige Frauen. Darüber hinaus sollte z. B. eine Ausdehnung der Zuständigkeit nationaler Gleichbehandlungsstellen für von der Richtlinie erfasste Diskriminierungsfälle erfolgen.[602] Es sollte also grundsätzlich an bereits bestehenden Strukturen angeknüpft werden. Des Weiteren schlägt der Ausschuss für Folgenabschätzung vor, dass, um die Besonderheiten der selbständigen Erwerbstätigkeit gebührend zu berücksichtigen und um zusätzliche Kosten zu vermeiden, der in Aussicht genommene Vorschlag den selbständigen Frauen und mitarbeitenden Ehepartnerinnen die Möglichkeit bieten könnte, den sozialen Sicherungssystemen freiwillig beizutreten. In diesem Falle würden zusätzliche Kosten allein aufgrund der eigenen freien Entscheidung der weiblichen Selbständigen bzw. der mitarbeitenden Ehepartner entstehen, so der Ausschuss in seinem Bericht.[603]

Alles in allem sei jeder Kostenbetrachtung zum Trotz festzuhalten, dass der hier gewählte Optionsmix zweifelsohne in der Lage sei, es Frauen zu erlauben, trotz Schwangerschaft und Wochenbett weiterhin in ihrer gewählten selbständigen Erwerbsform zu verbleiben bzw. mehr Frauen dazu ermutigen überhaupt in die Selbständigkeit zu gehen. Dies sei gerade deshalb der Fall, da heutzutage das

---

601 Fachinger, „Wer soll das bezahlen?", in: Rust/Lange (Hrsg.), Mutterschutz für Selbständige?, Loccumer Protokoll 80/14, S. 121, 128 ff. m.w.N. In seinem Beitrag kritisiert Fachinger zu Recht, dass, während abhängig Beschäftigte bezüglich der Mutterschaft relativ umfassend abgesichert sind, die Situation von selbständigen Frauen im Fall der Mutterschaft bisher kaum zur Kenntnis genommen worden ist.

602 S. SEK(2008)2592, S. 8; SEK(2008)2593, S. 5, 41.

603 S. SEK(2008)2593, S. 5.

Durchschnittsalter von GründerInnen bei ca. 35 Jahren, während das Durchschnittsalter der Erstgebärenden nur knapp darunter bei 29 Jahren liege, so der Ausschuss.[604]

4. *Zum Vorschlag der Kommission zur Novellierung der erfolglosen Richtlinie 86/613/EWG*

Allen eingeholten Stellungnahmen, Studien und Berichten gemein ist, dass sie die bisher einschlägige Richtlinie 86/613/EWG als nicht sehr erfolgreich bezeichnen. Änderungen habe sie kaum bewirkt. Eine Novellierung schien unumgänglich, um die vor allem von der Lissabon-Strategie geprägten Ziele einer besseren Vereinbarkeit von Beruf und Familie und so der besseren Nutzung des vorhandenen Erwerbspotenzials von Frauen, insbesondere im Bereich der Selbständigkeit, zu verwirklichen.

Die Richtlinie 86/613/EWG war zum Zeitpunkt dieser Erkenntnis seit mehr als zwanzig Jahren erfolglos in Kraft gewesen und war zuvor nie geändert oder aktualisiert worden. Und dies, obgleich schon Mitte der 1990er Jahre die Unzulänglichkeiten der Richtlinie im Bericht der Kommission vom 15. September 1994[605] mehr als deutlich beschrieben worden waren. Diese sollten nun endlich angegangen werden, wobei die Kommission den im Rahmen der Vorabanhörungen vertretenen Meinungen soweit wie irgend möglich Beachtung schenken wollte, um so das angestrebte Ziel der Gleichbehandlung aller Männer und Frauen, die eine selbständige Erwerbstätigkeit ausüben, tatsächlich auch erreichen zu können. Das Eingreifen der Europäischen Union sollte zugleich auf das für die Verwirklichung des Grundsatzes der Gleichbehandlung notwendige Mindestmaß beschränkt sowie Kosten und Nutzen der verschiedenen politischen Optionen sorgfältig gegeneinander abgewogen werden[606].[607] Was folgte war die am 03. Oktober 2008 von der Kommission vorgestellte Gesetzesinitiative[608], die letztlich in die Verabschiedung der novellierten Richtlinie 2010/41/EU mündete.

---

604 Vgl. SEK(2008)2593, S. 31.

605 KOM(94)163 endg.

606 Siehe zu letzterem Punkt die zuvor dargestellten Ausführungen zur Folgenabschätzung unter C. I. 3.

607 KOM(2008)636, S. 5.

608 Vorschlag für eine Richtlinie des Europäischen Parlaments und des Rates zur Verwirklichung des Grundsatzes der Gleichbehandlung von Männern und Frauen, die eine selbständige Erwerbstätigkeit ausüben, und zur Aufhebung der RL 86/613/EWG vom 03.10.2008, KOM(2008)636 endg.

a) Die Gesetzesinitiative der Kommission im Überblick

Der Vorschlag der Kommission, wie er am 03. Oktober 2008 verkündet wurde, sollte zur Aufhebung der Richtlinie 86/613/EWG führen bzw. diese in Gänze novellieren, um ihr für die Zukunft mehr Schlag- und mehr Wirkkraft, vor allem auch hinsichtlich eines etwaigen Anspruchs auf Mutterschaftsleistungen (auch) für Selbständige, zu verschaffen. Wie dies letztendlich im Einzelnen aussah, wird im Folgenden in gebührender Kürze und mit beschränkten Blick auf die für diese Ausarbeitung bedeutenden Bestimmungen dargestellt[609]:

> **Art. 1 des Entwurfes: Zweck und Anwendungsbereich der überarbeiteten Richtlinie**
> Der Vorschlag sollte künftig den Zweck der Richtlinie, d.h. das Prinzip der Gleichbehandlung von Männern und Frauen, welche eine selbständige Tätigkeit ausüben, effektiver in die Tat umsetzen. Hierzu sollte er sowohl für selbständig Erwerbstätige als auch für die mitarbeitenden Ehepartner Geltung finden, während sie aber nicht dazu gedacht sein sollte, die Bestimmungen der Richtlinie 2004/113/EG zur Verwirklichung des Grundsatzes der Gleichbehandlung von Männern und Frauen beim Zugang zu und Versorgung mit Gütern und Dienstleistungen zu ersetzen. Auch sollte sie nur für die nicht von den Richtlinien 2006/54/EG und 79/7/EWG erfassten Bereiche gelten. Insofern stellt zumindest die Zielrichtung des Anwendungsbereichs noch kein Novum im Vergleich zu Art. 1 der Richtlinie 86/613/EWG dar.
>
> **Art. 2 des Entwurfes: Begriffsbestimmungen**
> Die Definitionen für „selbständig Erwerbstätige" und „mitarbeitende Ehepartner", also der Zielgruppe der Richtlinie, entstammte ebenfalls im Großen und Ganzen der vormaligen Richtlinie 86/613/EWG. Die Definition von „mitarbeitenden Ehepartner" sollte nun dahingehend leicht abgeändert werden, dass fortan die Wörter „mitarbeitend" und „bzw. […] Lebenspartner" hinzugefugt werden sollten, wodurch – unabhängig vom Familienstand – sämtliche nach innerstaatlichem Recht als Lebenspartner anerkannte Personen, die sich regelmäßig an der Tätigkeit des Familienunternehmens beteiligen, in den Geltungsbereich der Richtlinie einbezogen werden würden.
> Die Definitionen für „direkte Diskriminierung", „indirekte Diskriminierung", „Belästigung" und „sexuelle Belästigung" folgten im Übrigen dem bestehenden Unionsrecht und wurden, wie bei allen neueren modernen Gleichbehandlungsrichtlinien üblich, nun gleichfalls mit den entsprechend nötigen Abänderungen einbezogen.

---

609 Vgl. hierzu insgesamt auch die „procedure file" COD(2008)0192 mit deren Zusammenfassung des gesamten Verfahrensablaufes, abrufbar über den Service „The Legislative Observatory" des Europäischen Parlamentes – http://www.europarl.europa.eu/oeil/popups/ficheprocedure.do?lang=en&reference=2008/0192(COD) (zuletzt abgerufen am 15.06.2018). Vgl. ebenfalls die Begründung des Richtlinienentwurfes KOM(2008)636 endg., S. 8 ff.

<u>Art. 3 des Entwurfes:</u> Der Gleichbehandlungsgrundsatz
Art. 3 Abs. 1 sollte des Weiteren die Bedeutung des Grundsatzes der Gleichbehandlung für die Zwecke dieses Richtlinienentwurfes festlegen. Hierzu wurde er an die Art. 3 und 4 der alten Richtlinie 86/613/EWG angelehnt. Die Richtlinie sollte damit künftig jegliche direkte oder indirekte Diskriminierung in Verbindung mit der Gründung, Einrichtung oder Erweiterung eines Unternehmens bzw. der Aufnahme oder mit der Ausweitung jeder anderen Form von selbständiger Tätigkeit verbieten. Die Kommission wollte so nochmals nachdrücklich bekräftigen, dass die Mitgliedsstaaten der Union hinsichtlich jedweder Nachteile, die einer Person, soweit vom Anwendungsbereich der Richtlinie erfasst, aufgrund ihres Geschlechts zuteilwerden, nun endlich gezielte Maßnahmen einführen sollten, soweit solche (noch) nicht vorhanden waren. Eine spezielle Regelung zu dementsprechenden „Positiven Maßnahmen", also spezifische Maßnahmen, mit denen geschlechtsbezogene Benachteiligungen verhindert oder ausgeglichen werden, bietet derweil der Art. 4 des Richtlinienentwurfes.

<u>Art. 7 des Entwurfes:</u> Mutterschaftsleistungen
Von weitreichender Bedeutung ist die Neuerung, dass nunmehr allen selbständig erwerbstätigen Frauen und mitarbeitenden Ehepartnerinnen ausdrücklich das Recht zugestanden werden solle, auf ihren Wunsch hin Mutterschaftsurlaub zu nehmen. Mit dem neuen Art. 7 wollte der Richtlinienentwurf den ehemaligen Art. 8 der Richtlinie 86/613/EWG endlich abändern. Die bisherige Prüfungspflicht sollte sich in einen ausdrücklichen Umsetzungsauftrag wandeln.
Fortan sollte von den Mitgliedsstaaten auf Antrag der Mutter hin also ein unumstößlicher Rechtsanspruch auf Mutterschaftsleistungen, respektive Mutterschaftsurlaub, sichergestellt werden. Dieser Mutterschaftsurlaub solle dabei in gleicher Länge gewährt werden, wie er in der Richtlinie 92/85/EWG für Arbeitnehmerinnen schon seit Langem vorgesehen ist. Weiterhin war nunmehr vorgesehen, dass während dieser Zeit eine Sozialleistung gezahlt werden sollte, die mindestens gleichwertig mit derjenigen Leistung sein sollte, die der betreffenden Person im Falle der Unterbrechung der Erwerbstätigkeit aus gesundheitlichen Gründen, sprich dem Krankheitsfalle, zustehen würde. Dies sollte vorbehaltlich etwaiger Obergrenzen des nationalen Rechts Geltung finden. Sofern die betreffende Person keinen eigenen Anspruch auf Krankengeld haben sollte, sollte die Höhe der Sozialleistung jedenfalls aber einer gleichwertigen Zahlung und geeigneten Leistung nach innerstaatlichem Recht entsprechen.
Ferner sollten die Besonderheiten der selbständigen Erwerbstätigkeit nicht unbeachtet bleiben, so dass der Richtlinienvorschlag – soweit möglich – auch weiterhin die alternative (Wahl-)Möglichkeit vorsah, zeitlich befristete Vertretungsregelungen zu treffen. Dies könne, so der Vorschlag der Kommission, durchaus eine angemessene Alternative zur finanziellen Unterstützung darstellen und es so den selbständigen Frauen ermöglichen, auf der einen Seite Mutterschaftsurlaub zu nehmen und auf der anderen Seite mit Hilfe der befristeten Vertretung ihre selbständige Tätigkeit aufrecht zu erhalten.

<u>Art. 8 des Entwurfes:</u> Rechtsschutz
All denjenigen, die glauben, sie seien Opfer einer Diskriminierung im Sinne des Anwendungsbereichs dieses Richtlinienentwurfes, sollte zukünftig die Möglichkeit ge-

währt werden, ihr Rechts auf Gleichbehandlung sowie ihre Ansprüche aus eben dieser Richtlinie durch Verwaltungs- und/oder Gerichtsverfahren durchzusetzen. Daneben sollte das Recht auf Rechtsschutz zusätzlich dadurch ergänzt und verstärkt werden, dass auch einschlägige Organisationen und Verbände im Namen der Opfer tätig werden können sollen.

Art. 9 des Entwurfes: Schadenersatz oder Entschädigung
Gänzlich neu sollte die Regelung des Art. 9 hinsichtlich Schadenersatz und Entschädigung sein. Die Mitgliedstaaten sollten von nun an dazu verpflichtet werden, sicherzustellen und Sorge dafür zu tragen, dass in ihrem jeweiligen nationalen Recht für den Fall der Nichtbeachtung eine echte und wirksame Entschädigung oder Schadenersatz vorgesehen wird.

Art. 10 des Entwurfes: Stellen zur Förderung der Gleichbehandlung
Letztlich sollten die Mitgliedsstaaten laut Richtlinienentwurf auch dazu verpflichtet werden, nationale Stellen zur Förderung der Gleichbehandlung der unter diese Richtlinie fallenden Personen zu benennen bzw. einzurichten, wobei der Richtlinienvorschlag eine Reihe an Anforderungen an eben diese Stellen stellt. Angelehnt wurde diese Forderung an die in den Richtlinien 2000/43/EG, 2002/73/EG, 2004/113/EG und 2006/54/EG unlängst bestehenden, vergleichbaren Bestimmungen. Diese stellen den entsprechenden Bezugsrahmen her. Denkbar sollte es überdies sein, die Einrichtung solcher Stellen auf regionaler oder lokaler Ebene zu beschließen, sofern das gesamte Hoheitsgebiet abgedeckt würde.

b) Ist das Ziel damit erreicht?

Ihre hochgesteckte Aufgabe schien die Kommission damit vorerst gelöst zu haben. Nachdem der Gleichbehandlungsgrundsatz bei selbständigen Erwerbstätigen und mitarbeitenden Ehepartnern in der Praxis vordem kaum ausreichend Beachtung gefunden hatte, sollten nunmehr die Chancengleichheit beider Gruppen deutlich gestärkt werden. Erhebliche Änderungen sollten dabei vor allem die Regelungen zum Mutterschutz selbständiger Frauen und mitarbeitender Ehepartnerinnen erfahren. Bis dahin war es die Angelegenheit der einzelnen Mitgliedsstaaten, zu entscheiden, ob und wie diese Frauen für die Zeit des Mutterschutzes Sozialleistungen erhalten sollten oder eben nicht. Künftig sollten die Mitgliedsstaaten also verpflichtet sein, finanzielle Unterstützung in dieser für die (werdende) Mutter wichtigen Zeit zu gewähren. Das „Ob“ eines Mutterschutzes (auch) für Selbständige sollte fortan nicht länger diskutiert werden können. Die Mitgliedsstaaten sollten fortan dafür Sorge tragen, dass schwangere Selbständige wie alle anderen erwerbstätigen Mütter in den Mutterschutz gehen können.

Ob es dieser Entwurf nun allerdings tatsächlich vermochte, alle Beteiligten glücklich zu stimmen, und sich alle Mitgliedsstaaten dazu bereit erklären würden,

den Forderungen nachzukommen, sei jedenfalls noch an dieser Stelle zunächst dahingestellt. Eine eingehende Untersuchung wird im Weiteren noch folgen. Jedenfalls spiegelt der Entwurf grundsätzlich das wider, was die breite Masse von der Kommission verlangt hat. So wurde mit dem neuen Art. 7 nicht erneut nur ein Prüfungsauftrag hinsichtlich eines etwaigen Mutterschutzes auch für Selbständige formuliert, sondern die Aufgabe erteilt, endlich eine entsprechende Anspruchsgrundlage zu schaffen.

II. Skepsis und beharrliche Kritik am Richtlinienvorhaben aus Deutschland

Insgesamt muss festgestellt werden, dass die politische, als auch die juristische Auseinandersetzung mit dem am 03. Oktober 2008 von der Europäischen Kommission vorgelegten Richtlinienentwurf in Deutschland kaum Wellen schlug. Dies mag dem Umstand geschuldet sein, dass die Kommission bereits im Vorfeld den maßgeblichen Betroffenen die Chance geboten hatte, ihre Meinung zum Vorhaben mitzuteilen und letztlich deren Standpunkte und Anregungen soweit wie möglich einbezogen hat. Trotz aller Bemühungen, es so vielen wie möglich genehm zu machen, konnte die Kommission natürlich nicht allen Wünschen gerecht werden, nicht alle Skeptiker fanden Beachtung.[610] Wie bei jedem zielorientierten Vorhaben verblieb auch hier eine Reihe an Kritikpunkten, wie von verschiedener Seite betont wurde. So machte die Bundesrepublik Deutschland, und hier insbesondere der Deutsche Bundesrat, in seinem im Folgenden noch näher darzustellenden Beschluss vom 19. Dezember 2008[611] keinen Hehl daraus, dass der nunmehr vorgelegte Entwurf ihm in mehrfacher Hinsicht nicht gefalle und er ihm durchaus skeptisch gegenüberstünde, während die Experten des Centrums für Europäische Politik aus Freiburg (CEP)[612] dem Entwurf gar die rote Karte zeigten.

---

610 Die Bundesrepublik Deutschland hat sich von Anbeginn stets kritisch zum Vorhaben der Europäischen Kommission geäußert, vgl. so schon die entsprechenden Ausführungen unter C. II. sowie Biermann/Gather, Sozialer Fortschritt 2014, 170, 170.

611 Beschluss des Bundesrates zum Vorschlag für eine Richtlinie des Europäischen Parlaments und des Rates zur Verwirklichung des Grundsatzes der Gleichbehandlung von Männern und Frauen, die eine selbständige Erwerbstätigkeit ausüben, und zur Aufhebung der Richtlinie 86/613/EWG, KOM(2008) 636 endg.; Ratsdok. 13981/08, vom 19.12.2008, BR-Drs. 746/08 (B).

612 Das Centrum für Europäische Politik (CEP) ist der europapolitische Think-Tank der Stiftung Ordnungspolitik. Es analysiert die volkswirtschaftlich relevanten Vorhaben

1. Beschluss des deutschen Bundesrates zum Richtlinienvorhaben der Europäischen Kommission vom 19. Dezember 2008

Kaum war der Vorschlag zur Richtlinienabänderung vom 03. Oktober 2008 vorgelegt, schon leitete die Kommission ihre Gesetzesvorlage am 07. Oktober 2008 dem deutschen Bundesrat zur Stellungnahme zu. Annähernd zeitgleich, genauer am 13. Oktober 2008, übermittelte sodann auch die Bundesregierung über dem Bundesministerium für Wirtschaft und Technologie[613] den Vorschlag an den Bundesrat.[614] Im Folgenden holte der Bundesrat die Empfehlungen seiner verschiedenen Ausschüsse ein. Es wurden der federführende Ausschuss für Fragen der Europäischen Union (EU) gehört, als auch der Agrarausschuss (A), der Ausschuss für Arbeit und Sozialpolitik (AS), der Ausschuss für Frauen und Jugend (FJ), der Rechtsausschuss (R) sowie der Wirtschaftsausschuss (Wi). Die große Anzahl an angehörten Ausschüssen macht abermals deutlich, wie breitgefächert die von dem Richtlinienentwurf betroffenen Fragestellungen sind. Auch wird deutlich, wie viele verschiedene Gruppen von der Richtlinie betroffen sind. Und so war es offenbar auch nicht von Vornherein klar, wer die Federführung übernehmen solle.

Gemäß den §§ 3, 5 EUZBLG[615] empfahlen die vorbenannten Ausschüsse schließlich dem Bundesrat eher kritisch als zustimmend Stellung zum Vorhaben

der EU und entwickelt Strategien für die europäische Politik. Vgl. auch http://www.cep.eu.

613 Das Bundeswirtschaftsministerium (BMWi) war jedoch im Folgenden nicht länger allein federführend, da insbesondere die zentrale Frage des Mutterschutzes (auch für Selbständige) beim Bundesministerium für Familien, Senioren, Frauen und Jugend (BMFSFJ) angegliedert ist. Im Jahr 2014 wurde eine gemeinsame Initiative des BMWi und BMFSFJ gegründet – „Frauen gründen – Gründerinnen und Unternehmerinnen in Deutschland stärken". Die zuständigen Bundesministerien planen bis 2016 verschiedene Maßnahmen auf diesem Gebiet umzusetzen. Der Blick soll sich dabei vor allem auf die Themenbereiche „Vertretungsregelungen" und „finanzielle Absicherung" richten. Dabei soll u. a. auch der Frage nachgegangen werden, „wie für Selbständige bei Schwangerschaft und Stillzeit bessere Bedingungen geschaffen werden können". Es bleibt abzuwarten, was sich hieraus entwickeln wird; s. hierzu: https://www.bmfsfj.de/blob/83098/a0b7288769bb9e13541dcfd124527783/strategiepapier-frauen-gruenden-data.pdf (zuletzt abgerufen am 15.06.2018).

614 Die Übermittlung erfolgte gemäß § 2 des Gesetzes über die Zusammenarbeit von Bund und Ländern in Angelegenheiten der Europäischen Union (EUZBLG); s. BR-Drs. 746/08 vom 13.10.2008.

615 Gesetzes über die Zusammenarbeit von Bund und Ländern in Angelegenheiten der Europäischen Union.

der Europäischen Kommission zu beziehen.[616] Der Bundesrat folgte größtenteils den Vorschlägen der Ausschüsse, so dass am 19. Dezember 2008 ein entsprechender Beschluss[617] durch den Bundesrat verabschiedet wurde.

Nachfolgend wird in gebührender Kürze ein Überblick über die wichtigsten Kritikpunkte dieses Beschlusses des Bundesrates, insbesondere im Hinblick auf die hier im Blickpunkt des Interesses stehende Frage nach der Notwendigkeit und Umsetzungsmöglichkeit eines Mutterschutzes für Selbständige, zusammengestellt:

1. Kritikpunkt: Die eigentliche Verantwortung liegt bei den Mitgliedsstaaten selbst, nicht aber bei der EU.

Laut des Beschlusses des Bundesrates vom Dezember 2008 sei zwar zunächst festzuhalten, dass der Bundesrat die Zielsetzung der Kommission, den Grundsatz der Gleichbehandlung von Männern und Frauen, die eine selbständige Tätigkeit ausüben, besser zu verwirklichen, ebenso zu begrüßen sei, wie die Förderung der Vereinbarkeit von Erwerbstätigkeit und Familie. Die Anzahl der Unternehmensgründungen durch Frauen steige seit Jahren, weshalb die Problematik der Vereinbarkeit von Unternehmensführung und Mutterschaft ohnedies zunehmend an Bedeutung gewinnen werde. Gleichwohl sei dringend auf das Subsidiaritätsprinzip hinzuweisen, welches unbedingt gewahrt bleiben müsse. Es müsse allein den Mitgliedsstaaten überlassen bleiben, die notwendigen Konsequenzen für dieses Problem zu ziehen, weshalb es auch unbedingt zu begrüßen sei, dass die Kommission die hauptsächliche Verantwortung der Mitgliedsstaaten für weitere Vereinbarkeitsmaßnahmen hervorhebt. Schließlich gäbe es in den verschiedenen Mitgliedsländern die unterschiedlichsten Ausgangslagen. Wo jeweils die weiter zu verfolgenden Schwerpunkte gesetzt werden müssten, könnten somit nur diese selbst entscheiden.

2. Kritikpunkt: Es fehle der Europäischen Union die notwendige Kompetenz.

Der Bundesrat verwies im Rahmen seiner Stellungnahme vom Dezember 2008 ferner eindringlich darauf, dass die Europäische Union für die in der Selbständigen-Richtlinie vorgeschlagenen Regelungen, insbesondere zum Mutterschutz, keine Kompetenz besitze. Nach Auffassung des Bundesrates könne hierzu Art. 141 Abs. 3 EGV[618] jedenfalls nicht herangezogen werden. Vielmehr würden die Re-

616 BR-Drs. 746/1/08 vom 08.12.2008 – Empfehlungen der Ausschüsse.
617 BR-Drs. 746/08 (B) vom 19.12.2008 – Beschluss des Bundesrates.
618 Heute findet sich die entsprechende Regelung in Art 157 Abs. 3 AEUV.

gelungen in die Kompetenz der Mitgliedsstaaten zur eigenverantwortlichen Ausgestaltung der sozialen Sicherungssysteme eingreifen. Entgegen der Behauptung der Kommission, wonach die Regelungen für Selbständige im Mutterschutz der Chancengleichheit und Gleichbehandlung von Männern und Frauen dienlich seien, solle doch der Mutterschaftsurlaub von seinem Sinn und Zweck her vielmehr primär dem Gesundheitsschutz von Mutter und Kind zu Gute kommen. Chancengleichheit und Gleichbehandlung mögen zwar unter Umständen einen positiven Nebeneffekt darstellen, seien aber keinesfalls das vornehmliche Ziel der Gewährung von Mutterschaftsurlaub. Eine entsprechende Regelungskompetenz für den Gesundheitsschutz und Sozialschutz von Selbständigen enthalte Art. 141 Abs. 3 EGV jedoch nicht.

3. Kritikpunkt: Es gäbe eine Vielzahl an Problemen, die sich im Rahmen einer Umsetzung stellen würden und die es schon jetzt zu berücksichtigen gilt.

Durch die Schwangerschaft einer Unternehmerin sei nicht nur diese selbst, sondern vor allem auch die Mitarbeiter und Auszubildenden ihres Unternehmens betroffen. Eine versicherungsrechtliche Absicherung sei in einem solch gelagerten Falle in Deutschland bisher kaum möglich. Auch die Beantragung von Kurzarbeitergeld für die betroffenen Mitarbeiter als Überbrückungsmaßnahme bei Ausfall der Unternehmerin durch Schwangerschaft oder kurz nach der Entbindung sei nach deutschem Recht derzeit nicht vorgesehen. Ein weiteres Problem sei in diesem Zusammenhang die Fortsetzung der Ausbildung von Auszubildenden der schwangeren Unternehmerinnen, um den Berufsabschluss im vorgesehenen Zeitrahmen zu erreichen. Mit Blick auf die vorbenannten Probleme appellierte der Bundesrat im Rahmen seiner Stellungnahme an die Bundesregierung, sich bei den weiteren Beratungen des Richtlinienvorschlages dafür einzusetzen, dass ein tragfähiger europäischer Rahmen festgelegt werde, der eine wirtschaftspolitisch und sozial ausgewogene nationale Regelung ermöglichen würde. Das letzte Wort sollte also zumindest nach Auffassung des Bundesrates bei den einzelnen Mitgliedsstaaten verbleiben.

4. Kritikpunkt: Es bestünde die Gefahr von erhöhten Kosten.

Der Bundesrat sah darüber hinaus eine reale Gefahr zusätzlicher Kosten für die Sozialversicherungssysteme oder für die öffentlichen Haushalte in den Mitgliedsstaaten, wenn im Zuge der voraussichtlich notwendigen Anpassungen im nationalen Recht eine kostenneutrale Umsetzung nicht realisierbar sei.

Fazit: Alternativvorschläge für ein zweckmäßigeres Vorgehen der EU zur Zielerreichung.

Der Bundesrat schlug vor, die Kommission solle doch lieber den grenzüberschreitenden Ideen- und Erfahrungsaustausch fördern sowie die nationalen Anstrengungen beim Ausbau von Betreuungseinrichtungen und beim Abbau geschlechterspezifischer Stereotypen unterstützen.

Die Zielsetzung der Kommission, insbesondere eine Verbesserung der Vereinbarkeit von Beruf und Familie zu schaffen, war also grundsätzlich auch vom Deutschen Bundesrat begrüßt worden. Der Grundsatz der Gleichbehandlung von Männern und Frauen wurde selbstverständlich für bedeutsam erachtet. Die im Weiteren angeführten Kritikpunkte zeigen aber auch, dass man nicht gewillt war, sich in der Frage der Umsetzung Vorgaben aus Brüssel machen zu lassen. Die Verantwortung solle auch weiterhin allein bei den einzelnen Mitgliedsstaaten liegen. Änderungen sollten nicht vorgenommen werden. Es bestünde andernfalls eine beachtenswerte Kostengefahr. Der Deutsche Bundesrat sah es stattdessen offenbar für zweckdienlicher an, z. B. den bereits damals ehedem im Zentrum seiner politischen Bestrebungen stehenden Ausbau von KiTa-Plätzen voranzutreiben.

Mit Blick auf die voranstehend erörterte Folgenabschätzung, selbst unter Beachtung der Erläuterungen von *Fachinger*[619], ist den kritischen Ausführungen des Bundesrates entgegenzuhalten, dass die Gefahr zusätzlicher Kosten voraussichtlich niedriger ausfallen wird, als vom Bundesrat befürchtet wurde. Zudem kommt die Folgenabschätzung zu dem eindeutigen Ergebnis, dass keine Änderungen vorzunehmen, keine Option sei. Auch weiterhin allein die Mitgliedsstaaten darüber entscheiden zu lassen, ob Sie überhaupt tätig werden wollen, würde zu keinen Neuerungen oder gar Fortschritten führen. Sicherlich ist die Frage des Ausbaus von KiTa-Plätzen ebenfalls von Bedeutung, nach diesseitiger Auffassung allerdings nur ergänzend.

Die darüber hinaus angeführte Argumentation, es bestünde seitens der Europäischen Kommission bereits keine Kompetenz zum Tätigwerden, wird an anderer Stelle noch ausführlich beleuchtet werden.[620]

2. *Kurzanalyse des Centrums für Europäische Politik (CEP)*

Beinahe zeitgleich mit der Stellungnahme des deutschen Bundesrates vom Dezember 2008 veröffentlichte das Centrum für Europäische Politik (CEP) in Freiburg im Januar 2009 eine Kurzanalyse und Studie zum Vorhaben der Kom-

619 Vgl. hierzu die obigen Ausführungen unter C. I. 3. b) bb) (3).

620 Zur Frage der Kompetenz vgl. die nachfolgenden Ausführungen unter D. I. 1.

mission, die Selbständigen-Richtlinie abzuändern.[621] *Klaus-Dieter Sohn*, Autor der Kurzanalyse des Richtlinienvorschlages, geht dabei wesentlich detailreicher und differenzierter auf die diversen zu kritisierenden Punkte und Fragen ein, als es zuvor der Bundesrat getan hatte. Schon aus diesem Grunde ist seiner Analyse an dieser Stelle besondere Aufmerksamkeit zu widmen.

Insgesamt kam *Sohn* zu dem Ergebnis, dass der Richtlinienvorschlag in seiner geplanten Form nicht umgesetzt werden dürfe. Vor allem aus ökonomischer, aber auch aus rein juristischer Sicht sei der Vorschlag nicht tragbar. Im Einzelnen begründete er seine Erkenntnis dabei wie folgt[622].

a) Ökonomische Folgenabschätzung

Unter dem ökonomischen Gesichtspunkt sah *Sohn* insbesondere die Gefahr erhöhter Kosten für selbständig Erwerbstätige, etwa in Gestalt erhöhter Krankenversicherungskosten für privat versicherte Frauen, während nach seiner Auffassung im Gegenzug nur kaum beachtliche Auswirkungen auf Wachstum und Beschäftigung mit dieser Folge einhergehen würden.

Die politische Entscheidung, auch Selbständigen während des Mutterschaftsurlaubs finanzielle Leistungen zu gewähren, sei laut *Sohn* zwar durchaus vertretbar. Denn die Gesundheit schwangerer Frauen, die selbständig erwerbstätig sind, sei nicht weniger schutzwürdig als die von Angestellten. Folgerichtig müsse daher auch ein Äquivalent zur Lohnfortzahlung bei Angestellten geschaffen werden. Dies vermeide, dass die Inanspruchnahme des Mutterschaftsurlaubs für Selbständige aus finanziellen Gründen de facto unmöglich werde. Die Finanzierung einer Schwangerschaftsvertretung für die Selbständige durch den Mitgliedsstaat oder die Krankenversicherung könne sodann aber sehr hohe Kosten verursachen und sei schon aus diesem Grunde abzulehnen. Stattdessen sollte die Selbständige

621 Klaus-Dieter Sohn, Kurzanalysen und Studien zu EU-Vorhaben und EU-Rechtsakten, Gleichbehandlung selbständiger Frauen und mitarbeitender Lebenspartner: Richtlinienvorschlag KOM (2008)636, 2008 vom 05.01.2009; https://www.cep.eu/Analysen_KOM/KOM_2008_636_Gleichbehandlung_Selbstaendiger_Mitarbeitender/cepAnalyse_KOM_2008_363_Gleichbehandlung_Selbstaendiger.pdf (zuletzt abgerufen am 15.06.2018).

622 Sohn, Kurzanalysen und Studien zu EU-Vorhaben und EU-Rechtsakten, Gleichbehandlung selbständiger Frauen und mitarbeitender Lebenspartner: Richtlinienvorschlag KOM (2008)636, 2008 vom 05.01.2009; https://www.cep.eu/Analysen_KOM/KOM_2008_636_Gleichbehandlung_Selbstaendiger_Mitarbeitender/cepAnalyse_KOM_2008_363_Gleichbehandlung_Selbstaendiger.pdf (zuletzt abgerufen am 15.06.2018).

das gewollte Äquivalent zur Lohnfortzahlung doch besser für die Finanzierung einer solchen Vertretung einsetzen können.

Sofern die Richtlinie in Deutschland dahingehend umgesetzt werden sollte, dass die nunmehr geforderte „angemessene Sozialleistung" für Selbständige im Mutterschaftsurlaub künftig von den Krankenkassen zu leisten sei, würden nach der Prognose von *Sohn* vor allem auf die privaten Krankenversicherer Mehrkosten zukommen. Da die meisten privaten Krankenkassen an Frauen im Mutterschaftsurlaub bisher weder Mutterschaftsgeld noch eine Entschädigung für Einkommensverluste bezahlen würden, sei in diesem Falle mit einem Anstieg der Krankenversicherungskosten für privat versicherte Frauen zu rechnen. Erhebliche Auswirkungen auf Wachstum und Beschäftigung würden hingegen nicht zu erwarten sein. Mit maßgeblichen Auswirkungen auf die Standortqualität Europas sei ebenfalls nicht zu rechnen. Einen ökonomischen Mehrwert könne *Sohn* demnach nicht erkennen.

b) Juristische Bewertung des Richtlinienvorhabens

Nicht nur unter dem ökonomischen Aspekt sah *Sohn* den Richtlinienentwurf der Europäischen Kommission eher kritisch, auch was die juristische Bewertung des Vorhabens anbelangt, zeigte er im Rahmen seiner Kurzanalyse eine Vielzahl an zu überdenkenden Punkten auf, denen seiner Ansicht nach eine genauere Betrachtung zu Teil kommen müsse.

So würde Art. 141 Abs. 3 EGV[623] die Europäische Union allein zum Erlass von Maßnahmen ermächtigen, die die Gleichbehandlung von Männern und Frauen im Bereich der selbständigen Erwerbstätigkeit sicherstellen sollen. Die mit dem Richtlinienvorschlag der Europäischen Kommission verfolgten Bestimmungen zur sozialen Sicherheit der Selbständigen lägen nun aber außerhalb des Kompetenzbereichs des Art. 141 Abs. 3 EGV, so *Sohn*. Sie würden gerade keine Arbeits- oder Beschäftigungsfragen betreffen. Es läge schließlich kein Beschäftigungsverhältnis vor. Zudem würde einzig auf die Gleichbehandlung bestimmter Tätigkeiten abgestellt und nicht auf die Gleichbehandlung von Männern und Frauen. Es fände sich im EGV aber keine andere einschlägige Kompetenznorm für die Gleichbehandlung bestimmter Tätigkeiten. Es mangele der Kommission damit bereits an der notwendigen Kompetenz für den Erlass der gewünschten Richtlinie.

Der Vorschlag der Kommission würde nach *Sohn* überdies gegen das Subsidiaritätsprinzip verstoßen. Denn die Mitgliedsstaaten könnten die soziale Absicherung von Selbständigen vorliegend besser gewährleisten als es die Europäische

623 Heute findet sich die entsprechende Regelung in Art 157 Abs. 3 AEUV.

Union je könnte. Ein Mehrwert sei durch EU-Handeln jedenfalls nicht zu erzielen. *Sohn* machte darauf aufmerksam, dass die Ausgestaltung der sozialen Sicherungssysteme in den Mitgliedsstaaten sehr unterschiedlich geregelt sei, gerade auch was die Art der Absicherung von Selbständigen und Angestellten anbelange. Zudem müssten die Mitgliedsstaaten bei der Ausgestaltung der Sicherungssysteme noch eine Vielzahl anderer Faktoren als nur die Gleichbehandlung berücksichtigen. Solche nationalen Besonderheiten würden im Falle eines EU-Handelns jedoch nicht ausreichend berücksichtigt werden können. Letztlich vermochte auch das Argument, mit dem Vorschlag würden Wettbewerbsverzerrungen zwischen den Mitgliedsstaaten beseitigt, *Sohn* nicht zu überzeugen. Die Unterschiede in den Systemen würden nach Umsetzung des Richtlinienentwurfes gleichfalls bestehen bleiben, denn die Mitgliedsstaaten würden weiterhin bestimmen können, welcher konkrete Schutz gewährleistet werde soll. Hier ändere sich also nichts.

Der Vorschlag der Kommission sei nach Ansicht *Sohns* größtenteils nicht einmal erforderlich. Hinsichtlich der Gleichbehandlung von Männern und Frauen, auch der selbständig erwerbstätigen Männer und Frauen, gäbe es bereits einen umfassenden EU-weiten Mindestschutz, insbesondere durch die Richtlinien zur sozialen Sicherheit (79/7/EWG), zu betrieblichen Systemen der sozialen Sicherheit (86/378/EWG), zu den Bedingungen für den Zugang zur selbständigen Erwerbstätigkeit (2002/73/EG und 2006/54/EG) und zum Zugang zu und die Versorgung mit Gütern und Dienstleistungen (2004/113/EG). Auf diese sollte vornehmlich zurückgegriffen werden.[624]

Die Verpflichtung der Mitgliedsstaaten, alternativ zum Mutterschaftsgeld soweit möglich den Zugang zu einer Arbeitsvertretung anzubieten, sei laut *Sohn* ebenfalls ungeeignet. *Sohn* überlegte, dass diese Forderung nur erfüllbar durch die „Bevorratung" einer unbekannten Anzahl an Fachkräften aus allen Branchen durch die Träger der Systeme der sozialen Sicherung sei. Eine solche „Bevorratung" komme aber schon aus Kostengründen nicht in Betracht. Die Einschränkung, die Bereitstellung nur „soweit möglich" zu gewährleisten, würde also dazu führen, dass letztlich keine Arbeitsvertretung bereitgestellt werden würde, so jedenfalls die wohl zutreffende Prognose *Sohns*.

Sohn sah in den Bestimmungen zur sozialen Sicherheit der Selbständigen überdies einen Eingriff in die Grundprinzipien der Systeme der sozialen Sicherheit. Sie stünden damit im Widerspruch zu Art. 137 Abs. 4 EGV[625], der diese Grund-

624 Vgl. zum Setting der Richtlinie schon die obigen Ausführungen unter A. I.

625 Die Bestimmung des Art. 137 Abs. 4 EGV findet sich heute im Art. 153 Abs. 4 AEUV wieder.

prinzipien den Maßnahmen der Europäischen Union entzieht. Sicherlich stelle Art. 137 Abs. 4 EGV dem Wortlaut nach nur auf Maßnahmen ab, die auf Art. 137 EGV gestützt sind, nichtsdestoweniger könnte aber durch die Wahl einer anderen Kompetenzgrundlage der Schutz der nationalen Zuständigkeit umgangen werden. Die Umgehung ließe sich nur dadurch verhindern, dass der Schutzzweck des Art. 137 EGV auch bei Maßnahmen in anderen Kompetenzbereichen respektiert werde.

c) Fazit und Alternativvorschlag des CEP

Der Vorschlag, auch selbständigen Frauen während des Mutterschaftsurlaubs finanzielle Leistungen zu gewähren, sei also gesamtbetrachtet zwar vertretbar, so *Sohn.* Allerdings sollte auf die Finanzierung einer Schwangerschaftsvertretung verzichtet werden, da dies zu unverhältnismäßig hohen Kosten führen würde. Für große Teile des Vorschlags biete das EU-Recht ohnedies keine Kompetenzgrundlage. Zudem verstoße der Vorschlag gegen das Subsidiaritätsprinzip, als auch gegen den Verhältnismäßigkeitsgrundsatz. Er stelle einen unzulässigen Eingriff in die Grundprinzipien der nationalen sozialen Systeme dar. *Sohn* rückt damit die Kompetenzfrage sogar noch stärker in den Fokus als es der Bundesrat zuvor getan hatte. Der Richtlinienvorschlag der Europäischen Kommission sollte nach Meinung *Sohns* nicht verabschiedet werden. Stattdessen sollten vielmehr die Regelungen der Richtlinie 86/613/EWG in die bestehenden anderen Richtlinien zum Sozialschutz aufgenommen werden.

3. Ergebnis

Neben einer leisen Kritik im Hinblick auf die nicht in dieser Arbeit zu beantwortende Frage, ob es überhaupt sinnvoll sei, den mitarbeitenden Lebenspartner künftig einen gleichen sozialen Schutz zu bieten, gab es, trotz aller Bemühungen der Kommission allen Bedenken schon im Vorfeld gerecht zu werden, noch immer reichlich ablehnende Tendenzen hinsichtlich des Vorhabens der Einführung eines Mutterschutzes für Selbständige im Speziellen sowie Kritik an der Entstehung der Richtlinie im Allgemeinen. Dies galt jedenfalls für die Bundesrepublik Deutschland.

Insgesamt lässt sich festhalten, dass zwar auch aus deutscher Sicht die Vereinbarkeit von Mutterschaft und Berufsausübung, insbesondere hinsichtlich der selbständigen Erwerbstätigkeit, zunehmend an Bedeutung gewinnt. Ein entsprechender grenzüberschreitender Ideenaustausch oder auch ein Ausbau des Angebots an KiTa-Plätzen sei daher unumgänglich, so die einhellige Ansicht. Die Verantwortung für einzelne, konkrete Maßnahmen auf diesem Gebiet würde aber allein bei den Mitgliedsstaaten liegen, nicht aber bei der Europäischen Union. Dies gelte insbesondere für die Ausgestaltung der nationalen sozialen Sicherheitssysteme, weswegen die Kommission den Mitgliedsstaaten wie bisher allenfalls einen Mutterschutz für Selbständige empfehlen, keinesfalls eine solche aber obligatorisch einführen dürfe.[626] Darüber hinaus wurde immer wieder die Kostenfrage thematisiert. Es bestand die allgemeine Befürchtung, dass die Einführung eines Mutterschutzes auch für alle Selbständigen erhöhte Sozialversicherungskosten bzw. erhöhte Krankenversicherungskosten für privat versicherte Frauen nach sich ziehen würde. Wie jedoch schon zuvor unter C. I. 3. b) bb) dargestellt, ist eine solche Schlussfolgerung nicht zwingend.[627]

Neben den zuvor dargestellten Äußerungen des Bundesrates und des CEP findet sich allerdings keine erhebliche, das Vorhaben ablehnende Aussage, die ihren Weg in die Öffentlichkeit gefunden hat. In der einschlägigen wissenschaftlichen Literatur konnte das Thema „Mutterschutz für Selbständige" zur gleichen Zeit kaum Bedeutung erlangen.[628] Es scheint beinahe als sei der Richtlinienentwurf an den sonst ja zumeist kritischen Stimmen der Literatur still und leise vorbeigegangen. Es scheint, als sei von dem Thema kaum Notiz genommen worden.

III. Der Richtlinienentwurf nimmt seinen Weg

Der von der Kommission am 03. Oktober 2008 vorgelegte Richtlinienentwurf wurde gemäß den Vorgaben des Art. 141 Abs. 3 EGV, der heute in der Regelung des Art. 157 Abs. 3 AEUV[629] aufgegangen ist, schließlich dem ordentlichen Gesetz-

626 Ob diese Aussage tatsächlich zutreffend ist, wird an späterer Stelle genauer erörtert werden. Vgl. hierzu die nachfolgenden Ausführungen unter D. I. 1. a).

627 Die Kostenfrage wird immer wieder hervorgeholt – zu Recht? Vgl. hierzu die Ausführungen von Fachinger in: Rust/Lange (Hrsg.), Mutterschutz für Selbständige?, Loccumer Protokoll 80/14, S. 121 ff.

628 Einer der wenigen Aufsätze, der sich mit dem von der Kommission eingeschlagenen Weg zu einer modernisierten Richtlinie auseinandergesetzt hat, stammt von Hilde Cadenau – „Selbständig erwerbstätige Frauen: eine Überprüfung der Richtlinie 86/613/EWG im Lichte der Lissabon-Strategie, zu finden in der EGELR 2/2008, S. 6; der Artikel basiert teilweise auf einer Arbeit von Frau Cadenau „Inaquality in equality: lacunae in European equal treatment protection of self-employed women", Utrecht, Universität Utrecht, 2008.

629 Laut Art. 157 Abs. 3 AEUV (= Art. 141 Abs. 3 EGV a.F.) beschließen das Europäische Parlament und der Rat alle Maßnahmen zur Gewährleistung der Anwendung des Grundsatzes der Chancengleichheit und der Gleichbehandlung von Männern und Frauen in Arbeits- und Beschäftigungsfragen, einschließlich des Grundsatzes des gleichen Entgelts bei gleicher oder gleichwertiger Arbeit, gemäß dem ordentlichen Gesetzgebungsverfahren sowie nach Anhörung des Wirtschafts- und Sozialausschusses.

gebungsverfahren i.S.d. heutigen Art. 294 AEUV[630] zugeführt. Der Europäische Wirtschafts- und Sozialausschuss (EWSA) wurde gemäß den dort verankerten Vorgaben gehört. Am 24. November 2008 beschloss der Rat, den EWSA um eine entsprechend Stellungnahme zum Richtlinienvorschlag zu ersuchen. Im neuen Jahr sollte dem Gesetzesvorhaben sodann richtig der notwendige Schwung gegeben werden, um die Angelegenheit endlich richtig Fahrt aufnehmen zu lassen.

1. Stellungnahme des Europäischen Wirtschafts- und Sozialausschusses vom 24. März 2009

Der EWSA verabschiedete am 24. März 2009 auf seiner 452. Plenartagung mit immerhin 101 Ja-Stimmen gegen lediglich 29 Nein-Stimmen und bei 26 Stimmenenthaltungen die von ihrer Fachgruppe Beschäftigung, Sozialfragen, Unionsbürgerschaft erstellte Stellungnahme zum Richtlinienvorschlag.[631] Mit Augenmerk auf die im Rahmen dieser Arbeit im Fokus stehenden Fragestellung beinhaltete die Stellungnahme des EWSA vor allem die nachfolgend dargestellten kritischen Auseinandersetzungen mit dem Gesetzesvorschlag der Europäischen Kommission. Ähnlich dem deutschen Bundesrat hat sich der EWSA zu dem Änderungsvorschlag der Europäischen Kommission in mehreren Punkten mehr skeptisch als zustimmend geäußert. Hierzu im Einzelnen[632]:

1. <u>Kritikpunkt:</u> Es bestehe kaum Regelungsbedarf hinsichtlich der von der Europäischen Kommission verfolgten Fragestellungen.

Einleitend wollte der EWSA betont wissen, dass die Richtlinie generell die Gleichstellung von selbständig Erwerbstätigen und mitarbeitenden Ehepartnern verbessern helfen solle und die Kommission des Weiteren hoffe, dass durch

630 Entspricht Art. 251 EGV a.F.

631 Stellungnahme des Europäischen Wirtschafts- und Sozialausschusses zu dem „Vorschlag für eine Richtlinie des Europäischen Parlaments und des Rates zur Verwirklichung des Grundsatzes der Gleichbehandlung von Männern und Frauen, die eine selbständige Erwerbstätigkeit ausüben, und zur Aufhebung der Richtlinie 86/613/EWG" vom 24.03.2009, veröffentlicht im Amtsblatt der Europäischen Union Nr. C 228/107 vom 22.09.2009.

632 Stellungnahme des Europäischen Wirtschafts- und Sozialausschusses zu dem „Vorschlag für eine Richtlinie des Europäischen Parlaments und des Rates zur Verwirklichung des Grundsatzes der Gleichbehandlung von Männern und Frauen, die eine selbständige Erwerbstätigkeit ausüben, und zur Aufhebung der Richtlinie 86/613/EWG" vom 24.03.2009, veröffentlicht im Amtsblatt der Europäischen Union Nr. C 228/107 vom 22.09.2009.

die vorgeschlagene Richtlinie die Zahl der selbständig erwerbstätigen Frauen zunehmen werde, mitarbeitende Ehepartner einen anerkannten Status sowie mehr mitarbeitende Ehepartner Sozialschutz erhalten würden und selbständig Erwerbstätigen und mitarbeitenden Ehepartnern wirksame Rechtsmittel an die Hand gegeben werden würden. Allerdings sei zu diesen Zielsetzungen anzumerken, dass die Gleichstellung unlängst durch das geltende gemeinschaftliche Gleichstellungsrecht geregelt werde und die Zahl der selbständig erwerbstätigen Frauen aufgrund der hier verfolgten eher geringfügigen Sozialschutzmaßnahmen ohnehin kaum steigen werde.

2. Kritikpunkt: Es gäbe bereits heute in vielen Mitgliedsstaaten die Möglichkeit zur Zahlung freiwilliger Beiträge für Mutterschaftsleistungen.

In 18 der damaligen 27 Mitgliedstaaten könnten selbständig erwerbstätige Frauen unlängst freiwillige Beiträge im Hinblick auf Mutterschaftsleistungen zahlen. Diese Maßnahme sollte nach Ansicht des EWSA auf alle Mitgliedstaaten ausgedehnt werden. So könnten die betroffenen selbständig erwerbstätigen Frauen auf Wunsch Sozialversicherungsbeiträge zahlen und Sozialleistungen erhalten. Dies könnte eventuell bereits ausreichend sein. Mehr brauche es nicht.

3. Kritikpunkt: Der Titel des Richtlinienvorschlages sei irreführend.

Fernerhin machte der EWSA, gleich dem deutschen Bundesrat, darauf aufmerksam, dass zwar jede Bemühung der Europäischen Kommission, die Gleichstellung auf dem Arbeitsmarkt zu verbessern und mehr Möglichkeiten für Frauen zu schaffen, die unselbständig, selbständig oder unternehmerisch tätig werden wollen, grundsätzlich zu begrüßen sei. Unter diesem Aspekt sei aber der Titel der zu überarbeitenden Richtlinie irreführend. In dem Legislativvorschlag ginge es schließlich nicht um die Gleichbehandlung von Frauen und Männern bei der Ausübung einer selbständigen Erwerbstätigkeit, sondern vor allem um Sozialversicherungsleistungen für selbständig erwerbstätige Frauen während des Mutterschutzes, Sozialversicherungsleistungen für mitarbeitende Ehepartner und die Unterbrechung der Erwerbstätigkeit zur Pflege von Familienangehörigen. Die Gleichstellung aber müsse in einem ganzheitlichen Konzept betrachtet werden, bei dem ihre Auswirkungen auf andere Bereiche wie soziale Rechte, Chancengleichheit sowie Kinder- und Familienrechte berücksichtigt werden. Dies erfolge hier jedoch gerade nicht.

4. Kritikpunkt: Der Richtlinienvorschlag könnte sich als stumpfes Schwert erweisen.

Der Sozialschutz falle in den Zuständigkeitsbereich der Mitgliedsstaaten. Die Überarbeitung der Richtlinie werde aber nicht von allen Mitgliedsstaaten befürwortet, so dass die Gefahr bestünde, dass sie auf gesamteuropäischer Ebene unwirksam bleiben und somit sinnlos sein werde. Sie würde daher nur ein stumpfes Schwert darstellen. Um tatsächlich etwas bewirken zu können, müsste die vorgeschlagene Richtlinie grundlegend verbessert werden, Mindestschutznormen umfassen und in allen Mitgliedsstaaten umgesetzt werden. Allgemein seien die von der Kommission vorgeschlagenen Maßnahmen zu einengend und würden der Bandbreite der Sozialschutzsysteme der Mitgliedsstaaten ebenso wenig gerecht werden, wie den Grundsätzen einer besseren Rechtsetzung.

5. Kritikpunkt: Es bestünde die Gefahr von erhöhten Kosten.

Ebenso wie der deutsche Bundesrat teilte der EWSA die Sorge, dass eventuell erhöhte Kosten entstehen könnten. Anders als der Bundesrat betonte der EWSA dabei aber nicht die reale Gefahr zusätzlicher Kosten für die Sozialversicherungssysteme oder für die öffentlichen Haushalte in den Mitgliedsstaaten, sondern dass eventuelle Kosten für kleine Unternehmen und selbständig Erwerbstätige zur Belastungsprobe werden könnten, obgleich ein Sicherheitsnetz für potenzielle Mütter bzw. mitarbeitende Lebenspartner existieren sollte. Jegliche Erhöhung der Sozialversicherungsbeiträge müsse aus diesem Grunde genauestens abgewogen werden.

6. Kritikpunkt: Selbständig Erwerbstätige könnten nicht mit abhängig Beschäftigten gleichgesetzt werden.

Der EWSA hob in seiner Stellungnahme auch die Bedeutung der Selbständigkeit im Allgemeinen hervor. In diesem Zusammenhang empfand der EWSA es als unangemessen, eine Anpassung der Mutterschutzregelungen für selbständig Erwerbstätige an die für abhängig Beschäftigte bestehenden Regelungen anzustreben. Ein jeder direkte Bezug auf die Mutterschutz-RL 92/85/EWG[633] sei deshalb zu vermeiden.

633 Richtlinie 92/85/EWG des Rates vom 19.10.1992 über die Durchführung von Maßnahmen zur Verbesserung der Sicherheit und des Gesundheitsschutzes von schwangeren Arbeitnehmerinnen, Wöchnerinnen und stillenden Arbeitnehmerinnen am Arbeitsplatz veröffentlicht im Amtsblatt der Europäischen Gemeinschaft Nr. L 348 vom 28.11.1992.

7. Kritikpunkt: Die besonderen Probleme der Selbständigen seien zu berücksichtigen. Dies geschieht noch nicht im ausreichenden Maße.

Die Verpflichtung selbständig erwerbstätiger Frauen zu einem längeren Mutterschutz sei nicht mit einer reibungslosen Geschäftstätigkeit vereinbar und könnte gar das Überleben des Unternehmens gefährden, so der EWSA. Es müsse deshalb ausdrücklich gefordert werden, dass in dem Richtlinienvorschlag verdeutlicht wird, wie die Mitgliedsstaaten den Mutterschutzurlaub künftig regeln sollen. Die selbständig erwerbstätigen Frauen würden selbst ihre Arbeitszeiten bestimmen und könnten zudem selbst entscheiden, wann sie ihre Erwerbstätigkeit unterbrechen wollen, so der EWSA weiter. Es müsse ihnen somit nicht erst ein entsprechender Anspruch eingeräumt werden. Zur Frage der zu gewährenden Geldleistung meinte der EWSA hingegen, dass eine angemessene Abstufung zwischen den Leistungshöhen der Zahlungen an die selbständig erwerbstätigen Frauen an objektiven Kriterien festgemacht werden sollte. Zudem sei es notwendig, auch eine Unterstützung in Form einer zeitlich befristeten Vertretung zu erwägen. Eine solche Vertretungsregel sei ebenso wichtig, wie die Geldleistungen. Eine Prioritätenfolge sollte vermieden werden.

Selbständig Erwerbstätige würden im Übrigen in der Regel mehr Stunden als abhängig Beschäftigte arbeiten, so dass bei selbständig erwerbstätigen Frauen zusätzlich noch der Aspekt der Kinderbetreuung zu berücksichtigen sei. Die Kommission empfehle hier jedoch keine Vorkehrungen für Kinderbetreuung und gehe auch nicht auf die Betreuungsverpflichtungen selbständig Erwerbstätiger ein. Alle Mitgliedstaaten sollten aber für eine allgemein zugängliche, erschwingliche, hochwertige Kinderbetreuung sorgen, um die Vereinbarkeit von Beruf und Familie für selbständig Erwerbstätige ebenso zu fordern wie für Arbeitnehmer.

Fazit: Alternativvorschläge für ein zweckmäßigeres Vorgehen der EU zur Zielerreichung.

Letztlich würde nach Ansicht des EWSA eine konsequentere und durchgängigere Durchsetzung des geltenden Gleichstellungsrechts wirksamer zur Beseitigung von Ungleichheiten beitragen, als der vorgestellte Richtlinienentwurf. Die Kommission sei deshalb dazu aufzurufen, zunächst die Gründe für die unzureichende Umsetzung zu ermitteln und sich sodann mit der bisherigen Umsetzung des längst geltenden Gleichstellungsrechts zu beschäftigen. Der EWSA hegte die Befürchtung, dass die Festlegung von Mutterschutzbestimmungen keinerlei Einfluss darauf haben werde, wie viele Frauen eine unternehmerische Tätigkeit in Erwägung ziehen. Auch die Auswirkungen auf die Kinder müssten genauer analysiert werden. Es müsse insbesondere gewährleistet sein, dass Kinder gut betreut aufwachsen können und ihr persönliches Wohlergehen gesichert ist.[634]

Der EWSA bedauerte, dass die Kommission in ihrem Vorschlag keinerlei konkretere Lösungsansätze aufzeigt und stattdessen entsprechende Überlegungen den einzelnen Mitgliedsländern überlässt. Nach Ansicht des EWSA waren zum Zeitpunkt der Stellungnahme, auch nach Prüfung des Folgenabschätzungsberichts, noch zu viele Fragen unbeantwortet, insbesondere was die tatsächliche Wirksamkeit, die Verständlichkeit und die Umsetzung der vorgeschlagenen überarbeiteten Fassung anbelangt, um das Vorhaben gänzlich unkritisch bewerten zu können. Deutschland stand also mit seiner kritischen Haltung nicht gänzlich allein, auch wenn die EWSA die Probleme nicht im Bereich der Kompetenzfrage sah, sondern vielmehr hinsichtlich des bislang nicht deutlichen Regelungsbedarfs. Wie schon im Vorfeld der Ausarbeitung des Gesetzesentwurfes wurde erneut kritisiert, dass es keine ausreichende Beurteilung der Gründe für die bisherige Nichtumsetzung eines ausdrücklichen Mutterschutzanspruches für alle Selbständigen existiere, die aber erst eine umfassende Beurteilung des tatsächlichen Bedarfs ermöglichen würde. Es herrschte die begründete Besorgnis vor, die Mitgliedsstaaten, die bisher nicht tätig geworden waren, auch weiterhin keine erhöhten Anstrengungen zur hier im Mittelpunkt stehenden Frage des Mutterschutzes (auch) für Selbständige an den Tag legen würden. Das hochgesteckte Ziel einer verbesserten Chancengleichheit durch eine bessere Vereinbarkeit von Beruf und Familie würde so voraussichtlich erneut nicht erreicht werden.

2. *Zum ordentlichen Gesetzgebungsverfahren*

Die Kritik und die Besorgnis des EWSA im Blick wurde im Folgenden gleichwohl das ordentliche Gesetzgebungsverfahren[635] eingeleitet. Das ordentliche Gesetzgebungsverfahren nach Art. 294 AEUV ist das mittlerweile am häufigsten

---

634 Der EWSA schlägt vor die Auswirkungen der vorgeschlagenen Maßnahmen im Einklang mit dem *Übereinkommen über die Rechte des Kindes* zu analysieren. Diese Übereinkommen wurden am 20.11.1989 durch die Generalversammlung der Vereinten Nationen (Resolution 44/25) verabschiedet, https://www.kinderrechtskonvention.info/ (zuletzt abgerufen am 15.06.2018).

635 Das „ordentliche Gesetzgebungsverfahren" wurde vor dem Vertrag von Lissabon „Mitentscheidungsverfahren" oder „Kodezisionsverfahren" bzw. ursprünglich auch „Verfahren nach Art. 189b" nach seiner Stelle im EG-Vertrag genannt. Vgl. hierzu z. B. auch den Leitfaden des Ministerrates zum Mitentscheidungsverfahren, https://www.consilium.europa.eu/media/29854/qc0415816den.pdf (zuletzt abgerufen am 15.06.2018).

anzuwendende Gesetzgebungsverfahren in der Rechtsetzung der Europäischen Union. Es ist in fast allen Bereichen der Gesetzgebung der Union anzuwenden, in denen im Rat der Europäischen Union eine Beschlussfassung mit qualifizierter Mehrheit erfolgt, so auch vorliegend gemäß der Vorgabe des Art. 141 Abs. 3 EGV a. F., heute Art. 157 Abs. 3 AEUV.

a) *Allgemeine Erläuterungen zum ordentlichen Gesetzgebungsverfahren*

Das ordentliche Gesetzgebungsverfahren wurde im Jahr 1992 zunächst nur für bestimmte Politikbereiche der Europäischen Gemeinschaft (EG), wie z. B. dem des Forschungsrahmenprogramms und dem Bereich der Verbraucherpolitik, mit dem Vertrag von Maastricht eingeführt. Mit den Verträgen von Amsterdam und Nizza kamen schließlich weitere Bereiche hinzu, so dass das Verfahren nach dem Vertrag von Nizza bereits in mehr als der Hälfte aller Politikbereiche anzuwenden war. Im Vertrag von Amsterdam wurde das Verfahren zudem vereinfacht, so dass es schneller durchgeführt werden konnte. Im ordentlichen Gesetzgebungsverfahren ist die Rolle des Europäischen Parlaments besonders stark ausgeprägt: So kann ohne dessen Zustimmung kein Rechtsakt (z. B. Richtlinie oder Verordnung) in Kraft treten. Dies gilt zwar grundsätzlich auch für das Zustimmungsverfahren, aber nur im ordentlichen Gesetzgebungsverfahren hat das Europäische Parlament das Recht, formelle Abänderungsvorschläge zu beschließen. Das Verfahren selbst richtet sich nach Art. 294 AEUV und umfasst bis zu drei Lesungen. Die Europäische Kommission hat grundsätzlich das alleinige Initiativrecht, wobei in den Verträgen Ausnahmen von diesem Prinzip vorgesehen sind. In aller Regel schlägt die Kommission einen Rechtsakt vor und leitet, wie hier am 03. Oktober 2008 geschehen, so das Verfahren ein.

Während die Vorgängerrichtlinie 86/613/EWG noch einstimmig verabschiedet werden musste und vermutlich gerade aus diesem Grunde nur sehr vage und ohne ausdrücklichen Umsetzungsauftrag formuliert worden war, galt es nun im Rahmen des ordentlichen Gesetzgebungsverfahrens für den Richtlinienvorschlag (nur noch) eine qualifizierte Mehrheit zu finden, um ihn verabschieden zu können.

b) *Erste Lesung – Standpunkt des Europäischen Parlaments*

Im ersten Schritt hatte das Europäische Parlament zunächst über den Gesetzesvorschlag der Kommission zu beraten und mit einfacher Mehrheit der abgegebenen Stimmen[636] seinen Standpunkt festzulegen. Es hätte dabei den Vorschlag ohne Änderungen schlicht billigen können. Dies geschah jedoch nicht. In Kenntnis

636 D.h. ohne Enthaltungen oder Nichtanwesende zu zählen.

der Vorabstellungnahme des EWSA, als auch des im Folgenden vom Europäischen Parlament selbst eingeholten und im Weiteren noch näher dazustellenden Berichts des verantwortlichen Parlamentsausschusses für die Rechte der Frau und die Gleichstellung der Geschlechter (FEMM) sowie der Stellungnahmen des Ausschusses für Beschäftigung (EMPL) und soziale Angelegenheiten und des Rechtsausschusses (JURI) befürwortete das Parlament mit 550 zu 14 Stimmen, bei 57 Stimmenthaltungen, am 06. Mai 2009 den Vorschlag der Kommission lediglich in geänderter Form und beauftragte seinen Präsidenten dementsprechend damit, diesen seinen Standpunkt dem Rat und der Kommission zukommen zu lassen.[637]

aa) Der FEMM-Bericht

Im Rahmen der ersten Lesung hatte das Europäischen Parlament am 21. Oktober 2008 zunächst den parlamentarischen Ausschuss für die Rechte der Frau und die Gleichstellung der Geschlechter (FEMM)[638] als verantwortlichen Ausschuss auserwählt und ihn mit einer ersten Überprüfung des seitens der Europäischen Kommission vorgelegten Gesetzesentwurfes betraut. In dieser Funktion verabschiedete der somit nunmehr verantwortliche Ausschuss am 31. März 2009 den Bericht von *Astrid Lulling*[639] zum Vorschlag der Kommission zur Änderung

637 Vgl. zum gesamten zeitlichen Ablauf des Gesetzgebungsverfahrens die „procedure file“ COD(2008)0192, abrufbar über den Service „The Legislative Observatory“ des Europäischen Parlamentes – http://www.europarl.europa.eu/oeil/popups/ficheprocedure.do?lang=en&reference=2008/0192%28COD%29 (zuletzt abgerufen am 15.06.2018).

638 Der Ausschuss für die Rechte der Frau und die Gleichstellung der Geschlechter (FEMM) ist einer der 22 ständigen Ausschüsse des Europäischen Parlaments. Zu den Zuständigkeiten des Ausschusses gehört die Förderung von Frauenrechten in der Europäischen Union und in Drittländern, die Gleichstellung der Geschlechter und die Bekämpfung von Diskriminierung insbesondere in der Arbeitswelt und die Umsetzung von Gender Mainstreaming in der EU, http://www.europarl.europa.eu/committees/de/FEMM/home.html (zuletzt abgerufen am 15.06.2018).

639 Astrid Lulling, Committee on Women's Rights and Gender Equality, “Draft Report on the proposal for a directive of the European Parliament and of the Council on the application of the principle of equal treatment between men and women engaged in an activity in self-employed capacity and repealing Directive 86/613/EEC (COM(2208)0636 – C6-0341/2008–200/0192(COD))” vom 11.02.2009, PE418.192v01-00, http://www.europarl.europa.eu/sides/getDoc.do?type=COMPARL&mode=XML&language=EN&reference=PE418.192 (zuletzt abgerufen am 15.06.2018). Astrid Lulling ist luxemburgische Politikerin und gehörte von 1965 bis 1974 sowie seit 1989 dem Europaparlament als Abgeordnete an. Sie ist Christdemokratin und Mitglied der Fraktion der Europäischen Volkspartei (EPP).

der alten Richtlinie 86/613/EWG. Gemäß *Lullings* Bericht schlug der Ausschuss daraufhin eine Reihe an Änderungen vor, die sich vor allem mit der Frage nach einer sozialen Sicherung der mitarbeitenden Ehepartner, aber auch mit der Frage des Mutterschutzes für Selbständige beschäftigten.[640] Im Folgenden soll der Thematik dieser Ausarbeitung entsprechend der Fokus vor allem auf die Änderungsvorschläge zum Mutterschutz gelegt werden.

Im FEMM-Bericht wurde einmal mehr betont, dass die ursprüngliche Richtlinie 86/613/EWG auf eine „lange und wenig rühmliche Geschichte"[641] zurückblicken würde. Anders als die zuvor dargestellten Stimmen aus Deutschland und des EWSA vertrat *Lulling* die Auffassung, die zahlreichen Berichte und Untersuchungen hätten bereits mehr als deutlich gemacht, wie wirkungslos die Richtlinie von 1986 doch letztlich war.[642] Der Ausschuss begrüßte deshalb grundsätzlich den Vorschlag, die Hindernisse für den Zugang von Frauen zu einer selbständigen Erwerbstätigkeit zu bekämpfen, wobei ihm aber als positive Maßnahme mehr Gewicht verliehen werden müsse; Erwägungsgrund 10, Art. 4 des Richtlinienvorschlages.[643]

Zur Frage des Mutterschutzes für Selbständige merkte der Ausschuss kritisch an, dass das System des Mutterschaftsurlaubs nicht in Anlehnung an das für Arbeitnehmerinnen geltende System festgelegt werden dürfte, da sich in den meisten Fällen Unternehmens- und Betriebsleiterinnen eine wochenlange Unterbrechung nicht erlauben könnten; Änderungsantrag 15[644].[645] Zum Schutz der Gesundheit der Mutter und des Kindes sollte die Dauer des Mutterschutzes aber zumindest vier Wochen vor und vier Wochen nach der Entbindung betragen. Die Sozialleistungen sollten dabei mindestens der im Krankheitsfalle gewährten Sozialleistung entsprechen[646], wobei der Ausschuss zu bedenken gab, dass eine solche bislang nicht in allen Mitgliedsstaaten geleistet werden würde. Auch

640 Committee on Women's Rights and Gender Equality, "Report on the proposal for a directive of the European Parliament and of the Council on the application of the principle of equal treatment between men and women engaged in an activity in self-employed capacity and repealing Directive 86/613/EEC (COM(2208)0636 – C6-0341/2008–200/0192(COD))" vom 07.04.2009, PE418.192v02-00.

641 S. Report vom 07.04.2009, S. 20.

642 S. Report vom 07.04.2009, S. 20.

643 S. Report vom 07.04.2009, S. 21.

644 Zum Wortlaut des Änderungsantrags 15 s. die nachfolgenden Erörterungen unter C. III. 2. b) cc) (1).

645 S. Draft Report vom 11.02.2009, S. 11; Report vom 07.04.2009, S. 22.

646 S. Draft Report vom 11.02.2009, S. 11.

verwies der Ausschuss auf die Gefahr einer etwaigen Wettbewerbsverzerrung, je nachdem wie die konkrete Finanzierung der Sozialleistungen ausgestaltet werden würde. D.h., ob die Finanzierung auf Staatskosten oder durch Beiträge zu Lasten der Selbständigen erfolgen solle.[647] Die Alternative zu einer finanziellen Sozialleistung, also die Gewährung eines Zugangs zu Vertretungsdiensten, sollte sich im Übrigen nicht nur auf bereits bestehende Dienste beschränken; Änderungsantrag 17.[648]

Überdies fehle es dem Vorschlag an einer Regelung, nach der die Gleichstellungsstellen die ihnen verfügbaren Informationen miteinander auf der entsprechenden Ebene, als auch mit anderen europäischen Einrichtungen, wie z. B. dem Europäischen Institut für Gleichstellungsfragen[649], auszutauschen hätten. Dies sei nach Auffassung des Ausschusses jedoch wünschenswert; Änderungsantrag 22. Das Thema „Gender Mainstreaming" sollte darüber hinaus ebenfalls mit einer eigenen Klausel ausdrücklich bedacht werden, in der es laut des Ausschusses heißen sollte, dass die Mitgliedstaaten künftig das Ziel der Gleichstellung von Männern und Frauen bei der Formulierung und Umsetzung von Gesetzen, Verordnungen, Verwaltungsvorschriften, Politiken und Tätigkeiten in den genannten von dieser Richtlinie benannten Bereichen aktiv zu berücksichtigen haben sollten; Änderungsantrag 23. Ebenfalls neu eingebracht wurde vom Ausschuss eine Klausel, welche vorsehen sollte, dass Mitgliedstaaten durchaus Vorschriften einführen oder beibehalten können sollten, die günstiger als die in dieser Richtlinie vorgesehenen Vorschriften sind, um so in jedem Falle den Schutz des Grundsatzes der Gleichbehandlung gewährleisten zu können.[650]

Alles in allem sprach der Ausschuss der bisher einschlägigen Richtlinie von 1986 jegliche Zielerreichung ab, da sie zu zaghaft formuliert gewesen sei. Aber auch dem nunmehr vorliegenden Kommissionsvorschlag mangele es noch an notwendigem Ehrgeiz, so *Lulling*.[651] Trotz diesem und obgleich die Mitgliedsstaaten, Berufsverbände und NGOs in ihren Meinungen durchaus auseinandergehen würden, sollte dennoch ein sinnvoller Konsens machbar sein, so die Hoffnung des Ausschusses.[652]

---

647 S. Report vom 07.04.2009, S. 22.
648 S. Report vom 11.02.2009, S. 14.
649 http://www.eige.europa.eu/ (zuletzt abgerufen am 15.06.2018).
650 S. Report vom 07.04.2009, S. 24.
651 S. Report vom 07.04.2009, S. 24.
652 S. Report vom 07.04.2009, S. 24.

bb) Stellungnahmen des Ausschusses für Beschäftigung und soziale Angelegenheiten und des Rechtsausschusses

Neben dem Ausschuss für die Rechte der Frau und die Gleichstellung der Geschlechter (FEMM) nahm auch der assoziierte Ausschuss für Beschäftigung und soziale Angelegenheiten (EMPL) Stellung und teilte diese dem FEMM-Ausschuss am 12. Februar 2009 schriftlich mit. Verfasser der Stellungnahme war *Luigi Cocilovo*[653]. Mit seiner Stellungnahme wollte der assoziierte Ausschuss der Forderung des Europäischen Parlaments, die indirekte Diskriminierung zu beseitigen, eine positive Verpflichtung zur Gleichbehandlung einzuführen und die rechtliche Stellung mitarbeitender Ehepartner zu verbessern, nochmals extra Nachdruck verleihen. Auf die Frage nach einem Mutterschutz auch für Selbständige ging die Stellungnahme hingegen nicht ein.[654] Augenscheinlich war dies für den Ausschuss für Beschäftigung und soziale Angelegenheiten weniger von Bedeutung, weswegen dieser Bericht an dieser Stelle auch nicht vertieft dargestellt werden soll.

Ebenfalls vom FEMM-Ausschuss wurde der assoziierte Rechtsausschuss um seine Stellungnahme gebeten. Diese erfolgte am 30. März 2009. Verfasserin der Stellungnahme war hier *Lidia Joanna Geringer de Oedenberg*[655]. Auch sie unterstützte den vorgelegten Kommissionsvorschlag. Die Richtlinie von 1986 habe ihr Ziel nicht erreicht, so *Geringer de Oedenberg*. Vor allem das Ziel, den mitarbeitenden Ehepartnern einen eindeutig definierten beruflichen Status zuzuerkennen und ihre Mindestrechte und -garantien festzulegen, sei jedoch von herausragender Bedeutung. *Geringer de Oedenberg* nennt sie die „unsichtbaren Arbeitnehmer“[656].[657] Der Fokus des Rechtsausschusses lag damit erneut auf den „mitarbeitenden Ehepartnern“, nicht aber auf der Frage nach einem hinreichenden Mutterschutz für Selbständige. Die vom Rechtsausschuss vorgetragenen Änderungsanträge beziehen sich dementsprechend vornehmlich auf die Rolle der mitarbeitenden Ehepartner und deren Anerkennung (Änderungsanträge 1 und 2)[658] und sollen daher ebenfalls nicht näher dargestellt werden.

---

653 Luigi Cocilovo: Abgeordneter des Europäischen Parlamentes, Fraktionsmitglied in der Allianz der Liberalen und Demokraten für Europa (ALDE), Italien.

654 Vgl. hierzu die Änderungsanträge des EMPL-Ausschusses, Report vom 07.04.2009, S. 28 ff.

655 Lidia Joanna Geringer de Oedenberg: Abgeordnete des Europäischen Parlamentes, Liste des Bundes der Demokratischen Linken, Polen.

656 S. Report vom 07.04.2009, S. 38.

657 Insgesamt hierzu Report vom 07.04.2009, S. 38 f.

658 S. Report vom 07.04.2009, S. 40.

Aus Sicht des auch gehörten Ausschusses für Beschäftigung und soziale Angelegenheiten sowie des Rechtsausschusses mag vielleicht zumindest auf den ersten Blick der Mutterschutz für Selbständige weniger von Bedeutung gewesen sein, als der Schutz der mitarbeitenden Ehepartner, der immer wieder speziell hervorgehoben wurde. Genauer betrachtet scheint es aber doch eher so, als seien die Ausschüsse mit den Forderungen, wie sie *Lulling* bereits umfassend formuliert hatte, schlicht einverstanden gewesen. Änderungswünsche, die ein „Weniger" fordern würden, gab es immerhin nicht.

cc) Verabschiedung des angenommenen Vorschlagstextes in erster Lesung

Die vom FEMM-Ausschuss dem Europäischen Parlament gemeinsam mit den zuvor benannten Berichten der sonstigen, beteiligten Ausschüsse[659] vorgelegte Stellungnahme stand am 04. Mai 2009 im Plenum zur Debatte. Am 06. Mai 2009 erfolgte die Abstimmung und das Europäische Parlament nahm den Gesetzesvorschlag der Kommission mit einigen – gewichtigen – Änderungen an, die jedoch vornehmlich nicht die Frage des Mutterschutzes, sondern eine Erweiterung des sozialen Schutzes für mitarbeitende Ehepartner zum Gegenstand hatten.

(1) Aussprache und Abstimmung

Der Bericht von *Astrid Lulling* wurde am 04. Mai 2009 im Europäischen Parlament diskutiert. Zwei Tage später, am 06. Mai 2009, folgte die Abstimmung nebst Aussprache, die es den Abgeordneten erlaubte, ihr Abstimmungsverhalten im Plenum zu erläutern. Stark diskutiert wurden die Änderungsanträge hinsichtlich eines umfassenden sozialen Schutzes für mitarbeitende Ehepartner. Die Frage des Mutterschutzes schien weniger diskussionsbedürftig. Im Rahmen der Plenardebatte vom 04. Mai 2009 erläuterte die Berichterstatterin *Lulling* insofern auch zunächst vor allem die Änderungsanträge zum Art. 6 des Entwurfes, welche die Veröffentlichung einer „weiteren verwässerten Richtlinie"[660] verhindern sollten. Sie erklärte, der Vorschlag der Kommission wäre hinsichtlich

---

659 Committee on Women's Rights and Gender Equality, "Report on the proposal for a directive of the European Parliament and of the Council on the application of the principle of equal treatment between men and women engaged in an activity in self-employed capacity and repealing Directive 86/613/EEC (COM(2008)0636 – C6-0341/2008–200/0192(COD))" vom 07.04.2009, PE418.192v02-00.

660 Astrid Lulling im Rahmen der Plenardebatte/Aussprache vom 04.05.2009, abrufbar unter http://www.europarl.europa.eu/sides/getDoc.do?type=CRE&reference=20090504&secondRef=ITEM-016&language=DE&ring=A6-2009-0258 (zuletzt abgerufen am 15.06.2018).

des in Art. 6 des Entwurfes niedergelegten „sozialen Schutzes für mitarbeitende Ehepartner“ noch immer zu schwach, während hinsichtlich des Mutterschutzes hingegen bereits jetzt eine Formel gefunden sei, die für die besonderen Umstände von weiblichen Selbständigen und mitarbeitenden Ehepartnern bestens geeignet ist. Es müsse dabei aber in jedem Falle das Recht erhalten, die Dauer des Mutterschaftsurlaubs nach eigenem Ermessen zu bestimmen, sofern die Gesamtlänge nicht die Zeitspanne, die in der Richtlinie über weibliche Arbeitskräfte festgelegt wurde, übersteige.[661]

Auch der damalige EU-Kommissar für Beschäftigung, soziale Angelegenheiten und Chancengleichheit *Vladimír Špidla* hatte die Gelegenheit erhalten, seine Meinung zum Entwurf mitzuteilen und betonte dabei in seiner Rede vor dem Plenum abermals die enorme Wichtigkeit der Förderung einer Politik, deren Priorität auf der Gleichstellung der Geschlechter und einer verbesserten Work-Life-Balance liegt. Erst eine solche Politik, deren Ziel eine Verbesserung der Teilnahme der Frauen am Arbeitsmarkt ist, könne eine Lösung für die Probleme, die z. B. in Verbindung mit den sich ändernden Formen der Familie oder der alternden Bevölkerung stehen, bereithalten. Allein schon deshalb würden die Meinungen von Kommission und Parlament bereits zum größten Teil übereinstimmen. Die Mehrheit der Änderungsanträge des Europäischen Parlaments, insbesondere der hier besonders gewichtige Änderungsantrag 15 über den Mutterschaftsurlaub von selbständig erwerbstätigen Frauen, gemäß dem es den Mitgliedsstaaten künftig nicht bloß auferlegt werden sollte, nur auf Antrag erforderliche Maßnahmen zu gewähren, sondern die Mitgliedstaaten stattdessen verpflichtet werden sollten, auch antragslos sämtlich erforderlichen Maßnahmen zu ergreifen,

> ***„damit selbständig erwerbstätige Frauen und mitarbeitende Ehepartnerinnen einen Anspruch auf Mutterschaftsurlaub erhalten können, der an ihre speziellen Bedürfnisse angepasst ist“,***

könne von der Kommission daher auch akzeptiert werden.[662] Die Dauer des Mutterschaftsurlaubs solle fortan frei gewählt werden können, vorausgesetzt, dass die Gesamtdauer nicht die in der Richtlinie 92/85/EWG vorgesehene übersteigt und

661 Auszug aus der Plenardebatte/Aussprache vom 04.05.2009, abrufbar unter http://www.europarl.europa.eu/sides/getDoc.do?type=CRE&reference=20090504&secondRef=ITEM-016&language=DE&ring=A6-2009-0258 (zuletzt abgerufen am 15.06.2018).

662 Vgl. zum Antragserfordernis vor allem die folgenden Ausführungen des 3. Kapitel unter A. II. 3. und des 4. Kapitel unter B. III.

das Erfordernis, einen Anspruch nur auf Antrag zu gewähren, könne auch aus Sicht der Kommission durchaus fallengelassen werden.[663]

Letztlich fanden sich bei der Abstimmung vom 06. Mai 2009 insgesamt 550 Stimmen, die sich unter Berücksichtigung der vom Parlament getroffenen Änderungen für den Vorschlag der Kommission aussprachen, 14 Abgeordnete des Europäischen Parlamentes lehnten ihn ab, 57 Abgeordnete enthielten sich.

Im Anschluss erhoben sich nur noch einige wenige, unbeirrt kritische Stimmen. Nicht verwunderlich nach dem großen Lob, welches der Bericht von *Astrid Lulling* zuvor erfahren hatte, der damit schon für sich selbst zu sprechen schien. Zumeist erläuterten diejenigen Abgeordneten, die sich bei der Abstimmung enthalten hatten, warum sie so und nicht anders entscheiden, respektive gerade nicht entscheiden konnten. Exemplarisch genannt sei hier die Erklärung des Abgeordneten *Robert Atkins* (EPP-ED), der sich einer Entscheidung enthalten hatte und nunmehr schriftlich erklärte, die britischen Konservativen würden das Ende des Lohngefälles und anderer Formen der Diskriminierung zwischen Männern und Frauen zwar unterstützen. Gleichbehandlung in allen Erwerbsformen sei für eine gerechte und gleichwertige Gesellschaft von entscheidender Bedeutung. Dennoch seien die Konservativen davon überzeugt, dass die nationalen Regierungen und Parlamente am meisten davon profitieren würden, wenn sie sich auf eine Weise verhielten, die am effektivsten für ihre Gesellschafts- und Wirtschaftssysteme ist. Die Konservativen würden deshalb zwar die Einschätzung unterstützen, dass z. B. Ehepartner von selbständig Erwerbstätigen Zugang zu Krankengeld, Renten und Mutterschaftsrechten haben sollten. Allerdings seien sie ferner auch gewiss, dass diese Entscheidungen am besten durch die Mitgliedstaaten getroffen werden könne. Und auch die irischen Abgeordneten in der EPP-ED-Fraktion hatten sich letztlich bei der Schlussabstimmung der Stimme enthalten. Sie erklärten dies – ähnlich den britischen Konservativen – damit, dass die Sozialversicherung in die nationale Zuständigkeit gehöre.[664] Sowohl der britische Abgeordnete als auch die irischen Abgeordneten griffen insofern erneut die Argumente auf, wie sie schon

---

663 Auszug aus der Plenardebatte/Aussprache vom 04.05.2009, abrufbar unter http://www.europarl.europa.eu/sides/getDoc.do?type=CRE&reference=20090504&secondRef=ITEM-016&language=DE&ring=A6-2009-0258 (zuletzt abgerufen am 15.06.2018).

664 Vgl. die schriftlichen Ausführungen der Abgeordneten Robert Atkins (EPP-ED) und Avril Doyle (EPP-ED) aus den Erklärungen zur Abstimmung vom 06.05.2009 abrufbar unter http://www.europarl.europa.eu/sides/getDoc.do?type=CRE&reference=20090506&secondRef=ITEM-006-13&language=DE&ring=A6-2009-0258#3-237 (zuletzt abgerufen am 15.06.2018).

im Vorfeld z. B. vom Deutschen Bundesrat oder *Sohn* vom CEP angesprochen worden waren.[665] Die Kritik an der Zuständigkeit der Europäischen Union, wie auch die Frage nach der Einhaltung des Subsidiaritätsprinzips wurde demnach auch weiterhin nicht von allen Beteiligten als geklärt angesehen. Die Kompetenzfrage blieb für einige Abgeordnete weiter unbeantwortet. Und auch solche, die für den Bericht von *Astrid Lulling* über die Gleichbehandlung von Männern und Frauen, die einer selbständigen Erwerbstätigkeit nachgehen, gestimmt hatten, waren nicht unbedingt in Gänze überzeugt worden. Sie brachten ihre Einwände ebenfalls zum Ausdruck. So z. B. die Abgeordnete *Edite Estrela* (PES), die die Ansicht vertrat, dass der Bericht sogar noch sehr viel weiter hätte gehen sollen, was die Stärkung der Frauenrechte und den Schutz der Mutterschaft anbelangt.[666]

Was hingegen die klaren Befürworter des Berichtes von Astrid Lulling bewegte, zeigt besonders deutlich die Abgeordnete *Neena Gill* (PES) in ihrer Erklärung zur Abstimmung. Sie stellte klar, dass die Arbeit von neun Uhr bis siebzehn Uhr längst keine Option für alle sei. Auch deshalb gäbe es viele Leute, die selbständig seien. Viele davon seien Frauen, die oftmals übersehen werden würden. Besserer Mutterschutz würde vor allem den Ehegatten in der Landwirtschaft, im Handel und in den kleinen Betrieben helfen und die selbständig erwerbstätigen Frauen auch sonst ermuntern, sich in den Branchen zu engagieren, in denen sie gegenwärtig (noch) unterrepräsentiert sind. Es müsse der Hohn beendet werden, dass Frauen ihre Rechte verlieren, wenn sie sich um jemanden kümmern oder ein Kind gebären.[667] Dem ist beizupflichten.

(2) Position des Europäischen Parlaments

Die wichtigsten Änderungsanträge des Europäischen Parlamentes betrafen also vor allem die im Rahmen dieser Ausarbeitung nicht näher darzustellenden Bestimmung zum sozialen Schutz für mitarbeitende Ehepartner und Lebenspartner und deren Eingliederung in die sozialen Sicherungssysteme. Obgleich Kommissar

---

665 Vgl. hierzu die obigen Ausführungen unter C. II. 2.

666 Vgl. die schriftlichen Ausführungen der Abgeordneten Edite Estrela (PES) aus den Erklärungen zur Abstimmung vom 06.05.2009 abrufbar unter http://www.europarl.europa.eu/sides/getDoc.do?type=CRE&reference=20090506&secondRef=ITEM-006-13&language=DE&ring=A6-2009-0258#3-237 (zuletzt abgerufen am 15.06.2018).

667 So die Ausführungen der britischen Abgeordneten Neena Gill (PES) aus den Erklärungen zur Abstimmung vom 06.05.2009, abrufbar unter http://www.europarl.europa.eu/sides/getDoc.do?type=CRE&reference=20090506&secondRef=ITEM-016&language=DE&ring=A6-2009-0258#3-501 (zuletzt abgerufen am 15.06.2018).

Špidla den diesbezüglichen Vorschlägen des Europäischen Parlamentes keinen weiteren Erfolg voraussagen wollte und gar erklärte, dass hieran eine Einigung mit dem Rat womöglich sogar scheitern könnte, wollte das Europäische Parlament ihre Forderung nach einem diesbezüglichen obligatorischen Anspruch nicht aufgeben und beharrte auf seiner Position.

Die Diskussion hinsichtlich etwaiger Mutterschaftsleistungen für Selbständige war hingegen zwar nicht im gleichen Maße vehement. Gleichwohl sollte nun aber auch hier ein obligatorischer Anspruch und nicht bloß, wie es Art. 7 des Entwurfs noch vorsah, auf Antrag[668] beschlossen werden. Während es gemäß dem ursprünglichen Entwurf den Mitgliedsstaaten also noch hätte auferlegt werden sollen, nur solche erforderlichen Maßnahmen zu treffen, damit selbständig erwerbstätige Frauen und mitarbeitende Ehepartnerinnen *auf Antrag* einen Anspruch auf Mutterschaftsurlaub in gleicher Länge wie in der Richtlinie 92/85/EWG vorgesehen erhalten können, wurde stattdessen nun Folgendes vom Europäischen Parlament in erster Lesung verabschiedet[669]:

> **Art. 8 des angenommenen Textes: Mutterschaftsleistungen**
> Es solle fortan den selbständig erwerbstätigen Frauen sowie den mitarbeitenden Ehepartnern ein obligatorischer Anspruch auf Mutterschaftsurlaub für einen Zeitraum, der ihren spezifischen Bedürfnissen angepasst sein sollte, gewährt werden. Die Dauer des Mutterschaftsurlaubs solle frei gewählt werden können, dabei aber in seiner Gesamtlänge nicht die in der Richtlinie 92/85/EWG festgelegte Dauer überschreiten (Art. 8 Abs. 1 des angenommenen Textes).
> Im Übrigen sollten der Zugang zu Vertretungsdiensten neben den ansonsten genannten Sozialleistungen gewährt werden. Dies sollte zusätzlich und in jedem Fall und nicht bloß „soweit möglich" denkbar sein (Art. 8 Abs. 4 des angenommenen Textes).

Es fällt auf, dass mit dem durch das Europäische Parlament angenommenen Text die Nummerierung der Artikel beinahe in Gänze geänderte hat. Anders als noch im Kommissionsvorschlag vom Oktober 2008 sollte der gewichtige soziale Schutz für mitarbeitende Ehepartner und Lebenspartner in Art. 7 und der ebenso wichtige Mutterschaftsurlaub nun in Art. 8 verankert werden. Die Neunummerierung ist dabei dem Umstand geschuldet, dass ein Artikel zu den „Familienunternehmen" ebenso komplett neu aufgenommen worden ist wie z. B. ein Artikel zur Anerkennung der Arbeit der mitarbeitenden Ehepartner oder ein

668 Vgl. hierzu den oben dargestellten Art. 7 des Entwurfs der Kommission vom 03.10.2008, S. 313 f.

669 Vgl. hierzu den am 06.05.2009 angenommen Text, abrufbar unter http://www.europarl.europa.eu/sides/getDoc.do?type=TA&reference=P6-TA-2009-0364&language=DE&ring=A6-2009-0258 (zuletzt abgerufen am 15.06.2018).

Artikel zum Gender Mainstreaming. Insgesamt bot der vom Europäischen Parlament letztlich angenommene Text insgesamt 22 Artikel, während der Gesetzesentwurf der Kommission noch mit lediglich 17 Artikeln ausgekommen war. Dies macht deutlich, dass das Europäische Parlament dem Richtlinienentwurf eine große Bedeutung beimaß. Der neue Richtlinienentwurf sollte ein Erfolg werden und nicht wie die Vorgängerrichtlinie aus dem Jahr 1986 aufgrund eines zu vagen Wortlautes unwirksam bleiben.

Darüber hinaus wird mit dem angenommenen Text unmissverständlich die Überzeugung des Europäischen Parlaments betont, dass nur ein obligatorischer Anspruch, der der Dauer nach frei von den Betroffenen wählbar sein müsse, der Zielerreichung dienlich sein könne. Auch das Verständnis des Europäischen Parlamentes von den Besonderheiten der selbständigen Erwerbstätigkeit wird deutlich. Es ist eine Anspruchsgrundlage zu schaffen gewesen, die zwar auf der einen Seite vom Anspruchsgegner obligatorisch zu gewähren sein müsse, auf der anderen Seite aber zugleich den Anspruchsberechtigten die Möglichkeit bietet, frei zu entscheiden, für welche konkrete Dauer vom Anspruch Gebrauch gemacht werden soll. Nur auf diese Weise wird den Selbständigen eine echte Wahlmöglichkeit gewährt. Den Besonderheiten der selbständigen Erwerbstätigkeit kann nur so Genüge getan werden.

(3) Reaktionen und Resümee

Die Abgeordnete *Edith Bauer* (PPE-DE, Ungarn) fasst einer der wohl wichtigsten Erkenntnisse der Aussprache des Plenums mit den richtigen Worten zusammen:

> ***„Die demographische Krise ist uns offensichtlich bewusst. Obwohl sie heute nicht mehr so erwähnt wird, sind ihre Konsequenzen mindestens so ernst wie die der Wirtschaftskrise“***[670].

Gabriela Crețur (PES, Rumänien) ergänzte diese Aussage in zutreffender Weise, als sie erklärte, dass manche Themen für die Institutionen der Europäischen Union wichtig seien, andere hingegen weniger. Die wichtigen Fragen würden bei Veranstaltungen mit großer Beteiligung und Öffentlichkeit diskutiert oder zumindest dabei Lösungen gesucht und Antworten geboten. Leider müsse aber anerkannt werden, dass die Rechte der Frauen nicht zu diesen Fragen gehören würde. Das Europäische Parlament sei nun diejenige Institution gewesen, die die Rechte und

670 Auszug aus der Plenardebatte/Aussprache vom 04.05.2009, abrufbar unter http://www.europarl.europa.eu/sides/getDoc.do?type=CRE&reference=20090504&secondRef=ITEM-016&language=DE&ring=A6-2009-0258 (zuletzt abgerufen am 15.06.2018).

den sozialökonomischen Status der Frauen, einschließlich schwangerer und selbständiger Frauen, am meisten ernst genommen habe. *Creţur* forderte im selben Atemzug die Europäische Kommission, als auch die Mitgliedsstaaten auf, die aktuelle (Wirtschafts-)Krise nicht auszunutzen, um andere wichtige Fragen zu ignorieren. Die Frauen und ihre Rechte auf dem Altar einiger vermeintlicher wirtschaftlicher Interessen zu opfern, könne nicht hingenommen werden. Sie wüsste zwar nicht, ob die Frauen die Zukunft der Männer seien, sicher aber, dass die Zukunft unserer Gesellschaft von Frauen und ihrer Gesundheit abhinge.[671]

Insgesamt lässt sich festhalten, dass das Europäische Parlament den Vorschlägen der vorgeschalteten Ausschüsse im Großen und Ganzen Folge geleistet hat. Beinahe sämtliche Änderungsvorschläge sollten übernommen werden. Der Bericht von *Astrid Lulling* wurde allseits gelobt, ihm jede Unterstützung zugesagt. Es handele sich um einen „vollständigen Bericht"[672]. *Astrid Lulling* wurde eine hervorragende Arbeit bescheinigt, obgleich auch immer wieder der Vorwurf zu hören war, der Kommissionsvorschlag ginge nicht weit genug und beinhalte bezüglich verbindlicher Lösungen nur wenig. Die Änderungsvorschläge des Europäischen Parlamentes waren schließlich in den meisten Fällen nicht zuletzt bloß dazu gedacht, den Vorschlag der Kommission nochmals näher zu verdeutlichten, um so – ganz im Sinne der Kommission – auf eine größere rechtliche Sicherheit abzuzielen. Vielleicht konnte der Bericht nebst Änderungsvorschlägen gerade deswegen bei der Kommission derartigen Anklang finden, wie er es letztendlich tat. Alles in allem gefährdeten die Änderungsvorschläge des Europäischen Parlamentes schließlich nicht die innere Balance des Kommissionsvorschlages. So bot sich ein gutes Fundament für die weiteren, im Rahmen des ordentlichen Gesetzgebungsverfahrens noch zu gehenden Schritte.

c) Erste Lesung – Standpunkt des Rates der Europäischen Union

Sodann folgte die erste Lesung im für diese Angelegenheit zuständigen Rat der Europäischen Union, namentlich dem Rat für Beschäftigung, Soziales, Gesundheit und Verbraucherschutz[673]. Dieser hatte die Wahl per Beschluss mit qualifizierter

671 Auszug aus der Plenardebatte/Aussprache vom 04.05.2009, abrufbar unter http://www.europarl.europa.eu/sides/getDoc.do?type=CRE&reference=20090504&secondRef=ITEM-016&language=DE&ring=A6-2009-0258 (zuletzt abgerufen am 15.06.2018).

672 So die Abgeordnete Marie Panayotopoulos-Cassiotou (PPE-DE) im Rahmen der Plenardebatte/Aussprache vom 04.05.2009, abrufbar unter http://www.europarl.europa.eu/sides/getDoc.do?type=CRE&reference=20090504&secondRef=ITEM-016&language=DE&ring=A6-2009-0258 (zuletzt abgerufen am 15.06.2018).

673 Der Rat der Europäischen Union (im Vertragstext nur Rat, nicht-amtlich oft auch EU-Ministerrat) ist ein Organ der Europäischen Union. Im politischen System der

Mehrheit entweder den Standpunkt des Parlaments zu billigen oder einen eigenen Standpunkt zu erarbeiten. Hätte er den Standpunkt des Parlaments schlicht bestätigt, so wäre das Verfahren bereits an dieser Stelle beendet gewesen und der Rechtsakt erlassen. Dies war jedoch nicht der Fall und so legte der Rat einen eigenen Standpunkt fest und informierte das Europäische Parlament über die Gründe seiner Entscheidung. Diese war sodann gemeinsam mit einer entsprechenden Reaktion der Kommission an das Parlament zur zweiten Lesung zu übermitteln. Die nachfolgenden Ausführungen setzen sich mit den vom Rat aufgeworfenen Kritikpunkten und Änderungsvorschlägen auseinander.

aa) Standpunkt des Rates

Am 08. Juni 2009 nahm der zuständige Rat für Beschäftigung, Soziales, Gesundheit und Verbraucherschutz die Diskussion über den Kommissionsvorschlag nebst den Änderungsvorschlägen des Europäischen Parlamentes auf. Unter der damaligen tschechischen EU-Ratspräsidentschaft[674], konzentrierten sich die vorbereitenden Gespräche in der zuständigen Arbeitsgruppe dabei erneut vor allem auf die Definition von „mitarbeitenden Ehepartnern", gingen daneben aber auch auf die Bestimmungen über den Mutterschaftsurlaub für selbständig Erwerbstätige und mitarbeitende Ehepartner, auf die Frage der zeitlich befristeten Vertretungen sowie der Vereinbarkeit von EU- und nationalen Rechtsvorschriften ein.[675]

Im Großen und Ganzen hatten zu diesem Zeitpunkt zwar die meisten Delegationen die Ziele des Kommissionsvorschlags längst begrüßt. Dennoch wurden

---

Europäischen Union übt er zusammen mit dem Europäischen Parlament die Rechtsetzung der Europäischen Union aus. Da er die Regierungen der EU-Mitgliedstaaten repräsentiert, kann er als die Staatenkammer der Europäischen Union bezeichnet werden (neben dem Europäischen Parlament als Bürgerkammer). Die Funktionsweise des Rates ist in Art. 16 EU und in Art. 237 ff. AEUV geregelt. Er setzt sich aus jeweils einem Vertreter pro Mitgliedstaat zusammen, der ermächtigt sein muss, für seine Regierung verbindliche Entscheidungen zu treffen. Dabei gibt es je nach Politikbereich unterschiedliche Ratsformationen, bei denen sich die Vertreter verschiedener Ressorts treffen. Der vorliegend zuständige BeSoGeKO-Rat behandelt Fragen der EU-Sozialpolitik und EU-Gleichstellungspolitik.

674 Die tschechische EU-Ratspräsidentschaft in der ersten Jahreshälfte 2009 bezeichnet den Ratsvorsitz Tschechiens im Rat der Europäischen Union und im Europäischen Rat. Turnusgemäß wurde der tschechische Premierminister Mirek Topolánek am 01.01.2009 Vorsitzender des Europäischen Rates.

675 Vgl. hierzu die Zusammenfassung der Debatte vom 08.06.2009, abrufbar unter http://www.europarl.europa.eu/oeil/popups/ficheprocedure.do?id=569705 (zuletzt abgerufen am 15.06.2018).

einige wenige unter ihnen auch weiterhin nicht müde, ihre Zweifel an der Notwendigkeit neuer Rechtsvorschriften in diesem Bereich zum Ausdruck zu bringen. Insbesondere im Hinblick auf etwaige Kostenauswirkungen wurden abermals Bedenken geäußert. Auf einen allgemeinen Prüfungsvorbehalt mochte schon allein deshalb keine der Delegationen verzichten.[676]

Eine tatsächliche politische Einigung, mit qualifizierter Mehrheit, erzielte der Rat erst knapp ein halbes Jahr später auf ihrem Treffen am 30. November 2009.[677] Seinen Standpunkt in erster Lesung legte der Rat, ein weiteres Vierteljahr später, am 08. März 2010 erneut mit qualifizierter Mehrheit fest.[678] Großbritannien, Ungarn und Deutschland enthielten sich ihrer Stimme.[679] Deutschland hatte damit (zumindest noch zu diesem Zeitpunkt[680]) an seiner kritischen Haltung festgehalten, so dass dies nur konsequent war. Von den 30 Abänderungen des Europäischen Parlamentes zum Vorschlag der Kommission hatte die Kommission immerhin noch 15 der Änderungen als akzeptabel eingestuft, der Rat hingegen konnte sich nur auf die Annahme von 10 Änderungsvorschlägen, entweder ganz, teilweise oder nach einer Umformulierung, einigen.[681] Der Vorstoß des Europäischen Parlamentes erfuhr einen ersten markanten Dämpfer.

Zu dem für die vorliegende Ausarbeitung wohl wichtigsten Kernelement jener Einigung, dem Art. 8 zu den „Mutterschaftsleistungen“, lässt sich der Standpunkt des Rates wie folgt zusammenfassen[682]:

---

676 Vgl. hierzu die Zusammenfassung der Debatte vom 08.06.2009, abrufbar unter http://www.europarl.europa.eu/oeil/popups/ficheprocedure.do?id=569705 (zuletzt abgerufen am 15.06.2018).

677 Vgl. Stellungnahme zum Standpunkt des Rates vom 26.02.2010, 06324/10; vgl. an dieser Stelle auch die Stellungnahme zu den Gründen des Rates vom 24.02.2010, 17279/09 ADD 1, S. 2.

678 Vgl. an dieser Stelle auch die Stellungnahme zu den Gründen des Rates vom 24.02.2010, 17279/09 ADD 1.

679 Vgl. Ergänzung der Stellungnahme zum Standpunkt des Rates vom 03.03.2010, 06324/10 COR 1.

680 Vgl. zum späteren Abstimmungsverhalten Deutschlands im Rat die folgenden Ausführungen unter C. III. 2. f).

681 Eine Übersicht der einzelnen von der Kommission bzw. dem Rat akzeptierten bzw. nicht akzeptierten Änderungsanträge des Europäischen Parlamentes findet sich in der Stellungnahme zu den Gründen vom 24.02.2010 wieder, S. 4 ff.

682 Stellungnahme zu den Gründen vom 24.02.2010, 17279/09 ADD 1, S. 8 f., 12 ff. S. zum konkreten Wortlaut des Vorschlags des Rates sowie der Begründung der Stellungnahme s. zudem Amtsblatt der Europäischen Union, ABl. C 123 E/8 und C 123 E/11 ff. vom 12.05.2010.

Art. 8 und Erwägungsgründe 17 und 18 des Standpunktes des Rates in erster Lesung: Mutterschaftsleistungen

Der Rat teilte grundsätzlich die Auffassung des Europäischen Parlaments bezüglich der Notwendigkeit, den schwangeren selbständigen Erwerbstätigen und den schwangeren Ehegatten bzw. Lebenspartner von selbständig Erwerbstätigen einen Mutterschaftsurlaub von ausreichend langem Zeitraum zu gewähren, um den ordnungsgemäßen Verlauf einer normalen Schwangerschaft und die körperliche Erholung der Mutter nach einer normalen Entbindung zu ermöglichen. Im Hinblick auf ihren Status als selbständig Erwerbstätige, hielt der Rat es dabei jedoch nicht für angemessen, ihnen das Recht auf Mutterschaftsurlaub für den gleichen Zeitraum einzuräumen, wie er nach der Richtlinie 92/85/EWG für abhängig Beschäftigte Geltung hat. Hier würden andere Maßstäbe gelten. Aus diesem Grunde hielt es der Rat für angebracht, den weiblichen Selbständigen und weiblichen Ehegatten bzw. Lebenspartner – im Einklang mit innerstaatlichem Recht – eine ausreichende Mutterschaftsleistung zu bewilligen, die eine Unterbrechung ihrer Erwerbstätigkeit aufgrund von Schwangerschaft oder Mutterschaft für mindestens 14 Wochen ermöglichen sollte.

Ferner sollte den Besonderheiten der selbständigen Erwerbstätigkeit in der Form Rechnung getragen werden, als dass den Betroffenen die Möglichkeit der Inanspruchnahme von zeitlich befristeten Vertretungsdiensten oder anderen bestehenden sozialen Diensten – soweit wie möglich – zugänglich gemacht werden solle. Der Zugang zu diesen Diensten sollte dabei als Alternative oder als Teil der Mutterschaftsleistungen, also gerade nicht zusätzlich, gewährt werden.

Mit der nunmehr vorgeschlagenen Änderung des Entwurfes machte der Rat deutlich, dass auch er grundsätzlich Mutterschutzleistungen für einen an die Vorgaben der Richtlinie 92/85/EWG angelehnten Leistungszeitraum gewähren, dabei diesen nicht aber ausdrücklich in Bezug nehmen wolle. Auf diese Weise würde ein gewisser Spielraum belassen, sollten sich die Vorgaben der Mutterschutzrichtlinie, wie sie für Arbeitnehmerinnen gilt und zu jener Zeit ebenfalls überarbeitet werden sollte, künftig ändern.

Darüber hinaus stellte der Rat fest, dass die Mitgliedsstaaten auch weiterhin für die Organisation der einzelnen Leistungen, einschließlich der Festlegung der Höhe der Beiträge sowie sämtlicher Modalitäten im Zusammenhang mit Leistungen und Zahlungen, zuständig bleiben müssten. Insbesondere sollte es ihnen obliegen, zu entscheiden, in welchem Zeitraum vor und/oder nach der Entbindung das Recht auf Mutterschaftsleistungen gewährt werden soll. Auch sollte es den Mitgliedsstaaten überlassen bleiben, zu entscheiden, ob die wirtschaftliche Situation der betroffenen Person oder Familie bei der Festlegung der Beiträge und/oder Vorteile zu berücksichtigen sei. Die Mitgliedstaaten sollten zudem darüber entscheiden können, ob die Mutterschaftsleistungen auf obligatorischer oder freiwilliger Basis gewährt werden sollen. Daher sollten sie, anders als es noch das Europäische Parlament favorisierte[683], vorsehen können, dass diese Leistungen eben doch nur auf Antrag der selbständig erwerbstätigen Frauen und Ehepartnerinnen und Lebenspartnerinnen gewährt werden. Insgesamt sollte für die einzelnen Mitgliedsstaaten ein gewisser Restspielraum verbleiben.[684] Die kritische Haltung einiger Mitgliedsstaaten hinsichtlich der Frage der Kompetenzverteilung und der Einhaltung des Subsidiaritätsprinzips sollte auf diese Weise augenscheinlich entgegengekommen werden.

Im Ganzen betrachtet sah der Rat in der in erster Lesung formulierten Position selbst eine ausgewogene und realistische Lösung für die durch den Richtlinienvorschlag der Kommission angegangenen Probleme. Aus Sicht des Rates sollte der gemäß seinen Vorstellungen geänderte Entwurf dazu beitragen, selbständige Erwerbstätigkeit und Familienverantwortung besser zu kombinieren. Eine endgültige Einigung über diese wichtige Richtlinie sollte unbedingtes Ziel sein.[685] Bedenklich ist dabei aber, wie der Einigungsvorschlag des Rates vor allem die Notwendigkeit, nicht störend in die Gestaltung der von den einzelnen Mitgliedsstaaten eigenständig zu organisierenden sozialen Sicherheitssysteme oder deren Finanzierung einzugreifen, betonte. Etwaigen Kritikern sollte so entgegengekommen werden. Dies führt jedoch unweigerlich zu einer Verwässerung des ursprünglichen Vorschlages, wie ihn das Europäische Parlament vorgebracht hatte. Eine Vielzahl der berechtigten Forderungen *Lullings* und des Europäischen Parlamentes, insbesondere den sozialen Schutz von mitarbeitenden Ehepartnern betreffend, wurden nicht übernommen. Ob so aber letztendlich das Erfordernis der endgültigen Beseitigung von Hindernissen beim Zugang von Frauen zur selbständigen Erwerbstätigkeit tatsächlich erfolgreich angegangen werden kann, ist fraglich. Es drohte erneut eine allzu vage formulierte Richtlinie, die die Mitgliedsstaaten womöglich auch weiterhin nicht zu einem hinreichenden Handeln anhalten würde.[686]

bb) Reaktion der Kommission zum Standpunkt des Rates in erster Lesung

Die Kommission musste mit ihrer Mitteilung vom 22. März 2010 daraufhin feststellen, dass der Standpunkt des Rates in erster Lesung sich an verschiedener Stelle erheblich vom Vorschlag der Kommission sowie von der Stellungnahme des Euro-

683 Vgl. hierzu schon die obigen Ausführungen und weitern Verweise unter C. III. 2. b) cc) (2).

684 Stellungnahme zu den Gründen vom 24.02.2010, 17279/09 ADD 1, S. 8 f., 12 ff.

685 Vgl. Stellungnahme zu den Gründen vom 24.02.2010, S. 13.

686 Vgl. hierzu die nachfolgenden Ausführungen des 4. Kapitels unter B. I. sowie des 5. Kapitels.

päischen Parlamentes unterschied. Dies galt vor allem für das angestrebte Niveau des Sozialschutzes der mitarbeitenden Ehepartner, weniger aber hinsichtlich der Frage eines Mutterschutzes für Selbständige. Hier war man sich zumindest dem Grunde nach einig.[687] Zur Frage des Mutterschutzes für Selbständige wich der Standpunkt des Rates kaum von den vom Europäischen Parlament angenommenen und von der Kommission akzeptierten Änderungen ab. An dieser Stelle bestand, insbesondere was den Grundsatz anbelangt, grundsätzlich Einigkeit, dass der Mutterschaftsurlaub an die speziellen Bedürfnisse der Betroffenen angepasst werden sollte. Anders als nur in Bezug auf das angemessene Niveau der Mutterschaftsleistungen. Hier wich der Standpunkt des Rates stark von der vom Europäischen Parlament und der Kommission vertretenen Position ab, nachdem am 30. November 2009 der Rat entschieden hatte, die Mitgliedsstaaten müssten selbst über das Niveau der Mutterschaftsleistungen entscheiden können.[688]

Um den Gesamterfolg gleichwohl nicht aufs Spiel zu setzen, beugte sich die Kommission dem Wunsch des Rates. Gerade die Einführung eines Anspruchs auf Mutterschutz für Selbständige sollte nicht gefährdet werden. Keinesfalls sollte eine Einigung im Rat verhindert werden.[689] Und so schloss sich die Kommission dem Standpunkt des Rates in letzter Konsequenz an. Eine politische Einigung, wie sie nach langem Ringen am 30. November 2009 getroffen wurde, wäre anders wohl kaum möglich geworden[690], und zudem barg diese Kompromisslösung doch letztendlich noch immer eine wesentliche Verbesserung gegenüber der vorherigen Situation. Sowohl für die Selbständigen als auch die mitarbeitenden Ehepartner würde auf Unionsebene erstmals eine ausdrückliche Forderung zur Schaffung eines Anspruches auf Mutterschaftsleistungen bestehen, der eine Unterbrechung der beruflichen Tätigkeit für mindestens 14 Wochen für Selbständige und mitarbeitende Ehepartner in Aussicht stellen würde. Ein Novum – in welcher Höhe und für welche Dauer auch immer er letztlich gewährt werden würde.[691]

---

687 So auch die Mitteilung der Kommission an das Europäische Parlament gemäß Art. 294 Abs. 6 des Vertrages über die Arbeitsweise der Europäischen Union zum Standpunkt des Rates in erster Lesung im Hinblick auf die Annahme des Vorschlages für eine Richtlinie des Europäischen Parlamentes und des Rates zur Anwendung des Grundsatzes der Gleichbehandlung von Männern und Frauen, die eine selbständige Erwerbstätigkeit ausüben, und zur Aufhebung der Richtlinie 86/613/EWG vom 22.03.2010, KOM(2010)99, S. 3.

688 S. KOM(2010)99, S. 3, 5.

689 S. KOM(2010)99, S. 4.

690 S. KOM(2010)99, S. 4.

691 S. KOM(2010)99, S. 4 f.

cc) Fazit

Mit Blick auf das vorstehend beschriebene Resümee des Rates ist es zwar auf der einen Seite richtig, dass der Standpunkt des Rates in erster Lesung bestimmten wesentlichen Zielen des Kommissionsvorschlages widersprach, ebenso richtig ist es aber auf der anderen Seite auch, dass die einzige Möglichkeit einen erfolgreichen Abschluss des Verfahrens zu garantieren, darin lag, auf Einwände gegen den Text des Rates zu verzichten.[692] Angesichts der Widerstände aus den einzelnen Mitgliedsstaaten, gerade Deutschland ist da nicht ausgenommen, wäre ein Bestehen auf den eigenen Vorschlag nicht zielführend gewesen. Die enorme Bedeutung des Kommissionsvorstoßes gebot zumindest den Kompromiss zu akzeptieren. Gleichwohl bleibt festzuhalten, dass ein ambitionierter Vorstoß des Europäischen Parlaments einmal mehr nicht in Gänze politisch durchgesetzt werden konnte.

d) Zweite Lesung im Europäischen Parlament

Mit der Verabschiedung des Standpunkts des Rates in erster Lesung und dessen Übermittlung an das Parlament begann sodann die dreimonatige Frist für die zweite Lesung im Europäischen Parlament. Im Laufe dieser Zeit hatte das Parlament über den Standpunkt des Rates zu entscheiden. Die Regelung des § 294 Abs. 7 AEUV sieht hierzu grundsätzlich drei Möglichkeiten vor, aus denen das Europäische Parlament sein weiteres Vorgehen wählen konnte. Zum einen hätte das Europäische Parlament den ihr übermittelten Standpunkt des Rates mit der Mehrheit der Mitglieder ablehnen können. Der Rechtsakt wäre gescheitert. Die Kommission hätte in diesem Falle allenfalls noch einen grundlegend überarbeiteten Vorschlag vorlegen können, wodurch allerdings ein neues Verfahren eingeleitet worden wäre. Zum anderen bestand die Möglichkeit, die Änderungsvorschläge des Rates mit der Mehrheit der abgegebenen Stimmen schlicht anzunehmen. Der Rechtsakt wäre dann in der Fassung des Standpunktes des Rates erlassen. Dies war jedoch ein Weg, der aufgrund der teils erheblichen Abweichungen zwischen dem Standpunkt des Europäischen Parlaments und dem Standpunkt des Rates von Anbeginn unwahrscheinlich war. Somit blieb allein die Möglichkeit der Annahme von weiteren Änderungsvorschlägen (mit absoluter Mehrheit der Mitglieder). Sobald das Parlament erneute Änderungsvorschläge beschließt, würde sich der Rat ebenfalls erneut mit der Angelegenheit befassen müssen. Das Tauziehen zwischen Europäischem Parlament und dem Rat wäre noch nicht beendet.

---

692 So schon die Kommission selbst, KOM(2010)99, S. 5.

Über die Billigung etwaiger weiterer Änderungsvorschlage des Parlaments entscheidet der Rat mit qualifizierter Mehrheit, § 294 Abs. 8 AUEV. Würde allerdings schon die Kommission eine ablehnende Stellungnahme zu den Änderungsvorschlägen des Parlaments abgeben, so bedürfte der Beschluss im Rat sodann sogar der Einstimmigkeit, § 294 Abs. 9 AEUV. Dass jedoch eine einstimmige Einigung kaum zu erzielen sein würde, war allen Seiten klar, weshalb die Kommission schon vorab deutlich gemachte, eine Einigung um jeden Preis erzielen zu wollen. Der Vorschlag der Novellierung der Richtlinie 86/613/EWG dürfe nicht scheitern, so die Kommission.[693] Hier wird einmal mehr deutlich, dass der Erlass von Richtlinien nicht selten erhebliches politisches Fingerspitzengefühl bedarf, welches *Lulling* gemeinsam mit der spanischen Ratspräsidentschaft auch zeigte.

aa) Empfehlung des zuständigen Ausschusses

Am 04. Mai 2010 verabschiedete als erstes der Ausschuss für die Rechte der Frau und die Gleichstellung der Geschlechter (FEMM) seine Empfehlung für die zweite Lesung betreffend den Standpunkt des Rates in erster Lesung, welche erneut von *Lulling* vorbereitet worden war.[694]

Lulling empfahl im Rahmen ihres Berichts vom 17. März 2010 erwartungsgemäß, den Standpunkt des Rates in erster Lesung nicht unwidersprochen zu lassen. Sie schlug erneut verschiedene Änderungen vor, wobei sie den begrüßenswerten Willen des Rates durchaus zur Kenntnis nahm, Fortschritte bei der Verbesserung des Sozialschutzes für die selbständigen Erwerbstätigen und auch beim Schutz der mithelfenden Ehepartner zu machen, um die Hindernisse, die der unternehmerischen Tätigkeit von Frauen entgegenstehen, zu beseitigen. Einige der vom Rat in seinem Standpunkt vorgebrachten (eher unbedeutenden) Punkte könnten deshalb auch akzeptiert werden, so *Lulling*.[695] Kampflos wollte sie offensichtlich

693 Vgl. hierzu die Ausführungen von *Lulling* im Rahmen der Aussprache im Europäischen Parlament vom 17.05.2010, nachzulesen unter http://www.europarl.europa.eu/sides/getDoc.do?type=CRE&reference=20100517&secondRef=ITEM-015&language=DE&ring=A7-2010-0146 (zuletzt abgerufen am 15.06.2018), sowie die folgenden Ausführungen unter C. III. 2. d) bb) (1).

694 Entwurf einer Empfehlung für die zweite Lesung des Ausschusses für die Rechte der Frau und die Gleichstellung der Geschlechter vom 17.03.2010, PE 439.879, abrufbar unter http://www.europarl.europa.eu/sides/getDoc.do?type=COMPARL&mode=XML&language=EN&reference=PE439.879 (zuletzt abgerufen am 15.06.2018).

695 So die Begründung Astrid Lullings zur Empfehlung für die zweite Lesung vom 17.03.2010, PE 439.879, S. 19 f. bzw. vom 10.05.2010, A7-0146/2010, S. 19 f., ab-

nicht nachgeben. In Bezug auf den hier im Mittelpunkt des Interesses stehenden Mutterschaftsschutz für selbständig erwerbstätige Frauen berücksichtigte *Lulling* die vom Rat gemachten Fortschritte in Bezug auf die Anerkennung der Notwendigkeit, diesen Frauen eine Sozialleistung zu gewähren, die es ihnen ermöglicht, ihre Berufstätigkeit lange genug zu unterbrechen, um den komplikationslosen Verlauf einer normalen Schwangerschaft und die körperliche Erholung der Mutter nach einer normalen Entbindung zu gewährleisten. Der Standpunkt des Rates, demzufolge die betroffenen Frauen gemäß dem einzelstaatlichen Recht einen Anspruch auf eine angemessene Mutterschaftsleistung haben sollten, die es ihnen ermöglicht, ihre Berufstätigkeit aufgrund von Schwangerschaft oder Mutterschaft mindestens 14 Wochen lang zu unterbrechen, könne laut *Lulling* sicherlich als Fortschritt gegenüber der bestehenden Situation aufgefasst werden. Aber nur, wenn man gleichzeitig unterstreicht, dass dieser Zeitraum von 14 Wochen ein Minimum darstellt, das von den Mitgliedstaaten unter Berücksichtigung ihres abweichenden Status, wie auch ihrer besonderen Bedürfnisse verlängert werden kann.[696] Diesen Gedanken berücksichtigend, schlug *Lulling* in ihrem Entwurf entsprechend vor, eine Änderung dahingehend zu empfehlen, dass die Länge des Zeitraums, in dem weiblichen Selbständigen und weiblichen Ehepartner oder nach innerstaatlichem Recht anerkannte Lebenspartnerinnen Leistungen bei Mutterschaft gewährt werden, zumindest *ähnlich* der Dauer des Mutterschutzes für abhängig beschäftigte Arbeitnehmer bemessen werden solle. Sollte die Dauer des Mutterschaftsurlaubs für die abhängig Beschäftigten auf EU-Ebene geändert werden, solle die Kommission dazu verpflichtet sein, einen Bericht ausarbeiten, in dem sie beurteilt, ob die Dauer der Mutterschaftsleistungen für Selbständige ebenfalls geändert werden müsse; Änderungsantrag 5 zum Standpunkt des Rates – Erwägung 17a (neu)[697]. Auf diese Weise sollte die Parallele zum Mutterschutz für abhängig erwerbstätigen Frauen so deutlich wie politisch gerade noch möglich hervorgehoben werden. Auf diese Weise könnte gegebenenfalls sowohl den Kritikern Genüge getan, als auch dem Bestreben des Rates gefolgt werden, zwar ein Recht auf Mutterschaftsurlaub für den gleichen Zeitraum einzuräumen, wie er bereits nach der Richtlinie 92/85/EWG für abhängig Beschäftigte Geltung hat, diesen aber nicht ausdrücklich in Bezug zu

---

rufbar unter http://www.europarl.europa.eu/sides/getDoc.do?pubRef=-//EP//TEXT+REPORT+A7-2010-0146+0+DOC+XML+V0//DE (zuletzt abgerufen am 15.06.2018), je mit einigen Beispielen.

696 PE 439.879, S. 20; A7-0146/2010, S. 20.

697 PE 439.879, S. 9 f.; A7-0146/2010, S. 9 – begründet wurde dieser Vorstoß damit, dass der sich weiterentwickelnde Mutterschutz für die abhängig Beschäftigten berücksichtigt werden müsse.

nehmen, da hier nach Auffassung des Rates andere Maßstäbe gelten würden.[698] Dass die Mutterschaftsleistungen womöglich nur auf Antrag gewährt werden könnten, konnte *Lulling* hingegen nicht hinnehmen, Änderungsantrag 10 zum Standpunkt des Rates – Art. 8 – Ziff. 2, und schlug daher vor, den bereits schon einmal vom Europäischen Parlament herausgenommenen und vom Rat erneut aufgegriffenen Einschub „auf Antrag" endgültig zu streichen.[699].

Abschließend erklärte *Lulling*, dass sie gleichwohl auf die Möglichkeit vertraue, dass eine gemeinsame angemessene Lösung noch immer gefunden werden könne. D.h., eine Lösung, die die vorhandenen spezifischen Bedürfnisse berücksichtigen würde. Man dürfe die Chance nicht vertun, zu einem Gesetzestext zu gelangen, der zu einer tatsächlichen Verbesserung für die selbständig erwerbstätigen Frauen und die Ehe- oder anerkannten Lebenspartnerinnen führen könnte.[700] Diesen Appell im Ohr wurde der Vorschlag der Berichterstatterin *Lulling* sodann tatsächlich ohne weitere nennenswerte Änderungen am 04. Mai 2010 mit nur einer Gegenstimme durch den zuständigen Ausschuss angenommen und am 10. Mai 2010 als Empfehlung dem Europäischen Parlament zur weiteren Entscheidung und Abstimmung vorgelegt. Das Verfahren nahm wieder Fahrt auf, nachdem es zuvor im Rat noch leicht ins Stocken geraten war.

bb) Standpunkt des Europäischen Parlaments – Verabschiedung der legislativen Entschließung des Europäischen Parlaments vom 18. Mai 2010 zum Standpunkt des Rates in erster Lesung

Die vom FEMM-Ausschuss dem Europäischen Parlament vorgelegte Empfehlung für die zweite Lesung wurde am 04. Mai 2010 verabschiedet, genau ein Jahr nach der Debatte im Europäischen Parlament zur ersten Lesung. Am 17. Mai 2010 erfolgte die zweite Aussprache im Plenum des Parlamentes und nur ein Tag später, die zweite Abstimmung. Das Europäische Parlament billigte dabei die Empfehlung für die zweite Lesung der Berichterstatterin *Lulling*. Das Verfahren sollte endlich seinen Abschluss finden und die geplante Richtlinie zur Gleichbehandlung von Frauen und Männer, die eine selbständige Tätigkeit ausüben sowie zum Mutterschutz für Selbständige Wirklichkeit werden – wenn auch, insbesondere mit Blick auf die soziale Sicherung von mitarbeitenden Ehepartnern, die hier allerdings nicht Gegenstand der Ausarbeitung sein soll, nur in einer Kompromissfassung.

---

698 Vgl. hierzu die obigen Ausführungen unter C. III. 2. c) aa).
699 PE 439.879, S. 13; A7-0146/2010, S. 13 f.
700 PE 439.879, S. 21; A7-0146/2010, S. 21.

(1) Aussprache und Abstimmung

Am 17. Mai 2010 erläuterte *Astrid Lulling* dem Plenum ihre Empfehlung für die zweite Lesung. Als Mitglied der Kommission war *Günther Oettinger* zugegen.[701]

Lulling stellte fest, dass Beharrlichkeit auch manchmal Früchte tragen könne. Schon der Bericht über die Situation der mitarbeitenden Ehepartner von selbständigen Erwerbstätigen von 1997[702] habe ihrer Feder entstammt, nun endlich sollte ihre Ausdauer auch im Übrigen Erfolg haben, denn ein Jahr zuvor habe das Europäische Parlament den Kommissionsvorschlag zur Verbesserung der Situation der selbständigen Frauen verabschiedet. *Lulling* prangerte zugleich aber auch an, dass der Ministerrat ganze neun Monate gebraucht habe, um zu einem gemeinsamen Standpunkt zu gelangen. Dieser sei schließlich von der spanischen Ratspräsidentschaft herausgebracht worden, die außergewöhnliches Fingerspitzengefühl und ebenfalls enorme Beharrlichkeit bewiesen habe. Natürlich habe man Zugeständnisse machen müssen, aber man dürfe zufrieden sein, die Interessen der selbständig Erwerbstätigen gut vertreten zu haben, so *Lulling* weiter. Sie wisse sehr wohl, dass es einige Abgeordnete im Europäischen Parlament gebe – glücklicherweise seien sie jedoch in der Minderheit – die die Ansicht vertreten, dass Selbständige und deren Ehepartner ihre soziale Absicherung selber regeln sollten. Sie sei mit diesem Argument sehr vertraut, habe sie es doch vor 20, 30 Jahren in ihrem eigenen Land[703] gehört, als für Ehepartner von Landwirten der Eintritt in die landwirtschaftliche Rentenversicherung obligatorisch wurde. Heute seien diese Menschen zufrieden. Der nunmehr vorliegende Richtlinientext würde zwar noch immer nicht ihren persönlichen Ansprüchen in Gänze gerecht werden. Man habe nicht den Krieg, wohl aber zumindest eine wichtige Schlacht gewonnen. Dies sei ein Schritt in die richtige Richtung. Dieser Aussage ist zwar grundsätzlich beizupflichten, gleichzeitig ist aber auch zu bedenken, dass trotz aller Euphorie der ursprüngliche Vorschlag *Lullings* nicht in Gänze zum Ziel gekommen war.

Auch der deutsche Kommissionskommissar *Oettinger* zeigte sich über das Fortkommen des Richtlinienvorschlages hoch erfreut. Die Vorlage der Kommission sende schließlich ein starkes Signal aus, nämlich, dass man nicht die Hände

---

701 Die Aussprache kann nachgelesen werden unter http://www.europarl.europa.eu/sides/getDoc.do?type=CRE&reference=20100517&secondRef=ITEM-015&language=DE&ring=A7-2010-0146 (zuletzt abgerufen am 15.06.2018).

702 Bericht über die Situation der mitarbeitenden Ehepartner von selbständigen Erwerbstätigen, DOC-DE\RR\317122, abrufbar unter: http://www.europarl.europa.eu/sides/getDoc.do?pubRef=-//EP//TEXT+REPORT+A4-1997-0005+0+DOC+XML+V0//DE (zuletzt abgerufen am 15.06.2018).

703 Astrid Lulling stammt aus Luxemburg.

in den Schoß legen könne, während Frauen aufgrund eines mangelnden Sozialschutzes in die Armut abgleiten. Auch würde damit ein großer Schritt nach vorn bei der Förderung des Unternehmertums von Frauen gemacht. Er würdigte weiter ausdrücklich die Leistung von *Astrid Lulling*, mit der spanischen Ratspräsidentschaft zu diesem technisch komplexen und politisch sensiblen Thema zu einer Einigung gelangt zu sein. Die Kommission unterstütze deshalb auch voll und ganz den vom Ausschuss mit einer überwältigenden Mehrheit Anfang Mai 2010 gebilligten Text. Er forderte das Parlament auf, dies ebenfalls zu tun. Mit Annahme des Textes in seiner jetzigen Form würde an die Adresse des Rates eine deutliche Botschaft gesendet und der Weg für eine endgültige Annahme des Vorschlags geebnet.

Tatsächlich wurde am 18. Mai 2010 der gemeinsame Standpunkt des Rates in geänderter Fassung mit einer überwältigenden Mehrheit[704] für gebilligt erklärt. Es gab viel Lob und Zustimmung für die konsequente Arbeit und das große Engagement von *Astrid Lulling*. Ihre Empfehlung fand dementsprechend auch (beinahe allseits) die notwendige Unterstützung. Nur wenige sprachen sich gegen die Empfehlung *Lullings* aus, so wie z. B. die schwedische Delegation in der Fraktion der Europäischen Volkspartei (Christdemokraten), die auch weiterhin nicht der Ansicht war, dass es Aufgabe der Europäischen Union sein könne, Entscheidungen im Bereich der Gleichstellung zu treffen, die weitereichende Folgen für die Finanzen der Mitgliedsstaaten hätten. Darüber müssten die einzelnen Staaten selbst entscheiden.[705]

(2) Position des Europäischen Parlamentes

Am 18. Mai 2010 verabschiedete das Europäische Parlament im Wege des ordentlichen Gesetzgebungsverfahrens seine legislative Entschließung zum Standpunkt des Rates in zweiter Lesung.[706] Die dabei mitgeteilten Änderungsvorschläge waren nichts anderes als ein Kompromiss zwischen dem Europäischen Parlament und

---

704 Zum Abstimmungsergebnis s. http://www.europarl.europa.eu/oeil/popups/ficheprocedure.do?reference=2008/0192(COD)&l=en (zuletzt abgerufen am 15.06.2018).

705 Vgl. hierzu die Erklärungen zur Aussprache vom 18.05.2010, abrufbar unter http://www.europarl.europa.eu/sides/getDoc.do?type=CRE&reference=20100518&secondRef=ITEM-009&language=DE&ring=A7-2010-0146#2-250 (zuletzt abgerufen am 15.06.2018).

706 Der vom Europäischen Parlament am 18.05.2010 angenommene Text ist abrufbar unter http://www.europarl.europa.eu/sides/getDoc.do?type=TA&reference=P7-TA-2010-0167&language=DE&ring=A7-2010-0146#BKMD-13 (zuletzt abgerufen am 15.06.2018).

dem Rat. Sie änderten den ursprünglichen Kommissionsvorschlag nur soweit ab, dass alle Seiten ihm nunmehr zustimmen konnten. Zu den wichtigsten Änderungen zählte insbesondere der zuvor bereits dargestellte Erwägungsgrund, die Dauer der Leistungen bei Mutterschaft, *ähnlich* wie die Dauer des Mutterschaftsurlaubs für abhängig Beschäftigte zu gestalten. Sollte die Dauer des Mutterschaftsurlaubs für abhängig Beschäftigte auf Unionsebene geändert werden, so sollte dies – nach einer entsprechenden Beurteilung durch die Kommission – auch für die selbständigen Frauen gelten. Es sollte so zu einem Gleichlauf der Rechte auf Mutterschutz für alle abhängig und selbständig beschäftigten Frauen kommen, wenn sie auch nicht gänzlich gleichgestellt werden sollten. Hinsichtlich der konkreten Mutterschaftsleistungen sollten die Mitgliedstaaten zudem fortan alle erforderlichen Maßnahmen treffen, um den weiblichen Selbständigen und weiblichen Ehe- sowie Lebenspartner, in Übereinstimmung mit nationalem Recht, ausreichende Mutterschaftsleistungen zu gewährleisten, die eine Unterbrechung ihrer Erwerbstätigkeit wegen Schwangerschaft und Mutterschaft für mindestens 14 Wochen ermöglichen. Weiterhin sollten die Mitgliedstaaten alle erforderlichen Maßnahmen treffen, die es den weiblichen Selbständigen und weiblichen Ehe- und Lebenspartnern ermöglichen würden, (bestehende) zeitlich befristete Vertretungsdienste zu nutzen. Die Mitgliedstaaten sollten den Zugang zu solchen Diensten als Alternative oder als ein Teil der zu gewährenden Mutterschutzleistungen vorsehen. Daneben sah die Kompromisslösung des Parlamentes und des Rates vor, dass, wenn ein System für den sozialen Schutz für selbständig Erwerbstätige in einem Mitgliedstaat bestehen sollte, dieser Mitgliedstaat die erforderlichen Maßnahmen zu ergreifen haben sollte, um sicherzustellen, dass auch deren Ehe- und Lebenspartner von diesem sozialen Schutz, in Einklang mit nationalem Recht, profitieren könnten. Auf diese Weise würde auch den mitarbeitenden Ehe- und Lebenspartnern ebenfalls ein Anspruch auf Mutterschaftsleistungen zu fallen.

Des Weiteren wurde dem Wunsch des Rates folgend beschlossen, dass die einzelnen Mitgliedstaaten fortan selbst entscheiden sollten, ob der soziale Schutz bzw. der Anspruch auf Mutterschaftsleistungen auf obligatorischer oder auf freiwilliger Basis umgesetzt werden würde. Das Europäische Parlament verzichtete damit auf seine eigentliche Zielsetzung, für alle betroffenen Frauen einen obligatorischen Schutz zu schaffen. Ein Eingeständnis des Europäischen Parlamentes an den Rat, um die Richtlinie nicht in Gänze scheitern zu lassen.

e) Zweite Lesung im Rat der Europäischen Union

Der für das vorliegende Legislativvorhaben zuständige Rat für Beschäftigung, Soziales, Gesundheit und Verbraucherschutz wurde über die Entschließung des

Europäischen Parlamentes und der damit einhergehenden Vereinbarung zwischen dem Europäischen Parlament und dem Rat informiert. Von nun an ging das Vorhaben mit großen Schritten seinem Abschluss entgegen.

aa) Diskussion im Rat

Am 07. Juni 2010 stellte der Rat die letzte Fassung des Richtlinienvorschlages, namentlich die zuvor dargestellte legislative Entschließung des Europäischen Parlamentes vom 18. Mai 2010, zur abschließenden Diskussion. Viel galt es jedoch nicht mehr zu besprechen. Die verschiedenen Beteiligten waren sich bereits einig geworden. Die neue Gesetzgebung sollte zukünftig zu einer deutlichen Verbesserung in Bezug auf die soziale Sicherung von selbständigen Erwerbstätigen und dabei vor allem auch deren mitarbeitenden Ehe- und Lebenspartnern beitragen. Diesem Personenkreis eigenes Recht zuzugestehen war nach übereinstimmender Auffassung aller am Gesetzgebungsverfahren Beteiligten von größter Bedeutung. Darüber hinaus soll fortan allen selbständig erwerbstätigen Frauen sowie den mitarbeitenden Ehegattinnen und Lebenspartnerinnen, soweit sie nach innerstaatlichem Recht anerkannt sind, Mutterschaftsgeld für mindestens 14 Wochen gewährt werden. Vor allem aber sollte künftig den einzelnen Mitgliedsstaaten nicht bloß ein diesbezüglicher Prüfungsauftrag erteilte werden, vielmehr wurden sie nunmehr verpflichtet, einen solchen Anspruch tatsächlich zu schaffen.[707]

bb) Stellungnahme der Kommission zum Standpunkt des Parlaments vom 23. Juni 2010

Gemäß Art. 293 Abs. 2 AEUV änderte die Kommission ihren Vorschlag entsprechend den vom Europäischen Parlament auf seiner Plenarsitzung am 18. Mai 2010 angenommenen Abänderungen.

Im Rahmen ihrer Mitteilung zum Standpunkt des Rates in erster Lesung hatte die Kommission zwar noch festgestellt, der Standpunkt des Rates in erster Lesung würde in mehreren wesentlichen Punkten nicht dem ursprünglichen Kommissionsvorschlag entsprechen. Zugleich sah die Kommission aber auch, dass die Unterstützung des Standpunktes des Rates wohl die einzige Möglichkeit darstellen würde, das Verfahren voranzubringen.[708] Im Zuge der zweiten Lesung hatte das Europäische Parlament daher auch nur noch einige wenige Änderungen an eben jenen Standpunkt des Rates vorgenommen, deren Hauptziel es somit nicht mehr war, inhaltliche Veränderung vorzunehmen, sondern nur noch, den Inhalt

---

707 So auch Knigge in ZESAR 2013, 24, 27.

708 Vgl. KOM(2010)99.

der Richtlinie nochmals deutlicher hervorzuheben. Die Abänderungen des Parlaments konnten daher sodann von der Kommission ohne weitere Diskussion umfassend akzeptiert werden, standen sie doch in Einklang mit dem Gesamtziel des ursprünglichen Kommissionsvorschlags.[709]

f) Billigung und Unterzeichnung des Gesetzes

Nach einer nur noch geringfügigen juristisch-sprachlichen Überarbeitung des Textes wurde dieser, wie nicht anders erwartet, vom Rat ohne weitere Diskussion am 24. Juni 2010 verabschiedet und am 07. Juli 2010 vom Europäische Parlament und dem Rat der Europäischen Union unterzeichnet. Bemerkenswert ist dabei an dieser Stelle, dass Deutschland, anders als noch zuvor in der Abstimmung des Rates vom 08. März 2010, am 24. Juni 2010 nunmehr doch für die Verabschiedung der Richtlinie gestimmt hat. Rund drei Monate zuvor hatte Deutschland sich noch enthalten, was angesichts der vorangegangenen harschen Kritik am Richtlinienentwurf nur konsequent gewesen war.[710] Nur eine Woche nach Unterzeichnung wurde die Richtlinie 2010/41/EU schließlich am 15. Juli 2010 im Amtsblatt der Europäischen Union veröffentlicht.[711]

IV. Ergebnis

Die verabschiedete Richtlinie 2010/41/EU entsprach den obigen Ausführungen entsprechend also letztlich im Großen und Ganzen der Entschließung

709 Die Kommission war ohnehin bereits in den Beratungen der beiden gesetzgebenden Organe, sprich dem Europäischen Parlament sowie dem Rat, unterstützend involviert gewesen. Vgl. hierzu auch die Mitteilung der Kommission vom 18.05.2010, SP(2010)3805, bzw. die Stellungnahme der Kommission vom 23.06.2010, KOM(2010)347, abrufbar unter http://www.europarl.europa.eu/oeil/popups/ficheprocedure.do?id=569705#keyEvents (zuletzt abgerufen am 15.06.2018).

710 Zum vorherigen Abstimmungsverhalten Deutschlands im Rat vgl. die obigen Ausführungen unter C. III. 2. c) aa). In der Abstimmung des Rates vom 24.06.2010 hat Deutschland nach anfänglicher Kritik und Enthaltung in den vorangegangenen Abstimmungen schließlich doch noch für die Richtlinie gestimmt, während sich nur das Vereinigte Königreich und Ungarn weiterhin enthielten. Das Abstimmungsergebnis (304 Ja-Stimmen und 41 Enthaltungen) ist unter http://data.consilium.europa.eu/doc/document/ST-11521-2010-INIT/en/pdf abrufbar (zuletzt abgerufen am 15.06.2018); s. z. B. außerdem Rust, Europäischer Anstoß – Mutterschutz für Selbständige, in: Hamburger Frauenbündnis 100 Jahre Internationaler Frauentag, Emanzipation, Macht, Gerechtigkeit, 100 Jahre Internationaler Frauentag in Hamburg 2011, S. 107, 108.

711 Amtsblatt der Europäischen Union, 15.07.2010, L 180/1.

des Europäischen Parlamentes vom 18. Mai 2010, mithin einem Kompromiss, der insbesondere den unerschütterlichen Bemühungen der Berichterstatterin *Astrid Lulling* vom FEMM-Ausschuss geschuldet ist. Für sie war es ein harter Kampf. Einen, den sie aber nicht aufgegeben hat und der nun den Mitgliedsstaaten der Europäischen Union erstmals ausdrücklich die Pflicht auferlegt, einen Anspruch auf Mutterschaftsleistungen (auch) für alle selbständig erwerbstätigen Frauen zu schaffen. Selbst wenn es sich letztlich erneut nur um einen Kompromiss handeln sollte, so ist hierin gleichwohl ein echter Fortschritt zu sehen. Selbständigen werden zum ersten Mal ausdrücklich mehr Rechte zugestanden.

Aber handelt es sich dabei tatsächlich um den großen Wurf, den das Europäische Parlament so bejubelt hat? Oder ist vielleicht doch etwas an den Bedenken der Kritiker, gerade hinsichtlich der Rechtmäßigkeit der neuen Richtlinie? Und reichen die vorliegend dargestellten Regelungen zum Mutterschutz, wie sie das deutsche Rechtssystem bislang vorsieht, nicht womöglich bereits aus, um dem getroffenen Kompromiss schon Genüge zu tun? Die weiteren Erörterungen, vor allem die nachfolgenden Ausführungen des 4. Kapitels zum Status Quo des deutschen Rechts zum Mutterschutz (auch) für Selbständige, werden diesen Fragen noch weiter nachgehen müssen. Um sie im Folgenden besser einordnen zu können, hier abschließend nochmals die wichtigsten Angaben zur Richtlinie 2010/41/EU des Europäischen Parlaments und des Rates, vor allem zum Art. 8 der Richtlinie, im Überblick:

Zweck der Richtlinie 2010/41/EU:
Verbesserung des sozialen Schutzes für selbständig Erwerbstätige und deren EhepartnerInnen.

Inhalt der Richtlinie 2010/41/EU:
Am 07. Juli 2010 unterzeichneten der Rat und das Europäische Parlament eine Richtlinie zur Verbesserung des sozialen Schutzes der selbständigen Erwerbstätigen und der mitarbeitende Ehepartner mit dem Ziel, den Grundsatz der Gleichbehandlung von Männern und Frauen zu stärken, die selbständig erwerbstätig sind oder es werden wollen. Die Verabschiedung der Richtlinie geht dabei auf eine Einigung des Rates mit dem Europäischen Parlament in zweiter Lesung zurück.
Die neue Richtlinie berechtigt selbständig erwerbstätige Frauen und mitarbeitende Ehefrauen von selbständig Erwerbstätigen zum ersten Mal ausdrücklich Leistungen bei Mutterschaft in Anspruch nehmen zu können und schafft darüber hinaus eigenständige soziale Schutzrechte für die mitarbeitenden Ehepartner von selbständig Erwerbstätigen, die vorliegend jedoch nicht im Mittelpunkt dieser Ausarbeitung stehen. Diese Thematik soll Anderen zur weiteren Erforschung verbleiben.

Art. 8 der Richtlinie 2010/41/EU: Leistungen bei Mutterschaft

Die Mitgliedstaaten sollen diejenigen Maßnahmen ergreifen, die erforderlich sind, um sicherzustellen, dass den weiblichen Selbständigen und weiblichen Ehepartnern und Lebenspartnern ausreichende Mutterschaftsleistungen zugestanden werden, die eine Unterbrechung ihrer Erwerbstätigkeit wegen Schwangerschaft oder Mutterschaft während mindestens 14 Wochen ermöglichen, Art. 8 Abs. 1 der Richtlinie. Dabei soll es den Mitgliedstaaten nicht verwehrt sein, zu entscheiden, ob die Mutterschaftsleistungen auf obligatorischer oder freiwilliger Basis gewährt werden, Art. 8 Abs. 2 der Richtlinie. Die Mitgliedstaaten sind, vorbehaltlich der Einhaltung der in dieser Richtlinie festgelegten Mindestanforderungen, weiterhin dafür zuständig, diese Leistungen zu organisieren.[712] Was dabei als angemessene Mutterschaftsleistung gelten und damit Mindestanforderung sein soll, regelt Art. 8 Abs. 3 der Richtlinie. Laut Erwägungsgrund (19) soll der Zeitraum, in dem selbständig erwerbstätigen Frauen sowie Ehepartnerinnen oder Lebenspartnerinnen von selbständigen Erwerbstätigen Mutterschaftsleistungen gewährt werden, in seiner Dauer zudem der des Mutterschaftsurlaubs für Arbeitnehmerinnen, wie er derzeit auf Unionsebene gilt, ähneln. Falls die Dauer des Mutterschaftsurlaubs für Arbeitnehmerinnen auf Unionsebene geändert wird, sollte die Kommission dem Europäischen Parlament und dem Rat Bericht erstatten und prüfen, ob die Dauer der Mutterschaftsleistungen für selbständig erwerbstätige Frauen sowie Ehepartnerinnen und Lebenspartnerinnen ebenfalls geändert werden sollte.

Hinsichtlich der Möglichkeit einer zeitlich befristeten Vertretung regelt Art. 8 Abs. 4 der Richtlinie fortan, dass den weiblichen Selbständigen und weiblichen Ehepartner und Lebenspartner der Zugang zu jeglichen bestehenden Diensten zur Bereitstellung einer zeitlich befristeten Vertretung oder zu jeglichen bestehenden sozialen Diensten auf nationaler Ebene gewährt werden soll. Die Mitgliedstaaten können dabei vorsehen, dass der Zugang zu diesen Diensten als eine Alternative zu oder als ein Teil der Vergütung gemäß dieser Richtlinie ausgestaltet wird.

Art. 9 der Richtlinie 2010/41/EU: Rechtsschutz

Die Mitgliedstaaten haben künftig sicherzustellen, dass alle Personen, die nach eigener Auffassung durch die Nichtanwendung des Grundsatzes der Gleichbehandlung einen Verlust oder Schaden erlitten haben, ihre Ansprüche aus dieser Richtlinie auf dem Gerichts- bzw. Verwaltungsweg sowie, wenn die Mitgliedstaaten es für angezeigt halten, in Schlichtungsverfahren geltend machen können, selbst wenn das Verhältnis, während dessen die Diskriminierung vorgekommen sein soll, bereits beendet ist. Es wird damit auf Unionsebene erstmals ein durchsetzbarer Anspruch, auch hinsichtlich des Mutterschutzes, formuliert.

Art. 11 der Richtlinie 2010/41/EU: Stellen zur Förderung der Gleichbehandlung

Die schon gemäß Art. 20 der Richtlinie 2006/54/EG (Gleichbehandlungsrichtlinie) bezeichneten Stellen sollen künftig auch dafür zuständig sein, die Verwirklichung der Gleichbehandlung aller Personen, die unter diese Richtlinie fallen, ohne Diskriminie-

712 Erwägungsgrund (18) der RL 2010/41/EU.

rung aufgrund des Geschlechts zu fördern, zu analysieren, zu beobachten und zu unterstützen. Art. 11 umreißt ferner den Aufgabenkatalog der Gleichbehandlungsstellen. In Deutschland ist dies die Antidiskriminierungsstelle des Bundes in Berlin[713].

Art. 13 der Richtlinie 2010/41/EU: Verbreitung von Informationen
Die Mitgliedstaaten haben weiterhin sicherzustellen, dass in ihrem Hoheitsgebiet die gemäß dieser Richtlinie getroffenen Maßnahmen sowie die bereits geltenden einschlägigen Vorschriften allen Betroffenen mit allen geeigneten Mitteln zur Kenntnis gebracht werden. Das gesamte Thema des Sozialschutzes von Selbständigen bzw. mitarbeitenden Ehe- und Lebenspartnern sowie des Mutterschutzes bei Selbständigkeit soll auf diese Weise in das breitere Bewusstsein der Masse treten.

Art. 14 der Richtlinie 2010/41/EU: Schutzniveau
Den Mitgliedstaaten soll es unbenommen bleiben, Vorschriften einzuführen oder beizubehalten, die günstiger sind als die in dieser Richtlinie vorgesehenen Vorschriften, um den Grundsatz der Gleichbehandlung von Männern und Frauen zu gewähren. Zu einer Absenkung des geltenden Schutzniveaus darf es jedoch nicht kommen.

Art. 15 der Richtlinie 2010/41/EU: Berichte
Die Mitgliedstaaten hatten schließlich alle verfügbaren Informationen über die Anwendung dieser Richtlinie der Kommission bis zum 05. August 2015 zu übermitteln. Binnen eines Jahres, mithin spätestens bis zum 05. August 2016, ist die Kommission sodann verpflichtet einen umfassenden Bericht zur Vorlage beim Europäischen Parlament und dem Rat zu erstellen. Dieser Bericht soll insbesondere jegliche gesetzliche Änderung in Hinblick auf die Dauer des Mutterschaftsurlaubs für Arbeitnehmerinnen berücksichtigen. Gegebenenfalls soll er auch Vorschläge zur Anpassung dieser Richtlinie umfassen.

Inkrafttreten, Umsetzung und Aufhebung der Vorgängerrichtlinie 86/613/EWG:
Die Richtlinie ist am 04. August 2010 in Kraft getreten. Ihre Umsetzung hatte bis zum 05. August 2012 zu erfolgen. Wo jedoch besondere Schwierigkeiten es rechtfertigen, war den Mitgliedstaaten, falls erforderlich, eine zusätzliche Frist von zwei Jahren, mithin bis zum 05. August 2014 gewährt worden, um den Verpflichtungen nach Art. 7 (Sozialer Schutz) sowie den Verpflichtungen nach Art. 8 (Leistungen bei Mutterschaft) in Bezug auf Ehepartnerinnen und Lebenspartnerinnen nachzukommen. Die Richtlinie 86/613/EWG wurde mit Wirkung vom 05. August 2012 aufgehoben.

D. Überprüfung der rechtlichen Grundlagen und Hintergründe der Richtlinie 2010/41/EU

Im folgenden Abschnitt soll abschließend die am 04. August 2010 in Kraft getretene Richtlinie 2010/41/EU einer rechtlichen Würdigung unterzogen werden. Immerhin wurden die Kritiker der Richtlinie nicht müde immer wieder zu beto-

713 Vgl. deren Internetauftritt unter http://www.antidiskriminierungsstelle.de.

nen, dass das Gesetzesvorhaben der Kommission weder auf einer angemessenen Rechtsgrundlage zurückgreifen könne, noch dem Subsidiaritäts- oder dem Verhältnismäßigkeitsgrundsatz entspreche oder mit europäischem bzw. nationalem Recht vereinbar sei. Es dienten mithin nicht nur wirtschaftliche, sondern insbesondere auch rechtliche Aspekte, formeller wie materieller Natur, als Angriffsfläche.[714] Sie dürfen insofern nicht unberücksichtigt gelassen werden und bedürfen einer näheren Betrachtung bevor im Rahmen der weiteren Ausführungen auf die Fragen eingegangen werden kann, ob für Deutschland tatsächlich ein Umsetzungsbedarf bestand oder eventuell sogar noch heute besteht, d. h., wo es gegebenenfalls noch Lücken zu schließen gilt, um den Richtlinienforderungen des Art. 8 der Richtlinie 2010/41/EU gebührend Rechnung zu tragen. Sind die voranstehend zusammengefassten Vorgaben der Richtlinie für den nationalen Gesetzgeber womöglich bereits deshalb nicht zu berücksichtigen, weil sie formell und/oder materiell rechtswidrig sind?

I. Formelle Rechtmäßigkeit der Richtlinie 2010/41/EU

Zunächst gilt es zu überprüfen, ob die Richtlinie 2010/41/EU formell rechtmäßig erlassen wurde. So wurde der Kommission doch insbesondere vorgeworfen, die Europäische Union habe im vorliegenden Falle nicht die Kompetenz tätig zu werden. D.h., eine Novellierung aufgrund eines Vorstoßes der Kommission komme hier nicht in Frage. Es sei vielmehr an den einzelnen Mitgliedsstaaten tätig zu werden.

1. Kompetenzen der Europäischen Union im Bereich der selbständigen Erwerbstätigkeit und des Sozialschutzes

Von den Kritikern immer wieder betont wurde die Frage nach einer angemessenen Kompetenzgrundlage für das vorliegende Gesetzesvorhaben. Ihrer Ansicht nach sei die Europäische Union zwar zum Erlass von Maßnahmen, die die Gleichbehandlung von Männern und Frauen sicherstellen sollen, ermächtigt, nicht aber zum Erlass von Bestimmungen zur sozialen Sicherheit und Gleichbehandlung von Selbständigen und deren mitarbeitenden Ehe- oder Lebenspartner, in der Form, wie sie von der vorliegenden Richtlinie 2010/41/EU nunmehr vorgesehen werden. Derartige Regelungen lägen außerhalb des Kompetenzbereichs der Union, weshalb der Richtlinie von den Kritikern jegliche angemessene Rechtsgrundlage von Anbeginn abgesprochen wurde.

---

714 Vgl. zu den im Einzelnen kritisierten Fragen vor allem die Ausführungen zur Rechtsansicht von *Sohn* unter C. II. 2.

Grundsätzlich liegt die Zuständigkeit für jedes gesetzliche Vorhaben tatsächlich zunächst bei den Mitgliedsstaaten der Europäischen Union selbst. In Art. 4 Abs. 1 EU heißt es dementsprechend:

> ***„Alle der Union nicht in den Verträgen übertragenen Zuständigkeiten verbleiben gemäß Art. 5 [EU] bei den Mitgliedsstaaten."***

Diese Feststellung entspricht damit der auch in Art. 5 Abs. 2 S. 2 EU[715] annähernd Wortgleich nochmals getroffenen Festlegung, dass alle der Union nicht in den Verträgen übertragenen Zuständigkeiten bei den Mitgliedstaaten verbleiben sollen. Dass dies so ist, ist eine ausdrückliche politische Demonstration dahingehend, einer befürchteten schleichenden Ausweitung der Unionskompetenzen mit Nachdruck entgegentreten zu wollen.[716] Der in Bezug genommene Art. 5 des Vertrages über die Europäische Union umschreibt mit seinem Abs. 2 den sog. „Grundsatz der begrenzten Einzelermächtigung". D.h., die Union wird nur innerhalb der Grenzen der Zuständigkeiten tätig, welche die Mitgliedsstaaten ihr in den Verträgen, laut Art. 1 EU also dem Vertrag über die Europäische Union selbst sowie dem AEUV, zur Verwirklichung der darin niedergelegten Ziele übertragen haben[717]. Die Europäische Union verfügt also nur über diejenigen Zuständigkeiten, die ihr durch die Regelungen der einzelnen Politikbereiche in den Verträgen zugewiesen werden, wobei nur die Zuständigkeitsnormen, nicht aber die Ziele der Union, zuständigkeitsbegründend sind. Art. 5 Abs. 2 EU ist demnach selbst keine Kompetenznorm, sondern stellt einzig und allein klar, dass die Europäische Union als internationale Organisation keine Allzuständigkeit hat, wie sie Staaten immanent ist. Auch verfügt sie nicht über eine Kompetenz-Kompetenz.[718] Der Grundsatz der Einzelermächtigung zwingt die Unionsorgane auf diese Weise zur Wahl der richtigen, d. h. tragfähigen Rechtsgrundlage.[719] Ein jedes Vorhaben,

---

715 Vertrag über die Europäische Union vom 07.02.1992 (Abl. Nr. C 191, S. 1), Fassung aufgrund des am 01.12.2009 in Kraft getretenen Vertrages von Lissabon (Konsolidierte Fassung bekanntgemacht im ABl. EG Nr. C 115 vom 09.05.2008, S. 13), zuletzt geändert durch die Akte über die Bedingungen des Beitritts der Republik Kroatien und die Anpassungen des Vertrags über die Europäische Union, des Vertrags über die Arbeitsweise der Europäischen Union und des Vertrags zur Gründung der Europäischen Atomgemeinschaft (ABl. EU L 112/21 vom 24.04.2012) m.W.v. 01.07.2013.

716 S. Vedder/Heintschel von Heinegg-*Vedder*, Europäisches Unionsrecht – Handkommentar, 2012, Art. 4 EUV Rdnr. 5.

717 Die einzelnen Ziele sind in Art. 3 EUV niedergelegt.

718 So auch BVerfG, Urt. v. 30.06.2009, Az. 2 BvE 2/08 u. a., Lissabon, E 123, 267, 392 ff.

719 S. zum Voranstehenden insgesamt Vedder/Heintschel von Heinegg-*Vedder*, Europäisches Unionsrecht, Art. 5 EUV Rdnr. 7 m.w.N.

welches auf Unionsebene umgesetzt werden soll, bedarf also stets einer speziellen Ermächtigungsgrundlage aus den Verträgen, der sog. „Verbandskompetenz".

Daneben finden zudem die Grundsätze der Subsidiarität und Verhältnismäßigkeit Anwendung, die in Art. 5 Abs. 3 und 4 EU konkretisiert werden und die es stets zu berücksichtigen gilt. Der Grundsatz der begrenzten Einzelermächtigung enthält selbst zwar kein Gebot einer restriktiven Auslegung der Kompetenznormen, sondern lässt die Auslegung des Unionsrechts etwa in Hinblick auf ihre Effizienz und Funktionsfähigkeit, der praktischen Wirksamkeit („*effet utile*") oder der besonderen Bedeutung der systematischen Auslegung unangetastet zu. Der Subsidiaritäts- sowie der Verhältnismäßigkeitsgrundsatz sind daher dazu eingeführt worden, um einer möglicherweise zu unionsfreundlichen Auslegung gebührend begegnen zu können.[720] In Art. 5 Abs. 3 EU heißt es insofern:

> ***„Nach dem Subsidiaritätsprinzip wird die Union in den Bereichen, die nicht in ihre ausschließliche Zuständigkeit fallen, nur tätig, sofern und soweit die Ziele der in Betracht gezogenen Maßnahmen von den Mitgliedsstaaten weder auf zentraler noch auf regionaler oder lokaler Ebene ausreichend verwirklicht werden können, sondern vielmehr wegen ihres Umfanges oder ihrer Wirkungen auf Unionsebene besser zu verwirklichen sind."***

Art. 5 Abs. 4 EU ergänzt dieses Prinzip hinsichtlich des Regelungsinhalts eines Rechtsaktes und seines Typs[721] um den Grundsatz der Verhältnismäßigkeit wie folgt:

> ***„Nach dem Grundsatz der Verhältnismäßigkeit gehen die Maßnahmen der Union inhaltlich wie formal nicht über das zur Erreichung der Ziele der Verträge erforderliche Maß hinaus."***

Kurzum, die Europäische Union soll nur dann tätig werden dürfen, sofern und soweit das Ziel einer Maßnahme zum einen durch die Mitgliedsstaaten nicht ausreichend und andererseits wegen seines Umfanges oder seiner Wirkung auf der Unionsebene besser verwirklicht werden kann.[722] Die Regelungsintensität des fraglichen Rechtsaktes muss überdies verhältnismäßig sein, also sich an das für die Zielerreichung erforderliche Maß halten. Die Regelung muss für die angestrebte Zielerreichung geeignet und erforderlich sein. Der Europäische Gerichtshof

---

720 S. Vedder/Heintschel von Heinegg-*Vedder*, Europäisches Unionsrecht, Art. 5 EUV Rdnr. 9.

721 Genaueres hierzu bei Vedder/Heintschel von Heinegg-*Vedder*, Europäisches Unionsrecht, Art. 5 EUV Rdnr. 34.

722 S. Vedder/Heintschel von Heinegg-*Vedder*, Europäisches Unionsrecht, Art. 5 EUV Rdnr. 17.

räumt dem europäischen Gesetzgeber an dieser Stelle allerdings mit Blick auf die zu treffenden politischen, wirtschaftlichen und sozialen Entscheidungen grundsätzlich ein weites Ermessen ein. Und so soll ein europäischer Rechtsakt erst dann mangels Ermächtigungsgrundlage rechtswidrig sein, wenn er zur Erreichung der Ziele offensichtlich ungeeignet ist.[723]

Im Übrigen kann ein jeder Akt der Union nur dann rechtmäßig sein, wenn das erlassende Organ selbst tatsächlich zuständig war. Diese Frage lässt sich indes ebenfalls nur mit Hilfe der jeweiligen Ermächtigungsgrundlage beantworten.

a) Verbandskompetenz

Die neue überarbeitete Richtlinie 2010/41/EU stützt sich ausdrücklich auf Art. 157 Abs. 3 AEUV. Während Art. 157 AEUV im Allgemeinen wie im Speziellen die Gleichheit beider Geschlechter in Bezug auf das Arbeitsentgelt vorsieht, wird mit Abs. 3 eine Rechtsgrundlage angeboten, die eine dazu im Vergleich sogar noch weitergehende Verwirklichung des Grundsatzes der Chancengleichheit und Gleichbehandlung für den gesamten Bereich des Arbeitslebens ermöglichen kann.[724] Art. 157 Abs. 3 AEUV besagt hierzu im Einzelnen folgendes:

> ***„Das Europäische Parlament und der Rat beschließen gemäß dem ordentlichen Gesetzgebungsverfahren und nach Anhörung des Wirtschafts- und Sozialausschuss Maßnahmen zur Gewährleistung der Anwendung des Grundsatzes der Chancengleichheit und der Gleichbehandlung von Männern und Frauen in Arbeits- und Beschäftigungsfragen, einschließlich des Grundsatzes des gleichen Entgelts bei gleicher oder gleichwertiger Arbeit.“***

In der ursprünglichen Fassung des Vertrags von Rom galt der damalige Art. 119 EGV, d. h. die Vorgängerregelung des heute einschlägigen Art. 157 AEUV, (noch) nicht für selbständig Erwerbstätige.[725] Dies betraf insbesondere die ersten beiden auf dem Gebiet der Gleichbehandlung von Frauen und Männern verabschiedeten Richtlinien, also die Richtlinie 75/117/EWG über die Anwendung auf dem Grundsatz des gleichen Entgelts für Männer und Frauen sowie die Richtlinie 76/207/

---

723 S. Vedder/Heintschel von Heinegg-*Vedder*, Europäisches Unionsrecht, Art. 5 EUV Rdnr. 35 f.; vgl. zudem EuGH, Rs. C-491/01, BAT, Slg. 2002, I-11453 Rdnr. 122 f.: „Nach dem Grundsatz der Verhältnismäßigkeit, der zu den allgemeinen Rechtsgrundsätzen des Gemeinschaftsrechts gehört, müssen die von einer gemeinschaftlichen Bestimmung gesetzten Mittel zur Erzielung des angestrebten Ziels geeignet sein und dürfen nicht über das dazu Erforderliche hinausgehen.“.

724 S. Vedder/Heintschel von Heinegg-*Vedder*, Europäisches Unionsrecht, Art. 157 AEUV Rdnr. 1.

725 Vgl. EuGH, Rs. C-256/01, Slg. 2004 I-873 Rdnr. 43 ff., 67 f. (Allonby).

EWG zur Verwirklichung des Grundsatzes der Gleichbehandlung hinsichtlich des Zugangs zur Beschäftigung, zur Berufsbildung und zum beruflichen Aufstieg sowie Arbeitsbedingungen. Doch schon im Folgenden traten drei Richtlinien in Kraft, die sich nichtsdestotrotz auch um die Belange der selbständig Erwerbstätigen kümmerten, nämlich die Richtlinien 79/7/EWG[726], 86/378/EWG[727] sowie die Vorgängerrichtlinie zur hier im Mittelpunkt stehenden Richtlinie, d. h. zur Selbständigen-Richtlinie 86/613/EWG.[728] Als rechtliche Grundlage wurde in all diesen Fällen (hilfsweise) der Art. 235 EGV bzw. Art. 235 EGV i.V.m. Art. 100 EGV gewählt. Der rechtliche Rahmen für selbständig Erwerbstätige in Bezug auf die Implementierung des Grundsatzes der Gleichbehandlung von Frauen und Männern war damit zunächst sehr zerrissen und doch konnte schon zu jener Zeit der von der Europäischen Union verfolgte Grundgedanke wie folgt zusammengefasst werden: Diskriminierung aufgrund des Geschlechts ist verboten.[729] Diese ansonsten aber noch recht unbefriedigende Situation änderte sich erst mit dem Inkrafttreten des Vertrags von Amsterdam, mit der Überführung des Regelungsgehaltes des Art. 119 EGV a. F. in den Art. 141 EG, insbesondere mit Art. 141 Abs. 3. Art. 141 Abs. 3 EG sprach erstmals ausdrücklich von „Arbeits- und Beschäftigungsfragen", die es fortan galt in Bezug zu nehmen. Art. 141 EG umfasste damit nicht länger nur Arbeitsfragen, sondern nun, viel allgemeiner und weitreichender, sämtliche Beschäftigungsfragen. Dasselbe gilt inzwischen auch für den Art. 157 Abs. 3 AEUV, der im Rahmen des Lissaboner Vertrages die Nachfolge des Art. 141 EG angetreten hat. Vom Rat wurde seither akzeptiert, dass im Zuge der Neuformulierung der Norm neben den abhängig Beschäftigten nun eben auch selbständig Erwerbstätige erfasst sein sollten. Denn auch sie üben eine „Beschäftigung" im Sinne dieser Vorschrift aus. Eine Differenzierung zwischen

726 Richtlinie des Rates 79/7/EWG vom 19.12.1978 zur schrittweisen Verwirklichung des Grundsatzes der Gleichbehandlung von Männern und Frauen im Bereich der sozialen Sicherheit.

727 Richtlinie des Rates 86/378/EWG vom 24.07.1986 zur Verwirklichung des Grundsatzes der Gleichbehandlung von Männern und Frauen bei den betrieblichen Systemen der sozialen Sicherheit.

728 S. zu den Richtlinien, die sich (auch) des Schutzes der selbständig Erwerbstätigen annehmen, die nachfolgenden Ausführungen im 4. Kapitel unter A. I. 7.

729 Vgl. hierzu z. B. die Bemerkungen der Europäischen Kommission zur Stellungnahme des Deutschen Bundesrates, übermittelt von der damaligen Vizepräsidentin der Europäischen Kommission Margot Wallström an den damaligen Präsidenten des Bundesrates Peter Müller, C/2009/3935, BR-Drs. 469/09 vom 14.05.2009, abrufbar unter: http://www.bundesrat.de/SharedDocs/drucksachen/2009/0401-0500/469-09.pdf?__blob=publicationFile&v=1 (zuletzt abgerufen am 15.06.2018).

Arbeitnehmern und Selbständigen ist damit obsolet geworden und der Art. 157 Abs. 3 AEUV seitdem auf beide Beschäftigungsgruppen anzuwenden.[730] Es ist somit auch nur folgerichtig, dass der Rat den Art. 141 EG seither immer wieder als angemessene Rechtsgrundlage gerade auch für die Selbständigen, wie etwa hinsichtlich der Richtlinien 2002/73/EG[731] und 2006/54/EG[732], anerkannt hat.

Aufgrund des zunächst nur beschränkten Geltungsbereichs von Art. 119 des Vertrags von Rom wurde die Richtlinie 86/613/EG noch auf Grundlage des Art. 100 EGV und des Art. 235 EGV angenommen. D.h., auf zwei sich ergänzende Bestimmungen, die es dem Rat damals gestatteten, Richtlinien für die Angleichung der Rechts- und Verwaltungsvorschriften der Mitgliedstaaten jedenfalls dann zu erlassen, wenn sich die Vorschriften unmittelbar auf die Errichtung oder das Funktionieren des Gemeinsamen Marktes auswirkten oder wenn zur Erreichung eines der Ziele der Gemeinschaft ein Tätigwerden der Gemeinschaft erforderlich war und der Vertrag hierfür keine anderen Befugnisse vorsah. Heute ist hingegen der Art. 157 Abs. 3 AEUV die richtige Wahl, wenn es um die Chancengleichheit und Gleichbehandlung von Frauen und Männern, die eine selbständige Tätigkeit ausüben, geht.[733]

In diesem Zusammenhang nicht unerwähnt bleiben soll im Übrigen die Bestimmung des Art. 8 AEUV, die die allgemeine Verpflichtung der Europäischen Union statuiert, bei all ihren Tätigkeiten immer auch darauf hinzuwirken, etwaige bestehende Ungleichheiten zu beseitigen und die Gleichstellung von Männern und Frauen zu fördern. Im Sinne einer Querschnittsklausel verpflichtet die Norm

---

730 Vgl. hierzu nur von der Groeben/Schwarze-*Rust*, EUV/EGV, Art. 141 EG Rdnr. 255 ff.; vgl. zudem EuGH, Rs. C-256/01, Slg. 2004 I-873 Rdnr. 43 ff. (Allonby).

731 Richtlinie 2002/73/EG des Europäischen Parlaments und des Rates vom 23.09.2002 zur Änderung der Richtlinie 76/207/EWG des Rates zur Verwirklichung des Grundsatzes der Gleichbehandlung von Männern und Frauen hinsichtlich des Zugangs zur Beschäftigung zur Berufsbildung und zum beruflichen Aufstieg sowie in Bezug auf die Arbeitsbedingungen.

732 Richtlinie 2006/54/EG des Europäischen Parlamentes und des Rates vom 05.07.2006 zur Verwirklichung der Chancengleichheit und Gleichbehandlung von Männern und Frauen in Arbeits- und Beschäftigungsfragen.

733 Das Voranstehende insgesamt nach: Bemerkungen der Europäischen Kommission zur Stellungnahme des Deutschen Bundesrates, übermittelt von der damaligen Vizepräsidentin der Europäischen Kommission Margot Wallström an den damaligen Präsidenten des Bundesrates Peter Müller, C/2009/3935, BR-Drs. 469/09 vom 14.05.2009, abrufbar unter: http://www.bundesrat.de/SharedDocs/drucksachen/2009/0401-0500/469-09.pdf?__blob=publicationFile&v=1 (zuletzt abgerufen am 15.06.2018).

des Art. 8 AEUV ausschließlich die Organe der Europäischen Union, nicht aber die einzelnen Mitgliedsstaaten. Auch beantwortet sie nicht die Frage, wie diese Gleichstellung im Einzelnen auszugestalten ist. Den Organen der Europäischen Union bleibt so ein erheblicher politischer Handlungsspielraum. Subjektive Rechte vermittelt die Norm des Art. 8 AEUV ebenfalls nicht, zumindest verpflichtet sie den europäischen Gesetzgeber jedoch, bei all seinem Tun stets auf die Gleichstellung von Männern und Frauen hinzuwirken.[734] Die Gleichheit von Männern und Frauen gehört zu den Werten der Europäischen Union, die all ihren Mitgliedsstaaten gemeinsam sind, Art. 2 S. 2 EU. Art. 8 AEUV wird ganz in diesem Sinne hierfür durch den voranstehend in Bezug genommenen, hier zentralen Art. 157 AEUV bei Arbeits- und Beschäftigungsfragen ergänzt.[735]

b) Sachlicher Anwendungsbereich – Gleichbehandlungsangelegenheit oder Gesundheits- und Sozialschutz?

An der Richtigkeit der Wahl des Art. 157 Abs. 3 AEUV als angemessene Ermächtigungsgrundlage ändert auch der Umstand nichts, dass insbesondere der hier im Mittelpunkt des Interesses stehende Art. 8 Richtlinie 2010/41/EU, mit seinen Regelungen zu Mutterschaftsleistungen, neben der Gleichbehandlungsfrage selbstverständlich ebenso die Frage des Gesundheits- und Sozialschutzes von werdenden und jungen, selbständigen Müttern regelt. Beide Zielsetzungen gehen hier Hand in Hand und schließen dabei einander keineswegs aus. Dass dieser Aussage nichts entgegenzusetzen ist, zeigen im Übrigen vor allem die nachfolgend dargestellten Erwägungen der Europäischen Kommission, wie sie schon von der damaligen Vizepräsidentin der Europäischen Kommission, *Margot Wallström*, gegenüber dem Deutschen Bundesrat im Mai 2009 mitgeteilten wurden.[736]

Wie bereits aufgezeigt, hat die Europäische Union im sozialen Bereich nur begrenzte Befugnisse und Zuständigkeiten. Was Arbeitnehmerinnen anbelangt,

734 Calliess/Ruffert-*Rossi*, EUV/AEUV, Art. 8 AEUV Rdnr. 1, 3 ff. m.w.N.; vgl. auch von der Groeben/Schwarze/ Hatje-*Rust*, Europäisches Unionsrecht, Art. 8 AEUV Rdnr. 21 ff.

735 Von der Groeben/Schwarze/Hatje-*Rust*, Europäisches Unionsrecht, Art. 8 AEUV Rdnr. 19 f.

736 Vgl. diesbezüglich die Bemerkungen der Europäischen Kommission zur Stellungnahme des Deutschen Bundesrates, übermittelt von der damaligen Vizepräsidentin der Europäischen Kommission Margot Wallström an den damaligen Präsidenten des Bundesrates Peter Müller, C/2009/3935, BR-Drs. 469/09 vom 14.05.2009, abrufbar unter: http://www.bundesrat.de/SharedDocs/drucksachen/2009/0401-0500/469-09.pdf?__blob=publicationFile&v=1 (zuletzt abgerufen am 15.06.2018).

so stützt sich die Richtlinie 92/85/EWG auf den ehemaligen Art. 118a EGV, heute Art. 153 AEUV, der die Annahme von Richtlinien im Bereich der Gesundheit und Sicherheit von Arbeitnehmern, nicht aber Selbständigen, ermöglicht. Die Richtlinie 92/85/EWG ist als Einzelrichtlinie im Sinne der Rahmenrichtlinie zu Sicherheit und Gesundheitsschutz, der Richtlinie 89/391/EWG, zu verstehen. Es besteht somit kein Zweifel, dass der Schutz von Wöchnerinnen und stillenden Arbeitnehmerinnen auf Unionsebene zunächst einmal hauptsächlich dem Bereich Sicherheit und Gesundheitsschutz zuzuordnen ist. Andererseits ist aber ebenso anerkannt, dass der Schutz der betroffenen Frauen zugleich auch immer eine Gleichbehandlungsangelegenheit darstellt, also eine Art Doppelcharakter aufweist. Dies wurde vom Europäischen Gerichtshof jedenfalls für Arbeitnehmerinnen ausdrücklich bejaht.[737] Einen Grund, weshalb dieses Argument nicht auch auf selbständig Erwerbstätige Anwendung finden solle, vermag die Europäische Kommission nicht zu erkennen.[738] Dieser Auffassung, wie sie auch von *Wallström* geteilt wurde, ist zu folgen. Das Ziel der Gleichbehandlung ist u. a. auch über den Weg des Gesundheitsschutzes, d. h. gerade im Falle der Frau über den Mutterschutz, zu erreichen. Beide Ziele stehen insofern durchaus Seite an Seite.

Gewiss ist anzuerkennen, dass sich die selbständige Erwerbstätigkeit grundlegend von der abhängigen Beschäftigung unterscheidet und dass es aufgrund dieser Unterschiede grundsätzlich nicht wünschenswert ist, das Schutzniveau der selbständigen Erwerbstätigen an das für abhängig Beschäftige umfassend anzugleichen. Und dennoch ist nicht ersichtlich, warum die Bewertung des Mutterschutzes als Frage des Gesundheits- und Sozialschutzes nicht zugleich auch als Gleichbehandlungsangelegenheit auf Selbständige übertragen werden kann und soll. Die Vereinbarkeit von Erwerbstätigkeit und Familienleben durch die Gewährung von Mutterschaftsleistungen soll schließlich die Gleichbehandlung aller Männer und Frauen sicherstellen. Dadurch wird die Beteiligung von Frauen an selbständigen Tätigkeiten gesteigert und deren Gesundheitsschutz zusätzlich gefördert.[739] Die Frage der Chancengleichheit und der Gleichbehandlung kann (auch für Selbständige) folglich nicht schlicht als bloßer Nebeneffekt abgetan werden. Sie ist vielmehr im vorliegenden Zusammenhang stets als grundlegend zu beachten.

737 EuGH, Urt. v. 12.07.1984, Rs. C-184/83, Slg. 1984, I-3047 (Hofmann); EuGH, Urt. v. 06.04.2000, Rs. C–226/98, Slg. 2000, I-2447 (Jørgensen).

738 Wallström, BR-Drs. 469/09, S. 2.

739 Wallström, BR-Drs. 469/09, S. 2.

c) *Subsidiarität und Verhältnismäßigkeit*

Den obigen Ausführungen ergänzend müssen das Subsidiaritäts- sowie das Verhältnismäßigkeitsprinzip stets gewahrt bleiben. Dies sehen die Kritiker der Richtlinie jedoch als ebenso wenig erfüllt wie die voranstehend ausgeführte Voraussetzung des Vorliegens der erforderlichen Kompetenzgrundlage. Es müsse den einzelnen Mitgliedsstaaten überlassen bleiben, die notwendigen Konsequenzen für das Problem der mangelnden Chancengleichheit von selbständigen Männern und Frauen zu ziehen, so z. B. die kritische Auffassung von *Sohn*.[740] Schließlich gäbe es in den verschiedenen Mitgliedsländern die unterschiedlichsten Ausgangslagen. Wo jeweils die weiter zu verfolgenden Schwerpunkte zu setzen sind, könnten daher nur diese selbst entscheiden. Die einzelnen Mitgliedsstaaten würden die soziale Absicherung der Selbständigen und der mitarbeitenden Ehe- oder Lebenspartner besser gewährleisten können, als es die Europäische Union vermag. Ein Mehrwert durch Unionshandeln sei jedenfalls nicht zu erzielen. Auch sei die Richtlinie zum größten Teil schon deshalb nicht erforderlich, weil es bereits einen umfassenden EU-weiten Mindestschutz gebe. Überdies sei die Verpflichtung der Mitgliedstaaten, soweit möglich alternativ zum Mutterschaftsgeld einen Zugang zu Arbeitsvertretungen anzubieten, ungeeignet.[741]

Dieser Kritik ist vehement entgegenzutreten. Art. 3 EU legt die Gleichstellung von Männern und Frauen als eine der wesentlichen Aufgaben und Ziele der Europäischen Union fest. Die Gleichstellung der Geschlechter ist dabei von höchster Priorität und die Union ist auf diesem Gebiet seit Langem aktiv. Dementsprechend ist es in der Vergangenheit zu einer Vielzahl an Regelungen auf dem Gebiet der Chancengleichheit zwischen den Geschlechtern gekommen. Und dennoch findet sich bis heute nur ein sehr geringer Frauenanteil unter den selbständigen Erwerbstätigen, was eine geschlechtsbezogene Ungleichheit darstellt, die es von Seiten der Europäischen Union zu bekämpfen gilt. Dies kann etwa durch solche Maßnahmen, wie sie nunmehr von der Richtlinie 2010/41/EU vorgesehen werden, geschehen. Selbst in unserer heutigen emanzipierten Gesellschaft sind Frauen Männern nicht in jedem Bereich gleichgestellt. Jedenfalls nicht, insoweit sich die familiären Aufgaben von Frauen noch immer negativ auf ihre Teilhabe am Unternehmertum auswirken. Zugleich verschaffen stark voneinander abweichende nationale Vorschriften, insbesondere in Bezug auf den mangelnden Sozialschutz für mitarbeitende Ehepartner und die Nichtanerken-

740 Vgl. hierzu sowie zu den nachfolgenden Kritikpunkten die bereits zuvor dargestellten Ausführungen *Sohns* unter C. II. 2.

741 S. hierzu insgesamt die bereits zuvor dargestellten Ausführungen *Sohns* unter C. II. 2.

nung ihres Beitrags zum Familienunternehmen sowie hinsichtlich des Mutterschutzes (auch) für Selbständige, einen ungerechtfertigten Wettbewerbsvorteil, wenn nur ein geringer oder gar überhaupt kein Schutz für diese Personengruppe vorgesehen ist.[742] Der vorliegende Vorschlag könnte demnach endlich unionsweit gleiche Bedingungen für alle betroffenen Frauen / (werdenden) Mütter schaffen. Die Vorgängerregelung der Richtlinie 86/613/EWG war hierzu nicht im Stande gewesen.[743] Es wurde Zeit, dies zu ändern, was mit der Richtliniennovellierung vom Juli 2010 sodann auch geschehen ist. Die neue Richtlinie 2010/41/EU nimmt sich des Problems ausdrücklich an. Ihr Ziel ist es, die Anwendung des Grundsatzes der Gleichbehandlung von Männern und Frauen sicherzustellen. Daher kann es ausnahmsweise notwendig sein, den Grundsatz der Gleichbehandlung in den Bereich der sozialen Sicherheit aufzunehmen.[744] Dies gilt vor allem, sofern die Rechtsprechung des Europäischen Gerichtshofs in die Betrachtung miteingebunden wird. Gemäß der ständigen Rechtsprechung des höchsten Gerichts der Europäischen Union müssen schließlich die Mitgliedsstaaten der Europäischen Union, auch wenn ihnen das Unionsrecht nicht das Recht zur Gestaltung ihrer Sozialversicherungssysteme nimmt, das Unionsrecht bei der Ausübung dieses Rechts sehr wohl beachten.[745] Dies gilt auch für den allgemeinen Grundsatz der Gleichbehandlung von Männern und Frauen.[746]

Die Richtlinie 2010/41/EU geht im Übrigen auch nicht über das für die Erreichung seiner Ziele notwendige Maß hinaus. Mit der Richtlinie werden lediglich Mindestanforderungen festgeschrieben, d. h. die Mitgliedstaaten können durchaus strengere Regelungen erlassen, sollten sie dies für sinnvoll erachten. Darüber hinaus können die Mitgliedstaaten selbst entscheiden, ob die Verwirklichung des Sozialschutzes auf obligatorischer oder freiwilliger Basis erfolgt. Sie sind vorbehaltlich der Einhaltung der in der Richtlinie festgelegten Mindestanforderungen außerdem zuständig für die Festlegung der Beitragshöhe sowie sämtlicher Modalitäten im Zusammenhang mit Leistungen und Zahlungen.[747] Soweit die

742 Vgl. zu den voranstehenden Erwägungen auch schon die Begründung des Richtlinienentwurfes vom 03.10.2008, KOM(2008)636 endg., S. 7.

743 Vgl. hierzu Knigge, ZESAR 2013, 24, 27.

744 So auch Wallström, BR-Drs. 469/09, S. 4.

745 EuGH, Urt. v. 12.07.2001, C-157/99, Slg. 2001, I-5473, Rdnr. 44 bis 46 (Smits und Peerbooms); EuGH, Urt. v. 18.03.2004, C-8/02, Slg. 2004, I-2641, Rdnr. 29 (Leichtle); s. auch die dort jeweils angeführte Rechtsprechung.

746 EuGH, Urt. v. 28.10.1999, C-187/98, Slg. 1999, I-7727 (Griechenland).

747 So auch die Begründung des Richtlinienentwurfes vom 03.10.2008, KOM(2008) 636 endg., S. 8.

Rechtsprechung, wie auch Art. 152 Abs. 5 EG a.F. bzw. heute Art. 168 Abs. 7 AEUV dem Grundsatz nach vorsehen, dass das Unionsrecht die Zuständigkeit der Mitgliedstaaten für die Ausgestaltung ihrer Systeme der sozialen Sicherheit, insbesondere für den Erlass von Vorschriften zur Organisation und Erbringung von Dienstleistungen im Gesundheitswesen und der medizinischen Versorgung, unberührt lässt, so wird dies vorliegend nicht angetastet. Auch weiterhin bestimmt das Recht jedes einzelnen Mitgliedstaats der Europäischen Union, unter welchen konkreten Voraussetzungen Leistungen der sozialen Sicherheit gewährt werden.[748] Hieran ändert sich nichts. Der Sozialschutz ist und bleibt Aufgabe der Mitgliedsstaaten. Wie die sozialen Sicherungssysteme ausgestaltet werden, haben allein die Mitgliedsstaaten zu entscheiden.

Die Richtlinie 2010/41/EU steht trotz aller Bedenken *Sohns* nach diesseitiger Auffassung somit sehr wohl im Einklang mit dem Subsidiaritätsprinzip und dem Grundsatz der Verhältnismäßigkeit. Sie ist auf geeigneter Ebene angesiedelt und sieht dabei allein das absolut Notwendigste vor, um die vorgegebenen Ziele zu erreichen. Etwas anderes wäre mit Blick auf die historische Entwicklungsgeschichte der Richtlinie aber auch kaum bei den Mitgliedsstaaten, mithin im Rat, durchsetzbar gewesen.[749] Wie die obigen Ausführungen zum Werdegang der Richtlinie zeigen, wurde hart um deren Wortlaut gekämpft und aus politischen Gründen eine Vielzahl an Kompromissen geschlossen. Während dies allerdings vor allem die Frage der sozialen Sicherheit von mitarbeitenden Ehepartnern betrifft, waren sich die Beteiligten die Frage des Mutterschutzes auch für Selbständige betreffend hingegen schnell einig. Alles in allem blieb es aber bei einer Einigung auf kleinstem Nenner. Es wurde sich nur auf ein Mindestmaß geeinigt.[750]

d) Organkompetenz

Bleibt die Frage, ob vorliegend die richtigen Organe der Europäischen Union gehandelt haben. Welches Organ der Europäischen Union für ein konkretes Gesetzesvorhaben als zuständig anzusehen ist, lässt sich dabei mit Hilfe der jeweiligen Ermächtigungsgrundlage beantworten. Vorliegend also anhand des Art. 157 Abs. 3 AEUV. Dort wird die Organkompetenz dem Europäischen Parlament und dem Rat zu gesprochen. Sie beschließen gemeinsam sämtliche Maßnahmen zur

---

748 EuGH, Urt. v. 10.03.2009, C-169/07, Slg. 2009, I-1721, Rdnr. 29 (Hartlauer); s. auch die dort angeführte Rechtsprechung.

749 S. hierzu die Ausführungen des Abschnitts C. dieses Kapitels. Die Richtlinie, wie sie nunmehr in Form der RL 2010/41/EU vorliegt, ist ein politischer Kompromiss zwischen Rat und Europäischen Parlament.

750 Vgl. hierzu die obigen Ausführungen unter C. IV.

Gewährleistung der Anwendung des Grundsatzes der Chancengleichheit und der Gleichbehandlung von Männern und Frauen in Arbeits- und Beschäftigungsfragen. Diese zwei Organe sind, wie zuvor dargestellt, vorliegend entsprechend tätig geworden. Die formelle Rechtmäßigkeit der Richtlinie 2010/41/EU vermag damit auch an dieser Stelle nicht zu scheitern.

e) Zwischenergebnis

Die Kritiker der Richtlinie 2010/41/EU mögen es vielleicht anders sehen, die hier dargestellten Argumente sprechen jedoch für sich. Die Europäische Union verfügt dem zuvor Erörterten nach mit dem Art. 157 Abs. 3 AEUV sehr wohl über eine vorliegend passende Kompetenzgrundlage, auf deren Grundlage das Europäische Parlament und der Rat wirksam die überarbeitete und im Ergebnis voraussichtlich effektivere Richtlinie zur Verwirklichung des Grundsatzes der Gleichbehandlung von Männern und Frauen, die eine selbständige Erwerbstätigkeit ausüben, stützen konnte. Die Richtlinie 2010/41/EU steht damit ganz in der Tradition der in den letzten Jahren ergangenen Richtlinien zum Themenkreis Chancengleichheit und Gleichbehandlung von Männern und Frauen, seien sie abhängig beschäftigt oder selbständig erwerbstätig.

2. Sonstige formelle Anforderungen an die Richtlinie

Auch die sonstigen formellen Anforderungen, die die Verträge der Europäischen Union an ein wirksames Zustandekommen einer Richtlinie stellen, sind vorliegend eingehalten. So gab es im Geltungsbereich der Richtlinie 2010/41/EU bereits seit mehr als zwanzig Jahren mit der Richtlinie 86/613/EWG eine, wenn auch erfolglose, europäische Rechtsvorschrift. Da der Vorschlag diese bestehende Richtlinie ersetzen sollte, war die Wahl einer erneuten Richtlinie genau die richtige. Sie war und ist das am besten geeignete Rechtsinstrument. Unabhängig davon ist eine Richtlinie schon deshalb das geeignete Instrument, weil allein sie es ermöglicht, in allen Mitgliedstaaten gleiche Ausgangsbedingungen herzustellen, ein kohärentes Mindestmaß an Schutz zu gewährleisten und es den Mitgliedstaaten zugleich gestattet, frei über die beste Art der Umsetzung der Vorgaben zu entscheiden.

Die Richtlinie ist weiterhin, wie bereits zuvor ausführlich dargestellt, im Wege des ordentlichen Gesetzgebungsverfahrens i.S.d. Art. 289 Abs. 1, 294 AEUV zustande gekommen[751], so wie es der Art. 157 Abs. 3 AEUV vorsieht. Wie von Art. 157 Abs. 3 S. 2 AEUV ausdrücklich bestimmt, wurde zudem der

751 Vgl. hierzu die ausführlichen Erörterungen zum ordentlichen Gesetzgebungsverfahren unter C. III. 2.

Wirtschafts- und Sozialausschuss angehört[752]. Alle notwendigen Mehrheiten wurden eingeholt, die Begründung der Richtlinie umfasst einleitend sämtliche maßgeblichen Erwägungen, die im Laufe des Gesetzgebungsverfahrens erörtert worden sind und letztlich zum Erlass der Richtlinie geführt haben, so dass auch der Begründungspflicht nach Art. 296 AEUV hinreichend Genüge getan wurde.

3. *Fazit*

Den obigen Ausführungen folgend sind, insbesondere unter Berücksichtigung der Rechtsprechung des Europäischen Gerichtshofs, die formellen Voraussetzungen der Rechtmäßigkeit der Selbständigen-Richtlinie 2010/41/EU vorliegend erfüllt. Die Kritik vereinzelter Stimmen ist zwar sicherlich ernst zu nehmen, greift vorliegend aber letztendlich nicht durch. Mit Art. 157 Abs. 3 AEUV wurde eine Kompetenzgrundlage gewählt, die im hier vorliegenden Fall sehr wohl geeignet ist. Auch die Grundsätze der Subsidiarität und Verhältnismäßigkeit sind eingehalten. Den Mitgliedsstaaten werden Mindestvorgaben zur Umsetzung eines effektiven Mutterschutzes (auch) für Selbständige gesetzt. Weg von einem bloßen Prüfungsauftrag wird ihnen nun ein Umsetzungsauftrag erteilt, deren inhaltliche Ausgestaltung letztendlich ihnen selbst überlassen bleibt. Den einzelnen Mitgliedsstaaten bleibt somit ein erheblicher Spielraum zur Umsetzung, auf den im Folgenden noch ausführlich zurückzukommen sein wird.

II. Materielle Rechtmäßigkeit der Richtlinie 2010/41/EU

Neben der formellen Rechtmäßigkeit ist stets auch die materielle Rechtmäßigkeit einzuhalten, um die einzelnen Mitgliedsstaaten der Europäischen Union zu Recht dazu anhalten zu können, die Richtlinie in das jeweilige nationale Recht überführen zu müssen. Ein Verstoß gegen Kompetenzausübungsregeln, insbesondere das Subsidiaritätsprinzip i.S.d. Art. 5 Abs. 3 EU sowie den Grundsatz der Verhältnismäßigkeit i.S.d. Art. 5 Abs. 4 EU, liegt nach den obigen Erörterungen nicht vor. Darüber hinaus darf aber auch kein Verstoß gegen höherrangiges Recht vorliegen. Es ist demnach zu prüfen, ob die Europäische Union vorliegend gegen das übrige höherrangige Recht als weitere Kompetenzausübungsregel verstoßen haben könnte.

752 Vgl. hierzu die Ausführungen zur Stellungnahme des EWSA vom 24.03.2009 unter C. III. 1.

1. *Vereinbarkeit der Richtlinie 2010/41/EU mit höherrangigem europäischem Recht*

Von ebenso großer Bedeutung wie die Frage nach einer angemessenen Kompetenzgrundlage, ist die nach der Vereinbarkeit der Richtlinie 2010/41/EU mit dem Europäischen Recht im Allgemeinen wie im Besonderen. Insbesondere die Frage nach einem etwaigen Eingriff in das Recht der Mitgliedsstaaten, die Grundprinzipien ihrer Sozialversicherungssysteme selbst zu bestimmen, ist dabei durch die voranstehend bereits wiederholt in Bezug genommene Stellungnahme *Sohns* vom 05. Januar 2009[753] in den Mittelpunkt des Interesses gerückt und bedarf von daher näherer Betrachtung.

a) Eingriff in die Grundprinzipien der Systeme der sozialen Sicherheit?

Wie schon wiederholt angeführt, bleibt die letztendliche Ausgestaltung des Umsetzungsauftrages den einzelnen Mitgliedsstaaten überlassen. Die Bestimmungen zur sozialen Sicherheit der Selbständigen und ihrer mitarbeitenden Ehe- oder Lebenspartner greifen somit nicht in die Grundprinzipien der Systeme der sozialen Sicherheit ein und beeinträchtigen ebenso wenig das finanzielle Gleichgewicht eben jener Systeme in einem Maße, welches als erheblich einzustufen wäre. Sie stehen damit nicht im Widerspruch zu Art. 153 Abs. 4 AEUV, der diese Grundprinzipien den Maßnahmen der Kompetenz der Europäischen Union grundsätzlich entzieht, so wie es so mancher Kritiker der Richtlinie gerne sehen würde.[754] Die Richtlinie schreibt den Mitgliedstaaten gerade nicht vor, „wie“ mitarbeitende Ehe- oder Lebenspartner Zugang zu den Systemen der sozialen Sicherheit erhalten oder „wie“ die sicherzustellenden Mutterschaftsleistungen im Einzelnen ausgestaltet werden sollen.

Das von Art. 153 Abs. 4 AEUV verbriefte Recht der Mitgliedsstaaten selbst zu entscheiden, wie ihre Sozialversicherungssysteme ausgestaltet werden, wird mit der hier vorliegenden Richtlinie nicht berührt oder gar beeinträchtigt, sondern vielmehr ausdrücklich respektiert.

So heißt es im Erwägungsgrund (8) der Richtlinie folgerichtig:

> ***„Diese Richtlinie berührt nicht die Befugnisse der Mitgliedstaaten zur Gestaltung ihrer Sozialschutzsysteme. Die ausschließliche Zuständigkeit der Mitgliedstaaten für die***

---

753 Sohn, Kurzanalysen und Studien zu EU-Vorhaben und EU-Rechtsakten, Gleichbehandlung selbständiger Frauen und mitarbeitender Lebenspartner: Richtlinienvorschlag KOM (2008)636, 2008 vom 05.01.2009; https://www.cep.eu/Analysen_KOM/KOM_2008_636_Gleichbehandlung_Selbstaendiger_Mitarbeitender/cepAnalyse_KOM_2008_363_Gleichbehandlung_Selbstaendiger.pdf (zuletzt abgerufen am 15.06.2018).

754 Vgl. zu den kritischen Stimmen nur die Ausführungen zu *Sohns* Kritik unter C. II. 2.

Gestaltung ihrer Sozialschutzsysteme umfasst unter anderem Entscheidungen über die Errichtung, Finanzierung und Verwaltung dieser Systeme und der damit verbundenen Einrichtungen sowie über den Inhalt und die Bereitstellung von Leistungen, die Höhe der Beiträge und die Zugangsbedingungen."[755]

Die Richtlinie 2010/41/EU hat es zum Ziel, die Anwendung des Grundsatzes der Gleichbehandlung von Männern und Frauen sicherzustellen. Hierzu ist es vorliegend erforderlich den Grundsatz der Gleichbehandlung in den Bereich der sozialen Sicherheit aufzunehmen. Auch wenn den Mitgliedsstaaten, wie hier, nicht das Recht auf Gestaltung ihrer Sozialversicherungssysteme genommen wird, so haben sie, wie schon zuvor dargelegt, dabei doch aber stets das Unionsrecht bei der Ausübung dieses Rechts zu beachten. Hierzu zählt auch der allgemeine Grundsatz der Gleichbehandlung von Männern und Frauen. Von einem Eingriff in das Recht der einzelnen Mitgliedsstaaten, ihre Systeme der Sozialversicherung eigenständig zu gestalten, kann also vorliegend jedenfalls nicht die Rede sein.[756] Einzig wenn ein System für den sozialen Schutz selbständiger Erwerbstätiger bereits existieren sollte, soll dieses fortan auch den mitarbeitenden Ehe- und Lebenspartnern gegenüber geöffnet werden, wobei dann den betroffenen Personen lediglich zumindest das gleiche Maß an Sozialversicherungsschutz zugestanden werden soll. Die Entscheidung, wie die einzelnen Sozialversicherungssysteme selbst konkret ausgestaltet werden, verbleibt derweil in den Händen der jeweiligen Mitgliedsstaaten. Nur die Frage nach dem Status der mitarbeitenden Ehe- und Lebenspartner wurde nunmehr endlich auch rechtlich einer Klärung zugeführt.

b) Sonstige Eingriffe?

Dass die Zielsetzung der Richtlinie vor allem mit dem in Art. 33 Abs. 2 GReCh verbrieften Anspruch auf bezahlten Mutterschaftsurlaub, der – wie noch zu zeigen sein wird – auch für selbständig erwerbstätige Frauen zu gewähren sein soll, in Einklang steht, steht nach diesseitigem Dafürhalten und insbesondere mit Blick auf die nachfolgenden Ausführungen des 3. Kapitels nicht weiter in Frage.[757]

Eingriffe in sonstige Regelungen des Primärrechts der Europäischen Union werden weder diskutiert noch kritisiert. Gegenüber der Richtlinie werden zumindest in materieller Hinsicht keine sonstigen erheblichen Einwendungen geltend gemacht, so dass es an dieser Stelle ausreichend sein soll, lediglich auf die schon vorbenannten Punkte einzugehen.

---

755 RL 2010/41/EU, Abl. L 180 vom 15.07.2010, S. 1.

756 So auch Wallström, BR-Drs. 469/09, S. 4.

757 Vgl. hierzu die nachfolgenden Ausführungen im 3. Kapitel unter B. I. 2.

2. *Fazit*

Etwaige Zweifel an der formellen wie materiellen Rechtmäßigkeit der Richtlinie vermögen bei näherer Betrachtung, insbesondere unter Berücksichtigung der bisherigen Gesetzgebung der Europäischen Union sowie der Rechtsprechung des Europäischen Gerichtshofs, nicht zu überzeugen. Der vorliegende Rechtsakt ist für den Europäischen Wirtschaftsraum von wesentlicher Bedeutung und muss als solcher nach diesseitigem Dafürhalten auch entsprechend beachtet werden.

III. Vereinbarkeit mit deutschem Recht

Die Forderung, dass mitarbeitende Ehe- oder Lebenspartner den gleichen Zugang zu den Systemen der sozialen Sicherung erhalten sollen wie Selbständige, soll nach Auffassung *Sohns* im Übrigen nicht mit den Grundsätzen des deutschen Sozialversicherungsrechts vereinbar sein.[758] Dieser Grundsatz, der Ausfluss des Sozialstaatsprinzips ist, würde vorliegend ohne erkennbare Notwendigkeit durchbrochen. Eine weitergehende Argumentation, weshalb vorliegend keine Notwendigkeit für die Einbeziehung von mitarbeitenden Ehe- oder Lebenspartnern bestehen solle, führt *Sohn* sodann aber nicht an. Da vorliegend der Fokus weniger auf den Rechten der mitarbeitenden Ehepartner und mehr auf den Rechten von selbständig erwerbstätigen (werdenden) Müttern liegt, soll an dieser Stelle die von *Sohn* aufgeworfenen Fragestellung nicht weiter vertieft werden. Anzumerken bleibt allein, dass die voranstehenden Ausführungen, insbesondere mit Blick auf die derzeitige Rechtslage im Zusammenspiel mit den Forderungen des Grundgesetzes und der Europäischen Grundrechtecharta sowie auf das sich in den letzten Jahrzehnten stark gewandelte Verständnis von der Selbständigkeit an sich, deutlich machen, dass die Notwendigkeit, tätig zu werden, nach diesseitigem Verständnis sehr wohl gegeben ist.

E. Ergebnis

Wirtschaftlicher und sozialer Zusammenhalt, nachhaltiges Wachstum und Wettbewerbsfähigkeit sowie die Bewältigung der demografischen Herausforderung sind immer auch abhängig von der Gleichstellung der Geschlechter. Dies haben inzwischen auch die führenden Köpfe der Europäischen Union erkannt. Europa hat zwar in den vergangenen Jahrzehnten zweifelsohne beachtliche Fortschritte auf dem Weg zur Gleichstellung von Frauen und Männern erzielt; um den Wandel herbeizuführen, hat es sein Engagement stets ernst genommen, Partnerschaft in die Praxis

758 Vgl. hierzu *Sohns* Kritik unter C. II. 2. b).

umgesetzt und seine Ressourcen und Instrumente rechtlicher, politischer sowie finanzieller Art zusammengelegt. So machen heute mehr Frauen als Männer einen Hochschulabschluss und der Frauenanteil an der Erwerbsbevölkerung Europas ist größer als je zuvor. Europa schöpft seine Talente mehr und mehr aus und nutzt seine Fähigkeiten besser. Dennoch stehen echter Gleichstellung nach wie vor eine Vielzahl an unterschiedlichsten Hindernissen entgegen: Diskriminierung, Erziehungsklischees, Segregation des Arbeitsmarktes nach Geschlecht, unsichere abhängige und unabhängige Erwerbstätigkeiten, unfreiwillige Teilzeitbeschäftigung statt eines Auslebens des eigenen Potentials sowie einer umfassenden Nutzung der individuellen Fähigkeiten, als auch die unausgewogene Aufteilung von Fürsorgepflichten zwischen Frauen und Männern sind da nur einige von vielen. Sie beeinträchtigen noch immer die Lebensentscheidungen und die wirtschaftliche Unabhängigkeit vieler Frauen.[759]

Eine verbesserte Vereinbarkeit von Beruf und Privatleben ist sowohl für Frauen als auch Männer weiterhin zwingend zu fordern und zu fördern. Dabei dient sie nicht nur der Verwirklichung der Geschlechtergleichstellung, sondern ist insbesondere für das Erreichen der vorangehend ausführlich dargestellten Lissabon-Ziele absolute Grundvoraussetzung. Die ungleiche Verteilung familiärer Pflichten kann Frauen dazu veranlassen, sich häufiger für die Inanspruchnahme flexibler Arbeitsregelungen oder der Unterbrechung ihrer Berufstätigkeit zu entscheiden, und kann sich so zweifelsohne negativ auf ihren beruflichen Aufstieg, ihr Einkommen, ihre Rentenansprüche und ihre wirtschaftliche Unabhängigkeit auswirken.[760] Indem der Mut und die Bereitschaft von Frauen, den Schritt in die Selbständigkeit zu wagen, gefördert wird, wird sich auch der Erreichung dieser Ziele automatisch ein Stückchen mehr angenähert.

Eine Überarbeitung der alten, erfolglosen Richtlinie 86/613/EWG war den obigen Erörterungen und Feststellungen folgend schon seit Langem überfällig. Das galt umso mehr, nachdem die Europäische Union endlich verstanden hat, dass der Weg zu mehr weiblicher Beschäftigung, gerade auch im Bereich der Selbständigkeit, allen voran über eine verbesserte Work-Life-Balance führt. Die Möglichkeit, Arbeit und Familien- bzw. Privatleben in Einklang zu bringen, ist in

759 Zum Voranstehenden insgesamt: Mitteilung der Kommission „Ein verstärktes Engagement für die Gleichstellung von Frauen und Männern – Eine Frauen-Charta" erlassen anlässlich des Internationalen Frauentages 2010 vom 30.04.2010; KOM(2010)78. Der dort niedergelegten Kritik ist vollumfänglich beizupflichten.

760 Vgl. auch die Forderung im Bericht der Kommission an den Rat, das Europäische Parlament, den Europäischen Wirtschafts- und Sozialausschuss und den Ausschuss der Regionen zur Gleichstellung von Frauen und Männern vom 27.02.2009, KOM(2009)77 – nicht im Amtsblatt veröffentlicht.

unserer heutigen Zeit von besonders herausragender Bedeutung. Nur so können Frauen die gleichen Chancen in der Arbeitswelt gewährt und infolgedessen die Beteiligtenquote von Frauen am Arbeitsmarkt gesteigert werden. Darüber hinaus ist die geringe Beteiligung von Frauen in Selbständigkeit ohne Zweifel eine Frage der Ungleichheit der Geschlechter. Frauen sind nicht gleich, wo familiäre Pflichten betroffen sind. Geschlechterstereotypen sind ein Hindernis mit negativen Auswirkungen auf die Beteiligung von Frauen im Unternehmertum.

Die überarbeitete Richtlinie 2010/41/EU betrifft die Thematik der sozialen Sicherheit, welche grundsätzlich in die Zuständigkeit der Mitgliedstaaten fällt. Die Richtlinie ist deshalb ausdrücklich darauf bedacht, nicht in die Grundprinzipien der Systeme der sozialen Sicherheit einzugreifen, den Mitgliedsstaaten also keine Vorgaben hinsichtlich der Organisation oder der Finanzierung ihrer sozialen Sicherungssysteme zu machen. Der Regelungsbereich der neuen Richtlinie 2010/41/EU beschränkt sich dementsprechend auf das Maß, das notwendig ist, um das Prinzip der Gleichbehandlung von Männern und Frauen gewährleisten zu können. Ob sich dies letztendlich als erneutes Hindernis für eine erfolgreiche Umsetzung der Richtlinie erweisen könnte, wir im Folgenden näher beleuchtet.

Obgleich die Frage nach einer angemessenen Kompetenz der Europäischen Union im Bereich der Schnittmenge „soziale Sicherheit" / „Gleichbehandlung von Männern und Frauen" nicht immer leicht zu beantworten ist, hat die Europäische Union in der Vergangenheit, vor allem für Arbeitnehmer sowie in einigen Fällen auch für Selbständige immer wieder interveniert und zumindest das Notwendige i.S.v. Mindestvorgaben durch Richtlinienerlasse veranlasst. So gibt es bereits heute auf diesem Gebiet eine ganze Reihe an Richtlinien mit dem vorrangigen Ziel, den Grundsatz der Gleichbehandlung von Frauen und Männern durchzusetzen. Die Botschaft all dieser bestehenden Richtlinien ist eindeutig: Es darf keine Diskriminierung zwischen Frauen und Männern geben, weder im Hinblick auf Bezahlung oder sonstige Arbeitsbedingungen, noch hinsichtlich der Arbeitnehmerrechte oder des Gesundheitsschutzes von schwangeren Frauen. Obwohl es kaum empirisch nachzuweisen sein dürfte, so haben diese Regelungen doch zusammengenommen jedenfalls aber dazu beigetragen, dass sich die Beschäftigungssituation von Frauen insgesamt verbessert hat. Auch erhöhen sie das öffentliche Bewusstsein, dass Diskriminierung nicht hinnehmbar und rechtswidrig ist. Die Selbständigen-Richtlinie 2010/41/EU soll nun ebenfalls hierzu ihren Beitrag leisten, indem sie die Schaffung einer ausdrücklichen Anspruchsgrundlage für Mutterschaftsleistungen (auch) für Selbständige fordert. Es ist die Aufgabe der Europäischen Union sich für die Selbständigen ebenso einzusetzen, wie sie es in der Vergangenheit schon so oft für die Arbeitnehmer erfolgreich getan hat, was hiermit geschieht.

3. Kapitel: Handlungsauftrag für den nationalen Gesetzgeber

Dank der im voranstehenden 2. Kapitel im Mittelpunkt stehenden Richtlinie 2010/41/EU zur Verwirklichung des Grundsatzes der Gleichbehandlung von Männern und Frauen, die eine selbständige Erwerbstätigkeit ausüben, sollen selbständig Erwerbstätige und ihre Lebenspartner künftig einen besseren sozialen Schutz erhalten. Dies haben die voranstehenden Ausführungen zur Richtlinie und ihrem Werdegang deutlich gemacht. Ziel der Richtlinie 2010/41/EU ist für alle Selbständige Mutterschaftsleistungen einzuführen und es Frauen auf diesem Wege zu erleichtern, sich selbständig zu machen.

A. Zum Handlungsauftrag der Europäischen Union

Bevor sich das 4. Kapitel im Weiteren insbesondere der Frage widmen kann, ob Deutschland die Zielsetzung der Richtlinie 2010/41/EU bereits hinreichend erfüllt oder nicht, soll zunächst nochmal in gebührender Kürze auf den konkreten Handlungsauftrag, wie ihn die Richtlinie 2010/41/EU nunmehr formuliert, zusammenfassend zurückgekommen und im Übrigen geprüft werden, ob sich für den nationalen Gesetzgeber nicht möglicherweise längst ein solcher Handlungsauftrag aus höherrangigen, grundrechtlichen Vorgaben heraus ergibt.

I. Zielsetzung der Richtlinie 2010/41/EU im Überblick

In Deutschland, wie auch in anderen europäischen Mitgliedstaaten fällt der Anteil von Frauen unter den Selbständigen gering aus. Bisher ist unionsweit nur jeder dritte Unternehmer eine Frau[761], hierauf wurde bereits wiederholt verwiesen. Die EU-Kommission reklamiert deshalb für diesen Erwerbsbereich besonderen Aufholbedarf:

> ***„Gerade im Bereich der selbständigen Erwerbstätigkeit (soll) das Ungleichgewicht der Geschlechter ausgeglichen werden, da hier das Missverhältnis zwischen Frauen und Männern besonders groß ist.“***[762]

Während bislang überwiegend die abhängige Beschäftigung im Mittelpunkt der EU-Gleichstellungspolitik gestanden hat, reicht dies allein längst nicht mehr

---

761 Vgl. hierzu die statistischen Ausführungen des 1. Kapitels unter B. III.

762 KOM (2008)636 endg., S. 4.

aus, um die Zielvorgaben für die Anhebung der Gesamtbeschäftigungsquote in der EU auf 75 % bis zum Jahr 2020 zu erfüllen, so die Erkenntnis in Brüssel.[763] Hieran soll sich mit Hilfe der Richtlinie 2010/41/EU etwas ändern. Die Europäische Union hat hierfür mit der Richtlinie 2010/41/EU die für Frauen in der Selbständigkeit entsprechend einschlägigen Rahmenvorgaben weiterentwickelt, die auf Gleichstellung und, insbesondere im Fall der Mutterschaft, auf eine bessere soziale Absicherung abzielen.[764] In Fragen des Mutterschutzes stellt sie fortan auf die Gleichbehandlung von abhängig und selbständig beschäftigten Frauen ab.[765]

Eines der Ziele der Richtlinie ist es, die Mitgliedsstaaten dazu zu veranlassen, für alle weiblichen Selbständigen Mutterschaftsleistungen einzuführen, um es so Frauen zu erleichtern, sich selbständig zu machen. Die überarbeitete Selbständigen-Richtlinie 2010/41/EU setzt hierzu mit Art. 8 Mindeststandards, die erstmals auch für die selbständig erwerbstätigen Frauen der Europäischen Union einen ausdrücklichen Anspruch auf Mutterschaftsurlaub von mindestens 14 Wochen fordern und nicht bloß einen Prüfungsauftrag formulieren. Gleich den abhängig erwerbstätigen Frauen sollen von nun an auch die Selbständigen sowie ihre mitarbeitenden Familienangehörigen einen Anspruch auf 14 Wochen Mutterschutz erhalten, so die deutliche Forderung. Während dieser Zeit sollen den Frauen eine Geldleistung und/oder eine befristete Vertretung zustehen.[766] Die ehemalige Regelung des Art. 8 der Vorgänger-Richtlinie 86/613/EWG sah hingegen lediglich eine Überprüfung der in den einzelnen Mitgliedsstaaten jeweilig einschlägigen Rechtslage vor. Sie versäumte es dabei jedoch, den Mitgliedsstaaten eine Verpflichtung aufzuerlegen, erkannte Mängel tatsächlich auch anzugehen. Das hat sich nun geändert.[767] Diese Vorgabe wird nun konkretisiert und fortan

763 Laut „Strategie Europa 2020“ sollen 75 % der Bevölkerung zwischen 20 und 64 Jahren bis zum Jahr 2020 in Arbeit stehen. Die Kommission bewertet die Beschäftigungsquoten in Europa im weltweiten Vergleich als zu gering. Mit „durchschnittlich 69 % bei den 20- bis 64-Jährigen (liege sie) deutlich unter denen in anderen Teilen der Welt. Nur 63 % der Frauen – im Vergleich zu 76 % der Männer – sind erwerbstätig.“; KOM (2010)2020 endg., S. 8.

764 Vgl. zum Setting, in das sich die novellierte RL 2010/41/EU eingliedert, z. B. die nachfolgenden Ausführungen im 4. Kapitel unter A. I. 7.

765 Biermann/Gather, Sozialer Fortschritt 2014, 170, 170 ff.

766 Vgl. hierzu auch schon die obigen Ausführungen des 2. Kapitels zum Regelungsumfang der RL 2010/41/EU in der Übersicht unter C. IV.

767 Zur alten RL 86/613/EWG und seinen Unzulänglichkeiten sowie den Neuerungen aufgrund seiner Überarbeitung: Cadenau, „Selbständig erwerbstätige Frauen: eine Überprüfung der Richtlinie 86/613 im Lichte der Lissabon Strategie“ in: EGELR Nr. 2/2008.

als echter Umsetzungsauftrag formuliert. Die Diskussion kann sich somit nicht länger mit dem reinen „Ob" eines Mutterschutzes (auch) für Selbständige beschäftigen, sondern kann sich allenfalls noch mit der Frage des „Wie" einer konkreten Ausgestaltung des Mutterschutzanspruches befassen. Zumindest insoweit ist der Auftrag seit Verabschiedung der novellierten Richtlinie 2010/41/EU endlich klar umrissen.[768]

II. Die Mindestvorgaben des Art. 8 der Richtlinie 2010/41/EU

Zu den einzelnen Regelungen des Art. 8 der Richtlinie 2010/41/EU[769] nochmals zusammenfassend.

1. Der Umsetzungsauftrag des Art. 8 Abs. 1 der Richtlinie

Jeder selbständig erwerbstätigen (werdenden) Mutter bzw. jeder Ehe-/Lebenspartnerin eines selbständig Erwerbstätigen soll im Zuge des Art. 8 Abs. 1 der Richtlinie 2010/41/EU nunmehr erstmals ein ausdrücklicher Anspruch auf ausreichende Mutterschaftsleistungen zugestanden werden, um ihre Erwerbstätigkeit für mindestens 14 Wochen unterbrechen zu können. Konkret heißt es in Art. 8 Abs. 1 der Richtlinie:

> ***„Die Mitgliedstaaten ergreifen die erforderlichen Maßnahmen, um sicherzustellen, dass selbständig erwerbstätige Frauen sowie Ehepartnerinnen und Lebenspartnerinnen im Einklang mit dem innerstaatlichen Recht ausreichende Mutterschaftsleistungen erhalten können, die eine Unterbrechung ihrer Erwerbstätigkeit wegen Schwangerschaft oder Mutterschaft während mindestens 14 Wochen ermöglichen."***

Die Mitgliedsstaaten der Europäischen Union haben also den eindeutigen Auftrag erhalten, eine umfassende Anspruchsgrundlage für alle selbständig erwerbstätigen (werdenden) Mütter zu schaffen. Es soll ein reibungsloser Schwangerschaftsverlauf und eine ausreichende körperliche Erholung nach einer normalen Geburt gewährleistet werden, um es den selbständigen Frauen auf diese Weise zu erleichtern, sich der Herausforderung einer selbständigen Tätigkeit ohne finanzielle

---

768 So auch schon Knigge, ZESAR 2013, 24 und Knigge, Mutterschutz auch für Selbständige? Aus der Sicht der Rechtswissenschaft, in: Rust/Lange (Hrsg.), Völkerrecht und Frauen, Welche Ansatzpunkte bietet das Völkerrecht für Gleichbehandlung?, Loccumer Protokoll 59/13, S. 191, 198 f. sowie Knigge, Die Richtlinie 2010/41/EU und Mutterschutz für Selbständige, in: Rust/Lange (Hrsg.), Mutterschutz für Selbständige?, Loccumer Protokoll 80/14, S. 45, 51.

769 Vgl. hierzu auch die Kommentierung von *Mohr* in: Franzen/Gallner/Oetker, RL 2010/41/EU Art. 8 Rdnr. 1 ff.; Knigge, ZESAR 2013, 24, 27 f.

Sorgen stellen zu können. Auf diesem Wege soll der Chancengleichheit von Männern und Frauen auch hinsichtlich der Frage der Mutterschaft von selbständig erwerbstätigen Frauen Genüge getan werden.[770]

Als maßgeblicher Zeitraum wurde ausdrücklich derjenige gewählt, der bereits in der Mutterschutz-Richtlinie 92/85/EWG für reguläre Angestellte festgelegt ist, d.h. ein Zeitraum von mindestens 14 Wochen. Dieser Ansatz ist aus arbeitsmedizinischer Sicht sowie gemäß der Empfehlung der Internationalen Arbeitsorganisation (ILO) zweifelsohne richtig und nicht verhandelbar, denn es ist eben dieses Zeitfenster, das eine jede Frau – nicht nur die Angestellte – zur körperlichen wie seelischen Erholung und Anpassung an die nunmehr geänderten Lebensumstände bzw. die physische Rückbildung benötigt.[771]

2. *Zur Höhe des zu gewährenden Anspruchs gemäß Art. 8 Abs. 3 der Richtlinie*

Ein hinreichend bezahlter Mutterschaftsurlaub für selbständig Erwerbstätige ist das zu erreichende Ziel schlechthin. In welcher Höhe Zahlungen als Mutterschaftsleistungen allerdings genau erfolgen, regeln die Mitgliedstaaten weiterhin selbst. Sie können ferner festlegen, in welchem konkreten Zeitraum das Recht auf Mutterschaftsleistungen besteht.

Die Richtlinie genügt damit den Vorgaben des Art. 153 Abs. 4 AEUV, nach dem die Befugnis der Mitgliedstaaten für die Festlegung der Grundzüge ihrer Sozialsysteme zu beachten ist. So dürfen Maßnahmen der Europäischen Union keinesfalls die Stabilität der nationalen Sozialsysteme beeinträchtigen. Zudem sieht Art. 168 Abs. 7 AEUV dem Grundsatz nach vor, dass das Unionsrecht die Zuständigkeit der Mitgliedstaaten für die Ausgestaltung ihrer Systeme der sozialen Sicherheit, insbesondere für den Erlass von Vorschriften zur Organisation und Erbringung von Dienstleistungen im Gesundheitswesen und der medizinischen Versorgung, unbe-

770 Vgl. hierzu Knigge, ZESAR 2013, 24, 27.

771 Eine Empfehlung der Internationalen Arbeitsorganisation (ILO) für den Mutterschutz aus dem Jahr 2000 hält einen Mutterschutz von 18 Wochen für notwendig, um die Gesundheit der Mütter, die gleich wieder ihre Arbeit aufnehmen, sicherzustellen (ILO-Empfehlung Nr. 191 vom 15.06.2000). Eine Studie der Internationalen Arbeitsorganisation (ILO) zeigt ferner, dass eine Ausweitung des Mutterschutzes nicht nur zur Verbesserung der Gesundheit von Müttern und Kindern beiträgt, sondern zudem die Wiedereinstiegsquote von Frauen ins Berufsleben begünstigt. Die Weltgesundheitsorganisation (WHO) hält sogar 24 Wochen für den Gesundheitsschutz der Mutter für nötig. Vgl. hierzu im Übrigen die Ausführungen des 4. Kapitels unter A. II. 1. b) (Fn. 1040) sowie Knigge, ZESAR 2013, 24, 26.

rührt lassen soll. Es muss also stets den Mitgliedsstaaten selbst überlassen bleiben, wie sie ihre Sozialversicherungssysteme im Einzelnen ausgestalten wollen. Dieses im AEUV verbriefte Recht der Mitgliedsstaaten wird mit der hier vorliegenden Richtlinie nicht berührt oder gar beeinträchtigt, sondern vielmehr ausdrücklich respektiert.[772] Den Mitgliedsstaaten wird lediglich auferlegt, geeignete Maßnahmen zu treffen, die sicherstellen, dass ausreichende Mutterschaftsleistungen gewährt werden. Wie genau dies aussehen soll, bleibt letztlich ihnen überlassen.

Aber was ist „ausreichend" i.S.d. Art. 8 Abs. 3 der Richtlinie? An dieser Stelle kommt der vorliegend getroffene politische Konsens zum Tragen[773], wie er auch bei so vielen anderen Regelungen der Europäischen Union gang und gäbe ist. Art. 8 Abs. 3 der Richtlinie versucht all die Ansichten der verschiedenen Beteiligten zusammenzubringen[774] und definiert infolgedessen als „ausreichend" letztlich das Folgende:

> ***„Die Leistungen nach Absatz 1 gelten als ausreichend, wenn sie ein Einkommen garantieren, das mindestens Folgendem entspricht:***
> ***a) der Leistung, die die betreffende Person im Falle einer Unterbrechung ihrer Erwerbstätigkeit aus gesundheitlichen Gründen erhalten würde;***
> ***und/oder***
> ***b) dem durchschnittlichen Einkommens- oder Gewinnverlust gegenüber einem vergleichbaren vorherigen Zeitraum, vorbehaltlich etwaiger Obergrenzen nach innerstaatlichem Recht;***
> ***und/oder***
> ***c) jeglicher anderen familienbezogenen Leistung nach innerstaatlichem Recht, vorbehaltlich etwaiger Obergrenzen nach innerstaatlichem Recht."***

Diese, auch dank der „und/oder"-Verknüpfung, vage Formulierung macht es dem Adressatenkreis kaum möglich auf den ersten Blick zu bestimmen, welche konkreten Mindestvorgaben tatsächlich einzuhalten sind. Die überarbeitete Regelung des Art. 8 der Richtlinie ist an dieser Stelle mithin weiterhin weich geblieben. Sie lässt den einzelnen Mitgliedsstaaten einen erheblichen Umsetzungsspielraum.

Doch was heißt das? Hier kann ein Blick in die Entwicklungsgeschichte des Art. 8 Abs. 3 der Richtlinie 2010/41/EU womöglich weiterhelfen. So war gemäß

---

772 Vgl. hierzu den Erwägungsgrund (8) zur RL 2010/41/EU sowie die obigen Ausführungen zu den Art. 153 Abs. 4 AUEV sowie Art. 168 Abs. 7 AEUV und dem Grundsatz der Einhaltung der Grundprinzipien der Systeme der Sozialen Sicherheit: 2. Kapitel, D. II. 1. a).

773 Vgl. hierzu die Ausführungen zum Werdegang der Richtlinie den Abschnitt C. des 2. Kapitel.

774 Vgl. hierzu die zusammenfassenden Ausführungen des 2. Kapitel C. IV.

der ursprünglichen Begründung der Kommission des Vorschlages für die Richtlinie noch vorgesehen, dass während des Mutterschaftsurlaubs eine Sozialleistung gewährt wird, für die die innerstaatlichen Gesetzgeber zwar Obergrenzen festlegen können sollten. Die Sozialleistung sollte aber zumindest den Bezügen entsprechen, die die betreffende Person im Falle einer Unterbrechung ihrer Erwerbstätigkeit aus gesundheitlichen Gründen erhalten würde. Erst wenn die betreffende Person im Krankheitsfall keine Bezüge erhalten würde, sollte die Höhe der Sozialleistung der Höhe der anderen relevanten auf nationaler Ebene festgelegten Leistung bzw. dem durchschnittlichen Einkommens- oder Gewinnverlust entsprechen.[775] Eine „und/oder"-Verknüpfung war folglich zunächst nicht vorgesehen. Und auch im weiteren Werdegang hin zur letztlich verabschiedeten Richtlinie sollte lit. c) nur dann greifen, wenn die übrigen Alternativen im nationalen Recht nicht vorgesehen seien. In jedem Falle sollten aber die verschiedenen Varianten gleichwertig sein, die „familienbezogene Leistung" also zumindest nicht unterhalb des Krankengeldes liegen[776]. Hierbei dürfte es bis heute geblieben sein, so jedenfalls das diesseitige Verständnis von der Bestimmung des Art. 8 Abs. 3 der Richtlinie 2010/41/EU. Bestätigt wird diese Auffassung zudem dadurch, dass es sich gemäß Erwägungsgrund (23) vorliegend stets nur um Mindeststandards handeln soll. Greift also die Aufzählung des Art. 8 Abs. 3 der Richtlinie als erstes und damit allen voran ein garantiertes Einkommen in Höhe der Leistung, die die betreffende Person im Falle einer Unterbrechung ihrer Erwerbstätigkeit aus gesundheitlichen Gründen erhalten würde, auf, so soll dies auch mindestens gewährt werden. Diese Feststellung wird im Folgenden noch von Bedeutung sein.[777]

3. *Freiwillige oder obligatorische Gewährung des Anspruchs gemäß Art. 8 Abs. 2 der Richtlinie*

Nicht nur hinsichtlich der Höhe des sicherzustellenden Anspruchs bietet die Richtlinie den einzelnen Mitgliedsstaaten einen erheblichen Umsetzungsspielraum, auch die Umsetzung der Frage, ob der Anspruch auf obligatorischer oder freiwilliger Basis gewährt werden soll, ist den Mitgliedsstaaten freigestellt. So erklärt Art. 8 Abs. 2 der Richtlinie:

> ***„Die Mitgliedsstaaten können darüber entscheiden, ob die Mutterschaftsleistungen gemäß Absatz 1 auf obligatorischer oder freiwilliger Basis gewährt werden."***

775 Vgl. hierzu die detaillierten Erläuterungen zu den einzelnen Bestimmungen in der Begründung des Richtlinienvorschlages vom 03.10.2008, KOM(2008)636 endg.
776 So jedenfalls noch der Entwurf zur Empfehlung zur zweiten Lesung vom 17.03.2010.
777 Vgl. hierzu die nachfolgenden Ausführungen unter B. II. 1.

Auf den ersten Blick könnte dies bedeuten, dass es den einzelnen Mitgliedsstaaten womöglich freistehen könnte, ob sie die Bestimmungen des Art. 8 Abs. 1 der Richtlinie überhaupt umzusetzen wollen oder nicht. Allein den Wortlaut der Bestimmung folgend, könnte davon ausgegangen werden, dass den Mitgliedsstaaten eine sog. „opting-out-Klausel“[778] zugestanden werden soll. Auch wäre, den Werdegang der Richtlinie vor Augen, ein solches „opting-out“ für die hier im Mittelpunkt stehende Bestimmung zum Mutterschutz durchaus nicht gänzlich fernliegend. Immerhin wurde der Wortlaut der Richtlinie immer wieder geändert und zum Zwecke der Mehrheitsfindung zunehmend aufgeweicht. Nach den Vorstellungen des europäischen Gesetzgebers soll die Bestimmung des Art. 8 Abs. 2 der Richtlinie jedoch gerade nicht dazu dienen, den Mitgliedsstaaten die Möglichkeit zu eröffnen, von einer ausdrücklichen Anspruchsgrundlage hinsichtlich eines Mutterschutzes von 14 Wochen, von dem auch alle selbständig erwerbstätigen Mütter profitieren, auch weiterhin absehen zu können. Das „Ob“ eines Anspruchs auf Mutterschutz (auch) für Selbständige steht nicht länger zur Diskussion. Die Mitgliedsstaaten sollen allein frei festlegen können, in welchem Zeitraum vor und/oder nach der Entbindung das Recht auf Mutterschaftsleistungen besteht und eben auch, ob der Anspruch obligatorischer oder freiwilliger Natur, also z. B. nur auf Antrag[779], sein soll. Es soll eine Möglichkeit geschaffen werden, die es den selbständigen Frauen und Müttern erlaubt, selbst zu entscheiden, ob sie von ihrem Recht auf Mutterschaftsleistungen Gebrauch machen möchten oder freiwillig auf dieses verzichten wollen. Eine Frage, die insbesondere für selbständig Erwerbstätige, die es in aller Regel gewohnt sind, für sich selbst frei zu entscheiden, zweifelsohne von besonderer Bedeutung ist. Dieser Besonderheit soll auf diesem Wege Genüge getan werden.

Ein Blick auf den Werdegang der Richtlinie, genauer in die politischen Diskussionen rund um die Verabschiedung des Richtlinienvorschlages, bestätigt dieses Verständnis vom Art. 8 Abs. 2 der Richtlinie.[780] Einen Ausweg vom Umsetzungserfordernis bietet die Bestimmung des Art. 8 Abs. 2 der Richtlinie somit jedenfalls

778 Zur sog. „*opting-out-Klausel*“ statt vieler: Claus Grupp, Stichwort: „*Opt-out-Klausel*“, in: Bergmann (Hg.), Handlexikon der Europäischen Union. Baden-Baden, 2012.

779 Im Laufe des Gesetzgebungsverfahrens wurde wiederholt um die Formulierung „auf Antrag“ in der Regelung des Art. 8 Abs. 1, 2 der RL gerungen. Letztendlich wurde sie aus politischen, wie auch redaktionellen Gründen rausgenommen. Vgl. hierzu die obigen Ausführungen des 2. Kapitels unter Punkt C. III. 2.

780 Vgl. hierzu nur KOM(2008)636 endg., S. 6, 11 und die der Richtlinie beigefügten Erwägungsgründe (18) und (23); vgl. zum Werdegang der Richtlinie im Übrigen Procedure file 2008/0192(COD) abrufbar unter http://www.europarl.europa.eu/oeil/popups/ficheprocedure.do?id=569705 (zuletzt abgerufen am 15.06.2018).

nicht, worauf an späterer Stelle im Übrigen nochmals genauer einzugehen sein wird.[781]

4. Die Berücksichtigung der Besonderheit der selbständigen Erwerbstätigkeit mit § 8 Abs. 4 der Richtlinie

Um der Besonderheit der selbständigen Erwerbstätigkeit auch im Übrigen hinreichend Rechnung zu tragen, räumt Art. 8 Abs. 4 der Richtlinie 2010/41/EU den selbständig erwerbstätigen Frauen ferner die Wahlmöglichkeit zwischen einer Geldleistung und einer zeitlich befristeten Vertretung während des Mutterschaftsurlaubs ein. Art. 8 der Richtlinie erklärt in Abs. 4 hierzu das Folgende:

> ***„Die Mitgliedstaaten ergreifen die erforderlichen Maßnahmen, um sicherzustellen, dass selbständig erwerbstätige Frauen sowie Ehepartnerinnen und Lebenspartnerinnen gemäß Artikel 2 Zugang erhalten zu jeglichen bestehenden Diensten zur Bereitstellung einer zeitlich befristeten Vertretung oder zu jeglichen bestehenden sozialen Diensten auf nationaler Ebene. […]“***

Die betroffenen Frauen sollen folglich Mutterschaftsurlaub nehmen können, während sie sich in der Zwischenzeit mit Hilfe einer befristeten Vertretung im Unternehmen vertreten lassen. Anstelle der üblicherweise gewährten finanziellen Ausgleichsleistung soll eine Vertretungsregelung treten, um so die Möglichkeit der selbständigen Erwerbstätigkeit auch während einer schwangerschafts-/geburtsbedingten Abwesenheit aufrechtzuerhalten und nicht zu gefährden. Die Öffnung des Zugangs zu bestehenden nationalen Diensten (auch) für selbständig erwerbstätige (werdende) Mütter, die es ermöglichen, den betroffenen Frauen eine Vertretungsregelung zu bieten, soll insoweit als Alternative zu den Mutterschaftsleistungen oder zumindest als Teil davon gelten. Die Schaffung neuer Vertretungsdienste wird hingegen von der Richtlinie nicht gefordert.

Sofern nicht ohnehin bereits Vertretungsdienste bestehen sollten, besteht die obigen Erwägungen berücksichtigend die begründete Vermutung, dass kaum neue Vertretungsmöglichkeiten bzw. entsprechende Vertretungsdienste geschaffen werden.[782] Ein Manko, welches die Regelung voraussichtlich im Großen und Ganzen leerlaufen lässt. Art. 8 Abs. 4 der Richtlinie wird sich genauso zahnlos erweisen, wie es zuvor die Vorgänger-Richtlinie 86/613/EWG gewesen war.[783]

---

781 Vgl. hierzu die nachfolgenden Ausführungen des 4. Kapitels unter B. III.

782 Obwohl für die Praxis mehr als begrüßenswert, ist es tatsächlich bislang zu keiner bekannten Änderung der diesbezüglichen Rechtslage gekommen.

783 So auch schon Knigge, ZESAR 2013, 24, 27; Knigge, Mutterschutz auch für Selbständige? Aus der Sicht der Rechtswissenschaft, in: Rust/Lange (Hrsg.), Völkerrecht

5. *Form der Umsetzung bleibt den Mitgliedsstaaten vorbehalten*

Wie im Einzelnen die verschiedenen Mitgliedsstaaten die einzelnen Vorgaben der Richtlinie am Ende umsetzen, bleibt ihnen überlassen. Das wurde bereits wiederholt betont. Vorbehaltlich der Einhaltung der in der Richtlinie 2010/41/EU festgehaltenen Mindestanforderungen sind die einzelnen Mitgliedsstaaten auch weiterhin dafür zuständig, die Leistungen zu organisieren, wozu auch die Festlegung der Beitragshöhe sowie sämtlicher Modalitäten im Zusammenhang mit Leistungen und Zahlungen gehört. Sie müssen aber in jedem Falle die Möglichkeit einer „ausreichenden" finanziellen Versorgung garantieren.[784] Das „Ob" steht somit nicht länger zur Diskussion, allenfalls das „Wie".

B. Grundrechtliche Vorgaben zum Schutz (werdender) Mütter

Wenn es nun voranstehend heißt, dass es gemäß Vorgabe des Richtliniengebers allein den einzelnen Mitgliedsstaaten zukommen soll, „wie" sie den Handlungsauftrag des Art. 8 der Richtlinie 2010/41/EU im Einzelnen umsetzen wollen, bleibt dabei für diese stets zu beachten, dass im Zuge der Umsetzung ins nationale Recht selbstverständlich auch die ihnen obliegenden grundrechtlichen Vorgaben aus europäischen wie nationalen Verfassungsrecht zu berücksichtigen haben.

Während auf völkerrechtlicher Ebene die Vorgaben der verschiedenen Übereinkommen, Empfehlungen, Pakten und UN-Konventionen, wie beispielsweise der Internationale Pakt über wirtschaftliche, soziale und kulturelle Rechte von 1966 (International Covenant on Economic, Social and Cultural Rights – „ICESCR"[785], die Konvention C183 nebst der Empfehlung R191 der Internationalen Arbeitsorganisation der Vereinten Nationen (ILO)[786] oder aber Art. 11 Abs. 2

und Frauen, Welche Ansatzpunkte bietet das Völkerrecht für Gleichbehandlung?, Loccumer Protokoll 59/13, S. 191, 200 sowie Knigge, Die Richtlinie 2010/41/EU und Mutterschutz für Selbständige, in: Rust/Lange (Hrsg.), Mutterschutz für Selbständige?, Loccumer Protokoll 80/14, S. 45, 55.

784 Vgl. hierzu die obigen Ausführungen unter A. II. 2.

785 „International Covenant on Economic, Social and Cultural Rights", s. hierzu das Gesetz zu dem Internationalen Pakt vom 19. Dezember 1966 über wirtschaftlich, soziale und kulturelle Rechte vom 23.11.1973, BGBl. 1973 II S. 1569.

786 Vgl. zur ILO statt vieler z. B.: Böhmert, Das Recht der ILO und sein Einfluss auf das deutsche Arbeitsrecht im Zeichen der europäischen Integration, 2002, oder Senti, Die Effektivität der Internationalen Arbeitsorganisation, 2002, vor allem aber die ILO-Verfassung von 1919 selbst. Das Übereinkommen Nr. C 183 ist am 07.02.2002 in Kraft getreten, von der Bundesrepublik Deutschland allerdings bisher nicht ratifiziert worden. Alle aktuell einschlägigen Übereinkommen und Empfehlungen der ILO sind

lit. b) Frauenrechtskonvention der Vereinten Nationen (CEDAW)[787] in aller Regel zu allgemein gehalten sind, um bestimmte Maßnahmen effektiv erzwingen zu können oder auf Vorgabe hinsichtlich eines zwingenden Mutterschutzes (auch) für Selbständige verzichten, und auch auf völkerrechtlich regionaler Ebene die Europäische Menschenrechtskonvention (EMRK)[788] oder aber die Sozialcharta des Europarates (ESC)[789] keine hinreichend konkreten Vorgaben für einen Mutterschutz (auch) für Selbständige formulieren, sieht dies die Grundrecht-Charta der Europäischen Union sowie das deutsche Grundgesetz betreffend anders aus. Schon vor Novellierung der erfolglos gebliebenen Richtlinie 86/613/EWG boten sie einen geeigneten Anknüpfungspunkt dafür, dass es dem deutschen Gesetzgeber sehr wohl schon seit Langem obliegt, eine solche Anspruchsgrundlage zu schaffen, wie sie nun ausdrücklich von Art. 8 der Richtlinie 2010/41/EU unionsweit gefordert wird.

---

abrufbar auf der Internetseite der ILO unter http://www.ilo.org (zuletzt abgerufen am 15.06.2018). Der aktuelle Stand der Ratifizierungen ist abrufbar unter http://www.ilo.org/dyn/normlex/en/f?p=1000:11200:0::NO:11200:P11200_COUNTRY_ID:102643 (zuletzt abgerufen am 15.06.2018).

787 Übereinkommen zur Beseitigung jeder Form von Diskriminierung der Frau vom 18.12.1979, BGBl. 1985 II S. 647. Vgl. hierzu statt vieler: Neuhold/Pirstner/Ulrich, Menschenrechte – Frauenrechte, Internationale, europarechtliche und innerstaatliche Dimension, S. 49 ff.; Rudolf in: Ministerium für Generationen, Familie, Frauen und Integration des Landes Nordrhein-Westfalen (Hrsg.), „Frauen verändern EUROPA verändert Frauen", S. 25–32; ebenfalls hierzu König, Frauenrechte sind Menschenrechte ... und doch anders? – Die UN-Frauenrechtskonvention (CEDAW), in: Beate Rudolf (Hrsg.), Frauen und Völkerrecht, Baden-Baden 2006, S. 81–98; König, ZESAR 2004, 214, 214 m.w.N.

788 Die Europäische Menschenrechtskonvention enthält kein allgemeines Verbot der Diskriminierung wegen des Geschlechts, sondern verbietet mit Art. 14 die Geschlechtsdiskriminierung nur im Bereich der von der Konvention geschützten Rechte; Rudolf, Frauen verändern EUROPA verändert Frauen, S. 25, 27. Das 12. Zusatzprotokoll zur EMRK führt ferner ein allgemeines Diskriminierungsverbot ein. Zahlreiche EU-Mitgliedstaaten, darunter Deutschland, haben es aber noch nicht ratifiziert.

789 Deutschland hat die Europäische Sozialcharta am 27. Januar 1965 ratifiziert und 67 der 72 Paragraphen der Charta akzeptiert; BGBl. 1964 II, 1261; Stand der Ratifikation, einsehbar auf der Homepage des Europarates unter https://www.coe.int/en/web/conventions/full-list/-/conventions/treaty/035/signatures (zuletzt abgerufen am 15.06.2018). S. hierzu auch „Germany and the European Social Charter", abrufbar unter: https://www.coe.int/en/web/portal/germany. Sie außerdem: https://www.coe.int/de/web/turin-european-social-charter (beide zuletzt abgerufen am 15.06.2018). S. außerdem allgemein: Europarat (Hrsg.), Die Europäische Sozialcharta.

I. Das Recht auf Mutterschutz gemäß der Charta der Grundrechte der Europäischen Union

Anders als der Vertrag über die Europäische Union oder der Vertrag über die Arbeitsweise der Europäischen Union sieht die Europäische Grundrechtecharta ausdrücklich auch den Schutz werdender Mütter vor. Die Grundrechtecharta spiegelt die verschiedenen Verfassungstraditionen der Mitgliedsstaaten der Europäischen Union wider. Der Schutz der Familie im Berufsleben und eben auch die mit der Mutterschaft zusammenhängenden Schutzbedürfnisse der Frauen sind gesetzte Themen.

Die Grundrechtecharta greift diesen Gegenstand in Art. 33 GReCh unter dem Stichwort „Familien- und Berufsleben" sowie in Art. 34 GReCh mit der Überschrift „Soziale Sicherheit und soziale Unterstützung" auf.[790] Auch Art. 23 GReCh erklärt, dass die Gleichheit von Frauen und Männern in allen Bereichen, einschließlich der Beschäftigung, sicherzustellen ist.[791] Art. 23 GReCh, der sich u. a. auf Art. 157 Abs. 3 AEUV stützt, korrespondiert dabei mit Art. 33 GReCh.[792]

Über die Einzelheiten des Regelungsumfanges, wie sie im Folgenden genauer betrachtet werden sollen, bestand lange Zeit Uneinigkeit.[793]

1. Die Charta der Grundrechte der Europäischen Union im Überblick

Die Charta der Grundrechte der Europäischen Union[794] wurde am 07. Dezember 2000 anlässlich des Gipfels der Staats- und Regierungschefs in Nizza verkündet. Zuvor war sie von einem Konvent, bestehend aus 62 Delegierten aus den Mitgliedsstaaten der Europäischen Union[795], in 18 öffentlichen Sitzungen

790 Die Bestimmungen der Art. 33 GReCh und Art. 34 GReCh sind für die Rechte von Selbständigen besonders beachtenswert, wie noch zu zeigen sein wird. Vgl. hierzu die nachfolgenden Ausführungen unter B. I. 2., 3.

791 Näheres zu Art. 23 GReCh z. B. bei Vedder/Heintschel von Heinegg-*Folz*, GReCh, Art. 23 Rdnr. 1 ff. Art. 23 GReCh statuiert die Verpflichtung der Mitgliedsstaaten, die Gleichheit von Männern und Frauen sicherzustellen, also den Grundsatz der Gleichstellung. Die deutsche Fassung der Grundrechtecharta ist an dieser Stelle juristisch ungenau, da sie vom „Grundsatz der Gleichheit" spricht, während der EGV hierfür richtigerweise den Begriff der „Gleichstellung" verwendet. S. hierzu Rudolf, Frauen verändern EUROPA verändert Frauen, S. 25.

792 Meyer-*Hölscheidt*, GReCh, 2014, Art. 23 Rdnr. 16.

793 Vgl. hierzu Meyer-*Rudolf*, GReCh, 2014, Art. 33 Rdnr. 6 ff.

794 Charta der Grundrechte der Europäischen Union, Abl. C 364/1 vom 18.12.2000.

795 Der Europäische Konvent bestand im Einzelnen aus 15 Beauftragten der Staats- und Regierungschefs und einem Vertreter der Europäischen Kommission, 16 Mitgliedern

unter dem Vorsitz des deutschen Bundespräsidenten a.D. *Roman Herzog* ausgearbeitet worden. Rechtskraft erlangte die Charta jedoch erst am 01. Dezember 2009, also nach dem Scheitern des Europäischen Verfassungsvertrages. Der aktuelle Wortlaut übernahm zu jener Zeit mit Anpassungen die im Dezember 2000 proklamierte Charta und ersetzt sie ab dem Zeitpunkt des Inkrafttretens des Vertrags von Lissabon. Sie ist damit fast genau 10 Jahre nach der Konstituierung des Grundrechtskonvents am 17. Dezember 1999 in einer nochmals überarbeiteten Fassung in Kraft getreten.[796] Gemäß Art. 6 Abs. 1 EU ist die Grundrechtecharta vom 07. Dezember 2000 in der am 12. Dezember 2007 in Straßburg angepassten Fassung mit den Verträgen der Europäischen Union rechtlich gleichrangiges Primärrecht[797]. Die Grundrechtscharta wird damit in den Bestand der europäischen Verträge eingegliedert und so Bestandteil des Primärrechts. Sie bildet seither insbesondere den Maßstab für das Sekundärrecht.[798]

Mit der Charta der Grundrechte hat die Europäische Union erstmals einen geschriebenen, rechtlich verbindlichen Katalog von Bürgerfreiheiten und Grundrechten formuliert. Die Europäische Grundrechtecharta umfasst die allgemeinen Freiheits- und Gleichheitsrechte, Bürgerrechte, sowie die justiziellen, wirtschaftlichen und sozialen Rechte aller Unionsbürger und fasst diese zum ersten Mal umfassend schriftlich und in einer verständlichen Form zusammen. In Abs. 5 S. 1 der Präambel der Charta heißt es hierzu:

> ***„Diese Charta bekräftigt unter Achtung der Zuständigkeiten und Aufgaben der Gemeinschaft und der Union und des Subsidiaritätsprinzips die Rechte, die sich vor allem aus den gemeinsamen Verfassungstraditionen und den gemeinsamen internationalen Verpflichtungen der Mitgliedstaaten, aus der Europäischen Konvention zum Schutze der Menschenrechte und Grundfreiheiten, aus den von der Gemeinschaft und dem Euro-***

---

des Europäischen Parlaments und 30 nationalen Parlamentariern (zwei aus jedem Mitgliedstaat). Deutschland war durch den Abgeordneten Jürgen Meyer (SPD) bzw. dessen Stellvertreter im Konvent, Peter Altmaier (CDU) und durch den Minister für Europaangelegenheiten des Freistaats Thüringen, Jürgen Gnauck, bzw. dessen Vertreter, den Landesminister für Europaangelegenheiten Niedersachsens, Wolf Weber, vertreten.

796 Nebst Erläuterungen zu den einzelnen Artikeln veröffentlicht im Amtsblatt der Europäischen Union, Abl. C 303 vom 14.12.2007, S. 1 ff.; vgl. zur Entstehungsgeschichte der Grundrechtecharta z. B. Herzog in: Stiftung Gesellschaft für Rechtspolitik Trier u. a. (Hrsg.), Bitburger Gespräche, Jahrbuch 2001, S. 7, 7 ff.

797 Einschränkungen ergeben sich jedoch für Polen und das Vereinigte Königreich aus dem Protokoll über die Anwendung der Charta der Grundrechte der Europäischen Union auf Polen und das Vereinigte Königreich (Nr. 30).

798 S. Calliess/Ruffert-*Kingreen*, Art. 6 EUV, Rdnr. 8, 12.

parat beschlossenen Sozialchartas sowie aus der Rechtsprechung des Gerichtshofs der Europäischen Union und des Europäischen Gerichtshofs für Menschenrechte ergeben.“

Im voranstehend aufgeführten Absatz werden die Quellen der Grundrechte genannt. Dabei wird die Achtung der Zuständigkeiten und Aufgaben der Gemeinschaft und der Union besonders betont. Es wird so deutlich gemacht, dass sich die Grundrechtecharta an die Mitgliedsstaaten nur bei der Umsetzung von Unionsrecht richtet. Sie soll gerade

„keine neuen Kompetenzen begründen und bestehende Aufgaben auch nicht erweitern.“[799]

An die neu formulierten Grundrechte sind einerseits die Organe der Europäischen Union gebunden, andererseits aber auch die Mitgliedstaaten, wenn sie EU-Recht ausführen. Die Charta verleiht auf diese Weise den Grundrechten größere Sichtbarkeit und Klarheit und schafft damit Rechtssicherheit innerhalb der Europäischen Union.[800]

2. *Art. 33 GReCh – „Familien- und Berufsleben“*

Die im Zusammenhang mit der Frage nach einer Mutterschaftsleistung für Selbständige gewichtigste Regelung findet sich in Art. 33 Abs. 2 GReCh. Art. 33 GReCh gewährleistet als Ausfluss des sozialen Schutzes der Familie verschiedene Grundsätze zur Vereinbarkeit von Familie und Beruf.[801] Die Norm regelt den wichtigen Komplex „Familien- und Berufsleben“ und bewegt sich insgesamt in diesem Spannungsfeld. Die Regelung des Art. 33 Abs. 2 GReCh gewährt dabei u. a. den Anspruch auf bezahlten Mutterschaftsurlaub nach Geburt eines Kindes[802] und garantiert zudem den notwendigen Schutz vor Entlassung aus Gründen der Mutterschaft als auch das Recht auf Mutterschaftsurlaub.[803] In Art. 33 Abs. 2 GReCh heißt es hierzu:

„Um Familien- und Berufsleben miteinander in Einklang bringen zu können, hat jeder Mensch das Recht auf Schutz vor Entlassung aus einem mit der Mutterschaft zusammenhängenden Grund sowie den Anspruch auf einen bezahlten Mutterschaftsurlaub und auf einen Elternurlaub nach der Geburt oder Adoption eines Kindes.“

---

799 Bernsdorff/Borowsky, Protokolle, S. 537.

800 S. hierzu die ausführliche Darstellung und Kommentierung der Präambel in: Meyer-*Meyer*, Vorbem. Präambel.

801 Meyer-*Riedel*, GReCh, 2011, Art. 33 Rdnr. 13; vgl. auch Meyer-*Rudolf*, GReCh, 2014, Art. 33 Rdnr. 13 ff.

802 Vedder/Heintschel von Heinegg-*Folz*, GReCh, Art. 33 GR-Charta Rdnr. 1.

803 So auch Meyer-*Rudolf*, GReCh, 2014, Art. 33 Rdnr. 2.

Art. 33 Abs. 2 GReCh kann sich auf mehrere sekundärrechtliche Regelungen im Unionsrecht stützen. Er basiert auf Regelungen des Art. 8 ESC sowie des Art. 27 der Revidierten ESC, als auch auf den Richtlinien 92/85/EWG zur Verbesserung der Sicherheit und des Gesundheitsschutzes von schwangeren Arbeitnehmerinnen, Wöchnerinnen und stillenden Arbeitnehmerinnen am Arbeitsplatz und 96/34/EG zur Rahmenvereinbarung über Elternurlaub.[804] All diese Rechtsquellen können insofern sowohl als Rechtserkenntnisquellen als auch zur Begriffsbestimmung, z. B. hinsichtlich des „Mutterschaftsurlaubes", dessen Definition sich aus Art. 8 der Richtlinie 92/85/EWG ergibt und damit einen Zeitraum von mindestens 14 Wochen vor und/oder nach der Entbindung beschreibt, genutzt werden.[805]

a) Zielsetzung des Art. 33 Abs. 2 GReCh

Art. 33 Abs. 2 GReCh verfolgt das Ziel, die Vereinbarkeit von Familie und Berufsleben zu ermöglichen. Er ist damit als echtes Grundrecht und nicht bloß als Grundsatz i.S.d. Art. 52 Abs. 5 GReCh zu verstehen. Dafür spricht neben dem klaren Wortlaut vor allem die genaue Darstellung des Umfangs dessen, was rechtlich gewährt sein soll, mithin der Reichweite der Verpflichtung der Mitgliedsstaaten im Falle der Mutterschaft[806].[807]

Art. 33 Abs. 2 GReCh zielt seinem Wortlaut folgend maßgeblich darauf ab, Familien- und Berufsleben gerade während der Schwangerschaft und nach der Entbindung miteinander in Einklang zu bringen. Sie enthält damit ein „klares Bekenntnis zur Flexibilität im Arbeits- und Familienleben".[808] Dies ist angesichts der sich rapide wandelnden gesellschaftlichen Verhältnissen und dem sich kontinuierlich weiterentwickelnden Verständnis von der Mutterrolle und der Kinder-

---

804 S. die Erläuterung zum Art. 33 GReCh in Abl. C 303 vom 14.12.2007, S. 27.

805 Jarass, Charta der Grundrechte der Europäischen Union – Kommentar, 2016, Art. 33 Rdnr. 10.

806 Der Begriff der „Mutterschaft" soll dabei den Zeitraum von der Zeugung bis zum Stillen des Kindes abdecken, s. hierzu die Erläuterung zum Art. 33 GReCh in Abl. C 303 vom 14.12.2007, S. 27; s. auch Jarass, GReCh, Art. 33 Rdnr. 16 f.; Calliess/Ruffert-*Kingreen*, GReCh, Art. 33 Rdnr. 8; Vedder/Heintschel von Heinegg-*Folz*, GReCh, Art. 33 Rdnr. 2.

807 So auch einstimmig: Meyer-*Rudolf*, GReCh, 2014, Art. 33 Rdnr. 13; Jarass, GReCh, Art. 33 Rdnr. 11; Calliess/Ruffert-*Kingreen*, GReCh, Art. 33 Rdnr. 5 oder z. B. Hießl/Runggaldier, S. 131.

808 So auch Meyer-*Riedel*, GReCh, 2011, Art. 33 Rdnr. 17; Calliess/Ruffert-*Kingreen*, GReCh, Art. 33 Rdnr. 6.

erziehung an sich, von großer Bedeutung. Dies gilt insbesondere, da es kaum zu überblicken ist, welche konkreten Auswirkungen diese auf die Berufstätigkeit von Frauen künftig nehmen können. Art. 33 Abs. 2 GReCh versucht diesem Problem gerecht zu werden, indem er einen ausgleichenden Kurs wählt.[809]

b) Kreis der Grundrechtsberechtigten

Trotz des klaren Wortlauts bleiben auch weiterhin verschiedene politische Weichenstellung denkbar, so dass Art. 33 Abs. 2 GReCh Spielraum für eine dynamische Interpretation bietet. Es stellt sich somit z. B. die Frage, ob Art. 33 Abs. 2 GReCh, obgleich seines an sich eindeutigen Wortlautes („jeder Mensch"), womöglich gar nicht die selbständig erwerbstätigen Mütter in sein Blickfeld nimmt.

Um diese Frage gebührend beantworten zu können, ist eine genaue Kenntnis der Diskussionen im Grundrechtekonvent unerlässlich. Hierzu im Einzelnen:

Der Schutz der Familie im Berufsleben und die mit der Mutterschaft zusammenhängenden Schutzbedürfnisse von Frauen wurden von zahlreichen Konventmitgliedern von Anbeginn thematisiert und dessen Notwendigkeit dabei stets betont. Der umfassende Schutz der Familie war weitestgehend unstreitig und die Frage des Mutterschutzes von Beginn der Erörterungen an gesetztes Thema. Die Inhalte des Art. 33 GReCh wurden dem Grunde nach von vielen Mitgliedsstaaten für dringend erforderlich erachtet. Allein über die konkreten Einzelheiten bestand lange Uneinigkeit.[810]

Die Frage des Mutterschutzes wurde wie so oft zunächst allein mit Blick auf die Arbeitnehmerinnen diskutiert. Die zugehörige Kommentierung nahm hierzu Bezug auf Art. 8 RESC sowie auf die Richtlinie 92/85/EG. Der erste Präsidiumsentwurf in Dokument CONVENT 18 vom 27. März 2000 lautete daher noch wie folgt:

> ***„Jede Arbeitnehmerin hat vor und/oder nach der Niederkunft Anspruch auf einen Mutterschaftsurlaub von mindestens vierzehn Wochen."***

Diese erste Formulierung wurde jedoch schnell aus verschiedenen Gründen kritisiert. In der sich anschließenden Diskussion wurde vor allem über den Kreis der Grundrechtsberechtigten ausführlich gestritten. Der Ire *O'Malley* und ihm folgend *Roman Herzog* bemängelten insbesondere die Diskriminierung der Selbständigen. Und auch die im Übrigen vorherrschende Meinung befürwortete die

809 S. Meyer-*Riedel*, GReCh, 2011, Art. 33 Rdnr. 15.
810 S. hierzu Meyer-*Rudolf*, GReCh, 2014, Art. 33 Rdnr. 6 ff.

Ersetzung der Formulierung „jeder Arbeitnehmer“ durch den allgemeineren Begriff „jede Person“.[811] Ihre Kritik wurde gehört und in der endgültigen Fassung des Art. 33 Abs. 2 GReCh berücksichtigt, wobei allerdings die Formulierung „jeder Mensch“ anstelle von „jeder Person“ gewählt wurde.[812] Zudem sprach sich die große Mehrheit der Konventsdelegierten dafür aus, von einem „bezahlten“ Mutterschaftsurlaub zu sprechen.[813]

Ob die Vorschrift entsprechend nun allerdings tatsächlich auch für Selbständige gelten soll, wurde weiterhin offengelassen und nicht näher bestätigt. Doch spricht vieles dafür, dass die Selbständigen vom Anwendungsbereich mitumfasst sein sollen. Schließlich wurde die Formulierung „jede Arbeitnehmerin, jeder Arbeitnehmer“ ausdrücklich aufgegeben und durch „Mensch“ ersetzt.[814]

c) Ergebnis

Art. 33 Abs. 2 GReCh ist derzeit die einzige Regelung im Primärrecht der Europäischen Union, die ausdrücklich (auch) einen Mutterschutz für Selbständige fordert. Um den Spagat zwischen Familien- und Berufsleben zu schaffen, also beide Lebenssphären hinreichend miteinander in Einklang bringen zu können, soll jeder Mensch, also auch jede selbständig erwerbstätige (werdende) Mutter, einen Anspruch auf bezahlten Mutterschaftsurlaub haben, so die Forderung der Grundrechtecharta. Hieran hat sich die Bundesrepublik Deutschland als Mitglied der Europäischen Union zu halten.[815]

Das „Ob“ eines Mutterschutzes (auch) für alle Selbständige ist damit nicht länger zu diskutieren, allenfalls das „Wie“. Allein die diesbezügliche Definitionsmacht liegt weiterhin bei den Mitgliedsstaaten und damit bei den nationalen

---

811 Bernsdorff/Borowsky, Protokolle, S. 327; Meyer-*Riedel*, GReCh, 2011, Art. 32 Rdnr. 12.

812 Meyer-*Riedel*, GReCh, 2011, Art. 33 Rdnr. 16.

813 Vgl. 14. Sitzung, Bernsdorff/Borowsky, Protokolle, S. 327.

814 Meyer-*Rudolf*, GReCh, 2014, Art. 33 Rdnr. 16; Meyer-*Riedel*, GReCh, 2011, Art. 33 Rdnr. 16; a.A. noch Jarass, GReCh, 2013, § 33 Rdnr. 15. *Jarass* teilte die o.g. Auffassung nicht und vertrat stattdessen die Meinung, dass dies nur für den Fall des Elternurlaubs möglich sei. Andererseits hielt er dies aber auch wiederum für sinnlos, da Art. 33 Abs. 2 GReCh nur nicht bezahlten Elternurlaub gewährleistet. Allein mit Blick auf Art. 8 der RL 2010/41/EU ist dieser Auffassung nicht zu folgen; so auch von der Groeben/Schwarze/Hatje-*Lembke*, Europäisches Unionsrecht, 2015, GReCh, Art. 33 GRC Rdnr. 12 m.w.N. Mit der 3. Aufl. seiner Kommentierung gibt *Jarass* seine Auffassung unter Bezugnahme der EuGH-Entscheidung v. 16.07.2015, C-222/14 (Maistrellis) auf und bestätigt nun *Lembke*, Jarass, GReCh, 2016, § 33 Rdnr. 15.

815 Zum derzeit maßgeblichen Adressatenkreis des MuSchG: 4. Kapitel A. II. 1.

Gesetzgebern. Die tatsächliche Reichweite der Grundrechte, d.h. auch der des Mutterschutzes für alle Mütter, liegt mithin in ihren Händen. Die Grundrechte der Grundrechtecharta sind insoweit stark politisch geprägt. Zugleich zeigt sich damit aber auch, dass sich alle Mitgliedsstaaten im Übrigen verpflichtet haben, zu handeln.

3. *Art. 34 GReCh – „Soziale Sicherheit und soziale Unterstützung"*

Für die Leistungen der Sozialversicherungen im Bereich der Mutterschaft ist zudem Art. 34 Abs. 1 einschlägig, der sich hierzu auf die Art. 153, 156 AEUV sowie auf die Art. 12 ESC stützt.[816] Art. 34 GReCh begründet ein umfangreiches Recht auf Zugang zu sozialen Sicherungssystemen und auf soziale Unterstützung.[817]

Hierzu heißt es in Art. 34 Abs. 1 GReCh wie folgt:

> ***„Die Union anerkennt und achtet das Recht auf Zugang zu den Leistungen der sozialen Sicherheit und zu den sozialen Diensten, die in Fällen wie Mutterschaft und Krankheit, Arbeitsunfall und Pflegebedürftigkeit oder im Alter sowie bei Verlust des Arbeitsplatzes Schutz gewährleisten, nach Maßgabe des Gemeinschaftsrechts und der einzelstaatlichen Rechtsvorschriften und Gepflogenheiten."***

Der in Art. 34 Abs. 1 GReCh aufgeführte Grundsatz fordert mithin, dass die Europäische Union und damit auch die einzelnen Mitgliedstaaten der Europäischen Union das Recht auf den Zugang zu Leistungen der sozialen Sicherheit und zu den sozialen Diensten, die z.B. im Falle der Mutterschaft Schutz gewährleisten, anerkennen und achten.[818] Dies gilt sowohl nach der Maßgabe des Unionsrechts als auch der einzelstaatlichen Rechtsvorschriften und Gepflogenheiten, setzt hierfür aber keinen konkreten Umsetzungsmaßstab, womit der rein abwehrrechtliche Charakter der Bestimmung deutlich wird.[819]

Durch den explizit aufgenommenen Hinweis auf die sozialen Dienste werden zudem allein die Fälle erfasst, in denen derartige Dienste bereits errichtet wurden, um bestimmte Leistungen sicherzustellen, wie z.B. Haushaltshilfen.[820] Die Schaffung neuer Dienste wird derweil nicht gefordert. Solche Dienste müssen also nicht eingerichtet werden, wenn sie nicht ehedem unlängst bestehen. Der Begriff

---

816 Vgl. die Erläuterung zum Art. 33 GReCh in Abl. C 303 vom 14.12.2007; s. auch Vedder/Heintschel von Heinegg-*Folz*, GReCh, Art. 34 GR-Charta Rdnr. 2.

817 Zur Entstehung der Norm Meyer-*Rudolf*, GReCh, 2014, Art. 34 Rdnr. 7 ff.

818 In Bezug auf Deutschland erfasst diese Forderung z.B. die bestehenden Leistungen der gesetzlichen Krankenkasse nach dem SGB V.

819 S. Meyer-*Rudolf*, GReCh, 2014, Art. 34 Rdnr. 14.

820 S. Meyer-*Rudolf*, GReCh, 2014, Art. 34 Rdnr. 16.

der „Mutterschaft“ ist im Übrigen auch hier im Sinne des Art. 33 GReCh und damit in Anlehnung an die grundsätzlich einschlägige Mutterschutz-Richtlinie zu verstehen.[821]

Auch wenn es in Art. 34 Abs. 2 GReCh sodann weiter heißt, dass

> ***„jede Person, die in der Union ihren rechtmäßigen Wohnsitz hat und ihren Aufenthalt rechtmäßig wechselt,“***

einen

> ***„Anspruch auf die Leistungen der sozialen Sicherheit und die sozialen Vergünstigungen nach dem Gemeinschaftsrecht und den einzelstaatlichen Rechtsvorschriften und Gepflogenheiten“***

haben soll, so lässt sich aus Art. 34 GReCh im Vergleich zur Regelung des Art. 33 Abs. 2 GReCh gleichwohl kein echter Mehrwert für Selbständige herleiten. Der Anwendungsbereich des Art. 34 GReCh ist hierzu zu begrenzt.

Die vorliegend maßgebliche Regelung bleibt Art 33 Abs. 2 GReCh. Ihr gilt es besondere Beachtung zu schenken.

4. Zum Adressatenkreis gemäß den „Querschnittsbestimmungen“ der Art. 51 ff. GReCh

Der Anwendungsbereich der Art. 33, 34 GReCh wird im Einzelnen gemäß den „Querschnittsbestimmungen“[822] der Art. 51 ff. GReCh festgelegt. Sie dürfen insofern nicht unberücksichtigt bleiben.

Die sog. horizontalen Klauseln der Art. 51 ff. GReCh sind in engem Zusammenhang mit der Präambel der Charta und der Garantie der Menschenwürde in Art. 1 GReCh zu sehen und dienen mit den Art. 51 Abs. 2 und 52 GReCh der Auslegung und Anwendung sämtlicher in der Charta anerkannten Rechte, Freiheitsrechte und Grundsätze[823] sowie gem. Art. 51 Abs. 1 GReCh der Klarstellung des Adressatenkreises[824]. Dies gilt für Art. 33, 34 GReCh ebenso wie für alle anderen (sozialen) Grundrechte auch.[825] Wer wird wie durch die verschiedenen

---

821 Vgl. insgesamt hierzu die Erläuterungen zu Art. 34, u. a. auch abgedruckt in: Vedder/ Heintschel von Heinegg, Europäisches Unionsrecht, 2012, Erläuterungen GR-Charta, S. 1183, 1194.

822 Der Begriff der „Querschnittsbestimmungen“ wird vor allem von *Borowsky* geprägt in: Meyer-*Borowsky*, GReCh, 2014, Vor Titel VII Rdnr. 1.

823 Meyer-*Borowsky*, GReCh, 2014, Vorbem. zu Titel VII Rdnr. 1.

824 Meyer-*Borowsky*, GReCh, 2014, Art. 51 Rdnr. 1, 16 ff. m.w.N.

825 Meyer-*Riedel*, GReCh, 2011, Art. 33 Rdnr. 18.

Grundrechte und Grundsätze der Charta gebunden? Sie sind damit womöglich die zentralsten Normen der Grundrechtecharta schlechthin.

Die Grundrechtecharta soll möglichst eine umfassende Grundrechtebindung der Hoheitsgewalt der Union erzielen[826]; sie bindet hierzu gemäß Art. 51 ff. GReCh sämtliche Organe, Einrichtungen und sonstigen Stellen der Europäischen Union[827]. Das gesamte Handeln der Union muss sich mithin am Maßstab der Grundrechtecharta messen lassen, insbesondere die europäische Gesetzgebung und die europäische Verwaltung. Darüber hinaus soll eine Bindung der einzelnen Mitgliedsstaaten nur sehr zurückhaltend erfolgen. Es gilt immer auch die nationalen Traditionen, Rechtstraditionen und Entscheidungsstrukturen der Mitgliedsstaaten zu achten.[828] Und so bindet die Charta die Mitgliedstaaten selbst nur, soweit diese Unionsrecht durchführen, indem sie – etwa wie im vorliegenden Falle der Umsetzung der Vorgaben der Richtlinie 2010/41/EU – europäische Richtlinien in nationales Recht umsetzen oder durch ihre nationalen Verwaltungen europäische Verordnungen ausführen. Hier sind die Vorgaben der in der Grundrechtecharta verbrieften Grundrechte und Grundsätze zwingend zu beachten. Sämtliche Grundrechte sollen optimal verwirklicht werden. Die Mitgliedsstaaten sollen die Anwendung der Grundrechte und Grundsätze daher stets entsprechend „fördern", so Art. 51 Abs. 1 S. 2 GReCh weiter. Doch wie weit die Mitgliedsstaaten sodann im Einzelnen gebunden werden, verrät die Grundrechtecharta nicht. Diese Aufgabe wurde dem Europäischen Gerichtshof sowie der Lehre überlassen.[829]

Eine Bindung von Privaten ist gemäß dem ausdrücklichen Wortlaut der Charta nicht gewollt, obwohl dem Grundrechtskonvent die damit einhergehende Problematik der unmittelbaren oder mittelbaren Drittwirkung durchaus bekannt gewesen ist.[830] Die weitere Entwicklung sollte stattdessen der künftigen Recht-

---

826 Streinz-*Streinz*, GReCh, Art. 51 Rdnr. 9; Meyer- *Borowsky*, GReCh, 2014, Art. 51 Rdnr. 1.

827 Die Begriffe „Organe, Einrichtungen und sonstige Stellen" sind weit auszulegen; hierzu im Einzelnen: Meyer- *Borowsky*, GReCh, 2014, Art. 51 Rdnr. 18 f. m.w.N.

828 Meyer- *Borowsky*, GReCh, 2014, Art. 51 Rdnr. 2, 22 f.; vgl. auch Streinz-*Streinz*, GReCh, Art. 51 Rdnr. 6 – es gilt das „Subsidiaritätsprinzip" sowie das „Gebot der Rücksichtnahme auf die mitgliedsstaatlichen Sozialmodelle", es ist gerade keine weitgehende Harmonisierung gewollt.

829 So auch Meyer-*Borowsky*, GReCh, 2014, Art. 51 Rdnr. 31.

830 So auch Huber, NJW 2011, 2385, 2389. Huber weist an dieser Stelle außerdem darauf hin, dass Grundrechte und Grundfreiheiten in aller Regel keine unmittelbaren Verpflichtungen Privater begründen, sondern auf eine Ausgestaltung durch den Gesetzgeber angewiesen sind. Dieser Grundsatz fände im Übrigen im Verfassungsrecht

sprechung sowie der Lehre überlassen bleiben, so der Gedanke des Konvents[831], woraufhin sich in der Rechtssache „*Heimann / Toltschin*“[832] erstmals Private direkt auf ein in der Grundrechtecharta verankertes Grundrecht bezogen haben. Der Europäische Gerichtshof hat die Frage sodann entsprechend aufgegriffen und entschieden, dass dies so nicht möglich sein solle. Der Private mag sich demnach zwar nach Rechtsprechung des Europäischen Gerichtshofes nicht direkt auf eine Grundrechtsnorm berufen können, zumindest soll aber gelten, dass im Zusammenspiel mit z. B. den Vorgaben einer Richtlinie die Bestimmungen der Grundrechtecharta so auszulegen sind, dass nationales Recht zumindest nicht entgegensteht. Und so werden die Mitgliedsstaaten auf diese Weise letztlich doch dazu gezwungen, bestehende nationale Rechtsvorschriften entsprechend im Sinne der Vorgaben der Grundrechtecharta auszulegen.

Ausdrücklich keine Anwendung findet die Grundrechtscharta somit nur auf rein nationale Sachverhalte.[833] Hier sind weiterhin die mitgliedstaatlichen Grundrechte, vorliegend insbesondere der Art. 6 Abs. 4 GG, der im Folgenden ebenfalls näher beleuchtet werden soll, Prüfungsmaßstab.

5. *Ergebnis*

Trotz der zuvor aufgezeigten eingeschränkten Wirkungsweise der Grundrechtecharta allein auf unionsrechtliche Sachverhalte werden den einzelnen Mitgliedsstaaten durch Art. 33 Abs. 2 GReCh beachtenswerte Schutzpflichten auferlegt. Die rechtlich verbindliche Formulierung der Grundrechtecharta schafft eine „Europäische Werteordnung“[834], die es zu beachten gilt. Diese Schutzpflichten

---

der Union auch anderer Stelle Ausdruck, z. B. bei der Ausgestaltung der Diskriminierungsverbote nach Art. 18 Abs. 2 und Art. 19 AEUV.

831 S. Meyer-*Borowsky*, GReCh, 2011, Vor Titel VII Rdnr. 2; Meyer-*Borowsky*, GReCh, 2014, Vor Titel VII Rdnr. 1a ff.

832 EuGH, Urt. v. 08.11.2012 – C-229/11 / C-230/11 (Heimann/ Toltschin).

833 S. Meyer-*Borowsky*, GReCh, 2014, Art. 51 Rdnr. 24. Die Betonung liegt auf der „Durchführung von Unionsrecht“. An dieser Einschränkung ändert auch der Umstand, dass mit Inkrafttreten des Vertrages von Lissabon die Charta und die Verträge gemäß Art. 6 Abs. 1 EU gleichrangig geworden sind, nichts. Die in den Verträgen festgelegten Zuständigkeiten der Union sollen durch die Bestimmung der Charta in keiner Weise erweitert werden; vgl. hierzu EuGH, Beschl. v. 01.03.2011 – C-457/09, BeckRs 2011, 80315 (Chartry) und EuGH, Urt. v. 19.01.2010 – C-555/07 (Kücükdeveci). Es bestand die große Angst vor einer gravierenden Schwächung der nationalen Verfassungsgerichte, wie dem Bundesverfassungsgericht, Bernsdorff/ Borowsky, DRiZ 2005, 188, 191 f.

834 So auch Meyer-*Meyer*, GReCh, 2014, Vorbem. Präambel Rdnr. 6.

betreffen dabei mit dem in Art 33 Abs. 2 GReCh verbrieften Grundrecht auf Mutterschutz auch alle selbständig erwerbstätigen Frauen. Jeder Mensch, mithin auch jede selbständig erwerbstätige Mutter, soll von der in Art. 33 Abs. 2 GReCh niedergelegten Schutz-/Leistungspflicht profitieren können.

Art. 33 Abs. 2 GReCh verpflichtet entsprechend der Regelung des Art. 51 Abs. 1 S. 1 GReCh zwar zunächst nur die Union und ihre Stellen. Die einzelnen Mitgliedsstaaten und deren Stellen werden allein soweit gebunden, wie sie Unionsrecht durchführen. Die einzelnen Mitgliedsstaaten müssen also zumindest im Rahmen der Umsetzung von Sekundärrecht ins nationale Recht, wie z. B. bei der Umsetzung der Vorgaben der Richtlinie 2010/41/EU, die Zielvorgabe des Art. 33 Abs. 2 GReCh im Auge behalten. D.h., auch Deutschland hat im Zuge der Umsetzung der Richtlinienvorgaben die Zielvorgabe zu berücksichtigen.

II. Das Recht auf Mutterschutz gemäß dem deutschen Grundgesetz

Der Mutterschutz ist, wie im 4. Kapitel noch näher zu untersuchen sein wird, nicht nur auf einfach gesetzlicher Ebene im deutschen Recht verankert, sondern auch verfassungsrechtlich. Das deutsche Grundgesetz spricht der Mutter ausdrücklich einen Anspruch Schutz und Fürsorge zu. Schon gemäß Art. 119 Abs. 3 Weimarer Reichsverfassung hatte

> ***„die Mutterschaft [...] Anspruch auf den Schutz und die Fürsorge des Staats"*.**

Auch das Grundgesetz sieht eine Regelung zu diesem Thema vor. In Art. 6 Abs. 4 GG heißt es heute:

> ***„Jede Mutter hat Anspruch auf den Schutz und die Fürsorge der Gemeinschaft."***

Ausgehend vom Wortlaut des Grundgesetzes findet sich in Art. 6 Abs. 4 GG damit ein spezielles soziales Grundrecht, welches explizit den Anspruch der Mutter auf den Schutz und die Fürsorge der Gemeinschaft wiedergibt. Hierbei handelt es sich um eines der wenigen Leistungsgrundrechte des Grundgesetzes überhaupt.[835] Das zuvor behandelte Mutterschutzgesetz sowie die voranstehend angeführten Regelungen aus dem SGB V oder dem KVLG 1989 sind die einfachgesetzlichen Ausformungen eben dieses verfassungsrechtlich gewährten Anspruches für Mütter auf Schutz und Fürsorge der Gemeinschaft.

---

835 So auch die einleitenden Ausführungen von Aubel in: „Der verfassungsrechtliche Mutterschutz – Ein Beitrag zur Dogmatik der Leistungsgrundrechte am Beispiel des Art. 6 Abs. 4 GG", 2003, S. 17 mit Verweis auf Alexy, Theorie der Grundrechte, S. 396.

Die nachfolgenden Ausführungen werden zeigen, dass gerade im Hinblick auf einen etwaigen Schutz und etwaige Fürsorge für selbständige Mütter gleichwohl nicht Art. 6 Abs. 4 GG als Maßstab herangezogen wird, sondern bislang vielmehr allein Art. 3 Abs. 1, Abs. 2 GG im Mittelpunkt der einschlägigen höchstrichterlichen Rechtsprechung steht. Ferner wird sich zeigen, dass die Rechtsprechung bisher stets zurückhaltend aufgetreten ist, wenn es um die Frage des Mutterschutzes für Selbständige ging.

Die nachfolgenden Ausführungen sind hierzu maßgeblich auf die Ausführungen von *Aubel* aus dem Jahr 2003 zurückzuführen, der vermutlich die einzig bedeutende Monographie über das Grundrecht des Art. 6 Abs. 4 GG der letzten Jahre verfasst hat.[836] In der allgemeinen Diskussion fristet der Art. 6 Abs. 4 GG hingegen ein Schattendasein. Mit der von Art. 6 Abs. 4 GG ausgesprochenen Forderung des Grundgesetzes wird sich in aller Regel nur am Rande auseinandergesetzt. Eine andere ernstzunehmende Abhandlung gibt es derzeit nicht. Dies macht einmal mehr deutlich, dass das Thema „Mutterschutz" kaum im Mittelpunkt des allgemeinen Interesses steht. Eine Diskussion, ob der rechtliche Mutterschutz an sich ausreichend und vor allem den Vorgaben des Grundgesetzes entspricht, gibt es bis heute praktisch nicht, obgleich *Aubel* schon 2003 diesen Punkt offen ansprach.

1. Zum Schutz- und Fürsorgeauftrag des Art. 6 Abs. 4 GG

Die verfassungsrechtliche Tradition des Art. 6 Abs. 4 GG reicht wie eingangs beschrieben zurück bis zur Weimarer Reichsverfassung (WRV). Die Art. 119–122 der WRV, und damit auch der Art. 119 Abs. 3 WRV, waren die ersten verfassungsrechtlichen Regelungen in der deutschen Verfassungsgeschichte zum Schutze von Ehe, Familie und damit zusammenhängende Fragen, wie der Mutterschaft. Art. 6 Abs. 4 GG geht dabei im Wesentlichen auf Formulierungen von Theodor Heuss zurück.[837]

Seit seinem Inkrafttreten im Jahr 1949 haben hinsichtlich des Wortlauts des Art. 6 Abs. 4 GG einschließlich des schon zu jener Zeit vom Parlamentarischen

---

836 Aubel, Der verfassungsrechtliche Mutterschutz – Ein Beitrag zur Dogmatik der Leistungsgrundrechte am Beispiel des Art. 6 Abs. 4 GG, 2003.

837 Dreier-*Gröschner*, GG, 1996, Bd. 1, Art. 6 Rdnr. 1, 18; JöR 1 (1951), 92, 95 ff.; s. zur Entstehungsgeschichte des Art. 6 Abs. 4 GG unter Auswertung der Dokumente des Parlamentarischen Rates: Rust, Mutterschutz selbständig erwerbstätiger Frauen aus verfassungs- und völkerrechtlicher Sicht, in: Rust/Lange (Hrsg.), Mutterschutz für Selbständige, Loccumer Protokoll 80/14, S. 11, 34, 40.

Rat verfolgten Sicherungsziels keinerlei Änderungen stattgefunden[838], wohl aber ein enormer Wandel in den gesellschaftlichen Verhältnissen und Vorstellungen. Während 1949 noch die bürgerliche Kleinfamilie mit traditioneller Rollenverteilung, also das Bild des männlichen Alleinernährers und der Hausfrau, idealtypisch war, ist heute zunehmend die „Zwei-Verdiener-Ehe" Familienalltag. Vielfach sind beide Elternteile berufstätig. Das sogenannte „Doppelverdienermodell" ist das neue Familienideal.[839] Was sich derweil nicht geändert hat, ist hingegen, dass die Verfassung schon von Anbeginn mit ihrem Art. 6 Abs. 4 GG die besondere Rolle der Mutter in der Familie ganz besonders würdigt und zum angemessenen Ausgleich der mit der Schwangerschaft, Geburt und Stillzeit verbundenen besonderen Belastungen der Mutterschaft verpflichtet. Die Verfassung erkennt an, dass Mutterschaft im Interesse der Gemeinschaft besteht, weshalb sich die Gemeinschaft auch an den besonderen Belastungen durch Mutterschaft beteiligen sollte.[840]

Anders als noch Art. 119 Abs. 3 WRV enthält die Vorschrift des Art. 6 Abs. 4 GG nach der ständigen Rechtsprechung des Bundesverfassungsgerichts und der obersten Bundesgerichte einen bindenden Auftrag an den Gesetzgeber, dessen Erfüllung nicht im freien Ermessen des Gesetzgebers steht. Während Art. 119 Abs. 3 WRV lediglich ein Programmsatz bzw. Rechtsgrundsatz enthielt, also eine rein unverbindliche Absichtserklärung hinsichtlich des Mutterschutzes, die ohne nähere gesetzliche Bestimmung ihres konkreten Inhalts schon gar nicht ausführbar war, ist der Gesetzgeber heute ausdrücklich zur auftragsgemäßen Erfüllung der in Art. 6 Abs. 4 GG enthaltenen Weisung verpflichtet.[841] Gleichzeitig gewährt das Bundesverfassungsgericht dem Gesetzgeber bei der Zielerreichung einen weiten

838 S. Rust, Mutterschutz selbständig erwerbstätiger Frauen aus verfassungs- und völkerrechtlicher Sicht, in: Rust/Lange (Hrsg.), Mutterschutz für Selbständige, Loccumer Protokoll 80/14, S. 11, 11.

839 So titelte auch die Welt v. 20.02.2013, abrufbar unter: https://www.welt.de/politik/deutschland/article113780031/Doppelverdienermodell-ist-das-neue-Familienideal.html (zuletzt abgerufen am 15.06.2018).

840 S. Dreier-*Gröschner*, GG, Bd. 1, Art. 6 Rdnr. 19; s. hierzu zudem v. Mangoldt/Klein/Stark-*Robbers*, GG Bd. 1, 2010, Art. 6 Abs. 4 Rdnr. 278; v. Münch/Kunig-*Coester-Waltjen*, GG, Art. 6 Rdnr. 105; BVerfGE 88, 203, 258.

841 Buchner/Becker, MuSchG, Einf. Rdnr. 66; Maunz/Düring-*Badura*, GG, Art. 6 Rdnr. 147; v. Münch/Kunig-*Coester-Waltjen*, GG, 2012, Art. 6 Rdnr. 105 ff.; BVerfGE 32, 273, 277; BVerfGE 60, 68, 74; BVerfGE 85, 360, 372. Zum Bedeutungswandel hin zum heutigen Art. 6 Abs. 4 GG s. zudem Aubel, S. 24 ff. m.w.N. Ähnliches gilt im Übrigen inzwischen auch hinsichtlich der Vorgaben des Art. 8 der RL 2010/41/EU, wie noch zu zeigen sein wird. Im Vergleich zur Vorgänger-RL 86/613/EWG enthält der novellierte Art. 8 der RL 2010/41/EU nunmehr ebenfalls einen Umsetzungs-

Gestaltungsspielraum, gemäß dem der Staat nicht alle Lasten selbst übernehmen muss, sondern die Mutter oder auch private Dritte durchaus ebenfalls belasten darf.[842] An dem Erfordernis eines effektiven Mutterschutzes muss dabei jedoch in jedem Falle festgehalten werden.[843]

Die Bestimmung des Art. 6 Abs. 4 GG ist Ausdruck einer klaren verfassungsrechtlichen Wertentscheidung, die bereits im Jahr 1949 getroffen wurde und seither für den gesamten Bereich des privaten und öffentlichen Rechts gleichermaßen Verbindlichkeit beansprucht.[844] Art. 6 Abs. 4 GG gibt Müttern ein „echtes Grundrecht"[845] und gewährt ihnen insoweit ein subjektiv-öffentliches Recht auf Schutz und Fürsorge der Gemeinschaft.[846]

Systematisch handelt es sich um eine bereichsspezifische Konkretisierung des Sozialstaatsgebots aus Art. 20 Abs. 1 GG.[847] Ihrem Wortlaut folgende macht das Grundrecht dabei zunächst keinen Unterschied, ob es sich bei der Mutter um eine abhängig erwerbstätige Frau oder eine selbständig erwerbstätige Frau handelt. Der Wertentscheidung des Grundgesetzes folgend bedeutet dies, dass grundsätzlich *jede* Mutter unabhängig von der von ihr ausgeübten Erwerbsform schutzwürdig ist. Die Frage ist nur, wie dieser Schutz im Einzelnen ausgestaltet sein soll bzw.

---

auftrag und nicht länger nur einen bloßen Prüfungsauftrag; vgl. hierzu Knigge, ZESAR 2013, 24, 27.

842 V. Münch/Kunig-*Coester-Waltjen*, GG, Art. 6 Rdnr. 105; BVerfGE 37, 121, 126 f.; BVerfGE 60, 68, 74; BVerfG NJW 1986, 422; BAG NJW 1996, 377.

843 V. Münch/Kunig-*Coester-Waltjen*, GG, Art. 6 Rdnr. 105.

844 BVerfG, Beschl. v. 25.01.1972–1 BvL 3/70, BVerfGE 32, 273, 277; BAG, Urt. v. 07.08.1970–3 AZR 484/69; BVerwG, Urt. v. 23.06.1977, V C 51/74; BSG, Urt. v. 15.12.1984–3 RK 51/83 – jeweils seither ständige Rechtsprechung. S. ferner: Dreier-*Gröschner*, GG, Bd. 1, Art. 6 Rdnr. 106; Jarass/Pieroth-Pieroth-*Jarass*, GG, Art. 6 Rdnr. 66; v. Mangoldt/Klein/Stark-*Robbers*, GG, Art. 6 Rdnr. 280; v. Münch/Kunig-*Coester-Waltjen*, GG, Art. 6 Rdnr. 49/105 – jeweils m.w.N.; Buchner/Becker, MuSchG, Einf. Rdnr. 66.

845 So z. B. das Bundesverwaltungsgericht in seiner Entscheidung vom 27.08.1974, BVerwGE 47, 23. Vgl. hierzu auch Aubel, S. 80 f. mit weiteren Rechtsprechungsnachweisen.

846 Das Bundesverfassungsgericht hat bisher die Gelegenheit nicht wahrgenommen, zum subjektiv-rechtlichen Charakter des Art. 6 Abs. 4 GG Stellung zu nehmen; vgl. hierzu Aubel, S. 81 m.w.N. zur Rspr. Ansonsten hierzu BVerfGE 47, 27; BVerfGE 87, 1; BVerwG, Urt. v. 27.08.1974 – II C 38/73; BSG, Urt. v. 20.03.1980–7 Rar 89/78; BAG, Urt. v. 23.10.1991–7 AZR 56/91. Zum Voranstehenden im Übrigen insgesamt: Aubel, S. 22.

847 Buchner/Becker, MuSchG, Einf. Rdnr. 66; Maunz/Düring-*Badura*, GG, Art. 6 Rdnr. 151.

was insoweit möglich und nötig ist, um die Vorgabe des Art. 6 Abs. 4 GG auftragsgemäß erfüllen zu können. Dieser Frage soll im Weiteren nachgegangen werden.

a) Persönlicher Schutzbereich

Nach Art. 6 Abs. 4 GG hat

> ***„jede Mutter einen Anspruch auf den Schutz und Fürsorge der Gemeinschaft“.***

Ausgehend vom konkreten Wortlaut sowie der zuvor bereits ausführlich dargestellten Wertentscheidung des Art. 6 Abs. 4 GG wird Müttern ein Anspruch auf Schutz und Fürsorge zuerkannt. Sie werden auf diese Weise in zweifacher Hinsicht durch die Verfassung privilegiert, zum einen gegenuber Männern und zum anderen gegenüber Frauen, die nicht Mütter sind. Das Grundgesetz hebt damit eine bestimmte Gruppe von Frauen, welche sie für besonders schutzbedürftig erachtet, ausdrücklich hervor. Dies gilt – dem Zusatz *„jede“* folgend – grundsätzlich ohne jegliche Ausnahme.[848]

Der Anspruch auf Schutz und Fürsorge steht jeder Mutter zu. Sie sind die Grundrechtsberechtigten des Art. 6 Abs. 4 GG. Einschränkungen lassen sich aufgrund des ausdrücklichen Wortlauts nicht rechtfertigen, so dass Art. 6 Abs. 4 GG allgemein und unabhängig davon, ob die betroffenen Mütter in einem Arbeitsverhältnis stehen oder selbständig erwerbstätig sind, Geltung beansprucht. Der verfassungsrechtlich garantierte Anspruch auf Mutterschutz ist folglich nicht auf bestimmte Gruppen von Müttern, wie z. B. Arbeitnehmerinnen, beschränkbar. Auch selbständig erwerbstätige Frauen, die ein Kind zur Welt bringen, sind aus Sicht des Verfassungsgebers damit grundsätzlich in gleicher Weise schutzbedürftig wie Arbeitnehmerinnen und daher anspruchsberechtigt.[849] Das bedeutet allerdings noch lange nicht, dass ihnen auch der gleiche Leistungsumfang zu teil werden muss wie abhängig erwerbstätigen Müttern.[850] Hierauf wird im Folgenden noch genauer einzugehen sein.

b) Anspruch gegenüber der Gemeinschaft

Gemäß Art. 1 Abs. 3 GG ist allgemein der Staat in seiner Funktion des Gesetzgebers, der vollziehenden Gewalt und der Rechtsprechung Adressat von grundrechtlichen

---

848 So auch Aubel, S. 30; vgl. insoweit auch BVerfG, Urt. v. 06.02.2001–1 BvR 12/92, BVerfGE 103, 89, 102, 105.

849 Vgl. hierzu die obigen Ausführungen unter B. II. 1.

850 S. Aubel, S. 117 f.; s. v. Mangoldt/Klein/Starck-*Robbers*, GG, Art. 6 Rdnr. 291; Schmidt-Bleibtreu/Hofmann/Henneke-*Hofmann*, GG, 2014, Art. 6 Rdnr. 66; s. Schleicher, BB 1985, 340, 340 ff.; s. BVerfG, Beschl. v. 04.10.1983–1 BvL 2/81.

Ansprüchen.[851] Die Passivlegitimation des Staates wird deshalb in aller Regel auch nicht unnötig von den einzelnen Grundrechten erneut aufgenommen. Von diesem Grundsatz macht der hier im Mittelpunkt stehende Art. 6 Abs. 4 GG eine Ausnahme und ordnet ausdrücklich die Passivlegitimation der „Gemeinschaft" an. Die heutige verfassungsrechtliche Regelung unterscheidet sich in seinem Wortlaut insofern deutlich von Art. 119 Abs. 3 WRV, der noch „der Mutterschaft" einen Anspruch auf Schutz und Fürsorge „des Staates" einräumte.[852] Damit schließt sich unweigerlich die Frage an, ob der Verfassungsgeber auf diese Weise tatsächlich einen gänzlich anderen Adressaten des Grundrechts aus Art. 6 Abs. 4 GG bestimmen möchte. Dem bloßen Wortlaut folgend könnte dies jedenfalls vermutet werden.

Als Gemeinschaft wird im allgemeinen Sprachgebrauch eine Gruppe von Personen bezeichnet, die durch gemeinsame Anschauung o. ä. untereinander verbunden sind.[853] Umgangssprachlich ist damit also die Allgemeinheit gemeint. Diese soll aber nach dem Willen des Verfassungsgebers gerade nicht Adressat des Anspruches auf Mutterschutz sein. Vielmehr soll die Wahl des Wortes Gemeinschaft zum Ausdruck bringen, dass der Mutterschutz im Interesse aller, also im Interesse der gesamten Gesellschaft, ist.[854] Es ist gerade nicht beabsichtigt, einen anderen Adressaten als den Staat zu etablieren; die kaum greifbare Gemeinschaft kann kein tauglicher Anspruchsgegner sein.[855]

Andererseits kann zugleich aber nicht schlicht darauf geschlossen werden, dass die Mittel des staatlich veranlassten Mutterschutzes damit ausschließlich von Trägern öffentlicher Gewalt aufzubringen seien. Die Kosten können durchaus auch Teilen der Allgemeinheit auferlegt werden.[856] Insofern können neben dem Staat auch die Mütter selbst und sogar private Dritte, wie die Arbeitgeber, belastet werden.[857]

Losgelöst von der Frage, wem die Last des Mutterschutzes im Einzelnen, insbesondere aber in finanzieller Hinsicht, aufgebürdet werden soll, ist damit festzuhalten, dass der Mutterschutz grundsätzlich im Interesse aller steht. Der Verfassungsgeber vertritt zu Recht die Ansicht, dass der Schutz der (werdenden) Mutter von besonderer Priorität sein muss. Mutterschaft liegt im Interesse der Gemeinschaft und

---

851 S. allgemein hierzu statt vieler nur: Pieroth/Schlink, § 5 II 2 Rdnr. 188 ff.

852 Aubel, S. 142.

853 Duden online zum Suchbegriff *„Gemeinschaft"*, http://www.duden.de (zuletzt abgerufen am 15.06.2018).

854 So auch Aubel, S. 143.

855 Maunz/Düring-*Badura*, GG, Art. 6 Rdnr. 145.

856 So auch Aubel, S. 143. Dem ist zuzustimmen.

857 Wie z. B. im Wege der sog. „U2-Umlage"; vgl. hierzu die nachfolgenden Ausführungen des 4. Kapitels unter A. II. 1. b).

jede Mutter hat einen Anspruch auf den entsprechenden Schutz durch die Gemeinschaft.[858] Wer sich dafür entscheidet, ein Kind zu bekommen und eine Familie zu gründen, ist von der Gemeinschaft in dieser Entscheidung zu unterstützen.

c) Sachlicher Schutzbereich – Anspruch auf Schutz und Fürsorge

Obwohl ein Anspruch nach juristischem Verständnis grundsätzlich ein subjektives Forderungsrecht ist, interpretiert das Bundesverfassungsgericht Art. 6 Abs. 4 GG primär im Sinne eines objektiv-rechtlichen Schutzgebotes oder Schutzauftrages.[859] Gemäß dieser Überzeugung enthält Art. 6 Abs. 4 GG

> ***„den bindenden Auftrag an den Gesetzgeber, jeder Mutter Schutz und Fürsorge der Gemeinschaft angedeihen zu lassen“.***[860]

Unklar bleibt, wieweit dieser bindende Auftrag gehen soll. Art. 6 Abs. 4 GG ist auf die Gewährung faktischer Freiheit durch staatliche Leistungen ausgerichtet. Leistungsgrundrechte wie dieses zeichnen sich dabei regelmäßig dadurch aus, dass Leistungsinhalt und Leistungsumfang nur grundsätzlich vorgezeichnet sind. Hiervon macht auch Art. 6 Abs. 4 GG keine Ausnahme, da sich aus den Begrifflichkeiten „Schutz“ und „Fürsorge“ nicht unmittelbar ablesen lässt, welche Maßnahmen vom Staat konkret verlangt werden können.[861] Das Bundesverfassungsgericht meint hierzu, dass der Verfassungsauftrag aus Art. 6 Abs. 4 GG dem Staat eine Aufgabe stelle, aber nichts darüber aussage, wie dieser Auftrag im Einzelnen zu erfüllen sei.[862] Art. 6 Abs. 4 GG benennt die zu treffenden Schutzmaßnahmen also nicht konkret und so kommt dem Gesetzgeber bei der Erfüllung dieses Auftrages ein erheblicher Gestaltungsspielraum zu.[863] Das Ermessen bezieht sich dabei allerdings nur auf das „Wie“, nicht aber auf das „Ob“ des Mutterschutzes, welches sich bereits aus der Charakterisierung des Art. 6 Abs. 4 GG als bindender Auftrag an den Gesetzgeber ergibt und damit als das maßgebliche Ziel des Grundrechts in jedem Falle verbindlich bleibt.[864]

---

858 So auch BVerfG, Beschl. v. 24.05.2005–1 BvR 906/04.

859 Dreier-*Gröschner*, GG, Bd. 1, Art. 6 Rdnr. 140; BVerfGE 60, 68, 74; BVerfGE 85, 360, 372.

860 BVerfGE 60, 68, 74 unter Verweis auf BVerfGE 32, 273, 277; 52, 357, 365; 55, 154, 157.

861 So auch Aubel, S. 157.

862 BVerfG-K, NVwZ 1997, 54, 55.

863 BVerfGE 37, 121, 127; Epping/Hillgruber-*Uhle*, GG, 2013, Art. 6 Rdnr. 71.

864 Ähnliches gilt im Übrigen inzwischen auch hinsichtlich der Vorgaben des Art. 8 der RL 2010/41/EU, wie noch zu zeigen sein wird. Im Vergleich zur Vorgänger-RL 86/613/EWG enthält der novellierte Art. 8 der RL 2010/41/EU nunmehr ebenfalls

Doch auch der dem Gesetzgeber damit zustehende Gestaltungsspielraum hinsichtlich des „Wie“ wird nicht uneingeschränkt gewährt. Die Anspruchsebenen elementaren Schutzes und elementarer Fürsorge dürfen nicht unterschritten werden.[865] Der Gestaltungsspielraum des Gesetzgebers endet demnach in jedem Falle dort, wo der Mindestschutz der Mutter betroffen ist; also dort, wo ein elementarer Mutterschutz nicht mehr gewährleistet wird.[866] Dies ist nicht zuletzt durch Art. 19 Abs. 2 GG geboten.[867] Andererseits bedeutet dies aber auch, dass nicht jeder Einkommensverlust oder jede mit der Mutterschaft zusammenhängende wirtschaftliche Belastung ausgeglichen werden muss.[868] Insofern ist es nur folgerichtig, wenn das Bundesverfassungsgericht zuletzt mit Beschluss vom 18. März 1993 klarstellt, dass das Schutzgebot des Art. 6 Abs. 4 GG (auch) das Ziel und die Tendenz habe, den Gesetzgeber zu verpflichten, wirtschaftliche Belastungen der Mütter, die im Zusammenhang mit ihrer Schwangerschaft und Mutterschaft stehen, auszugleichen. Dies indes aber nicht bedeute, dass der Gesetzgeber gehalten wäre, jede mit der Mutterschaft zusammenhängende wirtschaftliche Belastung auszugleichen.[869]

Der Gesetzgeber ist demzufolge nicht verpflichtet, dem Förderungsgebot ohne Rücksicht auf sonstige Belange nachzukommen[870], zumal dem verfassungsrechtlich gebotenen Maße an Schutz und Fürsorge in mehrfacher Hinsicht ehedem tatsächliche Grenzen gesetzt sind. So ist im Hinblick auf die Verwirklichung der Leistungsfunktion z. B. die Bereitstellung von Finanzmitteln erforderlich[871], weshalb auch durchaus davon ausgegangen werden kann, dass im Jahre 1952 nicht zwingend gegen die Vorgaben des Art. 6 Abs. 4 GG verstoßen wurde, als aus rein finanzpolitischen Erwägungen der Anwendungsbereich des Mutterschutzgesetzes zunächst allein auf Arbeitnehmerinnen begrenzt wurde und auch heute noch die selbständig erwerbstätigen (werdenden) Mütter – mit Ausnahme der

---

einen Umsetzungsauftrag und nicht länger nur einen bloßen Prüfungsauftrag; vgl. hierzu Knigge, ZESAR 2013, 24, 27.

865 Dreier-*Gröschner*, GG, Bd. 1, Art. 6 Rdnr. 141.

866 Aubel, S. 214; BVerfGE 54, 124, 131 f.; Epping/Hillgruber-*Uhle*, GG, Art. 6 Rdnr. 71. So auch Aubel, S. 213.

867 So auch Aubel, S. 213.

868 BVerfGE 60, 68, 74; BVerfGE 115, 259, 271; BVerfG-K NJW 1994, 785, 786.

869 BVerfG, Beschl. v. 10.02.1982–1 BvL 116/78 = BVerfGE 60, 68, 74; BVerfG, Beschl. v. 18.03.1993–1 BvR 1927/92 = NJW 1994, 785, 786; BVerfG-K NVwZ 1997, 54, 55.

870 BVerfGE 82, 60, 81; BVerfG, Beschl. v. 28.03.2006–1 BvL 10/01.

871 Das Bundesverwaltungsgericht erkennt insoweit u. a. auch „haushaltsrechtliche Belange“ als einen solchen Gesichtspunkt an, der letztlich einer von Müttern möglicherweise begehrten Maßnahme entgegenstehen könnte, BVerwG, Beschl. v. 22.04.1997 – Az. 5 B 178/96.

Heimgewerbetreibenden – vom Schutz ausnimmt.[872] Dies gilt jedenfalls solange, wie den übrigen Frauen ein Schutz – welcher Art auch immer – nicht generell verwehrt wird. Ohnehin bestehen in der Regel mehrere Möglichkeiten, wie der Schutz der Mutter oder der Ausgleich für von Natur aus bestehende Beeinträchtigungen gewährt werden kann. Insofern handelt es sich vielfach um eine rein politische Gestaltungsaufgabe.[873] Art. 6 Abs. 4 GG enthält zugleich aber auch eine wertentscheidende Grundsatznorm, die es selbst bei schwierigster Haushaltslage stets zu beachten gilt[874] und die keineswegs zu vernachlässigen ist. Und so ist der Gesetzgeber verpflichtet, zumindest die sich aus Schwangerschaft und Mutterschaft unmittelbar ergebenen Nachteile, insbesondere sofern sie den Mindestschutz der Mutter betreffen, soweit wie möglich auszugleichen. Vor allem der mit den Beschäftigungsverboten des Mutterschutzgesetzes angestrebte Schutz bleibt, gemessen an Art. 6 Abs. 4 GG, andernfalls unvollständig, sollte er nicht von entsprechenden ausgleichenden Maßnahmen begleitet werden.[875] Deshalb soll das Mutterschaftsgeld die Mutter während des Beschäftigungsverbotes vor der Entbindung finanziell so absichern, dass für sie kein Anreiz besteht, unter Inkaufnahme von gesundheitlichen Gefährdungen zum Zwecke der Existenzsicherung zu arbeiten.[876] Ganz in diesem Sinne führte Bundesverfassungsgericht in der Vergangenheit wiederholt zu den Rechtsfolgen des Art. 6 Abs. 4 GG aus, Gesetzgeber, Regierung und Verwaltung obliege es, den Umständen nachzugehen, die die Lage der Schwangeren zu erschweren geeignet sind, und sich im Rahmen des rechtlich und tatsächlich Möglichen und Verantwortbaren um Abhilfe und Erleichterung zu bemühen.[877]

Alles in allem könnte angesichts der obigen Feststellung der Wortlaut des Grundrechts also durchaus wie folgt modifiziert werden:

„Jede Mutter hat Anspruch auf irgendeine Form von Schutz und irgendeine Form von Fürsorge der Gemeinschaft“[878],

---

872 Vgl. hierzu die obigen rechtshistorischen Ausführungen zum Mutterschutzgesetz 1952 im 1. Kapitel unter A. I. 2.

873 Aubel, S. 157.

874 BVerfGE 84, 133, 156.

875 Vgl. BVerfGE 60, 68, 77; BVerfG, Beschl. v. 28.03.2006–1 BvL 10/01.

876 BVerfGE 109, 64, 86.

877 BVerfGE 88, 203, 259; BVerfG-K, NVwZ 1997, 54, 55.

878 Aubel, S. 166; ähnlich entschied zudem schon das Bundesverwaltungsgericht: BVerwGE 91, 130, 134. Der 3. Senat des Bundessozialgerichts beschränkte sich in seinem Urteil vom 09.11.1977 ebenfalls darauf, dass Art. 6 Abs. 4 GG der einzelnen Mutter keinen unmittelbaren Anspruch auf irgendeine konkrete Leistung gebe, viel-

wobei mit Blick auf die einschlägige Rechtsprechung zum Mindestmaß staatlichen Schutzes und Fürsorge jedenfalls der

„Kernbereich der finanziellen Absicherung der werdenden Mutter"

jedoch nicht angetastet werden darf.[879]

d) Beschränkung des Anwendungsbereiches auf die Schutz- und Fürsorgebedürftigkeit der Mutter

Art. 6 Abs. 4 GG gewährt, wie zuvor erläutert, also einen Anspruch auf „Schutz" und „Fürsorge". Insoweit liegt es nahe, für die Geltendmachung des Anspruchs eine gewisse Schutz- und Fürsorgebedürftigkeit der betroffenen Mutter zu verlangen und dabei bestimmte sachliche, situative Voraussetzungen zu beachten. Es ist daher nur konsequent, den Anwendungsbereich des Art. 6 Abs. 4 GG auf solche Situationen zu beschränken, in denen die Mutter tatsächlich der Hilfe der Gemeinschaft bedarf.[880] Das Grundrecht aus Art. 6 Abs. 4 GG bleibt aber auch so ein subjektives Rahmenrecht, das seinem Wortlaut nach grundsätzlich jeder Mutter, egal, ob abhängig oder selbständig erwerbstätig, einen Anspruch gewährt.

Doch wann ist eine solche Schutz- und Fürsorgebedürftigkeit gegeben? Um diese Frage gebührend beantworten zu können, ist eine weitergehende Präzisierung, wie eine derartige hilfsbedürftige Lage beschaffen sein muss, unumgänglich. Unbestritten ist dabei, dass unmittelbar vor der Geburt körperliche Anstrengungen und beruflicher Stress die Gesundheit von Mutter und Kind gefährden können, schlimmstenfalls sogar eine Frühgeburt auslösen. Die werdende Mutter bedarf gerade während der Zeit kurz vor der Entbindung allein schon aus schulmedizinischer Sicht unbedingt ausreichender Schonung. Und auch nach der Geburt benötigt die Mutter eine Schonzeit, um sich von den physischen wie

---

mehr lediglich den Auftrag an den Gesetzgeber enthalte, in irgendeiner Weise dafür Sorge zu tragen, dass jeder Mutter der Schutz und die Fürsorge der Gemeinschaft zuteilwerde, BSGE 45, 114, 117. Der 3. Senat hat diese Auffassung auch im Folgenden beibehalten. In einem Urteil aus dem Jahr 1981 heißt es entsprechend, es könne aus Art. 6 Abs. 4 GG nur ein „Anspruch auf einen rechtsstaatlich ausreichenden Mutterschutz als solchen hergeleitet werden." BSG, Urt. v. 03.06.1981–3 RK 74/79, NJW 1981, 2719.

879 BFH, Urt. v. 26.10.1984 – VI R 199/80; weitere Rechtsprechung zum Mindestmaß staatlichen Schutzes und Fürsorge sowie den sich daraus ergebenen Grenzen des gesetzgeberischen Ermessens: BAG, Urt. v. 23.10.1991–7 AZR 56/91; BAG, DB 2003, 342, 343; s. insgesamt hierzu auch Aubel, S. 208 f. m.w.N.

880 So auch Aubel, S. 30, 124 f. m.w.N.; vgl. ferner BVerfG, Urt. v. 06.02.2001–1 BvR 12/92, BVerfGE 103, 89, 102, 105.

psychischen Anstrengungen der Schwangerschaft, der Geburt sowie der Rückbildung hinreichend erholen zu können.[881] Allein so können Gesundheitsschäden der Mutter verhindert werden; allein so wird die Mutter fit, ihren täglichen beruflichen Aufgaben vollauf nachkommen zu können.[882] Es besteht daher der Konsens, dass eine Mutter während der Lebensphase, in der sie den unmittelbaren physischen und psychischen Auswirkungen der leiblichen Mutterschaft ausgesetzt ist, eines besonderen Schutzes und besonderer Fürsorge bedarf. Gerade diese mit der Schwangerschaft und Geburt verbundenen besonderen Belastungen der Frau möchte Art. 6 Abs. 4 GG seinem Sinn und Zweck nach kompensieren.[883] Auch das Bundesverwaltungsgericht hat diese typische Situation einer Frau vor und nach der Geburt seit Langem erkannt und schon in seinem Urteil vom 23. Juni 1977 darauf verwiesen, es dürfe unterstellt werden, dass im Hinblick auf eben diese besondere Lage der Mutter ein arbeitsfreier Zeitraum zuzustehen und seine Gewährung auch verfassungsrechtlich geboten sei.[884]

Gleichzeitig wird damit klar, dass es notwendig ist, eine finanzielle Absicherung zu schaffen, wenn Mütter während der Schwangerschaft bzw. in der Zeit rund um die Geburt effektiv gegen Gesundheitsbeeinträchtigungen geschützt und ihnen hierzu Zeiten körperlicher Schonung vor und nach der Entbindung zugestanden werden sollen. Die Verbindung zwischen der Gewährung von Mutterschutzzeiten und der Notwendigkeit einer wirtschaftlichen Absicherung wird auf diese Weise besonders deutlich hervorgehoben.[885]

Diesem Leitgedanken folgend führte das Bundesverwaltungsgericht bereits in seinem Urteil vom 27. August 1974 folgerichtig aus, dass die Beschäftigungsverbote nur dann den lückenlosen Schutz für Mütter sicherstellen würden, wenn diese während der Schutzfristen vor wirtschaftlichen Nachteilen bewahrt blieben. Wirtschaftliche Nachteile würden schließlich die Verlockung oder sogar die Not-

---

881 Vgl. hierzu schon die einleitenden Ausführungen des 1. Kapitels unter A. II. Vgl. zu der Zeit der besonderen Schutzbedürftigkeit zudem: v. Münch/Kunig-*Coester-Waltjen*, GG, Art. 6 Rdnr. 104; BVerfG, Urt. 24.04.1991–1 BvR 1341/90.

882 So auch Aubel, S. 238 sowie die obigen Ausführungen zur medizinischen Begründung eines angemessenen Mutterschutzes, d.h. einer Auszeit rund um die Geburt, 1. Kapitel A. II.

883 So auch Aubel, S. 128.

884 Die im selben Urteil getroffene Aussage, die Gewährung einer 14-wöchigen Schutzfrist gehöre nicht zum verfassungsrechtlich garantierten Mindestschutz, kann nur auf die Dauer der Schutzfrist bezogen werden, nicht aber auf die grundsätzliche Gewährung einer Schutz- und Schonzeit als solche, die wiederum dem Kernbereich des Art. 6 Abs. 4 GG zuzurechnen ist. S. BVerwGE 54, 124, 127 ff.; Aubel, S. 239.

885 Aubel, S. 240.

wendigkeit nach sich ziehen, weiterzuarbeiten.[886] Diesen Gedanken griff neun Jahre später das Bundesverfassungsgerichts ebenfalls auf und rechtfertigte auf diese Weise im Rahmen seines Beschlusses vom 04. Oktober 1983 die Einräumung des Anspruchs auf Mutterschaftsgeld damit, dass dieses eine deutliche Anreizfunktion für die erwerbstätige Mutter habe, den ihr ermöglichten Mutterschaftsurlaub zu nutzen, ohne dadurch den Familienunterhalt vor der Geburt zu gefährden. Bei einer erwerbstätigen Mutter bedürfe es zur Vermeidung von Doppelbelastungen durch Arbeit und Kinderbetreuung eines solchen Anreizes.[887] Beide Entscheidungen beziehen sich zwar zunächst grundsätzlich allein auf abhängig erwerbstätige Mütter, während selbständig erwerbstätige Mütter hier nicht im Fokus stehen. Sie kann aber nach diesseitigem Dafürhalten auf selbständig erwerbstätige Mütter durchaus übertragen werden. Schließlich sind auch diese Frauen tatsächlich nur dann in der Lage, die Zeiten notwendiger körperlicher Schonung effektiv in Anspruch zu nehmen, wenn die entsprechenden wirtschaftlichen Rahmenbedingungen hierfür vorliegen. Die Belastungen durch die Folgen der Geburt und die ersten Entwicklungsphasen der Kinder sind bei allen Müttern gleich. Vorliegend gilt es deshalb auch diese Frauen von der zusätzlichen beruflichen Belastung zu entlasten.[888] Jede Mutter wird durch die Aussicht auf wirtschaftliche Einbußen dazu gebracht, ohne Rücksicht auf ihre Gesundheit oder die ihres Kindes und unter Missachtung von Gefahren unvermindert weiterzuarbeiten. Dabei ist es egal, ob die Frau abhängig oder selbständig erwerbstätig ist.[889]

Anders als bei Arbeitnehmerinnen sind selbständig erwerbstätige Mütter zwar sicherlich eher in der Lage, sich die notwendigen Ruhe- und Erholungszeiten selbst zu nehmen. Eine selbständige Tätigkeit auszuüben bedeutet schließlich zumeist sich seinen beruflichen Alltag selbständig organisieren und frei einteilen zu können. Es könnte demnach grundsätzlich davon ausgegangen werden, dass zu ihren Gunsten Ansprüche auf Arbeitsfreistellung nicht normiert werden müssten. Faktisch droht aber die grundsätzlich zu verhindernde Überbeanspruchung (auch) bei selbständig erwerbstätigen Frauen, wenn sie ihren beruflichen Alltag weiterführen, obwohl sie wegen Schwangerschaft und Entbindung an sich physisch und psychisch hierzu nicht länger befähigt sind. Um die notwendige Schonung zu ermöglichen, müsste ihnen zumindest eine Ersatzkraft zur Verfügung

886 BVerwGE 47, 23, 28; BAG, Urt. v. 09.08.1963–1 AZR 497/62; Aubel, S. 245.

887 Aubel, S. 245 f.; BVerfG, Beschl. v. 04.10.1983–1 BvL 2/81, BVerfGE 65, 104 (Mutterschaftsgeld I).

888 So auch der 1. Senat des Bundesverfassungsgerichts, BVerfG, Beschl. v. 04.10.1983–1 BvL 2/81, BVerfGE 65, 104 (Mutterschaftsgeld I).

889 So auch Aubel, S. 246.

gestellt werden, wenn sonst niemand den Betrieb fortführen kann und das Geld für eine selbst eingestellte Ersatzkraft fehlt, wie es z. B. bei Solo-Selbständigkeit in einer Vielzahl an Fällen berechtigterweise zu vermuten sein dürfte. Selbständig erwerbstätige Mütter unterliegen schließlich nicht selten wirtschaftlichen Zwängen, die nicht außer Acht gelassen werden dürfen. Die Möglichkeit, finanzielle Rücklagen zu bilden, steht nicht allen Selbständigen im gleichen Maße offen.[890] Schwangere Selbständige befinden sich altersbedingt regelmäßig in der Aufbauphase ihres Betriebes oder ihrer freiberuflichen Tätigkeit. Sie verfügt deshalb in aller Regel über keine größeren Geldreserven. Gegen den Einkommensausfall durch Schwangerschaft und Geburt kann sich eine selbständig erwerbstätige Frau häufig auch nicht ausreichend versichern.[891] Drohende finanzielle Einbußen können die betroffenen Frauen zweifelsohne daran hindern, die zur Vermeidung gesundheitlicher Schäden erforderliche Zeit mit der Arbeit auszusetzen. Das macht umso mehr Regelungen erforderlich, die eine ausreichende wirtschaftliche Sicherung auch der selbständigen Mütter gewährleisten.[892]

Der Schutz von Mutter und Kind bedingt folglich eine wirtschaftliche Absicherung, sowohl im Falle einer abhängigen Beschäftigung als auch im Falle einer selbständigen Tätigkeit der Mutter. Aus gesundheitlicher Sicht sind hier keine Unterschiede zu machen. Nicht ausreichend ist es aber, wenn eine selbständig erwerbstätige Mutter, nur weil sie nicht in den persönlichen Anwendungsbereich des Mutterschutzgesetzes fällt, nun gestützt auf Art. 6 Abs. 4 GG die sinngemäße Anwendung der nach dem Mutterschutzgesetz gewährten Leistungen mit der Begründung verlangt, dass sie andernfalls schlechter gestellt würde als Arbeitnehmerinnen.[893] Art. 6 Abs. 4 GG ist allenfalls als Verschaffungsanspruch zu qualifizieren.

Schwangerschaft und Entbindung allein geben noch keinen Entgeltanspruch, auch wenn Art. 6 Abs. 4 GG grundsätzlich nicht nur die Funktion besitzt, die Mutter vor Beeinträchtigungen durch Dritte zu schützen, sondern auch die Zielsetzung hat, schwangerschaftsbedingte wirtschaftliche und gesundheitliche Nachteile durch finanzielle und andere aktive staatliche Hilfe auszugleichen.

---

890 S. hierzu bereits die obigen Ausführungen zu den nicht selten prekären Arbeitsverhältnissen, insbesondere im Falle der Solo-Selbständigkeit, im 1. Kapitel unter B. II. 1. a) dd).

891 Vgl. hierzu schon die obigen Ausführungen des 1. Kapitels unter Punkt C. II. 2. zur Frage der Sparfähigkeit. S. auch Aubel, S. 252; vgl. BVerfG-K, Beschl. v. 18.03.1993–1 BvR 1927/92, NJW 1994, 785 f.

892 So auch die Forderung von Aubel, S. 240.

893 So auch Aubel, S. 175.

Art. 6 Abs. 4 GG hat insofern einen subjektiv-rechtlichen Charakter und vermittelt dementsprechend grundsätzlich jeder Mutter ein subjektives Recht auch auf staatliche Unterstützungsleistungen.[894] Einen unmittelbaren Leistungsanspruch kann hieraus aber nicht abgeleitet werden. Laut Rechtsprechung des Bundesverfassungsgerichtes müsste die Betroffene substantiiert nachweisen, dass sie infolge der Schwangerschaft ihre selbständige Erwerbstätigkeit nicht (voll) ausüben konnte und deshalb einen Verdienstausfall erlitten hat.[895] Ein Nachweis, der in den meisten Fällen nur schwierig oder zumindest unter erheblichen Aufwand zu führen sein wird und deshalb in aller Regel kaum Aussicht auf Erfolg haben dürfte. Ohnedies bleibt es fraglich, ob die Gerichte einen solchen Anspruch ausschließlich gestützt auf Art. 6 Abs. 4 GG anerkennen würden. Ein entsprechendes Urteil ist jedenfalls nach diesseitigem Kenntnisstand bislang jedenfalls nicht gefällt worden.

e) *Folgen der Nichtgewährung des Anspruchs auf Schutz und Fürsorge (auch) für Selbständige*

Wie Arbeitnehmerinnen decken auch selbständig erwerbstätige Mütter ihren Lebensbedarf mit dem Einsatz ihrer Arbeitskraft. Nehmen sie die notwendige Schonzeit kurz vor sowie kurz nach der Geburt ihres Kindes in Anspruch, wird ihr Lebensunterhalt ebenso wie bei allen anderen Müttern gefährdet, sollte nicht ein ausgleichender Mechanismus zur finanziellen Absicherung vorhanden sein.

Sicherlich wollen manche Selbständige für ihre wirtschaftliche Absicherung in Krisenzeiten selbst Sorge tragen. Die Möglichkeit, finanzielle Rücklagen zu bilden, mit deren Hilfe die selbständige Mutter die erforderliche Schonzeit zumindest wirtschaftlich abfedern und/oder mit der eine entsprechende Aushilfskraft für die Zeit der eigenen Abwesenheit im Betrieb finanziert werden könnte, steht dabei allerdings nicht allen Selbständigen gleichermaßen offen. Schwangere Selbständige befinden sich immerhin altersbedingt noch regelmäßig in der Aufbauphase ihres Betriebes oder ihrer freiberuflichen Tätigkeit. Sie verfügen deshalb in aller Regel (noch) nicht über solche Rücklagen, die eine Auszeit hinreichend ermöglichen würden.[896] Es droht die wirtschaftliche Notlage, sollte sich die selbständig

894 Vgl. hierzu Aubel, S. 85, 91.

895 Bundesverfassungsgericht im Jahr 1993, BVerfG-K, Beschl. v. 18.03.1993–1 BvR 1927/92, NJW 1994, 785, 786. Mit ähnlichem Ansatz das BSG, Urt. v. 24.11.1992–12 RK 8/92, BSGE 71, 244, 249. Außerdem so z. B. auch Aubel, S. 175, 176.

896 Ausgenommen hiervon werden in aller Regel allenfalls die sog. „Spätgebärenden" sowie auch beispielsweise Erbinnen sein, die ihre Selbständigkeit sowie die erforderlichen finanziellen Rückstellungen bereits hinreichend ausbauen konnten.

erwerbstätige Frau nicht gegen den Einkommensausfall durch Schwangerschaft und Geburt ausreichend versichern können, z. B. durch entsprechend passende Angebote der gesetzlichen oder aber der privaten Versicherer, worauf noch im Rahmen des 4. Kapitels ausführlich zurückzukommen sein wird.[897]

Sollte die derzeitige Rechtslage nicht allen selbständig erwerbstätigen Müttern in gleichem Maße die Möglichkeit einräumen, notfalls mit Hilfe des Sozialstaates, z. B. vermittelt über die Mitgliedschaft in einer der gesetzlichen Krankenkassen, für die Sicherung ihres Unterhalts während der Zeit der notwendigen Schonung zu sorgen, könnte der Wesensgehalt des Art. 6 Abs. 4 GG im Sinne des Art. 19 Abs. 2 GG beeinträchtigt sein, da es dann womöglich für eine nicht unerhebliche Anzahl an selbständig erwerbstätigen Frauen an einer Regelung fehlt, die diesen die Unterhaltssicherung ermöglicht.[898] Auch aus dem zu dieser Frage durchaus bedeutsamen Kammerbeschluss des Bundesverfassungsgerichts vom 18. März 1993 ergibt sich nichts anderes. In der Sache musste das Bundesverfassungsgericht nämlich gerade nicht zur Unterhaltssicherung selbständiger Mütter Stellung nehmen, so dass die Frage, ob es mit Art. 6 Abs. 4 GG vereinbar ist, dass es zum Teil überhaupt keine Regelungen zur Unterhaltssicherung zugunsten dieser Mütter getroffen worden sind, vom Bundesverfassungsgericht bisher unbeantwortet geblieben ist.[899] Eine ausdrückliche höchstrichterliche Rechtsprechung gibt es zu diesem Problempunkt bisher nicht und das, obwohl dieser Zustand von Teilen der rechtswissenschaftlichen Literatur schon lange zu Recht als verfassungsrechtlich bedenklich eingestuft wird.[900]

f) Fazit

Indem Art. 6 Abs. 4 GG den Ausgleich der mit der Mutterschaft zusammenhängenden Nachteile bezweckt, zielt er darauf ab, die Mutter davor zu bewahren, dass ihr individueller Lebensentwurf durch Schwangerschaft und Geburt nachhaltig vereitelt wird. Für das tatsächliche Gelingen des Lebensentwurfes übernimmt er jedoch keine Garantie. Der Mutter obliegt es selbst, die Chancen, die

---

897 Hierauf wird unter A. II. nochmals genauer einzugehen sein.

898 So auch schon Aubel, S. 253.

899 Aubel, S. 251, 253; zu pauschal: Bach/Moser-*Schoenfeld/Kalis*, Private Krankenversicherung, 3. Aufl., 2002, § 5 MB/KT Rdnr. 12. Schoenfeld/Kalis übersehen, dass es sehr wohl selbständig tätige Mütter geben kann, die infolge von Schwangerschaft und Geburt Verdienstausfälle erleiden, wie im 4. Kapitel noch genauer zu zeigen sein wird.

900 Schleicher, BB 1985, 340, 342; Bosch, FamRZ 1984, 139; Heilmann, MuSchG, Einl. Rdnr. 32; vgl. auch Aubel, S. 251.

sich ihr bieten, zu nutzen. Soll aber auch für sie ein Minimum an Mutterschutz nicht unterschritten werden, muss der Gesetzgeber zumindest solche Regelungen schaffen, die es auch der selbständig erwerbstätigen Mutter ermöglichen, nicht revidierbare Schäden in gesundheitlicher, wirtschaftlicher und beruflicher Hinsicht zu vermeiden und sich dadurch ihre Entwicklungschancen zu erhalten.

Der Gesetzgeber erfüllt seine Aufgabe, wenn er die Mutter in den Stand versetzt, aus eigener Anstrengung den Eintritt irreparabler wirtschaftlicher und beruflicher Beeinträchtigungen zu verhindern.[901] Der Gesetzgeber muss hierzu gemäß Art. 6 Abs. 4 GG zwar nicht jeder Mutter dasselbe Maß an Schutz und Fürsorge zukommen lassen, er darf dabei aber nicht eine bestimmte Gruppe von Müttern in der Form ausschließen, dass ihnen gar kein Mutterschutz zur Seite stehen kann. Verfassungsrechtlich soll doch gerade *jeder* einzelnen Mutter ein Minimum an Mutterschutz gewährt werden, so schon die ausdrückliche Wortwahl des Art. 6 Abs. 4 GG. Es genügt somit nicht, dass mit Blick auf die übrigen Mütter überhaupt irgendwelche Regelungen existieren, die elementare Schutzinteressen von Müttern generell Rechnung tragen, sondern die Schutzinteressen einer jeden Mutter müssen, sofern sie im Einzelfall betroffen sind, durch entsprechend schützende Bestimmungen gedeckt werden können.

Da Art. 6 Abs. 4 GG einen bindenden Auftrag an den Gesetzgeber enthält, *jede* Mutter zumindest in irgendeiner Form Schutz und irgendeiner Form Fürsorge zu gewähren, stellt die gänzliche Verweigerung von Schutz und Leistungen[902] einen Eingriff in das grundrechtlich gewährte Recht auf Mutterschutz dar.

2. *Anspruch aller Mütter auf Gleichbehandlung nach Art. 6 Abs. 4 GG i.V.m. Art. 3 Abs. 1 GG*

Losgelöst vom Gebot des Art. 6 Abs. 4 GG i.V.m. Art. 19 Abs. 2 GG, dass jeder Mutter zumindest irgendeinen Schutz und irgendeine Form der Fürsorge vom Gesetzgeber zuerkannt wird, bietet der Wortlaut des Art. 6 Abs. 4 GG den obigen Ausführungen folgend keine hinreichende Grundlage für ein Gebot, alle Mütter tatsächlich gleich zu behandeln. Insbesondere enthält Art. 6 Abs. 4 GG kein Gebot, alle Mutterschaftsfälle unabhängig von ihren sozialen Bedürfnissen gleichzustellen. Als Wertentscheidung bringt Art. 6 Abs. 4 GG allein zum Ausdruck, dass jede Mutter grundsätzlich schutzwürdig und schutzbedürftig ist. Dass aber

901 Auf den Punkt bringend: Aubel, S. 236; zu den einzelnen elementaren Schutzinteressen der Mutter: Aubel, S. 237 ff.

902 Vgl. zu möglichen Beeinträchtigungen statt vieler nur: Jarass/Pieroth-*Jarass*, GG, Art. 6 Rdnr. 70 ff. m.w.N.

eine Gruppe von Müttern gegebenenfalls schutzwürdiger oder schutzbedürftiger als eine andere sein kann, kann ebenso wenig dem Wortlaut entnommen werden, wie, dass jede Mutter als im Gleichen schutzwürdig angesehen werden muss.[903] Art. 6 Abs. 4 GG kann demnach richtigerweise nicht als Gleichheitssatz verstanden werden. Wird eine Gruppe von Müttern im Vergleich zu einer anderen Gruppe von Müttern unterschiedlich behandelt, soll nach Ansicht der obersten Rechtsprechung dementsprechend auch nicht Art. 6 Abs. 4 GG, sondern Art. 3 Abs. 1 GG für eine entsprechende Beurteilung heranzuziehen sein.[904] Im Folgenden soll daher in angemessener Kürze folgend die Frage beleuchtet werden, ob aus Art. 6 Abs. 4 GG i.V.m. Art. 3 GG ein Gebot der Gleichbehandlung von selbständig erwerbstätigen und abhängig erwerbstätigen (werdenden) Müttern den Mutterschutz betreffend zwingend abgeleitet werden kann oder gar muss.

Das Bundesverfassungsgericht zieht zur Beantwortung der vorbenannten Frage bisher vornehmlich Art. 3 Abs. 1 GG als Prüfungsmaßstab heran, da der allgemeine Gleichheitssatz gegenüber Art. 6 Abs. 4 GG die stärkere sachliche Beziehung zu dem zu prüfenden Sachverhalt aufweise.[905] Konsequenterweise bezeichnet das Bundesverfassungsgericht deshalb Art. 6 Abs. 4 GG, anders als Art. 3 Abs. 1 GG, bisher auch nicht als eigenständigen Gleichheitssatz.[906] Auch

903 S. hierzu Aubel, S. 47 f., dort auch der Nachweis, dass sich aus der Entstehungsgeschichte ebenfalls nichts anderes ergibt. Es sollte nicht jede Mutter „gleichen" Anspruch auf Schutz und Fürsorge zu teil werden. Der Zusatz „gleichen" wurde sogar explizit gestrichen, nachdem der Allgemeine Redaktionsausschuss in seiner Stellungnahme vom 25.01.1949, Drs. Nr. 543 v. 25.01.1949 in: Parlamentarischer Rat, GG-Entwürfe, S. 122, angemerkt hatte, dass man nicht allen Müttern die gleiche finanzielle Fürsorge von Seiten des Staates zukommen lassen könne. Hier greift dasselbe Argument, wie es später nochmals im Zusammenhang mit der Reichweite des Anwendungsbereiches des Mutterschutzgesetzes zum Tragen kommen sollte. Im Rahmen seines Beschlusses vom 20.05.1987 zum Az. 1 BvR 762/85 führte das Bundesverfassungsgericht allerdings aus, dass für eine Prüfung des Art. 3 Abs. 1 GG kein Raum bleibe, wenn Art. 6 Abs. 4 GG als Prüfungsmaßstab heranzuziehen sei. Dies gelte allerdings nicht ausnahmslos – hierzu und zur sog. „Affinitätstheorie": Aubel: S. 36 ff.

904 S. hierzu BVerfG, Beschl. v. 04.10.1983–1 BvL 2/81, BVerfGE 65, 104, 112 (Mutterschaftsgeld I).

905 BVerfG, Beschl. v. 04.10.1983–1 BvL 2/81, BVerfGE 65, 104, 112 (Mutterschaftsgeld I).

906 Obgleich einige Entscheidungen des Bundesverfassungsgerichts durchaus erkennen lassen, dass das Gericht dazu zu neigen scheint, dem Art. 6 Abs. 4 GG einen gleichheitsrechtlichen Gehalt entnehmen zu wollen; so auch Aubel. Anhaltspunkte für ein gleichheitsrechtliches Verständnis des Art. 6 Abs. 4 GG bietet u. a. der bereits wieder-

die Rechtsprechung des Bundessozialgerichts, des Bundesarbeitsgerichts sowie des Bundesverwaltungsgerichts prüfen den Art. 6 Abs. 4 GG durchweg nicht als Gleichheitssatz, sondern bemühen an seiner Stelle stattdessen ebenfalls Art. 3 Abs. 1 GG.[907]

In dem zuvor bereits aufgegriffenen Beschluss vom 04. Oktober 1983 hat der 1. Senat des Bundesverfassungsgerichts zu der Frage, ob abhängig erwerbstätige und nicht erwerbstätige Mütter hinsichtlich des Bezuges von Mutterschaftsgeld während des Mutterschaftsurlaubs unterschiedlich behandelt werden dürfen, ganz in diesem Sinne, Art. 3 Abs. 1 GG als primären Prüfungsmaßstab herangezogen und lediglich im Rahmen der Prüfung des allgemeinen Gleichheitssatzes sodann den Art. 6 Abs. 4 GG beachtet. Die Vorgaben des Art. 6 Abs. 4 GG würden die dem Gesetzgeber an dieser Stelle grundsätzlich zugestandene Gestaltungsfreiheit verengen, so der 1. Senat. Das Bundesverfassungsgericht macht dabei zwar zunächst noch deutlich, dass es dem Art. 6 Abs. 4 GG das Gebot entnehme, dass grundsätzlich alle Mütter gleichzubehandeln seien.[908] Gleichwohl kommt das Bundesverfassungsgericht letztendlich zu dem Ergebnis, dass es allein darauf ankommen solle, ob sich für die Begünstigung einer Gruppe von Müttern ein Grund finden lasse, der auf eine andere, von den begünstigten Müttern klar unterscheidbare, Gruppe von Müttern nicht im gleichen Maße zutreffen würde.[909] Im Ergebnis

holt in Bezug genommene Beschluss des 1. Senats des Bundesverfassungsgerichts vom 04.10.1983 zur Verfassungsmäßigkeit der Beschränkung des Mutterschaftsgeldes auf abhängig erwerbstätigen Mütter (BVerfGE 65, 104: Mutterschaftsgeld I); s. hierzu Aubel, S. 34 ff. m.w.N.; vgl. auch BVerfG, Beschl. v. 22.03.1977–2 BvR 782/76.

907 BSG, Urt. v. 09.11.1977–3 RK 63/76; Urt. v. 24.11.1983–3 RK 41/82 (bestätigt durch BVerfG, Kammerbeschl. v. 16.11.1984–1 BvR 142/84, SozR 7830 § 13 MuSchG Nr. 6); Urt. v. 15.11.1984–3 RK 51/83; Urt. v. 12.03.1985–3 RK 55/84; Urt. v. 29.04.1998 – B 7 AL 30/97; BAG, Urt. v. 24.11.1993–10 AZR 704/92; Urt. v. 15.02.1994 – AZR 708/93; Urt. v. 12.07.1995–10 AZR 511/94; Urt. v. 14.12.1995–6 AZR 297/95; BVerwGE 54, 124, 130 f. einerseits und 132 f. andererseits.

908 Ähnlich entschied das Bundesgericht mit seinem Kammerbeschluss vom 16.11.1984, mit welchem es den Fall der ungleichen Behandlung von nicht versicherungspflichtigen Arbeitnehmerinnen und pflichtversicherten Müttern ebenfalls anhand des Art. 6 Abs. 4 GG sowie Art. 3 Abs. 1 GG maß; BVerfG, SozR 7830 § 13 MuSchG Nr. 6. Dies zeigt unmissverständlich, dass das Bundesverfassungsgericht schon vor rund 30 Jahren nicht abgeneigt schien, Art. 6 Abs. 4 GG ein Gebot der Gleichbehandlung von Müttern zu entnehmen, wenn auch dieses Gleichbehandlungsgebot nicht den allgemeinen Gleichheitssatz des Art. 3 Abs. 1 GG zurücktreten lassen sollte; so auch Aubel, S. 42.

909 BVerfG, Beschl. v. 04.10.1983–1 BvL 2/81, BVerfGE 65, 104 (Mutterschaftsgeld I).

bedeutet dies nichts anderes, als dass der Gesetzgeber zwischen verschiedenen Gruppen von Müttern differenzieren darf, die aufgrund eines unterschiedlichen Schutzbedürfnisses klar voneinander abzugrenzen sind. Art. 6 Abs. 4 GG bewirkt im Verbund mit Art. 3 Abs. 1 GG so, dass eine Ungleichbehandlung immer dann zulässig ist, sollte einer ungleichen Schutzbedürftigkeit verschiedener Gruppen von Müttern Rechnung zu tragen sein.[910]

Eine weitere Entscheidung des Bundesverfassungsgerichts, welche sich beim Vergleich der verschiedenen Gruppen von Müttern auf Art. 3 Abs. 1 GG stützt, findet sich überdies im hier besonders erwähnenswerten Kammerbeschluss des Bundesverfassungsgerichts vom 03. April 1987 zum Ausschluss selbständig berufstätiger Frauen vom Mutterschaftsgeld nach § 13 MuSchG a. F..[911] Mit diesem Beschluss hat das Bundesverfassungsgericht erklärt, dass die Bevorzugung von abhängig erwerbstätigen Müttern gegenüber selbständig erwerbstätigen Müttern bei der Gewährung von Mutterschaftsgeld ausdrücklich aufgrund der besonderen Schutzbedürftigkeit solcher Mütter, die in einem von persönlicher Abhängigkeit geprägten Arbeitsverhältnis stehen, sachlich gerechtfertigt sei. Art. 3 Abs. 1 GG gebiete zwar, dass alle Menschen vor dem Gesetz gleich zu behandeln sind, demgemäß dieses Grundrecht vor allem dann verletzt sei, wenn eine Gruppe von Normadressaten anders behandelt wird, obwohl zwischen beiden Gruppen keine Unterschiede von solcher Art und solchem Gewicht bestehen, dass sie die ungleiche Behandlung rechtfertigen könnten.[912] Bei der Gewährung des Mutterschaftsgeldes würden aber die abhängig beschäftigten Frauen und die selbständig berufstätigen Frauen aus einem hinreichend sachlichen Grunde unterschiedlich behandelt werden.[913] Der gesetzliche Mutterschutz verfolge allgemein das Ziel, den Widerstreit zwischen den Aufgaben der Frau als Mutter und ihrer Stellung im Berufsleben im Interesse der Gesunderhaltung von Mutter und Kind auszugleichen.[914] Dem ist nicht zu widersprechen. Sachlicher Grund für die mit dem

910 Dieses Ergebnis zieht so auch Aubel, S. 74 f.

911 BVerfG, Beschl. v. 03.04.1987–1 BvR 1240/86, SozR 7830 § 13 MuSchG Nr. 11, S. 32; s. außerdem BVerfG, Beschl. v. 13.11.1974–1 BvL 12/73 – auch hier hat das BVerfG ausschließlich den Art. 3. Abs. 1 GG herangezogen. Vgl. zudem BSG, Beschl. v. 20. 09.1988–6 BKa 20/88.

912 BVerfG, Beschl. v. 03.04.1987–1 BvR 1240/86, SozR 7830 § 13 Nr. 11; vgl. zu dieser ständigen Rechtsprechung im Übrigen nur BVerfGE 55, 72, 88; BVerfGE 70, 230, 239 f.

913 BVerfG, Beschl. v. 03.04.1987–1 BvR 1240/86, SozR 7830 § 13 Nr. 11.

914 BVerfG, Beschl. v. 03.04.1987–1 BvR 1240/86, SozR 7830 § 13 Nr. 11; so auch BVerfGE 37, 121, 125.

Mutterschutzgesetz vorgenommene Regelung sei dabei die besondere Schutzbedürftigkeit solcher Mütter, die in einem von persönlicher Abhängigkeit geprägten Arbeitsverhältnis stehen. Diese gesetzgeberische Motivation träfe bei selbständig erwerbstätigen Frauen damit in der Regel nicht zu, so das Bundesverfassungsgericht zumindest noch im Jahr 1987. Auch wenn sie häufig durch ihre berufliche Beanspruchung zeitlich und körperlich ebenso belastet sein könnten, wie abhängig erwerbstätige Arbeitnehmerinnen, so sei es verfassungsrechtlich keineswegs geboten, sie den abhängig Beschäftigten gleichzustellen. Eine abschließende Begründung liefert das oberste deutsche Verfassungsgericht sodann aber nicht.[915]

In einem späteren Kammerbeschluss vom 18. März 1993 lässt das Bundesverfassungsgericht die Frage, ob sich aus Art. 6 Abs. 4 GG womöglich doch das Gebot einer Gleichbehandlung von abhängig erwerbstätigen und selbständig erwerbstätigen (werdenden) Müttern ableiten lässt, schließlich sogar ausdrücklich offen.[916] Es bleibt insofern unklar, ob das Bundesverfassungsgericht von seiner bisherigen Auffassung abrücken möchte oder nicht. Das Bundesverfassungsgericht hat damit bislang eine kaum befriedigende, lediglich pauschale oberflächliche Aussage ohne weitere Begründung geliefert. Zur Frage, wie es konkret um die Schutzbedürftigkeit der selbständigen Mütter bestellt ist, hat das Gericht seither ebenso wenig eine klare Aussage getroffen.[917]

Das Bundesverfassungsgericht bietet also (derzeit) keine abschließende Klärung. Die bisherige Rechtsprechung lässt zudem unberücksichtigt, dass die Gewährung von Mutterschutzleistungen zunehmend familienpolitische Intentionen verfolgt. Der Gesundheitsschutz von Mutter und Kind ist inzwischen nur eines von mehreren Zielen, die mit der Gewährung von Mutterschaftsleistungen verfolgt werden.[918] Hier gilt es inzwischen vor allem auch die Weiterentwicklungen, insbesondere im Bereich der „neuen Selbständigkeit", zu berücksichtigen. Es gibt immer mehr weibliche Solo-Selbständige, die mit Blick auf das Risiko, im Zuge einer Schwangerschaft ihre selbständige Erwerbstätigkeit nicht weiter aufrecht

915 BVerfG, Beschl. v. 03.04.1987–1 BvR 1240/86, SozR 7830 § 13 Nr. 11; so auch BVerfGE 37, 121, 125.

916 BVerfG, Kammerbeschl. v. 18.03.1993–1 BvR 1927/92, NJW 1994, 785, 786.

917 BVerfG-K, SozR 7830 § 13 Nr. 11, S. 32; vgl. zudem Aubel, S. 76. Vgl. hierzu allgemein z. B. Rust, Mutterschutz selbständig erwerbstätiger Frauen aus verfassungs- und völkerrechtlicher Sicht, in: Rust/Lange (Hrsg.), Mutterschutz für Selbständige, Loccumer Protokoll 80/14, S. 11, 34, 40.

918 Vgl. hierzu auch die Ausführungen zu den historisch gewachsenen Gründen der Gewährung von Mutterschaftsleistungen im 1. Kapitel unter Punkt A. und die Zielsetzung im Vergleich zum Elterngeld im 4. Kapitel unter A. II. 8. f).

erhalten zu können, mit abhängig beschäftigten Frauen zweifelsohne vergleichbar sind. Prekäre Selbständigkeiten nehmen zu.[919] Auch haben zahlreiche Selbständige die Selbständigkeit nicht freiwillig gewählt; sie sehen auf dem Arbeitsmarkt für sich keine andere Chance und wechseln daher zunächst einmal in die Selbständigkeit und nicht selten später wieder zurück in eine abhängige Erwerbstätigkeit. Andere verdingen sich als sog. Scheinselbständige; formell mögen sie zwar selbständig Erwerbstätige sein, tatsächlich arbeiten sie aber wie abhängig erwerbstätige Arbeitnehmer mit allen Risiken, die damit einhergehen. Die Unterschiede zwischen den verschiedenen Erwerbsformen verschwimmen zusehends.[920] Wie sich dieser Umstand auf die verfassungsrechtliche Bewertung auswirkt, ist bisher höchstrichterlich ungeklärt, sollte aber dringend nachgeholt werden, sobald ein geeigneter Fall zur Entscheidung vorgelegt werden sollte. Das heutige Verständnis könnte sich zwischenzeitlich gewandelt haben.

3. *Anspruch auf Gleichbehandlung von Mann und Frau nach Art. 3 Abs. 2 GG*

Anders als der voranstehend in Bezug genommene Art. 3 Abs. 1 GG, d.h. anders als der allgemeine Gleichheitssatz, enthält Art. 3 Abs. 2 GG als spezieller Gleichheitssatz nach überwiegender Ansicht ein explizites Differenzierungsverbot[921]. Es besteht ferner allgemein Einigkeit darin, dass Art. 3 Abs. 2 GG der dem Gesetzgeber mit Art. 3 Abs. 1 GG

> ***„eingeräumten Gestaltungsfreiheit engere Grenzen zieht“***[922].

Die verfassungsrechtliche Bestimmung des Art. 3 Abs. 2 S. 2 GG verstärkt dies zusätzlich.[923] Das Gleichberechtigungsgebot enthält dieser Vorgabe folgend neben

919 Auch Biermann/Gather erkennen einen „auffälligen Trend zur Prekarität und zu Lücken bei der sozialen Absicherung“ bei Selbständigen: Biermann/Gather, Sozialer Fortschritt 2014, 170, 174.

920 Vgl. hierzu schon die obigen Ausführungen des 1. Kapitels unter B. I., II.

921 Vgl. BVerfGE 3, 225, 239 f.; 52, 369, 374; 74, 163, 179; 85, 191, 206; Sacksofsky, Das Grundrecht auf Gleichbehandlung, S. 23 ff. sowie Dreier-*Heun*, GG-Kommentar, Art. 3 Rdnr. 99 m.w.N.

922 BVerfGE 85, 191, 206 (Nachtarbeitsverbot).

923 Das Fördergebot des Art. 3 Abs. 2 S. 2 GG wurde auf Grundlage der Empfehlungen der Gemeinsamen Verfassungskommission mit der Grundgesetznovelle vom 27.10.1994, BGBl. I S. 3146; BT-Drs. 12/8423, eingefügt. Vgl. zur Begründung der Empfehlung den Bericht der Gemeinsamen Verfassungskommission gemäß Beschluss des Deutschen Bundestages und Beschluss des Deutschen Bundesrates vom

dem Diskriminierungsverbot ergänzend einen ausdrücklichen Verfassungsauftrag zur Gleichstellung von Frauen, genauer einen Förderungsauftrag, bzw. – so ein neueres Verständnis[924] – die Normierung ergebnisorientierter Chancengleichheit.[925] Und so heißt es in Art. 3 Abs. 2 GG seit der Grundgesetznovellierung vom Oktober 1994:

> ***„Männer und Frauen sind gleichberechtigt. Der Staat fördert die tatsächliche Durchsetzung der Gleichberechtigung von Frauen und Männern und wirkt auf die Beseitigung bestehender Nachteile hin."***

Art. 3 Abs. 2 GG darf damit mit Blick auf die vorliegende Fragestellung zwar nicht gänzlich übersehen werden. Zugleich lässt sich hieraus für den Mutterschutz (auch) für Selbständige allerdings kein Mehr zum bisherigen Ergebnis ableiten. Der mit Art. 3 Abs. 2 S. 2 GG vorgesehene Verfassungsauftrag ist inhaltlich zu unbestimmt und gibt dem Gesetzgeber über das allgemeine Ziel der Gleichbehandlung hinaus zudem keine konkreten Vorgaben.[926]

Überdies läuft das mit Art. 3 Abs. 2 GG normierte Differenzierungsverbot bereits immer dann ins Leere, wenn gemeinsame Elemente zwischen Mann und Frau im Hinblick auf die Differenzierung von vornherein fehlen, so dass die erforderliche Vergleichbarkeit als Grundlage des Gleichheitsgebots entfällt. Dies gilt grundsätzlich vor allem für diejenigen Sachverhalte, auf die Art. 3 Abs. 2 GG Anwendung finden soll, dabei aber nur in einem Geschlecht überhaupt verwirklicht werden kann, wie z. B. im hier maßgeblichen Falle der Schwangerschaft und Mutterschaft.[927] Art. 3 Abs. 2 GG wird somit durch Mutterschaftsregelungen erst gar nicht berührt.[928] Hier greift Art. 6 Abs. 4 GG bzw. Art. 6 Abs. 4 GG i.V.m. Art. 3 Abs. 1 GG.[929]

05.11.1993, BT-Drs. 12/6000, S. 49 ff. S. außerdem Wilhelmi, Gleichstellung und Gleichberechtigung von Frauen und Männern, in: Konegen/Nitschke (Hrsg.), Revision des Grundgesetzes?, S. 121 ff.

924 Schweizer, Der Gleichberechtigungssatz – neue Form, alter Inhalt?, S. 128 ff.

925 Vgl. hierzu u. a. Dreier-*Heun*, GG-Kommentar, Art. 3 Rdnr. 101 ff. m.w.N. zum Verständnis des Art. 3 Abs. 2 GG im Verhältnis zu Art. 3 Abs. 1 GG und Art. 3 Abs. 3 GG. Zum ausdrücklichen Fördergebot des Art. 3 Abs. 2 S. 2 GG s. zudem Schmidt-Bleibtreu/Klein-*Krieger*, GG-Kommentar, 2014, Art. 3 Rdnr. 64, 66, 74 ff.

926 Dreier-*Heun*, GG-Kommentar, Art. 3 Rdnr. 104; vgl. auch Sacksofsky, S. 344.

927 BVerfGE 3, 225, 242; 6, 389, 422 f.; 15, 337, 343; 37, 217, 249 f.; 48, 346, 366; 52, 369, 374; Dreier-*Heun*, GG-Kommentar, Art. 3 Rdnr. 110 m.w.N.

928 Vgl. hierzu BVerfGE 6, 389, 423.

929 Zur Rechtfertigung durch kollidierendes Verfassungsrecht, vorliegend durch Art. 6 Abs. 4 GG, s. Schmidt-Bleibtreu/Klein-*Krieger*, GG-Kommentar, Art. 3 Rdnr. 72.

Heun erachtet dieses Ergebnis jedoch für problematisch, weil so die mittelbaren Auswirkungen womöglich gar nicht erst in den Blick genommen werden.[930] Diese Befürchtung muss sicherlich ernst genommen werden.

4. *Fazit*

Das Recht aus Art. 6 Abs. 4 GG ist nicht bloß Programmsatz oder gesetzgeberische Richtlinie; Art. 6 Abs. 4 GG enthält einen subjektiven Schutzanspruch und einen Leistungsanspruch im Rahmen des vernünftig Möglichen.[931] Dogmatisch ist Art. 6 Abs. 4 GG damit als Verschaffungsanspruch zu qualifizieren, also als Forderungsrecht gegenüber dem Gesetzgeber, jeder Mutter einen gerichtlich durchsetzbaren Schutz- und Fürsorgeanspruch einzuräumen.[932] Anspruchsträgerin ist nach dem eindeutigen Wortlaut *jede* Mutter, gleich welcher Beschäftigungsform sie nachgeht.

Die nachfolgenden Ausführungen haben nun zu prüfen, ob der deutsche Gesetzgeber – neben den Vorgaben des Art. 8 der Richtlinie 2010/41/EU – auch seinem Verfassungsauftrag nach Art. 6 Abs. 4 GG nachkommt, oder, ob dieser womöglich derzeit nur für einen Teil der Mütter verwirklicht ist.[933] Um dies genauer zu bewerten, reicht es nicht, nur auf den bloßen Wortlaut des Art. 6 Abs. 4 GG zu schauen. Es muss auch ein Blick auf das Gleichheitsgebot nach Art. 3 Abs. 1 GG und der dort gebotenen Möglichkeit einer sachlich gerechtfertigten Ungleichbehandlung im Falle eines ungleichen Schutzbedürfnisses der betroffenen Frauen geworfen werden.[934] Die höchsten deutschen Gerichte haben allerdings bislang versäumt, dies unter Berücksichtigung der heutigen Wirklichkeit zu tun. Soweit die bestehenden gesetzlichen Mutterschutzbestimmungen rein arbeitsrechtlichen Charakter haben, also auf Erleichterungen und Schutz im Arbeitsverhältnis abzielen[935], mag eine solche unterschiedliche Behandlung zwar womöglich noch gerechtfertigt sein, da hier bei weisungsgebundenen und selbständigen Müttern

930 Dreier-*Heun*, GG-Kommentar, Art. 3 Rdnr. 110.

931 So auch v. Mangoldt/Klein/Stark-*Robbers*, GG Bd. 1, Art. 6 Abs. 4 Rdnr. 281 f.; nichts anderes ergibt sich aus BVerfGE 84, 133, 156.

932 So auch Dreier-*Gröschner*, GG, Bd. 1, Art. 6 Rdnr. 143.

933 Das dies nicht der Fall sei im Übrigen schon *Schleicher* vor inzwischen mehr als 30 Jahren in: BB 1985, 340, 340; vgl. außerdem BVerfGE 37, 121 = NJW 1974, 1461. *Schleichers* rechtliche Bewertung trifft, wie die vorliegenden Ausführungen abschließend zeigen werden, im Ergebnis auch heute noch zu.

934 Schleicher, BB 1985, 340, 341.

935 Wie z.B. im Rahmen der Beschäftigungsverbote, Stillzeiten, längere Pausen oder Kündigungsschutz.

tatsächlich ein unterschiedliches Fürsorgebedürfnis besteht.[936] In neuerer Zeit ist das Mutterschutzrecht jedoch zunehmend deutlich in den Zusammenhang der Familienpolitik und des Familienlastenausgleichs aufgenommen worden.[937] Die Frage der Vereinbarkeit von Beruf und Familie ist damit eine, die nunmehr auch ausdrücklich den Mutterschutz umfasst. Der (werdenden) Mutter soll es nicht nur aus gesundheitlichen Gründen ermöglicht werden, die notwendige Auszeit rund um die Geburt zu nehmen. Es soll ihr zugleich auch die Chance gegeben werden, Beruf und Familie miteinander in Einklang zu bringen. Die Geburt des Kindes soll kein Grund sein, seine berufliche Tätigkeit aufgegeben oder Angst haben zu müssen, dass diese unter der Auszeit leidet. Je mehr nun aber vor allem diese familienpolitische Zielsetzung in die Mutterschutzgesetzgebung einfließt, desto problematischer erscheint es, dass der Gesetzgeber die Zubilligung staatlicher Leistungen nur auf Arbeitnehmerinnen beschränkt. Dies wird gerade beim 14-wöchigen Mutterschutz rund um die Geburt besonders deutlich, da hier nur der Freistellungsanspruch der Arbeitnehmerin als rein arbeitsrechtlich einzustufen ist, nicht jedoch die Gewährung des Mutterschaftsgeldes für denselben Zeitraum.[938]

Darüber hinaus ist das Argument, Selbständige können ihre Zeit und Arbeitskraft so einteilen, dass sie sich die notwendige Auszeit selbst verschaffen könnten, heutzutage kaum mehr auf alle selbständig erwerbstätigen (werdenden) Mütter im gleichen Maße zu übertragen. Die Statistik zeigt, dass Frauen vor allem als Solo-Selbständige tätig sind.[939] Sie verfügen insofern über keine personellen Ressourcen, die den Betrieb während ihrer Abwesenheit fortführen können. Es drohen Auftragsverlust und Einkommenseinbußen. Auch befinden sie sich altersbedingt nicht selten in der Aufbauphase ihrer eigenen Selbständigkeit; die geschäftlichen Bindungen zu den verschiedenen Auftraggebern müssen zum Teil

---

936 Schleicher, BB 1985, 340, 341; BVerfG, ZfSH 1978, 53 (Graduiertenförderung).

937 Maunz-Düring-*Badura*, GG, Art. 6 Abs. 4 Rdnr. 156.

938 Schleicher, BB 1985, 340, 341; so auch *Gölter* in der 473. Sitzung des Bundesrates, Sitzungsprotokoll S. 119. Allerdings wurde in der schriftlichen Gesetzesbegründung von der Bundesregierung betont, dass das Mutterschaftsgeld die Funktion habe, den Ausfall des Arbeitsentgelts während des Mutterschaftsurlaubs wenigstens teilweise auszugleichen und damit den Arbeitnehmerinnen den Entschluss zu erleichtern, den Mutterschaftsurlaub anzutreten (vgl. BT-Drs. 8/2613, S. 10). Der Bundesrat hatte dagegen mehr die familienpolitische Bedeutung des Mutterschaftsgeldes hervorgehoben (vgl. BT-Drs. 8/2613, S. 17). Das Bundesverfassungsgericht geht davon aus, dass beide Zielsetzungen für die Regierung maßgebend waren (BVerfG DB 1984, 247).

939 Vgl. hierzu schon die obigen Ausführungen im 1. Kapitel unter Punkt B. III. 1. a).

erst noch wachsen. Finanzielle Rücklagen sind selten.[940] Ohnedies hat die Zahl der prekären Selbständigkeiten (auch) bei Frauen, z. B. im Wege der Scheinselbständigkeit, Freelancer-Tätigkeiten oder als Franchisenehmer, in den letzten Jahren zugenommen. Sie können ihre Existenzgrundlage kaum selbst sichern.[941] Insofern droht gerade weiblichen Solo-Selbständigen die Gefahr des sozialen Absturzes. Bei fehlender privater Unterstützung oder ungenügender Rücklage in der Zeit, in der die selbständig erwerbstätige Frau aufgrund von Schwangerschaft und Geburt ihrer Erwerbstätigkeit nicht nachkommen kann, können sie zum Sozialfall werden. Angesichts der Tatsache, dass Kinder aber für unsere Gesellschaft ebenso unverzichtbar sind wie im zunehmenden Maße die Erwerbstätigkeit von Frauen, ist der Gesetzgeber deshalb gehalten, hier eine spezifische Fürsorgeregelung zu finden, die über die allgemeinen sozialhilferechtlichen Regelungen hinausgeht.[942] Die Selbständigkeit als Erwerbsform hat sich zusehends gewandelt; die Grenzen verschwimmen immer mehr. Diesem Umstand muss Genüge getan werden. Auch die Rechtsprechung hat dies bisher nicht getan. Die bis heute gültige Rechtsprechung ist an dieser Stelle nach diesseitigem Dafürhalten als veraltet und überholt anzusehen.

Um den Vorgaben des Art. 6 Abs. 4 GG i.V.m. Art. 3 Abs. 1 GG gerecht zu werden, muss (auch) den selbständig erwerbstätigen (werdenden) Mütter ein angemessener Mutterschutz zuteilwerden, die gerade nicht für sich selbst sorgen können. Eine unterschiedliche Behandlung ist heute nicht mehr zu begründen.

C. Ergebnis

Mit Art. 8 der Richtlinie 2010/41/EU wird nun erstmals ein ausdrücklicher Handlungsauftrag formuliert. Das „Ob" eines Mutterschutzes (auch) für Selbständige soll nicht länger zur Diskussion stehen. Den Mitgliedsstaaten bleibt lediglich darüber zu entscheiden, „wie" sie dem Handlungsauftrag aus Brüssel Genüge leisten wollen. Hierbei dürfen allerdings die grundrechtlichen Vorgaben des Art. 33 GReCh und für den deutschen Gesetzgeber die des gemäß Art. 6 Abs. 4 GG verfassungsrechtlich formulierten Schutzauftrages sowie des Gleichheitsgebotes nach Art. 3 Abs. 1 GG nicht unberücksichtigt bleiben.

940 Vgl. hierzu schon die obigen Ausführungen unter Punkt B. II. 1. d), e).

941 Vgl. hierzu auch die Ausführungen bei Biermann/Gather, Sozialer Fortschritt 2014, 170 174. Laut Biermann/Gather soll die Forschung davon ausgehen, dass gut ein Viertel der Selbständigen über keine ausreichende soziale Absicherung verfügt. Vgl. hierzu im Übrigen auch Bögenhold/Fachinger, Sozialer Fortschritt 2012, 277.

942 Vgl. hierzu auch Dreier-*Gröschner*, GG, Bd. 1, Art. 6 Rdnr. 146.

4. Kapitel: Mutterschutz (auch) für Selbständige nach deutschem Recht

Bisher ist unionsweit nur jeder dritte Unternehmer weiblichen Geschlechts. Gleichwohl hielt der deutsche Gesetzgeber Änderungen des nationalen Rechts für Mutterschaftsleistungen für Selbständige lange Zeit nicht für zwingend erforderlich. Die Richtlinie 2010/41/EU löse für Deutschland keinen Umsetzungsbedarf aus, insbesondere die Anforderungen aus den hier im Fokus stehenden Art. 8 Abs. 1 und Abs. 4 der Richtlinie seien längst durch das geltende nationale Recht erfüllt, so die Antwort des Bundesministeriums für Familie, Senioren, Frauen und Jugend (BMFSFJ) auf eine entsprechende schriftliche Anfrage im Mai 2012[943], auf die später noch näher einzugehen sein wird.

Seit dieser Erklärung hat sich eine gemeinsame Initiative des Bundesministeriums für Wirtschaft (BMWi) und des Bundesfamilienministeriums unter dem Projekttitel *„FRAUEN gründen – Gründerinnen und Unternehmerinnen in Deutschland stärken“* zusammengefunden, die es sich u. a. zum Ziel gesetzt hat, im Rahmen einer ressortübergreifenden Arbeitsgruppe

> ***„Regelungen, wie für Selbstständige bei Schwangerschaft und Stillzeit bessere Bedingungen geschaffen werden können“***

zu erarbeiten. Der Blick soll sich hierbei insbesondere auf die Themenbereiche Vertretungsregelungen und finanzielle Absicherung richten.[944] Konkrete Ergebnisse für das vorliegend relevante Thema hat die Arbeitsgruppe bislang nicht veröffentlicht.

Selbst im Zuge des am 23. Mai 2017 verabschiedeten Gesetzes zur Neuregelung des Mutterschutzrechts, welches zum 01. Januar 2018 in Kraft getreten ist[945], wird kein Änderungsvorschlag zugunsten selbständig erwerbstätiger Mütter vor-

943 BT-Drs. 17/9615 vom 11.05.2012, S. 53 – Antwort des BMFSFJ auf schriftliche Anfrage der Abgeordneten Dr. Eva Högl (SPD).

944 Das Strategiepapier „Frauen gründen – Gründerinnen und Unternehmerinnen in Deutschland stärken“ vom 13.08.2014 ist abrufbar unter https://www.bmfsfj.de/blob/83098/a0b7288769bb9e13541dcfd124527783/strategiepapier-frauen-gruenden-data.pdf (zuletzt abgerufen am 15.06.2018).

945 Gesetz zur Neuregelung des Mutterschutzrechts v. 23.05.2017, veröffentlicht am 29.05.2017 im BGBl. I 2017 S. 1228. In den nachfolgenden Ausführungen werden jeweils die Regelungen gemäß dem bisherigen Paragraphen des Mutterschutzgesetzes und in Klammern ergänzend die neuen Paragraphen genannt.

genommen. Die von der Bundesfamilienministerien *Schwesig* vorangetriebene Reform des Mutterschutzgesetzes beschränkt sich auf eine Ausweitung des Anwendungsbereiches auf Schülerinnen, Studentinnen und Praktikantinnen sowie arbeitnehmerähnlichen Personen, wobei Letzteren auch weiterhin kein Anspruch auf Mutterschutzlohn oder Mutterschaftsgeld zugestanden werden soll. Eine weitere geplante Änderung sieht vor, dass die Schutzfrist nach der Geburt eines behinderten Kindes von acht auf zwölf Wochen verlängert werden kann. Der Gesetzgeber erkennt dabei an, dass die Geburt für die Mutter in solchen Fällen häufig mit besonderen körperlichen und psychischen Belastungen verbunden ist. Dazu kommt der höhere Pflegebedarf von behinderten Kindern. Neu eingeführt wird auch ein Kündigungsschutz für Frauen, die eine Fehlgeburt nach der zwölften Woche erlitten haben.[946]

Zwar soll gemäß Begründung des Gesetzesentwurfes der Bundesregierung vom 06. Mai 2016 mit der zweifelsohne längst überfälligen Gesetzesnovellierung folgendes erreicht werden:

> ***„Mit der Reform soll berufsgruppenunabhängig ein für alle Frauen einheitliches Gesundheitsschutzniveau in der Schwangerschaft, nach der Entbindung und während der Stillzeit sichergestellt werden.“***[947]

Dieses ehrgeizige Ziel hat der Gesetzesentwurf jedoch – wie schon 1952 – verpasst. Denn auch nach der Reform erreicht das Mutterschutzgesetz weiterhin nicht alle Frauen. So soll das novellierte Mutterschutzgesetz gerade nicht für klassisch selbständig erwerbstätige Mütter, also bei einer Tätigkeit für mehrere Auftraggeber, gelten. Nur arbeitnehmerähnliche Selbständige sollen künftig vom Anwendungsbereich des Mutterschutzgesetzes umfasst werden, wobei ihnen aber auch weiterhin kein Anspruch auf Mutterschutzlohn oder Mutterschaftsgeld zugestanden werden soll. Und dies, obwohl das EU-Parlament schon im Jahr 2010 beschlossen hat, dass selbständige und angestellte Frauen den gleichen Schutz genießen sollen. Für die Selbständigen bleibt somit zumindest mit Blick auf das Mutterschutzgesetz alles beim Alten. Die Reform des Mutterschutzgesetzes ist alles in allem sicherlich ein erster Schritt, aber einer der nicht ausreichend ist.

---

946 Vgl. hierzu die Begründung des Gesetzesentwurfes der Bundesregierung vom 06.05.2016, Entwurf eines Gesetzes zur Neuregelung des Mutterschutzrechts, BR-Drs. 230/16, und die Pressemitteilung der Bundesregierung vom 04.05.2016, veröffentlicht unter: https://www.bundesregierung.de/Content/DE/Artikel/2016/05/2016-05-04-reform-mutterschutz.html (zuletzt abgerufen am 15.06.2018).

947 Gesetzesentwurf der Bundesregierung vom 06.05.2016, Entwurf eines Gesetzes zur Neuregelung des Mutterschutzrechts, BR-Drs. 230/16, S. 1; BT-Drs. 18/8963, S. 1.

Entgegen seiner hochgesteckten Ziele hat es der Gesetzgeber wieder einmal verpasst allen Müttern – berufsgruppenunabhängig – den gleichen Mutterschutz zu gewähren. Es macht also leider immer noch einen Unterschied, ob ein Kind im Bauch einer angestellt arbeitenden Mutter oder im Bauch einer selbständig oder befristet tätigen Mutter wächst. Ein Mutterschutz für alle, also auch für Selbständige, insbesondere für die schutzbedürftigen Solo-Selbständigen, wird so weiterhin nicht erreicht.[948]

Auf Initiative des Gesundheitsministeriums wurde allerdings, nahezu zeitgleich, am 11. April 2017 das Gesetz zur Stärkung der Heil- und Hilfsmittelversorgung (Heil- und Hilfsmittelversorgungsgesetz – HHVG) verabschiedet.[949] Mit § 192 Abs. 5 S. 2 Versicherungsvertragsgesetz (VVG) n. F. führt dieses Gesetz praktisch unbemerkt von der breiten Öffentlichkeit eine neue Regelung ein, gemäß der die privaten Krankenversicherer fortan verpflichtet sind, ihren Versicherten im Falle des Abschlusses einer Krankentagegeldversicherung den Verdienstausfall, der ihnen während der Schutzfristen nach § 3 Abs. 2 und § 6 Abs. 1 MuSchG a. F. / § 3 Abs. 1, Abs. 2 MuSchG 2018 sowie am Entbindungstag entsteht, durch das vereinbarte Krankentagegeld zu ersetzen, soweit der versicherten Person kein anderweitiger angemessener Ersatz für den während dieser Zeit verursachten Verdienstausfall zusteht.[950] Hierauf wird im Folgenden noch ausführlich zurückzukommen sein.

Das folgende Kapitel wird im Einzelnen der Frage nachgehen, ob – wie es das Bundesfamilienministerium noch im Mai 2012 meinte – tatsächlich grundsätzlich kein Umsetzungsbedarf bestand und falls doch, an welchen Stellen entsprechender Handlungsbedarf bestand bzw. gegebenenfalls sogar noch heute besteht. Des Weiteren soll überprüft werden, welche Änderungen sich durch die Novellierung des Versicherungsvertragsgesetzes vom 11. April 2017 ergeben

---

948 Kritik an der „halbherzigen Reform" äußert z. B. Blogs im Internet wie https://www.smart-mama.de/mutterschutz-fuer-alle-von-wegen-die-halbherzige-reform-des-mutterschutzgesetzes/ (zuletzt abgerufen am 15.06.2018) oder aber auch von ver.di, vgl. hierzu https://arbeitsmarkt-und-sozialpolitik.verdi.de/ueber-uns/nachrichten/++co++cda76aa6-b604-11e5-8079-525400a933ef (zuletzt abgerufen am 15.06.2018).

949 Gesetz zur Stärkung der Heil- und Hilfsmittelversorgung (Heil- und Hilfsmittelversorgungsgesetz – HHVG) v. 04.04.2017, veröffentlicht am 10.04.2017 im BGBl. I 2017 S. 778.

950 S. Art. 1i zum Gesetz zur Stärkung der Heil- und Hilfsmittelversorgung (Heil- und Hilfsmittelversorgungsgesetz – HHVG) v. 04.04.2017, veröffentlicht am 10.04.2017 im BGBl. I 2017 S. 778.

haben. Sind nun auch selbständig erwerbstätige Frauen hinsichtlich der Frage nach einem ausreichenden Mutterschutz hinreichend geschützt? Oder besteht weiterhin Anpassungsbedarf? Allen voran ist aber zunächst zu klären, welche Rechte und Möglichkeiten den betroffenen (werdenden) Müttern bereits heute zur Seite stehen würden, sollte Deutschland ihrer Umsetzungspflicht womöglich tatsächlich nicht oder zumindest nicht hinreichend nachgekommen sein. D.h., wie steht es um dem Status Quo von Rechten und Leistungsansprüchen (werdender) Mütter nach deutschem Recht?

A. Rechte und Leistungsansprüche (werdender) Mütter

Die „Vereinbarkeit von Familie und Beruf" ist in unserer heutigen Zeit schon beinahe so etwas wie ein Trendthema geworden. Immer wieder wird die Forderung nach mehr KiTa-Plätzen oder aber nach verbesserten Hilfen beim Wiedereinstieg in die Erwerbstätigkeit und für alleinerziehende Mütter diskutiert. Auch werden politisch motivierte Initiativen umgesetzt, die sich am Ende jedoch als rechtlich nicht haltbar erweisen, wie z. B. das Betreuungsgeld.[951] Quasi unbeachtet bleibt dabei jedoch die Frage nach einem ausreichenden Mutterschutz (auch) für Selbständige.

Heutige Frauen sollen ihren Platz in der Erwerbswelt ebenso erhalten bzw. beibehalten können, wie sie auch das Muttersein erleben können sollen. Beides miteinander zu vereinbaren ist eine Aufgabe, der sich unsere Politiker und unser Gesetzgeber gleichermaßen stellen müssen[952], die jedoch nicht einfach umzuset-

---

951 Zum Gesamtthema „Vereinbarkeit von Beruf und Familie" zählt neben der Frage der weiblichen Erwerbstätigkeit und dem Muttersein z. B. auch die Frage nach der Vereinbarkeit der Erwerbstätigkeit mit der Pflege von Familienangehörigen. Die Thematik „Pflege" soll an dieser Stelle jedoch nicht näher aufgegriffen werden. Dieses Problemfeld soll anderen Arbeiten überlassen bleiben. Auch das Betreuungsgeld, das als „Herdprämie" verschrien wurde, war lange Zeit das Diskussionsthema schlechthin. Am 14.04.2015 erfolgte die „letzte Schlacht ums Betreuungsgeld" (so der Titel eines Artikels von *Prantl* in der SZ vom 11./12.04.2015). Das BVerfG hat am 14.04.2015 die erste öffentliche Verhandlung über die sog. „Herdprämie" abgehalten und es am 21.07.2015 schließlich für verfassungswidrig erklärt. S. hierzu die Ausführungen des 1. Kapitels unter A. I. 2. d). Die vorliegende Ausarbeitung wird sich jedoch vornehmlich mit ersterer Fragestellung beschäftigen.

952 So auch schon Knigge, Mutterschutz auch für Selbständige? Aus der Sicht der Rechtswissenschaft, in: Rust/Lange (Hrsg.), Völkerrecht und Frauen, Welche Ansatzpunkte bietet das Völkerrecht für Gleichbehandlung?, Loccumer Protokoll 59/13, S. 191, 192 f., 207 ff. sowie Knigge, Die Richtlinie 2010/41/EU und Mutterschutz für Selb-

zen ist. Die Aussage Adenauers „*Kinder kriegen die Leute sowieso*“[953] ist längst überholt. Ist das Eine mit dem Anderen nicht vereinbart, werden Frauen gezwungen, sich zu entscheiden. Der damit verbundene Zwiespalt – insbesondere für selbständig erwerbstätige Frauen – wurde bereits einleitend im 1. Kapitel eingehend beleuchtet. Unter dem Gesichtspunkt der Gleichstellung, wie auch des Gender Mainstreaming sollte ein solcher Spagat jedoch längst nicht mehr nötig sein. Manch einer mag dessen ungeachtet zwar weiter glauben, dass dies alles nur als eine vorübergehende Erscheinung abgetan werden kann. Das entspricht jedoch weder dem historischen Verlauf noch dem aktuellen Stand von Politik und Recht.[954]

Die nachfolgenden Ausführungen sollen sich zunächst mit den verschiedenen Rechtsquellen unseres nationalen Rechts beschäftigen, um so einen besseren Überblick darüber schaffen, welche Regelungen und Anspruchsgrundlagen diese zur Frage der „Vereinbarkeit von Beruf und Familie den Aspekt der Mutterschaft (auch) für Selbständige betreffend bieten können. Hierzu wird eine Auswahl der diesbezüglich grundlegendsten Rechtsquellen in gebührender Kürze dargestellt:

I. Vereinbarkeit von Beruf und Familie

Die Thematik „Vereinbarkeit von Beruf und Familie“ wird im deutschen Recht nur an wenigen Stellen angesprochen. Und doch gibt es eine Reihe an Normen, die zeigen, dass es dem deutschen Gesetzgeber durchaus bereits seit Längerem Ernst ist, sich dieser Frage anzunehmen.

1. Art. 31 des Einigungsvertrages vom 31. August 1990

Unter der Überschrift „Familie und Frauen“ wurden im Einigungsvertrag vom 31. August 1990 dem deutschen Gesetzgeber mit dessen Art. 31 zwei eindeutige Regelungsaufträge aufgegeben. Zum einen sollte es ganz allgemein die Aufgabe des deutschen Gesetzgebers sein, die Gesetzgebung zur Gleichberechtigung von Männern und Frauen weiterzuentwickeln und zum anderen, angesichts unter-

---

ständige, in: Rust/Lange (Hrsg.), Mutterschutz für Selbständige?, Loccumer Protokoll 80/14, S. 45, 46 f., 63 f.

953 Diese lapidare Feststellung stammt von Alt-Bundeskanzler Konrad Adenauer, als 1957 die gesetzliche Rentenversicherung auf die bis heute gültige Umlagefinanzierung umgestellt wurde. Was vor über 50 Jahren galt, ist heute allerdings Geschichte. Der demographische Wandel macht dies mehr als deutlich.

954 So auch Düwell in: Düwell, Göhle-Sander, Kohte (Hrsg.), juris-PraxisKommentar „Vereinbarkeit von Familie und Beruf“, Kap. 1 Rdnr. 7.

schiedlicher rechtlicher und institutioneller Ausgangssituationen bei der Erwerbstätigkeit von Müttern und Vätern, die Rechtslage unter dem Gesichtspunkt der Vereinbarkeit von Familie und Beruf zu gestalten.[955]

Einen ersten Schritt machte der Gesetzgeber im Jahre 1994, als er das zweite Gleichberechtigungsgesetz verabschiedete[956]; 2001 wurde es abgelöst vom Gleichstellungsdurchsetzungsgesetz, welches mit dem Bundesgleichstellungsgesetz mehr Familienfreundlichkeit in den öffentlichen Dienst der Bundesverwaltung bringen sollte.[957] Es sollte zugleich als Vorbild für den privaten Sektor fungieren. Weitere konkrete Initiativen zur Erfüllung des Gesetzgebungsauftrages wurden derweil nicht unternommen. Stattdessen werden seither fortlaufend die verschiedensten Berichte, wie z. B. im Jahr 2011 der „erste Gleichstellungsbericht der Bundesregierung“[958], veröffentlicht. Möglicherweise tut *Rieble* die Regelungen des Art. 31 des Einigungsvertrages gerade deshalb als einen „schnöden Programmsatz“ ab.[959]

Trotz alledem darf insbesondere die Forderung des Art. 31 Abs. 2 des Einigungsvertrags, nämlich, dass es die Aufgabe unseres Gesetzgebers sei, im Hinblick auf die Erwerbstätigkeit von Müttern und Vätern die Rechtslage unter dem Gesichtspunkt der Vereinbarkeit von Familie und Beruf zu gestalten, nicht aus dem

---

955 Einigungsvertrag vom 31.08.1990, Kapitel VII Arbeit, Soziales, Familie, Frauen, Gesundheitswesen und Umweltschutz Art. 31 „Familie und Frauen“, BGBl. 1990 II S. 889. An dieser Stelle wird deutlich gemacht, dass es in der ehemaligen DDR für die Frauen üblich war zu arbeiten, während in alten Bundesländern (noch) die Hausfrauenehe Alltag war.

956 Zweites Gleichberechtigungsgesetz vom 24.06.1994, BGBl. I S. 1406, 2103. Art. 1 dieses Gesetzes enthielt das Gesetz zur Förderung von Frauen und Vereinbarkeit von Familie und Beruf in der Bundesverwaltung und den Gerichten des Bundes (Frauenfördergesetz – FFG).

957 Das Gesetz zur Gleichstellung von Frauen und Männern in der Bundesverwaltung und in den Gerichten des Bundes (Bundesgleichstellungsgesetz – BGleiG) vom 30.11.2001, BGBl. I S. 3234, ist als Art. 1 Kernstück des Gesetzes zur Durchsetzung der Gleichstellung von Frauen und Männern (Gleichstellungsdurchsetzungsgesetz – DGleiG) vom 30.11.2001.

958 Der erste Gleichstellungsbericht der Bundesregierung wurde im Jahr 2011 mit dem Titel „Neue Wege – gleiche Chancen. Gleichstellung von Frauen und Männern im Lebensverlauf“ veröffentlicht; abrufbar unter https://www.bmfsfj.de/bmfsfj/service/publikationen/erster-gleichstellungsbericht--neue-wege---gleiche-chancen/80428?view=DEFAULT (zuletzt abgerufen am 15.06.2018).

959 Rieble in: Rieble/Junker, Familienschutz und Familienverträglichkeit des Arbeitsrechts, 3. Ludwigsburger Rechtsgespräche, S. 10, abrufbar unter: https://www.zaar.uni-muenchen.de/download/verlag/schriftenreihe/zsr_9.pdf (zuletzt abgerufen am 15.06.2018).

Blick geraten. Vielmehr muss im Zuge der Auslegung arbeits- und sozialrechtlicher Normen das an dieser Stelle formulierte Ziel der Vereinbarkeit von Familie und Beruf immer wieder von neuem berücksichtigt werden. Der Einigungsvertrag ist schließlich nicht zuletzt ein vom Bundestag ratifizierter völkerrechtlicher Vertrag, der den Vertragspartner Bundesrepublik Deutschland bis heute verpflichtet.[960]

Dies ist eine wichtige Erkenntnis, die im Hinterkopf behalten werden muss. Das gilt insbesondere, nachdem die damit an sich selbstverständliche Empfehlung, die Vereinbarkeit von Familie und Erwerbstätigkeit von Müttern und Vätern als eine rechtsverbindliche Zielvorstellung anzusehen, noch im Jahre 2004 im Rahmen einer Abstimmung auf dem 65. Juristentag gleichwohl mit überwältigender Mehrheit abgelehnt worden war.[961] Ein außerordentlich bedenkliches Zeichen.

2. *Art. 6 GG – „Ehe und Familie"*

Das Grundgesetz spricht das Thema „Vereinbarkeit von Familie und Beruf" selbst nicht explizit an. Eine spezifische Schutzverpflichtung gibt es folglich nicht. Und doch tut das Grundgesetz zumindest einen ersten kleinen Schritt hin zu mehr Familienfreundlichkeit, indem es in Art. 6 Abs. 1 GG bestimmt, dass „Ehe und Familie" unter dem besonderen Schutze der staatlichen Ordnung zu stehen haben. Darüber hinaus enthält Art. 6 Abs. 4 einen bemerkenswerten Schutzauftrag, der einen eindeutigen Bezug zu Beruf und Erwerbsfähigkeit aufweist[962], welcher vorliegend von ganz besonderer Bedeutung ist und auf den aus diesem Grunde schon voranstehend ausführlich eingegangen wurde[963]:

---

960 Sicherlich kann aufgrund des Wegfalls des anderen Vertragssubjektes (der ehemaligen Deutschen Demokratischen Republik) eine Erfüllung durch konkrete gesetzgeberische Initiativen nicht länger gefordert werden und doch entfaltet das in Art. 31 des Einigungsvertrages niedergelegte Ziel weiterhin die o.g. Wirkung. Genaueres hierzu bei Düwell in: Düwell, Göhle-Sander, Kohte (Hrsg.), juris-PraxisKommentar „Vereinbarkeit von Familie und Beruf", Kap. 1 Rdnr. 14 m.w.N.

961 Nachlesbar in den Beschlüssen des 65. Deutschen Juristentages Bonn 2004 unter Punkt B. Abteilung Arbeitsrecht, Ziff. 12, https://www.djt.de/fileadmin/downloads/65/beschluesse.pdf (zuletzt abgerufen am 15.06.2018); vgl. auch Düwell in: Düwell, Göhle-Sander, Kohte (Hrsg.), juris-PraxisKommentar „Vereinbarkeit von Familie und Beruf", Kap. 1 Rdnr. 20.

962 Zutreffend Düwell in: Düwell, Göhle-Sander, Kohte (Hrsg.), juris-PraxisKommentar „Vereinbarkeit von Familie und Beruf", Kap. 1 Rdnr. 42 oder Rieble in: Rieble/Junker, Familienschutz und Familienverträglichkeit des Arbeitsrechts, S. 11.

963 Ausführlich zu Art. 6 Abs. 4 GG im 3. Kapitel unter B. II.

„Jede Mutter hat Anspruch auf den Schutz und die Fürsorge der Gemeinschaft."

Über seinen Wortlaut hinausgehend enthält Art. 6 GG damit eine objektive Wertentscheidung zugunsten Ehe und Familie sowie spezielle Schutzpflichten des Staates gegenüber den Müttern, die auch von der Rechtsprechung als Teil der staatlichen Gewalt zu achten ist. Sie haben die Aufgabe, die gemäß Art. 6 GG grundrechtlich geschützten Güter vor Eingriffen Dritter zu bewahren.[964]

3. *Vereinbarkeit von Kind und Beruf – der zeitlich erste Berührungspunkt: „Mutterschutz"*

Jede Frau wird spätestens dann erstmals mit der Problematik „Wie vereinbare ich Familie und Beruf?" konfrontiert, wenn sie schwanger ist und die Geburt des ersten Kindes bevorsteht. Hilfestellung bietet in diesem ersten Stadium zumindest für den Teil der erwerbstätigen Frauen das Mutterschutzgesetz (MuSchG)[965], auf die es Anwendung findet und das der Umsetzung des zuvor benannten verfassungsrechtlichen Auftrags aus Art. 6 Abs. 4 GG dient.

Die Zeit rund um die Geburt des Kindes ist eine ganz besondere und das Mutterschutzgesetz bietet für eben diese Zeit einen ebenso besonderen Schutz, der für die Mütter in ihrer speziellen Lebenssituation von herausragender Bedeutung ist. Ähnliche Regelungen werden für spezielle Berufsgruppen z. B. über das Zweite Gesetz

964 S. dazu auch Düwell in: Düwell, Göhle-Sander, Kohte (Hrsg.), juris-PraxisKommentar „Vereinbarkeit von Familie und Beruf", Kap. 1 Rdnr. 43 mit Verweis auf das Urteil des BAG vom 12.11.2002, Az. 1 AZR 58/02, NZA 2003, 1287; vgl. hierzu auch Jarass/Pieroth-*Jarass*, GG-Kommentar, 14. Aufl., 2016, Vorb. vor Art. 1 Rn. 6; Maunz/Dürig-*Badura*, GG, Art. 6 Rn. 14, 67.

965 Gesetz zum Schutz der erwerbstätigen Mutter (MuSchG) vom 24.01.1952, BGBl. I S. 69; Mutterschutzgesetz in der Fassung der Bekanntmachung vom 20.06.2002, BGBl. I S. 2318, das zuletzt durch Art. 6 des Gesetzes vom 23.10.2012, BGBl. I S. 2246, 2261, geändert worden ist. Am 06.05.2016 legte die Bundesregierung einen Gesetzesentwurf zur Neuregelung des MuSchG vor, der am 23.05.2017 verabschiedet wurde. Die Reform ist zum 01.01.2018 in Kraft getreten. Es wurde eine Vielzahl an Normen redaktionell überarbeitet. Konkrete inhaltliche Änderungen sind jedoch nur wenige vorgesehen. So soll lediglich der Anwendungsbereich auf Schülerinnen, Praktikantinnen und Studentinnen sowie arbeitnehmerähnliche Personen, die aber auch weiterhin keinen Anspruch auf Mutterschutzlohn oder Mutterschaftsgeld haben sollen, ausgeweitet und die Schutzfrist für Frauen, die von einem Kind mit Behinderung entbunden wurden, verlängert werden. Im Übrigen werden verschiedene Regelungen zum Arbeitsschutz in das MuSchG überführt. Vgl. hierzu BR-Drs. 230/16 / BT-Drs. 18/8963.

über die Krankenversicherung der Landwirte (KVLG 1989)[966] oder Gesetz über die Sozialversicherung der selbständigen Künstler und Publizisten (Künstlersozialversicherungsgesetz – KSVG)[967] erzielt. Auf diese Regelungen wird an späterer Stelle insgesamt nochmals genauer zurückzukommen sein. Vorab nur so viel: Mit dem Mutterschutzgesetz hat der Gesetzgeber Normen geschaffen, die in ihren zentralen Bestimmungen vor allem Beschäftigungsverbote für werdende und soeben entbundene Mütter aussprechen. So dürfen nach § 3 MuSchG a. F. / § 3 Abs. 1 MuSchG 2018 werdende Mütter nicht beschäftigt werden, soweit nach ärztlichem Zeugnis Leben oder Gesundheit von Mutter oder Kind bei Fortdauer der Beschäftigung gefährdet ist.[968] In den letzten sechs Wochen vor der Entbindung dürfen sie weiterhin nur beschäftigt werden, wenn sie sich ausdrücklich (und jederzeit widerruflich) zur Arbeitsleistung bereit erklären. Ferner dürfen Mütter nach § 6 MuSchG a. F. / § 3 Abs. 2 MuSchG 2018 acht Wochen bzw. bei Früh- und Mehrlingsgeburten zwölf Wochen nach der Entbindung nicht beschäftigt werden. Für die Dauer der Beschäftigungsverbote sieht § 11 MuSchG a. F. eine Entgeltfortzahlungspflicht vor, wobei die § 13 MuSchG a. F. und § 14 MuSchG a. F. die Zahlung des Mutterschaftsgeldes durch die Krankenkassen regeln (§ 18 ff. MuSchG 2018). Jede Kündigung, die gegenüber einer Frau während der Schwangerschaft und bis zum Ablauf von vier Monaten nach der Entbindung ausgesprochen wird, ist gemäß § 9 MuSchG a. F. / § 17 MuSchG 2018 darüber hinaus unzulässig, sollte dem Arbeitgeber die Schwangerschaft oder Niederkunft bekannt gewesen sein. Nur in besonderen Fällen, die nicht mit dem Zustand einer Frau während der Schwangerschaft oder ihrer Lage bis zum Ablauf von vier Monaten nach der Entbindung in Zusammenhang stehen, kann die nach Landesrecht zuständige Behörde die Kündigung für zulässig erklären.

4. Elterngeld und Elternzeit

„Kinder kriegen die Leute sowieso“[969] – diese Aussage Adenauers aus den 1950er Jahren ist längst überholt. Die demographische Entwicklung führte bereits 1974

966 Zweites Gesetz über die Krankenversicherung der Landwirte vom 20.12.1988 (BGBl. I S. 2477, 2557), das durch Art. 11 des Gesetzes vom 23.12.2014 (BGBl. I S. 2462) geändert worden ist.

967 Künstlersozialversicherungsgesetz vom 27.07. 1981 (BGBl. I S. 705), das zuletzt durch Art. 2 des Gesetzes vom 30.07.2014 (BGBl. I S 1311) geändert worden ist.

968 Die neue Regelung des § 3 Abs. 1 MuSchG 2018 sieht anders als der bisherige § 3 Abs. 1 MuSchG a. F. dies so nicht mehr vor. Für den betrieblichen Mutterschutz wird derweil mit § 9 MuSchG 2018 der Begriff der „unverantwortbaren Gefährdung“ eingeführt, was im Rahmen des Gesetzgebungsverfahrens bis zuletzt stark umstritten war.

969 So noch Altkanzler Adenauer im Jahr 1957.

zu der Erkenntnis, dass der Abfall der Geburtenquote nur dann gestoppt werden könne, wenn Berufs- und Familienleben besser in Einklang gebracht würden.[970] Heute tritt zudem die Feststellung hinzu, dass die weibliche Arbeitskraft dringend benötigt wird, um das wirtschaftliche Wachstum in der Europäischen Union zukünftig weiter garantieren zu können. Es kehrt seit Jahren mehr und mehr die Einsicht ein, dass das männlich dominierte Normalarbeitsverhältnis als überholt angesehen werden muss, und, dass Freistellungsansprüche für berufstätige Mütter zur Betreuung ihrer Kleinkinder nebst einer für die Dauer des Ruhens der Arbeit angemessene finanzielle Unterstützung durch den Staat dringend erforderlich sind, um Frauen mit Kindern in der Erwerbstätigkeit zu halten. Die ersten Bemühungen auf diesem Gebiet mündeten in dem am 01. Januar 1986 in Kraft getretenen Bundeserziehungsgeldgesetz (BErzGG)[971], welches im Zuge der Zunahme der Anzahl an erwerbstätigen Müttern im Laufe der Zeit kontinuierlich angepasst wurde und bis 2006/2008 geltendes Recht war. Mit Einführung des Elterngeldes traten die Regelungen zum Erziehungsgeld am 31. Dezember 2006 außer Kraft und wurde am 01. Januar 2007 abgelöst vom Bundeselterngeld- und Elternzeitgesetz[972].[973]

Seither tritt auch auf gesetzlicher Ebene das sogenannte „Zwei-Verdiener-Modell" immer stärker in den Vordergrund; junge Väter sollen für eine gerechtere Rollenverteilung motiviert werden, sich ebenfalls um die Betreuung ihres neugeborenen Nachwuchses zu kümmern.[974] Laut Bundeselterngeld- und Elternzeitgesetz soll deshalb beiden Elternteile die Möglichkeit offenstehen, gemeinsam oder nacheinander ihre Elternzeit zu nehmen und so für die Familie da zu sein, ohne gleich ihre Erwerbstätigkeit aufgeben zu müssen.[975]

---

970 Vgl. insoweit schon die Diskussion auf dem 50. Deutschen Juristentag 1974 in Hamburg hinsichtlich der Frage nach über die Schutzfristen des Mutterschutzes hinausgehenden Freistellungsansprüchen für berufstätige Frauen („Erleichterung der Doppelrolle der Frau in Familie und Beruf"). Hier auch interessant: zur damaligen Stellung der berufstätigen Frauen, Löwisch/Gitter/Mennel, Gutachten D zum 50. DJT, Teil 1.

971 Gesetz zum Erziehungsgeld und zur Elternzeit vom 06.12.1985, BGBl. I S. 2154.

972 Bundeselterngeld- und Elternzeitgesetz vom 05.12.2006, BGBl. I S. 2748, zuletzt geändert durch Art. 1 des Gesetzes vom 18.12.2014, BGBl. I S. 2325.

973 Ausführlich zu den Regelungen des Bundeselterngeld- und Elternzeitgesetzes (BEEG) nachfolgend in diesem Kapitel unter A. II. 8.

974 Dies hat nur bedingt funktioniert: 65 % der Männer waren nur 2 Monate in Elternzeit und nur jeder achte Mann beantragte das Elterngeld für die maximale Bezugsdauer von 12 Monaten; vgl. zu diesen Eckdaten z. B. Düwell in: Düwell, Göhle-Sander, Kohte (Hrsg.), juris-PraxisKommentar „Vereinbarkeit von Familie und Beruf", Kap. 1 Rdnr. 63.

975 Vgl. hierzu z. B. Düwell, AiB 2000, 649; Düwell, AuA 2002, 58.

All dies waren und sind wichtige und greifbare Bemühungen des Gesetzgebers, die Kontinuität der Erwerbstätigkeit von Müttern zu ermöglichen, um so das Spannungsfeld Familie und Beruf zumindest für die erste Zeit mit Kind aufzulösen und eine bessere Vereinbarkeit zu schaffen. Der Wunsch nach einer Familie sollte nicht länger zu einem Bruch mit der eigenen Erwerbstätigkeit führen. Der Wunsch, in seinem Beruf erfolgreich zu sein, darf nicht länger eine quasi erzwungene Kinderlosigkeit nach sich ziehen. Um nun aber eine tatsächliche Gleichstellung der Geschlechter zu erreichen und den Frauen es zu ermöglichen, Familie und Beruf effektiv miteinander in Einklang zu bringen, ist es erforderlich, dass „die gesamte Familie ins Boot geholt wird", so auch der Ansatz des Bundeselterngeld- und Elternzeitgesetzes heute. Dies sei „Lebenswirklichkeit", so die ehemalige Bundesfamilienministerin *Schröder* im Rahmen der Vorstellung des achten Familienberichtes der Bundesregierung.[976] Alle sollen ihren Teil zum gemeinsamen Familienleben beitragen und damit dazu, dass junge Mütter ihrer Erwerbstätigkeit auch nach der Geburt weiterhin ungehindert nachgehen und so eine faire Chance auf Gleichbehandlung am Arbeitsmarkt erfahren können.

5. *Bundesgesetzliche Absicherung einer verbesserten Tagesbetreuung für Kleinkinder*

Mutterschutz und Elternzeit allein bewirken jedoch nichts, solange nicht eine an diese vom Staat finanzierte „Auszeit für die Familie" anschließende Möglichkeit besteht, gemäß der die Kleinkinder während der Arbeitszeit der Eltern gut versorgt sind. Hier soll das Kinderförderungsgesetz[977] Abhilfe schaffen. Nach diesem besteht bundesweit seit dem 01. August 2013 ein Rechtsanspruch für alle unter Dreijährigen auf einen Krippenplatz. Angestrebt wird dabei eine Betreuungsquote von 35 %. Dies wären 750.000 Krippenplätze.[978] Bis zum 01. März 2014 wurden bundesweit 660.750 Kinder unter 3 Jahren betreut; des entspricht einer Quote von 32,3 %.[979] Um jedoch den tatsächlichen Bedarf abzudecken, wäre eine Quote

976 Bundesfamilienministerin Schröder auf der Bundespressekonferenz vom 14.03.2012 zur Vorstellung des Familienberichtes der Bundesregierung.

977 Gesetz zur Förderung von Kindern unter drei Jahren in Tageseinrichtungen und Kindertagespflege (Kinderförderungsgesetz – KiföG), vom 10.12.2008, BGBl. I S. 2403, welches den § 24 SGB VIII entsprechend abgeändert hat.

978 S. dazu auch Düwell in: Vereinbarkeit von Familie und Beruf, Juris-Praxiskommentar, Kap. 1 Rdnr. 66.

979 S. hierzu den Fünften Bericht zur Evaluation des Kinderförderungsgesetzes 2015, abrufbar unter: https://www.bmfsfj.de/bmfsfj/service/publikationen/fuenfter-bericht-

von geschätzten 66 %, mithin ca. 1,3 Millionen Krippenplätze, notwendig.[980] Ein weiter Weg und ein Ziel das in Zeiten knapper Haushaltskassen bei den Kommunen kaum flächendeckend umgesetzt werden kann.

6. *Zwischenergebnis*

Alles in allem kann gesagt werden, dass der deutsche Gesetzgeber seinen verfassungsrechtlich in Art. 6 GG verankerten Auftrag des speziellen Schutzes von Müttern durchaus ernst nimmt und auf verschiedenstem Wege einfachgesetzlich auszufüllen versucht. Jede Phase, von der Schwangerschaft bis hin zur Betreuung des Kleinkindes, ist vom Gesetzgeber grundsätzlich berücksichtigt. Eine ganze Reihe an Einzelnormen versuchen den familiären Belastungen von berufstätigen (werdenden) Müttern punktuell Beachtung zu schenken. Kern ist dabei vor allem der Mutterschutz mit seiner Arbeitsbefreiung, aber auch der Anspruch auf Elternzeit im Anschluss an die Geburt.

Wieweit der Schutz der Mütter dabei (auch) für Selbständige reicht bzw. ob die Maßnahmen des Gesetzgebers einer besseren Vereinbarkeit von Familie und Beruf und damit zugleich einer verbesserten Chancengleichheit für selbständige Frauen überhaupt dienlich sind, muss weiteren, genaueren Erörterungen dieses Kapitels vorbehalten bleiben, die unter Punkt II. folgen werden.

7. *Bedeutung des europäischen Unionsrechts*

Die deutsche Gesetzgebung wird im Bereich „Vereinbarkeit von Familie und Beruf" seit Langem vor allem durch die Entwicklungen auf europäischer Ebene geprägt. Dies gilt insbesondere für die Richtlinien der Europäischen Union zur Gleichbehandlung, wie auch zum Mutterschutz und darf daher an dieser Stelle nicht unerwähnt bleiben.

Die Europäische Union bekennt sich klar und deutlich zugunsten der Förderung der Geschlechtergleichstellung und in diesem Zusammenhang ausdrücklich auch zur Notwendigkeit einer Verbesserung der Vereinbarkeit von Familien- und Berufsleben aller Unionsbürger. Die Gleichstellung von Frauen und Männern ist dabei jedoch keineswegs als Selbstzweck zu verstehen, sondern die notwendige Voraussetzung für die Verwirklichung der allgemeinen Ziele der Europäischen Union – Wachstum,

---

zur-evaluation-des-kinderfoerderungsgesetzes--kifoeg-bericht-2015-/86370?view=DEFAULT (zuletzt abgerufen am 15.06.2018).

980 So jedenfalls die Einschätzung des Hauptgeschäftsführers des Deutschen Städte- und Gemeindebundes Gerd Landsberg im Jahr 2013, https://www.eltern.de/familie-und-urlaub/familienpolitik/krippenplatz.html (zuletzt abgerufen am 15.06.2018).

Beschäftigung und sozialer Zusammenhalt, wie sie in der im 2. Kapitel bereits ausführlich dargestellten Lissabon-Strategie[981] und an anderen Stellen, wie den jährlichen Berichten der Kommission zur Gleichstellung von Frauen und Männern, immer wieder von der Europäischen Union bekräftigt und hervorgehoben werden.[982]

Schon der Gründungsvertrag der Europäischen Wirtschaftsgemeinschaft von 1957 (EWG-Vertrag) enthielt mit dem Gebot der Entgeltgleichheit zwischen Frauen und Männern (Art. 119 EWGV) eine Rechtsnorm zur Bekämpfung von Diskriminierung wegen des Geschlechtes. Inzwischen ist dieses auch weiterhin gültige Gebot in Art. 157 AEUV normiert. Bis zum heutigen Tag hat die Norm ihren Wert nicht eingebüßt. Sie ist noch immer einer der grundlegenden Eckpfeiler der Antidiskriminierungspolitik der Europäischen Union[983] und bietet mit Art. 157 Abs. 3 AEUV eine Rechtsgrundlage, die eine weitergehende Verwirklichung des Grundsatzes der Chancengleichheit und Gleichbehandlung für den gesamten Bereich des Arbeitslebens ermöglicht.[984]

Das Ziel der Gleichberechtigung von Männern und Frauen und weiterführend die Gleichstellung von Frauen und Männern selbst wurde erstmals in den Art. 2 und Art. 137 des Vertrages von Amsterdam als wesentliche, politische Aufgabe der Europäischen Gemeinschaft beschrieben. Heute werden diese Werte und Ziele der Europäischen Union allen voran in Art. 2 und Art. 3 EU, aber auch in Art. 8 AEUV und den bereits in Bezug genommenen und im Folgenden wiederholt erneut aufzugreifenden Art. 157 AEUV aufgezeigt. Art. 3 EU erklärt dabei die Gleichstellung von Männern und Frauen ausdrücklich zu einer der wesentlichen Aufgaben und Ziele der Union. Die Gleichstellung der Geschlechter ist damit von höchster Priorität.[985] Es mag sich hieraus zwar keine direkte Rechtspflicht ableiten,

---

981 Genauere Ausführungen zur sog. „Lissabon Strategie" im 2. Kapitel unter Punkt B. I., II. 1.

982 So auch schon Knigge, ZESAR 2013, 24, 25; vgl. hierzu zudem den Bericht der Kommission an den Rat, das Europäische Parlament, den Europäischen Wirtschafts- und Sozialausschuss und den Ausschuss der Regionen zur Gleichstellung von Frauen und Männern vom 27.02.2009, KOM(2009)77, S. 3 f. – nicht im Amtsblatt veröffentlicht; aber abrufbar unter: http://www.parlament.gv.at/PAKT/EU/XXIV/EU/00/79/EU_07927/imfname_10005809.pdf (zuletzt abgerufen am 15.06.2018).

983 So u. a. Kohte in: Düwell, Göhle-Sander, Kohte (Hrsg.), juris-PraxisKommentar „Vereinbarkeit von Familie und Beruf", Kap. 2 Rdnr. 2.

984 S. Vedder/Heintschel von Heinegg-*Vedder*, Europäisches Unionsrecht – Handkommentar, 2012, Art. 157 AEUV Rdnr. 1.

985 Vgl. hierzu u. a. die Ausführungen bei Kohte in: Düwell, Göhle-Sander, Kohte (Hrsg.), juris-PraxisKommentar „Vereinbarkeit von Familie und Beruf", Kap. 2 Rdnr. 4 m.w.N.

wohl aber führte und führt diese politische Festlegung zu einer Vielzahl an Maßnahmen, die durch Sekundärrecht, aber auch durch Auslegung des vorhandenen Rechts ihre ganz eigene Wirkung erzielt[986], wie z. B. im Bereich des Frauenarbeitsschutzes. Das Diskriminierungsverbot wegen des Geschlechts wurde im Übrigen schon früh vom Europäischen Gerichtshof als eine der wichtigsten „Grundlagen der Gemeinschaft" anerkannt.[987] Und auch der für die vorliegende Ausarbeitung bedeutsame rechtliche Standard, dass jede unterschiedliche Behandlung wegen der Schwangerschaft oder nach der Geburt als eine Diskriminierung wegen des Geschlechts gilt, ist ein Ergebnis des Dialogs zwischen den nationalen Arbeitsgerichten und dem Europäischen Gerichtshof.[988]

Das arbeits- und sozialpolitische Bestreben, darüber hinaus eine Verbesserung der Regelungen zur Vereinbarkeit von Familie und Beruf zu erzielen, zeigt sich ferner zunehmend im sog. „Soft Law"[989] der Europäischen Union, wie z. B. in Art. 27 der Revidierten Europäischen Sozialcharta (RESC)[990], der den Grundsätzen des Art. 8 ILO-Übereinkommen Nr. 156 zum Schutz von Arbeitnehmern mit Familienpflichten nachempfunden ist[991] oder in der Grundrechte Charta der Europäischen Union (GReCh), die, weg von rein politischen Grundsätzen und Leitlinien, laut Art. 6 EU inzwischen sogar zu den Verträgen gleichrangigem Recht erklärt worden ist. Insbesondere Art. 33 der GReCh ist dabei vorliegend,

---

986 S. hierzu u. a. Kohte in: Düwell, Göhle-Sander, Kohte (Hrsg.), juris-PraxisKommentar „Vereinbarkeit von Familie und Beruf", Kap. 2 Rdnr. 17.

987 EuGH, Urt. v. 08.04.1976, Rs. 43/75 (Defrenne II).

988 So auch Rust, Europäischer Anstoß – Mutterschutz für Selbständige, in: Hamburger Frauenbündnis 100 Jahre Internationaler Frauentag, Emanzipation, Macht, Gerechtigkeit, 100 Jahre Internationaler Frauentag in Hamburg 2011, S. 107, 109.

989 „Soft Law" ist eine Bezeichnung für nicht rechtsverbindliche Übereinkünfte, Absichtserklärungen oder Leitlinien. Im Gegensatz zum sog. „Hard Law", zu dessen Vollzug sich die Beteiligten verbindlich verpflichten, stellt es eine weniger strenge Selbstbindung dar, wobei dies nicht zwangsläufig Wirkungslosigkeit impliziert. Vgl. hierzu Ziegler, Einführung in das Völkerrecht, S. 68 f. oder Herdegen, Völkerrecht, § 20 Rdnr. 4, deren Ausführungen zum Völkerrecht auf das Europäische Recht übertragbar sind.

990 Die revidierte Fassung der Europäischen Sozialcharta von 1996 wurde zwar von Deutschland unterzeichnet, jedoch bisher nicht ratifiziert.

991 Auch das Übereinkommen über die Chancengleichheit und die Gleichbehandlung männlicher und weiblicher Arbeitnehmer: Arbeitnehmer mit Familienpflichten von 1981 (ILO-Übereinkommen Nr. 156) ist von Deutschland bislang nicht ratifiziert worden.

wie schon dargestellt, von herausragender Bedeutung.[992] Mit ihm wird gleichrangig zum EUV und dem AEUV die Gewährleistung des rechtlichen, wirtschaftlichen und sozialen Schutzes der Familie als objektives Prinzip normiert. Er garantiert „jeder Person" individuelle Rechte[993], die u. a. einen Anspruch auf bezahlten Mutterschaftsurlaub und den Anspruch auf Elternurlaub nach der Geburt eines Kindes einbeziehen (Art. 33 Abs. 2 GReCh).

Während der letzten 40 Jahre kam es darüber hinaus durch zahlreiche Initiativen und Rechtsakte der Europäischen Gemeinschaft zu viel Bewegung in den nationalen Gesetzgebungen zum Gleichstellungsrecht. Vor allem gegen Ende der 1970er Jahre setzte im Rahmen der zweiten Frauenbewegung und der Frauenarbeitsschutzdebatte eine deutliche Betonung der Geschlechtergleichheit ein. Die Verwirklichung von Chancengleichheit trat zunehmend in den Mittelpunkt. In diesem Prozess gelangen die meisten Fortschritte infolge der Umsetzung europäischer Richtlinien, die u. a. teils auch die Frage des Mutterschutzes für abhängig erwerbstätige Frauen, wie auch Selbständige aufgreifen.[994]

Eine erste wichtige Erweiterung des Diskriminierungsverbotes wegen des Geschlechts erfolgte im Jahr 1975 mit der Richtlinie über Lohngleichheit (Richtlinie 75/117/EWG)[995], gefolgt im Jahr 1976 von der Richtlinie 76/207/EWG zur Verwirklichung des Grundsatzes der Gleichbehandlung von Männern und Frauen hinsichtlich des Zugangs zur Beschäftigung, zur Berufsbildung und zum beruflichen Aufstieg sowie in Bezug auf die Arbeitsbedingungen[996]. Art. 2 dieser Richtlinie erklärte, dass keine unmittelbare oder mittelbare Diskriminierung auf-

---

992 Vgl. hierzu schon die voranstehenden Ausführungen des 3. Kapitels unter B. I.

993 Vgl. hierzu Meyer-*Rudolf*, Charta der Grundrechte der EU, 2014, Art. 33 Rdnr. 17.

994 Einen umfassenden Überblick über die im Bereich des Gleichstellungsrechts geltenden Normen, insbesondere über die Richtlinien der ersten und zweiten Generation sowie deren Wirkung, bietet *Rust* in: von der Groeben/Schwarze/Hatje-*Rust*, Europäisches Unionsrecht, 2015, Art. 157 AEUV Rdnr. 1, 2 ff., 223 ff. m.w.N.

995 Zur Entstehungsgeschichte der Richtlinie 75/117/EWG des Rates vom 10.02.1975 zur Angleichung der Rechtsvorschriften der Mitgliedstaaten über die Anwendung des Grundsatzes des gleichen Entgelts für Männer und Frauen, ABl. 1975 L 45, S. 19: von der Groeben/Schwarze/Hatje-*Rust*, Europäisches Unionsrecht, Art. 157 AEUV Rdnr. 150 ff. m.w.N. S. außerdem Grabitz/Hilf/Nettesheim-*Langenfeld*, Das Recht der Europäischen Union, EL 44 2011, Art. 157 Rdnr. 90 ff. m.w.N.

996 Richtlinie 76/207/EWG des Rates vom 09. Februar 1976 zur Verwirklichung des Grundsatzes der Gleichbehandlung von Männern und Frauen hinsichtlich des Zugangs zur Beschäftigung, zur Berufsbildung und zum beruflichen Aufstieg sowie in Bezug auf die Arbeitsbedingungen, ABl. EG 1976 L 039/40. S. zum Hintergrund der Richtlinie: von der Groeben/Schwarze/Hatje-*Rust*, Europäisches Unionsrecht,

grund des Geschlechtes erfolgen darf, womit erstmals ausdrücklich die Möglichkeit eröffnet wurde, Zugangshindernisse für Frauen abzubauen. Doch damit nicht genug. Es wurden weitere Richtlinien in Bezug auf die Gleichstellung der Geschlechter verabschiedet. Allesamt hatten sie die Gleichstellung der Geschlechter zum Ziel, jede für sich eine andere konkrete Frage betreffend, wobei sie sich stets auf die Bereiche Gleichbehandlung in Arbeits- und Beschäftigungsfragen, schwangere Arbeitnehmerinnen/Elternurlaub, soziale Sicherung, Selbständige und Ehegatten oder auch Zugang zu Gütern und Dienstleistungen bezogen bzw. beziehen. Zu diesen Richtlinien zählt neben der Richtlinie 79/7/EWG[997], welche die schrittweise Verwirklichung des Grundsatzes der Gleichbehandlung von Männern und Frauen im Bereich der sozialen Sicherheit zum Gegenstand hat, oder der im Folgenden noch näher darzustellenden Richtlinie 2004/113/EG, die die Verwirklichung des Grundsatzes der Gleichbehandlung von Männern und Frauen beim Zugang zu und bei der Versorgung mit Gütern und Dienstleistungen, wie z. B. Versicherungsleistungen, fordert, vor allem auch die Richtlinie über die Gleichbehandlung der Selbständigen 86/613/EWG aus dem Jahr 1986, welche erstmals zumindest einen Prüfungsauftrag hinsichtlich der Einführung eines allgemeinen Anspruchs auf Mutterschutz auch für Selbständige aufgriff[998]. Die Richtlinie 86/613/EWG wurde zwischenzeitlich von der Richtlinie 2010/41/EU novelliert und entsprechend abgelöst, wie schon im 2. Kapitel ausführlich dargestellt.

Mit Blick auf die speziellen Auswirkungen für die Vereinbarkeit von Familie und Beruf ist im Übrigen auch die Richtlinie 92/85/EWG, die sog. Mutterschutzrichtlinie, nicht zu vernachlässigen, deren Novellierung zwar am 03. Oktober 2008 gemeinsam mit der Überarbeitung der alten Richtlinie 86/613/EWG ebenfalls auf den Weg gebracht worden war, im Gegensatz zur Vorbenannten bisher allerdings nicht in einer neuen Richtlinie mündete. Die Bemühungen

---

Art. 157 AEUV Rdnr. 156 ff. sowie Grabitz/Hilf/Nettesheim-*Langenfeld*, Das Recht der Europäischen Union, EL 44 2011, Art. 157 Rdnr. 95 ff. – jeweils m.w.N.

997 Zur Richtlinie 79/7/EWG u. a.: Grabitz/Hilf/Nettesheim-*Langenfeld*, Das Recht der Europäischen Union, EL 44 2011, Art. 157 Rdnr. 126 ff.; von der Groeben/Schwarze/Hatje-*Rust*, Europäisches Unionsrecht, Art. 157 AEUV Rdnr. 160 f. – jeweils m.w.N.

998 Richtlinie des Rates vom 11.12.1986 zur Verwirklichung des Grundsatzes der Gleichbehandlung von Männern und Frauen, die eine selbständige Erwerbstätigkeit – auch in der Landwirtschaft – ausüben, sowie über den Mutterschutz (86/613/EWG), ABl. Nr. L 359, S. 56 vom 19.12.1986. Vgl. zur Richtlinie 86/613/EWG u. a.: Grabitz/Hilf/Nettesheim-*Langenfeld*, Das Recht der Europäischen Union, EL 44 2011, Art. 157 Rdnr. 145 ff. m.w.N.

den Mutterschutz zu modernisieren, insbesondere auf 18 Wochen zu verlängern, verliefen Mitte 2011 im Sande, sollte aber im Laufe des Jahres 2016 wiederaufgenommen werden, was jedoch zumindest bis Oktober 2016 nicht der Fall war.[999] Dass die Vereinbarkeit von Beruf und Familie auf europäischer Ebene von herausragender politischer Bedeutung ist, zeigt sich sekundärrechtlich zudem in den allgemeinen Erwägungen der Richtlinie 96/34/EG, der im Wege des für die Sozialpolitik der Europäischen Union wichtigen europäischen sozialen Dialogs[1000] geschaffenen Rahmenrichtlinie über den Elternurlaub, die inzwischen in der Richtlinie 2010/18/EU eine neue Fassung gefunden hat.[1001] Die Wechselwirkung zwischen Gleichstellung und Berücksichtigung familiärer Pflichten auf der einen Seite und striktem Diskriminierungsschutz auf der anderen Seite wird ferner in den Regelungen zur betrieblichen Altersvorsorge in Art. 9 der Richtlinie 2006/54/EG deutlich gemacht.

All die vorbenannten Richtlinien bilden gemeinsam das Setting für die Frage des Mutterschutzes für Selbständige gemäß den Richtlinienvorgaben der Selbständigen-Richtlinie 2010/41/EU. Die vorbenannten Richtlinien im Gesamtblick genommen zeigen, dass sich die Frage der Gleichbehandlung fortwährend weiterentwickelt und konkretisiert hat. Jahrelang lag der Handlungsschwerpunkt im Bereich der Bekämpfung von Diskriminierung aus Gründen der Staatsangehörigkeit und des Geschlechts. 2006 wurden mit der Neufassung der Richtlinie zur Verwirklichung des Grundsatzes der Chancengleichheit und Gleichbehandlung von Männern und Frauen in Arbeits- und Beschäftigungsfragen, genauer der

999 Vgl. den Stand des Gesetzgebungsvorhabens über http://www.europarl.europa.eu/oeil/popups/ficheprocedure.do?lang=en&reference=2008/0193%28COD%29 (zuletzt abgerufen am 15.06.2018) sowie die obigen Ausführungen 1. Kapitel unter Punkt A. I. 3. b).

1000 Der soziale Dialog ist ein Grundbestandteil des europäischen Sozialmodells. Gemäß Art. 151 AEUV gilt die Förderung des Dialogs zwischen Arbeitgebern und Arbeitnehmern als gemeinsames Ziel der EU und der Mitgliedstaaten. Ziel des sozialen Dialogs ist es, das europäische Regierungshandeln durch die Einbeziehung der Sozialpartner in den Beschlussfassungs- und Umsetzungsprozess zu verbessern. Die Sozialpartner, d. h. die Arbeitgeber- und Arbeitnehmervertreter, können so aktiv zur Gestaltung der europäischen Sozialpolitik beitragen. Vgl. zum sozialen Dialog umfassend u. a. *Rust* in: von der Groeben/Schwarze/Hatje-*Rust*, Europäisches Unionsrecht, Art. 155 AEUV Rdnr. 1 ff. m.w.N.

1001 Richtlinie 2010/18/EU des Rates vom 08.03.2010 zur Durchführung der von BUSINESSEUROPE, UEAPME, CEEP und EGB geschlossenen überarbeiteten Rahmenvereinbarung über den Elternurlaub und zur Aufhebung der Richtlinie 96/34/EG, ABl. EG Nr. L 68, S. 13 vom 18.03.2010.

Richtlinie 2006/54/EG[1002], diverse der vorhandenen und zuvor benannten Richtlinien vereinfacht und modernisiert, indem sieben bestehende Bestimmungen durch einen einzigen umfassenden Text ersetzt wurden.[1003] Zu jener Zeit nicht modernisiert wurde jedoch die Richtlinie 86/613/EWG über die Gleichstellung der Selbständigen, die auch die Frage des Mutterschutzes berührt. Dies wurde damals noch versäumt und sollte erst 2010 mit der Richtlinie 2010/41/EU nachgeholt werden.[1004] Dies zeigt, dass nicht mehr nur die Lohngleichheit oder ein schlichtes Diskriminierungsverbot im Mittelpunkt des Interesses stehen, sondern inzwischen vor allem die Frage nach der Vereinbarkeit von Familie und Beruf und damit zugleich auch der hiermit eng verknüpfte Anspruch auf Mutterschutz.

Die voranstehenden Erörterungen sollen nun aber nicht der Eindruck erwecken, die Europäische Union versuche die Problematik der Vereinbarkeit von Familie und Beruf allein auf Basis formeller Rechtsakte zu lösen. Tatsächlich gibt es neben diversen Gesetzesinitiativen ebenso zahlreiche Kampagnen im Kampf um die Chancengleichheit von Frauen und Männern in der Europäischen Union. Die Gleichstellung der Geschlechter muss von einem umfassenden politischen und gesellschaftlichen Prozess flankiert werden, so eine der wohl maßgeblichen Erkenntnisse in diesem Bereich. Seit den frühen 1980er Jahren wird diese Aufgabe wahrgenommen[1005] und seither stetig fortgeführt. Von zentraler Bedeutung ist da-

---

1002 Richtlinie 2006/54/EG des Europäischen Parlaments und des Rates vom 05.07.2006 zur Verwirklichung des Grundsatzes der Chancengleichheit und Gleichbehandlung von Männern und Frauen in Arbeits- und Beschäftigungsfragen (Gleichbehandlungsrichtlinie), ABl. EG L 204/23 vom 26.07.2006. Mit ihr wurden die RL 75/117/EWG, RL 76/207/EWG, RL 2002/73/EG, RL 86/378/EWG, RL 96/97/EG, RL 97/80/EG sowie die RL 98/52/EG neugefasst bzw. aufgehoben.

1003 S. zur Konsolidierung der bisherigen Gleichbehandlungsrichtlinien sowie zu den institutionellen Vorkehrungen zur Durchführung der Gleichbehandlung gemäß den Vorgaben der Richtlinie 2006/54/EG zusammenfassend u. a. Grabitz/Hilf/Nettesheim-*Langenfeld*, Das Recht der Europäischen Union, EL 44 2011, Art. 157 Rdnr. 87 ff. m.w.N. Vgl. zudem zu den Vorgaben der Richtlinie 2006/54/EG in Bezug auf dessen Anwendungsbereich, der sich gem. Art. 6 der RL auch auf Selbständige erstreckt, deren Erwerbstätigkeit beispielsweise aufgrund von Mutterschaft unterbrochen ist, u. a. *Rust* in: von der Groeben/Schwarze/Hatje-*Rust*, Europäisches Unionsrecht, Art. 157 AEUV Rdnr. 261 ff. m.w.N. Zur in diesem Zusammenhang bestehenden Besonderheit bei verkammerten Freien Berufe ferner u. a. Lessel, S. 50 ff.

1004 Zum Werdegang der Novellierung der RL 86/613/EWG vgl. 2. Kapitel A. I., II.

1005 Ein erstes Aktionsprogramm zur Förderung der Chancengleichheit der Frauen wurde im Jahr 1982 auf den Weg gebracht und beschlossen, ABl. EG C 186 vom 21.07.1982. Schon in diesem Programm wurde angesprochen, dass ein Umdenken in der tra-

bei insbesondere der sog. „Fahrplan für die Gleichstellung von Frauen und Männern 2006–2010“[1006], in dem sechs Aktionsschwerpunkte definiert werden, die die Gleichbehandlung von Frauen und Männern forcieren sollen. Unter anderem beziehen sich die Vorschläge des Fahrplans auf die wirtschaftliche Unabhängigkeit von Frauen und Männern, die Bekämpfung aller Formen geschlechtsbezogener Gewalt, den Abbau von Geschlechterstereotypen und eben auch auf die Verbesserung der Vereinbarkeit von Familie und Beruf. Zur Begründung des Fahrplans wurde die Gleichstellung der Geschlechter als Grundrecht und gemeinsamer Wert der Gemeinschaft ausdrücklich hervorgehoben. Gleichzeitig wurde die immense ökonomische Dimension der Geschlechtergleichstellungs- und Vereinbarkeitsproblematik unterstrichen. Ihr funktionaler Zusammenhang mit den Zielen der Europäischen Union zum Wachstum, der Beschäftigung und des sozialen Zusammenhalts wurde in den Mittelpunkt gerückt.[1007]

Schon im Jahr 2000 hieß es im Übrigen bereits in einer Entschließung des Rates über die Teilhabe von Frauen und Männern im Beruf und Familienleben zu Recht wie folgt:

> ***„Sowohl Männer als auch Frauen haben ungeachtet des Geschlechtes ein Recht auf Vereinbarkeit von Berufs- und Familienleben.“***[1008]

Diese Aussage der Entschließung mag zwar kein Recht im normativen Sinne darstellen, sie bietet aber gleichwohl einen hinreichenden Anknüpfungspunkt zur Interpretation aller weiteren Vorstöße der Union[1009], wie z. B. den konkreten Legislativmaßnahmen der Kommission auf die Vorschläge zur Verbesserung

---

ditionellen Rollenverteilung in Beruf und Familie notwendig ist. Konkrete Ziele wurden allerdings zu jener Zeit allerdings noch nicht formuliert.

1006 Mitteilung der Kommission an den Rat, das Europäische Parlament, den Europäischen Wirtschafts- und Sozialausschuss und den Ausschuss der Regionen – Ein Fahrplan für die Gleichstellung von Frauen und Männern 2006–2010, KOM(2006)92 endg. Der Fahrplan wurde zwischenzeitlich nochmals überarbeitet und aktualisiert. Er ist seither unter dem Titel „Strategie für die Gleichstellung von Frauen und Männer 2010–2015“, KOM(2010)491 endg., veröffentlicht.

1007 Vgl. KOM(2006)92 endg., S. 2; mehr zum Fahrplan, seinen Vorschlägen und Zielen sowie einer ersten Halbzeitbilanz im Jahr 2008, die zeigte, dass die zu erhöhenden Beschäftigungschancen von Frauen wegen deren Arbeitskräftepotenzial von der Union als besonders dringlich angesehen werde, außerdem in den Erörterungen des Kapitels 2 unter B. II.

1008 ABl. EG v. 31.07.2000, C-218/5 ff.

1009 Vgl. hierzu z. B. EuGH, Urt. v. 17.06.1998, Rs. C-243/95, Slg. 1998 I-3739 Rdnr. 43 (Hill and Stapleton).

der Mutterschutz-Richtlinie 92/85/EWG oder eben auch der Richtlinie zur Gleichbehandlung selbständiger Erwerbstätiger und ihrer mitarbeitenden Ehegatten aus dem Jahre 2008, welche letztlich in der hier im Mittelpunkt stehenden Selbständigen-Richtlinie 2010/41/EU münden sollte.

8. *Fazit*

Obgleich mittlerweile diverse Bestimmungen zur Förderung der Vereinbarkeit von Berufs- und Familienleben und damit u. a. auch zur Verbesserung bzw. Ausweitung des Mutterschutzes verabschiedet wurden, so ruft insbesondere der Bericht zur Gleichstellung von Männern und Frauen aus dem Jahr 2009 nachdrücklich in Gedächtnis, dass all diese Maßnahmen jeweils für sich genommen nicht ausreichend sein werden. Zur verbesserten Vereinbarung von Familie und Beruf bedarf es eines „policy-mix“, der eine umfassende Strategie bietet, die es Müttern wie Vätern ermöglicht, gleichberechtigt am Erwerbsleben teilzunehmen.[1010] Hierzu zählen neben Regelungen zum Mutterschutz auch solche zur sich an die Geburt anschließenden Elternzeit oder ein Anspruch auf einen Platz in der KiTa für unter 3-Jährige. Viele dieser Regelungen, die sich heute in unserem nationalen Recht wiederfinden, basieren auf Vorgaben der Europäischen Union. Insbesondere im Wege von Richtlinien wurde binnen der letzten Jahre ein umfassendes Setting gebildet, das den Zielsetzungen der Europäischen Union nach mehr Wachstum, Beschäftigung und sozialen Zusammenhalt und damit einhergehend eben auch nach einer verbesserten Chancengleichheit und mehr Diskriminierungsverboten Genüge tun soll. Die Richtlinie 2010/41/EU und der in deren Art. 8 vorgesehene Mutterschutz für selbständig erwerbstätige Frauen sind solche Regelungen, die sich problemlos in dieses Setting eingliedern lassen.

Es ist den voranstehenden Ausführungen folgend nicht von der Hand zu weisen, dass die Thematik „Work-Life-Balance“ sich längst sowohl auf politischer als auch rechtlicher Ebene in Deutschland und der Europäischen Union etabliert hat. Die Frage nach einer verbesserten Vereinbarkeit des Berufs- mit dem Familienleben kann dabei allerdings nur dann gebührend beantwortet werden, wenn auch der Anspruch der Mutter auf einen gleichsam gebührenden Schutz während der Schwangerschaft und während der Zeit rund um die Entbindung Berücksichtigung findet. Die nachfolgenden Ausführungen werden deshalb einen genauen Blick darauf zu werfen haben, ob ein solcher Anspruch (auch) für selbständig erwerbstätige Frauen von unserem Rechtssystem gewährt wird.

1010 So auch KOM(2008)635 endg. vom 03.10.2008, S. 2.

II. Rechtsgrundlagen des Mutterschutzes im Einzelnen

Die nachfolgenden Erörterungen werden sich dem „Status Quo" eines Mutterschutzes (auch) für Selbständige widmen. Hierzu werden einige der voranstehend bereits im Überblick dargestellten Normen zentral in den Mittelpunkt gerückt und näher betrachtet. Es soll dabei insbesondere überprüft werden, ob und wie sie (auch) den selbständigen (werdenden) Müttern helfend zur Seite stehen.

1. *Mutterschutzleistungen nach dem Mutterschutzgesetz (auch) für Selbständige?*

Vom Beginn der Schwangerschaft an stehen die von dessen Anwendungsbereich umfassten Frauen unter dem Schutz des „Gesetzes zum Schutz der erwerbstätigen Mutter", welches besser bekannt ist als „Mutterschutzgesetz (MuSchG)"[1011]. Mit diesem Gesetz versucht der Gesetzgeber dem Auftrag des Art. 6 Abs. 4 GG Genüge zu tun, nach welchem jede Mutter einen Anspruch auf den Schutz und die Fürsorge der Gemeinschaft haben soll, und will so Mutter und Kind vor zu hohen physischen und psychischen Belastungen schützen.

Das Mutterschutzgesetz hat die Aufgabe übertragen bekommen, werdende Mütter und ihre ungeborenen Kinder vor Gefahren am Arbeitsplatz zu schützen, die zu einer Überforderung der Mutter und/oder Gesundheitsschädigungen der Mutter und des Kindes führen können. Es enthält zur Umsetzung dieses verfassungsrechtlich in Art. 6 Abs. 4 GG festgelegten Auftrages besondere Vorschriften zur Arbeitsplatzgestaltung, zum Kündigungsschutz, zu Beschäftigungsverboten unter Weiterzahlung des Arbeitsentgelts außerhalb sowie zur finanziellen Unterstützung in Form des Mutterschaftsgeldes und des Arbeitgeberzuschusses zum Mutterschaftsgeld während der ebenfalls im Rahmen des Mutterschutzgesetzes geregelten Mutterschutzfristen. Den berufstätigen Frauen soll es so erleichtert werden, ihre Aufgabe im Beruf und als (werdende) Mutter miteinander zu vereinbaren. Heutzutage müssen oder wollen viele Mütter arbeiten; sie wollen bzw. können weder vor, noch nach der Geburt ihres Kindes auf die Ausübung ihrer Erwerbstätigkeit verzichten. Für sie kommt den Schutzvorschriften des Mutterschutzgesetzes große Bedeutung zu.[1012]

1011 Zum historischen Werdegang des Mutterschutzes und damit vor allem auch des Mutterschutzgesetzes vgl. die Ausführungen des 1. Kapitels unter A. I. 2. sowie insbesondere die Ausführungen bei Ute Edel, Die Entwicklung des Mutterschutzes in Deutschland, 1993.

1012 Ebener/Graue in: Arbeitnehmerkammer Bremen (Hrsg.), Mutterschutz, Elterngeld, Elternzeit, 2016, S. 16 f.

Das Mutterschutzgesetz ist insgesamt auf drei Säulen gestellt worden, namentlich die des Gefahren-, des Entgelt- und die des Arbeitsplatzschutzes.[1013] Für die vorliegend zu untersuchende Fragestellung sind die Säulen des Entgeltschutzes und des Gefahrenschutzes von herausragendem Interesse. Einen eigenen Arbeitsplatzschutz bedarf die selbständig erwerbstätige Frau – als Herrin über ihre eigenen beruflichen Geschicke – grundsätzlich nicht; eine Kündigung bzw. ein Arbeitsplatzverlust wie bei Arbeitnehmerinnen droht ihr nicht.

Der Mutterschutz, wie wir ihn heute kennen, umfasst allen voran sowohl die erste Zeit der Mutterschaft, genauer denjenigen Zeitraum unmittelbar nach der Geburt, in der die frisch entbundene Mutter sowie das Kind physisch wie psychisch besonderer Fürsorge bedürfen, als auch die Schwangerschaft selbst. Unter Schwangerschaft versteht man dabei die Zeit zwischen Empfängnis und Entbindung.[1014] Im Mittelpunkt der vorliegenden Ausarbeitung sollen nun allerdings nur die unter §§ 3 Abs. 2, 6 Abs. 1 MuSchG a. F. / § 3 Abs. 1, Abs. 2 MuSchG 2018 zum Schutze der Gesundheit von Mutter und Kind festgelegten Mutterschutzfristen von insgesamt 14 Wochen rund um die Entbindung[1015] stehen sowie die Frage,

---

1013 Zum „drei Säulen"-Prinzip s. auch Meisel/Sowka, MuSchG, Einl. Rdnr. 22; Rancke-*Pepping*, MuSchG, Vor §§ 1 und 2 MuSchG Rdnr. 2; Graue, MuSchG, § 1 Rdnr. 1 sowie die einleitenden Ausführungen im 1. Kapitel unter Punkt A. I. 1. c).

1014 Vgl. zum Begriff der Schwangerschaft sowie der Bestimmung des Beginns einer Schwangerschaft aus juristischer Sicht z. B.: Buchner/Becker, MuSchG, § 1 Rdnr. 141 ff. m.w.N. zur Frage des Vorliegens einer Schwangerschaft bzw. der Feststellung und Errechnung ihres Beginns. Vgl. außerdem statt vieler die instruktiven Ausführungen des LAG Niedersachsen, Urt. v. 12.05.1997, NZA-RR 1997, 460, 461 sowie zur künstlichen Befruchtung EuGH; Urt. v. 26.02.2008, C-506/06. S. außerdem zur ständigen Rspr. des BAG zur Frage nach dem Beginn einer Schwangerschaft: BAG, Urt. v. 27.01.1966, AP Nr. 27 zu § 9 MuSchG; Urt. v. 20.12.1972, AP Nr. 7 zu § 11 MuSchG 1968; Urt. v. 27.10.1983, AP Nr. 14 zu § 9 MuSchG 1968; Urt. v. 07.05.1998, AP Nr. 24 zu § 9 MuSchG 1968; sowie zur herrschenden Meinung der Literatur: Heilmann, MuSchG, 1984, vor §§ 1–2 Rdnr. 3; Zmarzlik/Zipperer/Viehten/Vieß, MuSchG, 2006, § 9 Rdnr. 53; Buchner/Becker, MuSchG, § 1 Rdnr. 148 und Töns, BB 1987, 1801; Eich, DB 1981, 1233.

1015 Vgl. zu den Begriffen der Empfängnis und Entbindung i.S.d. Mutterschutzgesetzes z. B.: Buchner/Becker, MuSchG, § 1 Rdnr. 153 ff. m.w.N.; Graue, MuSchG, § 6 Rdnr. 6; Meisel/Sowka, MuSchG, § 6 Rdnr. 2; Rancke-*Pepping*, MuSchG, § 6 Rdnr. 7; BAG, Urt. v. 16.02.1973 – Az. 2 AZR 138/72; LSG Niedersachsen, Urt. v. 03.03.1987, NZA 1987, 544. S. außerdem zur Totgeburt: Buchner/Becker, MuSchG, § 1 Rdnr. 156 m.w.N.; Graue, MuSchG, § 6 Rdnr. 6, 11; Rancke-*Pepping*, MuSchG, § 6 Rdnr. 7, 9 sowie BAG, Urt. v. 15.12.2005, Az. 2 AZR 462/04; BVerfG, Urt. v. 28.05.1993, NJW 1993, 1751 – nach der im vorgenannten Urteil vom

wie dieses Zeitfenster für die (werdende) selbständig erwerbstätige Mutter abgesichert werden kann. Wie wird es ihr ermöglicht, für diesen sensiblen Moment die notwendige „Auszeit" von ihrer beruflichen Tätigkeit zu nehmen? Welche Mutterschaftsleistungen werden für diesen konkreten Zeitraum angeboten?

Am 23. Mai 2017 wurde eine umfassende Neuregelung und vor allem Neugliederung des Mutterschutzgesetzes verabschiedet, die zum 01. Januar 2018 vollumfänglich in Kraft getreten ist. Dabei werden u. a. die bisherigen Regelungen der Verordnung zum Schutze der Mütter am Arbeitsplatz (MuSchArbV) in das Mutterschutzgesetz integriert.[1016] Ferner wird der Anwendungsbereich des Gesetzes ausgeweitet. Müttern von behinderten Kindern kommt künftig ein umfassenderer Schutz als bisher zu. Selbständig erwerbstätige Frauen werden hingegen von der Ausweitung des Anwendungsbereichs grundsätzlich nicht profitieren. Sie werden von den Neuregelungen auch weiterhin nicht berücksichtigt, wie im Folgenden noch näher zu zeigen sein wird.

a) *Anwendungsbereich des Mutterschutzgesetzes*

Der Anwendungsbereich des Mutterschutzgesetzes richtet sich gemäß § 1 Mutterschutzgesetz (MuSchG) derzeit vorranging an in einem Arbeitsverhältnis beschäftigte (werdende) Mütter, also an Arbeitnehmerinnen, die einer abhängigen Erwerbstätigkeit nachgehen. Grundsätzlich fallen damit alle Personen weiblichen Geschlechts, die schwanger werden können, unabhängig von ihrem Alter, Familienstand oder ihrer Geschäftsfähigkeit, und die in einem Arbeitsverhältnis stehen oder als Heimarbeiterinnen bzw. ihnen Gleichgestellte tätig sind, in den Anwendungsbereich des Mutterschutzgesetzes (§ 1 MuSchG).[1017]

28.05.1993 wiedergegebenen Ansicht des BVerfG steht der Schwangerschaftsabbruch dem Anliegen des MuSchG entgegen, so dass eine Gleichstellung mit einer Entbindung ausgeschlossen ist. Vgl. zur Frühgeburt ferner Rancke-*Pepping*, MuSchG, § 6 Rdnr. 10 m.w.N.; BAG, Urt. v. 15.12.2005, NJW 2006, 994 sowie zur Fehlgeburt z. B. Ullmann, NJW 1994, 1575; Buchner/Becker, MuSchG, § 1 Rdnr. 157; Graue, MuSchG, § 6 Rdnr. 6, 11.

1016 Vgl. hierzu das Gesetz zur Neuregelung des Mutterschutzrechts v. 23.05.2017, veröffentlicht am 29.05.2017 im BGBl. I 2017 S. 1228, sowie den Gesetzesentwurf der Bundesregierung mit Begründung vom 06.05.2016, Entwurf eines Gesetzes zur Neuregelung des Mutterschutzrechts, BR-Drs. 230/16 / BT-Drs. 18/8963. Da das Gesetz zum Zeitpunkt der Fertigstellung dieser Ausarbeitung noch nicht in Kraft war, orientieren sich die folgenden Ausführungen an der derzeit (noch) gültigen Nummerierung der Gesetzesparagraphen und fügen die künftigen Gesetzesparagraphen in Klammer hinzu.

1017 Heilmann, MuSchG, § 1 Rdnr. 2 f.; Graue, MuSchG, § 1 Rdnr. 2.

Nach § 1 MuSchG 2018 gilt das Gesetz seit dem 01. Januar 2018 für Frauen, die einer Beschäftigung im Sinne von § 7 Abs. 1 des Vierten Buches Sozialgesetzbuch (SGB IV) nachgehen sowie unabhängig davon, ob ein solches Beschäftigungsverhältnis vorliegt, auch für Frauen in betrieblicher Berufsausbildung und Praktikantinnen im Sinne von § 26 des Berufsbildungsgesetzes, Frauen mit Behinderung, die in einer Werkstatt für behinderte Menschen beschäftigt sind, Frauen, die als Entwicklungshelferinnen im Sinne des Entwicklungshelfer-Gesetzes tätig sind, jedoch mit der Maßgabe, dass die §§ 18 bis 22 MuSchG 2018 auf sie nicht anzuwenden sind, Frauen, die als Freiwillige im Sinne des Jugendfreiwilligendienstgesetzes oder des Bundesfreiwilligendienstgesetzes tätig sind, Frauen, die als Mitglieder einer geistlichen Genossenschaft, Diakonissen oder Angehörige einer ähnlichen Gemeinschaft auf einer Planstelle oder aufgrund eines Gestellungsvertrages für diese tätig werden, auch während der Zeit ihrer dortigen außerschulischen Ausbildung sowie Schülerinnen und Studentinnen, soweit die Ausbildungsstelle Ort, Zeit und Ablauf der Ausbildungsveranstaltung verpflichtend vorgibt oder die ein im Rahmen der schulischen oder hochschulischen Ausbildung verpflichtend vorgegebenes Praktikum ableisten, jedoch mit der Maßgabe, dass die §§ 17 bis 24 MuSchG 2018 auf sie nicht anzuwenden sind.

Selbständig erwerbstätige Frauen waren und sind damit vom Anwendungsbereich grundsätzlich ausgeschlossen. Durchbrochen wurde und wird dieses Prinzip gemäß § 1 Nr. 2 MuSchG a. F. / § 1 Abs. 2 S. 2 Nr. 6 MuSchG 2018 nur im Falle der in Heimarbeit Beschäftigten[1018], und ihnen Gleichgestellte im Sinne von § 1 Abs. 1 und 2 des Heimarbeitsgesetzes (HAG)[1019], soweit sie am Stück mitarbeiten, sowie ab Inkrafttreten der Reform gemäß § 1 Abs. 2 S. 2 Nr. 7 MuSchG 2018 bezüglich Frauen, die wegen ihrer wirtschaftlichen Unselbständigkeit als arbeitnehmerähnliche Person anzusehen sind, jedoch nur mit der Maßgabe, dass die §§ 18, 19 Abs. 2 und § 20 MuSchG 2018, also die

---

1018 S. zur Heimarbeit: Buchner/Becker, MuSchG, § 1 Rdnr. 64 ff. m.w.N.; Rancke-*Pepping*, MuSchG, § 1 Rdnr. 35; vgl. ebenfalls Marburger, S. 11 f.; Range-Dietz, Mutterschutz, Elternzeit, Teilzeit, S. 15 f. Vgl. außerdem Schmidt/Koberski/Tiemann/Wascher, HAG, 1998, § 19 Rdnr. 1 ff.; Hromadka, NZA 1997, 569, 569 ff.; vgl. weiterhin BAG, Urt. v. 03.04.1990, AP Nr. 11 zu § 2 HAG; BAG, Urt. v. 20.01.2004, NZA 2004, 1058, 1061 – hier wird von einer arbeitnehmerähnlichen Stellung ausgegangen, wobei sie aber an verschiedener Stelle aus diesem Personenkreis dadurch besonders herausgehoben sind, dass der Gesetzgeber sie – wie in § 1 MuSchG – besonders berücksichtigt.

1019 Heimarbeitsgesetz – HAG v. 14.03.1951, BGBl. I S. 191.

gesetzlichen Regelungen zu Mutterschutzlohn und Mutterschaftsgeld, auf sie nicht anzuwenden sind.[1020]

Zum geschützten Personenkreis zählten und zählen somit also gemäß §§ 1 Abs. 1, 2 Abs. 2 HAG zumindest auch Heimgewerbetreibende, die als selbständig Erwerbstätige zu bewerten sind.[1021] Für sie wird eine Schutzbedürftigkeit anerkannt; für andere selbständig erwerbstätige Frauen hingegen nicht. Nicht in den Anwendungskreis des Mutterschutzgesetzes fallen indes sämtliche freiberuflich arbeitenden Frauen, die aufgrund eines selbständigen Dienstverhältnisses oder aufgrund eines Werk- bzw. Werklieferungsvertrages tätig sind. Schlechthin fallen selbständig erwerbstätige Frauen, vor allem, wenn sie als Gewerbetreibende tätig sind, also nicht unter das Mutterschutzgesetz (mit Ausnahme der Heimgewerbetreibenden).[1022] Nur beispielshaft zu benennen sind an dieser Stelle Architektinnen, Ärztinnen, Rechtsanwältinnen oder selbständig tätige Lehrerinnen. Diese selbständigen Frauen sind aus dem geschützten Kreise ausgenommen.[1023] Für sie gelten die unter §§ 3 Abs. 2, 6 Abs. 1 MuSchG a. F. / § 3 Abs. 1, 2 MuSchG 2018 zum Schutze der Gesundheit von Mutter und Kind festgelegten Mutterschutzfristen, wie auch die sich daraus ergebenden weiteren Ansprüche nicht.

Die Art und Weise, in der Frauen beruflich tätig sind, ist nun aber außerordentlich mannigfaltig. Dies gilt insbesondere, wenn Frauen zugleich in meh-

---

1020 Gemäß dem am 23.05.2017 verabschiedeten Gesetz zur Neuregelung des Mutterschutzrechts werden also künftig zumindest arbeitnehmerähnliche Personen vom Anwendungsbereich umfasst sein, die jedoch auch weiterhin keinen Anspruch auf Mutterschutzlohn oder Mutterschaftsgeld haben sollen; s. hierzu auch die Begründung des Gesetzesentwurfs v. 06.05.2016, BR-Drs. 230/16 / BT-Drs. 18/8963.

1021 Zu den Heimgewerbetreibenden allgemein: Buchner/Becker, MuSchG, § 1 Rdnr. 69 ff. m.w.N. S. außerdem Schmidt/Koberski/Tiemann/Wascher, HAG, § 2 Rdnr. 8 ff.; Rancke-*Pepping*, MuSchG, § 1 Rdnr. 35. Gemäß § 12 Abs. 1 SGB IV ist die Heimgewerbetreibende im Sinne des Sozialversicherungsrechts eine Person, die in eigener Arbeitsstätte im Auftrag und für Rechnung von Gewerbetreibenden, gemeinnützigen Unternehmen oder öffentlich-rechtlichen Körperschaften gewerblich arbeitet, auch wenn sie Roh- und Hilfsstoffe selbst beschaffet oder vorübergehend für eigene Rechnung tätig ist mit freier Bestimmung über Arbeitszeit und Arbeitsverlauf. Sie übt damit eine selbständige Tätigkeit aus.

1022 S. Marburger, S. 14; vgl. außerdem Buchner/Becker, MuSchG, § 1 Rdnr. 87 ff. m.w.N.

1023 Vgl. Graue, MuSchG, § 1 Rdnr. 15; zum Begriff der „Selbständigkeit“ bereits detaillierte Ausführungen im 1. Kapitel unter Punkt B. Besondere rechtliche Regelungen bestehen für selbständig erwerbstätige Künstlerinnen; Publizistinnen sowie für die in der Landwirtschaft beschäftigten Frauen. Auf diese Personengruppen wird im Weiteren nochmals gesondert einzugehen sein; s. hierzu die nachfolgenden Ausführungen unter A. II. 3.

reren Jobs tätig sind. Und so kann im Falle einer solchen Mehrfachbeschäftigung ein jedes der verschiedenen Arbeitsverhältnisse eines i.S.d. Mutterschutzgesetzes sein.[1024] Sollte also eine selbständig tätige Frau zugleich nebenberuflich in einem abhängigen Arbeitsverhältnis stehen, genießt sie, ihrer Selbständigkeit ungeachtet, schon aufgrund ihrer weiteren beruflichen Tätigkeit als Angestellte, alle Vorzüge des Mutterschutzgesetzes. Ist eine Frau jedoch ausschließlich selbständig tätig, kann sie von den durch das Mutterschutzgesetz gewährten Rechten nicht profitieren. Ihnen obliegt es grundsätzlich selbst, sich für den Fall der Mutterschaft abzusichern. Das Mutterschutzgesetz steht ihnen jedenfalls nicht helfend zur Seite. Etwas anderes soll nur hinsichtlich der Heimgewerbetreibenden gelten. Ihnen wird dasselbe Schutzbedürfnis zugebilligt, wie es auch für abhängig erwerbstätige (werdende) Mütter gelten soll.

Das heutige Verständnis des Anwendungsbereiches des Mutterschutzgesetzes ist historisch gewachsen.[1025] Statisch ist er allerdings nicht, wie nicht zuletzt die aktuelle Reform des Mutterschutzgesetzes nebst Ausweitung des Anwendungsbereiches von 2017/2018 oder aber die Diskussion im Rahmen der Verabschiedung des Mutterschutzgesetzes in den 1950er Jahren zeigen. Und auch die neusten Entwicklungen auf der Ebene der Europäischen Union, die mit dem „*Danosa*"-Urteil aus dem Jahr 2010 beispielsweise den Geschäftsführerinnen einer GmbH nunmehr ausdrücklich dasselbe Schutzbedürfnis zuerkennen wie den ihnen unterstellten Arbeitnehmerinnen[1026], machen deutlich, dass hier das letzte Wort nicht gesprochen sein muss.

Ohnehin war der Anwendungsbereich in der Vergangenheit bereits mehrfach einem Wandel unterworfen. Zu nennen ist hier z. B. neben der Aufnahme der in Heimarbeit Beschäftigten und ihnen Gleichgestellten auch der nachträgliche Einbezug der hauswirtschaftlich tätigen Frauen. Durch das Gesetz zur Änderung des Mutterschutzrechts vom 20. Dezember 1996[1027], das am 01. Januar 1997 in Kraft getreten ist, wurde ferner die im bisherigen Mutterschutzrecht noch nicht enthaltene Gleichstellung der im Familienhaushalt beschäftigten schwangeren Haus-

1024 S. hierzu Marburger, S. 12 f.; Rancke-*Pepping*, MuSchG, § 1 Rdnr. 14.

1025 Vgl. hierzu bereits die einleitenden Ausführungen zur Historie des Mutterschutzgesetzes im 1. Kapitel unter A. I. 2.

1026 EuGH, Urt. v. 11.11.2010, Rs. C-232/09 (Danosa). Zur „*Danosa*"-Rechtsprechung des EuGHs ausführlich z. B.: Porsche, Streit 2013, 64; Hildebrand, Arbeitnehmerschutz von geschäftsführenden Gesellschaftsorganen im Lichte der Danosa-Entscheidung des EuGHs, 2014 und Hepp, Mutterschutz für GmbH-Geschäftsführerinnen, Rechtslage de lege lata im Lichte verfassungsrechtlicher und europäischer Vorgaben, 2016.

1027 BGBl. I S. 2110.

angestellten mit anderen Arbeitnehmerinnen umgesetzt.[1028] So wurde im Hinblick auf die im Haushalt beschäftigten Arbeitnehmerinnen in § 8 MuSchG a. F. eine Anpassung an die heutigen tatsächlichen Arbeitsbedingungen vorgenommen und dies obwohl diese spezielle mutterschutzrechtliche Verbesserung nicht einmal durch die Mutterschutz-Richtlinie 92/85/EWG gefordert worden ist.[1029] Während bis dahin aus historischen Gründen die hauswirtschaftlich tätigen Frauen in § 8 Abs. 1 S. 2 MuSchG a. F. vollkommen vom Verbot der Sonn- und Feiertagsarbeit ausgenommen waren, ist dies heute kaum mehr von praktischer Bedeutung, noch entspricht es den Gepflogenheiten, dass heutzutage in Familienhaushalten Dritter Sonn- und Feiertagsarbeit geleistet wird.[1030] Die Lebenswirklichkeit hat sich an dieser Stelle in den letzten Jahrzehnten merklich verändert. Zudem hat sich die Erkenntnis durchgesetzt, dass hauswirtschaftliche Tätigkeiten genauso belastend sind wie andere vergleichbare Tätigkeiten, so dass eine Unterscheidung auch schon aus diesem Grunde nicht länger haltbar gewesen wäre. Die traditionelle Einschätzung, dass Hausfrauenarbeit weniger gesundheitsgefährdend sowie weniger anstrengend als normale Arbeit sei und diese deshalb auch längere Arbeitszeiten ableisten könnten, ist inzwischen überholt. Insofern wurde auch die tägliche maximale Arbeitszeit von weiblichen Hausangestellten an die der anderen Arbeitnehmerinnen angepasst.[1031] Die vormaligen historisch bedingten Einschränkungen des Mutterschutzrechts für schwangere Hausangestellte in Familienhaushalten waren in der heutigen Zeit nicht länger haltbar und bedurften rechtspolitisch schon seit Langem einer Änderung.[1032]

Der Wandel der Zeit wurde mithin grundsätzlich wahrgenommen und z. T. auch aufgegriffen, so dass es vereinzelt bereits zu einer Anpassung des Anwendungsbereiches gekommen ist. Andere Änderungen der letzten Jahre, wie z. B. die Erscheinung der „neuen Selbständigkeit" nebst den mit diesen einhergehenden sozialen Risiken für die Betroffenen wurden hingegen nicht aufgenommen oder zumindest bislang nicht im gleichen Maße für bedeutsam erachtet.

Die Vergangenheit zeigt also, dass eine Anpassung des Anwendungsbereichs hin zur Einbeziehung auch der Selbständigen nicht gänzlich unmöglich ist. Für zahlreiche selbständig erwerbstätige Frauen ist es nun aber die tägliche Realität,

1028 Vgl. Budde, AiB 1997, 313, 315; Thau, AuA 1997, 213, 213.

1029 Lenz, NJW 1997, 1491, 1491 f.

1030 Vgl. BT-Drs. 13/2763, S. 10.

1031 Ähnlich BT-Drs. 13/2763, S. 10; s. außerdem Graue, MuSchG, § 8 Rdnr. 3.

1032 Vgl. Graue, MuSchG, § 1 Rdnr. 11, § 8 Rdnr. 2 ff.; Heilmann, MuSchG, § 1 Rdnr. 22 ff. m.w.N.; Zmarzlik/Zipperer/Viethen/Vieß, MuSchG, § 1 Rdnr. 12 f.; Marburger, BB 1997, 522.

dass sie nicht frei entscheiden können, wann und wie viel sie arbeiten wollen bzw. können. Sie sind entweder gezwungen selbständig tätig zu sein, da ihnen ein Zugang zum Arbeitsmarkt ansonsten versagt wird bzw. sie befinden sich altersbedingt oftmals erst in der Aufbauphase ihrer Unternehmung und können es sich schlicht nicht leisten, nicht zu arbeiten.[1033] Sie sind nicht selten ebenso schutzbedürftig. Und doch beschränkt sich der aktuelle Vorstoß einer umfassenden Neuregelung des Mutterschutzrechts allein auf eine Ausweitung des Anwendungsbereiches des Mutterschutzgesetzes auf Schülerinnen, Studentinnen, Praktikantinnen und arbeitnehmerähnlichen Personen, denen dabei jedoch ausdrücklich kein Anspruch auf Mutterschutzlohn oder Mutterschaftsgeld zugestanden werden soll. Selbständig erwerbstätige Frauen sollen damit auch weiterhin, die voranstehend benannten Ausnahmen vom Anwendungsbereich des Mutterschutzgesetzes berücksichtigend, ausgeschlossen bleiben.[1034]

b) Leistungsumfang nach Mutterschutzgesetz

Die Schwangerschaft und Entbindung sind eine ganz besondere Zeit im Leben einer Mutter und ein großer Einschnitt in vielen Bereichen. Nicht anders als in Zeiten, in denen z. B. das Geschäft aufgrund einer Auftragsflaute leidet, ist für viele selbständige Frauen auch der zeitliche Ausfall aufgrund der Geburt oftmals nachhaltig spürbar. Das gilt insbesondere auf finanzieller Ebene, was jedoch zumindest dadurch etwas abgemildert werden könnte, sollte den selbständig erwerbstätigen Frauen ein auf ihre konkrete Situation angepasster Anspruch auf finanziellen Ausgleich für die Zeit rund um die Entbindung, wie ihn bereits heute die abhängig erwerbstätigen Frauen durch das Mutterschutzgesetz erhalten, zugestanden werden.

Den obigen Ausführungen folgend sind die nachfolgend dargestellten Regelungen des Mutterschutzgesetzes jedoch grundsätzlich nicht auf selbständig erwerbstätige Frauen anwendbar. Etwas anderes soll gemäß § 1 Nr. 2 MuSchG a. F. / § 1 Abs. 2 S. 2 Nr. 6 MuSchG 2018 nur hinsichtlich der Heimgewerbetreibenden und gemäß § 1 Abs. 2 S. 2 Nr. 7 MuSchG 2018 für arbeitnehmerähnliche Beschäftigte gelten, wobei Letztere nicht von den gemäß §§ 18 ff. MuSchG 2018 vorgesehenen finanziellen Unterstützungen profitieren. Ausschließlich für diese Form der Selbständigkeit wird der Anwendungsbereich des Mutterschutzgesetzes

1033 Vgl. hierzu bereits die einleitenden Ausführungen zur heutigen mannigfaltigen Struktur der Selbständigkeit im 1. Kapitel unter Punkt B.

1034 Vgl. hierzu den Gesetzesentwurf der Bundesregierung, Entwurf eines Gesetzes zur Neuregelung des Mutterschutzrechts, BR-Drs. 230/16 / BT-Drs. 18/8963.

geöffnet. Nur diesen betroffenen Frauen wird vom Gesetzgeber (derzeit) dasselbe Schutzbedürfnis zugebilligt, wie es auch für abhängig erwerbstätige (werdende) Mütter gelten soll.

Zumindest für sie gilt:

Bei der Schwangerschaft bzw. der sich anschließenden Entbindung handelt es sich um einen normalen physiologischen Zustand im Leben einer Frau. Die normal verlaufende Schwangerschaft ist keine Krankheit, die die Frau an der Fortführung ihrer Erwerbstätigkeit hindert.[1035] Die allgemeinen Schutzvorschriften für Mutter und Kind[1036], wie auch die Beschäftigungsverbote des Mutterschutzrechts, insbesondere das absolute Beschäftigungsverbot von 14 Wochen rund um die Geburt gemäß §§ 3 Abs. 2, 6 Abs. 1 MuSchG a. F. / § 3 Abs. 1, 2 MuSchG 2018[1037], stellen für diese Zeit einen wichtigen Inhalt des Mutterschutzgesetzes dar. Sie tragen umfassend zum Gesundheitsschutz der schwangeren und stillenden Frau bei gleichzeitiger Erwerbstätigkeit bei.[1038] Unabhängig davon, wie es um die Konstitution im Einzelnen steht, wie schwer die zu bewältigende Arbeit tatsächlich auch ist oder wie zuträglich die Weiterarbeit für den Zustand der Frau im Allgemeinen sein könnte, in den 6 Wochen vor der Entbindung, als auch in

1035 So auch die allgemeine Meinung in der Rechtsprechung, s. nur BAG, Urt. v. 14.11.1985, DB 1985, 710; s. außerdem Rancke-*Pepping*, MuSchG, § 3 Rdnr. 15; Schliemann/König, NZA 1998, 1030, 1033; Müller-Glöge, RdA 2006, 105, 107.

1036 Eine Übersicht der einzuhaltenden Arbeitsschutzbestimmungen bietet Rancke-*Pepping*, MuSchG, § 2 Rdnr. 4 f., § 4 Rdnr. 2 m.w.N., der zu Recht darauf hinweist, dass es kein zwingend zu beachtendes Rangverhältnis der einzelnen betrieblichen Arbeitsschutzvorschriften zueinander gibt, § 2 Rdnr. 6. Ein vollständiges und aktuelles Verzeichnis der zu beachtenden Schutzvorschriften des Bundes enthält außerdem der „Unfallverhütungsbericht Arbeit", den die Bundesregierung jährlich herausgibt; sie können zudem unter http://www.baua.de abgerufen werden. Vgl. außerdem Buchner/Becker, MuSchG, § 2 Rdnr. 4 f. m.w.N. Vgl. außerdem Vgl. Marburger, S. 19; Graue, MuSchG, § 2 Rdnr. 9; Rancke-*Pepping*, MuSchG, § 2 Rdnr. 15 ff.; Buchner/Becker, MuSchG, § 2 Rdnr. 11. Speziell zur Fürsorgepflicht gegenüber dem Kind: Graue, MuSchG, § 2 Rdnr. 6; Rancke-*Pepping*, MuSchG, § 2 Rdnr. 3; Buchner/Becker, MuSchG, § 2 Rdnr. 9 m.w.N.; BVerfG, Urt. v. 22.06.1977, NJW 1978, 207.

1037 Vgl. daneben § 8 MuSchG a. F. / § 4–6 MuSchG 2018 Verbot der Mehr-, Nacht- sowie Sonn- und Feiertagsarbeit. Die dort aufgeführten Tätigkeiten wurden aufgrund arbeitswissenschaftlichen bzw. medizinischer Erkenntnisse verboten, da sie für die werdende Mutter bzw. das ungeborene Kind als besonders schädlich anzusehen sind; s. hierzu z. B. Ebener/Graue, S. 53; s. Rancke-*Pepping*, MuSchG, § 4 Rdnr. 1; vgl. auch OVG Berlin, Urt. v. 13.07.1992, NJW 1993, 1285.

1038 So auch Graue, MuSchG, § 3 Rdnr. 1.

den ersten 8 Wochen nach der Entbindung[1039] ist eine Erwerbstätigkeit für die vom Anwendungsbereich des Mutterschutzgesetzes umfassten Frauen grundsätzlich nicht möglich. Selbst die Umsetzung auf eine Arbeitsstelle mit leichteren, für Mutter und Kind ungefährlicheren Tätigkeiten ist nicht länger denkbar. Die Schutzfrist von 6 Wochen vor der Entbindung ist dabei allerdings nicht zwingend, wohl aber ratsam. Die Gefahr einer Frühgeburt ist nicht zu vernachlässigen. Der zwingende Schutz von 8 Wochen nach der Geburt ist dagegen unantastbar.[1040]

Nach dem Lohnausfallprinzip („Ohne Arbeit keinen Lohn", § 326 Abs. 1 BGB) würde eine (werdende) Mutter während der Zeit, in der sie aufgrund eines Beschäftigungsverbotes ganz oder teilweise keine Arbeitsleistung erbringt, auch ihren Anspruch auf Entgeltzahlung verlieren.[1041] Dies soll nach Auffassung des Gesetzgebers nicht sein. Die gesetzlichen Regelungen des Mutterschutzes sollen (werdenden) Müttern während der Zeit, in welcher die oben genannten Beschäftigungsverbote des Mutterschutzgesetzes greifen, vor allem ermöglichen, von einer Beschäftigung ohne finanzielle Nachteile tatsächlich absehen zu können. Sie sollen nicht gezwungen sein, gegen gesetzliche Beschäftigungsverbote zu verstoßen und so die eigene Gesundheit und die ihres Kindes zu gefährden, nur

---

1039 Die Schutzfrist von 8 Wochen wird allgemeinhin als ausreichend angesehen, BT-Drs. IV/3652. Wobei einige kritische Stimmen bereits im Zusammenhang mit der Diskussion einer Novellierung des Mutterschutzgesetzes schon im Jahr 1965 meinten, dass eine Schutzfrist von 10 Wochen besser sei. Heute gibt es hierzu eine entsprechende Diskussion auf Unionsebene; es gibt den Vorschlag die Mutterschutzrichtlinie 92/85/EWG dahingehend zu ändern, dass fortan ein Mutterschutz von 18 Wochen zu gewähren sei. Dieser Vorschlag zur Novellierung der Mutterschutzrichtlinie wird allerdings derzeit nicht weiterverfolgt. S. hierzu auch schon die Ausführungen im 1. Kapitel unter Punkt A. 3. b). Die Weltgesundheitsorganisation (WHO) hält sogar 24 Wochen für den Gesundheitsschutz der Mutter für nötig. Vgl. im Übrigen Buchner/Becker, MuSchG, § 6 Rdnr. 4 m.w.N.; Löwisch, Gutachten zum 50. DJT D 86 – Sitzungsberichte L 236.

1040 Vgl. zu den einzelnen Beschäftigungsverboten und Ausnahmen sowie Berechnung der Dauer statt vieler z. B.: Buchner/Becker, MuSchG, § 3 Rdnr. 4 ff., § 6 Rdnr. 12 ff. m.w.N.; Graue, MuSchG, § 3 Rdnr. 1 ff., § 6 Rdnr. 16 ff.; Rancke-*Pepping*, MuSchG, § 3 Rdnr. 47 ff., § 6 Rdnr. 6 ff.; Zmarzlik/Zipperer/Viethen/Vieß, MuSchG, § 3 Rdnr. 1 ff., § 6 Rdnr. 49 – jeweils m.w.N. Die Dauer des Beschäftigungsverbotes richtet sich nach dem gesundheitlichen Zustand der Mutter und danach, wie lange nach Prognose des Arztes die Mutterschaft ursächlich für die eingeschränkte Leistungsfähigkeit ist; Rancke-*Pepping*, MuSchG, § 6 Rdnr. 36; ErfKom-Schlachter, 500 MuSchG, § 6 Rdnr. 5. Umstritten ist, ob eine Höchstdauer abgeleitet werden kann bzw. muss; Rancke-*Pepping*, MuSchG, § 6 Rdnr. 37 m.w.N.

1041 S. hierzu nur Rancke-*Pepping*, MuSchG, § 11 Rdnr. 1.

um nicht in wirtschaftliche Nöte zu geraten. Neben dem Gesundheitsschutz von Mutter und Kind ist die finanzielle Absicherung deshalb von ganz besonderer Bedeutung, denn der mit den Beschäftigungsverboten verfolgte Schutz kann seine Zielsetzung erst dann vollends entfalten, wenn die betroffene Frau zugleich vor wirtschaftlichen Nachteilen bewahrt wird. Der mutterschutzrechtliche Gesundheitsschutz von Mutter und Kind ist daher eng mit der wirtschaftlichen Fürsorge verknüpft.[1042] Eine lückenlose Sicherung des Arbeitseinkommens für (werdende) Mütter soll auch den letzten Anreiz nehmen, trotz Beschäftigungsverbot aus wirtschaftlichen oder finanziellen Gründen weiterzuarbeiten, und somit dafür sorgen, dass die zuvor dargestellten Beschäftigungsverbote nicht generell wirkungslos bleiben.[1043]

An dieser Stelle greifen die Regelungen der §§ 11 ff. MuSchG a. F. / §§18 ff. MuSchG 2018. Der Gesetzgeber unterscheidet dabei im Einzelnen zwischen dem Ausgleich finanzieller Einbußen bei Beschäftigungsverboten außerhalb der Schutzfristen von 14 Wochen rund um die Geburt (Mutterschutzlohn, § 11 MuSchG a. F. = § 18 MuSchG 2018) und während der Schutzfristen (§ 13 MuSchG a. F. = § 19 MuSchG 2018). Im Übrigen werden den (werdenden) Müttern diverse sonstige Leistungen sowie eine Arbeitsfreistellung für Untersuchungen geboten (§§ 15 f. MuSchG a. F. = § 7 MuSchG 2018). Diese materiellen Leistungen des Mutterschutzes werden in Deutschland teils von der Gemeinlast, d. h. der gesetzlichen Sozialversicherung bzw. dem Bund, aber auch teils von den einzelnen Arbeitgebern getragen.[1044]

Im Einzelnen bedeutet dies Folgendes:

Soweit außerhalb der generellen Schutzfristen der §§ 3 Abs. 2, 6 Abs. 1 MuSchG a. F. / § 3 Abs. 1, Abs. 2 MuSchG 2018 ein allgemeines oder ein individuelles Beschäftigungsverbot eingreift, ist nach § 11 MuSchG a. F. / § 18

1042 So die h.M.; vgl. insoweit nur Buchner/Becker, MuSchG, § 11 Rdnr. 1; stRspr. seit BAG, Urt. v. 14.10.1954, AP Nr. 1 zu § 13 MuSchG.

1043 Allgemeine Meinung, vgl. aus der Rspr. z. B. BSG, Urt. v. 17.04.1991, 1/3 RK 26/89, SozR 3-2200 RVO § 200; BAG, Urt. v. 11.10.2000, 5 AZR 240/99; BAGE 96, 34, 39 ff.; vgl. außerdem Heilmann, MuSchG, Vor §§ 11–16 Rdnr. 1 und § 13 Rdnr. 3; Rancke-*Pepping*, MuSchG, § 11 Rdnr. 1 m.w.N.; vgl. außerdem Graue, MuSchG, § 11 Rdnr. 2 und § 13 Abs. 3; Zmarzlik/Zipperer/Viethen/Vieß, MuSchG, § 1 Rdnr. 1.

1044 Die Kostentragung durch die Arbeitgeber hat zu langwierigen verfassungsrechtlichen Auseinandersetzungen geführt. Vgl. hierzu die Ausführungen bei Buchner/Becker, MuSchG, Vor §§ 11–16 Rdnr. 2. Zum Gesetz über den Ausgleich der Arbeitgeberaufwendungen für Entgeltfortzahlung (AAG) vergleiche zudem Buchner/Becker, MuSchG, Vor §§ 11–16 Rdnr. 14 ff.

MuSchG 2018 der Arbeitgeber verpflichtet, der vom Mutterschutzgesetz angesprochenen (werdenden) Mutter den bisherigen Durchschnittsverdienst in Form des Mutterschutzlohns weiterzuzahlen. Der Staat greift an dieser Stelle nicht unterstützend ein. Da es sich beim Mutterschutzlohn nicht um einen öffentlichrechtlichen, sondern einen zwingenden, arbeitsrechtlichen Individualanspruch der einzelnen Frau auf Entgeltfortzahlung handelt[1045], genauer um einen mutterschutzrechtlichen Lohnersatzanspruch[1046], ist allein der Arbeitgeber der (werdenden) Mutter an dieser Stelle der richtige Anspruchsgegner.[1047]

Für die Dauer der Schutzfristen der §§ 3 Abs. 2, 6 Abs. 1 MuSchG a. F. / § 3 Abs. 1, Abs. 2 MuSchG 2018 sieht das Gesetz hingegen ein weitaus differenzierteres Leistungssystem vor. Vorrangig wird hier das Mutterschaftsgeld seitens des Staates, konkret durch die gesetzliche Krankenversicherung bzw. das Bundesversicherungsamt, gewährt, welches sodann unter bestimmten Voraussetzungen durch einen Zuschuss, der vom Arbeitgeber zu leisten ist, ergänzt wird. Während der Mutterschutzfristen vor und nach der Entbindung, als auch für den Tag der Niederkunft selbst sind die vom Anwendungsbereich des Mutterschutzgesetzes erfassten Frauen über § 13 MuSchG a. F. / § 19 MuSchG 2018 finanziell abgesichert. Eine einheitliche Gewährung von Mutterschaftsgeld gibt es dabei nicht. § 19 MuSchG 2018 unterscheidet stattdessen zwei Fälle und stellt die Gewährung von Mutterschaftsgeld darauf ab, ob die betroffene Frau Mitglied in einer gesetzlichen Krankenkasse ist oder nicht. Der Anspruch auf Mutterschaftsgeld stützt sich entsprechend auf zwei unterschiedliche Grundlagen, nämlich auf § 19 Abs. 1 MuSchG 2018 i.V.m. § 24i SGB V[1048] bzw. § 19 Abs. 1 MuSchG 2018 i.V.m.

1045 H.M. Zmarzlik/Zipperer/Viethen/Vieß, MuSchG, § 11 Rdnr. 5; Buchner/Becker, MuSchG, § 11 Rdnr. 3 m.w.N.; Ebener/Graue, S. 56 f.; Rancke-*Pepping*, MuSchG, § 11 Rdnr. 3; s. zudem BAG, Urt. v. 17.04.1991, NZA 1991, 909, 911.

1046 Graue, MuSchG, § 11 Rdnr. 3, Heilmann, MuSchG, § 11 Rdnr. 1; Rancke-*Pepping*, MuSchG, § 11 Rdnr. 3; Zmarzlik/Zipperer/Viethen/Vieß, MuSchG, § 11 Rdnr. 5.

1047 Buchner/Becker, MuSchG, § 11 Rdnr. 3. Der Arbeitgeber kann im Zuge des Ausgleichsverfahrens die nach § 11 MuSchG a. F. gezahlten Leistungen von den Krankenkassen erstattet verlangen. Vgl. hierzu z. B. Buchner/Becker, MuSchG, § 11 Rdnr. 161 f.

1048 Zum Übergang der Regelungen der RVO in das SGB V: Die Regelung des § 24i SGB V entspricht dem bis zum 30.10.2012 geltenden § 200 RVO mit zwei Ausnahmen: (1) § 200 Abs. 3 Satz 2 RVO verlängerte die Bezugsdauer von Mutterschaftsgeld bei Frühgeburten und sonstigen vorzeitigen Entbindungen um den Zeitraum, der nach § 3 Abs. 2 MuSchG a. F. nicht in Anspruch genommen werden konnte. Die Anzahl der Tage, die an 42 Tagen Bezugsdauer für die Zeit vor der Entbindung fehlte, wurde an die für die Zeit nach der Entbindung geltende übliche Bezugsdauer

§ 14 KVLG 1989[1049] für diejenigen Frauen, die Mitglied einer gesetzlichen oder landwirtschaftlichen Krankenkasse sind[1050], und § 19 Abs. 2 MuSchG 2018 für diejenigen, die es nicht sind. Die damit vorgenommene Differenzierung ist notwendig, da die Last der Zahlung des Mutterschaftsgeldes verschiedenen Leistungsträgern auferlegt ist. Die Mitglieder einer Krankenkasse betreffend trägt die gesetzliche Krankenversicherung, sprich die gesetzlichen Krankenkassen, die Leistungspflicht, während Nichtmitglieder ihre Leistungen zu Lasten des Bundes vom Bundesversicherungsamt und zudem nur in vom Gesetz ausdrücklich begrenzter Höhe beziehen.[1051]

Im Einzelnen gewährt das Mutterschutzgesetz neben dem Mutterschutzlohn also vor allem das Mutterschaftsgeld, das für einen Zeitraum von sechs Wochen vor und acht Wochen bzw. bei Mehrlingsgeburten zwölf Wochen nach der Ent-

---

angehangen. Somit war immer eine Mutterschaftsgeldbezugsdauer von 127 Tagen bei Frühgeburten und 99 Tagen bei sonstigen vorzeitigen Entbindungen gewährleistet. Für freiwillig mit Anspruch auf Krankengeld versicherte Selbständige fand jedoch § 3 Abs. 2 MuSchG a. F. keine Anwendung. Durch die Streichung des Hinweises auf § 3 Abs. 2 MuSchG wird nun klargestellt, dass die Regelung bei Frühgeburten und sonstigen vorzeitigen Entbindungen nicht nur bei den vom Anwendungsbereich des MuSchG umfassten Arbeitnehmerinnen, sondern bei *allen* Frauen anzuwenden ist. (2) § 200 Abs. 3 Satz 4 RVO, wonach der Krankenkasse für die Berechnung des Beginns des Mutterschaftsgeldes ein Zeugnis vorzulegen war, welches nicht älter als 49 Tage vor dem errechneten Geburtstermin ausgestellt wurde, wurde ebenfalls ersatzlos gestrichen. Die für den Arbeitgeber bestimmte Bescheinigung i. S. d. § 5 Abs. 2 MuSchG a. F. kann somit auch für die Mutterschaftsgeldzahlung herangezogen werden, wodurch eine mögliche unterschiedliche Beurteilung über den voraussichtlichen Entbindungstag weitgehend vermieden wird.

1049 Die Regelung des § 14 KVLG 1989 ist am 30.10.2012 an die Stelle des § 29 KVLG getreten. Die Regelung des § 29 KVLG wurde aufgehoben. § 14 KVLG 1989 verweist ausdrücklich auf § 24i SGB V, nach dessen Regelungen die in § 14 KVLG 1989 benannten Berechtigten einen Anspruch auf Mutterschaftsgeld haben.

1050 Zur Frage des Vorliegens der Mitgliedschaft zum Zeitpunkt des Eintritts des Versicherungsfalles Genaueres bei Buchner/Becker, MuSchG, § 13 Rdnr. 43 ff. m.w.N.; Rancke-*Pepping*, MuSchG, § 13 Rdnr. 11 ff. Zur freiwilligen Mitgliedschaft selbständig Erwerbstätiger in der gesetzlichen Krankenversicherung s. die umfassenden Erläuterungen unter A. II. 5. a) bb). Sind die betroffenen Frauen kein freiwilliges Mitglied einer gesetzlichen Krankenkasse, sondern privatversichert, greift die Regelung des § 13 Abs. 2 MuSchG a. F.

1051 So auch Rancke-*Pepping*, MuSchG, § 13 Rdnr. 2 ff.; s. hierzu und detailliert zum sich daraus ergebenden Leistungssystem zudem Buchner/Becker, MuSchG, § 13 Rdnr. 13 ff.

bindung gezahlt wird. Die gesetzlichen Krankenkassen sind dabei gemäß § 19 Abs. 1 MuSchG 2018 i.V.m. § 24i SGB V bzw. § 19 Abs. 1 MuSchG 2018 i.V.m. § 14 KVLG 1989 verpflichtet für den gesamten Zeitraum einen Betrag von maximal 13,00 EUR pro Kalendertag an ihre Mitglieder zu zahlen. Dieser Betrag wird dann von den Arbeitgebern so aufgefüllt, dass die (werdende) Mutter auch weiterhin über das bisher durchschnittliche kalendertägliche Nettoeinkommen verfügen kann.[1052] Der Arbeitgeber tritt zunächst in Vorleistung, kann aber den gezahlten Zuschuss im Wege des gemäß Aufwendungsausgleichsgesetz (AAG) geschaffenen „U2-Verfahrens“[1053] von der jeweiligen Krankenkasse der betroffenen

1052 Übersteigt der von der betroffenen Frau erzielte durchschnittliche kalendertägliche Nettolohn den durch die Krankenkasse maximal zu tragenden Betrag von 13,00 EUR, so ist die Arbeitgeberseite gemäß § 14 Abs. 1 MuSchG a. F. verpflichtet, denen Frauen die Differenz als Zuschuss zum Mutterschaftsgeld zu zahlen, die einen Anspruch auf Mutterschaftsgeld nach § 24i Abs. 1, Abs. 2 S. 1–4, Abs. 3 SGB V gegenüber der Krankenkasse oder über § 13 Abs. 2 MuSchG a. F. gegenüber der Bundesversicherungsanstalt haben. Entsprechendes gilt für die in der Landwirtschaft beschäftigten Frauen, die nach § 14 KVLG 1989 einen Anspruch auf Mutterschaftsgeld haben. Im Falle der Hausgewerbetreibenden tritt an die Stelle des Arbeitgebers der Auftraggeber, § 24 Nr. 2 MuSchG a. F. Zur Berechnung und Dauer des Zuschussanspruchs vgl. Buchner/Becker, MuSchG, § 14 Rdnr. 68 ff., 79 ff.; Ebener/Graue, S. 90 ff. mit Berechnungsbeispielen; Graue, MuSchG, § 14 Rdnr. 23 ff. m.w.N.

1053 Aufwendungsausgleichsgesetz (AAG) vom 22.12.2005; BGBl. I S. 3686. Hintergrund der Schaffung des AAG war die Entscheidung des BVerfG vom 18.11.2003 (NJW 2004, 146), mit der das oberste Verfassungsgericht Deutschlands die Verfassungswidrigkeit des Arbeitgeberzuschusses zum Mutterschaftsgeld wegen Verstoßes gegen das Gleichberechtigungsverbot nach Art. 3 Abs. 2 GG festgestellt hatte. Es war dabei nicht etwa die finanzielle Belastung entscheidend, sondern die faktisch diskriminierende Wirkung einer Schutzvorschrift. § 14 MuSchG a. F. würde erhebliche Einstellungshemmnisse von Frauen im gebärfähigen Alter bewirken, indem ihre Einstellungschancen wegen des Risikos der Kostenlast für den einzelnen Arbeitgeber reduziert sei. Dies könne nicht hingenommen werden. Zuvor waren die Aufwendungen des Arbeitgebers für den Arbeitgeberzuschuss in das Lohnausgleichsverfahren gemäß § 10 LFZG einbezogen worden, wonach Kleinbetriebe von in der Regel nicht mehr als 20 Beschäftigten nur 80 % der Mutterschutzkosten von der gesetzlichen Krankenkasse erstattet erhielten. Nach § 1 Abs. 2 Nr. 1 AAG sind es nun 100 % und gilt für alle Arbeitgeber, nicht nur die sog. Kleinbetriebe. Zu den verfassungsrechtlichen Bedenken ggü. § 14 MuSchG a.F. vgl. nur Buchner/Becker, MuSchG, Vorbemerkungen §§ 11–16 Rdnr. 14 ff. sowie dieselb. § 14 Rdnr. 13 ff. und Buchner, FS Stahlhacke (1995), S. 83, 99; Peters-Lange/Rolfs, NZA 2000, 682. Vgl. zum AAG allgemein: Aubel, RdA 2004, 141, 143; Buchner, NZA 2006, 121; Kohte/Nebe, jurisPR-ArbR 9/2004, Anm. 3 sowie Graue, MuSchG, § 11 Rdnr. 59 ff.;

Frau auf Antrag in voller Höhe zurückverlangen. Frauen, die nicht Mitglied einer gesetzlichen Krankenkasse sind, gleichwohl aber in den Anwendungsbereich des Mutterschutzgesetzes fallen, erhalten vom Bund ebenfalls pro Kalendertag 13,00 EUR, maximal 210,00 EUR, nebst Arbeitgeberzuschuss.[1054] Hier bietet § 19 Abs. 2 MuSchG 2018 den Frauen, die nicht Mitglieder einer gesetzlichen Krankenkasse sind, aber in den Anwendungsbereich des Mutterschutzgesetzes fallen, eine entsprechend speziell geregelte öffentlich-rechtliche Sozialleistungen des Bundes an.[1055]

Während Heimarbeiterinnen in diesem Zusammenhang als Beschäftigte i.S.d. Sozialversicherungsrecht gelten und damit zum Kreis der versicherungspflichtigen Frauen gehören, die den finanziellen Ausgleich von der entsprechenden gesetzlichen Krankenkasse erhalten, zählen die Heimgewerbetreibenden an dieser Stelle nicht dazu und können somit auch nur die vorbenannte maximale Leistung von 210,00 EUR vom Bund beziehen. Es sei denn, sie sind gemäß § 9 SGB V freiwillig in einer gesetzlichen Krankenkasse versichert. Andere Selbständige haben keinen Anspruch auf die hier dargestellten Leistungen des Mutterschutzgesetzes.

Neben den in den §§ 11 bis 14 MuSchG a. F. / §§ 18 ff. MuSchG 2018 geregelten finanziellen Leistungen im Falle der Schwangerschaft und Mutterschaft war in § 15 MuSchG a. F. die den werdenden und stillenden Mütter zustehenden Leistungen der sog. Mutterschaftshilfe ergänzend aufgeführt. Die Norm enthielt eine Auflistung all derjenigen Hilfsleistungen, die der (werdenden) Mutter von der gesetzlichen Krankenversicherung gewährt werden.[1056] Diese reichen von der

---

Graue, MuSchG, § 14 Rdnr. 42 ff.; Rancke *Pepping*, MuSchG, § 11 Rdnr. 50 ff.; Budde, AiB 1997, 313, 315; Lenz, NJW 1997, 1491, 1491 f.; Zmarzlik, DB 1997, 474, 476; Kossens, RdA 1997, 209, 212. Vgl. außerdem Rust, Europäischer Anstoß – Mutterschutz für Selbständige, in: Hamburger Frauenbündnis 100 Jahre Internationaler Frauentag, Emanzipation, Macht, Gerechtigkeit, 100 Jahre Internationaler Frauentag in Hamburg 2011, S. 107, 110. Zum Umlageverfahren in der Praxis auch Giesen, NJW 2006, 721, 722.

1054 Zur Höhe und Dauer des Mutterschaftsgeldbezuges vgl. statt vieler nur: bei Buchner/Becker, MuSchG, § 13 Rdnr. 49 ff.; Rancke-*Pepping*, MuSchG, § 13 Rdnr. 9 ff.

1055 Buchner/Becker, MuSchG, § 13 Rdnr. 17 f., 93 f.; Rancke-*Pepping*, MuSchG, § 13 Rdnr. 4; BT-Drs. IV/3652, S. 7; Leube, DB 1968, 131, 132; Welzel, Soziale Arbeit 1966, 97, 103; Zmarzlik, BB 1965, 1071, 1075; vgl. auch BSG, Urt. v. 09.11.1977, AP Nr. 2 zu § 13 MuSchG 1968.

1056 Die gesamte Mutterschaftshilfe ist Aufgabe und Leistung der Krankenversicherung, mithin eine rein sozialversicherungsrechtliche Leistung. Zweck dieser Leistungen ist es, die in der gesetzlichen Krankenversicherung versicherten Mitglieder möglichst weitgehend von den ihnen durch Schwangerschaft und Entbindung entstehenden

ärztlichen Betreuung, über die stationäre Entbindung bis hin zur gegebenenfalls notwendigen häuslichen Pflege oder Haushaltshilfe.[1057] Eine eigenständige Anspruchsgrundlage bot die Norm des § 15 MuSchG a. F. allerdings nicht, weshalb sie im reformierten Mutterschutzgesetz, wie es zum 01. Januar 2018 in Kraft getreten ist, nicht mehr vorgesehen ist. Stattdessen ergibt sich die eigentliche Anspruchsgrundlage aus den Regelungen der §§ 24c ff. SGB V bzw. den Vorschriften des Zweiten Gesetzes über die Krankenversicherung der Landwirte (KVLG 1989), auf welche die bisherige Regelung des MuSchG verweist und die damit für die entsprechenden Voraussetzungen der Mutterschaftshilfe sowie Art und Umfang der zu gewährenden Leistungen maßgebend sind.[1058] Auch § 15 MuSchG a. F. kam damit, wie schon § 13 Abs. 1 MuSchG a. F. und heute § 19 Abs. 1 MuSchG 2018, somit lediglich eine deklaratorische Bedeutung[1059] zu, um den betroffenen Frauen nochmals ausdrücklich zu verdeutlichen, welche Ansprüche ihnen im Falle der Schwangerschaft und Mutterschaft ergänzend zur Entgeltsicherung zur Seite stehen, wobei diese Regelungen allein denjenigen zu Gute kommen, die gesetzlich krankenversichert sind.[1060] Privat krankenversicherte Frauen müssen derweil bei ihrem Krankenversicherer die von diesen konkret gewährten Leistungen erfragen. Maßgeblich ist hier der jeweilige, individuell abgeschlossene private Krankenversicherungsvertrag[1061], worauf im Folgenden nochmals genauer zurückzukommen sein wird.

Aufwendungen und Belastungen zu befreien und ihnen im Interesse der Erhaltung ihrer eigenen Gesundheit und der des Kindes die Möglichkeit einer ausreichenden ärztlichen Versorgung und Zeit für die notwendige Erholung nach der Geburt zu verschaffen.

1057 Vgl. zu den einzelnen Leistungen: Buchner/Becker, MuSchG, § 15 Rdnr. 14 ff. m.w.N.

1058 Buchner/Becker, MuSchG, § 15 Rdnr. 1; Meisel/Sowka, MuSchG, § 15 Rdnr. 1; Zmarzlik/Zipperer/Viethen/Vieß, MuSchG, § 15 Rdnr. 1; Welzel, Soziale Arbeit 1966, 97, 103; Zmarzlik, AuR 1965, 294, 301.

1059 Buchner/Becker, MuSchG, § 15 Rdnr. 1.

1060 So auch Graue, MuSchG, § 15 Rdnr. 1 m.w.N. Der Anspruch auf die sonstigen Leistungen (mit Ausnahme des Mutterschaftsgeldes nach § 24i SGB V) erstreckt sich auch auf Frauen, die über einen Familienangehörigen nach § 10 SGB V oder § 7 KVLG 1989 familienversichert sind; vgl. Buchner/Becker, MuSchG, § 15 Rdnr. 53.

1061 Ebener/Graue, S. 78; vgl. zudem Buchner/Becker, MuSchG, § 15 Rdnr. 52; vgl. auch den Entwurf des Gesetzes über Vorsorgemaßnahmen für werdende Mütter und Wöchnerinnen, BT-Drs. IV/3170, Antrag der Fraktionen der CDU/CSU, FDP vom 09.03.1965, anders noch der Entwurf eines zweiten Gesetzes zur Änderung und Ergänzung des MuSchG, Antrag der SPD vom 29.06.1962, BT-Drs. IV/562, der sogar Mutterschaftshilfe für Nichterwerbstätige vorsah.

c) Fazit

Die physische und psychische Erholung von der Entbindung sowie die Gesundheit von Mutter und Kind stehen – zumindest für den vom Mutterschutzgesetz umfassten Personenkreis – also im absoluten Mittelpunkt. Ein Gedanke, der auch für die selbständig erwerbtätigen Heimgewerbetreibenden anerkannt wird. Andere selbständig erwerbstätige Frauen müssen indes selbst entscheiden, ob und wann sie nach der Geburt ihre berufliche Tätigkeit wiederaufnehmen. Dabei handelt es sich nicht selten um keine freie Entscheidung, da nicht wenige selbständig erwerbstätige Frauen darauf angewiesen sind, ihre Selbständigkeit so gut wie irgend möglich aufrecht zu erhalten.[1062] Was unter Umständen bedeuten kann, nur wenige Tage nach der Entbindung wieder den Berufsalltag aufzunehmen.

Der Umstand, dass bereits heute die Heimgewerbetreibenden in den Anwendungsbereich des Mutterschutzgesetzes aufgenommen sind, und auch der Blick auf die voranstehend ausführlich dargestellte rechtshistorische Entwicklung des Mutterschutzgesetzes[1063] zeigen, dass das Mutterschutzgesetz nicht zwingend selbständige Frauen ausschließen muss. Der Gehalt der durch das Mutterschutzgesetz gebotenen Leistungen ist, zumindest hinsichtlich der Säulen Entgelt- und Gesundheitsschutz, grundsätzlich auch auf sie übertragbar.

2. Leistungen der gesetzlichen Krankenversicherungen gemäß dem 5. Buch Sozialgesetzbuch (SGB V)

Während das Mutterschutzgesetz derzeit und auch künftig vor allem für Frauen gilt, die in einem Arbeitsverhältnis stehen oder als Heimarbeiterinnen oder deren Gleichgestellte tätig sind, grundsätzlich aber nicht für selbständig Erwerbstätige, können aufgrund der Regelungen der §§ 11 Abs. 1 Nr. 1, 24c ff. SGB V auch Letztere sowie zu Beginn der Schutzfrist nicht erwerbstätige Frauen während der Schwangerschaft und nach der Geburt, bei Vorliegen der jeweiligen Voraussetzungen, Leistungsansprüche gegenüber ihrer gesetzlichen Krankenkasse geltend machen.[1064] Voraussetzung ist, dass sie Mitglied einer gesetzlichen Krankenkasse

1062 Vgl. hierzu die obigen Ausführungen des 1. Kapitels zu den selbständig Erwerbstätigen in prekären Tätigkeitsverhältnissen unter B. II. 1. a) dd).

1063 Vgl. hierzu die rechtshistorischen Ausführungen des 1. Kapitels unter A. I. 2.

1064 Ein Anspruch auf Leistung bei Schwangerschaft und Mutterschaft entsteht mit der Mitgliedschaft der Frau in der Krankenkasse, wobei bei familienversicherten Frauen der Beginn der Mitgliedschaft ihres Ehemannes oder Elternteils maßgeblich ist; Graue, MuSchG, § 195 RVO Rdnr. 8.

sind und sich damit auf die Leistungsansprüche nach dem Fünften Buch Sozialgesetzbuch (SGB V) berufen können.

a) Zum Leistungskatalog des § 24c SGB V

Die Regelungen der §§ 24c ff. SGB V verschaffen den in den gesetzlichen Krankenkassen versicherten schwangeren Frauen einen Anspruch auf ärztliche Betreuung, Hebammenhilfe, Versorgung mit Arznei-, Verband-, Heil- und Hilfsmitteln als auch auf eine ambulante oder stationäre Entbindung, häusliche Pflege bzw. Krankenhausbehandlung sowie Haushaltshilfe und Mutterschaftsgeld. Die Aufzählung der in § 24c SGB V niedergelegten und in den folgenden Normen konkretisierten Leistungsarten ist abschließender Natur, so dass seitens der gesetzlichen Krankenkassen keine neuen oder anderen als die in § 24c SGB V genannten Leistungen im Falle der Schwanger- oder Mutterschaft erbracht werden dürfen.[1065] Im Übrigen entsprechen sie grundsätzlich denjenigen Leistungen, wie sie auch nach dem Mutterschutzgesetz gewährt werden.[1066]

b) Anspruch auf Mutterschaftsgeld nach § 24i SGB V auch für „andere Mitglieder" der gesetzlichen Krankenkassen

Was jedoch die im Rahmen dieser Ausarbeitung bedeutende Frage nach der Gewährung des Mutterschaftsgeldes, also einer Mutterschaftsleistung (auch) für Selbständige, anbelangt, ist festzustellen, dass die Norm des § 24i SGB V eine besondere, vom Mutterschutzgesetz abweichende Regelung in sich birgt, die es zumindest einem Teil der selbständig erwerbstätigen Frauen ermöglicht, letztlich doch Mutterschaftsgeld zu beziehen. So heißt es in § 24i Abs. 1 SGB V zunächst, dass

> ***„weibliche Mitglieder, die bei Arbeitsunfähigkeit einen Anspruch auf Krankengeld haben […], […]"***

grundsätzlich Mutterschaftsgeld erhalten sollen. § 24i Abs. 2 S. 7 SGB V ergänzt diese gesetzliche Vorgabe alsdann wie folgt:

> ***„Für andere Mitglieder wird das Mutterschaftsgeld in Höhe des Krankengeldes gezahlt."***

1065 Hierzu nur Graue, MuSchG, § 195 RVO Rdnr. 1; Zmarzlik/Zipperer/Viethen/Vieß, MuSchG, § 195 RVO Rdnr. 4.

1066 Anders als der Leistungskatalog des § 24c SGB V sieht die Auflistung der nach § 15 MuSchG a. F. gewährten „sonstigen Leistungen bei Schwangerschaft und Mutterschaft" keinen Anspruch auf eine ambulante Entbindung und auch keinen Anspruch auf Hilfsmittel vor.

Die nachfolgenden Erörterungen werden zeigen, welche besondere Aussagekraft dies für die selbständig erwerbstätigen Mütter hat.

aa) „Andere Mitglieder"

§ 24i Abs. 1, Abs. 2 S. 7 SGB V stellt die maßgebliche Anspruchsgrundlage für das Mutterschaftsgeld der gesetzlich krankenversicherten Frauen dar, die einerseits pflichtversichertes oder freiwillig versichertes Mitglied in der gesetzlichen Krankenkasse sind[1067], andererseits aber weder in einem Arbeits- oder Heimarbeitsverhältnis stehen noch in einem Arbeitsverhältnis standen, das während der Schwangerschaft vom Arbeitgeber zulässig aufgelöst worden ist. Sie sind die „anderen Mitglieder" i.S.d. § 24i Abs. 2 S. 7 SGB V.[1068]

Dank der Regelung des § 24i Abs. 1, Abs. 2 S. 7 SGB V können also grundsätzlich auch selbständig Erwerbstätige zu dem Kreis der Anspruchsberechtigten gehören, sofern sie Mitglied in einer gesetzlichen Krankenkasse sind. Die Mitgliedschaft einer selbständigen erwerbstätigen Frau in einer gesetzlichen Krankenkasse ist dabei deshalb denkbar, da das Gesetz die Möglichkeit der freiwilligen Mitgliedschaft von Selbständigen – wenn auch unter engen Voraussetzungen – durchaus vorsieht. Dazu müssen gemäß § 9 Abs. 1 Nr. 1 SGB V allerdings folgende Vorgaben erfüllt sein:

Eine Versicherungspflicht nach § 5 SGB V besteht für Selbständige nicht.[1069] Selbständige können den gesetzlichen Vorgaben des § 9 Abs. 1 Nr. 1 SGB V nur dann der gesetzlichen Krankenversicherung freiwillig beitreten, respektive sich weiterversichern, wenn sie in der Vergangenheit bereits einmal versicherungspflichtiges Mitglied der gesetzlichen Krankenversicherung waren und dies entweder für mindestens vierundzwanzig Monate in den letzten fünf Jahren vor dem Ausscheiden oder unmittelbar vor dem Ausscheiden ununterbrochen für mindestens zwölf

---

1067 S. Graue, MuSchG, § 200 RVO Rdnr. 12.

1068 Vgl. Graue, MuSchG, § 200 RVO Rdnr. 34 ff.; vgl. außerdem Buchner/Becker, MuSchG, § 13 Rdnr. 87 ff.

1069 Nach dem SGB V sind Selbständige im Allgemeinen versicherungsfrei, wobei nicht die in den §§ 6, 7 SGB V geregelten Tatbestände der Versicherungsfreiheit im gesetzestechnischen Sinne, sondern eine „natürliche" Versicherungsfreiheit gemeint ist. Einzig selbständige Künstler und Publizisten sowie Landwirte und Landwirtinnen bilden hier eine Ausnahme. Für sie gelten besondere gesetzliche Regelungen (KSVG und KVLG 1989). Anders aber die gesetzliche Rentenversicherung – hier sind auch z. B. selbständig tätige Lehrer und Erzieher ohne überwiegende Arbeitgeberfunktion sowie freiberufliche Hebammen und Entbindungspfleger rentenversicherungspflichtig, § 2 Nr. 1, 3 SGB VI. Vgl. hierzu Hänlein/Kruse/Schuler- *Kruse*, Sozialgesetzbuch V, Gesetzliche Krankenversicherung (LPK-SGB V), 2012, § 5 Rdnr. 2 und § 6 Rdnr. 4.

Monate; Zeiten der Mitgliedschaft nach § 189 SGB V und Zeiten, in denen eine Versicherung allein deshalb bestanden hat, weil Arbeitslosengeld II zu Unrecht bezogen wurde, werden indes nicht berücksichtigt. Gemäß der Bestimmung des § 188 Abs. 2 SGB V beginnt die freiwillige Mitgliedschaft mit dem Tag nach dem Ausscheiden aus der Versicherungspflicht oder mit dem Tag nach dem Ende der Versicherung nach § 10 SGB V (Familienversicherung). Laut § 188 Abs. 4 S. 1, 2 SGB V setzt sich für Personen, deren Versicherungspflicht oder Familienversicherung endet, die Versicherung mit dem Tag nach dem Ausscheiden aus der Versicherungspflicht oder mit dem Tag nach dem Ende der Familienversicherung als freiwillige Mitgliedschaft dabei automatisch fort, es sei denn, das Mitglied erklärt innerhalb von zwei Wochen nach Hinweis der Krankenkasse über die Austrittsmöglichkeiten seinen Austritt. Der Austritt wird sodann aber nur wirksam, sollte das Mitglied das Bestehen eines anderweitigen Anspruchs auf Absicherung im Krankheitsfall nachweisen, wie z. B. die Weiterversicherung bei einem der privaten Krankenversicherer. Sollte sich ein vormaliges Mitglied einer der gesetzlichen Krankenkassen im obigen Sinne ausdrücklich gegen eine Weiterversicherung in der gesetzlichen Krankenversicherung entscheiden, dies sodann aber bereuen, bleibt ihm im Folgenden nur eine kurze Frist doch wieder reumütig in den Schoß der gesetzlichen Krankenversicherung zurückzukehren. Die freiwillige Mitgliedschaft kann nämlich gemäß § 9 Abs. 2 SGB V ansonsten nur noch binnen drei Monaten nach Ausscheiden aus der Versicherungspflicht in der gesetzlichen Krankenversicherung beantragt werden. Danach bleibt allein der Eintritt in die private Krankenversicherung. Die Rückkehr ist dann in aller Regel ausgeschlossen.[1070]

Ausgenommen vom Anwendungskreis des Anspruchs nach § 24i Abs. 1, Abs. 2 S. 7 SGB V bleiben im Übrigen alle selbständigen Frauen, die lediglich den Status einer Familienversicherten i.S.d. § 10 Abs. 1 S. 1 Nr. 4 SGB V innehaben, also auch nicht hauptberuflich selbständig sind, da diese selbst nicht als Mitglied gelten, sondern allein die stammversicherte Person.[1071]

bb) Anspruch auf Krankengeld

Um einen Anspruch auf Mutterschaftsgeld nach § 24i Abs. 1, Abs. 2 S. 7 SGB V begründen zu können, müssen die „anderen Mitglieder" gegenüber ihrer Kran-

1070 Zu den einzelnen Voraussetzungen der Pflichtmitgliedschaft bzw. der freiwilligen Mitgliedschaft in der gesetzlichen Krankenversicherung und den Möglichkeiten der Versicherung von Selbständigen in der gesetzlichen Krankenversicherung s. die weiteren Ausführungen unter A. II. 5. a).

1071 Graue, MuSchG, § 200 RVO Rdnr. 12.

kenkasse einen Anspruch auf Krankengeld bei Arbeitsunfähigkeit haben.[1072] Erst wenn diese Voraussetzung erfüllt ist, können unter anderem auch diejenigen, die selbständig erwerbstätig sind und damit grundsätzlich nicht unter den Anwendungsbereich des Mutterschutzgesetzes fallen[1073], Mutterschaftsgeld – zumindest in Höhe des ihr zu gewährenden Krankengeldes – geltend machen.[1074]

Aber wann haben selbständig erwerbstätige Frauen gegenüber ihrer gesetzlichen Krankenkasse einen Anspruch auf Krankengeld? Für welchen Fall die Leistung des Krankengeldes von der gesetzlichen Krankenkasse zu zahlen ist, wird in den Regelungen der §§ 44 ff. SGB V dargelegt. In § 44 Abs. 2 S. 1 Nr. 2 SGB V heißt es, dass hauptberuflich selbständig Erwerbstätige keinen Anspruch auf Krankengeld haben, es sei denn, das Mitglied erklärt gegenüber der Krankenkasse ausdrücklich, dass die Mitgliedschaft den Anspruch auf Krankengeld umfassen soll („Wahlerklärung"). Wer hauptberuflich selbständig erwerbstätig, zugleich aber Mitglied in einer gesetzlichen Krankenkasse ist, hat demnach grundsätzlich keinen Anspruch auf Krankengeld. Dies ist unmittelbare Konsequenz daraus, dass bei diesem Personenkreis das Krankengeld die ihm eigentlich zugedachte Entgeltersatzfunktion gerade nicht erfüllen kann.[1075] Anders ist dies nur, wenn das Mitglied sich gegen Zahlung des allgemeinen Beitragssatzes diese Leistung quasi erkauft, also die Wahl trifft, gegen ein Entgelt den Anspruch auf Krankengeld erwerben zu wollen. Nach § 44 Abs. 2 S. 3 i.V.m. § 53 Abs. 6 SGB V ist den vom Krankengeld grundsätzlich ausgeschlossenen Selbständigen von der Krankenkasse ein solcher Wahltarif anzubieten, an dem das Mitglied sodann entsprechend dem Verweis auf § 53 Abs. 8 SGB V mindestens drei Jahre gebunden ist.[1076]

Für Mitglieder, die sich nicht dafür entscheiden, den Leistungsanspruch auf Krankengeld zu erkaufen, gilt nach § 243 SGB V ein ermäßigter Beitragssatz[1077], so dass die begründete Vermutung besteht, dass gerade diejenigen Selbständigen, die ehedem über nur geringe finanzielle Mittel verfügen und daher im Falle der

1072 Zu den Voraussetzungen für den Bezug von Krankengeld: § 44 ff. SGB V; Buchner/Becker, MuSchG, § 13 Rdnr. 50 ff., 91.

1073 Zu den weiteren Frauen, denen Mutterschaftsgeld in Höhe des Krankengeldes gezahlt wird: s. nur Buchner/Becker, MuSchG, § 13 Rdnr. 92.

1074 S. Buchner/Becker, MuSchG, § 13 Rdnr. 194 ff., 199.

1075 Becker/Kingreen-*Joussen*, SGB V – Gesetzliche Krankenversicherung Kommentar, 2014, § 44 Rdnr. 6.

1076 S. Hänlein/Kruse/Schuler-*Kruse*, SGB V, § 44 Rdnr. 9; s. Becker/Kingreen-*Joussen*, SGB V, § 44 Rdnr. 6.

1077 Hänlein/Kruse/Schuler-*Kruse*, SGB V, § 44 Rdnr. 7.

Schwangerschaft und Mutterschaft ganz besonders auf die Zahlung eines Mutterschaftsgeldes angewiesen sind, diese Alternative gerne wählen. Die monatliche Ersparnis ist ihnen oftmals näher, als eine Leistung, die sie irgendwann eventuell in Anspruch nehmen könnten. Sollte sich das Mitglied tatsächlich für diese Option entscheiden, bleibt allerdings zu bedenken, dass im Fall der Fälle zwar die erforderlichen Konditionen für die Gewährung eines Anspruchs auf Mutterschaftsgeld auch nachträglich noch geschaffen werden können, diese dann aber in aller Regel teuer erkauft werden müssen.[1078]

cc) Höhe und Dauer des von den gesetzlichen Krankenkassen zu zahlenden Mutterschaftsgeldes

Ist die Schwangere bei Beginn der Schutzfrist in keinem Arbeitsverhältnis, fehlt ihr also der nach § 19 MuSchG 2018 i.V.m. § 24i Abs. 2 S. 1–6 SGB V vorausgesetzte Bezug zu einem Arbeits- oder Heimarbeitsverhältnis, ist sie aber gleichwohl bei einer gesetzlichen Krankenkasse mit Anspruch auf Krankengeld versichert, so erhält sie den obigen Ausführungen folgende also zumindest ein Mutterschaftsgeld in Höhe des Krankengeldes.[1079] Während der für sie geltenden „fiktiven Mutterschutzfristen"[1080] erhält sie Krankengeld gemäß § 47 Abs. 4 S. 2 SGB V in Anlehnung an den kalendertäglichen Betrag, der zuletzt vor Beginn der Arbeitsunfähigkeit für die Beitragsbemessung maßgebend war.[1081] Das entspricht gemäß § 47 Abs. 1 S. 1 SGB V einer Leistung in Höhe von 70 % des nach dieser Maßgabe zugrunde gelegten Einkommens.[1082] Gemäß § 24i Abs. 3 SGB V wird das Mutterschaftsgeld – wie für alle anderen auch – für die letzten sechs Wochen vor der Entbindung, den Entbindungstag und für die ersten acht Wochen, bei Mehrlings- und Frühgeburten für die ersten zwölf Wochen nach der Entbindung gezahlt, d. h. für einen Gesamtzeitraum von mindestens 14 Wochen.[1083]

1078 Nähere Auskünfte erteilen die zuständigen Krankenkassen.

1079 Vgl. die ausführlichen Erörterungen bei Buchner/Becker, MuSchG, § 13 Rdnr. 86 ff.

1080 Die entsprechend den Regelungen des Mutterschutzgesetzes vorgesehenen Mutterschutzfristen sind für diesen Personenkreis nicht einschlägig. Selbständig erwerbstätige Frauen sind – ausgenommen den selbständig erwerbstätigen Heimgewerbetreibenden – vom Anwendungsbereich des MuSchG ausgeschlossen; s. hierzu die obigen Ausführungen unter A. II. 1. a).

1081 Vgl. Hänlein/Kruse/Schuler-*Kruse*, SGB V, § 47 Rdnr. 17 ff.

1082 Vgl. Rancke-*Pepping*, MuSchG, § 13 Rdnr. 46.

1083 S. hierzu statt vieler nur Rancke-*Pepping*, MuSchG, § 13 Rdnr. 49 ff.

dd) Wechsel des Krankenversicherungstarifes

Sollten die zuvor benannten Voraussetzungen nicht erfüllt werden können, verbleibt den betroffenen Frauen nur der Anspruch auf Elterngeld, der sowohl den abhängig beschäftigten Frauen als auch den selbständig erwerbstätigen Frauen zur Seite steht.[1084] Für sie gilt es deshalb zu überlegen, ob ein Wechsel des bisher geltenden Krankenversicherungstarifs ohne Anspruch auf Mutterschaftsgeld hin zu einer gesetzlichen Versicherung mit Anspruch auf Krankengeld und damit auch auf Mutterschaftsgeld, finanziell sinnvoll bzw. rechtlich möglich sein könnte, oder, ob der Bezug von Elterngeld ausreichend erscheint. Dabei gilt es zwischen denen, die bereits Mitglied einer gesetzlichen Krankenkasse sind, und denen, die es nicht sind, zu unterscheiden.

Aus finanzieller Sicht ist zu bedenken, dass das Mutterschaftsgeld der gesetzlichen Krankenversicherung grundsätzlich auf das Elterngeld angerechnet wird.[1085] Es stellt sich mithin die Frage, ob ein erkaufter kurzfristiger Wechsel in einen Tarif mit Krankengeldanspruch für Frauen, die als Selbständige bereits freiwillig in der Gesetzlichen Krankenversicherung (GKV) ohne Krankengeldanspruch versichert sind, überhaupt wirtschaftlich lohnenswert ist. Dies könnte jedoch im Einzelfalle durchaus denkbar sein, da zum einen das Mutterschaftsgeld in der Regel höher sein wird als das voraussichtliche Elterngeld und zum anderen das Mutterschaftsgeld schon in den sechs Wochen vor der Geburt gezahlt wird.[1086] Die (werdende) Mutter ist im Gegenzug dann allerdings für einen Zeitraum von mindestens drei Jahre an den teureren (Wahl-)Tarif gebunden.[1087] Auch dies sollte in die Berechnung einfließen.

Der Wechsel innerhalb der gesetzlichen Krankenversicherung weg vom Tarif ohne Krankengeldanspruch hin zu einem Tarif mit einem solchen Anspruch ist also in aller Regel eher eine Frage der Finanzierbarkeit. Der Wechsel weg von der privaten hin zur gesetzlichen Krankenversicherung ist hingegen nur unter engen Voraussetzungen möglich, auf die im Nachfolgenden nochmals genauer eingegangen werden wird.[1088] Der Wechsel von der privaten Krankenversicherung zurück in die gesetzliche Krankenversicherung ist sogar nahezu ausgeschlossen.

1084 Vgl. hierzu die nachfolgenden Ausführungen zum Elterngeld (auch) für Selbständige unter A. II. 8.

1085 S. Rancke-*Pepping*, MuSchG, § 13 Rdnr. 57.

1086 So auch der Lühr, mediafon-Ratgeber, S. 4.

1087 Vgl. hierzu die obigen Ausführungen zum Wahltarif unter A. II. 2. b) bb).

1088 Vgl. hierzu die nachfolgenden ausführlichen Darlegungen zum Wechsel bzw. die Rückkehr in die private Krankenversicherung unter A. II. 5. a).

c) *Sonstige Leistungen bei Schwangerschaft und Mutterschaft: Haushaltshilfe gemäß § 24h SGB V*

Aus dem Katalog der nach § 24c SGB V von den gesetzlichen Krankenversicherungen zu erbringenden Leistungen bei Schwangerschaft und Mutterschaft ist an dieser Stelle im Übrigen auch die Regelung des §§ 24c Nr. 5, 24h SGB V besonders hervorzuheben.

§ 24h SGB V sieht vor, dass die i.S.d. SGB V gesetzlich versicherte (werdende) Mutter eine Haushaltshilfe erhalten soll, soweit ihr die Weiterführung ihres Haushalts nicht möglich ist und eine andere im Haushalt lebende Person diesen ebenfalls nicht weiterführen kann. Dieser Anspruch besteht nicht nur im Rahmen einer stationären Entbindung, sondern auch für den Fall, dass der Haushalt wegen der Schwangerschaft, wegen einer Hausgeburt oder nach einer ambulanten Geburt im Krankenhaus nicht mehr weitergeführt werden kann.[1089] Während der Schwangerschaft kommt die Inanspruchnahme einer Haushaltshilfe allerdings nur in Ausnahmefällen in Betracht. Etwa in dem Fall, dass die Schwangere aufgrund ärztlicher Anordnung dauerhaft liegen muss oder andere starke Schwangerschaftsbeschwerden auftreten.[1090] Da es sich um eine Sachleistung handelt, wird die Krankenkasse der Frau auf Antrag eine Haushaltshilfe stellen, die sodann die zuvor benannten Tätigkeiten für die (werdende) Mutter – soweit wie nötig – übernimmt. Vermag die Krankenkasse dies nicht, kann die Frau die Kosten für eine selbst beschaffte Ersatzkraft in angemessener Höhe ersetzt verlangen, §§ 24h S. 2, 38 Abs. 4 SGB V.[1091]

Erfasst werden alle typischen hauswirtschaftlichen Tätigkeiten, wie z. B. die Reinigung der Wohnung, der Wäsche, der tägliche Einkauf, das Kochen oder die Betreuung minderjähriger Kinder, welche die Frau ansonsten gewöhnlich selbst verrichtet[1092], grundsätzlich aber nicht die Übernahme von beruflichen Aufgaben. Eine solche Betriebshilfe sieht allein das Zweite Gesetz über die Krankenversicherung der Landwirte in § 9 KVLG 1989 vor, die ausschließlich für Landwirtinnen den Anspruch auf bloße Hilfe im Haushalt um die Hilfe im

---

1089 Vgl. hierzu nur Buchner/Becker, MuSchG, § 15 Rdnr. 47; Graue, MuSchG, § 199 RVO Rdnr. 1; Zmarzlik/Zipperer/Viethen/Vieß, MuSchG, § 199 RVO Rdnr. 1.

1090 Ebener/Graue, S. 81; Buchner/Becker, MuSchG, § 15 Rdnr. 48; Meisel/Sowka, MuSchG, § 119 RVO Rdnr. 4; Zmarzlik/Zipperer/Viethen/Vieß, MuSchG, § 199 RVO Rdnr. 3.

1091 Buchner/Becker, MuSchG, § 15 Rdnr. 50; Graue, MuSchG, § 199 RVO Rdnr. 7, 10.

1092 Buchner/Becker, MuSchG, § 15 Rdnr. 48; vgl. zudem Meisel/Sowka, MuSchG, § 199 RVO Rdnr. 7 ff.

Betrieb ergänzt.[1093] Per Satzung sollen die landwirtschaftlichen Krankenkassen in diesem Zusammenhang bestimmen können, dass für versicherungspflichtige landwirtschaftliche Unternehmer anstelle von Mutterschaftsgeld Betriebshilfe während der Schwangerschaft und bis zum Ablauf von acht Wochen nach der Entbindung, nach Mehrlings- und Frühgeburten bis zum Ablauf von zwölf Wochen nach der Entbindung, gewährt werden kann, wenn die Bewirtschaftung des Unternehmens gefährdet ist. Es ist dann eine Ersatzkraft, der sog. Betriebshelfer, zu stellen, der allerdings nur unaufschiebbare Tätigkeiten, wie melken oder ernten, übernimmt. Ziel ist es, die Weiterführung des landwirtschaftlichen Unternehmens, als Einkommensgrundlage der dem System zugehörigen landwirtschaftlichen Unternehmerinnen, sicherzustellen. Die Betriebshilfe kann durch die Gewährung einer Haushaltshilfe ergänzt werden. Auf die Besonderheiten des Zweiten Gesetzes über die Krankenversicherung der Landwirte (KVLG 1989) wird im Übrigen im folgenden Abschnitt noch genauer einzugehen sein.[1094]

d) Fazit

Die obigen Erörterungen zeigen, dass unter bestimmten Voraussetzungen auch selbständig erwerbstätige Frauen – losgelöst von den Regelungen des Mutterschutzgesetzes – einen Anspruch auf Mutterschaftsleistungen haben. Was die Zahlung von Mutterschaftsgeld anbelangt, so können diejenigen Frauen, die Mitglied einer gesetzlichen Krankenkasse mit Anspruch auf Krankengeld sind, diese Leistung zumindest in Höhe des Krankengeldes verlangen. Das betrifft aber aufgrund der Formulierung des § 24i Abs. 2 S. 7 SGB V nur eine begrenzte Gruppe von selbständigen Frauen. Privatversicherte selbständig erwerbstätige Frauen, in der gesetzlichen Krankenversicherung i.S.d. § 10 SGB V familienversicherte selbständige Frauen oder solche, die sich im Rahmen ihrer Wahlerklärung nach § 44 Abs. 2 S. 1 Nr. 2 SGB V für einen ermäßigten Beitrag, also gegen den Anspruch auf Krankengeld, entschieden haben, haben nach diesen Bestimmungen auch weiterhin keinen Anspruch auf Mutterschaftsgeld nach SGB V. Wird auf die Möglichkeit einer Krankengeldversicherung verzichtet, besteht – aufgrund der gesetzlichen Verknüpfung des Anspruchs auf Mutterschaftsgeld an den Anspruch auf Krankengeld – kein entsprechender Anspruch.

1093 Zu den Voraussetzungen der Betriebshilfe: http://www.svlfg.de/40-leistung/leis05_bhh/index.html (zuletzt abgerufen am 15.06.2018). Vgl. zudem die nachfolgenden Ausführungen unter A. II. 3. b).

1094 Vgl. die weiteren Ausführungen unter A. II. 3. b).

Die Möglichkeit, dass auch selbständig erwerbstätige Frauen Mutterschaftsgeld erhalten können, wird vom Gesetzgeber also auch im Rahmen des SGB V nur beschränkt zugestanden. Zudem bleibt zu berücksichtigen, dass ihnen allein ein Anspruch in Höhe des Krankengeldes, also in einer Höhe von 70 % des vor Beginn der Arbeitsunfähigkeit für die Beitragsbemessung maßgeblichen Einkommens gewährt wird. Ob eine solche Zahlung ausreichend ist, damit die (werdende) Mutter ihre selbständige Tätigkeit aufrechterhalten kann oder den Mindestanforderungen des Art. 8 der Richtlinie 2010/41/EU entspricht, wird maßgeblich vom Einzelfall abhängen bzw. an späterer Stelle noch näher zu überprüfen sein.[1095] Fixkosten wie Büromiete, Gehälter für Mitarbeiter etc. werden so jedenfalls kaum finanzierbar sein.

Daneben besteht die Möglichkeit eine Haushaltshilfe gestellt zu bekommen. Eine Betriebshilfe wird von § 24h SGB V derweil nicht vorgesehen; eine solche sieht allein das Zweite Gesetz über die Krankenversicherung der Landwirte in § 9 KVLG 1989 vor.

3. *Der besondere Mutterschutz für selbständige Künstlerinnen und Publizistinnen sowie für Landwirtinnen*

Die voranstehenden Erörterungen haben aufgezeigt, dass der deutsche Gesetzgeber gemäß den Bestimmungen des Mutterschutzgesetzes sowie des SGB V grundsätzlich nur in engem Maße selbständig erwerbstätigen Frauen Mutterschaftsleistungen und ganz besonders Mutterschaftsgeld gewährt. Für einige wenige Selbständige gibt es darüber hinaus noch weitere gesonderte sozialversicherungsrechtliche Regelungen, was deren Absicherung anbelangt. Zu nennen sind in diesem Zusammenhang die selbständigen Künstler und Publizisten, also Schriftsteller und Journalisten, wie auch die Landwirte. Beide Personengruppen verfügen über eigene Regelungswerke zur Sozialversicherung, namentlich die Sozialversicherung der Künstler (KSVG)[1096] sowie die Sozialversicherung der Landwirte (KVLG 1989)[1097], die bereits voranstehend erste Erwähnung gefunden haben.[1098]

1095 Vgl. hierzu insbesondere die nachfolgende Bewertung der aktuellen Rechtslage unter Punkt B. II.

1096 Künstlersozialversicherungsgesetz (KSVG) vom 27.07.1981, BGBl. I S. 705, zuletzt durch Art. 2 des Gesetzes vom 30.07.2014, BGBl. I S. 1311, geändert.

1097 Zweites Gesetz über die Krankenversicherung der Landwirte (KVLG 1989) vom 20.12.1988, BGBl. I S. 2477, 2557, das durch Art. 11 des Gesetzes vom 23.12.2014, BGBl. I S. 2462, geändert.

1098 Vgl. hierzu die obigen Ausführungen unter A. I. 3.

a) Mutterschutz und die Künstlersozialkasse

Die vom Künstlersozialversicherungsgesetz erfassten selbständigen Künstler und Publizisten nehmen unter den Freiberuflern eine Sonderstellung ein. Der Staat gewährt den selbständigen Künstler und Publizisten diese, da ihre Berufsgruppe sozial meist deutlich schlechter abgesichert ist als andere Selbständige. Zur Verbesserung der sozialen Situation selbständiger Künstler und Publizisten hat der Gesetzgeber deshalb schon Anfang der 1980er Jahre die Künstlersozialversicherung geschaffen. Seither werden gemäß § 1 Künstlersozialversicherungsgesetz (KSVG) selbständige Künstler und Publizisten in den Schutz der gesetzlichen Sozialversicherung einbezogen.[1099] Die Künstlersozialversicherung bezieht dabei alle selbständigen Künstler und Publizisten in die gesetzliche Renten-, Kranken- und Pflegeversicherung ein, die i.S.d. § 2 KSVG Musik, darstellende oder Kunst schaffen, ausüben oder lehren, aber auch Schriftsteller, Journalisten oder in ähnlicher Weise publizistisch Tätige oder Lehrende.[1100] Daneben ist für das Bestehen einer entsprechenden Versicherungspflicht Voraussetzung, dass die künstlerische oder publizistische Tätigkeit erwerbsmäßig und nicht bloß vorübergehend ausgeübt wird und daraus ein jährliches Mindestarbeitseinkommen in Höhe von mehr als 3.900,00 EUR – außer bei Berufsanfängern – erzielt wird sowie im Zusammenhang mit der Tätigkeit nicht mehr als ein Arbeitnehmer beschäftigt wird[1101], §§ 1, 3 Abs. 1 KSVG.[1102]

Mit der Einrichtung einer eigenständigen sozialen Absicherung wird die schöpferische Aufgabe von Künstlern und Publizisten als wichtig für die Gesell-

1099 S. Erlenkämper/Fichte- *Fichte*, Sozialrecht, 2008, Kap. 15 Rdnr. 58 ff.

1100 Beispiele für Künstler und Publizisten i.S.d. Gesetzes bzw. für solche, die nicht vom KSVG umfasst werden bei Erlenkämper/Fichte-*Fichte*, Kap. 15 Rdnr. 62 ff. mit entsprechenden Nachweisen zur Rechtsprechung des BSG. Weiterhin gilt, dass bei den im Künstlerbericht der Bundesregierung (BT-Drs. 7/3071, S. 7; BT-Drs. 9/26, S. 18) aufgeführten Berufsgruppen die Künstler- bzw. Publizisteneigenschaft („Katalogberufe") im Allgemeinen ohne weitere Prüfung unterstellt werden kann; Finke/Brachmann/Nordhausen- *Finke*, KSVG – Künstlersozialversicherungsgesetz Kommentar, 2009, § 2 Rdnr. 9.

1101 Es sei denn, die Beschäftigung eines Arbeitnehmers erfolgt zur Berufsausbildung oder ist geringfügig i.S.d. § 8 SGB IV, § 1 Nr. 2 KSVG.

1102 Zum Kreis der Versicherten von Maydell/Ruland/Becker- *Finke*, Sozialrechtshandbuch (SRH), 2012, § 20 Rdnr. 6 ff. Zu den einzelnen Voraussetzungen der Versicherungsfreiheit im Allgemeinen sowie der Versicherungsfreiheit in der Kranken- und/oder der Rentenversicherung s. außerdem Erlenkämper/Fichte-*Fichte*, Kap. 15 Rdnr. 67 ff. m.w.N.

schaft anerkannt.[1103] Um ihr Fortbestehen zu garantieren bzw. finanziell zu ermöglichen, genießen selbständige Künstler und Publizisten den Vorteil, nur etwa die Hälfte der Beiträge zur gesetzlichen Sozialversicherung aufbringen zu müssen, §§ 15–16a KSVG. Ihre Beitragslast entspricht damit derjenigen eines Arbeitnehmers. Die andere Hälfte wird gemäß §§ 23–26 KSVG von den zur sog. Künstlersozialabgabe Verpflichteten sowie gemäß § 34 KSVG durch Zuschuss des Bundes aufgebracht, § 14 KSVG. Die Finanzierung der Künstlersozialversicherung erfolgt somit nur zu einem Teil durch Beitragsanteile der Versicherten selbst. Die Künstlersozialabgabe wird von der Künstlersozialkasse[1104] von den zur Abgabe Verpflichteten als Umlage nach dem Vomhundertsatz der Bemessungsgrundlage[1105] erhoben, § 23 KVSG.[1106] Zur Abgabe sind laut § 24 KSVG dabei solche Unternehmen verpflichtet, die Werke und Leistungen selbständiger Künstler und Publizisten gegen Entgelt in Anspruch nehmen. Diese sog. Verwerter werden an der Finanzierung der Sozialversicherungsbeiträge deshalb beteiligt, weil in der Regel erst durch das Zusammenwirken von selbständigen Künstlern und Publizisten einerseits und den Verwertern andererseits die Werke und Leistungen dem Endabnehmer zugänglich gemacht werden können. Sie agieren praktisch wie Arbeitgeber. Die Künstlersozialabgabe ist somit als ein sog. fremdnütziger Sozialversicherungsbeitrag anzusehen, der von Personen erhoben wird, die zwar nicht persönliche Nutznießer der Leistung, wohl aber für die Gewährung der Leistung an den Berechtigten eine besondere soziale Verantwortung tragen. Das Künstlersozialversicherungsgesetz und die vom Gesetzgeber mit der Umsetzung dieses Gesetzes beauftragte

1103 So auch die eigenen Angaben der Künstlersozialkasse im Rahmen ihres Internetauftritts unter http://www.kuenstlersozialkasse.de (zuletzt abgerufen am 15.06.2018).

1104 Die Künstlersozialkasse besteht seit 1983 und hat ihren Sitz in Wilhelmshaven. Sie ist selbst kein Leistungsträger, sondern sie bezuschusst lediglich die Beiträge ihrer Mitglieder zu einer Krankenversicherung freier Wahl und zur gesetzlichen Renten- und Pflegeversicherung, vgl. von Maydell/Ruland/Becker-*Finke*, SRH, § 20 Rdnr. 19 f. Seit Mitte 2007 ist auch die Deutsche Rentenversicherung für die Prüfung der rechtzeitigen und vollständigen Entrichtung der Künstlersozialabgabe zuständig; s. hierzu nur Deutsche Rentenversicherung – http://www.deutsche-rentenversicherung.de.

1105 § 25 KSVG.

1106 Der Vomhundertsatz der Künstlersozialabgabe für das Jahr 2007 betrug 5,1 %; § 1 Sozialabgabeverordnung 2007 vom 22.09.2006, BGBl. I S. 2158; im Jahr 2015 betrug er 5,2 %, s. hierzu: https://www.kuenstlersozialkasse.de/unternehmen-und-verwerter/kuenstlersozialabgabe.html (zuletzt abgerufen am 15.06.2018). Zur Künstlersozialabgabe allgemein: von Maydell/Ruland/Becker-*Finke*, SRH, § 20 Rdnr. 13 ff. m.w.N.

Künstlersozialkasse sorgen auf diesem Wege dafür, dass selbständige Künstler und Publizisten einen ähnlichen Schutz der gesetzlichen Sozialversicherung genießen wie Arbeitnehmer.[1107]

Die von der Künstlersozialkasse sodann erbrachten Leistungen entsprechen denen der gesetzlichen Kranken- bzw. Rentenversicherung sowie der Pflegeversicherung, § 1 KSVG; so dass auch die von der gesetzlichen Krankenversicherung gewährten Mutterschaftsleistungen nach §§ 24c ff. SGB V, und damit auch der Anspruch auf Mutterschaftsgeld nach § 24i SGB V, ebenfalls für Frauen, die über die Künstlersozialversicherung versichert sind, Anwendung finden. Über den Anspruch auf Mutterschaftsgeld entscheidet die jeweils zuständige Krankenkasse. Die Höhe des für insgesamt mindestens 14 Wochen gezahlte Mutterschaftsgeld beträgt 70 % des erzielten regelmäßigen Arbeitseinkommens, höchstens aber desjenigen Einkommens, das der Beitragsbemessung zur Künstlersozialversicherung in den letzten 12 Monaten vor Beginn der Mutterschutzfrist zugrunde gelegen hat. Dies ist letztlich nichts anderes als der Betrag, den auch die übrigen „anderen Mitglieder" der gesetzlichen Krankenkassen nach § 24i Abs. 1, Abs. 2 S. 7 SGB V erhalten.

Im Hinblick auf den Bezug des Mutterschaftsgeldes sollte von den betroffenen Künstlerinnen und PublizistInnen beachtet werden, dass während des Mutterschaftsgeldbezuges die Versicherung bei der Künstlersozialkasse beitragsfrei geführt wird. Die betroffene Mutter muss im Anschluss rechtzeitig vor Ende des Mutterschaftsgeldbezuges (acht Wochen nach der Entbindung) der Künstlersozialkasse formlos mitteilen, was weiter geschehen soll, mithin, ob die selbständige Tätigkeit wegen der Kinderbetreuung eingeschränkt, aufgegeben oder wiederaufgenommen wird. Erhält die Künstlersozialkasse bis spätestens drei Wochen nach dem Ende des Mutterschaftsgeldbezugs keine entsprechende Mitteilung, geht sie automatisch davon aus, dass die selbständige Tätigkeit bis auf weiteres nicht wieder aufgenommen wird. Dies hat einen Bescheid über das Ende der Versicherung nach der Künstlersozialversicherung zu Folge.[1108]

1107 S. hierzu sowie zu den Verpflichten Erlenkämper/Fichte-*Fichte*, Kap. 15 Rdnr. 75 ff.; s. zum Sonderstatus der Künstlersozialversicherung im Sozialversicherungssystem und zur Finanzierungsfrage auch von Maydell/Ruland/Becker-*Finke*, SRH, § 20 Rdnr. 2, 3; vgl. allgemein zur Künstlersozialversicherung auch den Internetauftritt der Künstlersozialkasse (KSK) unter http://www.kuenstlersozialkasse.de (zuletzt abgerufen am 15.06.2018).

1108 Allerdings gibt es vorher eine Anhörung in Form eines Anschreibens an die Versicherte mit der Möglichkeit, hierzu Stellung zu nehmen. Vgl. hierzu Lühr, mediafon-Ratgeber, S. 6; nähere Informationen zum Versicherungsschutz während des Mutter-

b) Mutterschutz und die agrarsoziale Sicherung der Krankenversicherung der Landwirte

Neben Künstlern und Publizisten werden auch selbständige Landwirte und Landwirtinnen in den Schutz der gesetzlichen Sozialversicherung einbezogen. Mit der Integration der deutschen Landwirtschaft in den europäischen Agrarmarkt waren Absicherungsprobleme klein- und mittelständischer Betriebe insbesondere gegen Alter und Krankheit verbunden. Und so wurde im Jahr 1957 durch das Gesetz über eine Altershilfe der Landwirte (GAL) eine eigene berufsständisch geprägte gesetzliche Rentenversicherung geschaffen, die seit dem 01. Januar 1995 durch das Gesetz über die Alterssicherung der Landwirte (ALG) ersetzt wurde. Im Jahr 1972 folgt durch das Gesetz über die Krankenversicherung der Landwirte (KVLG)[1109] eine weitere soziale Sicherung, die einen eigenständigen Leistungskatalog für den Krankheitsfall enthielt. Dieses Gesetz wurde schließlich durch das Zweite Gesetz über die Krankenversicherung der Landwirte (KVLG 1989)[1110] größtenteils ersetzt, wobei die Regelungen zu den Leistungen bei Schwangerschaft und Mutterschaft mit den §§ 22 ff. KVLG noch bis zum 30. Oktober 2012 beibehalten wurde. Erst im Zuge des Gesetzes zur Neuausrichtung der Pflegeversicherung[1111], mit dem u. a. auch die Integration der Regelungen der §§ 195 ff. RVO in die §§ 24c ff. SGB V verbunden war, wurden auch diese Regelungen schlussendlich in das KVLG 1989 übernommen. Sie finden sich heute in den §§ 8 ff. KVLG 1989 und insbesondere dem § 14 KVLG 1989, der bereits voranstehend wiederholt in Bezug genommen wurde.[1112] Die vorbezeichneten Entwicklungen im Bereich der agrarsozialen Absicherung zeigen deutlich die Bestrebung des Gesetzgebers zur Modernisierung der sozialen Absicherung von Landwirten und Landwirtinnen unter dem

---

schaftsgeldbezuges bietet zudem die KSK unter http://www.kuenstlersozialkasse.de (zuletzt abgerufen am 15.06.2018).

1109 Gesetz zur Weiterentwicklung des Rechts der gesetzlichen Krankenversicherung (Gesetz über die Krankenversicherung der Landwirte – KVLG) vom 10.08.1972, BGBl. I S. 1433.

1110 Zweites Gesetz über die Krankenversicherung der Landwirte (KVLG 1989) vom 20.12.1988, BGBl. I S. 2477, 2557.

1111 Vgl. hierzu z. B. die Ausführungen im 1. Kapitel unter A. I. 2. d).

1112 Die Regelungen des KVLG von 1972 wurden zuletzt durch Art. 12 G v. 22.12.2011, BGBl. I S. 3057 geändert. Die Regelungen der §§ 22 ff. KVLG gingen in den §§ 8 ff. KVLG 1989 auf. Zu den einzelnen Leistungen nach dem KVLG von 1972 (a.F.): Gerold, Krankenversicherung der Landwirte, 2. Aufl., 1979, S. 27 ff., speziell zur Mutterschaftshilfe S. 34 ff.

Aspekt des fortschreitenden Strukturwandels in der Landwirtschaft.[1113] Die Beiträge für ihre soziale Sicherung haben die versicherungspflichtigen Landwirte und Landwirtinnen sowie die freiwilligen Versicherten – anders als die Künstler und Publizisten – indes grundsätzlich selbst zu tragen, §§ 47 ff. KVLG 1989.[1114]

Durch das Zweite Gesetz über die Krankenversicherung der Landwirte (KVLG 1989) wurde für die selbständigen Landwirte und ihre mitarbeitenden Familienangehörigen eine eigenständige Krankenversicherung geschaffen, die sich an die Regelungen der §§ 5 ff. SGB V weitestgehend anlehnt.[1115] Die landwirtschaftlichen Krankenkassen bieten damit grundsätzlich denselben umfassenden Versicherungsschutz wie alle anderen gesetzlichen Krankenkassen auch.[1116] Eine den Sonderstatuts der Landwirte kennzeichnende Besonderheit der Krankenversicherung der Landwirte ist jedoch, dass sie landwirtschaftlichen Unternehmern anstelle der Gewährung von Krankengeld im Bedarfsfall einen qualifizierten Betriebshelfer zur Aufrechterhaltung des landwirtschaftlichen Betriebs stellen, § 9 KVLG 1989. Gemäß § 9 Abs. 1, Abs. 3a KVLG 1989 kann per Satzung bestimmt werden, dass für versicherungspflichtige landwirtschaftliche Unternehmer anstelle von Mutterschaftsgeld Betriebshilfe während der Schwangerschaft und bis zum Ablauf von acht Wochen nach der Entbindung, nach Mehrlings- und Frühgeburten bis zum Ablauf von zwölf Wochen nach der Entbindung, gewährt wird, wenn die Bewirtschaftung des Unternehmens gefährdet ist. Es ist dann nach § 11 KVLG 1989 eine Ersatzkraft als Betriebshilfe zu stellen.[1117] Diese für die agrarsoziale Sicherung eigentümliche Leistungsart trägt dem besonderen Bedürfnis der Landwirtschaft Rechnung, dass im Falle des schwangerschaftsbedingten Ausfalls der Landwirtin die Fortsetzung ihrer Arbeit im Betrieb in aller Regel tatsächlich und nicht nur finanziell gesichert werden muss, um den Ausfall von Einkünften oder gar einer Existenzgefährdung des Betriebes zu verhindern.[1118] Die land-

1113 Vgl. insgesamt hierzu nur Erlenkämper/Fichte-*Fichte*, Kap. 15 Rdnr. 1 f.; zur systematischen Zuordnung und geschichtlichen Entwicklung s. zudem von Maydell/Ruland/Becker-*Wirth*, SRH, § 19 Rdnr. 1 ff. m.w.N.

1114 Zur Finanzierung allgemein: von Maydell/Ruland/Becker-*Wirth*, SRH, § 19 Rdnr. 11 f.

1115 Erlenkämper/Fichte-*Fichte*, Kap. 15 Rdnr. 3. Zum Versichertenkreis in der KVLG: Erlenkämper/Fichte-*Fichte*, Kap. 15 Rdnr. 5.

1116 Zur Organisationsstruktur der agrarsozialen Sicherung: von Maydell/Ruland/Becker-*Wirth*, SRH, § 19 Rdnr. 5 ff. m.w.N.

1117 Zur Betriebshilfe im Einzelnen: http://www.svlfg.de/40-leistung/leis05_bhh/index.html (zuletzt abgerufen am 15.06.2018).

1118 S. Gerold, S. 40.

wirtschaftlichen Krankenkassen führen die Betriebshilfe dabei als Sachleistung, grundsätzlich durch eigene Betriebshelfer durch. Kann keine geeignete Ersatzkraft gestellt werden, werden die Kosten für eine betriebsfremde selbstbeschaffte Ersatzkraft gemäß Satzung in angemessener Höhe erstattet, § 11 KVLG 1989. Im Jahr 2013 wurde im Übrigen von der Landwirtschaftlichen Krankenversicherung an über 538.000 Einsatztagen wegen Krankheit oder Schwangerschaft in landwirtschaftlichen Betrieben Betriebs- und Haushaltshilfe geleistet. Im Einzelnen handelte es sich um mehr als 24.800 Einsatzfälle.[1119]

Hinsichtlich der Frage, wann im Einzelnen ein Anspruch auf Mutterschaftsgeld nach den Regelungen der Krankenversicherung für Landwirte auch für in der Landwirtschaft tätige Frauen bestehen soll, ist auf die Norm des § 14 KVLG 1989 zu verweisen, der seinerseits inhaltlich auf die bereits dargestellte Regelung des § 24i SGB V Bezug nimmt. Die Verweisung des § 14 KVLG 1989 auf § 24i SGB V gibt dabei zwar keine eigenen inhaltlichen Vorgaben vor, die es zu erfüllen gilt, um einen Anspruch auf Mutterschaftsgeld zu begründen, ergänzt die Regelung des § 24i SGB V jedoch dahingehend, dass sie den Kreis der Anspruchsberechtigten näher bestimmt. So wird gemäß § 14 Abs. 1 SGB V versicherungspflichtigen mitarbeitenden Familienangehörigen, die rentenversicherungspflichtig sind, ebenso wie sonstigen Mitgliedern, die die Voraussetzungen des § 24i Abs. 2 SGB V erfüllen, ein Anspruch auf Mutterschaftsgeld gemäß § 24i Abs. 1, 2 SGB V gewährt, während versicherungspflichtige mitarbeitende Familienangehörige, die rentenversicherungspflichtig sind, jedoch die Voraussetzungen für den Bezug des Mutterschaftsgeldes nach § 24i Abs. 2 SGB V nicht erfüllen, mitarbeitende Familienangehörige, die nicht rentenversicherungspflichtig sind, und die in § 2 Abs. 1 Nr. 6 KVLG 1989 i.V.m. § 5 Abs. 1 Nr. 2 SGB V genannten Personen, also Beziehern von Arbeitslosengeld und Unterhaltsgeld nach SGB III, gemäß § 14 Abs. 2 KVLG 1989 lediglich ein Mutterschaftsgeld in Höhe des Krankengeldes unter den Voraussetzungen des § 24i Abs. 3, 4 SGB V erhalten.[1120]

Von den obigen Regelungen nicht benannt sind die selbständigen Landwirtinnen mit eigenem Betrieb, die selbst Mitglied in der agrarsozialen Krankenversicherung sind. Zu Beginn sah das Gesetz zur Krankenversicherung der Landwirte für diese Frauen, nämlich solche, die die Voraussetzungen auf laufendes Mutter-

1119 Vgl. hierzu die Statistik bspw. für das Jahr 2013 unter www.svlfg.de/11-wir/wir062_daten_zahlen/wir0205/wir0205_03/Rechnungsergebnisse_KV/KV45/index.html (zuletzt abgerufen am 15.06.2018). Eine gesonderte Statistik für Betriebshilfen aufgrund von Schwangerschaft bietet die SVLFG nicht.

1120 Vgl. hierzu Gerold, S. 35 f. – dieser jedoch noch zu den Vorgängerregelungen.

schaftsgeld nicht erfüllten oder etwa nicht als mitarbeitende Familienangehörige versichert waren, ein pauschales Mutterschaftsgeld von einmalig 150,00 DM bei Entbindung vor, das sog. Entbindungsgeld, § 29 KVLG 1972.[1121] Später erklärte § 31 KVLG 1972[1122], dass Versicherte, die keinen Anspruch auf Mutterschaftsgeld nach § 29 KVLG 1972 hatten, nach der Entbindung ein Entbindungsgeld von 77,00 Euro erhalten sollten. Diesen Tatbestand gibt es heute nicht mehr. Er wurde im Zuge des Gesetzes zur Modernisierung der gesetzlichen Krankenversicherungen[1123] im Jahr 2003 ersatzlos gestrichen, um die Krankenkassen finanziell zu stärken. Seither wird der vorbenannten Gruppe von Frauen kein Mutterschaftsgeld mehr gewährt. Die Regelung des § 24i Abs. 2 S. 7 SGB V ist auf sie auch nicht übertragbar, da der Tatbestand des § 14 KVLG 1989 an dieser Stelle ausdrücklich etwas Abweichendes vorschreibt. Eine Regelungslücke, die im Wege der Auslegung geschlossen werden könnte, liegt nicht vor. Anstelle des Mutterschaftsgeldes erhalten diese Frauen daher allein die zuvor bereits dargestellte Möglichkeit einer Betriebshilfe und dies auch nur dann, sollte die Satzung ihrer Landwirtschaftlichen Sozialversicherung ihnen dies zugestehen. Im Übrigen sind sie auf sich allein gestellt.

c) Fazit

Einigen wenigen selbständig erwerbstätigen Personengruppen schreibt der Gesetzgeber – anders als den übrigen Selbständigen – ein besonderes Schutzbedürfnis zu und ermöglicht ihnen daher einen sozialversicherungsrechtlichen Schutz, wie er auch abhängig Beschäftigten zusteht. Im Einzelnen wird dabei das besondere Schutzinteresse der selbständig erwerbstätigen Künstler und Publizisten sowie der Landwirte hervorgehoben. Die für sie einschlägigen Regelungen der Künstlersozialversicherung sowie der Sozialversicherung der Landwirte verweisen hierzu auf die jeweils maßgeblichen Regelungen der entsprechenden Sozialgesetzbücher. Im Falle des Mutterschutzes wird für beide Personengruppen auf die Regelung des § 24i SGB V verwiesen.

Unter Berücksichtigung der obigen Erwägungen zum allgemeinen Schutzbedürfnis (auch) von Selbständigen, insbesondere unter Berücksichtigung der zunehmenden Zahl an Solo-Selbständigen, denen es, so die begründete Vermutung,

1121 Gerold, S. 36.

1122 In der Fassung des Gesetzes v. 20.12. 1988, BGBl. I S. 2477, geändert durch Gesetz v. 23.10.2001, BGBl. I S. 2702.

1123 Gesetz zur Modernisierung der gesetzlichen Krankenversicherungen, GKV-Modernisierungsgesetz – GMG, v. 14.11.2003, BGBl. I S. 2190 – Nr. 56.

oftmals nicht möglich ist, Rücklagen für eine etwaige Auszeit zu bilden[1124], stellt sich die Frage, ob tatsächlich ausschließlich den vorbenannten Personengruppen ein besonderes Schutzbedürfnis zuerkannt werden darf. Der Grundsatz, Selbständige haben für sich selbst Sorge zu tragen, wird spätestens seit Beginn der 1990er Jahre zunehmend aufgeweicht. Während die Landwirte aus diesem Grunde bereits in den 1970er Jahren und die Künstler und Publizisten Anfang der 1980er Jahre in die soziale Sicherung aufgenommen wurden, hat sich seither, spätestens aber seit den 1990er Jahren, eine Änderung des Risikos auch für andere Selbständige herausgebildet. Es sollte daher ebenfalls für sie eine soziale Absicherung bestimmter Risiken, wie z. B. den Mutterschutz, geben, da sie im Fall der Fälle einen solchen nicht für sich selbst erreichen können.

4. *Zwischenergebnis*

Das Mutterschutzgesetz gilt gemäß dem in § 1 MuSchG klar umrissenen Anwendungsbereich grundsätzlich für abhängig erwerbstätige Arbeitnehmerinnen. Auf den Personenkreis der selbständigen Unternehmerinnen ist es aufgrund der aktuellen Rechtslage nicht anwendbar. Hieran hat sich auch im Zuge der zum 01.01.2018 in Kraft getretenen umfassenden Neuregelung des Mutterschutzrechtes nichts geändert. Allein die selbständig erwerbstätigen Hausgewerbetreibenden und arbeitnehmerähnliche Personen, für die jedoch die Regelungen bezüglich Mutterschaftsleistungen nach §§ 18 ff. MuSchG 2018 ausgeschlossen sind, sind vom Anwendungsbereich des Mutterschutzgesetzes umfasst. Für alle anderen selbständigen (werdenden) Mütter gelten vor allem die im Mutterschutzgesetz unter §§ 3 Abs. 2, 6 Abs. 1 MuSchG a. F. / § 3 Abs. 1, Abs. 2 MuSchG 2018 zum Schutze der Gesundheit von Mutter und Kind festgelegten Mutterschutzfristen und damit auch die Regelungen bezüglich eines finanziellen Ausgleichs während dieser Zeit nicht. Es gibt kein gesetzliches Beschäftigungsverbot, wie auch keine entsprechend ausgleichenden finanziellen Leistungen. Sie sind insofern auf sich selbst gestellt. Die Regelungen des Mutterschutzgesetzes stehen ihnen nicht helfend zur Seite.

Neben den Regelungen des Mutterschutzgesetzes sind die Bestimmungen des Fünften Buch Sozialgesetzbuch zu berücksichtigen. Gemäß § 24i Abs. 1, Abs. 2 S. 7 SGB V erhalten „sonstige Mitglieder“ einer gesetzlichen Krankenkasse ein Mutterschaftsgeld in Höhe des Krankengeldes, sofern sie von der Möglichkeit des Wahltarifs Gebrauch machen und den Anspruch auf Krankengeld mitversichert haben. Zu der Gruppe der „sonstigen Mitglieder“ zählen u. a. auch die

---

1124 Vgl. hierzu die Ausführungen zur Sparfähigkeit von selbständig Erwerbstätigen im 1. Kapitel unter C. II. 2.

freiwillig in der gesetzlichen Krankenversicherung versicherten Selbständigen. Die Regelung des § 24i SGB V wird im Übrigen im Wege der Verweisung gemäß § 1 KSVG auch auf die selbständigen Künstlerinnen und Publizisten sowie gemäß § 14 KVLG 1989 auf die Landwirtinnen übertragen.

Die obigen Ausführungen machen deutlich, dass das Mutterschutzgesetz – mit Ausnahme der Heimgewerbetreibenden – zwar die Selbständigen aus seinem Anwendungsbereich ausschließt, über die Regelungen des Fünften Buch Sozialgesetzbuch dieser Personengruppe aber gleichwohl ein Anspruch auf Mutterschaftsleistungen zumindest in Höhe des Krankengeldes zugestanden wird, sofern die betroffenen selbständigen Frauen Mitglied einer gesetzlichen Krankenkasse sind und auch im Übrigen die geforderten, voranstehend im Einzelnen erläuterten Voraussetzungen erfüllen. Ein Anspruch auf Mutterschaftsgeld, auf den sich *alle* selbständig erwerbstätigen (werdenden) Mütter gleichermaßen berufen können, existiert mit Blick auf die voranstehend beleuchteten gesetzlichen Bestimmungen derweil nicht.

Nur unter bestimmten Voraussetzungen wird eine sozialrechtliche Risikoabsicherung für den Fall der Schwangerschaft und Mutterschaft gewährt. Diejenigen selbständig erwerbstätigen (werdenden) Mütter, die die zuvor dargestellten Voraussetzungen nicht erfüllen, z. B., weil sie kein Mitglied einer gesetzlichen Krankenkasse sind, müssen schauen, wie sie die Zeit rund um die Geburt aus eigener Kraft und mit eigenen finanziellen Mitteln, also im Wege einer privaten Vorsorge, anderweitig gestemmt bekommen.

Die voranstehenden Ausführungen haben des Weiteren deutlich gemacht, dass der Mutterschutz für selbständig erwerbstätige Frauen historisch betrachtet im deutschen Rechtssystem über keine mühelos auffindbare, umfassende oder ausdrückliche Verankerung verfügt. Als Arbeiterinnenschutz eingeführt hat sich der Mutterschutz seit nunmehr rund 130 Jahren als Schutz für eben diese Personengruppe kontinuierlich fortentwickelt.[1125] Arbeiterinnen, Angestellte und Beamtinnen werden seither durch das Mutterschutzgesetz[1126] oder vergleichbare beamtenrechtliche Regelungen[1127] unterstützt, wenn sie die Erwerbsarbeit auf-

1125 S. Biermann/Gather, Sozialer Fortschritt 2014, 170, 175. Zur rechtshistorischen Entwicklung des Mutterschutzgesetzes statt vieler zudem: Ute Edel, Die Entwicklung des Mutterschutzrechts in Deutschland, Arbeits- und Sozialrecht Band 29, 1993, sowie die einleitenden Erörterungen des 1. Kapitels unter A. I. 2.

1126 Gesetz zum Schutz der erwerbstätigen Mutter (Mutterschutzgesetz – MuSchG), in Kraft getreten am 24.01.1952, BGBl. I S. 69, Inkrafttreten der letzten Änderung am 30.10.2012, BGBl. I S. 2246, 2261 f.

1127 Die Mutterschutz- und Elternzeitverordnung (MuSchEltZV) für die Bundesverwaltung ist am 14.02.2009 in Kraft getreten, BGBl. I S. 320.

grund von Schwanger- bzw. Mutterschaft unterbrechen. Etwas anderes gilt jedoch für die selbständig erwerbstätigen Frauen. Sie genießen nicht den Schutz des Mutterschutzgesetzes; sie sind von dessen Anwendungsbereich nicht umfasst[1128]. Nur einigen wenigen Gruppen, wie z. B. den Künstlern und Publizisten, den Landwirten oder den Heimgewerbetreibenden, wird ein den abhängig Beschäftigten vergleichbares Schutzbedürfnis zugesprochen. Für sie existieren an verschiedener Stelle Regelungen auch zum Mutterschutz.

> ***„Das Mutterschutzgesetz ist ein Gesetz für die Praxis. Das heißt, es muss verständlich und anwenderfreundlich sowohl für die betroffenen Frauen als auch die Arbeitgeber sein.“***

Dieser Erklärung, wie sie die Abgeordnete des Deutschen Bundestages *Bettina Hornhues* (CDU/CSU) im Rahmen der zweiten und dritten Beratung des von der Bundesregierung eingebrachten Entwurfs eines Gesetzes zur Neuregelung des Mutterschutzrechts im Deutschen Bundestag vom 30. März 2017 richtigerweise vortrug[1129], ist nichts hinzuzufügen; außer, dass dies nicht nur für das Mutterschutzgesetz, sondern für den Anspruch auf Mutterschutz allgemein gelten muss. Der Mutterschutz ist Lebenswirklichkeit und bedarf einer verständlichen und anwenderfreundlichen gesetzlichen Verankerung für alle Betroffenen. An einer solchen mangelt es derzeit jedoch entscheidend, wie die obigen Ausführungen deutlich machen.

5. *Leistungen der privaten Krankenversicherungen*

Die bisherigen Ausführungen haben gezeigt, dass die Gruppe der selbständigen Frauen, die Mitglied in einer privaten Krankenversicherung sind, von den zuvor dargestellten, einschlägigen Mutterschutzregelungen des deutschen Rechts ausgenommen werden, während im Übrigen das System der gesetzlichen Krankenversicherung durch die Regelung des § 24i SGB V zumindest für Mitglieder einer gesetzlichen Krankenkasse auch Leistungen des Mutterschutzes bietet. Im Folgenden soll deshalb ein genauerer Blick darauf geworfen werden, was die privaten Krankenversicherer ihren Mitgliedern während der Zeit des Mutterschutzes, also für den Zeitraum von 6 Wochen vor und 8 Wochen nach der Geburt eines Kindes, stattdessen für (private) Leistungen bieten.

1128 Vgl. z. B. Pepping in: Rancke (Hrsg.), Mutterschutz, Elterngeld, Elternzeit, 2015, § 1 MuSchG Rdnr. 4 ff., 29 sowie die diesbezüglichen Ausführungen unter A. II. 1. a).

1129 Plenarprotokoll zur 228. Sitzung des Deutschen Bundestages vom 30.03.2017, S. 22970, 22976.

Diese Frage hat vor allem seit der großen Gesundheitsreform des Jahres 2007 an Gewicht gewonnen. Damals wurde im Zuge der Reform der privaten Krankenversicherung erstmals eine Pflicht der Bürger, eine Krankenversicherung abzuschließen, sofern keine andere Absicherung im Krankheitsfall besteht, eingeführt, worauf im Folgenden noch genauer zurückzukommen sein wird. Seit dem 01.01.2009 muss jeder Bürger der Bundesrepublik Deutschland eine Krankenversicherung vorweisen. Die privaten Krankenversicherer wurden dazu verpflichtet, den sog. Basistarif einzuführen. Das Risiko Krankheit ist seither für alle Bürger grundsätzlich abgesichert.

Darüber hinaus ist gemäß Art. 1i des Heil- und Hilfsmittelversorgungsgesetzes dem § 192 Abs. 5 VVG seit dem 11. April 2017 folgender Satz angefügt:

> ***„Er ist außerdem verpflichtet, den Verdienstausfall, der während der Schutzfristen nach § 3 Absatz 2 und § 6 Absatz 1 des Mutterschutzgesetzes sowie am Entbindungstag entsteht, durch das vereinbarte Krankentagegeld zu ersetzen, soweit der versicherten Person kein anderweitiger angemessener Ersatz für den während dieser Zeit verursachten Verdienstausfall zusteht.“***[1130]

Sind die privaten Krankenversicherer also spätestens seit Einführung des § 192 Abs. 5 S. 2 VVG gesetzlich verpflichtet das Risiko einer Schwangerschaft bzw. Mutterschaft vollumfänglich abzusichern? Und falls ja, gilt dies dann auch für alle selbständig erwerbstätigen (werdenden) Mütter gleichermaßen? Die nachfolgenden Ausführungen werden hierzu auf der einen Seite die Rechtslage vor Änderung des VVG berücksichtigen und auf der anderen Seite kritisch prüfen, ob mit Einführung des neuen § 192 VVG eventuell bestehende Lücken geschlossen werden konnten. Eine entsprechende genauere Bewertung der Gesetzesänderung vom April 2017 wird dabei gesondert unter Punkt B. II. vorgenommen.

a) Versicherungspflicht in der privaten Krankenversicherung

Das deutsche System der Krankenversicherung ist zweigeteilt. Auf der einen Seite existiert die Möglichkeit der Absicherung über die gesetzliche Krankenversicherung gemäß SGB V als Teil des gesetzlichen Sozialversicherungssystems. Auf der anderen Seite besteht die Möglichkeit der Absicherung des Risikos Krankheit im Wege der privaten Krankenversicherung. Letztere ersetzt unter bestimmten

---

1130 S. Art. 1i zum Gesetz zur Stärkung der Heil- und Hilfsmittelversorgung (Heil- und Hilfsmittelversorgungsgesetz – HHVG) v. 04.04.2017, veröffentlicht am 10.04.2017 im BGBl. I 2017 S. 778. Zur Begründung der Einführung des § 192 Abs. 5 S. 2 VVG vgl. die nachfolgenden Ausführungen unter B. II. 1.

Voraussetzungen die Mitgliedschaft in der gesetzlichen Krankenversicherung. Sie greift dort, wo die gesetzliche Sozialversicherung, also das Leistungssystem des Staates, endet.[1131] Die private Krankenversicherung (PKV) ermöglicht für diesen Fall ihren Versicherten die Absicherung des Krankheits- und Pflegerisikos und bietet damit die Gelegenheit, sich nicht nur staatlich, sondern (auch) privatrechtlich für den Krankheits- oder Pflegefall absichern zu können.

aa) Die allgemeine Krankenversicherungspflicht

Im deutschen Gesundheitswesen ist eine private Krankenversicherung sowohl ergänzend als auch anstelle der gesetzlichen Krankenversicherung (GKV) möglich. In jedem Fall ist aber eine Absicherung zumindest des Risikos der Krankheit vom Gesetzgeber vorgesehen. Seit 2009 heißt es in § 193 Abs. 3 S. 1 Versicherungsvertragsgesetz (VVG)[1132] hierzu:

> ***„Jede Person mit Wohnsitz im Inland ist verpflichtet, bei einem in Deutschland zum Geschäftsbetrieb zugelassenen Versicherungsunternehmen für sich selbst und für die von ihr gesetzlich vertretenen Personen, soweit diese nicht selbst Verträge abschließen können, eine Krankheitskostenversicherung, die mindestens eine Kostenerstattung für ambulante und stationäre Heilbehandlung umfasst […] abzuschließen und aufrechtzuerhalten; […].“***

Das Gesetz formuliert auf diesem Wege eine gesetzlich normierte Pflicht zur Mitgliedschaft in der (privaten) Krankenversicherung für alle Bundesbürger.[1133] Der Grundgedanke: Jeder Bürger, mithin auch der/die selbständig Erwerbstätige, soll zumindest über eine Krankheitskostenversicherung verfügen. Mit der in § 193 Abs. 3 VVG erfolgten Einführung der Verpflichtung zum Abschluss eines privaten Krankheitskostenversicherungsvertrages – bei gleichzeitigem Kontrahierungszwang im Basistarif seitens des Versicherers – soll vermieden werden, dass sich Personen nicht oder verspätet gegen Krankheit versichern und so zum Kostenrisiko für die Allgemeinheit oder die Solidargemeinschaft der Versicherten werden. Ziel des Gesetzgebers ist es insofern, einen Versicherungsschutz für alle Menschen mit Wohnsitz in Deutschland zu bezahlbaren Konditionen, d. h. eine

---

1131 S. hierzu und zu den Strukturmerkmalen der verschiedenen Versicherungszweige der Gesetzlichen Krankenversicherung und der Privaten Krankenversicherung im Einzelnen: Baier, Der Basistarif der privaten Krankenversicherung, Frankfurter Reihe Bd. 25, 2012, S. 5 ff. m.w.N.

1132 Versicherungsvertragsgesetz (VVG) vom 23.11.2007, BGBl. I S. 2631. Zuletzt geändert durch Artikel 2 des Gesetzes vom 01.04.2015, BGBl. I S. 434, 568.

1133 Zum Versichertenkreis der PKV ausführlich: Langheid/Wandt-*Boettius*, VVG-Kommentar, 2009, Vor § 192 Rdnr. 73 ff. m.w.N.

Grundsicherung in der Krankheitskostenversicherung, zu schaffen.[1134] Der in § 193 Abs. 5 VVG normierte Kontrahierungszwang im sogenannten Basistarif, auf den im Weiteren noch im Einzelnen zurückzukommen sein wird, stellt dabei das Gegenstück zur Versicherungspflicht des Versicherten dar. Ohne ihn würde die Pflicht des § 193 Abs. 3 VVG ins Leere laufen, da zahlreiche Personen z. B. aufgrund ihres Gesundheitszustandes nicht oder nicht zu bezahlbaren Konditionen Versicherungsschutz in den sonstigen Tarifen der privaten Krankenversicherung finden.[1135] Der Basistarif erfüllt seinerseits die Mindestanforderungen an die Grundabsicherung im Rahmen dieser Versicherungspflicht.[1136]

Gemäß § 193 Abs. 3 S. 2 VVG müssen sich jedoch nicht alle Bürger zwingend von der privaten Krankenversicherung versichern lassen, auch wenn § 193 Abs. 3 S. 1 VVG dies seinem Wortlaut folgend zunächst vermuten lassen könnte. Ebenso wenig besteht ein Zwang sich vollumfänglich krankenversichern zu lassen.[1137] Die Versicherungspflicht des § 193 Abs. 3 VVG bezieht sich zum einen allein auf die sog. Krankenkostenversicherung, d. h. auf eine Absicherung,

> ***„die mindestens eine Kostenerstattung für ambulante und stationäre Heilbehandlung umfasst und bei der die für tariflich vorgesehenen Leistungen vereinbarten absoluten und prozentualen Selbstbehalte für ambulante und stationäre Heilbehandlung für***

1134 Ziel ist es, einen Krankenversicherungsschutz für „alle in Deutschland lebenden Menschen zu bezahlbaren Konditionen herzustellen. Niemand soll ohne Versicherungsschutz und damit im Bedarfsfall nicht ausreichend versorgt oder auf steuerfinanzierte staatliche Leistungen angewiesen sein.", so die Ausschussbegründung zum Entwurf des § 178a Abs. 5 VVG; vgl. Langheid/Wandt-*Boettius*, VVG, § 193 Rdnr. 16; s. außerdem Rüffer/Halbach/Schimikowski-*Rogler*, VVG-Kommentar, 2015, § 193 Rdnr. 3; s. auch Rüffer/Halbach/Schimikowski-*Marko*, VVG, § 193 Rdnr. 25; BT-Drs. 16/4247, S. 66.

1135 Zum Kontrahierungszwang der allein für den Basistarif und nur gegenüber bestimmten Personengruppen gilt allgemein vgl. Langheid/Wandt-*Boettius*, VVG, Vor § 192 Rdnr. 933 ff. m.w.N.; Langheid/Wandt-*Kalis*, VVG-Kommentar, § 193 Rdnr. 22 ff.; Langheid/Wandt-*Kalis*, VVG-Kommentar, § 193 Rdnr. 18 ff.; Römer/Langheid-*Langheid*, VVG-Kommentar, 2014, § 193 Rdnr. 45 ff. m.w.N., 60; Rüffer/Halbach/Schimikowski-*Rüffer/Marko*, VVG, § 193 Rdnr. 5, 44 ff. m.w.N.; zum Kontrahierungszwang zudem ausführlich: Baier, S. 138 ff., 152 ff. Der Kontrahierungszwang wurde im Übrigen vom Bundesverfassungsgericht für verfassungsgemäß erachtet; s. dazu BVerfG VersR 2009, 1057 sowie BVerfG VersR 2009, 957.

1136 Rüffer/Halbach/Schimikowski-*Rogler*, VVG, § 193 Rdnr. 5; vgl. auch Marko, Private Krankenversicherung, Teil B Rdnr. 49; Marlow/Spuhl, VersR 2009, 593, 595.

1137 Ein Zwang, sich „vollumfänglich" zu versichern, ergibt sich jedenfalls nicht aus § 193 Abs. 3 S. 1 VVG und auch der Basistarif deckt nicht alle Risiken ab, wie noch unter A. II. 5. b) cc) zu zeigen sein wird.

***jede zu versichernde Person auf eine betragsmäßige Auswirkung von kalenderjährlich 5.000,00 Euro begrenzt ist"*,**

und ist zum anderen im unmittelbaren Zusammenhang mit der in § 5 Abs. 1 Nr. 13 SGB V geregelten Versicherungspflicht in der gesetzlichen Krankenversicherung zu lesen.[1138]

Aus den Mindestvorgaben des § 193 Abs. 3 VVG allein lässt sich demnach also noch keine Pflicht ableiten, die es den Versicherern auferlegen würde, ihren Mitgliedern beispielsweise zwingend auch Mutterschutzleistungen anzubieten. Ebenso wenig ist eine etwaige Pflicht zur Gewährung von sonstigen Lohnersatzleistungen zwingend vorgesehen. Eine solche lässt sich im Übrigen auch nicht auf unionsrechtlicher Ebene aus den Mindestvorgaben der Richtlinie 2004/113/EG[1139] ableiten, laut dessen Zielsetzung der Zugang z. B. zu Versicherungsleistungen, wie den hier im Mittelpunkt stehenden Leistungen der privaten Krankenversicherer, für Frauen und Männer gemäß den Grundsätzen der Gleichbehandlung zu erfolgen hat. So verlangt sie beispielsweise, mit den Risiken der Schwangerschaft und der Mutterschaft verbundene Kosten nicht den Angehörigen eines einzigen Geschlechts zuzuordnen; es darf auf Grund von Schwangerschaft und Mutterschaft auf keinen Fall zu unterschiedlichen Leistungen und Prämien kommen[1140] Die Vorgaben der Richtlinie 2004/113/EG verpflichten die nationalen Gesetzgeber dagegen aber nicht, die privaten Versicherer zur Schaffung einer vertraglichen Anspruchsgrundlage für Mutterschaftsleistungen i.S. der Zahlung eines Mutterschaftsgeldes zu zwingen. Ein solcher Umsetzungsauftrag lässt sich aus den Bestimmungen der Richtlinie nicht ableiten.

In der privaten Krankenversicherung können sich dem Voranstehenden folgend im Übrigen zwar prinzipiell alle Bevölkerungskreise versichern lassen, tatsächlich besteht aber stets eine unmittelbare Abhängigkeit vom System der gesetzlichen Krankenversicherung. Und so können sich letztlich doch nur solche Personen ausschließlich in der privaten Krankenversicherung versichern lassen, die nicht schon längst in der gesetzlichen Krankenversicherung pflichtversichert sind. Nicht in der gesetzlichen Krankenversicherung pflichtversichert sind dabei, wie bereits wiederholt betont, die selbständig Erwerbstätigen mit Ausnahme von

---

1138 Rüffer/Halbach/Schimikowski-*Marko*, VVG, § 193 Rdnr. 30; BT-Drs. 16/4247, S. 67; Marko, Teil B Rdnr. 7 f.

1139 RL 2004/113/EG des Rates vom 13.12.2004 zur Verwirklichung des Grundsatzes der Gleichbehandlung von Männern und Frauen beim Zugang zu und bei der Versorgung mit Gütern und Dienstleistungen (ABl. L 373, S. 37); Art. 5 Abs. 2 der RL wurde vom EuGH am 21.12.2012 für ungültig erklärt (ABl. 2011 C 130, S. 4).

1140 Erwägungsgrund (20) sowie Art. 5 Abs. 3 der Richtlinie 2004/113/EG.

Landwirten oder selbständigen Künstlern und Publizisten[1141].[1142] Wer also schon gemäß § 5 SGB V oder aber den §§ 9, 10 SGB V gesetzlich versichert oder versicherungspflichtig bzw. familienversichert ist, bedarf nicht zwingend ergänzend einer zusätzlichen privaten Krankenversicherung.[1143] Und so kommt es, dass trotz der in § 193 VVG normierten Pflicht zum Abschluss einer Krankenversicherung bei einem in Deutschland zum Geschäftsbetrieb zugelassenen (privaten) Versicherungsunternehmen statistisch betrachtet letztendlich die Mehrheit aller Bundesbürger tatsächlich doch Mitglied der gesetzlichen Krankenversicherung ist[1144], wobei die Selbständigen mit Ausnahme der soeben bereits genannten Künstler, Publizisten und Landwirte jedoch nicht zwangsläufig zu dieser Gruppe zählen. Der Anteil der PKV-Versicherten unter den Selbständigen mag zwar laut Mikrozensus in der Zeit von 1991 bis 2003 gerade einmal von 35 % auf 44 % gestiegen sein, womit deutlich mehr als die Hälfte aller Selbständigen ebenfalls in der gesetzlichen Krankenversicherung nicht aber in der privaten Krankenversicherung versichert sind[1145], gleichwohl verbleibt damit noch immer eine nicht unerhebliche Anzahl an selbständigen Frauen, die vorliegend aufgrund ihres Status als Privatversicherte womöglich keinen Anspruch auf Mutterschutzleistungen für sich beanspruchen können.[1146] Ihnen ist der Zugang zur gesetzlichen Krankenversicherung, und damit zur Möglichkeit einen Anspruch auf Mutterschutzleistung gemäß § 24i SGB V geltend zu machen, aufgrund der Regelung des § 5 Abs. 5 SGB V, der im Folgenden noch genauer zu betrachten sein wird, versperrt.[1147] Womit sich die Frage stellt, welche Leistungen im Falle der Schwangerschaft bzw. Mutterschaft die privaten Krankenversicherer bieten.

1141 S. hierzu schon die Ausführungen unter A. II. 3.

1142 S. Langheid/Wandt-*Boettius*, VVG, Vor § 192 Rdnr. 73.

1143 Das GKV-WSG sowie die ihm inhaltsgleich folgende VVG-Reform hat mit Wirkung zum 01.01.2009 eine allgemeine Krankenversicherungspflicht in der PKV eingeführt, § 193 Abs. 3 S. 2 VVG. Gemäß § 193 Abs. 3 S. 2 VVG erstreckt sich diese Versicherungspflicht gleichwohl nicht auf alle Bevölkerungsschichten. So auch Langheid/Wandt-*Boettius*, VVG, Vor § 192 Rdnr. 973.

1144 S. hierzu auch Baier, S. 5 m.w.N. zum Machtpotenzial der Gesetzlichen Krankenverssicherung.

1145 Statistisches Bundesamt, Fachserie 13, Reihe 1, Tab. 1.3; Langheid/Wandt-*Boettius*, VVG, Einf. in die Krankenversicherung Rdnr. 34.

1146 Diese Zahlen verwundern auf dem ersten Blick sehr, denn für die Selbständigen ist die gesetzliche Krankenversicherung weder geschaffen worden, noch bestimmt. Zugleich machen diese Zahlen deutlich, dass es auch den Selbständigen grundsätzlich daran gelegen ist, eine soziale Absicherung zu genießen.

1147 Vgl. hierzu auch schon die Ausführungen unter A. II. 2. b) aa).

bb) Zur Möglichkeit der freiwilligen Versicherung in der gesetzlichen Krankenversicherung (auch) für Selbständige

Hauptberuflich selbständig Erwerbstätige sind nicht in der gesetzlichen Krankenversicherung versicherungspflichtig. Sie sind von der Versicherungspflicht der gesetzlichen Krankenversicherung gemäß § 5 Abs. 5 SGB V ausgenommen. Sie können sich folglich nur freiwillig in der gesetzlichen Krankenversicherung oder privat versichern lassen. Sollte dabei die Wahl auf die freiwillige Mitgliedschaft in der gesetzlichen Krankenversicherung fallen, müssen die Voraussetzungen des § 9 SGB V eine solche Wahl im Übrigen überhaupt jedoch erst einmal zulassen. Weitere Voraussetzungen für eine etwaige Fortsetzung der Mitgliedschaft in der gesetzlichen Krankenversicherung finden sich zudem in § 188 SGB V.

Die Regelungen der §§ 9, 188 SGB V umfassen diejenigen Voraussetzungen, die es einzuhalten gilt, sollte eine freiwillige Mitgliedschaft angestrebt werden bzw. den Beginn der freiwilligen Mitgliedschaft. Der vom § 9 SGB V dabei angesetzte Maßstab ist eng bemessen, so dass die Voraussetzungen tatsächlich nur in wenigen Fällen greifen. Besonders problematisch ist dabei sicherlich für viele das Erfordernis der Vorversicherung in der gesetzlichen Krankenversicherung. So können Selbständige nur dann der gesetzlichen Krankenversicherung freiwillig beitreten, wenn sie ehemals Mitglieder der gesetzlichen Krankenversicherung waren und nun (erstmals) aus der Versicherungspflicht nach §§ 5, 6 SGB V ausgeschieden sind. Vor dem Ausscheiden aus der Versicherungspflicht muss die Mitgliedschaft zudem für mindestens vierundzwanzig Monate während der letzten fünf Jahre oder unmittelbar vor dem Ausscheiden ununterbrochen für den Zeitraum von mindestens zwölf Monaten bestanden haben; § 9 Abs. 1 Nr. 1 SGB V.[1148] Der Beginn der freiwilligen Mitgliedschaft richtet sich sodann nach den Maßgaben des § 188 SGB V; sie wird automatisch fortgeführt. Die damit grundsätzlich obligatorische freiwillige Anschlussversicherung kommt bei der jeweiligen Krankenkasse nur dann nicht zustande, wenn das Mitglied innerhalb von zwei Wochen nach Hinweis der Krankenkasse über die obligatorische An-

1148 § 9 Abs. 1 SGB V sieht noch weitere Alternativen vor, die – sollten ihre Voraussetzungen erfüllt sein – einen freiwilligen Beitritt zur gesetzlichen Krankenversicherung erlauben. Diese sind allerdings auf derart spezielle Personengruppen zugeschnitten, dass der übliche selbständig Erwerbstätige nicht hierunter fallen wird. So ermöglicht § 9 Abs. 1 Nr. 3 SGB V die freiwillige Versicherung für Arbeitnehmer, die erstmals im Inland eine Tätigkeit aufnehmen und nach § 6 Abs. 1 SGB V versicherungsfrei sind, § 9 Abs. 1 Nr. 4 SGB V die freiwillige Versicherung für Schwerbehinderte oder § 9 Abs. 1 Nr. 6 SGB V die freiwillige Versicherung für Rentenbezieher. Aus diesem Grunde wird im Rahmen dieser Arbeit diese Frage nicht weiter vertieft.

schlussversicherung, seinen Austritt erklärt. Der Austritt wird hierbei allerdings nur wirksam, wenn das Mitglied zugleich das Bestehen eines anderweitigen Anspruchs auf Absicherung im Krankheitsfall nachweist. Der freiwillige Beitritt, oder besser die freiwillige Weiterversicherung, ist ansonsten der Krankenkasse gemäß § 9 Abs. 2 SGB V innerhalb von drei Monaten nach Beendigung der Mitgliedschaft anzuzeigen. Nur binnen dieser Frist kann ein vormaliges Mitglied, das wunschgemäß ausgeschieden ist, reumütig in den Versichertenkreis der gesetzlichen Krankenversicherung zurückkehren. Geschieht dies nicht oder lag zuvor keine Versicherungspflicht im obigen Sinne vor, bleibt danach allein der Weg in die private Krankenversicherung.

cc) Zur (beschränkten) Rückkehrmöglichkeit aus der privaten zurück in die gesetzliche Krankenversicherung

Selbständig Erwerbstätige, die bereits seit Längerem aus dem einen oder anderen Grunde Mitglied der privaten Krankenversicherung sind, können also nicht einfach zu gegebener Zeit eine neue Wahl treffen und schlicht wechseln. Die Voraussetzungen des § 9 Abs. 1 Nr. 1 SGB V stehen einem solchen Vorhaben entgegen. Besteht also keine Vorversicherung in der gesetzlichen Krankenversicherung, die den Vorgaben des § 9 Abs. 1 Nr. 1 SGB V genügt, ist ihnen der Weg in selbige grundsätzlich versperrt. Auch die in § 9 Abs. 2 SGB V vorgesehene Ausschlussfrist ist im Übrigen zu beachten. Die Hürden zurück in die gesetzliche Krankenversicherung sind vom Gesetzgeber damit bewusst hoch gesetzt. Auch wenn es heißt, Selbständige hätte ein Wahlrecht, ob sie sich freiwillig gesetzlich oder privat krankenversichern lassen wollen, so ist dies nur bedingt richtig. Es kann keineswegs in allen Fällen von einem echten Wahlrecht gesprochen werden, da, wie bereits dargestellt, ein solches eben nur während eines sehr begrenzten Zeitraumes besteht, nämlich nur für drei Monate nachdem erstmals die Voraussetzungen für die freiwillige (Weiter-)Versicherung in der gesetzlichen Krankenversicherung eingetreten sind.[1149]

Um in die gesetzliche Krankenversicherung zu wechseln bzw. zurückzukehren, müssen also oftmals Schlupflöcher gesucht und gefunden werden. Ein solches Schlupfloch wäre beispielsweise die Aufnahme einer nichtselbständigen Beschäftigung für mindestens zwölf Monate mit einem Gehalt unterhalb der Versicherungspflichtgrenze. Wird gar kein Einkommen erzielt, ist unter Umständen auch eine beitragsfreie Mitversicherung in der Familienversicherung über den Ehepartner möglich, wobei, wie schon gezeigt, die bloße Mitgliedschaft im Wege

1149 S. hierzu die einleitenden Ausführungen unter A. II. 2. b) aa).

der Familienversicherung nicht ausreichend ist, um einen Anspruch gemäß § 24i SGB V geltend machen zu können.

In jedem Falle bedeutet es die selbständige Erwerbstätigkeit aufgeben zu müssen. Solange die Selbständigkeit weiter aufrechterhalten wird, besteht keine Möglichkeit in die gesetzliche Krankenversicherung zurückzukehren. Ebenso ist die Rückkehr in die gesetzliche Krankenversicherung ausgeschlossen, wenn sich an die Selbständigkeit die bloße Arbeitslosigkeit anschließen sollte. Nur für den Fall, dass ein Anspruch auf Arbeitslosengeld bestehen sollte, wäre dies gegebenenfalls anders zu bewerten. Überdies kann in die gesetzliche Krankenversicherung nur wechseln, wer als Selbständiger das 55. Lebensjahr noch nicht vollendet hat.[1150]

dd) Fazit

Selbst wenn also für Selbständige grundsätzlich die Möglichkeit der freiwilligen Mitgliedschaft in der gesetzlichen Krankenversicherung besteht, so können viele auf diese Möglichkeit dennoch nicht zurückgreifen. Sie können die engen Voraussetzungen der §§ 9, 188 SGB V nicht erfüllen; ein Wechsel von der einmal gewählten privaten Krankenversicherung (zurück) in die gesetzliche Krankenversicherung ist jedenfalls für Selbständige damit häufig faktisch unmöglich. Wer sich einmal für die private Krankenversicherung entschieden hat, ist in aller Regel eine Art Bund für die Ewigkeit eingegangen. Der Beitritt in die private Krankenversicherung sollte von daher gut überlegt sein.[1151]

Oftmals bleibt nur versicherungspflichtig i.S.d. § 5 SGB V zu werden, d. h. die Selbständigkeit aufzugeben und in ein Angestelltenverhältnis mit einem Verdienst unterhalb der Jahresarbeitsentgeltgrenze einzutreten bzw. sich arbeitslos zu melden, eine Option, die wohl nur in den seltensten Fällen tatsächlich gewünscht sein wird. Wurde zudem seitens des Privatversicherten auf die gesetzliche Versicherungspflicht ausdrücklich verzichtet, so ist ein Wechsel selbst unter Zuhilfenahme dieses Tricks ohnehin nicht mehr möglich.[1152] Der Weg zurück in die gesetzliche Krankenversicherung ist ihnen praktisch versperrt.

All dies hat zur Folge, dass die Mehrheit der privat krankenversicherten selbständig Erwerbstätigen letztlich gezwungen ist, in der privaten Krankenver-

---

1150 Mehr zu den verschiedenen „Schlupflöchern" z. B. unter https://www.finanztip.de/pkv/pkv-wechsel/ (zuletzt abgerufen am 15.06.2018).

1151 S. hierzu die Ausführungen zu den sehr hohen Hürden eines Wechsels unter A. II. 5.a) cc).

1152 Einzige Ausnahme: Arbeitslosigkeit; s. hierzu: z. B. unter https://www.finanztip.de/pkv/pkv-wechsel/ (zuletzt abgerufen am 15.06.2018).

sicherung versichert zu bleiben. Sie können die Vorzüge des § 24i Abs. 1, 1. Alt., Abs. 2 S. 7 SGB V nicht nutzen und sind darauf angewiesen, was ihnen die private Krankenversicherung an Leistung bietet. Dabei ist zu beachten, dass die eingangs dargestellte, im Jahr 2009 gesetzlich eingeführte allgemeine Versicherungspflicht allerdings gerade keine Pflichtabsicherung des Risikos Mutterschaft verlangt, so dass die Frage des Mutterschutzes an dieser Stelle zumindest mit Blick auf die Mindestforderungen des § 193 Abs. 3 VVG ausgenommen ist. Auch aus den Vorgaben der Richtlinie 2004/113/EG lässt sich keine anderslautende Verpflichtung ableiten. Etwas anderes könnte sich seit April 2017 allenfalls aus den neu eingeführten Regelung des § 192 Abs. 5 S. 2 VVG ergeben, die den gesetzlich vorgesehenen Inhalt und Umfang des Versicherungsschutzes der privaten Krankentagegeldversicherung beschreibt und die im Folgenden noch näher beleuchtet werden wird.

b) *Zum Leistungsumfang der privaten Krankenversicherung*

Der Leistungsumfang der privaten Krankenversicherung kann von Anbieter zu Anbieter, vor allem aber von Tarif zu Tarif erheblich variieren. Im Nachfolgenden werden deshalb die einschlägigen Tarife hinsichtlich des von ihnen gebotenen Leistungsumfangs dahingehend untersucht, ob Mutterschutzleistungen von ihnen umfasst werden, auch wenn dies von § 193 Abs. 3 VVG grundsätzlich nicht verlangt wird. Auch wird ein Blick darauf zu werfen sein, ob die von den privaten Versicherern angebotenen Tarife, insbesondere der Basistarif, jederzeit vereinbart werden können. Die nachfolgenden Ausführungen gehen dabei zunächst von der Rechtslage vor Einführung des § 192 Abs. 5 S. 2 VVG aus und prüft sodann, ob und wie sich diese gegebenenfalls durch die Gesetzänderung vom April 2017 geändert hat.

aa) Grundsätzliches zum Vertragsschluss und Leistungsumfang

Die private Krankenversicherung wird von privatrechtlichen Unternehmen in Form von Aktiengesellschaften oder Versicherungsvereinen auf Gegenseitigkeit betrieben. Als Rechtsgrundlage dienen ihnen das Unternehmensrecht, die Regelungen der §§ 192 ff. VVG und das Versicherungsaufsichtsgesetz (VAG)[1153]. Die Mitgliedschaft in der privaten Krankenversicherung kommt durch den Abschluss

1153 Gesetz über die Beaufsichtigung der Versicherungsunternehmen – Versicherungsaufsichtsgesetz (VAG) in der Fassung der Bekanntmachung vom 17.12.1992 (BGBl. 1993 I S. 2), zuletzt geändert durch Artikel 1 des Gesetzes vom 01.04.2015 (BGBl. I S. 434).

eines privatrechtlichen Vertrags zustande. Es gelten somit die allgemeinen Grundsätze des Schuldrechts.[1154]

Mit Abschluss einer privaten Krankenversicherung entsteht ein freiwilliges Rechtsverhältnis, das für den Versicherungsnehmer die Pflicht zur Zahlung der vereinbarten Beiträge sowie das Recht auf die Vertragsleistungen bei Eintritt des Versicherungsfalls beinhaltet. Den Versicherten steht eine lebenslange, rechtlich gesicherte Garantie über den einmal abgeschlossenen Versicherungsschutz zu, sofern sie ihren Zahlungsverpflichtungen nachkommen. Die private Krankenversicherung hat demgegenüber die Pflicht im vereinbarten Umfang zu leisten. Die an dieser Stelle maßgebliche Regelung des § 192 VVG definiert hierzu zwar einen möglichen Inhalt und Umfang des Versicherungsschutzes als Krankheitskosten-, Krankenhaustagegeld, Krankentagegeld- und Pflegekrankenversicherung.[1155] Darüber hinaus sind die privaten Krankenversicherer in ihrer Produktgestaltung aber frei.[1156] Im Einzelnen bedeutet das eine tarifabhängige Leistungserbringung für medizinisch notwendige ambulante und stationäre Heilbehandlungen und sonstige vereinbarte Leistungen – ggf. auch solcher bei Schwangerschaft und Entbindung – sowie für ambulante Vorsorgeuntersuchungen zur Früherkennung von Krankheiten nach gesetzlich eingeführten Programmen. Dies sind die klassischen Leistungsbereiche der privaten Krankenversicherung, deren genauer Leistungsumfang sodann in den unterschiedlichsten Tarifen festgelegt ist.[1157]

Um trotz aller Tarifgestaltungsfreiheit ein für beide Seiten ausgewogenes Vertragswerk zu schaffen, werden vom Verband der Privaten Krankenversicherung[1158] sogenannte Musterbedingungen und Allgemeine Versicherungsbedingungen vor-

---

1154 S. den zivilrechtlichen Grundsätzen des Vertragsschlusses in der PKV statt vieler nur die Ausführungen in: Baier, S. 7 f.

1155 Begründung des Regierungsentwurfs, BT-Drs. 16/3945, S. 110; BGH VersR 2000, 1533; BT-Drs. 12/6959, S. 104; Rüffer/Halbach/Schimikowski-*Rogler*, VVG, § 192 Rdnr. 1.

1156 Looschelders/Pohlmann-*Reinhardt*, VVG-Kommentar, 2011, § 192 Rdnr. 1.

1157 S. Rüffer/Halbach/Schimikowski-*Marko*, VVG, § 193 Rdnr. 30.

1158 Der Verband der Privaten Krankenversicherungen e. V. (PKV-Verband) hat 42 ordentliche Mitglieder und sieben außerordentliche Mitglieder. Die Krankenversorgung der Bundesbahnbeamten und die Postbeamtenkrankenkasse sind verbundene Einrichtungen des PKV-Verbandes. Seine Mitgliedsunternehmen decken nahezu den kompletten privaten Krankenvoll- und Zusatzversicherungsmarkt in Deutschland ab (Stand Oktober 2014). Zum PKV-Verband sowie dem Gesamtverband der Deutschen Versicherungswirtschaft s. auch Langheid/Wandt-*Boettius*, VVG, Vor § 192 Rdnr. 161 ff., 166 ff. m.w.N.

gegeben. Auf diese Weise werden den einzelnen privaten Krankenversicherern Empfehlungen für die Gestaltung ihrer Versicherungsbedingungen an die Hand gegeben. Diese sind zwar unverbindlich, werden aber von allen Seiten geachtet und entsprechend auch umfassend beachtet. Mit Hilfe der Musterbedingungen werden der Umfang des Versicherungsschutzes sowie die Rechte und Pflichten des Versicherungsnehmers sowie sonstige Bestimmungen definiert, die stets den gesetzlichen Vorgaben wie dem Versicherungsvertragsgesetz (VVG) folgen und regelmäßig angepasst werden. Sie stellen insofern eine Art von Mindeststandard dar, den ein privater Krankenversicherer anbieten muss.[1159] Für bestimmte Tarife existieren darüber hinaus brancheneinheitliche Versicherungsbedingungen, die die Versicherer verpflichtend offerieren müssen.[1160] Hierzu zählt auch der sog. Basistarif, auf den unter Punkt A. II. 5.b) cc) dieses Kapitels noch gesondert einzugehen sein wird.

bb) Die klassischen Tarife der privaten Krankenversicherungen – Musterbedingungen und Allgemeine Versicherungsbedingungen

Die von den einzelnen privaten Krankenversicherern angebotenen Leistungen sind im Versicherungsvertrag gemäß der getroffenen Tarifwahl festgelegt und unterscheiden sich daher sowohl untereinander als auch im Hinblick auf die verschiedenen Versicherungsunternehmen. Der Versicherungsnehmer kann verschiedene Tarife je nach seinen persönlichen Bedürfnissen im Sinne eines Baukastenprinzips frei wählen, ausschließen oder kombinieren. In sogenannten Modultarifen können beispielsweise spezielle zahnärztliche, ambulante und stationäre Tarife mit dem Versicherer vereinbart werden, wohingegen in sogenannten Kompakttarifen die

1159 Die Musterbedingungen werden in regelmäßigen Abständen vom PKV-Verband erstellt. Der PKV-Verband hat die jeweils aktuellen Musterbedingungen des Verbandes auf seiner Homepage unter https://www.pkv.de/service/rechtsquellen/musterbedingungen/ veröffentlicht (zuletzt abgerufen am 15.06.2018).

1160 Die sogenannten allgemeinen Versicherungsbedingungen bauen auf den Musterbedingungen auf. Sie stellen im weitesten Sinne auf die Versicherungsbranche zugeschnittene allgemeine Geschäftsbedingungen dar und sind neben den Musterbedingungen eine weitere vertragliche Grundlage in der privaten Krankenversicherung. Darin sind bestimmte Rahmenvereinbarungen geregelt, die für verschiedene Versicherungsverträge gleichzeitig gelten wie beispielsweise Regelungen im Bereich der Prämienzahlung, Leistungserbringung oder Pflichten von Versicherung und Versicherungsnehmer. Eine weitere Spezifizierung erfolgt schließlich in den einzelnen Tarifbedingungen. Vgl. hierzu auch https://www.1averbraucherportal.de/versicherung/private-krankenversicherung/musterbedingungen# (zuletzt abgerufen am 15.06.2018).

Leistungen bereits vorab festgelegt sind.[1161] Die verschiedenen Versicherer erbringen so gegenüber ihren Versicherten jeweils in Abhängigkeit vom vereinbarten Produkt bzw. Tarifen differenzierte Leistungen in Form der Kostenerstattung im Falle der Kostenversicherung oder in Form von Tagesgeld im Falle der Summenversicherungen. Art, Höhe und auch Dauer der vereinbarten Leistungen ergeben sich sodann aus den jeweils versicherten Tarifen nebst den dazugehörigen Tarifbedingungen.[1162] Je nach Tarif sind auf diese Weise diverse Leistungen versicherbar, die vor allem in den oben bereits erwähnten Musterbedingungen näher bestimmt werden. Da es sich bei den Musterbedingungen, wie bereits gezeigt, lediglich um selbstauferlegte Empfehlungen des PKV-Verbandes handelt, ist zwar berechtigterweise davon auszugehen, dass diese in aller Regel von den einzelnen Versicherern bei der Tarifgestaltung auch tatsächlich in Bezug genommen werden. Die nachfolgenden Ausführungen nehmen daher ebenfalls Bezug auf eben diese Empfehlungen/Musterbedingungen des übergeordneten Verbandes. Es darf dabei aber auf keinen Fall übersehen werden, dass es sich bei ihnen gerade nicht um belastbare oder gar für sich einklagbare Anspruchsgrundlagen handelt. Es sind keine gesetzlichen Regelungen, die vom deutschen Gesetzgeber erlassen wurden.

Im Rahmen der Schwangerschaftsvorsorge werden auf diese Weise z. B. die erforderlichen Untersuchungen und Behandlungen im Zusammenhang mit der Schwangerschaft als selbstverständlicher Bestandteil des Leistungskatalogs der privaten Krankenversicherung aufgefasst.[1163] Andere Mutterschutzleistungen, wie in etwa ein Mutterschaftsgeld für die Zeit von 14 Wochen rund um die Entbindung, gehören hingegen nicht in jedem Falle dazu, wie im Folgenden gezeigt werden wird.

(1) Krankheitskostenversicherung

Wer sich privat krankenversichern muss, muss gemäß § 193 Abs. 3 VVG dem zuvor bereits dargestellten folgend also zwingend eine sogenannte Krankheitskostenversicherung abschließen.[1164] D.h., es muss den Vorgaben der Bestimmung des

---

1161 Die wichtigsten Leistungen werden u. a. unter https://www.1averbraucherportal.de/versicherung/private-krankenversicherung/leistungen# dargestellt (zuletzt abgerufen am 15.06.2018).

1162 Zu den verschiedenen Versicherungsformen und Versicherungsleistungen: Langheid/Wandt-*Boettius*, VVG, Vor § 192 Rdnr. 77 ff. m.w.N.

1163 S. hierzu die Broschüre des PKV-Verbandes „Der private Krankenversicherungsschutz im Sozialrecht“, S. 49 (Stand: Januar 2015).

1164 Zur Krankenkostenversicherung sowie zur Krankentagegeld- und Krankenhaustagegeldversicherung vgl. statt vieler: Langheid/Wandt-*Boettius*, VVG, Vor § 192 Rdnr. 84 ff.

§ 193 Abs. 3 VVG entsprechend zumindest die Kostenerstattung für ambulante und stationäre Heilbehandlung gewährleistet werden können.

Die Krankenkostenversicherung bietet diesen Vorgaben folgend gemäß § 1 Abs. 1, Abs. 2 lit. a) ihrer Musterbedingungen (MB/KK 2009)[1165] sodann auch nur Mutterschutzleistungen in dem zuvor benannten Rahmen, namentlich in Form des Ersatzes von Aufwendungen und sonst vereinbarten Leistungen, die im Zuge einer Untersuchung oder medizinisch notwendigen Behandlung wegen Schwangerschaft und Entbindung entstehen. Die Zahlung eines Mutterschaftsgeldes für 14 Wochen ist hingegen nicht vorgesehen. Lohnersatzleistungen werden nicht gewährt.

(2) Krankentagegeldversicherung

Lohnersatzleistung kann jedoch grundsätzlich zusätzlich im Wege der sogenannten Krankentagegeldversicherung privat versichert werden, für die allerdings gemäß § 193 Abs. 3 VVG keine Versicherungspflicht besteht.[1166]

Gemäß § 1 Abs. 1 der Musterbedingungen 2009 für die Krankentagegeldversicherung (MB/KT 2009)[1167] bietet der Versicherer einen Versicherungsschutz gegen Verdienstausfall als Folge von Krankheiten oder Unfällen, soweit dadurch eine Arbeitsunfähigkeit verursacht wird. Er zahlt im Versicherungsfall für die Dauer einer Arbeitsunfähigkeit ein Krankentagegeld in vertraglichem Umfang. Als Versicherungsfall gilt dabei die medizinisch notwendige Heilbehandlung wegen Krankheit oder Unfallfolgen, in deren Verlauf Arbeitsunfähigkeit ärztlich festgestellt wird, § 1 Abs. 2 S. 1 MB/KT 2009. Aus § 1 Abs. 1 der Musterbedingungen 2009 lässt sich somit weder eine Leistungspflicht bei Arbeitsunfähigkeit ausschließlich wegen Schwangerschaft, wegen Schwangerschaftsabbruch, Fehlgeburt oder Entbindung (§ 5 Abs. 1 lit. d) MB/KT 2009) noch während des Mutterschutzes ableiten, wobei diese befristete Einschränkung der Leistungspflicht ausdrücklich auch sinngemäß für selbständig Erwerbstätige gilt (§ 5 Abs. 1 lit. e) MB/KT 2009).

1165 Die „Musterbedingungen 2009 für die Krankheitskosten- und Krankenhaustagegeldversicherung – MB/KK 2009“ (Stand: Januar 2017) sind veröffentlicht unter https://www.pkv.de/service/broschueren/musterbedingungen/ (zuletzt abgerufen am 15.06.2018).

1166 Wie bereits zuvor unter A. II. 5. a) aa) erörtert, besteht diese Pflicht nur hinsichtlich der Krankenkostenversicherung. Darüber hinaus können verschiedene Tarife im „Baukastenprinzip“ kombiniert werden.

1167 Die „Musterbedingungen 2009 für die Krankentagegeldversicherung – MB/KT 2009“ des PKV-Verbandes (Stand: Januar 2018) sind veröffentlicht unter https://www.pkv.de/service/broschueren/musterbedingungen/ (zuletzt abgerufen am 15.06.2018).

Nach Einführung des § 192 Abs. 5 S. 2 VVG wurden die Musterbedingungen 2009 (MB/KT 2009) zwischenzeitlich um den § 1a ergänzt. Gemäß diesem gilt nunmehr auch der Verdienstausfall der weiblichen Versicherten, der während der Schutzfristen nach § 3 Abs. 2 und § 6 Abs. 1 MuSchG a. F. / § 3 Abs. 1, Abs. 2 MuSchG 2018 sowie am Entbindungstag entsteht als Versicherungsfall, wenn die Versicherte in diesem Zeitraum nicht oder nur eingeschränkt beruflich tätig ist. Für diesen Versicherungsfall gelten sodann die Musterbestimmungen der § 1 und §§ 2 bis 18 sinngemäß, soweit keine Abweichungen vorgesehen ist. Ungeachtet der voranstehend in Bezug genommenen Leistungsausschlüsse nach § 5 MB/KT 2009 zahlt der Versicherer nach § 1a Abs. 2 MB/KT 2009 für die Dauer dieser Schutzfristen und am Entbindungstag ein Krankentagegeld in vertraglichem Umfang. Gemäß § 1a Abs. 2 S. 2, 3 MB/KT 2009 wird soweit der versicherten Person in diesem Zeitraum ein Anspruch auf Mutterschaftsgeld nach dem SGB V oder nach dem MuSchG, auf Elterngeld nach dem BEEG oder auf einen anderen anderweitigen angemessenen Ersatz für den während dieser Zeit verursachten Verdienstausfall zusteht, dieser auf das vereinbarte Krankentagegeld angerechnet. Wenn die versicherte Person während der gesetzlichen Mutterschutzfristen oder am Entbindungstag arbeitsunfähig mit Anspruch auf Bezug von Krankentagegeld ist oder wird, wird das Krankentagegeld nur einmal bis zur vereinbarten Höhe gezahlt. § 1a Abs. 5 MB/KT 2009 sieht weiterhin vor, dass die Wartezeit acht Monate ab Versicherungsbeginn beträgt und überschreitet damit die allgemeine Wartezeit von drei Monaten, wie sie von § 3 MB/KT 2009 vorgesehen wird. D.h., möchte die Versicherte schon während der Schutzfrist von 6 Wochen vor der Entbindung Krankentagegeld im vertraglichen Umfange beiziehen, muss sie spätestens acht Monate zuvor, also rund 9 ½ Monate vor der Entbindung, einen entsprechenden Versicherungstarif abgeschlossen haben. Ein kurzfristiger Wechsel in den Krankentagegeldtarif unter Erlangung des vollen Anspruchs erst nach Kenntniserlangung über eine bestehende Schwangerschaft ist daher in aller Regel ausgeschlossen. Dies ist unbedingt zu beachten.

Zumindest die private Krankentagegeldversicherung soll somit inzwischen den gewünschten Schutz einer Lohnersatzleistung für (werdende) Mütter während der Zeit rund um die Geburt bieten. Eine entsprechende Musterbedingung, die den einzelnen Versicherern eine entsprechende Empfehlung ihres PKV-Verbandes an die Hand geben, existiert damit seit Einführung des § 192 Abs. 5 S. 2 VVG erstmals auch für die klassischen Tarife der privaten Krankenversicherung.

(3) Fazit

Die Möglichkeit den Mutterschutz für Selbständige im Wege einer Verdienstausfallversicherung abzusichern, ist dem frei zu vereinbarenden Tarifsystem erst seit Neustem bekannt. Vor Einführung des § 192 Abs. 5 S. 2 VVG war ein solcher aus Sicht der privaten Krankenversicherung nicht notwendig und daher auch nicht von den Musterbedingungen umfasst. Bestätigt wurde diese Auffassung von der Regelung des § 193 Abs. 3 VVG, der gerade keine Lohnersatzleistung für den Fall der Mutterschaft von den privaten Krankenversicherern einfordert.

Obgleich spätestens seit 2009 eine allgemeine Krankenversicherungspflicht für alle Bundesbürger besteht, eine Pflicht zur Schaffung eines Anspruchs auf Mutterschaftsleistungen für alle erwerbstätigen Mütter, egal, ob sie selbständig oder abhängig beschäftigt sind, bestand bis vor kurzem nicht. Das Risiko Mutterschaft konnte gemäß § 193 Abs. 3 VVG, anders als das Risiko Krankheit, also tatsächlich von den Versicherern grundsätzlich unberücksichtigt bleiben. § 192 Abs. 5 S. 2 VVG hat dies nun geändert; jedoch ausschließlich für den Fall der Krankentagegeldversicherung, für die es gemäß § 193 Abs. 3 VVG gerade keine Versicherungspflicht gibt. Möchte die Versicherte einen entsprechenden Anspruch geltend machen können, muss sie ausdrücklich einen Vertrag mit einem ergänzenden Krankentagegeldtarif abschließen, also den entsprechenden Schutz zusätzlich erkaufen. Im Falle eines Tarifwechsels bzw. Neuabschlusses ist zudem grundsätzlich eine Wartezeit von acht Monaten zu berücksichtigen.

Mit §192 Abs. 5 S. 2 VVG und damit einhergehend mit § 1a MB/KT 2009 wurde eine Rechtsgrundlage geschaffen, die der Regelung des § 24i Abs. 1, Abs. 2 S. 7 SGB V nachempfunden ist. D.h., auch die privaten Versicherer haben fortan in ihren Tarifen eine entsprechende Absicherung vorzusehen. Nach § 24i Abs. 1, Abs. 2 S. 7 SGB V haben selbständig erwerbstätige Mütter nur dann einen Anspruch auf Mutterschaftsgeld gegenüber ihrem (gesetzlichen) Krankenversicherer, sollten sie zugleich auch einen Anspruch auf Krankentagegeld haben.[1168] Dies gilt nun auch hier. Ebenso parallel wie in der gesetzlichen Krankenversicherung ist allerdings das Krankentagegeld bei Selbständigen nicht von vornherein Gegenstand des Vertrages, sie können diese Leistung aber freiwillig – gegen einen höheren Versicherungsbeitrag – mitversichern.

cc) Basistarif

Neben den diversen frei vereinbarenden Modul- und Kompakttarifen sind die Versicherer der privaten Krankenversicherung seit der letzten großen Gesund-

1168 Vgl. hierzu die ausführlichen Erörterungen unter A. II. 2. b) bb).

heitsreform, d.h. seit dem 01. Januar 2009, verpflichtet den gemäß § 152 Abs. 1 VAG (= § 12 Abs. 1a VAG a.F.) gesetzlich vorgeschriebenen Basistarif anzubieten. Dieser ist hinsichtlich Art, Umfang und Höhe deutlich an die Regelungen der gesetzlichen Krankenversicherung nach dem SGB V angelehnt.

Während nach dem Systemverständnis der privaten Krankenversicherung an sich Versicherungsabschlussfreiheit besteht, gilt dies für den Basistarif nur in einem eingeschränkten Maße.[1169] Seit der großen Gesundheitsreform von 2007 besteht für die privaten Krankenversicherer gemäß § 193 Abs. 5 VVG seit dem 01 Januar 2009 ein diesbezüglicher Kontrahierungszwang, auf den auch schon zuvor verwiesen wurde und der das notwendige Gegengewicht zu der im Zuge der Reform ebenfalls zum 01. Januar 2009 eingeführten allgemeinen Krankenversicherungspflicht darstellt.[1170] Die Krankenversicherungsunternehmen dürfen seither niemanden zurückweisen, der sich im Basistarif versichern darf.[1171] Die Unternehmen der privaten Krankenversicherung sind gemäß § 152 Abs. 1 VAG (= § 12 Abs. 1a VAG a.F.) seit dem 01. Januar 2009 gesetzlich dazu verpflichtet, einen branchenweit einheitlichen Basistarif zu einer gesetzlich begrenzten Prämienhöhe anzubieten, dessen Versicherungsleistungen in Art, Umfang und Höhe den Pflichtleistungen der gesetzlichen Krankenversicherung, also z.B. auch der des Mutterschutzes i.S.d. § 24i Abs. 1, Abs. 2 S. 7 SGB V, entsprechen. Auch dies könnte mithin ein denkbarer Weg sein, der privatversicherten Selbständigen die Möglichkeit eines Mutterschutzes gleich dem der abhängig erwerbstätigen, gesetzlich krankenversicherten (werdenden) Mütter eröffnen könnte; insbesondere sollte der Krankentagegeldtarif für die betroffene Versicherte nicht zu finanzieren sein[1172].

(1) Versicherungsberechtigter Personenkreis

§ 193 Abs. 5 S. 1 Nr. 1–4 VVG zählt abschließend auf, welchen Personen zwingend Versicherungsschutz im Basistarif nach § 152 Abs. 1 VAG zu gewähren ist.[1173] Die Versicherungsunternehmen waren dabei gemäß § 193 Abs. 5 S. 1 Nr. 1 lit. a)

1169 So auch Baier, S. 138.

1170 S. die obigen Ausführungen unter A. II. 5. a) aa).

1171 Zur Einführung des Basistarifs und die ihn begleitenden Regelungen im Einzelnen: Baier, S. 60 ff. m.w.N.; zu den mit der Gesundheitsreform (GKV-WSG) verfolgten Ziele s. ebenfalls Baier, S. 64 f. m.w.N.

1172 Vgl. zur Frage der Sparfähigkeit bei Selbständigkeit die obigen Ausführungen des 1. Kapitels unter C. II. 2.

1173 Zum betroffenen Personenkreis ausführlich: Römer/Langheid-*Langheid*, VVG, § 193 Rdnr. 46 ff. m.w.N., Rüffer/Halbach/Schimikowski-*Marko*, VVG, § 193 Rdnr. 49 ff. m.w.N. sowie Baier, S. 154 ff. m.w.N.

VVG[1174] innerhalb der ersten sechs Monate nach Einführung des Basistarifs dazu verpflichtet, *allen* freiwillig in der gesetzlichen Krankenversicherung Versicherten die Versicherung im Basistarif zu gewähren.[1175] Gemäß § 193 Abs. 5 S. 1 Nr. 1 lit. b), Nr. 2–4 VVG sind die privaten Versicherer seither im Übrigen zur Gewährung des Basistarifs für (1) solche Personen, die seit dem 31. Dezember 2008 freiwilliges Mitglied einer gesetzlichen Krankenkasse geworden sind, grundsätzlich allein innerhalb von sechs Monaten nach Begründung ihrer freiwilligen Mitgliedschaft, (2) Personen mit Wohnsitz in Deutschland, die weder in der gesetzlichen Krankenversicherung versicherungspflichtig sind, noch Leistungen nach dem Asylbewerberleistungsgesetz beanspruchen können, noch Sozialhilfe erlangen[1176], (3) für Beihilfeberechtigte, die einen die Beihilfe ergänzenden Versicherungsschutz benötigen sowie (4) für diejenigen Privatversicherten mit Wohnsitz in Deutschland, die ihren Versicherungsvertrag nach dem 01. Januar 2009 abgeschlossen haben, verpflichtet.

In § 193 Abs. 5 S. 2 VVG wird weiterhin bestimmt, dass die privaten Versicherer für Bestandsmitglieder, die schon vor dem 01. Januar 2009 einen privaten Krankheitskostenvollversicherungsvertrag abgeschlossen hatten, nur bis zum 30. Juni 2009 einen Wechsel in den Basistarif des eigenen oder eines anderen Versicherungsunternehmens unter Mitnahme der Altersrückstellung gemäß § 204 Abs. 1 VVG verlangen konnten. Die privaten Versicherer sind mithin gemäß § 193 Abs. 5 VVG gesetzlich grundsätzlich nicht verpflichtet den Basistarif auch solchen Personen anzubieten, die bereits vor dem 01. Januar 2009 Mitglied der privaten Krankenversicherung waren, also langjährigen Bestandsmitgliedern, und es aber versäumt hatten bis zum 30. Juni 2009 rechtzeitig zu wechseln. Ergänzend zur Regelung des § 193 Abs. 5 S. 2 VVG sieht § 204 Abs. 1 S. 1 lit. b) VVG[1177] ansonsten lediglich vor, zumindest solchen langjährigen Bestandsmitgliedern den Wechsel in den Basistarif des eigenen Versicherers unter Anrechnung der aus dem Ver-

1174 Eine identische Regelung zum Kontrahierungszwang findet sich zudem in § 152 Abs. 1 VAG; s. zur näheren Erläuterung der identischen Regelungen: Baier, S. 143 ff.

1175 Zu den Versicherungsvoraussetzungen einer freiwilligen GKV-Versicherung § 9 SGB V; s. hierzu schon die obigen Ausführungen dieses Kapitels unter A. II. 1. b) und 5. a) bb).

1176 Hiervon ausgenommen sind Leistungen nach dem 5., 8. und 9. Kapitel SGB XII.

1177 § 204 Abs. 1 S. 1 VVG betrifft die Frage des Versichererwechsels. Es wird dabei festgelegt, unter welchen Voraussetzungen und in welcher Höhe der Ausgangsversicherer die aufgebauten Altersrückstellungen an den Neuversicherer übertragen muss. Hinsichtlich der Möglichkeit des Versichererwechsels bestimmt die Regelung zudem einen Kontrahierungszwang zu Lasten des aufzunehmenden Versicherers.

trag erworbenen Rechte und Altersrückstellungen auch später noch zu gewähren, die das 55. Lebensjahr vollendet haben, eine Rente der gesetzlichen Rentenversicherung oder ein Ruhegehalt nach beamtenrechtlichen oder vergleichbaren Vorschriften beziehen oder hilfebedürftig im Sinne des Sozialrechts sind.[1178] Eine zeitliche Beschränkung der Wechselmöglichkeit kennt diese nur auf einen begrenzten Personenkreis anwendbare Regelung sodann jedoch nicht.

Die Regelung des Teil I zum Tarif BT Teil A der „Allgemeinen Versicherungsbedingungen für den Basistarif, AVB/BT 2009, Tarif BT" des PKV-Verbandes[1179] greift die Frage der Wechselmöglichkeit im Falle der Bestandsmitgliedschaft ebenfalls auf und fasst auf diesem Wege, parallel zu §§ 193 Abs. 5, 204 Abs. 1 VVG, nochmals ausdrücklich die entsprechende Aufnahme- und Versicherungsfähigkeit von Privatversicherten aus Sicht der Versicherer zusammen. Die Regelung beschreibt damit abschließend denjenigen Personenkreis an Bestandsmitgliedern, dem die privaten Krankenversicherer gezwungen, zugleich aber auch gewillt sind, den Basistarif anzubieten. Die von diesen Bestandsmitgliedern zu erfüllenden Voraussetzungen werden hierzu insbesondere in Teil I A Abs. 2 S. 1 lit. c) und d) dargestellt.

Dort heißt es:

„(2) Aufnahme- und versicherungsfähig […] sind Personen mit Wohnsitz in Deutschland, die nicht beihilfeberechtigt sind und auch keine vergleichbaren Ansprüche haben, wenn sie:

c) eine private Krankheitskostenvollversicherung mit einem in Deutschland zum Geschäftsbetrieb zugelassenen Versicherungsunternehmen vereinbart haben und der Vertrag erstmals nach dem 31. Dezember 2008 abgeschlossen wurde;

c) eine private Krankheitskostenvollversicherung mit einem in Deutschland zum Geschäftsbetrieb zugelassenen Versicherungsunternehmen vereinbart haben und dieser Vertrag vor dem 1. Januar 2009 abgeschlossen wurde, wenn die zu versichernde Person das 55. Lebensjahr vollendet hat oder das 55. Lebensjahr noch nicht vollendet hat, aber die Voraussetzungen für den Anspruch auf eine Rente der gesetzlichen Rentenversicherung erfüllt und diese Rente beantragt hat oder ein Ruhegehalt nach beamtenrechtlichen oder vergleichbaren Vorschriften bezieht oder hilfebedürftig nach dem Zweiten Buch Sozialgesetzbuch (SGB II) oder dem SGB XII ist."

Zudem bestimmt Teil I zum BT Teil I A Abs. 2 S. 2 ebenso wie § 204 Abs. 1 S. 1 VVG, dass sich die Aufnahme- und Versicherungsfähigkeit des Personenkreises

---

1178 S. hierzu statt vieler: Rüffer/Halbach/Schimikowski-*Marko*, VVG, § 204 Rdnr. 38 ff. m.w.N.

1179 Die „Allgemeinen Versicherungsbedingungen für den Basistarif – AVB/BT 2009, Tarif BT (Stand: Juli 2017)" sind abrufbar unter https://www.pkv.de/service/broschueren/musterbedingungen/ (zuletzt abgerufen am 15.06.2018).

nach lit. d)- f) auf den Basistarif des Versicherungsunternehmens, bei dem das bisherige Versicherungsverhältnis bestand, beschränkt.

(2) Wechselmöglichkeiten in den Basistarif für Bestandsmitglieder

Alle Personen, die sich in der Zeit vor dem 31. Dezember 2008 im sogenannten modifizierten Standardtarif versichert hatten, wurden zum 01. Januar 2009 automatisch in den Basistarif überführt.[1180] War jedoch vor dem 01. Januar 2009 ein privater Krankheitskostenversicherungsvertrag mit einem anderen Tarif als dem Standardtarif abgeschlossen worden, konnte ein solcher Bestandsversicherter gemäß § 193 Abs. 5 S. 2 VVG i.V.m. § 204 Abs. 1 VVG, wie soeben dargelegt, nur in der Zeit vom 01. Januar 2009 bis zum 30. Juni 2009 unter Anrechnung von Altersrückstellungen in den Basistarif seines eigenen oder eines anderen privaten Versicherers wechseln.[1181] Bei Wechseln in den Basistarif eines anderen Versicherers musste der Versicherungsvertrag vom alten Versicherer zudem noch während eben dieses halbjährigen Zeitraums mit Wirkung zum Ende des laufenden Versicherungsjahres gekündigt werden.[1182]

Seither ist ein Wechsel zu einem neuen Versicherer für solche Bestandsversicherte, die bereits vor dem 01. Januar 2009 Mitglied der privaten Krankenversicherung waren, ausgeschlossen. Allein der Wechsel des Tarifs in den Basistarif des gleichen Versicherers bleibt damit denkbar. Doch auch diese Ausnahme greift nicht für alle langjährigen Bestandsmitglieder umfassend, sondern nur für die über 55.-Jährigen, für Rentenbezieher oder Hilfsbedürftige; § 204 Abs. 1 Nr. 1 lit. b) VVG, Tarif BT Teil A Abs. 2 S. 1 lit. f). Nur sie können auch weiterhin in den Basistarif des eigenen Versicherers wechseln und dabei ihre Altersrückstellungen

---

1180 Gemäß § 315 Abs. 4 SGB V wurden alle gemäß § 315 Abs. 1 SGB V abgeschlossenen Versicherungsverträge im Standardtarif zum 01.01.2009 auf Verträge im Basistarif nach § 12 Abs. 1a VAG (= § 152 Abs. 1 VAG n. F.) umgestellt. Das GKV-WSG löst mit Wirkung ab dem 01.01.2009 zudem den Standardtarif für ältere Versicherte durch den altersunabhängigen Basistarif ab, § 257 Abs. 2a S. 1 Nr. 2 SGB V; s. hierzu Langheid/Wandt-*Boettius*, VVG, Vor § 192 Rdnr. 651.

1181 So auch Baier, S. 204; dort auch ausführlich zu den Kündigungsvoraussetzungen des bisherigen Tarifs.

1182 Bestandsversicherte konnten bis zum 30.06.2009 unter Mitnahme ihrer Alterungsrückstellungen in den Basistarif des eigenen oder eines anderen Unternehmens wechseln. Ausreichend war die Abgabe der erforderlichen Erklärungen und Anträge innerhalb der gesetzlichen Frist, BT-Drs. 16/4247, S. 68; a.A. Prölss/Martin/Voit-*Voit*, VVG-Kommentar, 2015, § 193 Rdnr. 27. S. auch „Der private Krankenversicherungsschutz im Sozialrecht", S. 47 (Stand: Januar 2015).

mitnehmen.[1183] Eine ausdrückliche Regelung, dass darüber hinaus ein Wechsel in den Basistarif auch ohne Anrechnung der Altersrückstellungen jederzeit für alle Bestandsmitglieder ermöglicht werden muss, ist hingegen weder der Regelung des § 193 Abs. 5 VVG, noch der Regelung des § 204 Abs. 1 VVG zu entnehmen. Ein entsprechender Kontrahierungszwang besteht demnach nicht. Entsprechendes kennt auch die Regelungen des Teil A Abs. 2 S. 1 lit. f) zum Tarif BT des PKV-Verbandes nicht. Hier wird der Kreis der aufnahme- und versicherungsfähigen langjährigen Bestandsmitglieder, die schon vor dem 01. Januar 2009 Mitglied waren, für die Zeit nach dem 30. Juni 2009 stattdessen ohne jedwede sonstigen Ausnahmen auf die über 55.-Jährigen, auf Renten- und Ruhegeldbezieher sowie Hilfsbedürftige begrenzt. Ausschließlich Versicherte, die ihren Versicherungsvertrag erstmals nach dem Stichtag des 01. Januar 2009 abgeschlossen haben, können jederzeit unter Anrechnung von Altersrückstellungen in den Basistarif des eigenen oder eines anderen Versicherers wechseln.[1184] Für alle übrigen Bestandsmitglieder besteht keine solche Wechselmöglichkeit, sollten sie nicht aufgrund von erheblichen Beitragsrückständen automatisch auf den Basistarif umgestellt werden[1185].

Die Bedingungen des Basistarifes bieten somit zwar Bestandsmitgliedern grundsätzlich die Möglichkeit auch noch zu einem späteren Zeitpunkt in den Basistarif des eigenen Versicherers zu wechseln, dies gilt aber, gerade mit Blick auf die Möglichkeit der Mitnahme von Altersrückstellungen, nicht für alle im gleichen Maße. Die zu erfüllenden Voraussetzungen sind für langjährige Bestandsmitglieder, die schon vor dem 01. Januar 2009 Mitglied waren, so eng, dass sie für selbständig erwerbstätige Frauen, die angesichts einer geplanten oder bereits eingetretenen Schwangerschaft wechseln wollen, um so gegebenenfalls kostengünstiger in den Genuss von Mutterschaftsleistungen kommen zu können, nicht greifen werden bzw. zumindest ohne die Möglichkeit bereits erworbene Altersrückstellungen mitnehmen zu können, wirtschaftlich kaum attraktiv sein dürften. Diese Frauen haben das 55. Lebensjahr noch nicht erreicht, auch werden sie in den seltensten Fällen Rentenbezüge oder Ruhegelder beziehen und in aller Regel werden sie auch nicht hilfsbedürftig i.S.d. SGB II oder SGB XII sein. Selbständig erwerbstätige (werdende) Mütter, die bereits vor dem 01. Januar 2009 Mitglied

---

1183 Zu den einzelnen Voraussetzungen der § 204 Abs. 1 Nr. 1 lit. b) VVG, Tarif BT Teil A Abs. 2 S. 1 lit. f) s. Baier, S. 196 ff. m.w.N.

1184 Zum Voranstehenden und dem Kreis der Pflichtversicherten und den Besonderheiten für die Bestandsversicherten insgesamt: „Der private Krankenversicherungsschutz im Sozialrecht", S. 46 ff. (Stand: Januar 2015).

1185 S. hierzu Tarif BT Teil A Abs. 2 S. 1 lit. i).

in der privaten Krankenversicherung waren und bisher nicht in den Basistarif gewechselt sind, steht dieser Weg daher grundsätzlich nicht länger offen.

(3) Leistungsumfang den Mutterschutz betreffend

Der Basistarif unterscheidet sich auch im Übrigen deutlich von den anderen, zuvor dargestellten klassischen Produkten der privaten Krankenversicherung. So ist der Basistarif zwar ein gesetzlich definiertes Produkt, das nach Art, Umfang und Höhe mit den Leistungen der gesetzlichen Krankenkassen vergleichbar sein muss.[1186] Der Basistarif muss den Leistungskatalog der gesetzlichen Krankenkassen allerdings nur nachbilden; § 152 Abs. 1 VAG.[1187] Hierzu werden auch künftige Leistungsausschlüsse und -reduktionen in der gesetzlichen Krankenversicherung vom Basistarif übernommen werden. Der Basistarif ist insofern eine Versicherung nach dem Modell der gesetzlichen Krankenversicherung unter dem Dach der privaten Krankenversicherung. Der Gesetzgeber bezeichnete den Basistarif deshalb zu Recht als „standardisiertes Produkt mit Annahmezwang".[1188]

Der Basistarif umfasst neben den klassischen Leistungen der Krankenkostenversicherung diesem Ansinnen folgend auch andere, der privaten Krankenversicherung an sich fremde Leistungen. Der ausdrückliche Verweis auf „Art, Umfang und Höhe" der Leistungen des dritten Kapitels des SGB V, also der §§ 11–68 SGB V, in § 152 Abs. 1 VAG macht es damit notwendig, auch solche in der gesetzlichen Krankenversicherung vorhandenen Obliegenheiten zu übernehmen, die der privaten Krankenversicherung an sich fremd sind oder bis vor kurzem fremd waren, wie z. B. den Anspruch auf Mutterschaftsgeld während der Zeit des Mutterschutzes von 14 Wochen rund um die Geburt eines Kindes nach § 24i SGB V.

Die tatsächliche Ausgestaltung des konkreten Versicherungsschutzes im Basistarif wird vom PKV-Verband als gesetzlich Beliehener festgelegt[1189]. Der

---

1186 Nicht mehr und auch nicht weniger – der Basistarif muss die Regelungen des SGB V nicht eins zu eins umsetzen; so auch Baier, S. 81.

1187 Zu den gesetzlichen Regelungen, auf die sich der Basistarif stützt, s. insgesamt Baier, S. 67 ff. m.w.N.

1188 Vgl. auch Baier, S. 68; BT-Drs. 16/3100, S. 208.

1189 Die Fachaufsicht wird vom Bundesministerium der Finanzen ausgeübt. Siehe hierzu § 158 Abs. 2 VAG sowie Langheid/Wandt-*Boettius*, VVG, Vor § 192 Rdnr. 175, 932; zur Beleihung des PKV-Verbandes ausführlich: Baier, S. 77 ff. m.w.N. Der PKV-Verband hat seinen Sitz in Köln. Er gibt seine Verbandsempfehlungen aktuell unter dem Titel MB/BT 2009 ab, ausführlich hierzu bei Langheid/Wandt-*Kalis*, VVG, § 193 Rdnr. 29 ff. m.w.N.

PKV-Verband entscheidet über die gesamte nähere Leistungsausgestaltung des Basistarifs. Er ist für die Bestimmung der Hauptleistungspflichten der Versicherer verantwortlich, wobei ihm aufgrund der Vorgabe des § 158 Abs. 2 VAG und dessen Verweis auf § 152 Abs. 1 VAG ein Ermessenspielraum zusteht. Der Schutz- und Leistungsumfang des Basistarifs muss, wie bereits erwähnt, gemäß § 152 Abs. 1 VAG ohnedies nur „vergleichbar“[1190] sein. Dies ist zumindest aus Sicht des Bundesverfassungsgerichtes nicht zu beanstanden.[1191]

Um den Leistungsumfang des Basistarifs näher zu bestimmen und so seiner Aufgabenzuweisung als Beliehener zu genügen, hat der PKV-Verband die bereits voranstehend unter A. II. 5. b) cc) (1) dieser Ausarbeitung in Bezug genommenen „Allgemeinen Versicherungsbedingungen für den Basistarif, AVB/BT 2009, Tarif BT“ geschaffen. In Aufbau und Inhalt ähneln die AVB/BT 2009, Tarif BT, den Musterbedingungen für die Krankheitskosten- oder Krankentagegeldversicherung[1192] und sind hinsichtlich ihrer Festlegungen zu Art, Höhe und Umfang der vorgegebenen Leistungen für die einzelnen privaten Krankenversicherer verbindlich.[1193].

Die einzelnen erstattungsfähigen Aufwendungen sowie sonstige Ansprüche regelt der einzelne Tarif, mithin der Basistarif im Teil II der AVB/BT 2009, Tarif BT.[1194] Im Rahmen dieser Ausgestaltung wurde u. a. auch ein Anspruch auf Mutterschaftsgeld berücksichtigt.

Die Allgemeinen Versicherungsbedingungen zum Basistarif des PKV-Verbandes mit Stand vom Juli 2017[1195] sieht in ihrem Teil II zum Tarif BT unter

---

1190 Zur Frage der „Vergleichbarkeit“ vgl. auch Langheid/Wandt-*Boettius*, VVG, Vor § 192 Rdnr. 1057. Die Leistungen des Basistarifs müssen mit denjenigen der GKV weitgehend übereinstimmen, ohne mit ihnen vollkommen identisch zu sein. Der Basistarif muss die Leistungen der GKV nur „weitgehend“ nachbilden.

1191 Vgl. hierzu insgesamt Baier, S. 81. Zur Verfassungsmäßigkeit von etwaigen Abweichungen s. auch BVerfGE 123, 186, 249 = VersR 2009, 957, 964.

1192 So auch Baier, S. 81.

1193 Dies wird bereits dadurch deutlich gemacht, dass hier nicht von Musterbedingungen gesprochen wird, wie es hinsichtlich der sonstigen Tarife üblich ist, sondern von Allgemeinen Versicherungsbedingungen. Die Leistungen des Basistarifs sollen nach dem Willen des Gesetzgebers bundesweit einheitlich festgelegt werden. S. hierzu umfassend: Baier, S. 67, 83 ff. m.w.N. sowie S. 269. Vgl. zudem zum Umfang des Leistungsumfangs im Basistarif: Sodan in: Sodan (Hrsg.), Handbuch des Krankenversicherungsrechts, 2014, S. 75; Sodan, NJW 2007, 1313, 1319.

1194 Zum Umfang der Leistungspflicht im Basistarif im Einzelnen: Baier, S. 268 ff. m.w.N.

1195 Die „Allgemeinen Versicherungsbedingungen für den Basistarif – AVB/BT 2009, Tarif BT (Stand: Juli 2017)“ sind abrufbar unter https://www.pkv.de/service/broschueren/musterbedingungen/ (zuletzt abgerufen am 15.06.2018).

Teil G Abs. 1 und Abs. 2 folgende konkrete Ausgestaltung des Anspruchs auf Mutterschaftsgeld vor:

> ***„(1) Versicherte weibliche Personen haben Anspruch auf Mutterschaftsgeld, wenn***
> ***a) sie bei Arbeitsunfähigkeit Anspruch auf Krankentagegeld haben oder***
> ***b) ihnen wegen der Mutterschutzfristen kein Arbeitsentgelt gezahlt wird oder***
> ***c) ihr Arbeitsverhältnis während der Schwangerschaft oder der Mutterschutzfrist nach der Entbindung nach Maßgabe von § 9 Abs. 3 Mutterschutzgesetz aufgelöst worden ist."***
>
> ***„(2) Das Mutterschaftsgeld wird in Höhe von höchstens 13 Euro je Kalendertag [...] für die letzten sechs Wochen vor der Entbindung, den Entbindungstag und für die ersten acht Wochen, bei Mehrlings- und Frühgeburten für die ersten zwölf Wochen nach der Entbindung gezahlt. Die Auszahlung des Mutterschaftsgeldes erfolgt nach Vorlage eines Nachweises über die erfolgte Entbindung."***

Mit Blick auf die selbständig erwerbstätigen (werdenden) Mütter, die bei einem privaten Krankenversicherer im Basistarif krankenversichert sind, bedeutet dies, dass sie, nur sofern sie im Falle der Arbeitsunfähigkeit auch einen Anspruch auf ein Krankentagegeld haben, einen Anspruch auf Mutterschaftsgeld gegenüber ihrem privaten Krankenversicherer geltend machen können. Der angesprochene Personenkreis ist damit gemäß § 152 Abs. 1 VAG an denjenigen angelehnt, den auch schon die Regelung des § 24i Abs. 1, Abs. 2 S. 7 SGB V sowie inzwischen der § 192 Abs. 5 S. 2 VVG anspricht. Dort haben selbständig erwerbstätige Mütter ebenfalls nur dann einen Anspruch auf Mutterschaftsgeld gegenüber ihrem Krankenversicherer, sollten sie zugleich auch einen Anspruch auf Krankentagegeld haben.[1196] Ebenso parallel wie in der gesetzlichen Krankenversicherung ist allerdings das Krankentagegeld bei Selbständigen nicht von vornherein Gegenstand des Vertrages, sie können diese Leistung aber freiwillig – gegen einen höheren Versicherungsbeitrag – versichern; Tarif BT Teil F Abs. 1 lit. c).[1197] Die übrigen Varianten der Regelung des Tarifs BT Teil G Abs. 1 greifen für die hier im Mittelpunkt stehende Personengruppe nicht, da diese allein die in abhängiger Beschäftigung erwerbstätige Frauen in Bezug nehmen. Auf sie wird dementsprechend auch nicht näher eingegangen.

Anders als den vom SGB V angesprochenen Personenkreis der Berechtigten betreffend, weist die Regelung des Tarifs BT Teil G Abs. 2 hinsichtlich der Höhe des zu gewährenden Mutterschaftsgeldes jedoch eine nicht zu vernachlässigende Unterscheidung zu der Regelung des § 24i Abs. 2 SGB V auf. Während gemäß

1196 Vgl. hierzu die ausführlichen Erörterungen unter A. II. 2. b) bb).

1197 S. hierzu auch Bach/Moser-*Reif/Schneider*, Private Krankenversicherung, MB/KK- und MB/KT-Kommentar, MB/BT Teil E Musterbedingungen Basistarif Rdnr. 28.

§ 24i Abs. 1, 1. Alt., Abs. 2 S. 7 SGB V Selbständige, die als freiwilliges Mitglied in der gesetzlichen Krankenversicherung mit einem Anspruch auf Krankengeld versichert sind, ein Mutterschaftsgeld in Höhe des Krankengeldes erhalten, sollen die in der privaten Krankenversicherung mit einem Anspruch auf Krankentagegeld versicherten (werdenden) Mütter an dieser Stelle lediglich einen Anspruch in Höhe von höchstens 13,00 EUR je Kalendertag erhalten. Auch erfolgt die Auszahlung erst nach Nachweis der erfolgten Entbindung. Kurzum, selbst für den von der Regelung vorgesehenen Zeitraum der letzten sechs Wochen vor der Entbindung erfolgt die tatsächliche Zahlung erst im Nachhinein. D.h., ihnen steht ein Anspruch entsprechend dem, wie er von § 24i SGB V gewährt wird, gerade nicht zur Seite. Insbesondere eine gesonderte Regelung, wie sie § 24 Abs. 2 S. 7 SGB V vorsieht, also einen ausdrücklichen Anspruch eine Zahlung in Höhe des Krankentagegeldes, existiert hier nicht. Auch aus der Regelung des Tarif BT Teil F zum Anspruch auf den Erhalt eines Krankentagegeldes ergibt sich nichts anderes, da dieser Anspruch gemäß § 5 Abs. 1 lit. g) aa), bb) AVB/BT ausdrücklich ausgeschlossen ist, sollte eine Arbeitsunfähigkeit allein aufgrund der Schwangerschaft und Entbindung vorliegen.[1198]

Während die gesetzlich krankenversicherten, selbständig erwerbstätigen Mütter also zumindest in Höhe des Krankengeldes einen Anspruch auf Mutterschaftsgeld erreichen können, indem sie zugleich auch den Anspruch auf Krankengeld mitversichern, ist der Erhalt eines Mutterschaftsgeldes in dieser Höhe für privat krankenversicherte, selbständige Mütter im Basistarif nicht denkbar. Dies stellt eine deutliche Schlechterstellung für diese Frauen dar. Sie erhalten mit der Zahlung von maximal 13,00 EUR pro Kalendertag nach Tarif BT Teil G Abs. 1 lit. a), Abs. 2 regelmäßig eine geringere Leistung, als diejenigen Frauen in der gesetzlichen Krankenversicherung. Der ihnen zuerkannte Anspruch auf 13,00 EUR je Kalendertag dürfte schließlich in aller Regel deutlich unterhalb des Krankentagesgeldsatzes liegen.[1199] Da die selbständig erwerbstätigen, privat

1198 Die Reglung ist an § 5 MB/KT 2009 angelehnt, auf den bereits hingewiesen wurde.

1199 Das Krankentagegeld kann, je nach dem aus der selbständigen Tätigkeit erzielten Gewinn, höher als 13,00 Euro pro Kalendertag ausfallen. Das Krankentagegeld – sollte es freiwillig mitversichert worden sein – wird gemäß Tarif BT Teil F Abs. 3 lit. a) bei Selbständigen in einer Höhe von bis zu 70 % des auf den Kalendertag umgerechneten Arbeitseinkommens, bis maximal zur Höhe der Beitragsbemessungsgrenze in der gesetzlichen Krankenversicherung bzw. in einer Höhe von maximal 90 % des Nettoeinkommens gezahlt, wobei bei Selbständigen und freiberuflich Tätigen der Gewinn i.S.d. § 2 Abs. 2.1 Einkommensteuergesetz aus der im Versicherungsantrag bzw. nachträglich als Berufswechsel angegebenen Tätigkeit als Nettoeinkommen

versicherten Frauen, anders als die privat versicherten abhängig Beschäftigten, keinen Anspruch auf Mutterschaftsgeld nach § 19 Abs. 2 MuSchG 2018 haben, erhalten sie im Übrigen auch keinen ergänzenden Ausgleich vom Bund. Auch ein weitergehender Ausgleich durch einen etwaigen Arbeitgeber, wie er den abhängig erwerbstätigen Frauen zusteht, entfällt vorliegend. Eine Auszahlung schon vor der Entbindung entfällt ebenfalls.

Alles in allem ist damit festzuhalten, dass der Anspruch auf Mutterschaftsgeld nach Tarif BT Teil G Abs. 1 lit. a), Abs. 2 tatsächlich nicht vollumfänglich dem Anspruch auf Mutterschaftsgeld nach § 24i Abs. 1, 1. Alt., Abs. 2 S. 7 SGB V nachgebildet ist. Die selbständig erwerbstätigen Frauen sind hier gerade nicht gänzlich gleichgestellt. Ihr Anspruch ist vor allem mit 13,00 EUR pro Kalendertag gedeckelt. Ein weiterer erheblicher Unterschied zwischen dem gemäß dem Basistarif gewährten Leistungsumfang und dem von der gesetzlichen Krankenversicherung erbrachten Leistung ist darin zu sehen, dass der Basistarif eine Auszahlung des Mutterschaftsgeldes erst nach Vorlage eines Nachweises über die erfolgte Entbindung vorsieht, Tarif BT Teil G Abs. 2 S. 2. Die tatsächliche Auszahlung erfolgt demnach erst nach der Geburt, nicht aber schon während der sechswöchigen Mutterschutzfrist vor der Entbindung. All diese Schlechterstellungen müssen mit Blick auf den dem PKV-Verband gewährten Ermessenspielraum hingenommen werden und sind verfassungsrechtlich nicht weiter zu beanstanden.[1200]

(4) Fazit

Die privaten Krankenversicherer bieten verschiedene Tarifmodelle an, unter denen die Mitglieder frei wählen können. Der Basistarif ist dabei neben dem Krankentagegeldtarif i.S.d. § 192 Abs. 5 S. 2 VVG ein weiterer, der in seinem Leistungskatalog die Frage nach einer Mutterschutzleistung in Form von Mutterschaftsgeld berücksichtigt. Er ist dem Leistungsprogramm des SGB V nachgebildet; im Übrigen aber mit diesem nicht vollumfänglich identisch.

Grundsätzlich werden private Krankenversicherungsverträge nach den Grundsätzen des Privatrechts frei vereinbart. Einzig den Basistarif betreffend besteht für den Versicherer ein Kontrahierungszwang. Der Basistarif muss von der privaten Krankenversicherung für alle Versicherungsberechtigten angeboten

---

gilt. Die aktuelle Beitragsbemessungsgrenze liegt dabei aktuell bei 4.050,00 Euro pro Monat, d.h. bei 70 % des auf den Kalendertag umgerechneten Arbeitseinkommens wird ein Krankentagegeld von bis 91,00 Euro, nicht aber nur in einer Höhe von 13,00 Euro gezahlt.

1200 S. hierzu schon die Ausführungen zur Rspr. des BVerfG voranstehend ebenfalls unter A. II. 5. b) cc) (3).

werden. Dabei ist die Vereinbarung des Basistarifs den meisten Bestandsmitgliedern, die bereits vor dem 01. Januar 2009 ihren privaten Krankenversicherungsvertrag geschlossen und nicht innerhalb der gesetzlich vorgesehenen Fristen den Wechsel beantragt haben, jedoch schon aus wirtschaftlichen Gesichtspunkten faktisch verwehrt. Die zuvor dargestellten engen Voraussetzungen, nach denen allein ein Wechsel in den Basistarif unter Mitnahme der Altersrückstellungen für langjährige Bestandsmitglieder auch später noch möglich ist, greifen insbesondere für Schwangere, die selbständig tätig sind, regelmäßig nicht. Sie haben altersbedingt das 55. Lebensjahr noch nicht erreicht, sind grundsätzlich keine Rentner, die eine gesetzliche Rentenversicherung bzw. ein Ruhegeld nach beamtenrechtlichen oder vergleichbaren Vorschriften beziehen, auch sind sie in aller Regel nicht hilfebedürftig im Sinne des Sozialrechts. Sie bilden eine nicht zu vernachlässigende Gruppe von privat Krankenversicherten, die von den Vorzügen des Basistarifs keinen Nutzen ziehen können. Nur wer die gesetzliche Wechselfrist von Anfang Januar 2009 bis Ende Juni 2009 genutzt oder sich erst nach dem Stichtag des 01. Januar 2009 erstmals privat krankenversichert hat und zudem den Anspruch auf Krankentagegeld mitversichert hat, kann insbesondere ohne Verlust der bisherigen Altersrückstellungen den Basistarif und damit auch zumindest die Möglichkeit, ein Mutterschaftsgeld in Höhe von maximal 13,00 EUR pro Kalendertag zu beziehen, in Anspruch nehmen. Ein darüberhinausgehender Anspruch in Höhe des tatsächlichen Krankengeldanspruches, wie ihn z. B. die selbständig erwerbstätigen, in einer gesetzlichen Krankenversicherung versicherten (werdenden) Mütter oder solche, die sich einen Krankentagegeldtarif erlauben können, erhalten, besteht für die im Basistarif privat krankenversicherten selbständigen Frauen derweil nicht. Zudem wird das Mutterschaftsgeld hier erst mit Nachweis der Entbindung, also nach der Geburt, gezahlt.

6. *Betriebsunterbrechungsversicherung*

Speziell im Fall einer Solo-Selbständigkeit kommt es durch Schwangerschaft und Geburt nicht selten zu einer Unterbrechung der gesamten betrieblichen Tätigkeit. Das Geschäft oder der Betrieb der Solo-Selbständigen kann für die Zeit der Abwesenheit nicht fortgeführt werden, da dieser maßgeblich von der Arbeitskraft der Selbständigen selbst abhängig ist. Ohne die Gewissheit diese Zeit des betrieblichen Stillstands nicht nur organisatorisch, sondern auch finanziell gut überstehen zu können, sehen sich gerade diese Frauen oftmals dazu gezwungen, die aufgrund der Entbindung notwendige Auszeit zeitlich so kurz wie irgend möglich zu halten oder aber das Mutterwerden auf später zu verschieben. Es stellt sich somit die Frage, ob es neben der gesetzlichen oder der privaten Krankenversicherung noch weitere private Absicherungsmöglichkeiten des Risikos einer Betriebsunterbrechung wegen Schwangerschaft und Geburt existieren.

Eine solche Möglichkeit könnte gegebenenfalls im Wege der so genannten Betriebsunterbrechungs- oder auch Betriebsausfallversicherung vorhanden sein. Unter dieser Sammelbezeichnung verstehen sich all diejenigen Versicherungsarten, die Versicherungsschutz ganz allgemein für Erlöseinbußen infolge einer Unterbrechung oder Beeinträchtigung in der betrieblichen Leistungserstellung und Leistungsverwertung gewähren.[1201] Die Betriebsunterbrechungsversicherung soll verhindern helfen, dass der Versicherungsnehmer in eine finanzielle Schieflage gerät, falls sein Betrieb eine Zwangspause einlegen muss und so zwangsläufig die Einnahmen sinken.[1202]

a) Grundsätzliches

Eine Betriebsunterbrechung liegt stets dann vor, wenn der Betrieb nicht in der vorherigen Weise fortgesetzt werden kann. Die Betriebsunterbrechungsversicherung ersetzt in einem solchen Falle den entgangenen Gewinn sowie die nicht erwirtschafteten fortlaufenden (fixen) Kosten während der sogenannten Haftzeit. Unter der Bezeichnung Betriebsunterbrechungsversicherung versteht sich insofern eine ganze Ansammlung vielfältiger spartenübergreifender Erscheinungsformen.[1203]

Bei der Betriebsunterbrechungsversicherung handelt sich in aller Regel um eine Zusatzversicherung zu einer gewerblichen Sachversicherung, die den Versicherungsschutz um den Ausgleich eines eingetretenen Unterbrechungsschadens, der als Folge eines versicherten Sachschadens entstanden ist, erweitert, also um eine Form der Schadenversicherung.[1204]

1201 Zum Begriff der Betriebsunterbrechungsversicherung: Springer Gabler Verlag (Hrsg.), Gabler Wirtschaftslexikon, Stichwort: Betriebsunterbrechungsversicherung, abrufbar unter: https://wirtschaftslexikon.gabler.de/definition/betriebsunterbrechungsversicherung-31246/version-170377 (zuletzt abgerufen am 15.06.2018).

1202 So jedenfalls das Werbeversprechen der ARAG, s. hierzu unter https://www.arag.de/versicherungen/firma-und-gewerbe/ertragsausfallschutz/betriebsunterbrechung/ (zuletzt abgerufen am 15.06.2018).

1203 Gabler Wirtschaftslexikon, Stichwort: Betriebsunterbrechungsversicherung, abrufbar unter: https://wirtschaftslexikon.gabler.de/definition/betriebsunterbrechungsversicherung-31246/version-170377 (zuletzt abgerufen am 15.06.2018).

1204 So auch https://www.versicherungsmagazin.de/Definition/34509/einfache-betriebsunterbrechungsversicherung.html (zuletzt abgerufen am 15.06.2018).

b) *Voraussetzungen des Versicherungsfalles*

Die zur Betriebsunterbrechung führende Störungsursache, die zugleich den Versicherungsfall nach sich zieht, kann sowohl in der innerbetrieblichen als auch in der außerbetrieblichen Sphäre liegen und grundsätzlich alle Tätigkeiten unternehmerischer Beschaffungs-, Produktions- und Absatzprozesse beeinträchtigen. Hier differenzieren die unterschiedlichen Arten der Betriebsunterbrechungsversicherung hinsichtlich der den Tatbestand der Betriebsunterbrechung auslösenden Ereignisse sowie der Ausgestaltung des versicherten Unterbrechungsschadens, der sich über einen mehr oder minder langen Zeitraum erstreckt („gedehnter Versicherungsfall") und dessen ersatzpflichtige Dauer durch die vereinbarte Haftzeit begrenzt wird.[1205]

Zur Bejahung eines Sachschadens ist stets zwingend vorausgesetzt, dass dieser auf die Betriebsunterbrechung kausal zurückzuführen ist. Von einem Sachschaden kann im Falle des Ausfalls wegen Schwanger- bzw. Mutterschaft selbstverständlich gerade nicht die Rede sein und so wird das Risiko Schwangerschaft dementsprechend vom klassischen Leistungskatalog der Betriebsunterbrechungsversicherung nicht umfasst. Stattdessen werden von diesen nur solche Schäden abgesichert, die in etwa an Gebäuden, Einrichtungen, Vorräten, Maschinen oder Anlagen durch einen Sachschaden z. B. bei Brand, Blitzschlag, einem Einbruch oder Vandalismus entstehen und den damit versicherten Gegenstand ganz oder teilweise unbrauchbar machen. Nur in einem solchen Fall ersetzt die klassische Betriebsunterbrechungsversicherung die aufgrund des eingeschränkten Betriebsablaufs entstehenden Einnahmeverluste. Der sog. Unterbrechungsschaden, den der Versicherungsnehmer innerhalb Unterbrechungszeitraumes, längstens jedoch der Haftzeit nicht erwirtschaften kann, wird von den klassischen Betriebsunterbrechungsversicherungen hier allein ersetzt. Nur wenn die notwendigen Voraussetzungen in einem solchen Fall vorliegen, werden sowohl der entgangene Betriebsgewinn als auch sämtliche bestehenden Verpflichtungen des Betriebes, wie Miete, Pacht, Personalkosten, Energiekosten, Steuern, Leasing und sonstige Fixkosten, ersetzt.[1206]

1205 Vgl. hierzu nur: Gabler Wirtschaftslexikon, Stichwort: Betriebsunterbrechungsversicherung, abrufbar unter: https://wirtschaftslexikon.gabler.de/definition/betriebsunterbrechungsversicherung-31246/version-170377 (zuletzt abgerufen am 15.06.2018).

1206 Vgl. hierzu statt vieler z. B. das Merkblatt der Zurich Versicherung sowie die Allgemeinen Zürich Bedingungen für die Betriebsunterbrechungsversicherung (AFBUB 2002), abrufbar unter https://www.zurich.at/documents/firmen/afbub-2002.pdf (zuletzt abgerufen am 15.06.2018); die Allgemeine Bedingungen sowie die Klau-

Inzwischen mögen zwar vereinzelte Versicherer teilweise auch sachschadenunabhängige Betriebsunterbrechungsversicherungen anbieten, die beispielsweise Ertragsausfallschäden aufgrund der Unterbrechung von Lieferketten[1207] oder einer unerwarteten Insolvenz des Zulieferers versichern. Diese Produkte sind aber bislang nicht weit verbreitet, werden in aller Regel nur Großkunden angeboten und umfassen ohnehin das Risiko der Schwangerschaft der Unternehmerin auch weiterhin nicht.[1208]

c) *Fazit*

Die privaten Versicherer bieten klassischerweise die Risikoabsicherung für den Fall des Einbruchs, Vandalismus, Feuer oder des Elementarschadens aufgrund von Wasser, Hagel oder Blitzschlag, nicht aber für den Fall der Betriebsunterbrechung wegen Mutterschaft. Risikosubjekt ist grundsätzlich der versicherte Betrieb; nicht aber wie im Falle der Krankenversicherung, die Person des Selbständigen selbst. Das versicherte Interesse ist ausschließlich auf das Nutzungspotenzial bzw. Ertragskraft der verschiedenen sachlichen Produktionsfaktoren für den betrieblichen Leistungsprozess ausgerichtet, nicht aber auf den Menschen, der dahintersteht. Neben den klassischen Krankenversicherungstarifen und dem Basistarif, der den Leistungskatalog der gesetzlichen Krankenversicherung zumindest begrenzt nachbildet, existiert somit keine Risikoabsicherung für selbständige (werdende) Mütter durch die privaten Versicherer. Eine solche private Absicherung ist nicht üblich.

7. *Zwischenergebnis*

Mit Aufnahme einer jeden selbständigen Erwerbstätigkeit müssen sich auch selbständig erwerbstätige Frauen für eines der zwei bestehenden Krankenversicherungssysteme entscheiden. Es besteht insoweit eine Pflicht zur Krankenversicherung. Sollte sie nicht bereits zuvor in der privaten Krankenversicherung versichert gewesen sein, besteht also die notwendige Vorversicherungszeit in einer

---

seln zu den Allgemeinen Bedingungen für die Maschinen-Betriebsunterbrechungsversicherung des GDV (AMBUB 2011), abrufbar unter http://www.gdv.de (zuletzt abgerufen am 15.06.2018) oder die Erläuterungen zur Betriebsunterbrechungsversicherung der ARAG unter https://www.arag.de/betriebsunterbrechungsversicheru ng/?AID=1 (zuletzt abgerufen am 15.06.2018).

1207 Wie z. B. nach dem Vulkanausbruch des Eyjafjallajökull auf Island im Jahr 2010.

1208 Vgl. hierzu z. B. „Schutz im Worst-Case-Szenario" unter https://allianz.com/de/presse/news/unternehmen/standpunkte/news_2011-04-12.html (zuletzt abgerufen am 15.06.2018).

gesetzlichen Krankenkasse, so kann sie sich für eine freiwillige Versicherung in der gesetzlichen Krankenversicherung entscheiden oder aber den Weg in die private Krankenversicherung, gegebenenfalls in den von den privaten Krankenversicherern angebotenen Basistarif, wählen.

Hat sich die Selbständige für die Absicherung in einen der klassischen Tarife der privaten Krankenversicherung entschieden, hat sie fortan keinerlei Anspruch mehr auf die staatliche Leistung des Mutterschaftsgeldes nach SGB V.

Obwohl seit 2009 eine allgemeine Krankenversicherungspflicht für alle Bundesbürger besteht, gab es für die privaten Versicherer zunächst keine Pflicht zur Schaffung eines Anspruchs auf Mutterschaftsleistungen. Das Risiko Mutterschaft konnte gemäß § 193 Abs. 3 VVG, anders als das Risiko Krankheit, von den Versicherern unberücksichtigt bleiben und blieb es entsprechend auch. Erst durch die Einführung des § 192 Abs. 5 S. 2 VVG im April 2017 hat sich dies geändert; allerdings ausschließlich für den Fall der Krankentagegeldversicherung, für den gemäß § 193 Abs. 3 VVG gerade keine Versicherungspflicht besteht. Möchte sich also die Versicherte einen Anspruch auf Mutterschaftsleistung sichern, muss sie sich folglich für den zusätzlichen Abschluss einer Krankentagegeldversicherung entschließen.

Darüber hinaus bietet der allen Versicherten gemäß § 193 Abs. 5 VVG verpflichtend anzubietende Basistarif der privaten Krankenversicherer einen an die Mutterschutzleistung nach SGB V zumindest angelehnten Schutz.

8. *Anspruch auf Elterngeld (auch) für Selbständige als Äquivalent zum Mutterschutz?*

Neben den verschiedenen Varianten der klassischen Krankenversicherungsleistungen, aus denen zumindest ein Teil der selbständig erwerbstätigen (werdenden) Mütter Ansprüche auf Mutterschaftsleistungen ableiten können, existiert noch eine weitere Anspruchsgrundlage, die zumindest für die Zeit nach der Geburt eines Kindes greift und gegebenenfalls als Äquivalent angesehen werden könnte: das Elterngeld. Wie noch unter Punkt B. genauer zu zeigen sein wird, geht der deutsche Gesetzgeber jedenfalls hiervon aus, weshalb die entsprechenden Regelungen des Bundeselterngeld- und Elternzeitgesetzes an dieser Stelle zur Vervollständigung des Überblicks auch nicht unberücksichtigt bleiben dürfen.

Das Gesetz um Elterngeld und zur Elternzeit (Bundeselterngeld- und Elternzeitgesetz – BEEG) trat am 01. Januar 2007 in Kraft.[1209] Mit ihm wurde für die von

1209 Bundeselterngeld- und Elternzeitgesetz (BEEG) vom 05.12.2006 (BGBL. I S. 2748), das zuletzt durch Artikel 1 des Gesetzes vom 18.12.2014 (BGBl. I S. 2325) geändert worden ist. Vgl. zur Einführung des Gesetzes auch RdW-Kurzbericht 53/2007.

jenem Tag an geborenen Kinder das bis dahin gezahlte Erziehungsgeld durch das Elterngeld abgelöst und so die finanzielle Förderung von Familien in der ersten Zeit nach der Geburt grundlegend neu gestaltet.[1210] Das Gesetz umfasst neben den Regelungen zum Elterngeld auch Regelungen zu einem weiteren Leistungsanspruch für junge Familien, den Anspruch auf Elternzeit für Arbeitnehmerinnen und Arbeitnehmer. Die Elternzeit wird hier jedoch nicht im Mittelpunkt der weiteren Erörterungen stehen, da für die selbständig erwerbstätige (werdende) Mutter allein der eigenständige Anspruch auf Elterngeld nach den §§ 1 ff. BEEG von maßgeblichen Interesse ist. In der Zeit von 2013 bis 2015 gab es zudem kurzzeitig Regelungen für einen Anspruch auf Zahlung eines sog. Betreuungsgeldes in Höhe von 150,00 EUR pro Monat, sollte sich die Familie dafür entscheiden, für ihr Kind keinen öffentlich geförderten Betreuungsplatz in Anspruch zu nehmen, also ihr Kind selbst zu betreuen; § 4a BEEG a. F.[1211]. Auch dies sei nur der Vollständigkeit halber erwähnt.

Seit Inkrafttreten des Bundeselterngeld- und Elternzeitgesetzes wird die Inanspruchnahme von Elterngeld zumeist mit der gleichzeitigen Inanspruchnahme von Elternzeit verbunden. Während der Anspruch auf Elternzeit jedoch allein Arbeitnehmerinnen und Arbeitnehmer vorbehalten ist, und deshalb vorliegend auch nicht näher beleuchtet werden soll, wird der Kreis der Anspruchsberechtigten des Elterngeldes weiter gefasst. Wie ferner noch genauer darzulegen sein wird, können auch Selbständige einen Anspruch auf Elterngeld geltend machen. Beide Ansprüche sind insoweit unabhängig voneinander zu betrachten.[1212]

Die nachfolgenden Erörterungen werden sich mit der Frage beschäftigen, welche Ansprüche Selbständige aus den Regelungen des Bundeselterngeld- und Elternzeitgesetzes im Einzelnen herleiten können und inwieweit sich solche Ansprüche von einem Anspruch auf Mutterschaftsleistungen unterscheiden. Dabei

1210 S. Bericht über die Auswirkungen des Bundeselterngeld- und Elternzeitgesetzes sowie über die gegebenenfalls notwendigen Weiterentwicklungen, BT-Drs. 16/10770, S. 4.

1211 Am 14.04.2015 gab es eine erste Verhandlung des BVerfG zum Betreuungsgeld. Das BVerfG äußerte bereits erste Bedenken daran, ob das Betreuungsgeld verfassungsgemäß sei. S. hierzu: http://www.sueddeutsche.de/politik/verhandlung-in-karlsruhe-verfassungsgericht-bezweifelt-rechtmaessigkeit-von-betreuungsgeld-1.2435156 (zuletzt abgerufen am 15.06.2018). Am 21.07.2015 wurde das Gesetz für verfassungswidrig erklärt. S. hierzu die obigen Ausführungen des 1. Kapitels unter Punkt A. I. 2. d).

1212 Für den Bezug von Elterngeld es nicht von Bedeutung, ob zugleich auch Elternzeit genommen werden kann oder nicht. S. hierzu und zu den Voraussetzungen des Elterngeldanspruchs allgemein: Marburger, S. 71 ff.

konzentrieren sich die Erörterungen allein auf den Anspruch auf Elterngeld gemäß den §§ 1 ff. BEEG, der anders als die Elternzeit, die in den §§ 15 ff. BEEG geregelt ist, auch den selbständig Erwerbstätigen grundsätzlich zu gewähren ist.

a) Zum rechts- und sozialpolitischen Hintergrund des Elterngeldes im Überblick

Die Bundesregierung hatte erstmals im Jahr 1986 mit dem Bundeserziehungsgeldgesetz[1213] (BErzGG) neben dem damals üblichen Erziehungsurlaub ein sog. Erziehungsgeld als steuerfinanzierte Familienleistung des Bundes eingeführt.[1214] Mit dem Erziehungsgeld wurde zu jener Zeit zwei Jahre lang eine bedürftigkeitsabhängige Leistung in Form eines Festbetrages, jedoch kein Lohnersatz[1215], gewährt.[1216] Das Erziehungsgeld verfolgte dabei vornehmlich familienpolitische Ziele, nämlich die Betreuungsleistung eines Elternteils anzuerkennen. Es sollte einem Elternteil ermöglicht werden, sich in den ersten Lebensjahren ausschließlich um das Kind zu kümmern.[1217] Die Familie sollte zwar entsprechend gefördert werden, zugleich war der gewährte Festbetrag allerdings so niedrig angesetzt, dass das durch die Kindererziehung entgangene Einkommen grundsätzlich nicht ersetzt werden konnte und zuletzt nur noch untere Einkommensgruppen und Sozialhilfeempfänger von den Regelungen des damaligen Bundeserziehungsgeldgesetzes profitierten.[1218] Auch wenn das Bundeserziehungsgeldgesetz dem Wortlaut folgend geschlechtsneutral formuliert war, so hatte es doch grundsätzlich das Ziel der Freistellung der Mütter für die Kindesbetreuung als Alternative zum Ausbau der KiTa-Plätze. Auf diese Weise förderte das Gesetz die sog. Hausfrauenehe und trug damit zugleich zur Verfestigung der traditionellen Rollenverteilung nach der Geburt eines Kindes bei. In der Praxis bewirkte das für immerhin zwei Jahre in nur geringer Höhe gezahlte

---

1213 Gesetz zum Erziehungsgeld und zur Elternzeit (BErzGG) vom 06.12.1985, BGBl. I S. 2154, in Kraft gewesen zwischen dem 01.01.1986 und dem 31.12.2008.

1214 Rancke-*Lenz*, BEEG, 2015, Vor § 1 BEEG Rdnr. 1.

1215 So auch Böttcher/Graue-*Graue*, BEEG, 2014, § 1 Rdnr. 1.

1216 S. hierzu sowie zum Konzept des Erziehungsgeldes allgemein statt vieler: Fuchsloch/Scheiwe, Leitfaden Elterngeld, S. 1, 6 ff. Zu den über die Zeit zunehmend rückläufigen Empfängerzahlen Rancke-*Lenz*, BEEG, Vor § 1 Rdnr. 2 m.w.N. sowie zu den Vor- und Nachteilen des Elterngeldes gegenüber dem Erziehungsgeld ebenfalls Rancke-*Lenz*, BEEG, Vor § 1 Rdnr. 4 m.w.N.

1217 Vgl. diesbezüglich die Begründung zum Bundeserziehungsgeldgesetz, BT-Drs. 10/3792, S. 1.

1218 In der Zeit von 1986 bis Ende 2000 betrug das Erziehungsgeld DM 600,00, ab dem 01.01.2001 € 307,00 und ab dem 01.01.2006 nur noch € 300,00; s. Fuchsloch/Scheiwe, S. 7.

Erziehungsgeld, dass fast ausschließlich Mütter ihre Erwerbstätigkeit für die Betreuung ihres Kindes aufgaben. KiTa-Plätze für unter 3-Jährige brauchten so nicht im großen Umfang geschaffen werden, was jedoch die Mütter in aller Regel zugleich dazu verpflichtete, für eine längere Zeit aus dem Berufsleben auszusteigen.[1219]

Der Koalitionsvertrag der Großen Koalition von CDU, CSU und SPD vom 11. November 2005[1220] sah eine Änderung dieser Problematik vor: Das bisherige Erziehungsgeld sollte fortan vom neu einzuführenden Elterngeld ersetzt werden. Ziel der Novellierung sollte sein, Einkommenseinbrüche nach der Geburt eines Kindes künftig besser zu vermeiden und so eine ebenfalls verbesserte Wahlmöglichkeit hinsichtlich der Betreuung zwischen Müttern und Vätern zu schaffen. Es sollte von nun an die wirtschaftliche Selbständigkeit beider Elternteile gefördert werden.[1221] Die Initiative wurde ferner mit den Vorgaben des Bundesverfassungsgerichts zur notwendigen Anerkennung der Kinderbetreuung begründet, nach denen der Staat verpflichtet ist, die tatsächlichen Voraussetzungen für die elterliche Kindesbetreuung zu ermöglichen und zu fördern. Eines der wesentlichen Elemente soll dabei die Vereinbarkeit von Beruf und Familie für beide Elternteile sowie die Gelegenheit für den vorübergehenden Verzicht auf die Ausübung der eigenen Erwerbstätigkeit zugunsten der persönlichen Betreuung des Kindes sein, so das Bundesverfassungsgericht.[1222] Ein entsprechender Gesetzentwurf wurde daraufhin noch im Jahr 2006 vorgelegt.[1223] Das Elterngeldgesetz trat zum 01. Januar 2007 in Kraft. Das Bundeselterngeld- und Elternzeitgesetz stellt seither einen Kompromiss im obigen Sinne zwischen Einkommensersatzleistung, welche das aufgrund der Betreuung eines Kindes entgangene Erwerbseinkommen u. a. auch von selbständig Erwerbstätigen ersetzen soll, und einer Sozialleistung dar, welche es zum Ziel hat, eine Familienförderung durch Anerkennung von Erziehungsleistung durch Zahlung eines Mindestelterngeldes von 300,00 EUR bis zum zweiten Geburtstag des Kindes[1224], gleichgültig

---

1219 S. zum Voranstehenden insgesamt: Fuchsloch/Scheiwe, S. 10 f.; BR-Drs. 350/85, S. 13.

1220 Koalitionsvertrag der Großen Koalition von CDU, CSU und SPD vom 11. November 2005 veröffentlicht unter: https://www.cdu.de/artikel/gemeinsam-fuer-deutschland-mit-mut-und-menschlichkeit-koalitionsvertrag-2005 (zuletzt abgerufen am 15.06.2018).

1221 S. Fuchsloch/Scheiwe, S. 12 f.

1222 Rancke-*Lenz*, BEEG, Vor § 1 Rdnr. 3; BT-Drs. 16/1889, S. 14; BVerfGE 88, 203, 258 f.; BVerfGE 99, 216, 234.

1223 BT-Drs. 16/2454. Zur Vorlage des Gesetzesentwurfs auch: Rancke-*Lenz*, BEEG, Vor § 1 Rdnr. 3.

1224 Das Elterngeld wird demnach mindestens in gleicher Höhe wie zuvor das Erziehungsgeld gezahlt.

ob der betreuende Elternteil zuvor berufstätig war oder nicht, zu bewirken.[1225] Es soll dabei behilflich sein, Eltern die Sicherung ihrer finanziellen Lebensgrundlage zu ermöglichen, während diese sich in den ersten Lebensmonaten des Kindes im Wesentlichen um dessen Betreuung kümmern.[1226]

Mit Hilfe des einkommensersetzenden Elterngeldes sollen auf diese Weise wirtschaftliche Bedingungen geschaffen werden, die eine echte Wahlfreiheit der Eltern ermöglichen. Eltern sollen frei entscheiden können, wie sie die Betreuung ihres Kindes in den ersten Lebensmonaten bzw. Lebensjahren gestalten wollen.[1227] Das Elterngeld ist insofern eine Transferleistung für Eltern, die während dieses Zeitraums ihre Erwerbstätigkeit zugunsten der Betreuung ihres Kindes unterbrechen und im Zuge dessen nicht bzw. nicht voll erwerbstätig sind. Es kompensiert den mit der Geburt und der sich anschließenden beruflichen Auszeit grundsätzlich einhergehenden finanziellen Ausfall des Nettogehalts.[1228] Leitgedanke des Elterngeldes ist folglich, etwaige Einkommensverluste, welche aufgrund der Verringerung der Erwerbstätigkeit nach der Geburt eines Kindes für gewöhnlich entstehen, abzumildern. Das Elterngeld soll sowohl Müttern als auch Vätern die Entscheidung für eine berufliche Auszeit nach der Geburt ihres Kindes erleichtern, um so jungen Familien einen Schonraum zu gewähren, um füreinander da zu sein und sich intensiv um ihren Nachwuchs kümmern zu können.[1229] Es soll das Einfinden in das gemeinsame Familienleben erleichtern und den familiären Zusammenhalt festigen.[1230] Dabei sollen vor allem auch Väter stärker in die Verantwortung genommen werden, als es gemäß dem bisherigen Rollenbild vom Vater als „Familienernährer“ und der Mutter als „vorrangige Betreuerin des Neugeborenen“ bisher der Fall gewesen war.[1231] Das Elterngeld soll darüber hinaus aber auch für eine erfolgreiche Rückkehr in die Erwerbstätigkeit Sorge tragen.[1232] So wurde vor Einführung des Elterngeldes

1225 S. Fuchsloch/Scheiwe, S. 14; Rancke-*Lenz*, BEEG, Vor § 1 Rdnr. 1.

1226 So auch Böttcher/Graue-*Graue*, BEEG, § 1 Rdnr. 2.

1227 S. Fuchsloch/Scheiwe, S. 14.

1228 So auch Boll „Aufschiebende Effekte für die Geburt durch das Elterngeld?“ in: HWWI Update 07/08, S. 1, 2.

1229 S. zum Schonraum statt vieler z. B. Ehlert/Rüling in: Dossier – Elterngeld als Teil nachhaltiger Familienpolitik, S. 5 sowie BT-Drs. 16/10770, S. 5.

1230 So auch Böttcher/Graue-*Graue*, BEEG, § 1 Rdnr. 2.

1231 Zum Rollenbild der Mutter vgl. die die Ausführungen des 1. Kapitels unter C. II. 1.

1232 So auch schon das Vorwort der damaligen Bundesministerin für Familie, Senioren, Frauen und Jugend Christina Schröder zur Broschüre des Bundesministeriums für Familie, Senioren, Frauen und Jugend (Hrsg.) „Elterngeld und Elternzeit – Das Bundeselterngeld- und Elternzeitgesetz“, 11. Auflage, 2012, S. 3.

prognostiziert, dass Mütter zur frühzeitigen Rückkehr in den Beruf ermutigt werden würden und zugleich die Geburtenrate steigen würde. Es wurde prognostiziert, dass es zu einem Anstieg der Erwerbstätigkeit von Müttern mit Kindern komme, sobald diese das zweite Lebensjahr vollendet haben. Da das Elterngeld eine Lohnersatzleistung für maximal 14 Monate darstelle, würde ein Anreiz zur erneuten Arbeitsmarktpartizipation geschaffen werden. Ferner wurde davon ausgegangen, dass aufgrund der Funktion als Lohnersatzleistung Anreize für eine stärkere Arbeitsmarktpartizipation sogar für die Zeit vor der Geburt ergeben.[1233] Das Elterngeld soll so die Kontinuität in der Erwerbsbiographie fördern und stärken.[1234] Ob dies mit Hilfe eines zeitlich, als auch der Höhe nach begrenztem Anspruch möglich ist, bleibt aber zumindest solange zweifelhaft, wie für die Zeit nach dem ersten Lebensjahr des Kindes keine ausreichenden Betreuungsmöglichkeiten geschaffen sind.[1235]

Neben dem Anreiz eines alsbaldigen Wiedereintritts in das Berufsleben der Mütter soll die Regelung dem Voranstehenden nach also vor allem Vätern die Möglichkeit geben, eine aktivere Rolle in der Familie und die Erziehung des Kindes zu übernehmen.[1236] Durch die dynamische Ausgestaltung der familienunterstützenden Leistung des Elterngeldes soll ausdrücklich die aktive Vaterschaft gefördert werden.[1237] Das Elterngeld verfolgt demnach u. a. das Ziel, die Beteiligung von Vätern an der Betreuung und Versorgung kleiner Kinder zu erhöhen.[1238] Es soll so die Vereinbarkeit von Familie und Erwerbstätigkeit für beide Elternteile, und nicht nur für Mütter, verbessert werden, um damit gleichzeitig der faktischen Benachteiligung von Frauen auf dem Arbeitsmarkt entgegen zu

1233 S. BT-Drs. 16/10770, S. 9; s. Rürup/Gruescu in: Nachhaltige Familienpolitik im Interesse einer aktiven Bevölkerungsentwicklung. Gutachten im Auftrag des BMFSFJ, Berlin, 2003.

1234 Ehlert/Rüling, S. 19 m.w.N.

1235 Vgl. zu dieser Kritik auch die Ausführungen bei Böttcher/Graue-*Graue*, BEEG, § 1 Rdnr. 3 f.

1236 Marburger, S. 72.

1237 BT-Drs. 16/10770, S. 6.

1238 Für die im Jahr 2011 geborenen 663.000 Kinder bezogen bereits 27,3 % der Väter Elterngeld, wobei sich die Inanspruchnahme vornehmlich auf die sog. „Partnermonate" beschränkt. Gerade einmal 7 % der Väter haben Elterngeld für zwölf Monate in Anspruch genommen; Statistisches Bundesamt, Pressemitteilung 176/13 v. 27.05.2013. Die Kinderbetreuung wird demnach auch weiterhin überwiegend von den Müttern wahrgenommen; mit den entsprechenden einschneidenden Folgen für deren Erwerbsbiographie; so auch Böttcher/Graue-*Graue*, BEEG, § 1 Rdnr. 5 und § 4 Rdnr. 7.

wirken.[1239] Ziel des Elterngeldes ist demnach die Verbesserung der Teilhabe an Beruf und Familie von Frauen *und* Männern.[1240]

Alles in allem ist Folgendes festzuhalten: Anders als beim Erziehungsgeld geht es beim Elterngeld nicht länger nur um eine Mindestsicherung einkommensschwacher Familien unabhängig von ihrem Erwerbstatus. Das Elterngeld soll das vor der Geburt erzielte Einkommen ersetzen, das aufgrund der Betreuung des Kindes nun nicht länger erzielt werden kann. Das Elterngeld soll (finanzielle) Hürden beseitigen, Anreize für einen alsbaldigen Wiedereinstieg in die Erwerbstätigkeit setzen, die Väter stärker in die Verantwortung nehmen und so Chancengleichheit fördern, wie auch die Vereinbarkeit von Beruf und Familie verbessern. Das Elterngeld ist dem Mutterschaftsgeld, durch welches das bisher erzielte Einkommen für Zeiten eines Beschäftigungsverbots ersetzt wird, damit zumindest ähnlich.[1241] Auf die Gemeinsamkeiten, aber auch auf die maßgeblichen Unterschiede zwischen Elterngeld und Mutterschaftsleistungen wird im Weiteren noch genauer einzugehen sein. Zuvor sollen jedoch in gebotener Kürze die (auch) für selbständig Erwerbstätige einschlägigen Anspruchsvoraussetzungen zur Zahlung des Elterngeldes beleuchtet werden.

b) Anspruchsberechtigter Personenkreis

Sowohl Mütter als auch Väter haben Anspruch auf Elterngeld. Dies gilt gemäß § 1 Abs. 1 BEEG jedenfalls für all diejenigen Elternteile, die ihr Kind nach der Geburt selbst betreuen und erziehen, nicht mehr als 30 Stunden in der Woche erwerbstätig sind, mit ihren Kindern in einem Haushalt leben und einen Wohnsitz oder ihren gewöhnlichen Aufenthalt in Deutschland haben.[1242] Die Voraussetzung, dass der Elterngeld beziehende Elternteil das Kind selbst betreuen muss, schließt selbstverständlich nicht aus, dass Dritte in die Betreuung und Erziehung des Kindes mit eingebunden werden können, wie z. B. eine Kinderfrau oder die Betreuung in einer Kindertagestätte.[1243]

Ob Elterngeld bezogen werden kann, ist unabhängig davon zu beurteilen, ob überhaupt und wenn ja, in welcher Form der beantragende Elternteil vor der Ge-

---

1239 S. Fuchsloch/Scheiwe, S. 15.

1240 Böttcher/Graue-*Graue*, BEEG, § 1 Rdnr. 4.

1241 So auch Fuchsloch/Scheiwe, S. 19.

1242 Diese in § 1 Abs. 1 Nr. 1. – 4 BEEG normierten Anspruchsvoraussetzungen müssen kumulativ vorliegen; Knickrehm/Kreikebohm/Waltermann-*von Koppenfels-Spies*, Kommentar zum Sozialrecht, BEEG, 2015, § 1 Rdnr. 2.

1243 Vgl. hierzu die Richtlinien des BMFSFJ zum BEEG, Abschnitt 1.1.3.1 „Betreuung und Erziehung des Kindes (Nr. 3)“, S. 31.

burt des Kindes erwerbstätig war. Elterngeld können Arbeitnehmerinnen und Arbeitnehmer, Beamtinnen und Beamte, Erwerbslose, Hausfrauen und Hausmänner wie auch Selbständige erhalten, also prinzipiell *alle* Eltern. Eine Begrenzung des Kreises der Anspruchsberechtigten auf beispielsweise allein Arbeitnehmer und Arbeitnehmerinnen, wie sie die Regelung der §§ 15 ff. BEEG zur Elternzeit kennt, gibt es an dieser Stelle nicht.[1244]

Die vormalige oder aber eine gegebenenfalls neu aufgenommene Erwerbstätigkeit kann während des Bezugs des Elterngeldes in Teilzeit fortgeführt bzw. begonnen werden. Anspruchsberechtigt ist gemäß § 1 Abs. 1 Nr. 4 BEEG jeder, der keine oder keine volle Erwerbstätigkeit ausübt, also in Teilzeit erwerbstätig ist. Wann genau nicht mehr von einer vollen Erwerbstätigkeit auszugehen ist, beschreibt § 1 Abs. 6 BEEG. Danach gilt: Nur wer monatlich durchschnittlich mehr als 30 Wochenstunden pro Woche arbeitet, gilt als vollerwerbstätig und hat gemäß § 1 Abs. 1 Nr. 4, Abs. 6 BEEG keinen Anspruch auf Elterngeld. Im Falle der Teilzeittätigkeit bleibt allerdings zu berücksichtigen, dass das erzielte Einkommen in die Berechnung des Elterngelds mit einbezogen wird und sich damit mindernd auf den Anspruch auswirkt.[1245] Hierauf wird im Weiteren nochmals genauer zurückzukommen sein.[1246] Ein anrechnungsfreier Hinzuverdienst ist nicht möglich[1247].

1244 Zum anspruchsberechtigten Personenkreis allgemein sowie zu den Anspruchsvoraussetzungen nach § 1 Abs. 1 BEEG statt vieler: Fuchsloch/Scheiwe, S. 22 ff., Knickrehm/Kreikebohm/Waltermann-*von Koppenfels-Spies*, BEEG, § 1 Rdnr. 2 ff. und Rancke-*Lenz*, BEEG, § 1 Rdnr. 1, 4 ff. – je m.w.N.; Böttcher/Graue-*Graue*, BEEG, § 1 Rdnr. 8 ff. Praxisorientiert ebenfalls: Ebener/Graue, S. 99 ff. mit zahlreichen Beispielen. Der Umstand, dass u. a. auch vor der Geburt nicht Erwerbstätige, wie z. B. Hausfrauen oder Hausmänner, Elterngeld beantragen können, zeigt, dass das Elterngeld nicht nur eine Einkommensersatzleistung für Einkommensverluste darstellt, sondern durch das Mindestelterngeld, das diesem Personenkreis gewährt wird, zugleich auch die Funktion der Anerkennung der Erziehungsleistung und der Familienförderung erfüllt; Fuchsloch/Scheiwe, S. 29.

1245 Da der Staat mit dem Elterngeld die Eltern bei der eigenen Kinderbetreuung finanziell unterstützt, verlangt er vom betreuenden Elternteil, dass dieser während der Dauer des Bezugs des Elterngeldes auf seine volle Erwerbstätigkeit verzichtet. Zur Frage, wann keine oder keine volle Erwerbstätigkeit vorliegt: Fuchsloch/Scheiwe, Leitfaden Elterngeld, S. 28 f.; Knickrehm/Kreikebohm/Waltermann-*von Koppenfels-Spies*, BEEG, § 1 Rdnr. 17 ff.; Rancke-*Lenz*, BEEG, § 1 Rdnr. 8 sowie Rdnr. 21 ff.

1246 Zur Höhe des „teilweise" gezahlten Elterngelds bei Teilzeit: s. auch nachfolgend unter A. II. 8. d) aa).

1247 Die Nichtanzeige eines Hinzuverdienstes ist gemäß § 14 BEEG sogar als Ordnungswidrigkeit strafbewährt und kann mit einer Geldbuße von bis zu 2.000,00 EUR geahndet werden.

Keinen Anspruch auf Elterngeld haben Elternpaare, die im Kalenderjahr vor der Geburt des Kindes gemeinsam, ein zu versteuerndes Einkommen von mehr als 500.000,00 EUR hatten. Für Alleinerziehende gilt an dieser Stelle entsprechend ein zu versteuerndes Einkommen von 250.000,00 EUR pro Kalenderjahr vor der Geburt, § 1 Abs. 8 BEEG.

c) *Dauer des Leistungsbezuges und Erfordernis der Beantragung des Elterngeldes*

Der Bezugszeitraum des Elterngeldes wird in § 4 BEEG geregelt.[1248] Elterngeld kann von allen Antragsberechtigten vom Tag der Geburt an für die ersten 14 Lebensmonaten des Kindes, bzw. im Falle des *„Elterngeld Plus"* auch noch nach dem 14. Lebensmonat,[1249] in Anspruch genommen werden, wobei der betreuende Elternteil für mindestens zwei Monate (Mindestbezugsdauer) und beide gemeinsam höchstens zwölf Monatsbeträge Elterngeld in Anspruch nehmen können (Basiselterngeld), § 4 Abs. 4, 5 BEEG. Die volle Bezugsdauer des Elterngelds von 14 Monaten kann somit nur dann umfänglich genutzt werden, sollte von der Möglichkeit der sog. Partnermonate auch Gebrauch gemacht werden.[1250] In diesem Fall wird der Anspruch von 12 Monatsbeträgen für den einen Elternteil um zwei weitere Monatsbeträge erhöht, sofern der zweite Elternteil ebenfalls für zwei Monate seine Erwerbstätigkeit aufgibt, bzw. im vorgegebenen Maße reduziert. Insgesamt 14 Monate (Basis-)Elterngeld gibt es damit nur, wenn jeder der beiden Elternteile für mindestens zwei Monate Elterngeld erhält und sich zudem bei den Eltern für zwei Monate beiderseitig, d. h. überschneidend, das Erwerbseinkommen reduziert. Eine Minderung des Erwerbseinkommens während eines Zeitraums von weniger als zwei Monaten ist nicht ausreichend.[1251]

1248 Zu den wichtigsten Grundsätzen der Bezugsdauer: Knickrehm/Kreikebohm/Waltermann-*von Koppenfels-Spies*, BEEG, § 4 Rdnr. 3 ff.; Rancke-*Lenz*, BEEG, § 4 Rdnr. 1; Böttcher/Graue-*Graue*, BEEG, § 4 Rdnr. 1 ff.

1249 § 4 Abs. 1 BEEG spricht ausdrücklich von den ersten 14 Lebensmonaten des Kindes. Elterngeld wird in Monatsbeträgen für Lebensmonate des Kindes gezahlt; § 4 Abs. 2 S. 1 BEEG. S. hierzu auch Rancke-*Lenz*, BEEG, § 4 Rdnr. 6. Zur Dauer des möglichen Elterngeldbezuges allgemein: Fuchsloch/Scheiwe, S. 96 ff.; speziell zum neu eingeführten „Elterngeld Plus": Rancke-*Lenz*, BEEG, § 4 Rdnr. 10 ff. sowie die Broschüre des BMFSFJ, Elterngeld Plus, Die neue Generation Vereinbarkeit, 2015.

1250 Zu den „Partnermonaten" i.S.d. § 4 Abs. 4 S. 2 BEEG allgemein: Rancke-*Lenz*, BEEG, § 4 Rdnr. 9.

1251 S. Rancke-*Lenz*, BEEG, § 4 Rdnr. 9 unter Bezugnahme auf ein Fallbeispiel.

Ziel der Regelung der sog. Partnermonate ist es die Väter für eine aktive Rolle in der Betreuung des Kindes zu gewinnen. Es soll so ein Anreiz geschaffen werden, dass auch die Väter verstärkter die Leistung des Elterngeldes in Anspruch nehmen sollen und sodann sich an der Betreuung des Neugeborenen mehr als bisher beteiligen.[1252] Dieses Ziel verfolgt auch die Einführung des *„Elterngeld Plus"*, das die Möglichkeit bietet, einen Monatsbetrag auf zwei Monate zu splitten, und des *„Partnerschaftsbonus"*, gemäß dem bei einer gleichzeitigen Reduzierung der Arbeitszeit von beiden Elternteilen für vier aufeinanderfolgende Lebensmonate vier zusätzliche Monatsbeträge Elterngeld Plus geleistet werden; § 4 Abs. 4 BEEG.[1253] Die Elterngeldmonate müssen grundsätzlich nicht am Stück genommen werden, sondern können frei verteilt, also auch zeitlich getrennt genommen werden. Eltern können die 12 bzw. 14 Monatsbezüge, auf die sie Anspruch haben, unter sich aufteilen, d.h. gegebenenfalls abwechselnd, nacheinander oder aber auch gleichzeitig beziehen, was jedoch ggf. zu einer entsprechenden Verkürzung des Bezugszeitraums führt.[1254]

Es ist zu berücksichtigen, dass berufstätige Mütter das Elterngeld i.d.R. erst im Anschluss an die Mutterschutzfrist, also ab der neunten Woche nach der Entbindung erhalten, da das nach § 24i SGB V oder gemäß den Regelungen des Zweiten Gesetzes über die Krankenversicherung von Landwirten gezahlte Mutterschaftsgeld, wie auch der Arbeitgeberzuschuss voll auf ihr Elterngeld angerechnet wird. Der Lebensunterhalt dieser Frauen ist für die Zeit des Bezuges eines Mutterschaftsgelds als gesichert anzusehen, so § 3 Abs. 1 BEEG.[1255] Es soll zu keinem doppelten Bezug von Leistungen kommen. Folgerichtig gelten die Lebensmonate eines Kindes, in denen laufendes Mutterschaftsgeld geleistet wird, fiktiv als Monate, für die dieser Elternteil Elterngeld bezieht.[1256] Das Voranstehende gilt natürlich nur soweit ein Mutterschaftsgeld gezahlt wird. Im Falle einer selbständigen Er-

1252 S. hierzu schon die obigen Ausführungen unter A. II. 8. a).

1253 Zu den Ausnahmetatbeständen, in denen auch im 13. und 14. Bezugsmonat Elterngeld nach § 4 Abs. 3 S. 2–4 BEEG a. F. = § 4 Abs. 6 BEEG n. F. gezahlt wird: Fuchsloch/Scheiwe, S. 104 ff. oder Rancke-*Lenz*, BEEG, § 4 Rdnr. 28 ff.

1254 S. Rancke-*Lenz*, BEEG, § 4 Rdnr. 9; Böttcher/Graue-*Graue*, BEEG, § 4 Rdnr. 6. Beispiele wie eine solche Aufteilung konkret aussehen kann bei: Ebener/Graue, S. 128 ff. sowie bei Schramm, FPR 2007, 342.

1255 Hierzu Ebener/Graue, S. 105, 117 f.; s. zudem Böttcher/Graue-*Graue*, BEEG, § 3 Rdnr. 2; Rancke-*Lenz*, BEEG, § 3 Rdnr. 6 f. Nicht angerechnet wird übrigens die Zahlung des Mutterschaftsgeldes nach § 13 Abs. 2 BGB, das vom Bundesversicherungsamt gezahlt wird.

1256 Ebener/Graue, S. 127.

werbstätigkeit ist dies, wie bereits ausführlich dargelegt, jedoch nicht zwingend der Fall. Nicht jede selbständig erwerbstätige Mutter hat einen Anspruch auf Mutterschaftsleistungen und damit gegebenenfalls auch keine entsprechenden Einkünfte, die auf das Elterngeld anzurechnen wären.[1257].

Weitere Voraussetzung für die Zahlung ist stets ein vollständiger schriftlicher Antrag, der den Vorgaben des § 7 BEEG entspricht. Erst wenn ein solcher vorliegt, wird der Anspruch fällig. Dabei muss der Berechtigte in seinem Antrag nicht nur i.S.d. § 60 SGB I alle wesentlichen Tatsachen für den Elterngeldbezug angeben, sondern auch nachweisen und geeignete Beweisurkunden vorlegen.[1258] Die Schriftform ist gemäß § 7 Abs. 1 S. 1 BEEG verbindlich.[1259] Dem Antrag sind diverse Bescheinigungen beizufügen. Regelmäßig erforderlich ist u. a. die Geburtsurkunde oder eine Geburtsbescheinigung des Kindes, so dass der Antrag nicht bereits vollständig vor der Geburt eingereicht und entsprechend zeitnah von der Elterngeldstelle bearbeitet werden kann. Ebenfalls einzureichen sind Einkommensnachweise, d. h. im Falle der Selbständigkeit die Vorlage des Steuerbescheides zum maßgeblichen Bezugszeitraum gemäß § 4 BEEG. Das Elterngeld wird erst, nachdem sämtliche erforderlichen Nachweise vorgelegt sind, geprüft und gezahlt, also i. d. R. erst eine gewisse Zeit nach der Entbindung. Der Antrag muss zwar nicht sofort nach der Geburt des Kindes gestellt werden. Eine rückwirkende Zahlung wird gemäß § 7 Abs. 1 BEEG jedoch nur für die letzten drei Lebensmonate des Kindes geleistet, in dem der Antrag auf Elterngeld bei der zuständigen Elterngeldstelle[1260] eingegangen ist.[1261] Ist der Bezugsberechtigte auf eine schnelle Zahlung des Elterngeldes angewiesen, z. B. weil mit den gewährten finanziellen Mitteln etwaige betriebliche Kosten

---

1257 Auf die Frage der Anrechnung des Mutterschaftsgeldes auf das Elterngeld wird im Rahmen der Darstellung des Regelungsziels des Elterngeldes im Vergleich zur Mutterschaftsleistung nachfolgend unter A. II. 8. f) bb) nochmals ausführlich einzugehen sein.

1258 S. Fuchsloch/Scheiwe, S. 132; Rancke-*Lenz*, BEEG, § 1 Rdnr. 3. Sollte lediglich der Nachweis der genauen Höhe des Anspruchs zunächst nicht möglich sein und dadurch die Auszahlung erheblich verzögert werden, kann gegebenenfalls ein Vorschuss gewährt werden. Die Gewährung des Vorschusses erfolgt sodann nach den Regelungen des Sozialversicherungsverfahrens nach § 42 Abs. 1 SGB I; Fuchsloch/Scheiwe, S. 133. Zur Antragsstellung allgemein s. im Übrigen: Fuchsloch/Scheiwe, S. 129 ff. oder Rancke-*Lenz*, BEEG, § 7 Rdnr. 2 ff.

1259 Zum Schriftformerfordernis: Rancke-*Lenz*, BEEG, § 7 Rdnr. 2; Becker-Buchner, BEEG, § 7 Rdnr. 3.

1260 Eine Aufstellung der verschiedenen zuständigen Behörden (Elterngeldstellen) findet sich z. B. bei Ebener/Graue, S. 138.

1261 S. Böttcher/Graue-*Graue*, BEEG, § 7 Rdnr. 5.

der selbständigen Erwerbstätigkeit oder Gewinneinbußen ausgeglichen werden müssen, so ist es mithin ratsam, den Antrag auf Elterngeld schon vor der Geburt vorzubereiten, nach der Geburt schnellstmöglich die Geburtsurkunde erstellen zu lassen und den Antrag zeitnah bei der zuständigen Elterngeldstelle einzureichen. Im Falle der Selbständigkeit laufen schließlich besagte Fixkosten in aller Regel weiter. Sollen oder müssen diese mit Hilfe des Elterngeldes fortfinanziert werden, so ist es besonders wichtig, sich schleunigst um die Antragsstellung zu kümmern. Die Bearbeitungsdauer variiert im Übrigen von Bundesland zu Bundesland und kann unter Umständen einige Wochen, wenn nicht gar mehrere Monate in Anspruch nehmen.[1262] Auch dies gilt es zu berücksichtigen.

d) Höhe des Elterngeldes bei selbständiger Erwerbstätigkeit

Das Elterngeld wird in einem bestimmten Prozentsatz ausgehend von dem maßgeblichen bereinigten Nettoeinkommen, wie es während des maßgeblichen Bemessungszeitraums von zwölf Monaten vor der Geburt des Kindes erzielt wurde, berechnet.[1263] Das Elterngeld bemisst sich damit individuell bezogen auf den Anspruchsberechtigten. Jeder Anspruchsberechtigte hat einen eigenen, gesondert nach der eigenen Erwerbsbiographie zu berechneten Elterngeldanspruch. Das Bundeselterngeld- und Erziehungszeitgesetz unterscheidet dabei zwischen Einkünften aus abhängiger Arbeit und selbständiger Tätigkeit.[1264] Im Falle eines Einkommens aus selbständiger Erwerbstätigkeit ist der Gewinn, d. h. das Einkommen aus Land- und Forstwirtschaft, Gewerbebetrieb und/oder selbständiger Arbeit ermittelt nach einer Einnahmen-Überschussrechnung, wie er laut Einkommenssteuererklärung des letzten abgeschlossenen Veranlagungszeitraum ausgewiesen wird, abzüglich Steuern und Sozialabgaben als maßgebliches Einkommen zu berücksichtigen.[1265]

1262 Nähere Auskünfte geben die einzelnen Elterngeldstellen der Bundesländer.

1263 BT-Drs. 16/1889, S. 19; zu den Grundsätzen der Berechnung des Elterngeldes im Einzelnen: Rancke-*Lenz*, BEEG, § 2 Rdnr. 3 ff. m.w.N.

1264 Zu den Berechnungsgrundsätzen allgemein z. B.: Fuchsloch/Scheiwe, S. 38 ff., Knickrehm/Kreikebohm/Waltermann-*von Koppenfels-Spies*, BEEG, § 2 Rdnr. 5 ff. sowie Rancke-*Lenz*, BEEG, § 2 Rdnr. 3 ff.; zu den Sonderregelungen für Einkommen aus selbständiger Arbeit: Fuchsloch/Scheiwe, S. 46 ff.

1265 Im Folgenden wird der Fokus auf den wesentlichen Grundzügen der Einkommensberechnung bei Einkünften aus selbständiger Tätigkeit liegen. Detailliert zur Einkommensberechnung sowie den in diesem Zusammenhang vorzunehmenden Abzügen s. Rancke-*Lenz*, BEEG, § 2d Rdnr. 1 ff.; § 2e Rdnr. 1 ff.; § 2 f. Rdnr. 1 ff. je m.w.N.

§ 2 BEEG ist, gemeinsam mit den Regelungen der §§ 2a bis 2 f. BEEG bzw. zusätzlich mit § 4 Abs. 3 BEEG für das „*Elterngeld Plus*", die zentrale Norm zur Höhe des zu leistenden Elterngeldes und dessen Berechnung. Die Höhe des Elterngeldes bestimmt sich nach § 2 BEEG insbesondere danach, ob es sich um ein Voll- oder ein Teilelterngeld handelt, d. h. ob der Anspruchsberechtigte nach der Geburt des Kindes vollumfassend oder nur zum Teil auf eine Erwerbstätigkeit verzichtet bzw. ob während des Bezugszeitraums Einkünfte aus Erwerbstätigkeit erzielt werden. Während sich § 2 Abs. 1 BEEG auf das Vollelterngeld, das im Falle des vollständigen Verzichts auf die vormalige Erwerbstätigkeit gezahlt wird, bezieht, regelt § 2 Abs. 3 BEEG die Einzelheiten des Teilelterngeldes, also für den Fall, dass zumindest ein Teileinkommen weiterhin vorhanden ist.[1266] Die nachfolgenden Erörterungen gehen zunächst vom Bezug eines Vollelterngeldes i.S.d. § 2 Abs. 1 BEEG aus, während auf das Teilelterngeld sodann im Anschluss im Zusammenhang mit den Erörterungen zu den zu berücksichtigenden Einkommen während der Bezugszeit nochmals gesondert einzugehen sein wird.[1267]

Gemäß § 2 Abs. 1 BEEG wird das Elterngeld grundsätzlich in Höhe von 67 % des Einkommens aus Erwerbstätigkeit vor der Geburt des Kindes gewährt, wobei dieser Satz gemäß § 2 Abs. 2 BEEG nach oben aufgestockt oder nach unten abgesenkt werden kann.[1268] Das Elterngeld wird bis zu einem Höchstbetrag von 1.800,00 EUR monatlich für volle Monate gezahlt, in denen die berechtigte Person kein Einkommen aus Erwerbstätigkeit hat.[1269] Das Einkommen aus selbständiger Erwerbstätigkeit errechnet sich gemäß den Maßgaben der §§ 2d bis 2 f. BEEG sodann aus der um die Abzüge für Steuern und Sozialabgaben verminderten Summe der positiven Einkünfte aus Land- und Forstwirtschaft, Gewerbebetrieb und selbständiger Arbeit nach § 2 Abs. 1 S. 1 Nr. 1 bis 3 des Einkommensteuergesetzes (EStG), die im Inland zu versteuern sind und die die berechtigte Person durchschnittlich monatlich im Bemessungszeitraum nach § 2b Abs. 2 BEEG oder in Monaten der Bezugszeit nach § 2 Abs. 3 BEEG erzielt hat, § 2 Abs. 1 Nr. 2

1266 Ismer/Luft/Schachameyer, NZS 2013, 327, 328; Böttcher/Graue-*Graue*, BEEG, § 2 Rdnr. 4.

1267 S. hierzu die Erörterungen unter A. II. 8. d) aa).

1268 Hierzu sind die folgenden Ausführungen dieses Abschnitts zu beachten.

1269 Der Gesetzgeber orientiert sich beim Höchstsatz des Elterngeldes von monatlich 1.800,00 EUR an einem Nettoverdienst von 2.770,00 EUR. Das entsprechende Bruttoeinkommen erreicht damit die sozialversicherungsrechtliche Beitragsbemessungsgrenze. Darüberhinausgehende Einkommen sind kein Maßstab; BT-Drs. 16/1889, S. 20.

BEEG. Das Elterngeld orientiert sich mithin an der Höhe des monatlich verfügbaren Nettoeinkommens, welches der beantragende Elternteil vor der Geburt des Kindes erzielt hat und welches nach der Geburt aufgrund der genommenen vollständigen Auszeit nunmehr wegfällt.

Die Höhe des einkommensabhängigen Elterngeldes berechnet sich gemäß § 2 Abs. 1 BEEG nach dem Einkommen der Antragstellerin bzw. des Abtragstellers vor der Geburt des Kindes. Für die Ermittlung des Einkommens aus selbständiger Erwerbstätigkeit vor der Geburt sind die jeweiligen steuerlichen Gewinnermittlungszeiträume[1270] maßgeblich, die dem letzten abgeschlossenen steuerlichen Veranlagungszeitraum vor der Geburt des Kindes zugrunde liegen, § 2b Abs. 2 BEEG.[1271] Die Berechnung der Höhe des zu leistenden Elterngeldes wird bei Selbständigkeit folglich an den Gewinn laut Einkommensssteuerbescheid des letzten abgeschlossenen Veranlagungszeitraums vor der Geburt des Kindes geknüpft.[1272] Damit ist klargestellt, dass auch im Elterngeldrecht der steuerrechtliche Einkommensbegriff gilt.[1273] Dies könnte im Extremfall bedeuten, dass für ein im Dezember 2014 geborenes Kind das Einkommen des Zeitraums Januar 2013 – Dezember 2013 (Steuerbescheid 2013) als Grundlage für die Berechnung des Elterngelds herangezogen wird. Das eventuell gestiegene Einkommen in den zwölf Monaten vor der Geburt bleibt dann unberücksichtigt. Gab es innerhalb des zu berücksichtigenden Zeitraums Einkommensausfälle, z. B. aufgrund einer schwangerschaftsbedingten Erkrankung, kann auf Antrag gemäß § 2b Abs. 2 S. 2 BBEG sogar der Steuerbescheid des vorangegangenen Veranlagungszeitraums, im vorliegenden Falle also der Steuerbescheid von 2012, zugrunde gelegt werden, da in dem zu berücksichtigenden, letzten Veranlagungszeitraum keine nach den allgemeinen Vorschriften herauszurechnenden Zeiten, wie z. B. Zeiten des Bezuges von Mutterschaftsgeld, Elterngeld oder

1270 Die maßgeblichen Gewinnermittlungszeiträume richten sich nach § 4a EStG – Kalenderjahr, Wirtschaftsjahr.

1271 Zum Bemessungszeitraum für die Ermittlung aus selbständiger Erwerbstätigkeit nach § 2b Abs. 2 BEEG: Rancke-*Lenz*, BEEG, § 2b Rdnr. 9 ff. m.w.N.; Böttcher/Graue-*Graue*, BEEG, § 2b Rdnr. 5 f. m.w.N.

1272 Abgeschlossen ist ein Veranlagungszeitraum mit Ablauf des letzten Tages des maßgeblichen Zeitraums, nicht aber erst mit Zugang des Einkommenssteuerbescheides; BT-Drs. 17/9841, S. 20.

1273 Böttcher/Graue-*Graue*, BEEG, § 2 Rdnr. 3; BT-Drs. 17/9841, S. 17. S. hierzu auch die nachfolgenden Erörterungen unter A. II. 8. d) aa). Die Anknüpfung an den Einkommenssteuerbescheid bei Selbständigen macht ferner die enge Anbindung der Berechnung des Elterngeldes an das Einkommenssteuerrecht deutlich; s. hierzu auch Richter, DStR 2012, 2285, 2286.

der Einkommensreduzierung wegen schwangerschaftsbedingter Erkrankungen, liegen dürfen.[1274] Kann der maßgebliche Steuerbescheid zum Zeitpunkt der Antragsstellung (noch) nicht vorgelegt werden, da er z. B. bislang nicht erstellt wurde, kann das Einkommen gegebenenfalls auch durch andere Unterlagen nachgewiesen werden. Denkbar ist dann der Nachweis mit Hilfe einer vorhandenen Einnahmen-Überschussrechnung oder durch eine Bilanz.[1275] Das Elterngeld wird in einem solchen Falle in aller Regel aber gemäß § 8 Abs. 3 BEEG nur vorläufig bis zum Nachreichen des Steuerbescheides gezahlt. Für die konkrete Einkommensberechnung werden dann sämtliche positiven Einkünfte aus den verschiedenen selbständigen Einkunftsarten berücksichtigt und summiert. Ausgewiesene Verluste werden nicht mit den erzielten Gewinnen verrechnet.[1276] Sodann werden von dem so ermittelten Gewinn die von der selbständigen Erwerbsperson zu entrichtenden Steuern und Sozialabgaben in Abzug gebracht. Die Angaben zu allen Abzugsmerkmalen für Steuern und Sozialabgaben werden bei Selbständigen aus dem Einkommenssteuerbescheid entnommen.[1277] Etwaig

---

1274 Eine solche Verschiebung des maßgeblichen Veranlagungszeitraums kann sogar mehrfach erfolgen, so dass der entsprechende Zeitraum faktisch frei wählbar ist; Böttcher/Graue-*Graue*, BEEG, § 2b Rdnr. 6; Ismer/Luft/Schachameyer, NZS 2013, 327, 333; BT-Drs. 17/9841, S. 21. Hierzu außerdem detailliert Fuchsloch/Scheiwe, S. 47.

1275 So auch Rancke-*Lenz*, BEEG, § 2d Rdnr. 4; vgl. ansonsten auch Böttcher/Graue-*Graue*, BEEG, § 2d Rdnr. 3.

1276 S. Broschüre des BMFSFJ, Elterngeld und Elternzeit, S. 20 f.

1277 Im Rahmen der Berechnung der zu berücksichtigenden Steuerabzüge wird bei den Selbständigen grundsätzlich die Steuerklasse IV ohne Faktor fiktiv berücksichtigt. Wurde neben der selbständigen Erwerbstätigkeit eventuell zusätzlich nichtselbständig gearbeitet und waren die daraus erzielten Einkünfte mindestens ebenso hoch wie die Gewinne aus der Selbständigkeit, wird die Steuerklasse angewendet, die sich aus der Lohn- und Gehaltsbescheinigung ergibt. Die vorzunehmenden Abzüge für vom Selbständigen zu leistende Sozialabgaben werden, wie bei den Arbeitnehmern und Arbeitnehmerinnen, gemäß § 2 f. BEEG pauschal vorgenommen. Die Pauschalierung wurde mit dem Gesetz zur Vereinfachung des Elterngeldvollzuges vom 10.09.2012, das am 18.09.2012 in Kraft trat und für Kinder, die ab dem 01.01.2013 geboren wurden, gilt, eingeführt, BGBl. I, S. 1878. Näheres zu den im Übrigen vorgenommenen Änderungen durch die Novellierung im Jahr 2012 bei Rancke-*Lenz*, BEEG, § 2 Rdnr. 2 m.w.N. sowie zusammenfassend in: Ebener/Graue, Mutterschutz, Elterngeld, Elternzeit, 2013, S. 12 f.; kritisch z. B. Richter, DStR 2012, 2285. Im Einzelnen werden 9 % des Einkommens für die Kranken- und Pflegeversicherung, falls die berechtigte selbständige Person in der gesetzlichen Krankenversicherung nach § 5 Abs. 1 Nr. 1 bis 12 SGB V versicherungspflichtig

zu berücksichtigende Sozialabgaben werden jedoch selbstverständlich nur soweit in Abzug gebracht, wie eine entsprechende Versicherungspflicht in einem der Zweige der Sozialversicherung bestanden hat. Der Abzug für die Krankenversicherung wird zudem nicht bei einer freiwilligen Mitgliedschaft in der gesetzlichen Krankenversicherung vorgenommen; auch eine private Absicherung führt nicht zum Abzug der jeweiligen Pauschalbeträge.[1278]

Während die Regelung des § 2 Abs. 1 BEEG noch ganz allgemein ein Elterngeld in Höhe von 67 % bestimmt, sieht § 2 Abs. 2 BEEG für geringere Einkommen sowie für Einkommen von mehr als 1.200,00 EUR eine nach oben bzw. nach unten angepasste Staffelung des zugrunde zulegenden Prozentsatzes vor. Diese Regelung zur Staffelung der zu ersetzenden Einkommenshöhe gilt für alle Mütter und Väter.[1279] Die Staffelung richtet sich sowohl für selbständig, wie auch für abhängig Erwerbstätige nach den Vorgaben des § 2 Abs. 1 S. 1, Abs. 2 BEEG. Ein entfallendes maßgebliches Nettoeinkommen vor der Geburt von 1.240,00 EUR und mehr wird infolgedessen nur zu 65 %, ein Einkommen von 1.220,00 EUR zu 66 %, und erst ein Einkommen zwischen 1.000,00 EUR und 1.200,00 EUR voll zu 67 % ersetzt. Bei Geringverdienern mit einem bereinigten Nettoeinkommen von unter 1.000,00 EUR wird hingegen die Ersatzrate in kleinen Schritten von 67 % auf 100 % angehoben. Für je 2,00 EUR, die das Einkommen unterhalb der

---

gewesen ist, also selbständig in der Landwirtschaft oder als Journalist bzw. Publizist tätig ist, und weitere 10 % für die Rentenversicherung, falls die berechtigte Person in der gesetzlichen Rentenversicherung oder einer vergleichbaren Einrichtung wie einem berufsständischen Versorgungswerk versicherungspflichtig gewesen ist; zu den einzelnen pauschalierten Abzügen auch Rancke-*Lenz*, BEEG, § 2 f. Rdnr. 2 f. Die Gesamtsumme der Beitragssätze entspricht im Übrigen der Pauschale in § 133 SGB III. S. hierzu Rancke-*Lenz*, BEEG, § 2e Rdnr. 12; Broschüre des BMFSFJ, Elterngeld und Elternzeit, S. 23.

1278 Broschüre des BMFSFJ, Elterngeld und Elternzeit, S. 22 ff.; Fuchsloch/Scheiwe, S. 60.

1279 Zu den gestaffelten Berechnungsfaktoren bei geringerem und höherem Erwerbseinkommen: Rancke-*Lenz*, BEEG, § 2 Rdnr. 7 und Böttcher/Graue-*Graue*, BEEG, § 2 Rdnr. 7 jeweils mit erläuternden Berechnungsbeispielen. Auch bei Mehrlingsgeburten oder Geschwisterkindern kann sich der Elterngeldanspruch gemäß den Regelungen des § 2a BEEG ebenfalls geringfügig erhöhen. Bei Mehrlingsgeburten wird für jedes zweite und weitere Kind ein Betrag von 300,00 EUR gezahlt. Der Geschwisterbonus bewirkt, dass das nach den allgemeinen Regeln zustehende Elterngeld für das jüngste Kind um 10 %, mindestens aber 75,00 EUR im Monat erhöht wird, bis von zwei Geschwisterkindern das ältere Geschwisterkind 3 Jahre alt ist oder bis, bei drei oder mehr Kindern, diese das 6. Lebensjahr vollendet haben. Zum Geschwisterbonus allgemein: Fuchsloch/Scheiwe, S. 74 ff.; Rancke-*Lenz*, BEEG, § 2a Rdnr. 1 ff. m.w.N. sowie entsprechenden Berechnungsbeispielen.

Grenze von 1.000,00 EUR lag, erhöht sich das Elterngeld um 0,1 %. Das Elterngeld beträgt gemäß § 2 Abs. 4 BEEG im Übrigen mindestens 300,00 EUR sowie gemäß § 2 Abs. 1 S. 2 BEEG höchstens 1.800,00 EUR. Das Mindestelterngeld von 300,00 EUR erhalten infolgedessen auch vor der Geburt des Kindes nicht (mehr) erwerbstätige Elternteile sowie all diejenigen, deren Einkommen unter 340,00 EUR vor der Geburt liegt.[1280] Das Elterngeld soll auf diese Weise vor allem gering verdienende Eltern, insbesondere solche, die in gering bezahlter Teilzeit beschäftigt sind, unterstützen.[1281] Das Elterngeld ist insofern als Anerkennung der Betreuungsleistung sowie zur Förderung der Familie und gerade nicht als Lohnersatzleistung, sondern als Sozialleistung zu sehen.

Gemäß §§ 2 Abs. 3, 1 Abs. 1, 6 BEEG besteht darüber hinaus ein Anspruch auf Teilelterngeld sollte die vormalige oder eine neue Erwerbstätigkeit auch während der Bezugszeit ausgeübt werden. Der Elterngeldberechtigte erzielt dann aus eigener Tätigkeit Einkommen, das es zu berücksichtigen gilt, da das Elterngeld grundsätzlich allein Einkommenseinbußen ausgleichen soll. Bestehen solche Einkommenseinbußen jedoch nur in begrenztem Umfang, so hat sich dies dementsprechend auf die Höhe des zu beziehenden Elterngeldes auszuwirken. Die Regelung des § 2 Abs. 3 BEEG zum Teilelterngeld nimmt diesen Punkt in Bezug, wobei für selbständig Erwerbstätige dabei die Besonderheit besteht, dass die im Rahmen ihrer Tätigkeit erzielten Einkünfte nicht immer zwingend auch zeitnah mit der Leistungserbringung von den Auftraggebern geleistet werden. Nicht selten erfolgen Zahlungen erst Wochen oder Monate später, so dass diese unter Umständen nachträglich, womöglich erst während der Bezugszeit des Elterngeldes, dem oder der Selbständigen zufließen. Auch solche späteren Zahlungen wirken sich auf die Höhe des Elterngeldes aus. Diese zu berücksichtigenden Einkommensbezüge sollen im Folgenden näher beleuchtet werden. Welche Auswirkungen haben sie insbesondere auf den Leistungsbezug von selbständig erwerbstätigen Müttern?

aa) „Ergänzendes Elterngeld“ – Aufstockung von anrechenbaren Einnahmen aus Teilzeiterwerbstätigkeit

Vielen Selbständigen, die über ein unregelmäßiges und eher geringes Einkommen verfügen oder die altersbedingt in der Phase der Existenzgründung sind und insoweit oftmals zunächst noch kaum Gewinne verbuchen können, steht den obigen Be-

1280 Zur Funktion des Mindestelterngeldes als „anrechenfreie Leistung des sozialen Ausgleichs zur Förderung der Familie und Anerkennung der Erziehungsleistung“ sowie der Funktion als Mindest-/Sockelbetrag s. Fuchsloch/Scheiwe, S. 66 ff., 70 ff. zur Kritik.

1281 So auch Böttcher/Graue-*Graue*, BEEG, § 2 Rdnr. 7.

rechnungsmaßstäben folgend in aller Regel allein das Mindest- oder zumindest nur ein sehr geringfügiges Elterngeld zu. Dieses, wie auch das „*Elterngeld Plus*", welches gemäß § 4 Abs. 3 BEEG sogar nur monatlich höchstens der Hälfte des nach § 4 Abs. 2 BEEG zu gewährenden Elterngeldes, also des Basiselterngelds, entspricht, reichen nur in den seltensten Fällen aus, um die Selbständigkeit während der genommenen Auszeit tatsächlich aufrechterhalten zu können. Im Normalfall muss schließlich nicht nur die eigene Versorgung und die des Kindes sichergestellt werden, sondern auch der Fortbestand des Erwerbsbetriebes. Miete für Lager- oder Büroräume, Versicherungsbeiträge und ggf. Gehälter von Mitarbeitern müssen weiterhin gezahlt werden. Und so besteht die begründete Vermutung, dass sich zahlreiche Selbständige allenfalls eine Reduzierung ihrer Arbeitszeit leisten können, nicht aber eine vollumfassende Auszeit. Soweit dabei die Grenze der zulässigen Teilzeittätigkeit, mithin die Grenze einer max. 30 Stundenwoche im Monatsdurchschnitt während der Zeit des laufenden Bezuges von Elterngeldleistungen, nicht überschritten wird, bleibt ihnen anstellte des sog. Vollelterngeldes i.S.d. § 2 Abs. 1, 2 BEEG zumindest ein Anspruch auf das sog. Teilelterngeld i.S.d. § 2 Abs. 3 BEEG erhalten.[1282] Ihnen steht gemäß § 2 Abs. 3 i.V.m. § 1 Abs. 1, 6 BEEG damit neben dem Einkommen aus der weiterhin ausgeübten Teilzeittätigkeit grundsätzlich ein „ergänzendes Elterngeld" zu.[1283]

Der berechtigte Elternteil, der auch nach der Geburt während der Bezugszeit mit weniger als 30 Wochenstunden im Durchschnitt teilerwerbstätig ist, bekommt gemäß § 2 Abs. 3 BEEG also neben seinem Einkommen aus der Teilzeittätigkeit ein ergänzendes Elterngeld gezahlt, wobei das nun erwirtschaftete Durchschnittseinkommen niedriger ausfallen muss als das nach § 2 Abs. 1 BEEG zu berücksichtigende Einkommen vor der Geburt, mithin niedriger als die Bemessungsgrenze von 2.770,00 EUR[1284]. Auf den sich so ergebenen Differenzbetrag wird sodann die bereits zuvor dargestellte prozentuale Staffelung der Elterngeldzahlung angewandt, so dass grundsätzlich 65 % bzw. 67 % dieses Betrages als ergänzendes Elterngeld gezahlt werden[1285]. Fällt das im Zuge der Teilzeittätigkeit erzielte Ein-

1282 So auch schon die obigen Ausführungen zum anspruchsberechtigten Personenkreis unter A. II. 8. b).

1283 S. hierzu auch Rancke-*Lenz*, BEEG, § 2 Rdnr. 8.

1284 Dies ist die rechnerische Obergrenze eines Nettoeinkommens, das noch zum Bezug des Elterngeldes von höchstens 1.8000,00 EUR monatlich berechtigt.

1285 S. hierzu Ebener/Graue, S. 121 ff. mit einem entsprechenden Rechenbeispiel. Zu beachten ist, dass bei höheren Einkommen vor der Geburt gemäß § 2 Abs. 3 S. 2 BEEG nur der Differenzbetrag zwischen dem nun erzielten geringeren Einkommen und dem monatlichen Nettoverdienst von 2.770,00 EUR berücksichtigt wird; BT-Drs. 16/1889, S. 20.

kommen hingegen höher aus als das Einkommen vor der Geburt, so verbleibt es beim Mindestelterngeld von 300,00 EUR, das ergänzend gezahlt wird.[1286]

Die Regelung des § 2 Abs. 3 BEEG ist allerdings nicht anwendbar, sollte der Berechtigte nach der Geburt des Kindes trotz fortgesetzter Teilzeittätigkeit kein berücksichtigungsfähiges Einkommen, also keine positiven Einkünfte i.S.d. § 2 Abs. 1 S. 2 BEEG, erzielen. Das Bundessozialgericht hatte am 04. September 2013 in diesem Zusammenhang den Fall eines selbständig erwerbstätigen Rechtsanwalts zu entscheiden gehabt, der aufgrund steuerrechtlicher Verluste durch Betriebskosten während der Kinderbetreuung kein positives Einkommen erzielen konnte.[1287] Das Bundessozialgericht entschied, dass bei einer solchen Sachlage das Elterngeld nicht nach § 2 Abs. 3 BEEG zu berechnen sei. Zwar erfasse die Vorschrift nach ihrem Wortlaut – bei einem weiten Begriffsverständnis – auch den vorliegenden Fall. Aus systematischen Gründen und wegen des Zwecks der Gewährung von Elterngeld als Einkommensersatz würde sich jedoch deren Unanwendbarkeit für den Fall ergeben, dass der Elterngeldberechtigte während des Anspruchszeitraums nur negative Einkünfte hat. Der durch die in § 2 Abs. 3 S. 1 BEEG erfolgte Bezugnahme auf § 2 Abs. 1 BEEG hergestellte systematische Zusammenhang lege es vielmehr nahe, bei der Ermittlung des Unterschiedsbetrages auch für die Zeit nach der Geburt des Kindes nur die Summe der positiven Einkünfte i.S.v. § 2 Abs. 1 S. 1 Nr. 1 bis 4 EStG zugrunde zu legen. Auf diese Weise würde bei der Berechnung ein einheitlicher Einkommensbegriff angewendet werden. Sind nach der Geburt aber nur negative Einkünfte erzielt worden, scheide danach eine Anwendung des § 2 Abs. 3 BEEG mithin aus. Nach § 2 Abs. 1 BEEG seien also Personen mit negativen Einkünften so zu behandeln, als erzielten sie gar kein Einkommen; hieran ändere auch § 2 Abs. 3 BEEG nichts.[1288] Dieser Ansicht ist zuzustimmen.

Selbständige können ihre Arbeit somit fortführen, solange ihre Arbeitszeit nicht 30 Wochenarbeitsstunden im Durchschnitt des Lebensmonats übersteigt. Sie haben sich gemäß Ziff. 1.6.1.3 der Richtlinien zum BEEG[1289] zur Dauer der Beschäftigung, als auch zur durchschnittlichen wöchentlichen Arbeitszeit zu erklären und glaubhaft zu machen, dass sie damit die vorgegebene Grenze nicht überschreiten. Es muss erklärt werden, welchen Umfang ihre Arbeitszeit vor der Geburt hatte und welchen Umfang ihre Arbeitszeit nunmehr nach der Geburt haben wird. Auch ist zu

---

1286 S. hierzu Rancke-*Lenz*, BEEG, § 2 Rdnr. 8; Böttcher/Graue-*Graue*, BEEG, § 2 Rdnr. 9 mit verschiedenen Berechnungsbeispielen sowie BT-Drs. 17/9841, S. 18.

1287 BSG, Urt. v. 04.09.2013 – Az. B 10 EG 18/12 R.

1288 BSG, Urt. v. 04.09.2013 – Az. B 10 EG 18/12 R.

1289 BMSFJ/204; s. hierzu auch Knickrehm/Kreikebohm/Waltermann-*von Koppenfels-Spies*, BEEG, § 1 Rdnr. 20.

erklären, welche Vorkehrungen im Betrieb getroffen wurden, um die Reduzierung der eigenen Arbeitszeit aufzufangen. Wurden Ersatzkräfte eingestellt oder können die Aufgaben von anderen Mitarbeitern übernommen werden bzw. wurde die Anzahl der angenommenen Aufträge reduziert?[1290] Daneben bleibt stets die Prüfung des Einzelfalls erforderlich. Darüber hinaus ist eine Prognose über das voraussichtlich zu erzielende Einkommen vorzunehmen und bei Antragsstellung glaubhaft zu machen. Das Elterngeld wird sodann bis zum endgültigen Nachweis der prognostizierten Einkommenszuflüsse vorläufig gezahlt, § 8 BEEG. Da solche zukünftigen Einkünfte denklogisch nicht anhand eines Steuerbescheides nachgewiesen werden können, hat dies im Wege einer Einnahmen-Überschussrechnung oder Bilanz zu geschehen. Als Betriebsausgaben werden pauschal 25 % der Einnahmen abgezogen.[1291] Die Abzüge für Steuern und Sozialabgaben erfolgen nach denselben Grundlagen wie bei der Berechnung des Einkommens vor der Geburt. Sollte die Prognose zu niedrig ausgefallen sein, also letztlich ein höheres Einkommen als vorausgesagt erzielt worden sein, wird der überschießende Betrag des im Wege der Vorschussleistung gezahlten Elterngeldes vom Elterngeldberechtigten zurückverlangt. Im Falle eines hohen Einkommens kann es dann sogar passieren, dass letztendlich nur noch das Mindestelterngeld von 300,00 EUR gezahlt wird. Dies gilt es unbedingt zu berücksichtigen.

bb) Während der Bezugszeit erzieltes zulässiges Einkommen aus selbständiger Tätigkeit vor der Geburt

Insbesondere im Falle der Selbständigkeit kommt es nicht selten vor, dass Einkommen aus selbständiger Erwerbstätigkeit vor der Geburt erst während der Bezugszeit tatsächlich erzielt wird, d.h. vom Auftraggeber zu einem späteren

1290 S. Broschüre des BMFSFJ, Elterngeld und Elternzeit, S. 27. Es muss plausibel erläutert werden, wie der Betrieb oder die Praxis den Ausfall des Selbständigen verkraften kann. Einige Möglichkeiten dieses Nachweises zählt *Lenz* auf in: Rancke-*Lenz*, BEEG, § 1 Rdnr. 21. S. hierzu zudem Ebener/Graue, S. 104 und RL-BEEG Teil I Nr. 1.6.1 ff.

1291 Durch das Gesetz zur Vereinfachung des Elterngeldbezuges wurde zum 01.01.2013 auch die Berechnung des Elterngeldes während der Bezugszeit vereinfacht. Es sind nicht die mit den maßgebenden Einnahmen verbundenen tatsächlichen Betriebsausgaben, sondern grds. eine Betriebsausgabenpauschale von 25 % der Einnahmen abzuziehen. Die tatsächlichen Betriebsausgaben i.S.d. § 4 EStG sind nur auf Antrag in Abzug zu bringen; Rancke-*Lenz*, BEEG, § 2d Rdnr. 1, 7; BT-Drs. 17/9841, S. 23. Nach § 2 Abs. 8 S. 3 BEEG a. F. war noch ein Abzug von 20 % vorgesehen gewesen. Der Gesetzgeber hat mit der Erhöhung auf 25 % den Zweifeln, ob dies den wirtschaftlichen Bedürfnissen selbständiger junger Mütter tatsächlich entsprechen würde, offenbar nachgegeben; Rancke-*Lenz*, BEEG, § 2d Rdnr. 1.

Zeitpunkt gezahlt wird, der in die Bezugszeit des Elterngeldes fällt. Während im Zuge der abhängigen Erwerbstätigkeit der Arbeitgeber im Regelfall das Einkommen grundsätzlich regelmäßig und zeitnah zahlt, ist bei Einkünften aus selbständiger Erwerbstätigkeit oftmals das Gegenteil der Fall. Hier ist die unregelmäßige Bezahlung von erbrachten Leistungen die Regel, nicht die Ausnahme.[1292] Diese Gegebenheit rechtfertigt nach Ansicht des Gesetzgebers sowie der Rechtsprechung, dass für die Frage, in welchem konkreten Zeitpunkt das bei der Bemessung des Elterngeldes zu berücksichtigende Einkommen aus selbständiger Erwerbstätigkeit erzielt wurde, stets der Zeitpunkt des tatsächlichen Zuflusses maßgeblich ist.[1293]

Bei Selbständigen kommt es somit nicht darauf an, wann eine Tätigkeit geleistet wurde; für die Berechnung des Elterngeldes ist es stattdessen maßgeblich, wann das Honorar oder der Abrechnungsbetrag auf dem Konto des Elterngeldberechtigten eingeht.[1294] Dies gilt nicht nur für verspätet gezahlte Rechnungen von Auftraggebern aus vorheriger Erwerbstätigkeit, sondern z. B. auch für Ausschüttungen von Verwertungsgesellschaften und anderen entsprechenden Zuflüssen.[1295] Diesen Grundsatz hat das Bundessozialgericht im April 2012[1296] sowie August 2012[1297] wiederholt höchstrichterlich bestätigt und entschieden, dass sämtliche Zuflüsse während des Bezugszeitraums auf das Elterngeld von Selbständigen anzurechnen sind. Gesetzessystematisch betrachtet war der Begriff des Erzielens von Einkommen in der allgemeinen Regelung des § 2 Abs. 1

1292 So z. B. auch *Dau* in: juris PR-SozR 1/2012 Anm. 4.

1293 Für das Einkommen aus nichtselbständiger Arbeit im Bemessungszeitraum vor der Geburt des Kindes hat das Bundessozialgericht hingegen mehrfach entschieden, dass ein Einkommen auch dann im Bemessungszeitraum erzielt ist, wenn es in diesem Zeitraum erarbeitet aber erst nach dessen Ablauf in Folge nachträglicher Vertragserfüllung durch den Arbeitgeber ausgezahlt worden ist („modifiziertes Zuflussprinzip"); BSG, Urt. v. 30.09.2010 – B 10 EG 19/09 R; BSGE 107, 18 = SozR 4-7837 § 2 Nr. 6; BSG, Urt. v. 18.8.2011 – B 10 EG 5/11 R. Das „modifizierte Zuflussprinzip sei nach Auffassung des Bundessozialgerichts nichtsdestotrotz nicht auf Einkommen aus selbständiger Tätigkeit zu übertragen; BSG, Urt. v. 05.04.2012 – Az. B 10 EG 10/11 R; daran festhaltend BSG, Urt. v. 29.08.2012 – Az. B 10 EG 18/11 R.

1294 So auch Böttcher/Graue-*Graue*, BEEG, § 2b Rdnr. 5.

1295 Richter, DStR 2012, 2285, 2286. Richter rät dazu, im Falle von absehbaren Einkommenszuflüssen während der Bezugszeit kürzere Elterngeldphasen zu planen und ggf. die beantragten Elterngeldmonate flexibel umzulegen, wie dies gem. § 7 BEEG ohne Begründung möglich ist.

1296 BSG, Urt. v. 05.04.2012 – Az. B 10 EG 10/11 R.

1297 BSG, Urt. v. 29.08.2012 – Az. B 10 EG 18/11 R.

S. 1 BEEG a.F. zwar noch ohne Differenzierung nach Einkunftsarten gebraucht worden.[1298] Für das Einkommen aus Land- und Forstwirtschaft, Gewerbebetrieb und selbständige Arbeit hatte aber auch er schon eine besonders deutliche steuerrechtliche Ausprägung erhalten. Bereits nach § 2 Abs. 8 S. 2 BEEG a. F. war auf den Gewinn abzustellen, wie er sich aus einer mindestens den Anforderungen des § 4 Abs. 3 EStG entsprechenden Berechnung ergibt. Demzufolge war schon insoweit der Überschuss der Betriebseinnahmen über die Betriebsausgaben im steuerrechtlichen Sinne maßgebend. Noch eindeutiger war der Bezug auf das Steuerrecht in § 2 Abs. 9 BEEG a.F. verankert gewesen. Nach Satz 1 dieser Bestimmung galt als vor der Geburt des Kindes durchschnittlich erzieltes monatliches Einkommen aus der Erwerbstätigkeit der durchschnittlich monatlich erzielte Gewinn, wie er sich aus dem für den letzten abgeschlossenen steuerlichen Veranlagungszeitraum ergangenen Steuerbescheid ergibt. Diese Regelung ist nunmehr in § 2d BEEG ausdrücklich vom Gesetzgeber aufgegriffen worden.[1299] Falls also während der letzten zwölf Kalendermonate vor der Geburt verdiente Vergütungen erst in den ersten Lebensmonaten des Neugeborenen gezahlt werden sollten, so ist dieser Betrag als Einkommen nach der Geburt zu berücksichtigen, so dass auch hier die Regelung des § 2 Abs. 3 BEEG einschlägig ist. Die Vergütung wird während der Bezugszeit als Einkommen aus selbständiger Erwerbstätigkeit bezogen.[1300] Das hat zur Folge, dass das vorläufig geleistete Elterngeld - auch in einem solchen Falle - gegebenenfalls neu berechnet und in der entsprechend zu viel gezahlten Höhe zurückgefordert wird.[1301] Unter Umständen bleibt so nur der Anspruch auf Zahlung des Mindestelterngeldes. Ein Anspruch auf höhere Leistung besteht in einem solchen Falle selbst dann nicht, wenn der Bezugsberechtigte tatsächlich vollkommen auf seine vormalige

1298 Vgl. dazu § 2 Abs. 1 S. 2 BEEG i.V.m. § 2 Abs. 1 S. 1 Nr. 1 bis 4 EStG.

1299 S. hierzu schon die obigen Ausführungen unter A. II. 8. d).

1300 BSG, Urt. v. 05.04.2012 - Az. B 10 EG 10/11 R, Rdnr. 30.

1301 BSG, Urt. v. 05.04.2012 - Az. B 10 EG 10/11 R; BSG, Urt. v. 29.08.2012 - Az. B 10 EG 18/11 R; LSG Baden-Württemberg, Urt. v. 28.03.2012 - Az. L 11 EG 3954/11. Diese Rechtsprechung bezieht sich zwar auf den Gesetzesstand vor der Novellierung zum 01.01.2013 und damit auf den § 2 BEEG a.F., dennoch führt auch der neue § 2 BEEG, wie er auf der Grundlage des Gesetzes zur Vereinfachung des Elterngeldvollzuges geschaffen wurde, zum gleichen Ergebnis; BT-Drs. 17/9841, S. 18. Zur Anrechnung von bereits im Bemessungszeitraum verdientem aber erst im Bezugszeitraum zufließendem Erwerbseinkommen so auch *Lenz* in Rancke-*Lenz*, BEEG, § 2 Rdnr. 5. Dort auch zur Trennung zwischen dem steuerrechtlichen Einkommensbegriff und dem elterngeldrechtlichen Einkommensbegriff, der nur die positiven Einkünfte ohne Verrechnung negativer Einkünfte erfasst.

Erwerbstätigkeit verzichtet haben sollte, mithin nicht einmal einige wenige Stunden in Teilzeit tätig ist.

cc) Ergebnis

Sollte eine selbständig erwerbstätige Mutter in der Zeit des Bezuges von Elterngeld ihre berufliche Tätigkeit zumindest in Teilzeit, mit im Monatsdurchschnitt nicht mehr als 30 Wochenstunden fortführen, so sind die ihr hieraus erwachsenen Einnahmen anzurechnen. Sie erhält neben dem Einkommen aus ihrer Teilzeittätigkeit sodann nur das sog. „ergänzende Elterngeld". Die Selbständige muss bei Antragsstellung erklären, welchen Umfang ihre Arbeitszeit vor der Geburt hatte und welchen Umfang nach der Geburt haben wird. Auch ist zu erklären, welche Vorkehrungen im Betrieb getroffen wurden, um die Reduzierung der eigenen Arbeitszeit aufzufangen. Ferner muss eine Prognose abgegeben werden, in welcher Höhe voraussichtlich Einkommen erzielt werden wird. Eine erhebliche Hürde, da für den Fall, dass diese Prognose letztlich nicht zutreffen sollte, der überschießende Betrag des im Wege der Vorschussleistung gezahlten Elterngeldes vom Elterngeldberechtigten zurückverlangt wird. Das macht die finanzielle Planung der genommenen Elternzeit schwierig. Es muss stets mit einer etwaigen Rückzahlungsforderung gerechnet werden. Dies gilt insbesondere dann, wenn offene Rechnungen für vor der Bezugszeit erbrachte Leistungen erst während des Bezuges des Elterngeldes ausgeglichen werden sollten. Für die Bemessung des Elterngeldes ist nämlich stets der Zeitpunkt des tatsächlichen Zuflusses maßgeblich.

e) Zwischenergebnis

Das Elterngeld hat die Funktion einen Schonraum für die Betreuung des Neugeborenen zu bieten. Insofern stellt es nicht nur eine Lohnersatzleistung, sondern vor allem auch ein Anerkenntnis für die Übernahme der Betreuung des Kindes dar. Selbständig erwerbstätige Mütter und Väter soll es, ebenso wie abhängig Beschäftigten, ermöglicht werden, in ihre neue familiäre Situation hineinzuwachsen, ohne finanzielle Nöte befürchten zu müssen. Die zuvor dargestellten Anspruchsvoraussetzungen und insbesondere die vom Gesetzgeber gestaffelt gewährte Anspruchshöhe machen jedoch vor allem deutlich, dass der Bezug von Elterngeld zumindest für selbständig erwerbstätige Mütter an diverse Hürden gebunden ist, die die eine oder andere Mutter womöglich sogar davon abschrecken lässt, diesen Anspruch tatsächlich in Anspruch zu nehmen. So besteht ohnedies die Vermutung, dass eine Vielzahl an Selbständigen nicht bereit ist, ihre Erwerbstätigkeit für einen längeren Zeitraum aufzugeben.[1302] Aufträge wollen bearbeitet, die Kunden zufrieden gestellt werden. Insbesondere im Falle der Solo-Selbständigen, die, wie bereits aufgezeigt, zumeist weiblichen Geschlechts sind, bedeutet dies nicht selten, dass die gelungene Vereinbarkeit von Selbständigkeit und Familie nicht in einer vollumfänglichen Auszeit von mehreren Monaten zu finden ist, sondern vielmehr in der Reduzierung der Erwerbstätigkeit. Hierfür bietet das Bundeselterngeld- und Elternzeitgesetz die Möglichkeit der Fortführung der Selbständigkeit von bis zu 30 Wochenstunden im Monatsmittel unter Bezug des sog. Teilelterngeldes, also eines ergänzenden Elterngeldes. An dieses, wie auch an das Vollelterngeld, sind jedoch gerade für Selbständige hohe Anforderungen gestellt. Insbesondere die Pflicht zur Abgabe einer Prognose, welches Einkommen im Wege der Teilerwerbstätigkeit voraussichtlich erzielt werden wird, wurde zuvor umfassend erläutert. Die damit erforderliche finanzielle (Voraus-)Planung können aber vor allem Solo-Selbständige, die sich im Falle der Mutterschaft altersbedingt nicht selten erst in der Aufbauphase ihrer Selbständigkeit befinden, oftmals nicht leisten. Ein gewisses finanzielles Restrisiko bleibt daher auch weiterhin bestehen.

Ein weiteres, für Selbständige erhebliches Erfordernis, das an die Gewährung des Elterngeldes geknüpft wird, ist die Antragsstellung, im Zuge derer auch die Geburtsurkunde des Kindes vorzulegen ist. Auch wenn der Antrag bereits vor der Geburt umfassend vorbereitet sein sollte, eingereicht und bearbeitet werden kann er erst nach der Geburt. Die durchschnittliche Bearbeitungsdauer kann einige Wochen, wenn nicht gar Monate in Anspruch nehmen. Das bedeutet faktisch, dass nicht bereits am ersten Tag nach der Geburt die erste Zahlung erfolgen wird. Im Falle der Selbständigkeit laufen aber die in aller Regel nicht unerheblichen betrieblichen Fixkosten (Miete für Büroräume, Versicherungen, Lohn für Mitarbeiter etc.) weiter. Sollen oder müssen diese mit Hilfe des Elterngeldes bezahlt werden, so ist es besonders wichtig, sich zeitnah um die Antragsstellung zu kümmern. Dessen ungeachtet ist ohnehin fraglich, ob das Elterngeld, vor allem ein lediglich ergänzend gezahltes Teilelterngeld, ausreichend sein wird, die aufgrund der Auszeit entstehenden Einkommenseinbußen hinreichend abzufedern, denn das Elterngeld muss gegebenenfalls nicht nur Fixkosten abdecken, sondern nicht selten auch den eigenen Lebensunterhalt von Mutter und Kind. Ob das möglich

1302 So auch schon Knigge, ZESAR 2013, 24, 30; Knigge, Mutterschutz auch für Selbständige? Aus der Sicht der Rechtswissenschaft, in: Rust/Lange (Hrsg.), Völkerrecht und Frauen, Welche Ansatzpunkte bietet das Völkerrecht für Gleichbehandlung?, Loccumer Protokoll 59/13, S. 191, 208. sowie Knigge, Die Richtlinie 2010/41/EU und Mutterschutz für Selbständige, in: Rust/Lange (Hrsg.), Mutterschutz für Selbständige?, Loccumer Protokoll 80/14, S. 45, 63 f.

ist, hängt jeweils vom Einzelfall ab, denn die Bezugshöhen variieren schließlich genauso wie die verschiedenen Formen und Ausprägungen der selbständigen Erwerbstätigkeit selbst.

f) Zielsetzung des Elterngeldes im Unterschied zu Mutterschaftsleistungen

Das voranstehende Zwischenergebnis vor Augen, stellt sich nun die Frage, ob das Elterngeld tatsächlich adäquater Ausgleich für eine Mutterschutzleistung für alle selbständig erwerbstätigen Mütter darstellt. Ist das Elterngeld in allen Belangen mit dem Mutterschaftsgeld gleichzusetzen? Verfolgen beide Leistungen das gleiche Ziel? Oder ergänzen sie einander bloß, sind dabei aber gerade nicht dasselbe?

aa) Zur Zielsetzung des Elterngeldes

Das Elterngeld verfolgt ausweislich der Gesetzesbegründung[1303] drei wesentliche Ziele: Zum einen soll für Eltern in der Frühphase der Elternschaft ein Schonraum geschaffen werden, damit Familien ohne finanzielle Nöte in ein gemeinsames Familienleben hineinfinden und sich vorrangig der Betreuung ihrer Kinder widmen können. Zum anderen ist es ein erklärtes Ziel des Elterngeldes, dahingehend zu wirken, dass es beiden Elternteilen gelingt, ihre wirtschaftliche Existenz mittel- und langfristig eigenständig zu sichern, insbesondere auch durch einen schnelleren beruflichen Wiedereinstieg. Darüber hinaus soll das Elterngeld die Väterbeteiligung an der Kinderbetreuung stärken.[1304] Ziel des Elterngeldes ist damit die Verbesserung der Teilhabe an Beruf und Familie von Frauen und Männern insgesamt. Es sollen solche Bedingungen geschaffen werden, dass es Eltern, insbesondere aber den Frauen, leichter fällt erneut ins Berufsleben zurückzukehren.[1305] Das Elterngeld soll vorrangig das nur zeitweise Ausscheiden aus dem Berufsleben ermöglichen, ohne dass dies allzu große Einschränkungen im Lebensstandard nach sich zieht. Auf diesem Wege soll das Elterngeld den Mut zu mehr Kindern, aber auch eine zeitnahe Rückkehr ins Berufsleben fördern[1306] und zugleich verhindert werden, dass vor allem in Partnerschaften, in denen

1303 Vgl. hierzu z. B. Begründung des Entwurfes für das Gesetz zur Einführung des Elterngeldes vom 05.12.2006 – BT-Drs. Nr. 16/1889 v. 20.06.2006, S. 18; Begründung des Entwurfs eines ersten Gesetzes zur Änderung des Bundeselterngeld- und Elternzeitgesetzes vom 17.01.2009 – BT-Drs. Nr. 16/9415, S. 7.

1304 Wrohlich, Studie Elterngeld-Monitor Kurzfassung, S. 5.

1305 So auch Böttcher/Graue-*Graue*, BEEG, § 1 Rdnr. 4.

1306 Vgl. zum Punkt „Mut zu mehr Kindern" die Rede von Bundeskanzlerin Angela Merkel beim Arbeitgebertag 2006, abrufbar unter http://adrien.barbaresi.eu/corpora/speeches/BR/t/1042.html (zuletzt abgerufen am 15.06.2018).

beide Partner erwerbstätig sind, die Geburt eines Kindes dazu führt, dass ein Partner – in aller Regel die Frau – den Beruf aufgibt und sich so das Familieneinkommen erheblich verringert bis das Kind alt genug ist, dass beider Partner wieder (voll)erwerbstätig sein können.

Die finanzielle Abhängigkeit des aus dem Erwerbsleben ausscheidenden Partners und das damit einhergehende Hemmnis gerade für Akademikerinnen, aber auch selbständig erwerbstätige Frauen, sich für ein Kind zu entscheiden, soll abgebaut werden. Es soll beiden Elternteilen eine größere Wahlfreiheit und damit mehr Chancengleichheit gewährt werden, ohne dass der Wunsch nach einer Familie hierunter leiden muss. Schon bei der Einführung des Erziehungsgeldes im Jahr 1985 hieß es deshalb:

> ***„Mit der Einführung des Erziehungsgeldes wird ermöglicht oder erleichtert, dass sich ein Elternteil in der für die ganze spätere Entwicklung entscheidende Lebensphase eines Kindes dessen Betreuung und Erziehung widmet. Für Mütter und Väter wird mehr Wahlfreiheit zwischen der Tätigkeit für die Familie und Erwerbstätigkeit geschaffen. Die Erziehungskraft der Familie wird gestärkt. Ihre Erziehungsleistung wird von der Gemeinschaft anerkannt."***[1307]

Im Vorwort einer Broschüre des Bundesministeriums für Familien, Senioren, Frauen und Jugend zum Thema „Elterngeld und Elternzeit" aus dem Jahr 2006 begründete die zu jener Zeit zuständige Bundesfamilienministerin von der Leyen die Einführung des Elterngeldes zudem wie folgt:

> ***„Das Elterngeld ist zentrales Element einer Neuausrichtung der familienpolitischen Leistungen. Bislang fielen junge Familien nach der Geburt eines Kindes oft in ein finanzielles Loch. Mit dem neuen Elterngeld schaffen wir jetzt bis zu 14 Monate einen Schonraum für junge Eltern. Sie können nun ohne finanzielle Sorgen in das Familienleben hineinfinden. Das Elterngeld ist ein Gewinn für Kinder und Eltern. Es hilft, Beruf und Familie unter einen Hut zu bekommen. Für viele junge Paare gibt es einen Grund weniger, den Wunsch nach einem Kind weiter aufzuschieben. Auch die Väter haben mit dem Elterngeld erstmals einen attraktiven Anreiz, sich in den ersten Lebensmonaten um die Betreuung des Kindes zu kümmern. […] Sie können nun ohne finanzielle Sorgen in das Familienleben hineinfinden."***[1308]

Dauer und Höhe des Elterngeldes sollen dazu beitragen, dass es beiden Elternteilen nach der Betreuungszeit auch durch den früheren Wiedereinstieg der Mütter besser gelingt, ihre wirtschaftliche Existenz aus eigener Kraft und

---

1307 Gesetzentwurf der Bundesregierung – Entwurf eines Gesetzes über die Gewährung von Erziehungsgeld und Erziehungsurlaub, BT-Drs. Nr. 10/3792, S. 1.

1308 Vorwort der Bundesministerin von der Leyen zur Broschüre „Elterngeld und Elternzeit" des BMFSFJ, 2006, S. 3.

dauerhaft zu sichern. Es will im Gegensatz zum Erziehungsgeld oder dem Mutterschaftsgeld des SGB V ausdrücklich auch die Väter in ihrem Wunsch unterstützen, sich mehr Zeit für die Familie zu nehmen. Das Elterngeld versteht sich insofern als ein Schritt zu mehr Gleichberechtigung von Frauen und Männern in Familie und Beruf.[1309] Es dient der Finanzierung der Elternzeit, und damit der Finanzierung des erforderlichen „Schonraums"[1310] zur Betreuung des Kindes für beide Elternteile und damit für ein durchaus ausgedehntes Zeitfenster, in dem Vereinbarkeit von Beruf und Familie von beiden Elternteilen tatsächlich gelebt werden kann; ein Zeitfenster, in dem man bewusst Einkommenseinbußen dafür in Kauf nimmt, um Zeit mit seiner Familie verbringen zu können. D.h., es ist ein echtes Elternrecht.

bb) Gemeinsamkeiten und Unterschiede

Das Bestreben des Elterngeldes ist also eine nachhaltige finanzielle Absicherung für Familien in den ersten Lebensmonaten des Kindes bei gleichzeitiger Förderung der Vereinbarkeit von Kindererziehung und Erwerbstätigkeit. Die gegebenenfalls aufgrund der Kindererziehung eingetretene Einschränkung der Erwerbstätigkeit und der sich daraus ergebenen Einkommenseinbuße soll auf diese Weise zumindest teilweise kompensiert werden. Insoweit stellt das Elterngeld eine Lohnersatzleistung dar. Als gleichstellungspolitisches Ziel ist zudem die Förderung der Beteiligung beider Elternteile an der Erziehung des Kindes durch die Gewährung der Partnerschaftsmonate zu nennen.[1311] Auch mit Hilfe der Mutterschutzleistung soll finanzielle Sicherheit für die Zeit der Familiengründung geschaffen und so mehr Chancengleichheit im Berufsleben gefördert werden. Müttern soll es leichter gemacht werden, chancengleich mit den Männern Beruf und Familie miteinander zu vereinbaren, indem sie sich auf sich und das Kind konzentrieren können. Die Chancengleichheit im Beruf aufgrund einer verbesserten Vereinbarkeit von Beruf und Familie ist demnach, wie schon im Falle des Elterngeldes, eines der Ziele, welches mit der Gewährung von Mutterschutzleistungen, insbesondere des Mutterschaftsgeldes als Lohnersatz, verfolgt wird.

Anders als das Elterngeld setzt der Mutterschutz darüber hinaus zeitlich früher und zudem umfassender an. So gewährt er vor allem schon für die Zeit vor der Entbindung einen finanziellen Ausgleich, sollte die Erwerbstätigkeit

---

1309 DIW-Berlin/BMFSFJ, Wrohlich, Studie Elterngeld-Monitor Kurzfassung, S. 4.
1310 BT-Drs. 16/10770, S. 5.
1311 Knickrehm/Kreikebohm/Waltermann-*von Koppenfels-Spies*, BEEG, Einl. Rdnr. 1.

nicht fortgeführt werden können und nicht erst ab Geburt des Kindes, wie es das Elterngeld hingegen tut.[1312] Anders als das Elterngeld verfolgen die Mutterschutzleistungen das Ziel, Frauen die Möglichkeit zu bieten, sich bereits vor der Geburt körperlich wie seelisch auf die Entbindung vorzubereiten. In der gesamten Zeit vor und nach der Entbindung soll es der Frau ermöglicht werden, sich allein auf die sich im Zusammenhang mit der Schwangerschaft und Geburt ergebenen physischen wie psychischen Bedürfnisse und natürlich nach der Geburt auch auf das Kind zu konzentrieren, ohne zugleich den Druck zu haben, doch eigentlich im Berufsleben präsent sein zu müssen. Damit zielen Mutterschutzleistungen nicht nur auf mehr Wahlfreiheit und Chancengleichheit, sondern vor allem auch auf den Gesundheitsschutz von werdenden und stillenden Müttern sowie des Kindes ab. Die finanzielle Absicherung der Frau soll hierzu nicht nur einen Schonraum für ein Hineinfinden in ein gemeinsames Familienleben nach der Geburt schaffen, sondern zugleich die gesundheitlich notwendige Auszeit für die notwendige Vorbereitung auf die Geburt bieten[1313]; also etwas, was das erst nach der Geburt gezahlte Elterngeld nicht leisten kann. Im Vergleich zum Recht auf Elterngeld handelt es sich beim Mutterschutzrecht mithin um ein wahres Frauenrecht. D.h., um ein Recht, welches auf die ganz besonderen Bedürfnisse der Mutter in der Zeit kurz vor und kurz nach der Geburt eingeht.

Die verschiedenen Zielsetzungen spiegeln sich auch in den unterschiedlichen Leistungshöhen wider. So ist das Elterngeld vor allem als steuerfinanziertes Anerkenntnis für die Auszeit zugunsten der Familie zu sehen und entsprechend gedeckelt bzw. kennt einen Mindestsatz, der in jedem Falle sowohl Müttern als auch Vätern gewährt wird.[1314] Das Mutterschaftsgeld, als vergleichbare Ausformung der verschiedenen Mutterschutzleistungen, stellt hingegen bei Arbeitnehmerinnen aufgrund des Arbeitgeberzuschusses eine grundsätzlich in voller Höhe gewährte Lohnersatzleistung und für diejenigen selbständig erwerbstätigen Frauen, die ebenfalls einen Anspruch auf Mutterschaftsleistung z. B. gemäß den Regelungen des SGB V oder aber i.S.d. § 192 Abs. 5 S. 2 VVG gegenüber ihrem privaten Krankenversicherer geltend machen können, zumindest eine Ersatzleistung in Höhe des Krankengeldes dar, die für die physisch wie psychisch notwendige Aus-

1312 Vgl. hierzu schon die obigen Ausführungen unter A. II. 1. und A. II. 8. c). S. außerdem die nachfolgenden Erläuterungen unter B. I. 2. d) bb).

1313 Vgl. hierzu vor allem insgesamt die einleitenden Ausführungen des 1. Kapitels zur Zielsetzung des Mutterschutzes unter Punkt A.

1314 Vgl. hierzu die Ausführungen zur Höhe des Elterngeldes unter A. II. 8. d).

zeit von der eigenen Erwerbstätigkeit rund um die Geburt gezahlt wird und im Einzelfall höher ausfallen kann als das Elterngeld.[1315]

Dass gemäß den obigen Ausführungen sowohl das Elterngeld als auch die vom Gesetz gewährten Mutterschaftsleistungen zumindest in Teilen dieselbe Zielrichtung verfolgen, wird auch von der Regelung des § 3 Abs. 1 BEEG bestätigt. Sie gibt die Anrechnung des Mutterschaftsgeldes auf das Elterngeld vor.[1316] Der Anrechnung der einen Leistung auf die andere liegt dabei der Gedanke zugrunde, dass Einnahmen, die einem vergleichbaren sozialpolitischen Zweck verfolgen, nicht nebeneinander gezahlt werden sollen, um so Doppelansprüche zu vermeiden.[1317] Das Bundessozialgericht hat in diesem Zusammenhang mit in seiner

---

1315 Vgl. hierzu die Ausführungen zur Höhe des Mutterschaftsgeldes für „andere Mitglieder" der gesetzlichen Krankenkassen unter A. II. 2. b) sowie die nachfolgenden Erläuterungen nachfolgend unter B. I. 2. d) aa).

1316 Auch § 192 Abs. 5 S. 2 VVG sieht eine Anrechnung, also die Vermeidung von Doppelansprüchen vor. § 192 Abs. 5 S. 2 VVG sieht vor, dass der Versicherer nur dann dazu verpflichtet ist, den Verdienstausfall während der Mutterschutzzeit von 14 Wochen rund um die Geburt nur dann in Höhe des vereinbarten Krankentagegeldes zu ersetzen, *„soweit der versicherten Person kein anderweitiger angemessener Ersatz für den während dieser Zeit verursachten Verdienstausfall zusteht"*, wie z. B. im Falle von Arbeitnehmerinnen, die über eine private Krankentagegeldversicherung verfügen, denen aber aufgrund ihres Anspruches auf das Mutterschaftsgeld und den Arbeitgeberzuschuss nach MuSchG bereits eine weitgehende Kompensation ihres Verdienstausfalls zusteht. Gleiches gilt entsprechend auch für den Fall des Bezugs von Elterngeld. Dieses ist gegenüber der Versicherungsleistung der privaten Krankenversicherung eine vorrangige Leistung und wird daher auf die Zahlung des Krankentagegeldes angerechnet. Vgl. hierzu die Begründung des Änderungsantrags 6 der Fraktionen der CDU/CSU und SPD zum Entwurf eines Gesetzes zur Stärkung der Heil- und Heilmittelversorgung (Heil- und Heilmittelversorgungsgesetz – HHVG) BT-Drs. 18/10186 v. 18.11.2016, Ausschussdrucksache 18(14)0226.1, S. 25, 27 f.

1317 Das Mutterschaftsgeld wird, sofern ein entsprechender Anspruch besteht, für den Zeitraum von 6 Wochen vor und 8 Wochen nach der Geburt geleistet. Während der Zeit nach der Geburt steht der Mutter auf Antrag daneben allerdings zugleich auch der zuvor ausführlich dargestellte Anspruch auf Elterngeld zu. Damit kein doppelter Leistungsbezug aus demselben Grunde – nämlich der Geburt des Kindes – erfolgt, wird das der Mutter ab dem Tag der Geburt zustehende Mutterschaftsgeld der gesetzlichen Krankenkasse nach dem SGB V oder dem Zweiten Gesetz über die Krankenversicherung der Landwirte daher gemäß § 3 Abs. 1 BEEG grundsätzlich voll auf das Elterngeld angerechnet. Bei der Anrechnung ist zu berücksichtigen, dass das Elterngeld für Lebensmonate des Kindes gezahlt wird, während das Mutterschaftsgeld jeweils für 8 Wochen bzw. bei Mehrlingsgeburten für 12 Wochen nach der Geburt und überdies kalendertäglich gezahlt wird. Soweit ein Anspruch auf

Entscheidung vom 26. Mai 2011 und der Gesetzgeber darauffolgend mit einer entsprechenden Änderung des § 4 Abs. 3 S. 2 BEEG darüber hinaus festgelegt, dass ein jeder volle Anspruchsmonat auf Elterngeld selbst dann von der Mutter mit Mutterschaftsgeldbezug als verbraucht gilt, wenn sie objektiv gar nicht elterngeldberechtigt i.S.d. § 1 BEEG gewesen sein sollte.[1318] Die Anrechnung rechtfertige sich schließlich bereits aus wirtschaftlichen Gründen, da gesetzlich versicherte Frauen durch den Muttergeldanspruch nebst Arbeitgeberzuschuss für die Dauer der Mutterschutzfristen finanziell ausreichend aufgestellt seien. Es werde in aller Regel der volle Lohnausgleich gewährt; ein weiterer Anspruch auf das damit meistens niedrigere Elterngeld sei damit bereits nicht länger notwendig.[1319] Aus eben diesem Grunde erfolgt dagegen keine Anrechnung bei Frauen, die nicht gesetzlich versichert sind, und allein nach § 19 Abs. 2 MuSchG 2018 Mutterschaftsgeld in Höhe von max. 210,00 EUR vom Bundesversicherungsamt beziehen. Dieser niedriger als das Mindestelterngeld von 300,00 EUR ausfallende Anspruch bleibt anrechnungsfrei.[1320]

Auch der Europäische Gerichtshof bestätigt mit seiner bisherigen Rechtsprechung grundsätzlich den vorbenannten Ansatz, dass beide Instrumente grundsätzlich vergleichbare Ziele verfolgen würden; hebt aber zugleich die besondere Stellung des Mutterschutzes als ein einzigartiges Frauenrecht hervor. Beide Leistungsansprüche sollen die betroffenen Frauen vor einer Doppelbelastung bewahren. Die Mutter soll von der Doppelbelastung „Entbindung/Beruf" befreit werden.[1321] In seiner Entscheidung in der Rechtssache „*Kiiski*" vom 20. September 2007[1322] stellt der Europäische Gerichtshof zugleich aber

Mutterschaftsgeld nur für einen Teil des Lebensmonats des Kindes besteht, verdrängt dieser den Anspruch auf Elterngeld nur im entsprechenden Umfang. Es findet eine taggenaue Berechnung statt. Vgl. hierzu statt vieler: Böttcher/Graue-*Graue*, BEEG, § 3 Rdnr. 1, 3, Rancke-*Lenz*, BEEG, § 3 Rdnr. 6 sowie BT-Drs. 17/9841, S. 29.

1318 BSG, Urt. v. 26.05.2011 – Az. B 10 EG 11/10 R; vgl. auch Dau, jurisPR-SozR 20/2012 Anm. 1 und Böttcher/Graue-*Graue*, BEEG, § 4 Rdnr. 1.

1319 BSG, Urt. v. 20.12.2012 – Az. 10 EG 19/11 R. Vgl. hierzu nachfolgend unter B. I. 2. d) aa).

1320 S. Böttcher/Graue-*Graue*, BEEG, § 4 Rdnr. 10; vgl. außerdem BSG, Urt. v. 20.12.2012 – Az. 10 EG 19/11 R.

1321 So z. B. EuGH, Urt. v. 20.09.2007, Rs. C-116/06, Slg. 2007, I-7643 (Kiiski).

1322 EuGH, Urt. v. 20.09.2007, Rs. C-116/06, Slg. 2007, I-7643 (Kiiski). In dieser Entscheidung bezieht sich der EuGH zwar auf die Regelungen zur Elternzeit sowie den Mutterschutz für Arbeitnehmerinnen nach der RL 92/85/EWG, der im Rahmen des Urteils dargelegt Grundgedanke lässt sich aber gleichwohl auch auf alle anderen schwangeren Beschäftigten und damit auch auf selbständig erwerbstätige Schwan-

auch klar, dass der für 14 Wochen zuerkannte, bereits in der Europäischen Sozialcharta ausdrücklich verankerte Anspruch auf Mutterschutz als ein sozialrechtliches Schutzinstrument von besonderer Bedeutung anzusehen ist. Der Gemeinschaftsgesetzgeber sei zu der Ansicht gelangt, dass wesentliche Änderungen in den Lebensbedingungen der Frauen des begrenzten Zeitraums von mindestens 14 Wochen, teils vor, teils nach der Entbindung, ein triftigen Grund dafür darstellen, die Ausübung der beruflichen Tätigkeit auszusetzen, ohne dass die Stichhaltigkeit dieses Grundes in Frage gestellt werden könne. Der Mutterschutz ist damit als ein Schutzinstrument von ganz besonderem Rang einzustufen, das nicht weiter zu diskutieren ist. Er sichert ein Risiko ab, dass einzig und allein Frauen obliegt.[1323] Diese Rechtsprechung zeigt, dass auch nach Ansicht des Europäischen Gerichtshofs kein vergleichbares Risiko besteht, das derart einzigartig und besonders ist. Dem ist beizupflichten.

Überdies hat der Gerichtshof im vorgenannten Urteil, wie schon vorangehend mit den Entscheidungen „*Kommission/Luxemburg*"[1324] und „*Federatie Nederlandse Vakbeweging*"[1325], deutlich gemacht, dass ein durch das Gemeinschaftsrecht gewährleisteter Anspruch einen anderen gemeinschaftsrechtlich gewährleisteten Anspruch nicht beeinträchtigen darf. Eine bloße Anrechnung des einen Anspruchs auf den anderen kann damit sicherlich nicht als unzulässig abgewiesen werden, einen Anspruch aber, etwa mit der Begründung zu versagen, es gäbe doch längst einen gleichgelagerten Anspruch, ist hingegen seither nicht länger haltbar. Im Rahmen seines Urteils vom 13. Februar 2014[1326] bestätigte der Europäische Gerichtshof diese Auffassung nochmals und erklärte weiterhin, dass die Elternzeit – ob im Wege des Elterngeldes bezahlt oder unbezahlt – die Gelegenheit bieten solle, die eigene berufliche Verantwortung mit den familiären Verpflichtungen zu vereinbaren. Auf diese Weise solle die Chancengleichheit zwischen den Geschlechtern und die Gleichbehandlung von Frauen und Männern gefördert werden.[1327] Die Entscheidung Elternurlaub in Anspruch zu nehmen, dürfe aber nicht die Bedingungen verändern, unter denen die betroffene Frau stattdessen auch einen anderen Urlaub, wie den Mutterschaftsurlaub, in Anspruch nehmen

---

gere und Mütter übertragen, denen gemäß den Anforderungen der RL 2010/41/EU ohnehin ein gleichlaufender Anspruch auf Mutterschutz zustehen soll.

1323 So z. B. EuGH, Urt. v. 20.09.2007, Rs. C-116/06, Slg. 2007, I-7643 (Kiiski).

1324 EuGH, Urt. v. 14.04.2005, Rs. C-519/03, Slg. 2005, I-3067 Rdnr. 33.

1325 EuGH, Urt. v. 06.04.2006, Rs. C-124/05, Slg. 2006, I-3423 Rdnr. 24.

1326 EuGH, Urt. v. 13.02.2014, Rs. 512/11, NZA 2014, 316.

1327 Vgl. hierzu auch EuGH, Urt. v. 22.10.2009, Rs. C-116/08, Slg. 2009, I-10063 Rdnr. 35 (Meerts); EuGH, Urt. v. 10.09.2010, Rs. C-149/10, Slg. 2010, I-8489 Rdnr. 6 (Chatzi).

könne. Beide Ansprüche gegeneinander auszuspielen ist insofern nicht länger denkbar.

Aus der bisherigen Rechtsprechung des Europäischen Gerichtshof lässt sich somit ableiten, dass das oberste europäische Gericht Elternzeit und Mutterschutz und damit auch die Frage des Elterngeldes im Vergleich zu Mutterschutzleistungen grundsätzlich unterschiedlich bewertet. Der Europäische Gerichtshof erkennt deutliche Unterschiede zwischen beiden Anspruchsgrundlagen, wenn er erklärt, dass beide zwar womöglich vergleichbare Ziele verfolgen, gleichwohl einander aber nicht beeinträchtigen dürfen. Sicherlich bleibt es auch weiterhin dabei, dass beide Leistungen zumindest die für die Zeit nach der Geburt des Kindes entstehenden Einkommenseinbußen gleichermaßen ausgleichen. Der vom Gesetzgeber mit der Gewährung des Elterngeldes verfolgte Zweck, Eltern individuell bei der Sicherung ihrer Lebensgrundlage zu unterstützen, wenn sie nach der Geburt unter Verzicht auf ihre Berufstätigkeit die Betreuung ihres Kindes übernehmen würden, wird in diesem Falle durch die Zahlung von Mutterschaftsgeld und des Arbeitgeberzuschusses, bei dem es sich um eine Lohnersatzleistung arbeitsrechtlicher Natur handele, bereits erfüllt. Daher ist es auch sicherlich richtig, dass diese Leistungen nicht nebeneinander gewährt werden, sondern gemäß § 3 Abs. 1 BEEG eine entsprechende Anrechnung vorgenommen wird. Solange Mutterschaftsgeld gewährt wird, bleibt kein Raum für den Ausgleich von Einkommenseinbußen durch das Elterngeld.[1328] Dies bedeutet aber unterdessen nicht, dass nicht beide Ansprüche unabhängig voneinander zumindest dem Grunde nach parallel bestehen können und sollen. Es muss stets die Möglichkeit der freien Wahl bestehen. Die betroffenen Frauen müssen selbst entscheiden können, ob sie die eine oder andere Leistung in Anspruch nehmen wollen, jedenfalls soweit diese ihnen dem Grunde nach zusteht.

Der Mutterschutz soll, anders als das Elterngeld, neben mehr Chancengleichheit durch Gewährung eines finanziellen Ausgleichs für die Zeit rund um die Geburt auch dem Gesundheitsschutz von Mutter und Kind dienen, nicht aber den Vätern. Diese Auffassung wurde im Übrigen bereits im Rahmen der Entscheidung des Europäischen Gerichtshofes in der Rechtssache „*Hofmann*“ aus dem Jahr 1984 vertreten.[1329] Während das Recht auf Elterngeld beiden

1328 So auch HessLSG, Urt. v. 26.09.2011 – Az. L 6 EG 4/09.

1329 Vgl. hierzu z.B. die Ausführungen des EuGHs in dem Vorabentscheidungsverfahren „*Hofmann*“ vom 12.07.1984. In Rahmen dieser Entscheidung wird darauf hingewiesen, dass die deutsche Rechtsordnung schon zu jener Zeit davon ausging, dass in dem Ausschluss der Männer von etwaigen Mutterschutzleistungen kein Verstoß gegen das Verbot in der RL 76/207/EWG einer Diskriminierung aufgrund

Elternteilen für die Zeit nach der Geburt zusteht, also als echtes Elternrecht aufzufassen ist, ist das auch schon vor der Geburt gewährte Recht auf Mutterschutz allein den Frauen vorbehalten. Das Elterngeld gegen die Mutterschutzleistungen auszuspielen ist mit Blick auf die Rechtsprechung des Europäischen Gerichtshofs allein daher schon nur schwer möglich. Beide Ansprüche mögen zwar einen vergleichbaren sozialpolitischen Zweck verfolgen, sind aber letztlich nicht in Gänze miteinander vergleichbar.[1330] Das Mutterschutzrecht stellt ein ganz besonderes, einzigartiges Frauenrecht dar, das mit keinem anderen Anspruch über einen Kamm geschert werden kann. Es dient nicht nur dazu einen Schonraum für die erste gemeinsame Zeit mit seinem Kind zu gewähren, sondern auch dem gesundheitlichen Schutz von Mutter und Kind sowie der verbesserten Chancengleichheit. Es ist nicht nur eine Anerkennung dafür, sich für die Familiengründung entschieden zu haben, sondern eben auch eine Ersatzleistung für entfallenes Einkommen aufgrund der gesundheitlich notwendigen Auszeit vom Erwerbsalltag.

cc) Zusammenwirken der verschiedenen Leistungsansprüche

Das Bundesfamilienministerium hat sich dem Leitbild der nachhaltigen Familien- sowie Gleichstellungspolitik verschrieben. Hierzu soll allen voran die Vereinbarkeit von Familie und Beruf weitreichend gefördert werden.[1331] Eine nachhaltige Familienpolitik steht dabei vor der großen Herausforderung, Paaren die Familiengründung zu erleichtern, einen Beitrag zur nachhaltigen Sicherung von Familien zu leisten und die Wahlfreiheit zwischen den verschiedenen Lebensentwürfen mit

---

des Geschlechts gesehen werden könne, da es sich um eine Leistung ausschließlich zugunsten der Frauen handele. Die Beschränkung der Mutterschutzleistungen auf die Frauen sei mit den europarechtlichen Vorgaben vereinbar, da sie allein dem Mutterschutz im Sinne eines leiblichen Schutzes dienen solle. Auch nach Auffassung des Bundesverfassungsgerichts verfolge der gesetzliche Mutterschutz das Ziel, den Widerstreit zwischen der Aufgabe als Mutter und der Stellung im Berufsleben im Interesse der Gesunderhaltung von Mutter und Kind auszugleichen. Männer könnten demnach nicht von diesem Schutz profitieren. Dies bestätigte der EuGH; EuGH, Urt. v. 12.07.1984, Rs. C-184/83, Slg. 1984, I-3047 (Hofmann).

1330 S. hierzu auch Knigge, Mutterschutz auch für Selbständige? Aus der Sicht der Rechtswissenschaft, in: Rust/Lange (Hrsg.), Völkerrecht und Frauen, Welche Ansatzpunkte bietet das Völkerrecht für Gleichbehandlung?, Loccumer Protokoll 59/13, S. 191, 205 f. sowie Knigge, Die Richtlinie 2010/41/EU und Mutterschutz für Selbständige, in: Rust/Lange (Hrsg.), Mutterschutz für Selbständige?, Loccumer Protokoll 80/14, S. 45, 61.

1331 Vgl. Boll, HWWI Update 07/08, S. 1.

Kindern zu unterstützen.[1332] Doch auch die Gleichstellungsfrage und die Frage der Chancengleichheit von Mann und Frau im beruflichen Alltag dürfen dabei nicht zu kurz kommen. Dieser Herausforderung versucht die Politik mit Hilfe des Rechts auf verschiedenem Wege gerecht zu werden. Einer dieser Wege besteht darin, den betroffenen Eltern nach den Regelungen des Bundeselterngeld- und Elternzeitgesetzes ein Elterngeld zu gewähren, während ein anderer hiervon zu unterscheidender Weg darin besteht, den betroffenen Müttern Mutterschutzleistungen zu bieten. Gemeinsam ist beiden Maßnahmen, dass sie jeweils das Ziel verfolgen, mehr Frauen in die Erwerbstätigkeit zu führen bzw. dort zu halten. Das Elterngeld versucht dies damit zu bewirken, dass eine entsprechende Lohnersatzleistung für einen verhältnismäßig kurzen Zeitraum gewährt wird, der aber zum Hineinfinden in den gemeinsamen Alltag ausreichend sein dürfte[1333], und zugleich aber auch den Vätern einen Anreiz bietet, ebenfalls bezahlte Elternzeit zu nehmen. Die Mutterschutzleistungen versuchen darüber hinaus, den Frauen die bereits medizinisch notwendige Auszeit rund um die Geburt zumindest finanziell sorgenfrei zu gestalten. Es soll eine echte Wahlfreiheit bestehen. Die Mutterschaft soll nicht gleichbedeutend mit der Aufgabe der eigenen Erwerbstätigkeit sein.

Die Wirksamkeit einer auf diesem Gebiet tatsächlich nachhaltigen Politik ist immer das Ergebnis eines aufeinander abgestimmten Zusammenwirkens verschiedener Maßnahmen, die sich ergänzen und zeitlich aufeinander aufbauen. Das Elterngeld soll in diesem Zusammenhang in der ersten Zeit nach der Geburt eines Kindes, dessen Betreuung ermöglichen, ohne dass die Eltern allzu erhebliche finanzielle Einbußen hinnehmen müssen. Es soll so ein Schonraum geschaffen werden, der es Eltern und Kind ermöglichen sich auf die neue Situation einzustellen und zusammenzufinden. Hierzu soll das Elterngeld den notwendigen Ausgleich für konkrete Nachteile in der Frühphase der Familiengründung ausgleichen. Das Elterngeld wird deshalb zu Recht auch für einen bedeutenden Motor angesehen. Das Mutterschaftsgeld setzt hingegen bereits an einem früheren Punkt an. Es wird schon den werdenden Müttern vor der Geburt gewährt, um sich so auf die Entbindung vorbereiten zu können. Die Gesundheit von Mutter und Kind steht hier im Vordergrund. Die mit Hilfe des Elterngeldes finanzierte Elternzeit sattelt sich hier sodann auf. Nur beide Maßnahmen gemeinsamen vermögen es eine umfassende und nachhaltige Familien- und Gleichstellungspolitik zu bieten.

1332 Ausschusses für Familien, Senioren, Frauen und Jugend, Beschlussempfehlung und Bericht zu dem Entwurf eines Gesetzes zur Einführung des Elterngeldes, BT-Drs. 16/2785, S. 2.

1333 Natürlich nur sofern entsprechende Kinderbetreuungsangebote ebenfalls ausgeweitet werden.

Flankiert werden müssen die Maßnahmen zudem von einem ausreichenden Angebot an KiTa-Plätzen, so dass auch nach der Elternzeit die Betreuung des Kindes gesichert ist.

Obgleich jede Maßnahme für sich das Ziel der verbesserten Vereinbarkeit von Beruf und Familie auf verschiedener Art und Weise verfolgt und teils auch andere Zielsetzungen mit ins Auge nimmt, so ist doch zumindest eines klar: Nur gemeinsam kann eine ganzheitliche Vereinbarkeit geschaffen werden. Erst das Ineinandergreifen der verschiedenen Maßnahmen bewirkt, dass eine Frau tatsächlich ohne wirtschaftliche Nöte befürchten zu müssen, den notwendigen Freiraum zur Vereinbarung der eigenen beruflichen Tätigkeit mit ihren Bedürfnissen als Mutter erhält. Eine nachhaltige Politik kann auf diesem Gebiet nur dann erfolgreich sein, wenn sich die verschiedenen Maßnahmen in den unterschiedlichen Bereichen so ergänzen, dass ein Gesamtbild geschaffen wird, dass den Betroffenen in jedweder Situation angemessen zur Seite gestanden wird. Die Möglichkeit über die eigene berufliche, wie auch familiäre Lebensplanung frei entscheiden zu können, muss so ausgestaltet und unterstützt werden, dass kein Zeitfenster verbleibt, in der eine solche Wahlfreiheit, z. B. schon aus finanziellen Gründen, nicht existiert. Erst das Gesamtpaket aus Mutterschutz und Elterngeld vermag eine solche umfassende Wahlfreiheit zu gewähren und so effektiv wie nachhaltig zu wirken. Der Umstand, dass es die Möglichkeit des Elterngeldbezuges gibt, lässt nicht in allen Belangen einen Anspruch auf Mutterschaftsgeld ausschließen. Gerade für die Zeit vor der Entbindung bietet das Elterngeld, wie bereits gezeigt, keinen entsprechend adäquaten Ersatz.[1334] Hier geht das Mutterschaftsgeld über die Leistungsmöglichkeit des Elterngeldes hinaus.

Elterngeld und Mutterschaftsleistungen ergänzen einander und sind doch nicht dasselbe.[1335] Insbesondere hinsichtlich der hier im Mittelpunkt stehenden Selbständigen wird dies deutlich. Bleibt es dabei, dass zahlreiche Selbständige ausschließlich auf das Elterngeld zurückgreifen können, so bleibt es bei zwei Klassen an selbständigen Müttern, namentlich solchen, die ähnlich dem zweigliedrigen Schutz für die Angestellten schon in den letzten Wochen der Schwangerschaft zunächst nach § 24i SGB V oder den Regelungen zur Krankenversicherung der

1334 Vgl. hierzu schon die obigen Ausführungen unter A. II. 8. f) bb).

1335 So auch schon Knigge, Mutterschutz auch für Selbständige? Aus der Sicht der Rechtswissenschaft, in: Rust/Lange (Hrsg.), Völkerrecht und Frauen, Welche Ansatzpunkte bietet das Völkerrecht für Gleichbehandlung?, Loccumer Protokoll 59/13, S. 191, 205 f. sowie Knigge, Die Richtlinie 2010/41/EU und Mutterschutz für Selbständige, in: Rust/Lange (Hrsg.), Mutterschutz für Selbständige?, Loccumer Protokoll 80/14, S. 45, 61.

Landwirte bzw. der Künstler und Publizisten bzw. i.S.d. § 192 Abs. 5 S. 2 VVG nach zusätzlichem Abschluss eines privaten Krankentagegeldtarifs von einem der privaten Krankenversicherer zumindest in Höhe des Krankengeldes eine Mutterschaftsleistung und im Anschluss daran das Elterngeld beziehen können, und all den anderen Selbständigen, die nur das der Höhe nach im Übrigen in aller Regel geringer ausfallende Elterngeld erst ab der Geburt des Kindes als eine Art Ersatz-Mutterschaftsleistung bekommen. Ein Gleichlauf, wie er gerade im Hinblick auf die spezielle gesundheitliche Ausrichtung des Muttergeldanspruches, der grundsätzlich allen Frauen gewährt werden und auch die Selbständigen betreffend nicht zu diskutieren sein sollte, ist aber auf diese Weise nicht zu erreichen. Einem Teil der Frauen entsteht so ein finanzieller Nachteil, der nicht hinzunehmen ist und eine nicht hinzunehmende Diskriminierung der betroffenen Frauen darstellt.[1336]

dd) Ergebnis

Mutterschutzleistungen und Elterngeld verfolgen eine vergleichbare sozialpolitische Zielsetzung. Jede der zwei Maßnahmen trägt je für sich genommen zum Gesamtbild einer umfassenden Familien- sowie Gleichstellungspolitik bei. Jede Maßnahme dient der Chancengleichheit und Gleichbehandlung. Der Mutterschutz soll es Müttern leichter machen, später Beruf und Familie zu vereinbaren, indem sie sich während der körperlich, wie seelisch stark belastenden Zeit rund um die Geburt allein auf sich und das Kind konzentrieren können. Die Elternzeit dient hingegen als „Schonraum"[1337] und als ein durchaus ausgedehntes Zeitfenster, in dem Vereinbarkeit von Beruf und Familie von beiden Elternteilen gelebt werden kann. Sowohl der Mutterschutz als auch die Elternzeit dienen damit zwar gleichsam dem Zweck einer verbesserten Vereinbarung von Beruf und Familie, sie ergänzen hierzu einander und sind dennoch nicht dasselbe.[1338] Der Mutterschutz stellt ein einzigartiges Frauenrecht dar und ist damit eine Besonderheit in unserem Rechtssystem, was selbst der Europäische Gerichtshof in der Vergangenheit wiederholt deutlich hervorgehoben hat.

1336 Hierauf wird nochmals ausführlich im nachfolgenden Abschnitt B. zurückzukommen sein.

1337 BT-Drs. 16/10770, S. 5.

1338 So auch schon Knigge, Mutterschutz auch für Selbständige? Aus der Sicht der Rechtswissenschaft, in: Rust/Lange (Hrsg.), Völkerrecht und Frauen, Welche Ansatzpunkte bietet das Völkerrecht für Gleichbehandlung?, Loccumer Protokoll 59/13, S. 191, 205 f. sowie Knigge, Die Richtlinie 2010/41/EU und Mutterschutz für Selbständige, in: Rust/Lange (Hrsg.), Mutterschutz für Selbständige?, Loccumer Protokoll 80/14, S. 45, 61.

g) *Fazit*

Zusammenfassend lässt sich festhalten, dass das Elterngeld den Eltern helfen soll, sich im ersten Lebensjahr ihres Neugeborenen vorrangig der Betreuung des Kindes widmen zu können. Es soll dazu beitragen, dass die wirtschaftliche Situation der Familie trotz der genommenen Betreuungszeit stabil bleibt. Die Familie soll ohne größere finanzielle Nöte befürchten zu müssen, in Ruhe in die neue Situation hineinfinden können. Für Männer sollen die Chancen verbessert werden, aktive Väter zu sein, Frauen soll die Rückkehr in das Berufsleben erleichtert werden.[1339] Diese Hilfestellung kommt sowohl Arbeitnehmerinnen als auch selbständig erwerbstätigen Frauen und Männern zu Gute. Zumindest für die Zeit nach der Geburt gibt es damit eine Anspruchsgrundlage, auf die auch selbständig erwerbstätige Mütter grundsätzlich zurückgreifen können. Für die Zeit vor der Geburt bietet es hingegen keinen Schutz. Ein echtes, umfassendes Äquivalent zum Mutterschutz ist das Elterngeld mithin allein schon aus diesem Grunde nicht. Es bildet aber mit ihm ein Gesamtpaket, das zusammengenommen das Ziel einer nachhaltigen Familien- sowie Gleichstellungspolitik verfolgt.

9. *Ergebnis*

Wie bereits vorangehend ausführlich dargestellt muss grundsätzlich (auch) denjenigen selbständig erwerbstätigen (werdenden) Mütter ein angemessener Mutterschutz zu teil werden, die gerade nicht für sich selbst sorgen können. Nur so kann nach diesseitigem Dafürhalten den Vorgaben des Art. 6 Abs. 4 GG i.V.m. Art. 3 Abs. 1 GG Genüge getan werden. Da dies aber nicht für alle Selbständigen im Wege des klassischen Mutterschutzrechts geschieht, wurde im Rahmen dieses Abschnittes der Frage nachgegangen, ob diesen Frauen stattdessen auf anderen Wegen Ansprüche zur Seite stehen, die ihnen für die hier im Mittelpunkt stehende Zeit rund um die Geburt die notwendige Hilfestellung garantieren und dabei einen zumindest vergleichbaren Schutz bieten.

Der Mutterschutz (auch) für Selbständige war zumindest bis zur Einführung des § 192 Abs. 5 S. 2 VVG, der im Folgenden nochmals näher betrachtet werden soll, im deutschen Rechtssystem nicht so verankert, als dass dieses den betroffenen Frauen einen lückenlosen Schutz bieten könnte. Die weiteren Ausführungen werden untersuchen, ob sich dies dank der Änderung des VVG nunmehr geändert haben könnte. Das Mutterschutzgesetz selbst gilt jedenfalls auch weiterhin gemäß dem in § 1 MuSchG klar umrissenen Anwendungs-

---

1339 Ehlert/Rüling, S. 7; Begründung des Gesetzentwurfs zum BEEG, BT-Drs. 16/1889.

bereich grundsätzlich nur für abhängig erwerbstätige Arbeitnehmerinnen. Auf den Personenkreis der selbständig erwerbstätigen Frauen ist es nicht anwendbar. Allein die selbständig erwerbstätigen Hausgewerbetreibenden sind vom Anwendungsbereich des Mutterschutzgesetzes umfasst und profitieren damit u. a. von der Regelung zum Mutterschaftsgeld gemäß § 19 MuSchG 2018. Für alle anderen selbständigen (werdenden) Mütter gelten vor allem die im Mutterschutzgesetz unter §§ 3 Abs. 2, 6 Abs. 1 MuSchG a. F. / § 3 Abs. 1, Abs. 2 MuSchG 2018 zum Schutze der Gesundheit von Mutter und Kind festgelegten Mutterschutzfristen nicht; es gibt kein gesetzliches Beschäftigungsverbot und damit grundsätzlich auch keinen finanziellen Ausgleich für die Zeit rund um die Geburt. Sie sind insofern auf sich selbst gestellt. Die Regelungen des Mutterschutzgesetzes stehen ihnen nicht helfend zur Seite. Hieran hat auch die letzte Neuregelung des Mutterschutzrechts, wie sie am 06. Mai 2016 vorgestellt wurde und zum 01.01.2018 in Kraft getreten ist, nichts geändert.[1340] Etwas anderes gilt hingegen für diejenigen selbständig erwerbstätigen (werdenden) Mütter, die freiwillig Mitglied einer gesetzlichen Krankenkasse sind und den Anspruch auf Krankentagegeld mitversichert haben oder im Bedarfsfall sich diesen somit praktisch erkaufen. Für sie greifen die Bestimmungen des Fünften Buch Sozialgesetzbuch, nach dessen § 241 Abs. 1, Abs. 2 S. 7 „sonstige Mitglieder" einer gesetzlichen Krankenkasse ein Mutterschaftsgeld in Höhe des Krankengeldes erhalten, sofern sie von der Möglichkeit des Wahltarifs Gebrauch machen. Die Regelung des § 24i SGB V wird im Übrigen im Wege der Verweisung gemäß § 1 KSVG auch auf die selbständigen Künstlerinnen und Publizisten sowie gemäß § 14 KVLG 1989 auf die Landwirtinnen übertragen. Für all weiteren Betroffenen greift das Recht auf Elterngeldleistung und gegebenenfalls die im Jahre 2017 neugeschaffene Regelung des § 192 Abs. 5 S. 2 VVG.

Die voranstehenden Anspruchsgrundlagen dienen insbesondere auch der Umsetzung des in im Art. 6 Abs. 4 GG verankerten Grundrechts auf Schutz und Fürsorge der Mutter durch die Gemeinschaft. Das Grundgesetz sieht an dieser Stelle mithin einen umfassenden Schutz- und Leistungsauftrag für (werdende) Mütter vor. Um den entsprechend in Art. 6 Abs. 4 GG verankerten Vorgaben gerecht zu werden, muss nach diesseitigem Verständnis hierzu auch zumindest denjenigen selbständig erwerbstätigen (werdenden) Mütter ein angemessener Mutterschutz zu teil werden, die gerade nicht für sich selbst sorgen können. Nur so kann nach diesseitigem Dafürhalten den Vorgaben des Art. 6 Abs. 4 GG i.V.m. Art. 3 Abs. 1 GG Genüge getan werden. Eine unterschiedliche Behand-

1340 Vgl. hierzu z. B. die obigen Ausführungen im 1. Kapitel unter A. I. 2. d).

lung ist, insbesondere mit Blick auf die zunehmenden prekären selbständigen Erwerbsformen (Stichwort: „Neue Selbständigkeit“, „Solo-Selbständigkeit“) sowie unter Berücksichtigung der Entwicklungen auf unionsrechtlicher Ebene und der Einführung des Art. 33 Abs. 2 GReCh, heute jedenfalls nicht mehr zu begründen, auch wenn es aktuell keine entsprechende höchstrichterliche Rechtsprechung gibt. Die letzten Entscheidungen und Beschlüsse zu dieser Thematik entstammen vornehmlich den 1980er Jahren und berücksichtigen damit nicht die aktuellen Entwicklungen im Bereich der selbständigen Erwerbstätigkeit der letzten Jahre.

B. Rechtliche Bewertung der vorgenommenen Umsetzungsmaßnahmen des deutschen Gesetzgebers

Die Vorgaben der Richtlinie 2010/41/EU waren von den einzelnen Mitgliedsstaaten der Europäischen Union bis zum 05. August 2012 in nationales Recht umzusetzen.[1341] Die Umsetzungsfrist ist seit Langem annähernd unbemerkt abgelaufen. Die Frage, wie es um den Mutterschutz für Selbständige in der deutschen Rechtsordnung bestellt ist, wurde und wird in der einschlägigen Literatur kaum berücksichtigt.[1342]

Das für Fragen des Mutterschutzes zuständige Bundesministerium für Familie, Senioren, Frauen und Jugend (BMFSFJ) hielt den vorstehenden Erwägungen zum Trotz etwaige Änderungen des nationalen Rechts für Mutterschaftsleistungen sogar noch im Mai 2012 für nicht erforderlich und erklärte dementsprechend im Rahmen einer kleinen Anfrage im Deutschen Bundestag, auf die im Weiteren der Vollständigkeit halber näher noch eingegangen werden wird, die Richtlinie 2010/41/EU löse für Deutschland keinen Umsetzungsbedarf aus. Insbesondere die Anforderungen aus Art. 8 Abs. 1 und Abs. 4 der Richtlinie 2010/41/EU seien längst durch das geltende nationale Recht erfüllt.[1343] Ganz in diesem Sinne wurde daraufhin gemäß Art. 15 Abs. 1 der Richtlinie von Deutschland gemeldet,

---

1341 Art. 16, 17 der RL 2010/41/EU.

1342 Vgl. hierzu nur z. B. die Kritik von *Nebe* bzgl. eines fehlenden bzw. unzureichenden Bezugs mutterschutzrechtlicher Leistungen für selbständige Frauen und mitarbeitende Ehe- und Lebenspartnerinnen nach dem Mutterschutzgesetz in: Düwell, Göhle-Sander, Kohte (Hrsg.), juris-PraxisKommentar „Vereinbarkeit von Familie und Beruf“, Kap. 5.2, § 1 MuSchG Rdnr. 17.

1343 BT-Drs. 17/9615 vom 11.05.2012, S. 53 – Antwort des BMFSFJ auf schriftliche Anfrage der Abgeordneten Dr. Eva Högl (SPD); vgl. Franzen/Gallner/Oetker-*Mohr*, RL 2010/41/EU Art. 16 Rdnr. 2 m.w.N.

es sei alles Erforderliche getan. Konkret teilte die Bundesrepublik Deutschland mit, man habe zur Umsetzung der Richtlinienvorgaben insgesamt 10 Maßnahmen ergriffen, die allerdings weder das Mutterschutzgesetz noch das Fünfte Buch Sozialgesetzbuch (SGB V) betreffen. Keine der gemeldeten Maßnahmen steht in einem inhaltlichen Zusammenhang zur Frage nach der Schaffung eines Mutterschutzes (auch) für Selbständige.[1344]

Obgleich in Deutschland schon während des Gesetzgebungsverfahrens vereinzelt Kritik gegenüber dem Vorhaben geübt wurde, wie z. B. von *Sohn* oder aber dem Bundesrat[1345], blieb es in der Literatur während dieser Zeit überraschend ruhig. Ohne weiteres Aufsehen stimmte Deutschland für die Verabschiedung der Richtlinie; womöglich, weil man eh davon ausging, national selbst keine Gesetzesänderungen vornehmen zu müssen, da ja immerhin kein Umsetzungsbedarf bestehe.

Erst spät hat sich diese Haltung still und heimlich geändert. Beinahe unbemerkt von der breiteren Öffentlichkeit hat sich beispielsweise im August 2014, also zwei Jahre nach Ablauf der Umsetzungsfrist, eine erste gemeinsame Initiative des Bundesministeriums für Wirtschaft (BMWi) und des Bundesministeriums für Familie, Senioren, Frauen und Jugend (BMFSFJ) unter dem Projekttitel „*FRAUEN gründen – Gründerinnen und Unternehmerinnen in Deutschland stärken*" zusammengetan und es sich u. a. zum Ziel gesetzt, im Rahmen einer ressortübergreifenden Arbeitsgruppe

> ***„Regelungen, wie für Selbstständige bei Schwangerschaft und Stillzeit bessere Bedingungen geschaffen werden können"***

auszuarbeiten. Dabei sollten insbesondere die Themenbereiche Vertretungsregelungen und finanzielle Absicherung im Mittelpunkt stehen.[1346] Konkrete Ergebnisse, wie mit dem derzeitigen Stand der Umsetzung der Vorgaben des

---

1344 Die Bundesrepublik Deutschland meldete der Union bis zum Ablauf der Umsetzungsfrist am 05.08.2012 insgesamt 10 Maßnahmen zum SGB IV, SGB VI, SGB VII, zum Gesetz der Alterssicherung der Landwirte, zum BEEG und zum AGG. Die einzelnen Maßnahmen sind aufgelistet abrufbar unter: http://eur-lex.europa.eu/legal-content/DE/NIM/?uri=CELEX:32010L0041 (zuletzt abgerufen am 15.06.2018).

1345 Vgl. zur Skepsis und beharrlichen Kritik die obigen Ausführungen im 2. Kapitel unter C. II.

1346 Das Strategiepapier „Frauen gründen – Gründerinnen und Unternehmerinnen in Deutschland stärken" vom 13.08.2014 ist abrufbar unter https://www.bmfsfj.de/blob/83098/a0b7288769bb9e13541dcfd124527783/strategiepapier-frauen-gruenden-data.pdf (zuletzt abgerufen am 15.06.2018).

Art. 8 der Richtlinie 2010/41/EU in das deutsche Rechtssystem umzugehen ist, wurden von der Initiative allerdings nicht veröffentlicht und auch die zum 01.01.2018 in Kraft getretene Reform des Mutterschutzgesetzes nahm sich des hier im Mittelpunkt stehenden Themas nicht an. Nur arbeitnehmerähnliche Personen sind seither vom Anwendungsbereich des Mutterschutzgesetzes umfasst, allerdings ausdrücklich ohne Anspruch auf Mutterschutzlohn oder Mutterschaftsgeld.[1347]

Die damalige Bundesfamilienministerin *Schwesig* (SPD) hatte seinerzeit im Zusammenhang mit der Bekanntgabe des Gesetzesentwurfs vom Mai 2016 am 04.05.2016 gegenüber der Presse zumindest versichert, sie wolle in den kommenden Jahren auch eine Lösung für selbständige Frauen finden. Dieses Vorhaben werfe allerdings neue Fragen auf.[1348] Der Vorstoß kam dann allerdings im Dezember 2016 bemerkenswerter Weise nicht aus dem SPD-geführten Bundesfamilienministerium, sondern von Seiten des CDU-geführten Bundesgesundheitsministeriums. Wahrgenommen hat dies jedoch kaum jemand[1349], was auch nicht weiter verwunderlich ist, bedenkt man, dass der Vorschlag zur Änderung des Art. 192 VVG immerhin im Rahmen des Gesetzgebungsverfahrens zum Entwurf eines Gesetzes zur Stärkung der Heil- und Heilmittelversorgung (HHVG) eingebracht wurde[1350], also im Zuge eines Gesetzesvorhabens, welches in keinerlei inhaltlichem Zusammenhang mit der hier im Mittelpunkt stehenden Problematik steht.

Die nachfolgenden Ausführungen werden sich nun der Frage widmen, ob die Gesetzesänderung des Versicherungsvertragsgesetzes (VVG) dazu beigetragen hat, dass Deutschland seiner Pflicht zur Umsetzung der Vorgaben des Art. 8 der Richtlinie 2010/41/EU letztlich doch noch erfüllt. Werden selbständige Mütter spätestens seit Anpassung des Versicherungsvertragsgesetzes hinreichend geschützt? Oder besteht auch weiterhin Handlungsbedarf?

Der Vollständigkeit halber wird ein Überblick nebst kurzer Bewertung der Stellungnahme des Bundesfamilienministeriums vom Mai 2012 vorangestellt, die dessen ursprüngliche Haltung aufzeigt.

1347 Vgl. hierzu schon die obigen Ausführungen des 1. Kapitels unter A. I. 2. d).

1348 So z. B. die Mitteilung „Mutterschutz für Studentinnen: Kabinett billigt Reform“ im Weser Kurier vom 04.05.2016; abrufbar unter: http://www.weser-kurier.de (zuletzt abgerufen am 15.06.2018).

1349 Zum Vorstoß vgl. z. B. folgende kurze Pressemitteilungen abrufbar unter: http://www.eaf-bund.de und http://www.vsgd.de/ (zuletzt abgerufen am 15.06.2018).

1350 Vgl. hierzu die nachfolgenden Ausführungen zur Änderung des § 192 Abs. 5 VVG unter B. II 1.

I. Negative Stellungnahme des Bundesministeriums für Familie, Senioren, Frauen und Jugend zum Umsetzungsbedarf

Die kritische Haltung des Bundesrates zum Vorhaben der Union allgemein wurde bereits ausführlich dargestellt. Zudem ging das Bundesfamilienministerium (zumindest zunächst) davon aus, dass ehedem kein Handlungsbedarf hinsichtlich der Schaffung weiterer Regelungen bzw. etwaiger neuer Anspruchsgrundlagen bezüglich eines umfassenden Mutterschutzes (auch) für Selbständige bestehe, was gerade auch durch die Mitteilung der getroffenen Maßnahmen, wie sie an die Europäische Union gemeldet wurden, deutlich wurde[1351], bzw. mit der Stellungnahme des Parlamentarischen Staatssekretärs Dr. Hermann Kues vom 7. Mai 2012, die im Folgenden zusammengefasst wird.

1. *Die Stellungnahme des Bundesfamilienministeriums vom Mai 2012 im Überblick*

Auf die Frage, durch welche nationalen Vorschriften der deutsche Gesetzgeber die Inhalte der Richtlinie, insbesondere des Art. 8 Abs. 1, wonach Mutterschaftsleistungen während einer Unterbrechung der selbständigen Erwerbstätigkeit gewährleistet sein müssen, sowie des Art. 8 Abs. 4, wonach für selbständig erwerbstätige Frauen der Zugang zu bestehenden Diensten zur Bereitstellung einer zeitlich befristeten Vertretung sichergestellt werden soll, in der Vergangenheit bereits in das nationale Recht umgesetzt sehe, wurde vom Bundesfamilienministerium noch im Mai 2012, also nur knapp drei Monate vor Ablauf der gesetzten Umsetzungsfrist, Folgendes mitgeteilt[1352]:

a. Frauen, die bei Beginn der Mutterschutzfrist in keinem Arbeitsverhältnis stehen, jedoch bei einer gesetzlichen Krankenversicherung mit Anspruch auf Krankengeld, als Selbständige also gemäß § 9 SGB V freiwillig in der gesetzlichen Krankenkasse versichert sind, erhalten gemäß § 200 Abs. 1, 1. Alt., Abs. 2 S. 7 RVO[1353] während des Mutterschaftsurlaubs von mindestens

1351 S. zu den von Deutschland im Einzelnen mitgeteilten Umsetzungsmaßnahmen: https://eur-lex.europa.eu/legal-content/DE/NIM/?uri=CELEX:32010L0041 (zuletzt abgerufen am 15.06.2018).

1352 Die Antworten des zuständigen Ministeriums werden in gekürzter Fassung sowie mit ergänzenden Hinweisen zu den aktuellen Rechtsquellen wiedergegeben. Die vollständigen Antworten des Parlamentarischen Staatssekretärs Dr. Hermann Kues vom 7. Mai 2012 sind nachzulesen unter: BT-Drs. 17/9615 vom 11.05.2012, S. 53 f.

1353 Dies Regelung des § 200 Abs. 1, 1. Alt., Abs. 2 S. 7 RVO findet sich wortgleich seit Oktober 2012 in § 24i Abs. 1, 1. Alt., Abs. 2 S. 7 SGB V wieder. Die Vorschrift

14 Wochen – sechs Wochen vor und acht Wochen nach der Geburt – Mutterschaftsgeld in Höhe des Krankengeldes.

b. ***Im Übrigen kann in der landwirtschaftlichen Krankenversicherung***[1354] ***während der Schwangerschaft und bis zum Ablauf von acht Wochen nach der Entbindung anstelle von Mutterschaftsgeld einer Landwirtin Betriebshilfe gewährt werden, sollte die Bewirtschaftung des landwirtschaftlichen Betriebes gefährdet sein. Durch die Bereitstellung einer Ersatzkraft kann der Betrieb fortgeführt werden, so dass keine Einkommensverluste entstehen. Als Betriebshelfer wird eine Ersatzkraft gestellt.***

c. ***Darüber hinaus sehe das Gesetz auch für die in der gesetzlichen Krankenversicherung versicherten Mitglieder die Möglichkeit der Haushaltshilfe vor. Frauen, die in der gesetzlichen Krankenversicherung versichert sind, können bei Schwangerschaft und Mutterschaft also nach den Vorschriften der RVO oder des Gesetzes über die Krankenversicherung der Landwirte u. a. Leistungen im Rahmen der Haushaltshilfe erhalten (§ 199 RVO***[1355]***).***

d. ***Ferner teilte das zuständige Bundesministerium mit, dass es doch im Übrigen die Möglichkeit des Elterngeldes gebe. Der Anspruch auf Elterngeld gilt schließlich für alle Eltern und somit eben für Selbständige wie auch deren Lebens- oder Ehepartner/-innen.***[1356]

2. *Bewertung der Stellungnahme des Bundesfamilienministeriums vom Mai 2012*

Deutschland erfülle längst die Mindestvorgaben der neuen Richtlinie 2010/41/EU, so also zusammenfassend die damalige Auskunft des für die Umsetzung der Richtlinienvorgaben zuständige Bundesfamilienministeriums. Doch schon unter Beachtung der voranstehenden Darstellungen des 3. Kapitels sowie des 4. Kapitels unter Punkt A. kann diese Antwort kaum überzeugen. Die nachfolgenden Er-

---

wurde dort durch das Gesetz zur Neuausrichtung der Pflegeversicherung (Pflege-Neuausrichtungs-Gesetz) vom 23.10.2012 (BGBl. I S. 2246) m.W.v. 30.10.2012 eingefügt.

1354 § 9 Abs. 3 lit. a) KVLG 1989 (Zweites Gesetz über die Krankenversicherung der Landwirte, 20.12.1988, BGBl. I S. 2477, 2557, letzte Änderung in Kraft getreten am 15.07.2013).

1355 Entspricht seit der Überführung der Regelungen zum Mutterschutz in das SGB V der Regelung des § 24h SGB V.

1356 S. zum Anspruch auf Elterngeld und dessen Voraussetzungen (auch für Selbständige) statt vieler Ebener/Graue, S. 97 ff. sowie die obigen ausführlichen Erläuterungen und Erörterungen des 4. Kapitels unter A. II. 8.

örterungen werden sich daher nochmals in gebührender Kürze mit den einzelnen Ausführungen des zuständigen Fachministeriums, insbesondere mit dem Verweis auf den Elterngeldanspruch (auch) für Selbständige, beschäftigen müssen und aufzeigen, dass zu jener Zeit keineswegs von einer Einhaltung der von Art. 8 der Richtlinie 2010/41/EU geforderten Mindeststandards ausgegangen werden konnte. Die Forderungen des Art. 8 der Richtlinie 2010/41/EU wurden gerade nicht vom deutschen Rechtssystem im notwendigen Maße aufgegriffen und umgesetzt. Die damaligen Ausführungen des Bundesfamilienministeriums vom Mai 2012 greifen zu kurz.

a) Mutterschaftsgeld der gesetzlichen Krankenversicherung als ausreichende Anspruchsgrundlage?

Das Bundesfamilienministerium verwies allen voran auf die Regelung des ehemaligen § 200 RVO, die heute in der Bestimmung des § 24i SGB V aufgegangen ist und welche zumindest für die gemäß § 9 SGB V freiwillig bei einer gesetzlichen Krankenkasse versicherten Frauen Mutterschaftsleistungen von 14 Wochen in Höhe des Krankengeldes vorsieht. Eine einheitliche Anspruchsgrundlage, die ausdrücklich einen 14-wöchigen Mutterschutz für alle Selbständige zum Gegenstand macht, gab es im deutschen Mutterschutzrecht hingegen nicht und konnte dementsprechend auch nicht im Rahmen der Antwort vom Mai 2012 in Bezug genommen werden. Auch war die spätere Neuregelung des § 192 Abs. 5 S. 2 VVG noch lange nicht angedacht.

Ein Anspruch auf Mutterschaftsgeld versteckte sich im § 24i Abs. 1, 1. Alt., Abs. 2 S. 7 SGB V seinerzeit also nur für einige selbständig erwerbstätige (werdende) Mütter. Der jedoch sehr eingeschränkte Geltungsbereich dieser Regelung, die ausschließlich Mitglieder einer gesetzlichen Krankenkasse in Bezug nimmt, wurde bereits ausführlich voranstehend in diesem Kapitel erörtert und nochmals besonders betont. Unter A. II. 2. b) dd) und A. II. 5. a) cc) wurde zudem bereits auf die Problematik eines Wechsels weg von der privaten hin zur gesetzlichen Krankenversicherung eingegangen. Ein Wechsel ist hier nur unter engen Voraussetzungen möglich und steht damit nicht jeder selbständig erwerbstätigen (werdenden) Mutter in gleichem Maße offen.

Wer sich hingegen nicht als Mitglied einer gesetzlichen Krankenkasse auf die Regelung des § 24i Abs. 1, 1. Alt., Abs. 2 S. 7 SGB V berufen konnte, konnte grundsätzlich auch keinen Anspruch auf Mutterschutzleistungen, auch nicht auf Umwegen, geltend machen. Allenfalls der Basistarif, der von den privaten Krankenversicherern zwingend anzubieten ist, sah und sieht etwas zumindest annähernd Gleichwertiges vor. Und selbst diejenigen, die in der gesetzlichen

Krankenversicherung als freiwillig versichertes Mitglied versichert sind, erhalten (noch heute) nicht in jedem Falle das von § 24i Abs. 1, 1. Alt., Abs. 2 S. 7 SGB V in Höhe des Krankengeldes vorgesehene Mutterschaftsgeld. So besteht die verlockende Möglichkeit gemäß den § 44 Abs. 2 S. 1 Nr. 2 SGB V i.V.m. § 243 Abs. 1 SGB V gegen Ermäßigung des Kassenbeitrages den Anspruch auf Krankengeld und damit letztlich auch die Zahlung eines Mutterschaftsgeldes nach § 24i SGB V auszuschließen. Die insbesondere während der Aufbauphase der eigenen Selbständigkeit oftmals eher dünne Finanzdecke zwingt die Selbständigen nicht selten zu einem solchen Vorgehen. Konkrete Statistiken, die diese begründete Vermutung genauer untermauern würden, sind derzeit zwar nicht bekannt. Gleichwohl ist die voranstehende Aussage nicht aus der Luft gegriffen.

Hinsichtlich des vom § 24i Abs. 1, 1. Alt., Abs. 2 S. 7 SGB V nur eingeschränkt angesprochenen Adressatenkreises gilt im Übrigen, dass das Krankengeld zwar regelmäßig hinter dem vor der Schutzfrist erzielten Einkommen zurückbleibt, dieses aber dennoch zumindest die Funktion der Sicherung des individuellen Mindestunterhaltes der Mitglieder der gesetzlichen Krankenversicherung und damit – zumindest für diesen Personenkreis – die Vorgaben des Art. 8 Abs. 3 lit. a) der Richtlinie 2010/41/EU erfüllt. Die Regelung genügt insofern den absoluten Mindestanforderungen der Richtlinie jedenfalls für diesen Teil der betroffenen Frauen, gewährt allerdings auch nicht mehr. Das galt sowohl zur Zeit der Stellungnahme als auch noch heute. Zwecks Vermeidung von Wiederholungen wird an dieser Stelle nochmals ausdrücklich auf die entsprechenden obigen Ausführungen verwiesen.[1357]

Im Ergebnis wurde zur Zeit der Stellungnahme den Richtlinienvorgaben also grundsätzlich allein im Falle der freiwilligen Mitgliedschaft in einer gesetzlichen Krankenversicherung i.S.d. Art. 8 Abs. 3 lit. a) der Richtlinie 2010/41/EU entsprochen; und dies auch nur dann, wenn den Betroffenen garantiert wurde, dass bei Unterbrechung der selbständigen Erwerbstätigkeit aus gesundheitlichen Gründen gezahlt wird. Wie bereits betont, besteht hier schließlich die Möglichkeit der Abgabe der Wahlerklärung i.S.d. § 44 Abs. 2 S. 1 Nr. 2 SGB V. Entschied sich die Versicherte für eine freiwillige Versicherung in der gesetzlichen Krankenversicherung ohne Krankengeldanspruch, stand ihr, wie bereits voranstehend gezeigt, dementsprechend auch kein Anspruch auf Mutterschaftsgeld zu. Das ist bis heute so geblieben. Ob dieses Ergebnis als richtlinienkonform angesehen werden kann, erschien und erscheint fraglich und ist vor allem abhängig von der

---

1357 Vgl. die obigen ausführlichen Ergebnisse des 2. und des vorliegenden 4. Kapitels unter A.

Auslegung des Art. 8 Abs. 2 der Richtlinie 2010/41/EU, gemäß dem die Mitgliedsstaaten frei darüber entscheiden können sollen, ob Mutterschaftsleistungen auf *obligatorischer* oder *freiwilliger* Basis gewährt werden. Hierauf wird im Folgenden unter Punkt B. III. noch genauer zurückzukommen sein.

Zusammenfassend bleibt an dieser Stelle damit zunächst festzuhalten, dass selbst wenn die Regelungen zur gesetzlichen Krankenversicherung zumindest grundsätzlich doch die Möglichkeit einer Gewährung von Mutterschutzleistungen i.S.d. Art. 8 Abs. 3 lit. a) der Richtlinie (auch) für Selbständige kennt, diese Anspruchsgrundlage gleichwohl nicht *allen* Selbständigen im gleichen Maße, sondern allein den freiwillig in einer gesetzlichen Krankenkasse versicherten selbständig erwerbstätigen Frauen, offenstand und offensteht. Es kann nicht oft genug betont werden, dass das einschlägige deutsche Recht an dieser Stelle keineswegs *allen* Selbständigen einen Anspruch auf Mutterschutzleistungen gewähren kann.

Problematisch war seinerzeit insbesondere aber der Fall der privaten Krankenversicherung. Die später noch genauer zu untersuchende Regelung des § 192 Abs. 5 S. 2 VVG gab es im Mai 2012 nicht. Sie trat erst rund 5 Jahre später in Kraft.

Mutterschaftsleistungen wurden und werden eventuell auch heute noch regelmäßig nicht von privaten Krankenversicherungen angeboten. Dies wird im Folgenden noch genauer untersucht werden. Jedenfalls im Mai 2012 galt, dass selbständig erwerbstätigen Müttern gerade keine „*Sicherstellung*" des Erhalts i.S.d. § 8 Abs. 1 der Richtlinie gewährleistet wurde. Auch der Basistarif, der lediglich eine ähnliche Leistung bietet, vermag dies nicht zu erreichen. Selbst das oft zitierte Argument, dass der Wechsel in die private Krankenversicherung grundsätzlich eine freie Entscheidung des Selbständigen darstellt, kann und konnte diesbezüglich bei näherer Betrachtung nicht überzeugen.

Das in Art. 13 der Richtlinie 2010/41/EU verankerte Transparenzgebot berücksichtigend, könnte zwar sicherlich angeführt werden, dass es ausreichend sein könnte, wenn die privaten Krankenversicherer über die bestehende Lücke ihre Versicherungsnehmer informieren. Diese Überlegung wurde jedoch schon im Mai 2012 zu Recht nicht aufgegriffen, da sie schlicht zu kurz greift. Der Eintritt in die private Krankenversicherung ist in aller Regel endgültig, während der etwaige Bedarf einer Absicherung des Risikos Mutterschaft bei Eintritt in die private Krankenversicherung nicht immer umfassend erkennbar sein dürfte. Von einer echten Wahlentscheidung kann also auch aus diesem Blickwinkel nicht gesprochen werden.[1358]

1358 Im Ergebnis so auch Porsche, Streit 2013, 64, 68. Eine andere Auffassung vertritt hingegen Hildebrand in: Arbeitnehmerschutz von geschäftsführenden Gesellschafts-

b) Die Betriebshilfe gemäß den Regelungen der landwirtschaftlichen Krankenversicherung

Durch die Bereitstellung einer Ersatzkraft kann gegebenenfalls i.S.d. Art. 8 Abs. 3 lit. b) der Richtlinie 2010/41/EU, als auch des Art. 8 Abs. 4 der Richtlinie 2010/41/EU ein etwaiger Einkommensverlust verhindert werden. Der Betrieb kann ohne Einkommensverlust fortgeführt werden. Die unter Punkt A. II. 3. b) dieses Kapitels bereits ausführlich dargestellte Regelung der landwirtschaftlichen Krankenversicherung, nach der, Landwirtinnen eine Betriebshilfe i.S.d. § 9 KVLG 1989 im Falle der Schwangerschaft bzw. Mutterschaft für die Zeit während der Schwangerschaft und bis zum Ablauf von acht Wochen nach der Entbindung, nach Mehrlings- und Frühgeburten bis zum Ablauf von zwölf Wochen nach der Entbindung, gewährleistet wird, stellte eine eben solche Regelung bezüglich eines Vertretungsdienstes dar. Da die Betriebshilfe der landwirtschaftlichen Krankenversicherungen nun aber allein den Besonderheiten der Landwirtschaft Genüge tut, kann sie sich grundsätzlich nicht auf andere Bereiche der Selbständigkeit erstrecken und diese ebenfalls bedienen. Im Falle der Betriebshilfe i.S.d. § 9 KVLG 1989 soll eine Ersatzkraft gestellt werden, den sog. Betriebshelfer, der landwirtschaftlich geprägte und allein in diesem Zusammenhang unaufschiebbare Tätigen, wie melken oder ernten, übernimmt.[1359] Die Dringlichkeit Feld und Vieh fortlaufend bewirtschaften zu müssen, steht hier im Vordergrund. Sonstige Tätigkeiten werden nicht zwingend übernommen.

Selbst wenn nun dieser Gedanke der Betriebshilfe i.S.d. § 9 KVLG 1989 dem Grunde nach auf andere Bereiche übertragbar sein sollte, so besteht auch für diesen Fall kein ausdrücklicher Auftrag, eine solche Ausweitung auf andere Bereiche und Formen der Selbständigkeit tatsächlich umsetzen zu müssen. Einen solchen Auftrag erteilt die Richtlinie 2010/41/EU gerade nicht. Die Idee der Betriebshilfe ist mithin eine, die aus Sicht der Praktiker sicherlich übernehmenswert erscheint, ob der Gesetzgeber dies jedoch letztendlich auch tun wird, erscheint derweil fraglich. Bisher ist eine solche Weiterung jedenfalls diesseits nicht bekannt. Der Aufwand und die mit der Schaffung eines umfassenden Netzwerkes einhergehenden rechtlichen wie tatsächlichen Umsetzungsprobleme, als auch die Kosten werden vermutlich – wie so oft – gescheut werden.

---

organen im Lichte der „*Danosa*"-Entscheidung des EuGHs, S. 161 f. Hierauf wird nachfolgend unter B. 3. noch näher einzugehen sein.

1359 Vgl. hierzu die obigen Ausführungen zur Betriebshilfe unter A. II. 3. b).

c) Anspruch auf Haushaltshilfe als Alternative?

Hinsichtlich der vom Bundesfamilienministerium aufgrund des eingeschränkten Anwendungsbereichs der landwirtschaftlichen Betriebshilfe ebenfalls angeführten Möglichkeit, alternativ vom § 24h SGB V Gebrauch zu machen, bleibt lediglich anzumerken, dass die vom Bundesministerium bemühte Regelung allein eine tatsächliche Haushaltshilfe vorsieht, also eine Hilfe, den privaten Haushalt zu bewirtschaften, nicht aber die Hilfe im Unternehmen. Die Haushaltshilfe ist nicht mit der Betriebshilfe gleichzusetzen. Beide Varianten der Hilfeleistung im Falle der Krankheit verfolgen gänzlich unterschiedliche Zielrichtungen.

Während die Haushaltshilfe der (werdenden) Mutter die Weiterführung des privaten Haushalts ermöglichen soll, sofern diese oder eine andere im Haushalt lebende Person diesen aufgrund der Schwangerschaft oder nach der Geburt nicht weiterführen kann, soll im Rahmen der Betriebshilfe das Unternehmen fortgeführt werden. Hieran knüpfen sich mithin vollkommen andere Bedürfnisse an als im Falle der Haushaltsfortführung, die ausschließlich typische hauswirtschaftliche Tätigkeiten, wie z. B. die Reinigung der Wohnung, der Wäsche, der tägliche Einkauf, das Kochen oder die Betreuung minderjähriger Kinder, welche die Frau ansonsten gewöhnlich selbst verrichtet, umfasst, nicht aber die Übernahme von beruflichen Aufgaben. Eine solche Hilfestellung im Betrieb kennt, wie zuvor dargestellt, allein die landwirtschaftliche Krankenversicherung.[1360] Zudem steht der Rückgriff auf die Regelung des § 24h SGB V ausschließlich Mitgliedern der gesetzlichen Krankenversicherung zur Verfügung. D.h., nur denjenigen selbständig erwerbstätigen (werdenden) Müttern, die als freiwillig in der gesetzlichen Krankenversicherung krankenversicherte Mitglieder vom Anwendungsbereich des SGB V erfasst sind. Privatversicherte Frauen können sich nicht auf die vorbenannte Regelung berufen.

Der Umstand, dass das zuständige Bundesfamilienministerium im vorliegenden Zusammenhang trotz allem auf die Regelung des § 24h SGB V verwies, macht deutlich, dass sich die zuständigen Stellen zu jenem Zeitpunkt offenbar kaum mit der hier im Mittelpunkt stehenden Fragestellung befasst zu haben schienen. Der Verweis auf die Haushaltshilfe ist gänzlich abwegig und in keiner Weise als Mittel zur Umsetzung der Richtlinienvorgaben des Art. 8 Abs. 1, 4 der Richtlinie 2010/41/EU geeignet.

1360 Vgl. hierzu schon die obigen Ausführungen zur Haushaltshilfe unter A. II. 1. b) und A. II. 2. a) sowie die weiteren Ausführungen unter A. II. 3. b) zur Betriebshilfe i.S.d. KVLG.

d) Anspruch auf Elterngeld (auch) für Selbständige

Der erste Teil der Antwort des zuständigen Bundesministeriums konnte folglich bereits nicht überzeugen. Die vorbenannten Regelungen des deutschen Mutterschutzrechts waren und sind für sich allein genommen nicht geeignet, wie von Art. 8 Abs. 1 der Richtlinie 2010/41/EU jedoch gefordert, *alle* selbständig erwerbstätigen Frauen ausreichend zu erreichen. Diejenigen selbständig erwerbstätigen Frauen, die nicht Mitglied einer gesetzlichen Krankenkasse mit Anspruch auf Krankengeld bzw. im Basistarif bei einem der privaten Krankenversicherer versichert sind oder keinen landwirtschaftlichen Betrieb bewirtschaften, dessen Bewirtschaftung gefährdet ist, werden grundsätzlich nicht erfasst. Die Stellungnahme vom Mai 2012 versucht diese Lücke mit einem pauschalen Verweis auf den vorangehend bereits ausführlich dargestellten Elterngeldanspruch zu schließen. Die obigen Ausführungen haben diesbezüglich aber längst gezeigt, dass dies nur bedingt gelingt. Elterngeld und Mutterschaftsleistungen mögen zwar grundsätzlich ähnliche Ziele verfolgen, beide Ansprüche ergänzen einander und sind doch bei genauerer Betrachtung nicht dasselbe.[1361]

Dem reinen Wortlaut folgend könnte zwar sicherlich noch davon ausgegangen werden, dass auch das Elterngeld als eine ausreichende Leistung i.S.d. Art. 8 Abs. 3 der Richtlinie 2010/41/EU, insbesondere des Art. 8 Abs. 3 lit. c), gelten könnte, da dieser lediglich verlangt, ein Einkommen zu garantieren, welches mindestens einer familienbezogenen Leistung nach innerstaatlichem Recht, also z. B. dem Elterngeld, entspricht. Eine weitergehende Differenzierung wird jedenfalls dem Wortlaut nach nicht vorgenommen. Unter Berücksichtigung des historischen Werdegangs der Richtlinie, wie er voranstehend im 2. Kapitel dieser Ausarbeitung ausführlich dargestellt ist, sowie unter Berücksichtigung einer teleologischen Auslegung der maßgeblichen Bestimmungen des Art. 8 der Richtlinie 2010/41/EU, zeigt sich schnell, dass die Intention des Europäischen Gesetzgebers eine andere ist. Im Folgenden soll daher auch nur nochmals ein abschließender kurzer Blick darauf geworfen werden, ob das Elterngeld, wie es das BEEG vorsieht und wie es das Bundesfamilienministerium vorgibt, tatsächlich den Vorgaben und der Zielsetzung der Richtlinie 2010/41/EU Genüge tun kann.

1361 Der Anspruch auf Zahlung eines Elterngeldes ist – anders als das Recht auf Mutterschutz – ein Teilhaberecht für beide Elternteile. Vgl. die umfangreichen Ausführungen unter A. II. 8. sowie die Ausführungen zu den unterschiedlichen Zielrichtungen von Mutterschafts- und Elterngeldleistungen unter A. II. 8. f).

aa) Unterschiedliche Leistungshöhen

Die in diesem Kapitel unter A. II. 8. voranstehend dargestellten Erläuterungen zum Elterngeld zeigen bereits, dass das Elterngeld gleichermaßen sowohl abhängig als auch selbständig erwerbstätigen Frauen, wie auch Männern für einen Zeitraum von 12 bzw. 14 Monaten nach der Geburt eines Kindes auf Antrag gezahlt wird. Die Anspruchsberechtigten erhalten gemäß § 2 Abs. 1 BEEG grundsätzlich ein Elterngeld in Höhe von 67 % des Einkommens aus Erwerbstätigkeit vor der Geburt des Kindes, max. aber 1.800,00 EUR.[1362] Das Einkommen aus selbständiger Erwerbstätigkeit errechnet sich dabei aus der um die Abzüge aus Steuer und Sozialabgaben verminderten Summe der positiven Einkünfte aus ihrer selbständigen Tätigkeit. Die Gewinneinkünfte aus selbständiger Arbeit werden in aller Regel über den Steuerbescheid des letzten abgeschlossenen Veranlagungszeitraums vor der Geburt des Kindes nachgewiesen. Die Abzüge für die gesetzlichen Sozialabgaben erfolgen in pauschalierter Form.[1363] Damit genügt das Elterngeld bereits nicht den Mindestanforderungen der Alternativen lit. a) und lit. b) des Art. 8 Abs. 3 der Richtlinie 2010/41/EU, die jedoch gemäß Erwägungsgrund (23) zur Richtlinie 2010/41/EU (mindestens) einzuhalten sind. Der Anspruch auf Krankengeld, wie ihn lit. a) zu Grunde legt, wird schließlich gemäß § 47 Abs. 1 S. 1 SGB V in einer Höhe von 70 % des regelmäßig erzielten Arbeitsentgelts, soweit es der Beitragsbemessung unterliegt, bzw. max. 90 % des Nettoarbeitsentgelts gewährt. Während das Elterngeld, wie zuvor dargestellt, lediglich 67 % des Einkommens vor der Geburt, max. aber 1.800,00 EUR, ausmacht. Das Elterngeld kann insofern durchaus bereits rein rechnerisch, wenn auch für einzelne Einkommensgruppen z. T. nur knapp, durchaus unterhalb dessen liegen, was unter den üblichen Voraussetzungen an Krankengeld gezahlt wird, sowie deutlich unterhalb dem durchschnittlichen Einkommens- oder Gewinnverlust gegenüber einem vergleichbaren vorherigen Zeitraum.[1364]

Das Elterngeld könnte also allenfalls unter die Alternative lit. c) des Art. 8 Abs. 3 der Richtlinie 2010/41/EU gefasst werden, die umfassend auf jegliche anderen familienbezogenen Leistungen nach innerstaatlichem Recht, zu denen auch das Elterngeld zu zählen ist, verweist. Angesichts der bereits zuvor dargestellten Intention der Europäischen Union bezüglich dessen, was gemäß der im Laufe des Gesetzgebungsverfahrens deutlich gewordenen Zielsetzung bereits

1362 Zur Höhe des Elterngeldanspruchs s. schon die obigen Ausführungen unter A. II. 8. d).

1363 Vgl. hierzu die obigen Ausführungen unter B. II. 8. d).

1364 Vgl. hierzu schon die obigen Ausführungen des 3. Kapitels unter A. II. 2.

ursprünglich als Mindestmaß tatsächlich gewollt war, nämlich zumindest eine Mutterschaftsleistung in Höhe des Krankengeldes zu schaffen[1365], und angesichts dessen, dass das Elterngeld, wie zuvor dargestellt, nicht selten deutlich unterhalb eines solchen Krankengeldanspruches liegen wird, wird eine derartige Subsumtion allerdings kaum zu halten sein. Diese Auffassung wird im Übrigen auch vom Erwägungsgrund (23) der Richtlinie 2010/41/EU im Zusammenspiel mit dem Wortlaut des Art. 8 Abs. 3 der Richtlinie bestätigt. So gibt der Erwägungsgrund (23) ausdrücklich vor, dass in der Richtlinie Mindestanforderungen festgelegt werden. Wenn nun aber die Regelungen des Art. 8 Abs. 3 der Richtlinie 2010/41/EU unter Berücksichtigung dieser Erwägung vorsieht, dass Mutterschaftsleistungen nur dann angemessen sein sollen, wenn sie in Höhe des etwaig zu gewährenden Krankengeldes und/oder des zu erwartenden, höheren durchschnittlichen Gewinnausfalls und/oder in Höhe einer anderen familienbezogenen Leistung gewährt werden, kann aus dieser gewählten Rangfolge einzig und allein der Schluss gezogen werden, dass die unter Art. 8 Abs. 3 lit. c) festgeschriebene Leistungshöhe zumindest nicht niedriger ausfallen soll als die unter Art. 8 Abs. 3 lit. a) und b) vorgegebenen Leistungshöhen. Die Regelung des Art. 8 Abs. 3 lit. c) soll nach diesseitigem Verständnis somit lediglich als Auffangtatbestand dienen. Art. 8 Abs. 3 lit. a) – c) bauen aufeinander auf, wobei die bereits von Anbeginn des Gesetzgebungsvorhabens verfolgte Leistungshöhe in Form eines Anspruches in Höhe des Krankengeldes wohl das letztendlich einzuhaltende Mindestmaß darstellen wird. Eine Verweisung auf eine andere familienbezogene Leistung, die, wie im Falle des Elterngeldes, unterhalb des vorrangig benannten Krankengeldes liegen würde, ist damit allein schon deshalb nach diesseitigem Verständnis der Richtlinienvorgaben ausgeschlossen.

Im Zusammenhang mit der gewährten Leistungshöhe bleibt abschließend noch auf den ebenfalls bereits voranstehend aufgegriffenen Umstand hinzuweisen, dass gerade im Bereich der Selbständigkeit nicht selten auch noch während

1365 Vgl. hierzu die obigen Ausführungen des 3. Kapitels unter A. II. 2. Vgl. hierzu im Übrigen die detaillierten Erläuterungen zu den einzelnen Bestimmungen in der Begründung des Richtlinienvorschlages vom 03.10.2008, KOM(2008)636 endg. Außerdem so noch der Entwurf zur Empfehlung zur zweiten Lesung vom 17.03.2010. Vgl. ferner Knigge, ZESAR 2013, 24, 28; Knigge, Mutterschutz auch für Selbständige? Aus der Sicht der Rechtswissenschaft, in: Rust/Lange (Hrsg.), Völkerrecht und Frauen, Welche Ansatzpunkte bietet das Völkerrecht für Gleichbehandlung?, Loccumer Protokoll 59/13, S. 191, 200 sowie Knigge, Die Richtlinie 2010/41/EU und Mutterschutz für Selbständige, in: Rust/Lange (Hrsg.), Mutterschutz für Selbständige?, Loccumer Protokoll 80/14, S. 45, 54.

des Leistungsbezuges Einkommen zufließen kann. Nicht jeder Auftraggeber zahlt vor oder unmittelbar nach Leistungserbringung. Dies kann nun aber dazu führen, dass auch nach Antragsstellung und Gewährung des Elterngeldes rückwirkend eine Anpassung der Leistungshöhe bzw. eine Rückforderung von bereits erbrachten Elterngeldleistungen nicht ausgeschlossen ist.[1366] Letztendlich bedeutet dies, dass das Elterngeld für Selbständige der Höhe nach keinen verlässlich kalkulierbaren Einkommensersatz bietet. Das Ziel des Mutterschutzes, für die Zeit rund um die Geburt ein sicheres Einkommen zu schaffen, das die Frauen finanziell so absichert, dass für sie nicht länger ein Anreiz besteht, unter Inkaufnahme von gesundheitlichen Gefährdungen zum Zwecke der Existenzsicherung zu arbeiten, wird auf diese Weise nicht erreicht werden können.[1367] Solange nicht selbst steuerbar ist, dass die eigene Existenzsicherung mithilfe des Elterngeldes erreicht werden kann, besteht die begründete Vermutung, dass sich insbesondere selbständig Erwerbstätige, die es gewohnt sind, für die eigene Absicherung aufkommen zu müssen, sich hierauf jedenfalls nicht allein verlassen werden. Die Leistung des Elterngeldes ist daher nicht in jedem Falle für alle Selbständige gleichermaßen attraktiv, was zwar kein rechtliches Argument ist, gleichwohl aber mit Blick auf die tatsächliche Wirksamkeit der Regelung nicht außer Acht gelassen werden darf.

bb) Unterschiedliche Leistungszeiten

Ebenfalls bedeutsam, und demnach nicht außer Acht zu lassen, ist der Umstand, dass das Elterngeld erst auf Antrag nach der Geburt des Kindes gezahlt wird. Bei Antragsstellung ist zudem regelmäßig die Vorlage der Geburtsurkunde oder einer Geburtsbescheinigung des Kindes erforderlich, so dass der Antrag auf Elterngeldleistung nicht bereits vollständig vor der Geburt eingereicht und entsprechend zeitnah von der Elterngeldstelle bearbeitet werden kann.[1368] Auf diese Weise wird das Elterngeld frühestens ab der Geburt, in aller Regel aber erst einige Wochen, wenn nicht gar Monate nach der Entbindung, gezahlt, während die (werdende) Mutter, sofern sie die Anspruchsvoraussetzungen des § 24i SGB V bzw. der entsprechenden Regelungen des KVLG erfüllt, hingegen bereits 6 Wochen vor der Geburt sowie für die ersten 8 Wochen nach der Geburt den ihr zustehenden Anspruch auf Mutterschaftsgeld geltend machen kann.

Soweit die Richtlinie 2010/41/EU gemäß den Erwägungsgrund (19) und (23) als Mindestanforderung vorsieht, dass der nunmehr auch den Selbständigen zur

1366 Vgl. hierzu die obigen Ausführungen unter A. II. 8. d) cc).
1367 BVerfGE 109, 64, 86.
1368 Vgl. hierzu die obigen Ausführungen unter A. II. 8. c).

Inanspruchnahme von Mutterschaftsleistungen zu gewährende Zeitraum der Dauer des Mutterschaftsurlaubes der Arbeitnehmerinnen ähneln soll[1369], d. h. dass hier grundsätzlich ein Gleichlauf erzielt werden soll, indem ein Recht auf Mutterschaftsleistungen für einen Zeitraum vor und/oder nach der Entbindung geschaffen wird[1370], wie er schon den abhängig beschäftigten Frauen zu Gute kommt, so ist dies auf diesem Wege jedenfalls nicht uneingeschränkt möglich. Im Falle der Gewährung von Mutterschaftsleistungen, wie sie bereits zumindest teilweise auch den Selbständigen gemäß § 24i SGB V, den Vorgaben für die landwirtschaftlichen Krankenversicherer oder aber für die Künstlersozialkasse gewährt werden, beginnt der entsprechende Leistungszeitraum bereits 6 Wochen *vor* der Geburt, während im Falle des Elterngelds erst *nach*, in keinem Falle aber schon vor der Geburt ein entsprechender Anspruch nach § 4 BEEG geltend gemacht werden kann. Auch an dieser Stelle findet mithin kein Gleichlauf der verschiedenen Anspruchsgrundlagen statt.

Auch wenn die Richtlinie 2010/41/EU in ihrem Art. 8 selbst nicht vorsieht, dass zwingend schon vor der Geburt Mutterschutzleistungen zu gewähren sein sollen, sondern die Mitgliedsstaaten gemäß Erwägungsgrund (18) hierüber letztendlich selbst entscheiden können sollen, so bleibt es doch dabei, dass sich der deutsche Gesetzgeber bereits für eine 6-wöchige Schutzzeit vor der Entbindung entschieden hat, die gemäß § 24i SGB V zumindest auch für einige selbständig erwerbstätige werdende Mütter Anwendung finden kann. Hieran muss sich der deutsche Gesetzgeber schon mit Blick auf den Erwägungsgrund (19), also den gewollten Gleichlauf, festhalten lassen.

cc) Unterschiedliche Leistungsziele

Die Europäische Union möchte mit den novellierten Vorgaben der Richtlinie 2010/41/EU das Frauenrecht auf Mutterschutz[1371] stärken und so den selbständig erwerbstätigen (werdenden) Müttern mehr Chancengleichheit gewähren. Die Europäische Union schafft hierzu mit der Regelung des Art. 8 der Richtlinie ein deutliches Äquivalent zum Mutterschutzrecht der Angestellten, weshalb auch ganz bewusst der Zeitraum von 14 Wochen, also diejenige Schutzzeit, die auch schon die Mutterschutzrichtlinie gewährt, übernommen wurde.[1372] Es soll auf

---

1369 Vgl. hierzu den Erwägungsgrund (19) zur RL 2010/41/EU.

1370 Vgl. hierzu den Erwägungsgrund (18) zur RL 2010/41/EU.

1371 Vgl. zum Frauenrecht auf Mutterschutz schon die obigen Ausführungen im 1. Kapitel unter A. I. 1. und in diesem Kapitel unter A. II. 8. f) bb).

1372 Hierauf deutet auch der ausdrückliche Hinweis in Erwägungsgrund (19) der RL 2010/41/EU hin, der besagt, dass, falls die Dauer des Mutterschaftsurlaubs für

diese Weise ein Gleichlauf des Mutterschutzes für selbständig mit dem für die abhängig erwerbstätigen Frauen erreicht werden. Bliebe es nun aber dabei, dass das den abhängig erwerbstätigen Müttern zusätzlich gewährte Elterngeld für sich schon ausreichen soll, würde dies nicht gelingen. Dies zeigt allein schon die voranstehende Darstellung zu den unterschiedlichen Leistungshöhen und unterschiedlichen Leistungszeiträumen. Auch bliebe es bei zwei Klassen an selbständigen Müttern, nämlich solchen, die, ähnlich dem zweigliedrigen Schutz für angestellte Frauen, für die letzten 6 Wochen vor der Entbindung zunächst nach § 24i SGB V zumindest in Höhe des Krankengeldes eine Mutterschaftsleistung und nach einem weiteren Bezug von Mutterschaftsleistungen in den ersten 8 Wochen nach der Geburt sodann ergänzend Elterngeld beziehen können, und all den anderen Selbständigen, die erst nach der Geburt ihres Kindes allein das geringere Elterngeld als eine Art von alternativer Mutterschaftsleistung bekommen. Ein tatsächlicher Gleichlauf kann so nicht erreicht werden. Die innere Stimmigkeit und Einheit des Sozialrechtes bliebe damit außer Acht gelassen, obgleich die in den letzten Jahrzehnten veränderte Lebenswirklichkeit einen Gleichlauf des Sozialschutzes an dieser Stelle durchaus notwendig macht. Selbständig erwerbstätige (werdende) Mütter sind nach heutigem Verständnis schließlich nicht selten ebenso schutzwürdig und schutzbedürftig wie abhängig erwerbstätige Frauen.[1373]

Sicherlich verfolgen Mutterschutzleistungen und Elterngeld in der Gesamtbetrachtung eine vergleichbare sozialpolitische Zielsetzung. Jede der zwei Maßnahmen trägt für sich zu einer umfassenden Familien- sowie Gleichstellungspolitik bei. Jede Maßnahme dient für sich genommen der Chancengleichheit und Gleichbehandlung. Der Mutterschutz soll es Müttern leichter machen, später Beruf und Familie zu vereinbaren, indem sie sich während der körperlich, wie seelisch belastenden Zeit rund um die Geburt allein auf sich und das Kind konzentrieren können. Die Elternzeit dient dabei als „Schonraum“[1374] und als ein durchaus ausgedehntes Zeit-

Arbeitnehmerinnen auf Unionsebene geändert wird, geprüft werden solle, ob die Dauer der Mutterschaftsleistungen für selbständig erwerbstätige Frauen ebenfalls geändert werden sollte. Für Arbeitnehmerinnen ist derzeit in der Mutterschutzrichtlinie 92/85/EWG ein Mutterschutz von mindestens 14 Wochen vorgesehen. Seit 2010 liegt ein Vorschlag der Kommission vor, den Mutterschutz gemäß RL 92/85/EWG auf 18 Wochen zu verlängern. Im Dezember 2011 ist das Verfahren allerdings ins Stocken geraten und bislang nicht weiter vorangeschritten. Vgl. hierzu auch schon die obigen Ausführungen im 1. Kapitel unter Punkt A. 3. b).

1373 Vgl. hierzu die Ausführungen des 3. Kapitels unter B. II. 1. sowie dort insbesondere gemäß Unterpunkt B. II. 1. f).

1374 BT-Drs. 16/10770, S. 5.

fenster, in dem Vereinbarkeit von Beruf und Familie von *beiden* Elternteilen gelebt werden kann, während der Mutterschutz hingegen ein einzigartiges Frauenrecht darstellt und damit eine Besonderheit in unserem Rechtssystem ist, wie es auch der Europäische Gerichtshof in der Vergangenheit wiederholt deutlich hervorgehoben hat.[1375] Der Mutterschutz als Frauenrecht stellt eine Besonderheit dar, die nicht mit anderen Sozialleistungen schlicht über einen Kamm geschert werden kann. Als einzig bestehendes echtes Frauenrecht ist der Mutterschutz von herausragender Bedeutung und als solches auch zu würdigen.[1376]

dd) Fazit

Der pauschale Verweis auf das Bestehen eines Anspruchs auf Elterngeldleistungen (auch) für selbständig Erwerbstätige vermag nicht zu überzeugen. Das Elterngeld gegen den Mutterschutz (auch) für Selbständige auszuspielen, greift jedenfalls nach diesseitigem Dafürhalten zu kurz. Das Elterngeld wird weder den Vorgaben des Art. 8 Abs. 3 der Richtlinie 2010/41/EU in Gänze gerecht, noch der Zielsetzung der Richtlinie, nämlich einen tatsächlichen Gleichlauf mit dem Anspruch auf Mutterschaftsleistungen, wie sie den abhängig erwerbstätigen (werdenden) Müttern bereits jetzt zustehen.

e) Ergebnis

Die voranstehenden Ausführungen machen deutlich, dass die Frage nach einem Mutterschutz (auch) für Selbständige, bzw. die diesbezüglichen Mindestanforderungen gemäß Art. 8 der Richtlinie 2010/41/EU, selbst kurz vor Ablauf der Umsetzungsfrist offensichtlich keine Priorität für das zuständige Bundesfamilienministerium hatte. Die zuständigen Stellen hatten sich dem Anschein nach bis zur kleinen Anfrage des Bundestages und der daraufhin vorgestellten Stellungnahme im Mai 2012 nicht oder zumindest kaum mit der Problematik beschäftigt. Anders lässt sich eine solch oberflächliche und zu kurz gegriffene Antwort nicht erklären. Augenscheinlich ging man auch weiterhin davon aus, dass ohnedies kein Umsetzungsbedarf bestehe und bereits alles Erforderliche getan sei. Eine weitergehende Auseinandersetzung schien damit offenbar unnötig. Nicht anders ist es auch zu erklären, dass mit der gemäß Art. 15 Abs. 1 der Richtlinie erfolgten Meldung keinerlei Umsetzungsmaßnahmen hinsichtlich der Frage des Mutterschutzes mitgeteilt wurden.

1375 So z. B. EuGH, Urt. v. 20.09.2007, Rs. C-116/06, Slg. 2007, I-7643 (Kiiski).

1376 Vgl. hierzu beispielsweise die obigen Ausführungen im 1. Kapitel unter A. I. 1. oder in diesem Kapitel unter A. II. 3. f) bb).

Erst mehr als vier Jahre später kam es schließlich still und heimlich zu einem Vorstoß aus der Mitte des Bundesgesundheitsministeriums.

II. Gesetzesänderung durch das Bundesgesundheitsministerium: Rechtliche Bewertung der Änderung des § 192 Abs. 5 Vertragsversicherungsgesetz (VVG)

Alles ist allem erfülle Deutschland längst die Mindestvorgaben der neuen Richtlinie 2010/41/EU, so die Auskunft des Bundesfamilienministeriums noch im Mai 2012. Unter Beachtung der voranstehenden Darstellung kann diese Antwort jedoch kaum überzeugen. Eine Anspruchsgrundlage, die für die Betroffenen klar, verständlich den Betroffenen zur Kenntnis bringt, dass für alle Selbständige ein Anspruch auf 14-wöchigen abgesicherten Mutterschutz besteht – also eine Verbreitung der Information wie sie Art. 13 der Richtlinie zu Recht fordert, gab es zum Zeitpunkt der Stellungnahme und damit zum Zeitpunkt des Ablaufs der Umsetzungsfrist im deutschen Mutterschutzrecht nicht. Für einige Mütter „versteckte/versteckt" er sich im § 24i Abs. 1, 1. Alt., Abs. 2 S. 7 SGB V oder aber beispielsweise in den speziellen Regelungen zur landwirtschaftlichen Krankenversicherung. Hieran hat sich seither auch nichts geändert. Für einige wenige ist der Basistarif der privaten Krankenversicherer eine Alternative, die die Gewährung von Mutterschaftsleistungen nach sich ziehen kann. Für andere Mütter gab es zumindest zu jener Zeit keinen entsprechenden Schutz. Die damalige Rechtslage in Deutschland war mit Blick auf die Mindestvorgaben des Art. 8 der Richtlinie 2010/41/EU nach diesseitigem Dafürhalten als europarechtswidrig zu bewerten. Dies könnte sich zwischenzeitlich geändert haben.

1. Novellierung des § 192 Abs. 5 VVG im Überblick

Am 24. Januar 2017 wurde beim Ausschuss für Gesundheit des Bundestages der Änderungsantrag Nr. 6 der Fraktionen der CDU/CSU und der SPD zum Entwurf eines Gesetzes zur Stärkung der Heil- und Heilmittelversorgung (HHVG)[1377] eingereicht.[1378] Diesen Vorstoß hatte das Bundesgesundheitsministerium erstmals im

1377 Gesetz zur Stärkung der Heil- und Heilmittelversorgung (Heil- und Heilmittelversorgungsgesetz – HHVG) v. 04.04.2017, veröffentlicht am 10.04.2017 im BGBl. I 2017 Nr. 19, S. 778.

1378 Deutscher Bundestag – Ausschuss für Gesundheit, Ausschussdrucksache 18(14)0226.2 v. 24.01.2017, Änderungsantrag Nr. 6 der Fraktion der CDU/CSU und SPD zum Entwurf eines Gesetzes zur Stärkung der Heil- und Heilmittelversorgung (Heil- und Heilmittelversorgungsgesetz – HHVG), BT-Drs. 18/10186, S. 25 ff.

September 2016 in die Öffentlichkeit getragen, als die Gesundheitsstaatssekretärin *Annette Widmann-Mauz* (CDU) per Pressemitteilung vom 14. September 2016 angekündigte,

> ***„das Versicherungsvertragsgesetz anzupassen und zukünftig allen Frauen eine dem Mutterschaftsgeld ähnliche Leistung zu gewähren“.***[1379]

Laut Änderungsantrag Nr. 6 vom 24. Januar 2017 soll fortan insbesondere die bestehende Regelung des § 192 Abs. 5 VVG um einen neuen S. 2 ergänzt werden, gemäß welchem der Leistungsanspruch aus einer privaten Krankentagegeldversicherung für schwangere Versicherte und Wöchnerinnen ausgeweitet werden soll. Es wurde vorgeschlagen, auf diese Weise nunmehr auch für die privat krankenversicherten Frauen einen Anspruch auf Krankentagegeld zur Kompensation eines Verdienstausfalls während der gesetzlichen Schutzfrist vor und nach der Entbindung sowie am Entbindungstag unabhängig vom Vorliegen einer Arbeitsunfähigkeit der Versicherten zu schaffen.[1380]

Mit der Änderung sollte also erstmals tatsächlich eine Möglichkeit zur finanziellen Absicherung privat krankenversicherter Selbständiger geschaffen bzw. diese ausgeweitet und an denen der gesetzlich Versicherten angeglichen werden. Allerdings wurde zugleich auch klargestellt, dass der Anspruch nur bestehen solle, soweit die Versicherte in den maßgeblichen Zeiträumen nicht oder nur eingeschränkt berufstätig ist und daher tatsächlich einen Verdienstausfall erleidet. Bei einem teilweisen Verdienstausfall bestehe der Anspruch auf das vereinbarte Krankentagegeld entsprechend nur anteilig. Auf diese Weise sollen insbesondere Arbeitnehmerinnen, die über eine private Krankentagegeldversicherung verfügen, denen jedoch ein Anspruch auf Mutterschaftsgeld gemäß MuSchG sowie auf einen Arbeitgeberzuschuss zur Seite steht, vom Umfang des neu geschaffenen Leistungsanspruchs ausgenommen werden. Das Elterngeld sei als gegenüber der Versicherungsleistung der privaten Krankenversicherer

---

1379 Der Vorstoß der Gesundheitsstaatssekretärin wurde positiv aufgenommen und wird beispielsweise von der Evangelischen Arbeitsgemeinschaft Familie (eaf), wie auch vom Verband der Gründer und Selbständigen Deutschland e. V. ausdrücklich begrüßt. Vgl. hierzu z. B. die entsprechenden Pressemitteilungen abrufbar unter: http://www.eaf-bund.de und http://www.vsgd.de/ (zuletzt abgerufen am 15.06.2018).

1380 Vgl. hierzu die Begründung zum Änderungsantrag Nr. 6 der Fraktion der CDU/CSU und SPD zum Entwurf eines Gesetzes zur Stärkung der Heil- und Heilmittelversorgung (Heil- und Heilmittelversorgungsgesetz – HHVG), Ausschussdrucksache 18(14)0226.2 v. 24.01.2017, S. 26 sowie BT-Drs. 18/11205, S. 82.

vorrangige Leistung ebenfalls auf die Zahlung des Krankentagegeldes anzurechnen.[1381]

Die Begründung des Änderungsantrages erkennt erstmals ausdrücklich an, dass eine solche Kompensation vielen Selbständigen bislang aus eigenen Mitteln nicht möglich ist und ihnen damit nicht immer die Möglichkeit offensteht, selbst zu entscheiden, ob sie ihrer beruflichen Tätigkeit während der letzten Wochen vor und die ersten Wochen nach der Entbindung reduzieren oder aussetzen wollen. Die Änderung des § 192 Abs. 5 VVG solle daher dazu beitragen, dass auch privat krankenversicherte selbständig erwerbstätige Mütter künftig unabhängig von finanziellen Erwägungen entscheiden können, während der Schutzfristen ihrer beruflichen Tätigkeit nicht oder nur eingeschränkt nachzugehen. Die Regelung diene damit insbesondere auch dem gesundheitlichen Schutz der betroffenen Frauen und Kinder, die nach Art. 6 Abs. 4 GG einen Anspruch auf besonderen Schutz haben. Der direkte Bezug auf die verfassungsrechtlichen Vorgaben des Art. 6 Abs. 4 GG, die nach diesseitigem Dafürhalten selbstverständlich auch für die selbständig erwerbstätigen Mütter Geltung finden[1382], wurde somit ebenfalls bestätigt. Ferner trage die Änderung zur Gleichbehandlung von Selbständigen und Angestellten bei, wie sie die Richtlinie 2010/41/EU fordert.[1383]

Der voranstehend dargelegte bestehende Umsetzungsbedarf wurde damit erstmals vom Gesetzgeber ausdrücklich anerkannt.

Der Änderungsantrag Nr. 6 wurde angenommen und das Heil- und Hilfsmittelversorgungsgesetz (HHVG) am 04. April 2017 verabschiedet, woraufhin der damit neu geschaffene § 192 Abs. 5 S. 2 VVG zum 11. April 2017 in Kraft trat.[1384] Die Versicherungsgesellschaften, welche Krankentagegeldversicherungen anbieten, sind seither verpflichtet, den Verdienstausfall, der während der Schutzfristen

---

1381 Vgl. hierzu die Begründung zum Änderungsantrag Nr. 6 der Fraktion der CDU/CSU und SPD zum Entwurf eines Gesetzes zur Stärkung der Heil- und Heilmittelversorgung (Heil- und Heilmittelversorgungsgesetz – HHVG), Ausschussdrucksache 18(14)0226.2 v. 24.01.2017, S. 27 f. sowie BT-Drs. 18/11205, S. 82.

1382 Vgl. hierzu die obigen Ausführungen des 3. Kapitels unter B.

1383 Vgl. zum Voranstehenden insgesamt die Begründung zum Änderungsantrag Nr. 6 der Fraktion der CDU/CSU und SPD zum Entwurf eines Gesetzes zur Stärkung der Heil- und Heilmittelversorgung (Heil- und Heilmittelversorgungsgesetz – HHVG), Ausschussdrucksache 18(14)0226.2 v. 24.01.2017, S. 27 sowie BT-Drs. 18/11205, S. 82 f.

1384 Gesetz zur Stärkung der Heil- und Heilmittelversorgung (Heil- und Heilmittelversorgungsgesetz – HHVG) v. 04.04.2017, veröffentlicht am 10.04.2017 im BGBl. I 2017 Nr. 19, S. 778.

nach § 3 Abs. 2 und § 6 Abs. 1 MuSchG a. F. / § 3 Abs. 1, Abs. 2 MuSchG 2018 sowie am Entbindungstag entsteht, durch das vereinbarte Krankentagegeld zu ersetzen, soweit der versicherten Person kein anderweitiger angemessener Ersatz für den während dieser Zeit verursachten Verdienstausfall zusteht. Ebenfalls durch das Heil- und Hilfsmittelversorgungsgesetz (HHVG) vom 04. April 2017 wurde die Regelung des § 197 Abs. 1 S. 1 VVG angepasst, womit zum 11. April 2017 die Möglichkeit der privaten Versicherer eine besondere Wartezeit von bis zu 8 Monaten auch für den Fall der Leistung eines Krankentagegelds nach § 192 Abs. 5 S. 2 VVG eingeführt wurde.

Eine aktuelle Kommentierung gibt es zu der neugeschaffenen Regelung des S. 2 zum § 192 Abs. 5 VVG bisher kaum, Rechtsprechung gar nicht. Erneut scheint es so, als dass auch diese Novellierung nahezu unbemerkt bleiben soll.[1385]

2. *Bewertung der Gesetzesänderung vom April 2017*

Auf den ersten Blick könnte die gemäß den vorangegangenen Ausführungen dieser Arbeit festgestellte Lücke damit geschlossen sein. Die nachfolgenden Ausführungen werden zeigen, dass dies nicht uneingeschränkt und gleichermaßen für alle selbständig erwerbstätigen Frauen, die Mitglied einer privaten Krankenversicherung sind, gilt. Wenn auch nun in deutlich geringem Umfang, so besteht gleichwohl auch weiterhin eine (Rest-)Lücke, die es mit Blick auf den eindeutig formulierten Handlungsauftrag des Art. 8 der Richtlinie 2010/41/EU zu schließen gilt. Die Gesetzesänderung vom April 2017 ist zwar ein wichtiger Schritt, der entsprechend gewürdigt werden muss, aber eben nur ein erster.

1385 Von den einschlägigen Kommentaren zum Vertragsversicherungsgesetz (VVG-Kommentare) hat bisher lediglich der Beck'sche Kurzkommentar zum Vertragsversicherungsgesetz von Prölss/Martin mit seiner 30. Auflage von 2018 zumindest einen kurzen Hinweis auf die Gesetzesänderung aufgenommen. Die Kommentierung beschränkt sich allerdings zunächst auch weiterhin nur darauf hinzuweisen, dass nach Abs. 5 der VR in der Krankentagegeldversicherung verpflichtet ist, den Verdienstausfall infolge krankheits- oder unfallbedingter Arbeitsunfähigkeit zu ersetzen (Prölss/Martin-*Voit*, § 192 Rdnr. 179), um sodann unter dem Begriff „Arbeitsunfähigkeit" auszuführen, dass seit dem 04.04.2017 das vereinbarte Krankentaggeld auch für die Zeit der Schutzfristen nach MuSchG sowie den Entbindungstag geschuldet ist, und eine knappe Kritik hinsichtlich der zu berücksichtigenden Anrechnungen aufzunehmen (Prölss/Martin-*Voit*, § 192 Rdnr.180). In der Vorbemerkung zu §§ 192–208 VVG erfolgt hingegen kein Hinweis darauf, dass es hinsichtlich des § 192 Abs. 5 VVG im Jahr 2017 eine Gesetzesänderung gab.

a) Anpassung an die Regelung des § 24i Abs. 2 S. 7 SGB V

Mit § 192 Abs. 5 S. 2 VVG wurde eine an die Regelung des § 24i Abs. 2 S. 7 SGB V angelehnte Anspruchsgrundlage für private Versicherte geschaffen. Doch auch hier gilt, nur wer einen Anspruch auf Krankengeld / Krankentagegeld gegenüber seinem Versicherer zusätzlich mitversichert hat, hat auch Anspruch auf Mutterschutzleistung in eben dieser Höhe. Wie schon zu § 24i SGB V festgestellt bedeutet dies, dass sich die Betroffenen (rechtzeitig) *aktiv* für die zusätzliche Mitversicherung eines Kranken(tage)geldanspruchs entscheiden müssen.[1386]

Für gesetzlich Krankenversicherte sieht das SGB V in § 44 Abs. 2 Nr. 2 vor, dass Selbständige grundsätzlich keinen Anspruch auf Krankengeld haben, es sei denn, sie erklären gegenüber der Krankenkasse, dass der Anspruch umfasst sein soll (Wahlerklärung). Dies ist für die Betroffene sodann allerdings grundsätzlich teurer als ohne die Wahl des entsprechenden Leistungsanspruchs (Stichwort: § 243 SGB V – ermäßigter Beitragssatz[1387]). Beispielsweise für die besonders schutzbedürftigen (Solo-)Selbständigen in prekären wirtschaftlichen Verhältnissen, nämlich denjenigen mit geringem Einkommen[1388] und keiner bzw. nur sehr geringen Sparfähigkeit, ist dies kaum attraktiv, weshalb die berechtigte Vermutung besteht, dass hiervon aus Kostengründen kaum Gebrauch gemacht wird.[1389] Im Fall der Fälle steht dieser Gruppe betroffener Frauen damit auch weiterhin kein Anspruch zu, den sie im Bedarfsfall einfordern könnten.[1390] Gleiches gilt nun parallel auch für Privatversicherte. Auch sie müssen sich bewusst für den (teureren) zusätzlichen Krankentagegeldtarif entscheiden. Die einfache Krankheitskostenversicherung i.S.d. § 192 Abs. 1 VVG, die einzig nach § 193 Abs. 3 S. 1 VVG verpflichtend abzuschließen ist, deckt den Anspruch auf Krankentagegeld nicht. Auch hier muss also der teurere Tarif *aktiv* gewählt und mitversichert werden, um den Leistungsanspruch erhalten zu können.

Alles in allem bedeutet dies, dass hier tatsächlich nunmehr ein Gleichlauf geschaffen wurde. Die Vorteile des § 24i Abs. 2 S. 7 SGB V wurden auf die privaten

1386 Vgl. hierzu die voranstehenden Ausführungen zu § 24i SGB V unter A. II. 2. b).

1387 Vgl. hierzu die Ausführungen zum ermäßigten Beitragssatz nach § 243 SGB V unter A. II. 2. b) bb).

1388 Laut einschlägiger Forschung betrifft dies gut ein Viertel aller Selbständigen; das Durchschnittsmonatseinkommen beträgt gerade einmal 1.100,00 EUR und bewegt sich damit im Bereich des Existenzminimums; vgl. hierzu schon vorangehend A. II. 2. b) bb).

1389 Vgl. hierzu die voranstehenden Ausführungen unter 1. Kapitel unter C. II. 2.

1390 Vgl. hierzu die voranstehenden Ausführungen unter A. II. 2. b) bb).

Versicherten übertragen. Gleiches gilt aber auch für die mit Blick auf die Regelung des § 24i Abs. 2 S. 7 SGB V bestehenden Regelungslücken.

b) Berücksichtigung von Wartezeiten gemäß § 197 Abs. 1 VVG

Zu beachten ist ferner, dass die somit zwingend zu treffende Wahl aufgrund der ebenfalls vorgenommenen Ergänzung des § 197 Abs. 1 VVG auch aus zeitlicher Sicht nicht für jede Betroffene möglich ist.

§ 197 Abs. 1 S. 1 VVG sieht die Möglichkeit der Vereinbarung einer besonderen Wartezeit von bis zu 8 Monaten vor. Der private Versicherer kann (und wird) auf diesem Wege vereinbaren, dass binnen vorgenannter Frist, auch beim Wechsel in einen Krankentaggeldtarif ein Anspruch auf Mutterschutzleistung (zunächst) ausgeschlossen bleibt. Damit soll ein Gleichlauf hinsichtlich der Leistungen in Zusammenhang mit Entbindungen erreicht werden, für die ebenfalls eine besondere Wartezeit von acht Monaten statt der allgemeinen Wartezeit von drei Monaten vertraglich vereinbart werden kann. Auf diese Weise sollen Mitnahmeeffekte vermieden werden und der Tarif kalkulierbar bleiben. Es soll vermieden werden, dass kurz vor der Entbindung stehende Frauen unmittelbar nach Abschluss einer Krankentagegeldversicherung das neugeschaffene Krankentagegeld nach § 192 Abs. 5 S. 2 VVG in Anspruch nehmen.[1391]

D. h., im Bedarfsfall kann es im Einzelfall passieren, dass sich die betroffene werdende Mutter wegen der zu berücksichtigenden Wartezeit nicht mehr rechtzeitig den erforderlichen Schutz erkaufen kann, um schon während des maßgeblichen Zeitraums von 6 Wochen vor der Geburt abgesichert zu sein. Sofern sie sich also nicht bereits deutlich vor dem Bedarfsfall, genauer schon *vor* Schwangerschaft[1392], für den Tarifabschluss entschieden hat oder sich aus finanziellen Gründen bis dahin nicht für den Abschluss des zusätzlich zu finanzierenden Krankentagegeldtarifes entscheiden konnte, wird sie vom geforderten Schutz nicht umfasst. Im zu schützenden Bedarfsfall ist ein (kurzfristiger) Wechsel damit in aller Regel nicht möglich.

Die Entscheidung für oder gegen die Absicherung muss also zwingend schon zu einem Zeitpunkt getroffen werden, in dem der Bedarfsfall oftmals noch kein

---

1391 Vgl. hierzu die Begründung zur Gesetzesänderung, BT-Drs. 18/11205, S. 83.

1392 Eine Schwangerschaft dauert üblicherweise 40 Wochen. Der von § 192 Abs. 5 S. 2 VVG in Bezug genommene maßgebliche Zeitraum des Leistungsbezuges beginnt 6 Wochen vor der Entbindung, § 192 Abs. 5 S. 2 VVG i.V.m. § 3 Abs. 1 MuSchG (Schutzfrist vor der Entbindung). Im Falle einer 8-monatigen, d. h. ca. 34 ¾-wöchigen Wartezeit bedeutet dies, dass also spätestens eine Woche *vor* Empfängnis der Tarifabschluss erfolgt sein muss.

Thema ist. Wenn nun doch aber die Richtlinie 2010/41/EU verlangt, dass das „Ob“ eines Schutzes nicht länger in Frage stehen darf, so ist davon auszugehen, dass damit die Mindestvorgaben der Richtlinie nicht hinreichend umgesetzt sein dürften. Eine rein abstrakte, d. h. gerade keine absolut freie Wahlmöglichkeit ist nach diesseitigem Dafürhalten nicht ausreichend. Die Betroffenen müssen im konkreten Bedarfsfall frei wählen können, was mit der vorliegenden Gesetzesänderung jedoch nicht vollumfänglich gewährleistet wird.

Gleich den vorangegangenen Ausführungen zur Regelung des § 44 Abs. 2 S. 1 Nr. 2 SGB V[1393] dürfte damit schon vor diesem Hintergrund auch die Änderung des § 192 Abs. 5 VVG unter Berücksichtigung der Vorgaben des Art. 8 der Richtlinie 2010/41/EU nach diesseitigem Dafürhalten nicht ausreichend sein. Es bleibt bei einer Lücke für all diejenigen, die sich den Wahltarif bzw. die Krankentagegeldversicherung nicht leisten können bzw. denen ein Wechsel nicht möglich ist. Ob diese Auffassung Bestand haben wird, ist derzeit nicht abzusehen. Rechtsprechung hierzu gibt es bisher nicht.[1394]

c) *Weitere Kritik am Gesetzesvorhaben*

Schon im Rahmen des Gesetzgebungsverfahrens ließ es sich der Verband der Privaten Krankenversicherung erwartungsgemäß nicht nehmen Kritik am Vorhaben zu üben. Mit Stellungnahme vom 31. Januar 2017 wurde kritisiert, dass mit Änderungsantrag Nr. 6 die gesamtgesellschaftliche Aufgabe der Gewährung eines angemessenen Mutterschaftsgeldes während der Mutterschutzzeiten für privat versicherte selbständig erwerbstätige Frauen durch einen Eingriff auch in bestehende Beträge als versicherungsfremde Leistung auf die Gemeinschaft der Privatversicherten übergewälzt werden würden. Dies sei insbesondere ordnungspolitisch, wie auch verfassungsrechtlich fragwürdig.[1395]

Aus ordnungspolitischer Sicht verwies der Verband zu Recht darauf, dass Art. 6 Abs. 4 GG eine gesamtstaatliche Aufgabe begründet. Hier werde nun aber eine versicherungsfremde Leistung auf die Gemeinschaft der Privatversicherten ausgelagert, während eine Angleichung an die Verhältnisse der gesetzlichen

---

1393 Vgl. hierzu die obigen Ausführungen unter A. II. 2. a).

1394 Bis zum Frühjahr 2018 ist keine entsprechende Rechtsprechung veröffentlicht worden.

1395 So die Stellungnahme des PKV – Verband der Privaten Krankenversicherung zum Änderungsantrag Nr. 6 der Fraktion der CDU/CSU und SPD zum Entwurf eines Gesetzes zur Stärkung der Heil- und Heilmittelversorgung (Heil- und Heilmittelversorgungsgesetz – HHVG), Ausschussdrucksache 18(14)0239(16) v. 31.01.2017, S. 1.

Krankenversicherung nicht stattfindet. Das Mutterschaftsgeld der gesetzlichen Krankenversicherung werde immerhin steuerfinanziert, was für die private Krankenversicherung nicht gilt. Der Änderungsantrag sei daher nach Auffassung des Verbandes der Privaten Krankenversicherung schon in seiner Zielführung fragwürdig. Richtig wäre eine entsprechende Leistung, die steuerfinanziert unmittelbar aus dem Mutterschutzgesetz gewährt wird. Die Besonderheiten der privaten Krankenversicherung würden nicht ausreichende Berücksichtigung finden.[1396]

Auch nach diesseitigem Dafürhalten wäre eine Integrierung der neugeschaffenen Anspruchsgrundlage für selbständig erwerbstätige Frauen im Mutterschutzgesetz nicht fernliegend gewesen. Dies gilt nicht zuletzt vor dem Hintergrund, dass zur selben Zeit eine vollständige Überarbeitung des Mutterschutzgesetzes vorgenommen wurde und die Frage nach einem Mutterschutz (auch) für Selbständige hierbei durchaus nicht unberücksichtigt blieb. Auf Nachfrage bei der damaligen Bundesfamilienministerin *Schwesig* hieß es allerdings, dass die Frage erst in den kommenden Jahren angegangen und eine Lösung gefunden werden solle. Der Mutterschutz für Selbständige werfe noch viele Fragen auf.[1397] Die Chance einer tatsächlich umfassenden Novellierung des Mutterschutzgesetzes wurde nicht genutzt.

Auch drohe eine missbräuchliche Inanspruchnahme der Leistung zu Lasten der Versichertengemeinschaft und damit eine Unkalkulierbarkeit der Versicherungsleistung, weshalb eine rechtssichere Verankerung einer Wartezeit von mindestens acht Monaten zwingend erforderlich sei.[1398] Diese Forderung wurde mit der Novellierung des § 197 Abs. 1 VVG umgesetzt, was nun allerdings, den voranstehenden Ausführungen folgend, dazu führt, dass im Bedarfsfall der Anspruch für die Betroffenen abgeschnitten sein kann. Dies entspricht nach diesseitigem Dafürhalten nicht den Mindestvorgaben des Art. 8 der Richtlinie 2010/41/EU.

1396 Vgl. die Stellungnahme des PKV – Verband der Privaten Krankenversicherung zum Änderungsantrag Nr. 6 der Fraktion der CDU/CSU und SPD zum Entwurf eines Gesetzes zur Stärkung der Heil- und Heilmittelversorgung (Heil- und Heilmittelversorgungsgesetz – HHVG), Ausschussdrucksache 18(14)0239(16) v. 31.01.2017, S. 2.

1397 So jedenfalls in der Mitteilung „Mutterschutz für Studentinnen: Kabinett billigt Reform" im Weser Kurier vom 04.05.2016; abrufbar unter: http://www.weser-kurier.de (zuletzt abgerufen am 15.06.2018).

1398 Vgl. die Stellungnahme des PKV – Verband der Privaten Krankenversicherung zum Änderungsantrag Nr. 6 der Fraktion der CDU/CSU und SPD zum Entwurf eines Gesetzes zur Stärkung der Heil- und Heilmittelversorgung (Heil- und Heilmittelversorgungsgesetz – HHVG), Ausschussdrucksache 18(14)0239(16) v. 31.01.2017, S. 1, 3 f.

Ebenfalls kritisiert wurde der gewählte Wortlaut. Der Verband der Ersatzkassen wies mit seiner Stellungnahme vom 13.02.2017 darauf hin, dass das Mutterschutzgesetz nicht für selbständige Frauen gilt und daher die dahingehend vorgesehene Änderung des § 192 VVG, dass der geplante Anspruch für den Zeitraum nach § 3 Abs. 1 und 2 MuSchG 2018 Geltung finden soll, dem Wortlaut nach wohl nur für Arbeitnehmerinnen gelten könne. Die vorgesehene Änderung des § 192 VVG gelte nur für (zusätzlich) privatversicherte Arbeitnehmerinnen. Diese würden somit gegenüber Selbständigen bevorzugt werden.[1399] Mit Blick auf die Gesetzesbegründung kann dieser engen Auslegung des Wortlautes zwar nicht gefolgt werden, gleichwohl ist es zutreffend, dass der Wortlaut des neuen § 192 Abs. 5 S. 2 VVG unglücklich gewählt ist. Er macht nicht auf den ersten Blick deutlich, dass hier ein Mutterschutz (auch) für Selbständige geschaffen wird.

Voit kritisiert darüber hinaus, dass im Wortlaut der Bestimmung nicht ausreichend klar zum Ausdruck kommt, welche Anrechnungen auf das Krankentagegeld überhaupt im Einzelfall zu berücksichtigen sind. Seit der Änderung des § 192 Abs. 5 S. 2 VVG wird das vereinbarte Krankentagegeld zwar auch für die Zeit der Schutzfristen sowie den Entbindungstag geleistet, allerdings gilt dies nur dann, wenn der versicherten Person ein Verdienstausfall entstanden ist und der versicherten Person kein angemessener Verdienstausfall für diese Zeit von anderer Seite zusteht. *Voit* hegt Zweifel daran, ob der Wortlaut diesbezüglich hinreichend klar ist, da beispielsweise das anzurechnende Elterngeld in der Höhe des Mindestbetrages verdienstunabhängig gezahlt wird und der Wortlaut der Neuregelung zudem auf eine „Entweder – Oder“-Entscheidung und nicht auf eine Anrechnung hindeute.[1400] Dem ist zuzustimmen.

Doch nicht nur der Wortlaut der Regelung ist kritikwürdig, zu kritisieren ist vor allem auch die Art und Weise, wie das Gesetzvorhaben veröffentlicht wurde. Nicht nur, dass die Gesetzesänderung fast schon unbemerkt von der Öffentlichkeit im Wege eines Änderungsantrages zu einem Gesetz verabschiedet wurde, welches mit der Frage nach einem Mutterschutz für Selbständige überhaupt nichts gemein hat.[1401] Auch die privaten Krankenversicherungen scheinen alles daran setzen zu

---

1399 Vgl. hierzu die Stellungnahme des vdek – Verband der Ersatzkassen e. V. zum Änderungsantrag Nr. 6 der Fraktion der CDU/CSU und SPD zum Entwurf eines Gesetzes zur Stärkung der Heil- und Heilmittelversorgung (Heil- und Heilmittelversorgungsgesetz – HHVG), Ausschussdrucksache 18(14)0239(2) v. 08.02.2017, S. 16 f.

1400 S. hierzu *Voit* in Prölss/Martin, Versicherungsvertragsgesetz: VVG, 30. Auflage, 2018, § 192 Rdnr. 180.

1401 Vgl. hierzu z. B. die Begründung des Gesetzentwurfs der Bundesregierung zum Entwurf eines Gesetzes zur Stärkung der Heil- und Heilmittelversorgung (Heil- und

wollen, dass die neugeschaffene Regelung des § 192 Abs. 5 S. 2 VVG nicht der breiten Öffentlichkeit zur Kenntnis gelangt. Es erging von Seiten der privaten Krankenversicherer jedenfalls keine Presseinformation zum Inkrafttreten der Neuregelung. Die Neuregelung des § 192 Abs. 5 S. 2 VVG ist auf diese Weise mithin eher still und leise eingeführt worden, was die berechtigte Vermutung nach sich zieht, dass den Betroffenen auch weiterhin nicht in jedem Falle klar sein dürfte, welche Ansprüche ihnen im Bedarfsfalle zur Seite stehen.

Trotz allem darf selbstverständlich nicht unberücksichtigt bleiben, dass der Gesetzgeber nun endlich die bestehende Schutzlücke, wie auch den an ihn gerichteten Auftrag des Art. 6 Abs. 4 GG erstmals ausdrücklich anerkannt hat.

3. *Fazit*

Der PKV-Verband musste nach alldem seine Musterbedingungen zum Krankentagegeldtarif anpassen und die einzelnen Tarifbedingungen erweitern. Ungeachtet der Bedingungsänderung besteht nun für alle Frauen mit privater Krankentagegeldversicherung eine entsprechende Leistungsverpflichtung. Sie besteht auch dann, wenn die Bedingungen nicht an der Gesetzeslage angepasst sein sollten.

Den obigen Ausführungen folgend ist die Art und Weise der Gesetzänderung mehr als kritikwürdig. Um den betroffenen Frauen unmissverständlich zu verdeutlichen, welche Leistungen ihnen gemäß welchen Anspruchsgrundlagen zur Seite stehen, wäre eine vollumfängliche Überarbeitung der stark verstreuten Regelungen sicherlich sinnvoll gewesen. Insbesondere vor dem Hintergrund, dass ehedem das Mutterschutzgesetz zur gleichen Zeit umfassend novelliert wurde, wäre eine Einbindung der nun in § 192 VVG eingefügten Neuregelung in das Mutterschutzgesetz begrüßenswert gewesen. Die immer wieder –auch aktuell – vorgenommenen Ausweitungen des Anwendungsbereichs des Mutterschutzgesetzes zeigen doch immerhin, dass dies nicht unmöglich ist. Diese Chance wurde nicht genutzt.

Heilmittelversorgungsgesetz – HHVG) vom 02.09.2016, BT-Drs. 490/16, S 3. Dort heißt es, mit dem Gesetz die Versorgung mit Heil- und Heilmitteln im Rahmen der GKV gestärkt werden solle. Das System der Preisfindung für Heilmittelleistungen solle weiter flexibilisiert werden. Die Rahmenbedingungen für die Gewährung der Struktur-, Prozess- und Ergebnisqualität der Hilfsmittelversorgung solle konsequent weiterentwickelt werden. Mit der Frage nach der Schaffung einer Anspruchsgrundlage für Mutterschutzleistungen (auch) für Selbständige hat dies jedenfalls nichts zu tun. Der Schwerpunkte des Gesetzes liegen in Bereichen, die mit Mutterschutz nichts zu tun haben, sondern allein mit einer zeitgemäßen Versorgung mit Heil- und Hilfsmitteln.

Auch weiterhin erfahren nicht alle betroffenen selbständig erwerbstätigen Frauen gleichermaßen Schutz. Wer die Wartezeit nach § 197 Abs. 1 VVG nicht mehr einhalten kann, ist vom Leistungsbezug ausgeschlossen. Gleiches gilt für diejenigen Frauen, die sich die Wahl des teuren Krankentagegeldtarifes nicht leisten können.

III. Art. 8 Abs. 2 der Richtlinie 2010/41/EU als Ausweg vom weitergehenden Umsetzungserfordernis?

Das Bundesfamilienministerium ging zum Zeitpunkt des Ablaufs der Umsetzungsfrist davon aus, dass die Richtlinie 2010/41/EU für Deutschland keinen Umsetzungsbedarf auslöse, da deren Anforderungen bereits durch das geltende nationale Recht hinreichend erfüllt seien. Eine Anpassung der aktuellen Rechtslage sei mithin nicht erforderlich, so das Ergebnis einer entsprechenden Stellungnahme vom Mai 2012.[1402] Im August 2014 gründete sich sodann gleichwohl eine Arbeitsgruppe, die sich u. a. auch mit der Frage eines Mutterschutzes (auch) für Selbständige beschäftigen sollte[1403]. Im Mai 2016 korrigierte Bundesfamilienministerin *Schwesig* (SPD) schließlich die bisherigen Aussagen ihres Ministeriums zumindest dahingehend, dass die Frage in den kommenden Jahren angegangen und eine Lösung gefunden werden solle. Der Mutterschutz für Selbständige werfe jedoch noch viele Fragen auf.[1404] Es schien, als wolle das zuständige Bundesfamilienministerium dem eindeutigen Umsetzungsauftrag der Richtlinie selbst nach Ablauf der Umsetzungsfrist nicht die notwendige Aufmerksamkeit schenken. Anders verhielt es sich mit dem Bundesgesundheitsministerium. Aus dessen Reihen kam der Vorstoß zur Neuregelung des § 192 Abs. 5 S. 2 VVG, der erstmals das Bedürfnis eines Mutterschutzes auch für Selbständige und eine diesbezüglich bestehende Lücke, insbesondere unter Verweis auf Art. 6 Abs. 4 GG und die Vorgaben der Richtlinie 2010/41/EU, ausdrücklich anerkannte.

Die voranstehenden Erörterungen zeigen allerdings, dass nicht nur die im Mai 2012 veröffentlichte Auffassung des Bundesfamilienministeriums hinsichtlich

1402 BT-Drs. 17/9615 vom 11.05.2012, S. 53 f.; vgl. hierzu auch die obigen Ausführungen unter B. I. 1.

1403 Vgl. hierzu das Strategiepapier „Frauen gründen – Gründerinnen und Unternehmerinnen in Deutschland stärken“ vom 13.08.2014 ist abrufbar unter https://www.bmfsfj.de/blob/83098/a0b7288769bb9e13541dcfd124527783/strategiepapier-frauen-gruenden-data.pdf (zuletzt abgerufen am 15.06.2018).

1404 So jedenfalls in der Mitteilung „Mutterschutz für Studentinnen: Kabinett billigt Reform“ im Weser Kurier vom 04.05.2016; abrufbar unter: http://www.weser-kurier.de (zuletzt abgerufen am 15.06.2018).

der Vorgaben der Art. 8 Abs. 1, 4 der Richtlinie 2010/41/EU und deren angebliche Einhaltung zu kurz griff, sondern auch, dass es selbst die auf Betreiben des Bundesgesundheitsministeriums neu eingeführte Regelung des § 192 Abs. 5 S. 2 VVG nicht vermag, einen lückenlosen Schutz der Betroffenen zu gewährleisten. Die Neuregelung vermag mit Blick darauf, dass das „Ob“ eines Mutterschutzes (auch) für Selbständige nicht länger zur Disposition steht, nicht in Gänze zu überzeugen. Auch das Totschlagargument der Stellungnahme vom Mai 2012, es gäbe im Übrigen (auch) für Selbständige das Elterngeld, überzeugt nach diesseitigem Dafürhalten nicht.

In diesem Zusammenhang von Bedeutung ist die Regelung des Art. 8 Abs. 2 der Richtlinie. Sie könnte womöglich einen Ausweg von einem weiteren Umsetzungserfordernis bieten, auf den sich der Gesetzgeber gegebenenfalls stützen könnte, sollte er in den kommenden Jahren keine fortführenden Änderungen in der Gesetzgebung vornehmen wollen.

Während sich beispielsweise die Stellungnahme des zuständigen Bundesministeriums zur hier im Fokus stehenden Fragestellung vom Mai 2012 nur mit den Bestimmungen des Art. 8 Abs. 1 sowie Art. 8 Abs. 4 der Richtlinie 2010/41/EU befasste, fand die Bestimmung des Art. 8 Abs. 2 hingegen keine gesonderte Berücksichtigung. Auch die Begründung zum neuen § 192 Abs. 5 S. 2 VVG nimmt hierauf keinen Bezug.

Die Bestimmung des Art. 8 Abs. 2 der Richtlinie 2010/41/EU sollte nun aber nicht gänzlich unbeachtet bleiben, da ihr folgend die Mitgliedstaaten doch immerhin selbst darüber entscheiden können,

> ***„[…] ob die Mutterschaftsleistungen gemäß Absatz 1 auf obligatorischer oder freiwilliger Basis gewährt werden.“***

Auf den ersten Blick könnte dies dem reinen Wortlaut folgend bereits bedeuten, dass es den einzelnen Mitgliedsstaaten freistehen könnte, ob sie die Bestimmungen des Art. 8 Abs. 2 der Richtlinie 2010/41/EU überhaupt umsetzen wollen oder nicht. Den Mitgliedsstaaten steht es frei, ob sie die von der Richtlinie bestimmten Mutterschaftsleistungen *„auf freiwilliger Basis“* gewähren. Auch könnte es bedeuten, dass das bestehende Recht sogar schon vor Neueinführung des § 192 Abs. 5 S. 2 VVG bereits als richtlinienkonform angesehen werden konnte, wie es beispielsweise *Hildebrand* meint.[1405] Könnte Deutschland also mit Blick auf die Regelung des Art. 8 Abs. 2 der Richtlinie eventuell von einem weiterreichenden Umsetzungserfordernis befreit sein? Im Folgenden soll dieser Frage, die sicherlich

1405 Hildebrand, S. 161 f. Vgl. hierzu auch schon den obigen Hinweis unter B. I. 2. a).

die eine oder andere kritische Stimme aufgreifen und womöglich als Argument gegen eine Umsetzungspflicht anführen könnte, genauer nachgegangen werden.

Dem Wortlaut der Bestimmung des Art. 8 Abs. 2 der Richtlinie 2010/41/EU folgend, könnte davon ausgegangen werden, dass den Mitgliedsstaaten eine sog. „opting-out-Klausel" zugestanden werden soll.[1406] Die Ausnahmeregelung der „opting-out-Klausel" erlaubt einem Mitgliedstaat, sich in einem bestimmten Bereich nicht an gemeinschaftlich vereinbarter Zusammenarbeit zu beteiligen. Als prominentestes Beispiel ist die Nichtteilnahme von Großbritannien und Dänemark an der dritten Stufe der Währungsunion zu nennen. Und auch an anderen Stellen finden sich verschiedentlich „opting-out-Klauseln". So erlaubt die Arbeitszeitrichtlinie 2003/88/EG[1407] in ihrem Art. 22 Abs. 1 den Mitgliedstaaten ein „opting-out" für den Art. 6 der Richtlinie (wöchentliche Höchstarbeitszeit) unter bestimmten Voraussetzungen, z. B. wenn Tarifpartner eine entsprechende Vereinbarung getroffen haben und der einzelne Arbeitnehmer zugestimmt hat, dass er auf Rechte verzichtet, die ihm nach der Arbeitszeitrichtlinie zustehen. Entsprechende Rechtsvorschriften sind inzwischen in mehreren Mitgliedstaaten verabschiedet worden, auch in Deutschland.[1408] Den Werdegang der Richtlinie vor Augen, wäre ein solches „opting-out" auch für die hier im Mittelpunkt stehende Bestimmung zum Mutterschutz für Selbständige nicht fernliegend, immerhin wurde der Wortlaut der Richtlinie doch immer wieder geändert und zum Zwecke der Mehrheitsfindung zunehmend verwässert.[1409] Indes macht der Werdegang der Richtlinie zugleich aber auch deutlich, dass vorliegend gerade kein „opting-out" gewährt werden sollte, sondern die Europäische Union von Anbeginn einen echten Auftrag zur Bereitstellung einer Anspruchsgrundlage für Mutterschaftsleistungen (auch) für Selbständige formulieren wollte. Schon im Vorschlag zur Novellierung der Richtlinie 86/613/EWG vom 03. Oktober 2008 hieß es im Rahmen der Folgenabschätzung, dass nicht verbindliche Maßnahmen keine Alternative zu einer Änderung der Richtlinie darstellen würden. Die bloße Überarbeitung der Vorgänger-Richtlinie, die den einzelnen Mitgliedsstaaten allein einen Prüfungsauftrag auferlegt hatte, sei keine Option, um die gesetzten Ziele erreichen zu können.[1410] Zwar wurde festgestellt, dass die finanziellen Aus-

---

1406 Vgl. hierzu schon die obigen Ausführungen des 3. Kapitels unter A. II. 3.

1407 ABl. L 299 von 2003.

1408 Zur *„opting-out-Klausel"* statt vieler: Claus Grupp in: Bergmann (Hrsg.), Handlexikon der Europäischen Union. Baden-Baden, 2012.

1409 Vgl. hierzu die Ausführungen des 2. Kapitels zum Werdegang der Richtlinie unter Punkt C.

1410 KOM(2008)636 endg., S. 6.

wirkungen der Maßnahme dadurch abgemildert werden könnten, indem man den selbständig erwerbstätigen Frauen die Wahl lässt, ob sie den Mutterschaftsurlaub in Anspruch nehmen oder nicht. Gleichwohl müsse in jedem Falle aber eine Möglichkeit geschaffen werden, dass die selbständig erwerbstätigen Frauen einen Anspruch auf Mutterschaftsurlaub nehmen können (wenn sie es denn so wollen).[1411] In den detaillierten Erläuterungen der vorgeschlagenen einzelnen Bestimmungen heißt es insofern folgerichtig, dass die bisherige bloße Prüfpflicht hinsichtlich einer möglichen Regelung zur Mutterschutzleistung erheblich abgeändert werden solle.[1412]

Während der am 03. Oktober 2008 von der Kommission vorgelegte Entwurf einer novellierten Bestimmung noch knapp vorschrieb, dass selbständig erwerbstätige Frauen

> ***„auf Antrag einen Anspruch in gleicher Länge"***

gewährt werden solle, so wie er in der Richtlinie 92/85/EWG, also der Mutterschutz-Richtlinie für Arbeitnehmerinnen, vorgesehen ist[1413], wurde der Wortlaut der Bestimmung bereits im Rahmen des Standpunktes des Rates in erster Lesung vom 08. März 2010 detaillierter gefasst und ein erläuternder Abs. 2 aufgegriffen, der dem letztlich verabschiedeten Wortlaut bereits sehr nahekommt. Dort hieß es:

> ***„Die Mitgliedstaaten können darüber entscheiden, ob die Mutterschaftsleistungen gemäß Absatz 1 auf obligatorischer oder freiwilliger Basis gewährt werden. Daher können sie vorsehen, dass diese Leistungen nur auf Antrag der selbständig erwerbstätigen Frauen und Ehepartnerinnen und Lebenspartnerinnen gemäß Artikel 2 gewährt werden."***

Diese Bestimmung wurde weitgehend auch in die Endfassung der Richtlinie übernommen, wie sie am 07. Juli 2010 letztendlich verabschiedet wurde. Lediglich der zweite erläuternde Satz des gemäß dem Standpunkt des Rates vom März 2010 noch vorgesehenen Abs. 2 wurde nicht übernommen. Eine deutliche Klarstellung zur Frage eines etwaigen Antragserfordernisses bezüglich der im Übrigen zwingend zu schaffenden Anspruchsgrundlage wurde offenbar schlicht nicht für notwendig erachtet. Auf diese Weise wurde eine eindeutige Regelung zwar zweideutig, dem Inhalt nach sollte sich hierdurch aber nichts ändern. Jedenfalls ist eine solche Zielsetzung dem historischen Werdegang der Richtlinie nicht zu

1411 KOM(2008)636 endg., S. 6.
1412 KOM(2008)636 endg., S. 11.
1413 KOM(2008)636 endg., S. 11.

entnehmen. So wurde doch stets nur darum gestritten, ob die einzuführende Anspruchsgrundlage auf Antrag oder immer zu gewähren sein soll. Nicht mehr und nicht weniger.[1414] Ein anderes Verständnis der Bestimmung würde den Regelungsgehalt des Art. 8 Abs. 1 der Richtlinie 2010/41/EU als Mindestvorgabe ohnedies konterkarieren. Mit der Richtlinie werden immerhin Mindestanforderungen festgelegt, so auch der Erwägungsgrund (23). Eine Mindestanforderung ist es dabei, gemäß Art. 8 Abs. 1 einen Mutterschutz für Selbständige zu gewähren, deren konkrete Ausgestaltung den Mitgliedsstaaten obliegen soll. Gemäß dem einführenden Erwägungsgrund (18) wird zudem nochmals ausdrücklich darauf hingewiesen, dass es unbedingt notwendig ist, auch den selbständig erwerbstätigen Frauen ein Recht auf Mutterschaftsleistungen zu gewähren. Die Mitgliedstaaten sind, vorbehaltlich der Einhaltung der in dieser Richtlinie festgelegten Mindestanforderungen, zwar weiterhin dafür zuständig, diese Leistungen zu organisieren, wozu auch die Festlegung der Beitragshöhe sowie sämtlicher Modalitäten im Zusammenhang mit Leistungen und Zahlungen gehört. Insbesondere können sie festlegen, in welchem Zeitraum vor und/oder nach der Entbindung das Recht auf Mutterschaftsleistungen besteht und eben auch, ob der Anspruch obligatorischer oder freiwilliger Natur, also z. B. nur auf Antrag, sein soll. Damit liegt aber allein die Ausgestaltung, mithin das „Wie" in den Händen der Mitgliedsstaaten, nicht jedoch das „Ob".

Es ist somit zusammenfassend festzuhalten, dass die Bestimmung des Art. 8 Abs. 2 der Richtlinie 2010/41/EU nicht dazu dienen soll, den Mitgliedsstaaten die Möglichkeit zu eröffnen, von einer ausdrücklichen Anspruchsgrundlage hinsichtlich eines Mutterschutzes von 14 Wochen, von dem auch die selbständig erwerbstätigen Mütter profitieren, absehen zu können, sondern allein dazu, einen solche Anspruchsgrundlage dahingehend zu formulieren, dass es letztlich der selbständigen Frau und Mutter allein überlassen bleiben kann, ob sie von einem derartigen Recht (im Antragswege) Gebrauch machen möchte oder nicht, sollte der nationale Gesetzgeber dies wünschen. Nicht die Anspruchsgrundlage an sich soll obligatorisch oder freiwillig sein, die Anspruchsgrundlage kann jedoch im Rahmen der Umsetzung in die jeweiligen nationalen Rechtssysteme so ausgestaltet werden, dass die Frauen entweder *bindend* einen Anspruch erhalten oder eben erst *auf Antrag freiwillig* von ihrem Recht Gebrauch machen können.

Hieraus ergibt sich zugleich auch, dass es, wie es nach aktuell geltendem deutschen Recht aber der Fall ist, nicht ausreichend sein kann, wenn bereits zu einem

---

1414 Vgl. hierzu die Ausführungen des 2. Kapitels zum Werdegang der Richtlinie unter Punkt C.

Zeitpunkt, der deutlich vor dem Eintritt des absichernden Risikos liegen muss, eine konkrete Wahl zwischen zwei Leistungssystemen bzw. eine Wahl für oder gegen den Abschluss des teureren Krankentagegeldtarifs in der privaten Krankenversicherung getroffen werden muss. Gerade für den Bedarfsfall werden derart hohe Hürden aufgestellt, dass es nicht jeder betroffenen selbständig erwerbstätigen Frau möglich ist die Wahl zugunsten des mitversicherten Mutterschutzes zu treffen. Dies haben die voranstehenden Ausführungen gezeigt. Von einer freiwilligen Entscheidung für oder gegen den Schutz kann, nicht zuletzt mit Blick auf die Bestimmung des § 197 Abs. 1 VVG zur Wartezeit, nicht in jedem Falle gesprochen werden. Eine somit lediglich bestehende „abstrakte Wahlmöglichkeit“, wie sie beispielsweise von *Hildebrand* als ausreichend erachtet wird[1415], reicht nach diesem Verständnis jedenfalls nicht aus.

Grundsätzlich gilt, dass es jeder Person freisteht, ob sie sich privat oder gesetzlich versichert. D.h., es besteht stets zumindest die abstrakte Wahlmöglichkeit bzgl. einer Absicherung, wie sie auch *Hildebrand* als ausreichend erachtet. Fraglich ist aber, ob dies für eine angemessene Umsetzung der Vorgaben des Art. 8 der RL 2010/41/EU ausreicht. Nach diesseitigem Dafürhalten ist dies zu verneinen. Die Gesetzgebungshistorie zeigt doch immerhin, dass schon von Anbeginn sichergestellt werden soll, dass – wenn schon kein obligatorischer Anspruch geschaffen werden sollte – zumindest die freiwillige Inanspruchnahme, d. h. wie im ursprüngliche Text vorgesehen und immer wieder diskutiert *„auf Antrag“* hin, erfolgen solle. Die Betroffene soll mithin selbst über Inanspruchnahme oder Nichtinanspruchnahme *im Bedarfsfall* entscheiden können. Dass diese Formulierung letztlich nicht so im Art. 8 Abs. 2 aufgenommen wurde, ist redaktionell bedingt. Offenbar glaubte man, auf eine rein erläuternde Ergänzung komme es nicht an, da ehedem klar sei, dass im Bedarfsfalle die Betroffene freiwillig eine Inanspruchnahme oder eine Nichtinanspruchnahme wählen könne, indem sie dann eben einen solchen finanziellen Ausgleich *„beantragt“*. Dies war ein Irrtum. Wenn nämlich der Betroffenen dies im Bedarfsfall nun beispielsweise nicht möglich ist, weil sie, nicht über keinen entsprechenden Tarif verfügt und einen solchen wegen der zu berücksichtigenden Wartezeit auch nicht mehr rechtzeitig erkaufen kann,

---

1415 Hildebrand, S. 161 f. Der Hinweis Hildebrands auf die Erwägungsgründe 8 und 18, gemäß denen es den Mitgliedsstaaten möglich sein soll, über die Zugangsbedingungen frei zu entscheiden, greift zu kurz. Es wird dabei nicht beachtet, dass das *„Ob“* einer Anspruchsgewährung nicht länger zur Disposition steht. Letzteres gilt allein für das *„Wie“* der Leistungsgewährung. Im Bedarfszeitpunkt muss also zumindest die Möglichkeit sichergestellt sein, den Anspruch, in welcher Ausgestaltung auch immer, geltend machen zu können.

also sich nicht schon deutlich vor dem Bedarfsfall entschieden hat oder sich aus finanziellen Gründen nicht entscheiden konnte, wird sie vom geforderten Schutz gerade nicht umfasst. Im zu schützenden Bedarfsfall ist ein kurzfristiger Wechsel für diese Frauen grundsätzlich nicht möglich.

Eine echte Wahlfreiheit besteht nach derzeitiger deutscher Gesetzeslage demnach nicht für alle selbständig erwerbstätigen Mütter im gleichen Maße.[1416] Dies wird nun aber vom Richtliniengeber selbst dann gefordert, sollte sich der nationale Gesetzgeber (nur) für eine Anspruchsgewährung auf freiwilliger Basis entscheiden. Das „Ob" steht nicht länger zur Diskussion; die Mitgliedsstaaten der Europäischen Union haben gemäß Art. 8 Abs. 1 der Richtlinie 2010/41/EU *„sicherzustellen"*, dass ausreichende Mutterschutzleistungen gewährt werden.[1417] Einen Ausweg vom Umsetzungserfordernis bietet die Bestimmung des Art. 8 Abs. 2 der Richtlinie 2010/41/EU mithin nicht. Es bleibt vielmehr dabei, dass die Bundesrepublik Deutschland ihrer Pflicht zur Umsetzung der Richtlinienvorgaben bisher nicht umfassend nachgekommen ist, der deutsche Gesetzgeber hierzu aber verpflichtet bleibt. Es besteht auch weiterhin ein dringender Anpassungsbedarf, um den Betroffenen *im Bedarfsfalle* gleichermaßen die von der Richtlinie geforderte Leistung, unter welchen konkreten Modalitäten sie die einzelnen Mitgliedsstaaten sodann auch gewähren mögen, tatsächlich anbieten zu können.

Die Regelungen des § 44 Abs. 2 S. 1 Nr. 2 SGB V sowie des § 197 Abs. 1 VVG dürften aus diesem Grunde nach diesseitigem Dafürhalten nicht richtlinienkonform sein; die Bestimmungen stehen einer echten Wahlmöglichkeit im Zeitpunkt des Risikoeintritts, also des Leistungsfalls, jedenfalls entgegen.

IV. Exkurs: Rechte und Möglichkeiten der Betroffenen im Falle der Nichtumsetzung der Bestimmungen des Art. 8 der Richtlinie 2010/41/EU in das deutsche Recht

Die Europäische Union verfolgt mit der Novellierung der Selbständigen-Richtlinie das Ziel, selbständigen Frauen einen Anspruch auf Mutterschutzleistungen zu bieten. Wie die voranstehenden Ausführungen gezeigt haben, besteht eine solche Anspruchsgrundlage in Deutschland jedoch derzeit (noch) nicht für

---

1416 Im Ergebnis so auch Porsche, Streit 2013, 64, 68; allerdings noch ohne Berücksichtigung des § 192 Abs, 5 S. 2 VVG n. F., der erst später eingeführt wurde.

1417 Mit Blick auf die Bestimmung des Art. 33 Abs. 2 GReCh kann auch nichts anderes gelten. Nach Art. 33 Abs. 2 GReCh ist allen Menschen, also auch allen selbständig erwerbstätigen Frauen, ein Anspruch auf bezahlten Mutterschaftsurlaub zu gewähren. So schon die obigen Ausführungen im 3. Kapitel unter B. I. 2.

alle Selbständigen. Deutschland hat es bislang insbesondere versäumt, eine ausdrückliche Anspruchsgrundlage für alle Selbständigen zu schaffen, obgleich die Umsetzung der Bestimmungen des Art. 8 der Richtlinie 2010/41/EU genau dies verlangen und eine entsprechende Anpassung der Rechtsgrundlagen schon bis zum 05. August 2012 hätte erfolgen müssen. Auch die spätere Verabschiedung des § 192 Abs. 5 S. 2 VVG n. F. im April 2017 ändert an diesem Ergebnis grundsätzlich nichts, wie die voranstehenden Ausführungen deutlich machen.[1418]

Gemäß Art. 16 Abs. 1 der Richtlinie 2010/41/EU waren die Mitgliedstaaten aufgefordert, dem Umsetzungsauftrag der Richtlinie spätestens bis zum August 2012 nachzukommen. Art. 16 Abs. 2 der Richtlinie sah lediglich hinsichtlich der bezüglich der mitarbeitenden Ehepartner zu treffenden Regelungen die Möglichkeit einer Verlängerung der Umsetzungsfrist vor. Doch selbst diese sollte nur im Falle von besonderen Schwierigkeiten erforderlichenfalls einen zusätzlichen Zeitraum von zwei Jahren, also bis zum 05. August 2014, einräumen. Die Umsetzungsfrist ist demnach zwischenzeitlich in jedem Falle abgelaufen.

Ausgehend von der Prämisse, der Staat habe vorliegend tatsächlich die betreffende Richtlinie nicht oder nur fehlerhaft in nationales Recht umsetzt, welche Wirkung kommt der Regelung des Art. 8 der Richtlinie 2010/41/EU in einem solchen Falle dann zu? Kann es sich bei der Bestimmung des Art. 8 Abs. 1 der Richtlinie 2010/41/EU eventuell um eine solche Regelung handeln, die aufgrund ihrer Nichtumsetzung gegebenenfalls auch als unmittelbare Anspruchsgrundlage herangezogen werden kann? Oder besteht zumindest die Möglichkeit eines unionsrechtlichen Staatshaftungsanspruchs wegen nichtpflichtgemäßer Umsetzung der Richtlinienbestimmungen?

1. Grundsätzlich keine „unmittelbare Geltung", § 288 Abs. 3 AEUV

Gemäß § 288 Abs. 3 AEUV ist eine Richtlinie für die Mitgliedsstaaten, an die sie gerichtet ist, ausschließlich hinsichtlich des zu erreichenden Ziels verbindlich. Sie überlässt den innerstaatlichen Stellen die Form und die Mittel auszuwählen, die sie für die Erreichung des Ziels als geeignet ansehen. Die Richtlinie ist damit ein Kompromiss zwischen den Erfordernissen einheitlichen Rechts innerhalb der Europäischen Union und einer weitestgehenden Bewahrung nationaler Eigentümlichkeiten.[1419] Die Richtlinie eignet sich deshalb insbesondere für Bereiche, in denen es – wie hier – nicht um eine gänzliche Vereinheitlichung der unterschiedlichen nationalen Rechtsgrundlagen geht, sondern allein um eine Angleichung.

1418 S. hierzu die obigen Ausführungen dieses Kapitels unter B. II.

1419 So auch Streinz, Europarecht, 2012, Rdnr. 475.

Ein Nachteil dieses Kompromisses ist jedoch die damit einhergehende Umsetzungsbedürftigkeit einer jeden Richtlinie. Im Falle der fehlenden, verzögerten oder unzureichenden Umsetzung kommt es deshalb auch weiterhin zu Defiziten in der Einheitlichkeit des Unionsrechts. Die Richtlinie besitzt im Gegensatz zur Verordnung mithin grundsätzlich auch keine unmittelbare Geltung. Die von einer Richtlinie vorgesehene Rechtsfolge entsteht im innerstaatlichen Recht stets erst nach pflichtgemäßer Umsetzung.[1420]

2. *Vertragsverletzung i.S.d. Art. 258 AEUV*

Unstreitig ist, dass in der Nichtumsetzung eine Vertragsverletzung des betreffenden Mitgliedsstaates zu sehen ist. Der Kommission wird damit die Möglichkeit gewährt, im Wege des Vertragsverletzungsverfahrens gegen den betreffenden Mitgliedsstaat vorzugehen.[1421]

Die einzelnen Mitgliedstaaten der Europäischen Union hatten gemäß Art. 15 der Richtlinie 2010/41/EU alle verfügbaren Informationen über die Anwendung der Richtlinie der Kommission bis zum 05. August 2015 zu übermitteln. Binnen eines Jahres, mithin spätestens bis zum 05. August 2016, war die Kommission sodann verpflichtet, einen umfassenden Bericht zur Vorlage beim Europäischen Parlament und dem Rat zu erstellen. Obgleich die Bundesrepublik Deutschland keine Maßnahmen bezüglich Änderungen hinsichtlich der Gesetzgebung den Mutterschutz auch für Selbständige vermeldete, hat die Kommission nach diesseitigem Kenntnisstand bis heute keine rechtlichen Schritte gegen Deutschland eingeleitet. Die Durchführung eines Vertragsverletzungsverfahrens bewirkt ohnedies nicht die Umsetzung der Richtlinie. Das eigentliche Ziel, nämlich eine Anspruchsgrundlage sicherzustellen bzw. zu gewähren, wird auf diesem Wege ehedem nicht erreicht.

3. *Keine „unmittelbare Wirkung" des Art. 8 der Richtlinie 2010/41/EU*

Der Europäische Gerichtshof hat festgestellt, dass es für den einzelnen aus der Richtlinie Berechtigten unter bestimmten Voraussetzungen möglich sein muss, sich unmittelbar auch auf Rechtsnormen einer bislang nicht umgesetzten Richtlinie zu berufen[1422], obwohl diese noch nicht in nationales Recht umgesetzt wor-

---

1420 Streinz, Europarecht, Rdnr. 475 f., 486.

1421 Zu den Voraussetzungen der Durchführung eines Vertragsverletzungsverfahrens nach Art. 258 AEUV s. z. B. Streinz, Europarecht, Rdnr. 622 ff.

1422 EuGH, Urt. v. 05.04.1979, Slg. 1979, 1629 Rdnr. 21 (Ratti); EuGH, Urt. v. 19.01.1982, Slg. 1982, 53 Rdnr. 23 (Becker). Das „*Sich-Berufen-Können*" ist nicht als ein inhaltlich

den sind und gemäß Art. 288 S. 3 AEUV grundsätzlich allein die Mitgliedsstaaten Adressaten der Richtlinienforderungen sind.[1423] Dies gilt zumindest soweit diese auf die Begründung subjektiver Rechte abzielen.[1424]

Der sog. „Grundsatz der unmittelbaren Wirkung"[1425] soll es den Einzelnen ermöglichen, sich unmittelbar vor einem nationalen Gericht und Behörden auf eine EU-Rechtsvorschrift berufen zu können. D.h., auch ohne eine vorherige nationale Umsetzung soll eine Richtlinie unter bestimmten Voraussetzungen im innerstaatlichen Recht Rechte und Pflichten entfalten. Nur so könne die Anwendbarkeit und Wirksamkeit des EU-Rechts in den Mitgliedstaaten effektiv gewährleistet werden. Begründet wird dieser Gedanke vor allem mit dem Effizienzgebot des „*effet utile*", gemäß dem die praktische Wirksamkeit des Unionsrechts beeinträchtigt wäre, sollte sich ein Mitgliedsstaat allein durch Verstreichenlassen der Umsetzungsfrist seiner unionsrechtlichen Pflicht zur Umsetzung von Richtlinienvorgaben

---

determiniertes subjektives Recht zu verstehen, es überwindet lediglich den Mangel, dass die Richtlinie sich mit ihren Vorgaben allein an Mitgliedsstaaten, nicht aber an natürliche oder juristische Personen wendet; Vedder/Heintschel v. Heinegg-*Vedder*, Europäisches Unionsrecht, Art. 288 AEUV Rdnr. 36.

1423 S. Vedder/Heintschel v. Heinegg-*Vedder*, Europäisches Unionsrecht, Art. 288 AEUV Rdnr. 35.

1424 Die unmittelbare Wirkung des EU-Rechts wurde vom Gerichtshof bereits mit dem Urteil in der Rs. Van Gend en Loos bestätigt und ist seither unbestrittener Stand Gemeinschaftsrechts; EuGH, Urt. v. 05.02.1963, Slg. 1963, 1 Rdnr. 10 ff. In diesem Urteil entscheidet der Gerichtshof, dass das EU-Recht nicht nur Pflichten für die Mitgliedstaaten, sondern auch Rechte für die Einzelnen mit sich bringt. Die Einzelnen können somit diese Rechte für sich geltend machen und sich unmittelbar vor nationalen oder europäischen Gerichten auf EU-Rechtsvorschriften berufen. Dazu ist es nicht erforderlich, dass der Mitgliedstaat die betreffende EU-Rechtsvorschrift in seine nationale Rechtsordnung übernimmt. In seinem Urteil in der Rs. Becker (EuGH, Urt. v. 19.01.1982, Slg. 1982, 53 Rdnr. 21 ff.) lehnt der Gerichtshof die unmittelbare Wirkung allerdings ab, sobald die Mitgliedstaaten über einen, sei es auch noch so kleinen Handlungsspielraum hinsichtlich der Durchführung der betreffenden Bestimmung verfügen; vgl. auch EuGH, Urt. v. 12.12.1990 (Kaefer und Procacci), Slg. 1990, I-4647. Die unmittelbare Wirkung ist jedoch nur vertikaler Art und kommt nur zum Tragen, wenn die Mitgliedstaaten die Richtlinie nicht zum vorgesehenen Termin umgesetzt haben; EuGH, Urt. v. 05.04.1979 (Ratti), Slg. 1979, 1629 Rdnr. 20 ff. Vgl. insges. hierzu auch z. B. Vedder/Heintschel v. Heinegg-*Vedder*, Europäisches Unionsrecht, Art. 288 AEUV Rdnr. 33 m.w.N. zur ständigen Rspr. des EuGHs.

1425 Anstatt von „*unmittelbarer Wirkung*" wird oftmals auch von unmittelbarer Anwendung oder Direktwirkung gesprochen.

entziehen können. Aus der Nichtumsetzung der Richtlinie soll nach der Judikatur des Europäischen Gerichtshofs – insbesondere nach den schon in der „*Francovich*"-Entscheidung vom 19. November 1991[1426] formulierten Grundsätzen – dem Bürger schließlich kein Schaden erwachsen. Das Bundesverfassungsgericht hat diese Form der Rechtsfortbildung grundsätzlich gebilligt.[1427]

Auch wenn im Falle des Versäumnis der pflichtgemäßen Umsetzung demnach zwar keine unmittelbare Geltung der Bestimmungen der Richtlinie gelten kann, so ist die Möglichkeit einer unmittelbaren Wirkung einer Richtlinienbestimmung den obigen Erörterungen folgend grundsätzlich nicht ausgeschlossen. Der Europäische Gerichtshof hat der Anwendbarkeit des Grundsatzes der unmittelbaren Wirkung allerdings hohe Hürden auferlegt. Im Einzelnen muss zunächst (1) die Umsetzungsfrist der Richtlinie abgelaufen sein, ohne dass sie richtig oder vollständig in nationales Recht umgesetzt wurde, zudem müssen (2) die Bestimmungen der Richtlinie inhaltlich unbedingt, d. h. als solche nicht notwendig auf einen nationalen Umsetzungsakt angewiesen sein, um natürlichen und juristischen Personen gegenüber zu wirken und (3) hinreichend genau bestimmt, also inhaltlich präzise sein, so dass sich – ohne Auslegungs- und Anwendungsspielraum für die Mitgliedsstaaten – unmittelbar aus der Richtlinie Rechte abgeleitet werden können („*self-executing*"-Norm).[1428] Ob eine Richtlinienbestimmung die vorbenannten Voraussetzungen, insbesondere die zweite und dritte Voraussetzung erfüllt, wird durch eine an Wortlaut und Systematik der Bestimmung orientierte Auslegung ermittelt. Die engen Voraussetzungen sind allerdings in aller Regel nur im Falle von Verbotsvorschriften zu bejahen. Die notwendige zweite und dritte Voraussetzung sind nämlich grundsätzlich nur dann erfüllt, wenn die betreffende Richtlinienbestimmung tatsächlich justiziabel ist, also die Richtliniennorm schon so eindeutig formuliert ist, dass dem nationalen Gesetzgeber ehedem nichts anderes übrig bleibt, als sie, so wie sie ist, in das nationale Recht zu übernehmen.[1429] Hinreichend bestimmt ist eine Bestimmung dabei immer dann, wenn sich aus der Richtlinie selbst der begünstigte Personenkreis sowie dessen Rechte eindeutig bestimmen lassen. Nur wenn eine Richtlinie diese engen Voraussetzungen umfassend erfüllt, entfaltet sie insoweit auch ohne vorherige Umsetzung in nationales Recht unmittelbare Wirkung. Nur in diesem Falle kann sich der Einzelne gegen-

1426 EuGH, Urt. v. 19.11.1991, C-6/90 und C-9/90, Slg. 1991, I-5357.

1427 BVerfGE 75, 223, 235 ff.; erweitert durch BVerfGE 126, 286, 305 ff. (Honeywell).

1428 Zu den vom EuGH aufgestellten Voraussetzungen statt vieler nur: Vedder/Heintschel v. Heinegg-*Vedder*, Europäisches Unionsrecht, Art. 288 AEUV Rdnr. 35.

1429 Vedder/Heintschel v. Heinegg-*Vedder*, Europäisches Unionsrecht, Art. 288 AEUV Rdnr. 35.

über mitgliedsstaatlichen Behörden oder Gerichten auf eine ihn begünstigende Bestimmung unmittelbar berufen. Der Grundsatz der unmittelbaren Wirkung kann auf diese Weise allein unter diesen Voraussetzungen ein subjektives Recht zur Entstehung bringen.[1430] Vorliegend können die Bestimmungen des Art. 8 der Richtlinie 2010/41/EU diesen strengen Maßstäben jedoch nicht genügen. Schon die vorangegangenen Ausführungen haben wiederholt darauf verwiesen, dass es sich bei den Bestimmungen des Art. 8 der Richtlinie 2010/41/EU, trotz aller Bemühungen, erneut um einen politischen Konsens handelt, der eine zum Teil abermals nur vage, jedenfalls nicht eindeutig formulierte Bestimmung zum Ergebnis hat und zudem das „Wie" der Anspruchsausgestaltung mit einem erheblichen Gestaltungsspielraum zugunsten der einzelnen Mitgliedsstaaten vorsieht.[1431]

Zwar mag die Umsetzungsfrist zwischenzeitlich abgelaufen sein und dennoch nach deutschem Recht keine ausdrückliche Anspruchsgrundlage auf einen 14-wöchigen Mutterschutz für *alle* selbständig erwerbstätigen Frauen im gleichen Maße bestehen. Dies genügt vorliegend jedoch zur Anspruchsbegründung nicht. Auch wenn zumindest von einer unzureichenden Umsetzung auszugehen ist[1432], die politische Zielsetzung eines Gleichlaufs des Mutterschutzes für Selbständige mit dem der abhängig Beschäftigten in den Erwägungsgründen der Richtlinie hinreichend deutlich gemacht wird[1433] und darüber hinaus sogar der Kreis der potenziellen Anspruchsberechtigten bestimmbar, nämlich selbständig erwerbstätige Schwangere und Mütter, ist[1434], so reicht dies schlussendlich nicht.

1430 Streinz, Europarecht, Rdnr. 487; Calliess/Ruffert-*Ruffert*, EUV/AEUV, Art. 288 AEUV Rdnr. 66 ff. m.w.N. auch zur Gegenmeinung.

1431 Vgl. hierzu die Ausführungen des 2. Kapitels zum Werdegang der Richtlinie unter Punkt C.

1432 S. hierzu das Fazit zur Gesetzesänderung vom April 2017 unter B. II. 3.

1433 So heißt es in dem Erwägungsgrund (19): „Der Zeitraum, in dem selbständig erwerbstätigen Frauen sowie Ehepartnerinnen oder — wenn und soweit sie nach innerstaatlichem Recht anerkannt sind — Lebenspartnerinnen von selbständigen Erwerbstätigen Mutterschaftsleistungen gewährt werden, ähnelt der Dauer des Mutterschaftsurlaubs für Arbeitnehmerinnen, wie er derzeit auf Unionsebene gilt. Falls die Dauer des Mutterschaftsurlaubs für Arbeitnehmerinnen auf Unionsebene geändert wird, sollte die Kommission dem Europäischen Parlament und dem Rat Bericht erstatten und prüfen, ob die Dauer der Mutterschaftsleistungen für selbständig erwerbstätige Frauen sowie Ehepartnerinnen und Lebenspartnerinnen gemäß Art. 2 ebenfalls geändert werden sollte."

1434 Die Regelung betrifft im gleichen Maße auch die Ehepartner und Lebenspartner von Selbständigen, die im Rahmen dieser Ausarbeitung jedoch nicht explizit berücksichtigt werden sollen.

Schließlich fordert Art. 8 Abs. 1 der Richtlinie 2010/41/EU doch nur, die Sicherstellung „*ausreichender Mutterschaftsleistungen*", die eine Unterbrechung ihrer Erwerbstätigkeit wegen Schwangerschaft oder Mutterschaft während mindestens 14 Wochen ermöglichen. Was im Einzelnen unter einer solchen 14-wöchigen, ausreichenden Mutterschaftsleistung zu verstehen sein soll, umschreibt Art. 8 Abs. 3 der Richtlinie 2010/41/EU sodann lediglich in Form einer „und/oder"-Verknüpfung dreier unterschiedlicher Varianten an Leistungshöhen. Ob dabei eventuell die als Art. 8 Abs. 3 lit a) der Richtlinie 2010/41/EU dargestellte Variante einer Leistung, die die betreffende Person im Falle einer Unterbrechung ihrer Erwerbstätigkeit aus gesundheitlichen Gründen erhalten würde, als in jedem Falle einzuhaltende Mindesthöhe zu sehen ist, wie es der historische Werdegang der Richtlinie nahelegt und es diesseits auch bejaht wird, ist bereits für sich eine Frage der Auslegung des Wortlauts der Richtlinienbestimmung und, wie die obigen Ausführungen zeigen[1435], zumindest nicht in der an dieser Stelle notwendigen, hinreichenden Eindeutigkeit zu bewerten. Art. 8 Abs. 4 der Richtlinie 2010/41/EU bietet darüber hinaus die Betriebshilfe als Alternativ- oder Teilleistung zur etwaigen finanziellen Unterstützung an, so dass nicht abschließend bestimmt werden kann, welche konkrete Leistung eine werdende Mutter zwingend verlangen könnte.

Unklar bzw. von der Richtlinie nicht eindeutig dargelegt ist ferner, für welchen konkreten Zeitraum der Anspruch eines 14-wöchigen Mutterschutzes zu gewähren sein soll. Ob ein etwaiger Anspruch vor und/oder nach der Geburt zu gewähren sei, wird nicht näher bestimmt. Stattdessen wird im Rahmen der Erwägungsgründen unter Ziff. (18) erklärt, dass den einzelnen Mitgliedsstaaten diesbezüglich ein Auswahlermessen zustehen soll. Dort heißt es:

> ***„Insbesondere können sie*** [die Mitgliedsstaaten] ***festlegen, in welchem Zeitraum vor und/oder nach der Entbindung das Recht auf Mutterschaftsleistungen besteht."***

Ebenso wenig wird deutlich, wem gegenüber ein etwaiger Anspruch geltend gemacht werden kann. Die bereits bestehenden Anspruchsgrundlagen, auf die sich derzeit zumindest einzelne Gruppen von Selbständigen zurückgreifen können, richten sich nicht an nur einen bestimmten Adressaten, sondern z. B. im Falle des Anspruchs aus § 24i SGB V an die gesetzliche Krankenversicherung oder im Falle der Landwirte an die landwirtschaftliche Krankenkasse, d. h. der Sozialver-

---

1435 Vgl. hierzu die obigen Ausführungen des 3. Kapitels unter A. II. 2. Vgl. hierzu im Übrigen die detaillierten Erläuterungen zu den einzelnen Bestimmungen in der Begründung des Richtlinienvorschlages vom 03.10.2008, KOM(2008)636 endg. Außerdem so noch der Entwurf zur Empfehlung zur zweiten Lesung vom 17.03.2010.

sicherung für Landwirtschaft, Forsten und Gartenbau. In anderen Fällen könnten hingegen die privaten Krankenversicherer oder der Bund Adressaten von bestehenden Ansprüchen von Schwangeren und Müttern sein.

Von einer hinreichend bestimmten Richtliniennorm kann im Falle des Art. 8 der Richtlinie 2010/41/EU somit keine Rede sein. Eine eindeutige Festlegung, was selbständige Frauen im Einzelnen, für welchen konkret festgelegten Zeitraum, gegenüber wem als angemessene Mutterschaftsleistung im Einzelnen verlangen können sollen, wird nicht getroffen. Justiziabel ist die Bestimmung des Art. 8 der Richtlinie 2010/41/EU so jedenfalls nicht. Die offen gestalteten Bestimmungen des Art. 8 der Richtlinie 2010/41/EU ermöglichen es dem potenziellen Anspruchsberechtigten nicht, einen inhaltlich genau umfassten Anspruch herzuleiten, auf den sie sich gerichtlich oder gegenüber anderen behördlichen Stellen unmittelbar stützen könnten. Die Bestimmungen des Art. 8 der Richtlinie 2010/41/EU sind insofern nicht hinreichend genau bestimmt, um zur unmittelbaren Anwendung geeignet zu sein. Adressaten der Richtlinie bleiben allein die Mitgliedsstaaten. Ihnen steht ein Anwendungsspielraum zur Seite, der ein Eingreifen des Grundsatzes der unmittelbaren Wirkung zugunsten des Einzelnen im vorliegenden Falle nicht möglich macht.

4. *Unionsrechtliche Haftung der Mitgliedsstaaten gegenüber Bürgern für nicht umgesetzte Richtlinien*

Mangels einer hinreichend genau formulierten Bestimmung kommt eine unmittelbare Wirkung des Art. 8 der Richtlinie 2010/41/EU den voranstehenden Ausführungen nach folglich nicht in Betracht. Den betroffenen Frauen könnte aber die Möglichkeit der Geltendmachung eines unionsrechtlichen Schadenersatzanspruches, wie er schon nach den zuvor bereits in Bezug genommenen Grundsätzen der „*Francovich*"-Rechtsprechung vom Europäischen Gerichtshof aus dem Jahr 1991[1436] entwickelt worden ist, zur Seite stehen.

Mit Hilfe der schon im Zuge der vorbenannten Entscheidung des Europäischen Gerichtshofs erstmals festgelegten und seither fortentwickelten Rechtsprechung soll den durch die nicht pflichtgemäß umgesetzte Richtlinie begünstigten Personen geholfen werden, zu ihrem Recht zu kommen, und die Mitgliedsstaaten zugleich dazu bewogen werden, eine möglichst zügige Umsetzung vorzunehmen. Dies geschieht im Wege eines staatsrechtlichen Haftungsanspruches des Bürgers gegen die betreffenden Mitgliedsstaaten, der seine Begründung, wie schon der Grundsatz der unmittelbaren Wirkung, in den allgemeinen Grundsätzen des

---

1436 EuGH, Urt. v. 19.11.1991, C-6/90 und C-9/90, Slg. 1991, I-5357.

Unionsrechts findet.[1437] Der Europäische Gerichtshof führte hierzu in seiner „*Francovich*"-Entscheidung aus:

> ***„Die volle Wirksamkeit der gemeinschaftsrechtlichen Bestimmungen wäre beeinträchtigt und der Schutz der durch sie begründeten Rechte gemindert, wenn der Einzelne nicht die Möglichkeit hätte, für den Fall eine Entschädigung zu verlangen, dass seine Rechte durch einen Verstoß gegen Gemeinschaftsrecht verletzt werden, die einem Mitgliedsstaat zuzurechnen sind."***[1438]

Mangels einer einschlägigen primärrechtlichen Regelung müsse ein etwaiger Schadenersatzanspruch zwar grundsätzlich vor den einzelnen nationalen Gerichten unter Anwendung der nationalen Vorschriften zur Staatshaftung, geltend gemacht werden können, so der Europäische Gerichtshof weiter. Nach deutschem Recht wäre demnach ein Anspruch auf Schadenersatz gemäß § 839 BGB i.V.m. Art. 34 GG zu verfolgen. Die Anwendung des nationalen Rechts wird dabei jedoch durch die unionsrechtlichen Grundsätze des Effizienzgebotes und des Äquivalenzgebotes begrenzt. Ferner greift der Vorrang des Unionsrechts.[1439] Der Europäische Gerichtshof hat deshalb im Wege der Rechtsfortbildung eigene Haftungsgrundsätze entwickelt.[1440] Wenn eine Richtlinie nicht rechtzeitig oder nicht vollständig in nationales Recht überführt wird, greift seither unter den im Folgenden noch näher darzulegenden Voraussetzungen eine ebenfalls als Ausprägung des „*effet utile*"[1441] begründete unionsrechtliche Staatshaftung der Mitgliedsstaaten. Diese ergänzt somit die in Art. 340 Abs. 2 AEUV geregelte und in Art. 41 Abs. 3 GReCh ebenfalls grundsätzlich ausgestaltete Amtshaftung für gemeinschaftsrechtswidriges Verhalten der Europäischen Union selbst.[1442]

Da eine nicht fristgerechte, fehlerhafte oder unvollständige Umsetzung von Richtlinien, ungeachtet der Möglichkeit einer etwaigen unmittelbaren Wirkung, stets zu Beeinträchtigungen der Einheitlichkeit des Unionsrechts führt, hat der Europäische Gerichtshof dieses weitere Instrument der unionsrechtlichen Staatshaftung entwickelt. Es soll den Richtlinien und damit auch dem Unionsrecht

1437 S. hierzu auch Streinz, Europarecht, Rdnr. 506.

1438 EuGH, Urt. v. 19.11.1991, C-6/90 und C-9/90, Slg. 1991, I-5357 Rdnr. 33.

1439 Vedder/Heintschel v. Heinegg-*Vedder*, Europäisches Unionsrecht, Art. 288 AEUV Rdnr. 39 m.w.N.

1440 Zur Rechtsgrundlage des Anspruchs und der Rechtsfortbildungskompetenz des EuGHs, s. z.B. Detterbeck/Windthorst/Sproll, Staatshaftungsrecht 2000, § 6 Rdnr. 18 ff.

1441 Vgl. zum „effet utile" schon die obigen Ausführungen des 2. Kapitels unter D. I. 1.

1442 Vedder/Heintschel v. Heinegg-*Vedder*, Europäisches Unionsrecht, Art. 288 AEUV Rdnr. 37 m.w.N.

Wirkung verleihen. Eine etwaige unmittelbare Wirksamkeit einer Richtlinienbestimmung schließt zwar den Staatshaftungsanspruch nicht aus[1443], der Schadenersatzanspruch gegen die Mitgliedsstaaten wegen mangelhafter oder nicht vorgenommener Umsetzung von Richtlinienbestimmungen wurde allerdings gerade für die Fälle begründet, in denen, wie hier, eine unmittelbare Wirkung einer Richtliniennorm nicht gegeben ist.[1444] Voraussetzung für die Haftung des Mitgliedsstaates, d. h. für das Bestehen eines Entschädigungsanspruchs aufgrund von Staatshaftung, ist in einem solchen Falle gemäß der *„Francovich"*-Entscheidung (1) die Verleihung von Rechten an Einzelne, (2) die Bestimmbarkeit dieser Rechte auf der Grundlage der Richtlinie sowie (3) ein Kausalzusammenhang zwischen dem Verstoß gegen die Umsetzungspflicht und dem eingetretenen Schaden, den der Geschädigte nicht auf zumutbare Weise abwehren kann.[1445] Die Richtlinie muss also auf die Verleihung von solchen Rechten an Geschädigten abzielen, deren Inhalt auf Grundlage der Richtlinie bereits selbst bestimmt werden kann. Dazu müssen insbesondere der berechtigte Personenkreis, der Inhalt des Rechts sowie die Person des Verpflichteten ohne weiteren Zweifel festgestellt werden können.[1446] Die Voraussetzung der Bestimmbarkeit ist an dieser Stelle jedoch nicht an den gleichen strengen Maßstäben zu messen, wie die Frage der hinreichend genauen Bestimmbarkeit einer Richtlinie, damit dieser, auch ohne Umsetzung, eine unmittelbare Wirkung zukommen kann. Diese Hürde könnte vorliegend also gegebenenfalls noch genommen werden. Der eingetretene Schaden muss darüber hinaus allerdings zudem stets kausal auf die versäumte oder fehlerhafte Umsetzung der Richtlinie zurückzuführen sein.[1447] Dieser Nachweis dürfte hingegen in der Praxis kaum zu führen sein.

Der Europäische Gerichtshof wendet die vorgenannten Grundsätze nicht nur für den Fall der Nichtumsetzung von Richtlinienbestimmungen, sondern auch

---

1443 S. Vedder/Heintschel v. Heinegg-*Vedder*, Europäisches Unionsrecht, Art. 288 AEUV Rdnr. 38; Calliess/Ruffert-*Ruffert*, EUV/AEUV, Art. 288 AEUV, Rdnr. 56.

1444 S. Vedder/Heintschel v. Heinegg-*Vedder*, Europäisches Unionsrecht, Art. 288 AEUV Rdnr. 38; EuGH, Urt. v. 19.11.1991, C-6/90 und C-9/90, Slg. 1991, I-5357 (Francovich); EuGH, Urt. v. 05.03.1996, C-46/93 u. 48/93, Slg. 1996, I-1029 (Brasserie du Pêcheur).

1445 EuGH, Urt. v. 19.11.1991, C-6/90 und C-9/90, Slg. 1991, I-5357.

1446 Vgl. Vedder/Heintschel v. Heinegg-*Vedder*, Europäisches Unionsrecht, Art. 288 AEUV Rdnr. 37.

1447 Der Schaden dürfte demnach nicht eingetreten sein, wenn die Richtlinie ordnungsgemäß umgesetzt worden wäre. Das nationale Recht wird sodann im Übrigen verdrängt. Vgl. hierzu BGH, NJW 1997, 123, 124 – zu EuGH, Urt. v. 05.03.1996, C-46/93 und C-48/93; Slg. 1996, I-1029 (Brasserie du Pêcheur).

schon bei fehlerhafter Umsetzung von Richtlinien oder der Nichtanpassung von nationalem Recht an das primäre Unionsrecht, an. Die konkrete Form des Verstoßes mag zwar damit grundsätzlich nicht maßgeblich sein. Spätestens seit seiner „*Dillenkofer*"-Entscheidung vom 08. Oktober 1996[1448] knüpft der Europäische Gerichtshof den unionsrechtlich begründeten Staatshaftungsanspruch aber vor allem auch an die Voraussetzung eines „*hinreichend qualifizierten Verstoßes*"[1449] an. Der an diese Voraussetzung geknüpfte Maßstab ist dabei nicht unumstritten[1450], was erhebliche Probleme im Falle einer gerichtlichen Geltendmachung nach sich ziehen könnte. Unstreitig ist damit allein der Fall, dass der betreffende Mitgliedsstaat keinerlei Maßnahmen getroffen hat, um die Richtlinie umzusetzen. Nur hier wird unstreitig von einem hinreichend qualifizierten Verstoß ausgegangen.

Problematisch bleibt also vor allem der Fall der fehlerhaften Umsetzung. D.h., beispielsweise für den Fall, dass, ein Mitgliedsstaat irrig davon ausgeht, bereits alles Erforderliche getan zu haben. Hier stellt sich die Frage, ab wann von einem hinreichend qualifizierten Verstoß gesprochen werden kann bzw. muss. Der Europäische Gerichtshof verlangt jedenfalls, dass der Mitgliedsstaat die ihm für sein Handeln aus dem Unionsrecht gewährten Ermessensgrenzen offenkundig und erheblich überschreitet.[1451]

Ähnlich wie im Falle der Voraussetzungen für das etwaige Bestehen einer unmittelbaren Wirkung einer Richtlinie ist auch an dieser Stelle zunächst die Bestimmbarkeit des begehrten Rechtes auf Grundlage der Richtlinie von Bedeutung. Wie bereits zuvor dargelegt, kann vorliegend hierzu allenfalls das Begehren der Europäischen Union, eine angemessene Mutterschaftsleistung für 14 Wochen rund um die Geburt sicherzustellen, festgestellt werden. Für welchen konkreten Zeitraum – vor oder/und nach der Geburt – welche genaue Leistung zu gewähren sein soll, ist indes nicht eindeutig bestimmt. Einen klar bestimmten festen Zeit-

---

1448 EuGH, Urt. v. 08.10.1996, C-178/94, Slg. 1996, I-4845, 4878 f. (Dillenkofer).

1449 EuGH, Urt. v. 08.10.1996, C-178/94, Slg. 1996, I-4845, 4878 f.

1450 Zur Tatbestandsvoraussetzung des „hinreichend qualifizierten Verstoßes" zudem EuGH, Urt. v. 25.01.2007, C-278/05, Slg. 2007, I-1081, 1102 f. (Robins) sowie EuGH, Urt. v. 25.04.2013, C-398/11, NZI 2013, 532 (Hogan). Hiernach stellt der Ermessensspielraum des Mitgliedsstaates ein wichtiges Kriterium für die Feststellung eines hinreichend qualifizierten Verstoßes gegen das Gemeinschaftsrecht dar. Dieser Ermessensspielraum hängt laut EuGH sodann weitgehend vom Maß an Klarheit und Genauigkeit der verletzten Vorschrift ab.

1451 EuGH, Urt. v. 26.03.1996, C-392/93, Slg. 1996, I-1631, 1668 (British Telecommunications); EuGH, Urt. v. 02.04.1998, C-127/95; Slg. 1998, I-1531; zudem EuGH, Urt. v. 25.01.2007, C-278/05, Slg. 2007, I-1081, 1102 (Robins).

raum, für den eine ebenso klar bestimmte Leistung, in Höhe derer der betroffenen Frau aufgrund der Nichtumsetzung bzw. mangelhaften Umsetzung nunmehr einen Schaden entstehen könnte, bestimmt wird, ist so jedenfalls nicht herzuleiten. Hier steht den Mitgliedsstaaten ein Umsetzungsspielraum zu, der es unmöglich macht, eine genaue Schadenshöhe oder gar einen konkreten Schadenszeitraum zu bestimmen. Ohnedies ist ein Geschädigter gehalten, jeden etwaigen Schaden abzuwenden, soweit dies ihm zumutbar ist (Stichwort: Schadensminimierungspflicht).

Selbst unterstellt, die Richtlinienbestimmung könnte trotz ihres weitreichenden Anwendungsspielraums als bestimmbar gelten, so könnte im Falle der Bundesrepublik Deutschland ein etwaiger Anspruch aus staatshaftungsrechtlichen Erwägungen ebenso an der notwendigen Voraussetzung eines hinreichend qualifizierten Verstoßes scheitern. Wie die obigen Darlegungen zeigen, ging das für die Umsetzung zuständige Bundesministerium immerhin zunächst davon aus, dass das deutsche Rechtssystem auch ohne weitere Umsetzungsmaßnahmen bereits einen solchen Mutterschutz (auch) für Selbständige bietet, der den Vorgaben des Art. 8 der Richtlinie 2010/41/EU genügt. Die Bundesrepublik Deutschland hatte infolgedessen keine Gesetzänderungen vorgenommen oder neue Gesetze erlassen. Sie ist nicht tätig geworden, was gemäß den obigen Ausführungen und der diesseitig vertretenen Auffassung auf einer fehlerhaften Einschätzung zurückzuführen war. Deutschland hatte die ihr für die Umsetzung gewährten Ermessensgrenzen überschritten, indem es etwa auf die Regelung des § 24i SGB V oder die Bestimmungen für Landwirte verweist und im Übrigen die für die Selbständigen ebenfalls geltenden Regelungen zum Elterngeld als hinreichende Umsetzung der Richtlinienvorgaben bezeichnet. Tatsächlich wird aber erst auf den zweiten Blick deutlich, dass diese Anspruchsgrundlagen nicht für alle Selbständigen den gemäß den Mindestvorgaben des Art. 8 der Richtlinie 2010/41/EU sicherzustellenden Mutterschutz gewähren können. Erst eine nähere Betrachtung der Regelungen zum Elterngeld und die Auslegung der Richtlinienbestimmung selbst zeigen, dass ohne weitere Umsetzungsmaßnahmen tatsächlich aber gerade kein ausreichender Mutterschutz für *alle* Selbständigen besteht. Sicherlich stehen einer Vielzahl an Selbständigen bereits jetzt Mutterschaftsleistungen zur Seite. Auch das Elterngeld dient faktisch einem dieser Leistung vergleichbaren Zweck. Gleichwohl blieb schon nach damalig geltendem Recht eine Gruppe von selbständigen Schwangeren und Müttern zurück, die keinen Mutterschutz i.S.d. Mindestvorgaben des Art. 8 der Richtlinie 2010/41/EU genießen konnten. Die Mannigfaltigkeit der verschiedenen Anspruchsgrundlagen und wie auch die enorme Heterogenität der Erwerbsform „Selbständigkeit“ an sich machte es trotz allem kaum möglich von einem erheblichen und vor allem offenkundigen Überschreiten des von der Richtlinie gewähren Ermessenspielraums zu sprechen.

Heute dürfte diese Einschätzung jedoch nicht mehr zu halten sein. Die Fehlerhaftigkeit der schlicht zu kurz gegriffenen ersten Einschätzung wurde dem Gesetzgeber immerhin im Laufe der Zeit deutlich. So verweist beispielsweise der 2. Gleichstellungsbericht der Bundesregierung in seinen Ausführungen ausdrücklich darauf, dass die von ihr im Jahre 2015 eingesetzte Sachverständigenkommission im Bereich der selbständigen Erwerbsarbeit zwei Handlungsempfehlungen für zentral hält, nämlich die Optimierung des Zugangs zu Kapital, Kompetenzen und Netzwerken für alle Selbständigen sowie die Verbesserung der sozialen Sicherung von Solo-Selbständigen, insbesondere von weiblichen Selbständigen, durch eine konsequente Einbindung in die Sozialversicherungssysteme, wobei hierzu u. a. auch die Erstreckung des Mutterschutzes auf weibliche Selbständige sowie die Behebung von Defiziten der derzeitigen Elterngeld-Regelung gehören sollten. Die auf Bundesebene gesetzgeberisch Verantwortlichen seien weiterhin aufgerufen, zu prüfen, ob hinreichend Leistungen gewährleistet sind, um die Mutterschaft selbständiger Frauen abzusichern; gerade vor dem Hintergrund, dass die Konferenz der Gleichstellungs- und Frauenministerinnen, -minister, -senatorinnen und -senatoren der Länder (GFMK) im Jahr 2016 doch immerhin der Auffassung sei, dass nach wie vor Handlungsbedarf zur Umsetzung der Richtlinie 2010/41/EU bestehe und die Bundesregierung darum bat, Schritte für eine zügige Umsetzung einzuleiten. Ungeachtet der bisherigen Auffassung der Bundesregierung, Umsetzungsbedarf bestehe nicht, verdienten die Stimmen, die auf einen möglichen Umsetzungsbedarf hinweisen, Beachtung, so der Gleichstellungsbericht weiter. Die Sachverständigenkommission regte daraufhin u. a. eine Anpassung des Versicherungsvertragsgesetzes (VVG) an.[1452]

Dass der Gesetzgeber mit Blick auf diese Kritik schließlich doch noch tätig wurde, zeigt sich darin, dass zwischenzeitlich mit der Regelung des § 192 Abs. 5 S. 2 VVG tatsächlich eine neue Anspruchsgrundlage hinsichtlich eines Mutterschutzes (auch) für Selbständige geschaffen wurde. Hieran schließ sich allerdings unweigerlich die Frage an, ob der Gesetzgeber zumindest seither davon ausgehen darf, nun endlich alles Erforderliche getan zu haben. Auch greift sicherlich dasselbe Argument wie schon zuvor. Erst auf dem zweiten genaueren Blick wird

1452 S. Zweiter Gleichstellungsbericht der Bundesregierung, S. 136, 140 f., BT-Drs. 18/12840 v. 21.06.2017, unter Verweis auf die Stellungnahme des BMFSFJ vom 13.06.2016 zu den Beschlüssen der 25. Konferenz der Gleichstellungs- und Frauenministerinnen, -minister, -senatorinnen und -senatoren der Länder, Gather 2017, 88 ff., 105, Schulze Buschoff 2016, 5 f. sowie Knigge, ZESAR 2013, 24.

deutlich, dass auch weiterhin Lücken – wenn auch nun im deutlich geringeren Umfange – für einige wenige betroffene Frauen verbleiben.

Die Vorgaben des Europäischen Gerichtshofes, nach denen ein unionsrechtlicher Staatshaftungsanspruch im vorliegenden Falle womöglich greifen könnte, dürfte demnach eben auch weiterhin nicht zwingend erfüllt sein. Eine höchstrichterliche Entscheidung in einem derartigen Rechtsfall gibt es bislang nicht. Es bleibt mithin abzuwarten, wie die Gerichte in einer derart gelagerten Rechtssache entscheiden würden.

5. *Fazit*

Für den diesseits angenommen Fall, dass der Staat die Vorgaben des Art. 8 der Richtlinie 2010/41/EU zumindest nur fehlerhaft in nationales Recht umgesetzt hat, zeigen die voranstehenden Ausführungen, dass die Betroffenen hieraus voraussichtlich dennoch keine Rechte ableiten können. Zum einen handelt es sich bei der Regelung des Art. 8 der Richtlinie 2010/41/EU um keine Bestimmung, die im Falle der Nichtumsetzung als unmittelbare Anspruchsgrundlage heranziehbar wäre. Zum anderen kommt ihr für den Fall der Versäumnis der pflichtgemäßen Umsetzung auch keine unmittelbare Wirkung zu. Die Bestimmungen des Art. 8 der Richtlinie 2010/41/EU sind nicht hinreichend genau bestimmt. Es handelt sich um keine „*self-executing*"-Norm. Die Bestimmungen des Art. 8 der Richtlinie 2010/41/EU ermöglichen es dem potenziellen Anspruchsberechtigten nicht, einen inhaltlich genau umfassten Anspruch herzuleiten, auf den sie sich gerichtlich oder gegenüber anderen behördlichen Stellen unmittelbar stützen könnten. Ebenso wenig steht ihnen ein unionsrechtlicher Staatshaftungsanspruch zur Seite. Von einem zur Anspruchsbegründung notwendigen hinreichend qualifizierten Verstoß gegen die Umsetzungspflicht kann nach diesseitiger Auffassung ebenfalls nicht ausgegangen werden. Insbesondere ist dem deutschen Gesetzgeber dabei zu Gute zu halten, dass nach diesseitigem Verständnis vorliegend nicht von einem offenkundigen Überschreiten des von der Richtlinie gewährten Ermessenspielraums ausgegangen werden kann. Die Bestimmungen des Art. 8 der Richtlinie 2010/41/EU sind sehr vage formuliert und bieten den Mitgliedsstaaten an verschiedener Stelle die Möglichkeit nach freiem Ermessen zu entscheiden, wie die Umsetzung im Einzelnen erfolgen soll. Das zuständige Bundesministerium war lange Zeit davon ausgegangen, dass diesem eher weitreichenden Umsetzungsauftrag bereits Genüge getan sei. Dies solle zumindest mit Blick auf das Elterngeld gelten. Nachdem im Folgenden spätestens mit dem zweiten Gleichstellungsbericht der Bundesregierung nicht mehr davon ausgegangen werden konnte, dass diese erste Einschätzung kritiklos hinzunehmen sei, kam der Gesetzgeber der Forderung der von der Bundesregierung einberufenen Sachverständigenkommission insoweit nach, als dass das Versicherungsvertragsgesetz (VVG) um die Bestimmung des § 192 Abs. 5 S. 2 VVG erweitert wurde. Damit könnte der Gesetzgeber seither womöglich davon ausgehen zumindest nunmehr alles Erforderliche getan zu haben. Dieser Auffassung ist allerdings abermals (erst) nach genauerer Auslegung der Richtlinie und unter Berücksichtigung der von ihr verfolgten Zielsetzung nicht zuzustimmen.

C. Ergebnis und Übersicht über den verbleibenden Anpassungsbedarf des deutschen Rechts

Die im Mai 2012 im Bundestag mitgeteilte und im Rahmen des vorliegenden Kapitels nochmals aufgearbeitete ursprüngliche Auffassung des zuständigen Bundesfamilienministeriums ist zumindest insoweit zutreffend, als dass es tatsächlich bereits ohne weitergehende gesetzgeberische Umsetzungsmaßnahmen schon zum Zeitpunkt der laufenden Umsetzungsfrist für bestimmte Gruppen von selbständig erwerbstätigen (werdenden) Müttern einen Anspruch auf Mutterschutz gab. Dies galt aber nicht für alle betroffenen selbständigen Frauen, sondern allein für diejenigen (werdenden) Mütter, die vom Anwendungsbereich des § 24i SGB V bzw. den entsprechenden Verweisnormen umfasst waren bzw. sind. D.h., grundsätzlich nur für freiwillig gesetzlich krankenversicherte Kassenmitglieder mit Anspruch auf Krankentagegeld sowie Landwirte und Künstler bzw. Publizisten. Privatversicherte Frauen profitierten hingegen nur dann, sollten sie eine Absicherung über den Basistarif ihres privaten Krankenversicherers gewählt haben. Die damit bestehende Lücke versuchte das zuständige Bundesministerium mit Hilfe eines pauschalen Verweises auf das Elterngeld zu schließen. Das gelang jedoch nicht, wie die obigen Erörterungen bereits deutlich gemacht haben. Vielleicht auch aus diesem Grund kündigte die Bundesfamilienministerin im Mai 2016 an, die Frage nach einer Ausweitung des Mutterschutzes auch auf Selbständige in den kommenden Jahren auf die Agenda nehmen zu wollen. Das Vorhaben werfe jedoch viele Fragen auf, so die Bundesministerien damals. Damit blieb nur abzuwarten und zu hoffen, dass z. B. die zwischenzeitlich gegründete resortübergreifende Arbeitsinitiative des Bundesfamilien- und des Bundeswirtschaftsministeriums die betroffenen Frauen, die bisher keinen Anspruch auf Mutterschutzleistungen geltend machen konnten, künftig mit in den Blick nimmt und rasch eine ausdrückliche Anspruchsgrundlage für Mutterschaftsleistungen, die sodann erstmals *allen* selbständig erwerbstätigen Müttern im gleichen Maße zu Gute kommt, schafft.

Aus den zuständigen Bundesministerien für Familie und Wirtschaft kam allerdings in der Folge kein Vorschlag zur weitergehenden Umsetzung der Richtlinienforderung. Nahezu überraschend war es vielmehr ein Vorstoß aus dem Gesundheitsressort, der den Stein endlich ins Rollen brachte. So war es schließlich die Gesundheitsstaatssekretärin *Annette Widmann-Mauz* (CDU), die per Pressemitteilung vom 14. September 2016 angekündigte,

> ***„das Versicherungsvertragsgesetz anzupassen und zukünftig allen Frauen eine dem Mutterschaftsgeld ähnliche Leistung zu gewähren"***.[1453]

Danach ging es, quasi unbemerkt von der Öffentlichkeit, schnell. Nur knapp ein halbes Jahr später wurde am 04. April 2017 das Heil- und Hilfsmittelversorgungsgesetz (HHVG) verabschiedet. Am 11. April 2017 trat mit ihm der neu geschaffene § 192 Abs. 5 S. 2 VVG in Kraft.[1454] Die Versicherungsgesellschaften, welche Krankentagegeldversicherungen anbieten, sind seither verpflichtet, den Verdienstausfall, der während der Schutzfristen nach § 3 Abs. 2 und § 6 Abs. 1 MuSchG a. F. / § 3 Abs. 1, Abs. 2 MuSchG 2018 sowie am Entbindungstag entsteht, durch das vereinbarte Krankentagegeld zu ersetzen, soweit der versicherten Person kein anderweitiger angemessener Ersatz für den während dieser Zeit verursachten Verdienstausfall zusteht.

Allerdings wurde durch das Heil- und Hilfsmittelversorgungsgesetz (HHVG) vom 04. April 2017 zeitgleich auch die Regelung des § 197 Abs. 1 S. 1 VVG verabschiedet, gemäß welchem zum 11. April 2017 ebenfalls die Möglichkeit der privaten Versicherer eine besondere Wartezeit von bis zu 8 Monaten auch für den Fall der Leistung eines Krankentagegelds nach § 192 Abs. 5 S. 2 VVG eingeführt wurde. D.h., der private Versicherer kann und wird auf diesem Wege vereinbaren, dass binnen vorgenannter Frist, auch beim Wechsel in einen Krankentaggeldtarif ein Anspruch auf Mutterschutzleistung *zunächst* ausgeschlossen bleibt. Die Entscheidung für oder gegen die Absicherung muss also zwingend schon zu einem Zeitpunkt getroffen werden, in dem der Bedarfsfall oftmals noch kein Thema ist. Zudem muss sich die betroffene (werdende) Mutter, wie schon im Falle eines An-

---

1453 Der Vorstoß der Gesundheitsstaatssekretärin wurde positiv aufgenommen und wird beispielsweise von der Evangelischen Arbeitsgemeinschaft Familie (eaf), wie auch vom Verband der Gründer und Selbständigen Deutschland e. V. ausdrücklich begrüßt. Vgl. hierzu z. B. die entsprechenden Pressemitteilungen abrufbar unter: http://www.eaf-bund.de und http://www.vsgd.de/ (zuletzt abgerufen am 15.06.2018).

1454 Gesetz zur Stärkung der Heil- und Heilmittelversorgung (Heil- und Heilmittelversorgungsgesetz – HHVG) v. 04.04.2017, veröffentlicht am 10.04.2017 im BGBl. I 2017 Nr. 19, S. 778.

spruchsbegehrens nach § 24i Abs. 2 S. 7 SGB V *rechtzeitig aktiv* für die zusätzliche Mitversicherung eines Kranken(tage)geldanspruchs entscheiden.[1455] Wer also keine hinreichende Kenntnis davon hat, welche Auswirkungen der Verzicht auf den kostenintensiven Versicherungstarif hat oder sich diesen schlicht finanziell nicht leisten kann, ist und bleibt im Bedarfsfall außen vor. Es bleibt bei einer Lücke für all diejenigen, die sich den Wahltarif bzw. die Krankentagegeldversicherung nicht leisten können bzw. denen ein rechtzeitiger Wechsel nicht mehr möglich ist.

Die voranstehenden Ausführungen zeigen, dass die bestehende Rechtslage nach diesseitigem Dafürhalten auch weiterhin nicht ausreichend ist. Den Vorgaben des Art 8 der Richtlinie 2010/41/EU wird sie jedenfalls nicht gerecht. Zwar mag der erneut eher schwammig als hinreichend konkret formulierte Richtlinientext den einzelnen Mitgliedsstaaten hinsichtlich der Umsetzungsform erheblichen Freiraum gewähren, der Auftrag des europäischen Gesetzgebers bleibt dabei aber eindeutig. Das „Ob" eines ausdrücklichen Anspruchs auf Mutterschutz (auch) für *alle* Selbständige steht nicht länger zur Diskussion, allein das „Wie" bleibt den einzelnen Nationalstaaten überlassen. Auch die Bestimmung des Art. 8 Abs. 2 der Richtlinie 2010/41/EU bietet keinen Ausweg von diesem Umsetzungserfordernis. Im Bedarfsfalle ist jeder betroffenen selbständig erwerbstätigen Mutter der von der Richtlinie geforderte Mindestschutz zu gewähren. Das „Ob" eines Anspruchs darf nicht länger bedingt sein, was es jedoch im Einzelfall auch weiterhin ist.

Bis 2012 war Zeit die Umsetzung der Richtlinienvorgaben vorzunehmen. Erst im April 2017 folgte mit der Schaffung des § 192 Abs. 5 S. 2 VVG eine Maßnahme, die den Anspruchskatalog für selbständig erwerbstätige Mütter tatsächlich erweitert. Eine umfassende Regelung, die nunmehr gleichermaßen *allen* betroffenen Frauen eine Möglichkeit auf Erlangung einer Mutterschutzleistung im Bedarfsfalle sichert, besteht den voranstehenden Ausführungen folgend damit allerdings auch weiterhin nicht. Der Mutterschutz für Selbständige ist nun aber zur Verwirklichung der Gleichbehandlung Selbständiger vergemeinschaftet und mit der Novellierung der Selbständigen-Richtlinie im Jahr 2010 mit einem ausdrücklichen Umsetzungsauftrag versehen worden. Im Mittelpunkt steht dabei nicht mehr allein eine Frage im Bereich der Gesundheit und Sicherheit, sondern vielmehr die Verwirklichung des Grundsatzes der Gleichbehandlung für Selbständige.[1456] Dies gilt es zu beachten.

1455 Vgl. hierzu die voranstehenden Ausführungen zu § 24i SGB V unter A. II. 2. b).

1456 So auch schon zusammenfassend Rust, Europäischer Anstoß – Mutterschutz für Selbständige, in: Hamburger Frauenbündnis 100 Jahre Internationaler Frauentag, Emanzipation, Macht, Gerechtigkeit, 100 Jahre Internationaler Frauentag in Hamburg 2011, S. 107, 111.

Einen Anspruch auf anderem Wege herzuleiten, ist den betroffenen Frauen verwehrt. Insbesondere der Wortlaut der Richtlinie ist derart vage und offen formuliert, dass eine hinreichend genaue Bestimmtheit nicht gegeben ist und damit die Voraussetzungen für eine unmittelbare Wirkung der Richtlinie oder einem etwaig bestehenden unionsrechtlichen Staatshaftungsanspruch nicht durchsetzbar sein werden.

Weiterhin unberücksichtigt bleibt im Übrigen die für die Praxis wünschenswerte, wie auch brauchbare Möglichkeit eine Vertretungsregelung gemäß Art. 8 Abs. 4 der Richtlinie 2010/41/EU zu schaffen. Anstelle der üblicherweise gewährten finanziellen Ausgleichsleistung sieht Art. 8 Abs. 4 der Richtlinie vor, dass mit Hilfe einer Vertretungsregelung möglich sein sollte, die selbständigen Erwerbstätigkeit auch während einer schwangerschafts-/geburtsbedingten Abwesenheit aufrechtzuerhalten und nicht zu gefährden. Die Öffnung des Zugangs zu bestehenden nationalen Diensten (auch) für selbständig erwerbstätige (werdende) Mütter, die es ermöglichen, für die betroffenen Frauen eine Vertretungsregelung zu bieten, ist insoweit als Alternative zu den Mutterschaftsleistungen oder zumindest als Teil der Umsetzung angelegt. Da jedoch die Schaffung neuer Vertretungsdienste von der Richtlinie gerade nicht gefordert wird, ist der Gesetzgeber auf diesem Felde erwartungsgemäß untätig geblieben. Von dieser Chance wurde bedauerlicherweise bislang kein Gebrauch gemacht.

5. Kapitel: Weiterer Umsetzungsbedarf und Umsetzungsperspektiven

Es besteht sowohl in Deutschland als auch in der gesamten Europäischen Union der gesellschaftliche Konsens, dass der Mutterschutz für abhängig erwerbstätige Frauen notwendig ist. Ebenso unumstritten sollte sein, dass die Gesundheit schwangerer Frauen, die selbständig erwerbstätig sind, grundsätzlich nicht weniger schutzbedürftig und schutzwürdig ist als die von abhängig Beschäftigten. Insofern ist es nur folgerichtig, (auch) den Selbständigen ein Äquivalent zu gewähren. Nur ein solches Äquivalent vermeidet, dass die Inanspruchnahme von Mutterschaftsleistungen durch Selbständige, also die Inanspruchnahme einer Auszeit in der Zeit rund um die Entbindung, aus finanziellen Gründen de facto unmöglich wird. Nur so wird effektiv Chancengleichheit gewährt.[1457] Derzeit bietet das deutsche Recht allerdings nicht allen selbständig erwerbstätigen Frauen gleichermaßen ein solches Äquivalent. Die Selbständigen erreicht der Wille, ihnen, gleich den Arbeitnehmerinnen, ausreichende Mutterschutzleistungen zu gewähren, nach derzeitiger Rechtslage bislang nicht in jedem Fall. So werden in Deutschland zwar abhängig erwerbstätige Frauen durch das Mutterschutzgesetz unterstützt, nicht aber selbständig erwerbstätige Frauen.[1458] Für sie gelten die Regelungen des Mutterschutzgesetzes auch nach dessen Novellierung nicht. Ebenso wenig können nicht alle selbständig erwerbstätigen (werdenden) Mütter gleichermaßen von den vielen in der deutschen Rechtsordnung verstreuten und vorangehend umfassend beleuchteten Regelungen zum Mutterschutz, wie im 4. Kapitel dieser Ausarbeitung ausführlich belegt, profitieren.

Sicherlich handelt es sich bei den Selbständigen um eine stark heterogene Erwerbsgruppe, die in den jeweiligen Ausprägungen ihrer Erwerbsbiographien deutliche Unterschiede aufweist. Eine für alle Betroffenen einheitlich zufriedenstellende Lösung wird daher kaum zu finden sein. Dennoch hat die Europäische Union hinsichtlich des Mutterschutzes für Selbständige inzwischen einen eindeutigen Auftrag formuliert, den es nun durch die einzelnen Mitgliedsstaaten der Europäischen Union, also auch von Deutschland, zu erfüllen gilt. Das Fazit der voranstehenden Ausführungen lautet dabei, dass die entsprechenden Richt-

1457 S. zu dieser Schlussfolgerung insgesamt auch: Knigge, ZESAR 2013, S. 24, 30.

1458 Vgl. jedoch noch zur Rechtslage vor Einführung des § 192 Abs. 5 S. 2 VVG z. B. Rancke-*Pepping*, MuSchG, 2015, § 1 MuSchG Rdnr. 4 ff., 27. *Pepping* bestätigt im Übrigen ebenfalls die hier vertretene Auffassung.

linienvorgaben des Art. 8 der Richtlinie 2010/41/EU in Deutschland gegenwärtig nicht umfassend umgesetzt sind. Und so stellt sich die Frage, welche Maßnahmen nunmehr tatsächlich erforderlich sind, um den selbständigen Frauen vor allem praxisnah weiterhelfen zu können. Welcher Handlungs- und Regelungsbedarf besteht hinsichtlich der vorliegend europarechtswidrigen Gesetzeslage in Deutschland bzw. wie ist die auch weiterhin bestehende Lücke zu schließen?

Die nachfolgenden Ausführungen haben nicht den Anspruch konkrete rechtspolitische Vorschläge auszuformulieren. Das bleibt anderen Ausarbeitungen überlassen. An dieser Stelle sollen lediglich diejenigen ersten Ideen Raum gegeben werden, die sich im Zuge der Ausarbeitung der vorliegenden Arbeit ergeben haben. So hatte die Verfasserin dieser Ausarbeitung beispielsweise die Möglichkeit, Mitglied einer Arbeitsgruppe der Arbeitsgemeinschaft Anwältinnen im Deutschen Anwaltsverein (DAV) zu werden, die sich ausdrücklich der Themenstellung „Mutterschutzrichtlinie für Selbständige" gewidmet hat, nachdem auf der 12. Anwältinnenkonferenz des DAV in Bremen[1459] die Richtlinie vorgestellt wurde und sich in der nachfolgenden Diskussion vielfältige schwangerschafts- und mutterschaftsbedingte Schwierigkeiten selbständiger Anwältinnen zur Sprache kamen, die zumindest aus Sicht der Anwältinnen einen dringenden Handlungsbedarf deutlich machten. Die Verfasserin dieser Ausarbeitung hat daraufhin gemeinsam mit weiteren Bremer Anwältinnen im Rahmen der Arbeitsgruppe „Mutterschutzrichtlinie für Selbständige" aus Sicht der Rechtsanwältinnen verschiedene Anregungen entwickelt, die durchaus auch auf andere Berufszweige, wie z. B. denen der Ärzte, Apotheker oder Architekten, übertragbar sind, und diese in einem Positionspapier der ARGE Anwältinnen des DAV zusammengefasst.[1460]

Eine Erkenntnis des auf Basis der Ergebnisse der Konferenz geschaffenen Positionspapiers der Bremer Arbeitsgruppe ist, dass, obwohl sich Anwältinnen mit

1459 Die 12. Anwältinnenkonferenz des DAV (Herbsttagung Bremen 2010) fand in der Zeit vom 23.09.2010 bis zum 25.09.2010 in Bremen statt.

1460 Das Positionspapier ist n. V., kann aber über die ARGE Anwältinnen des DAV abgefragt werden; http://www.davanwaeltinnen.de. S. darüber hinaus zur Frage schwangerschafts- und mutterschaftsbedingte Schwierigkeiten selbständiger Anwältinnen auch: ARGE Anwältinnen im DAV (Hrsg.), „Anwältin und Mutter – klar geht das!", Eine Umfrage und ihre Folgen, abrufbar unter http://www.davanwaeltinnen.de (zuletzt abgerufen am 15.06.2018); Kurz, AnwBl 2011, 520; Tresbach, Almut, Finanzielle Absicherung löst nicht alle Probleme, Legal Tribune Online vom 13.12.2010, abrufbar unter https://www.lto.de/recht/job-karriere/j/mutterschutz-fuer-selbststaendige-frauen-finanzielle-absicherung-loest-nicht-alle-probleme/ (zuletzt abgerufen am 15.06.2018).

einer eigenen Kanzlei durch den Schritt in die Selbständigkeit bewusst für eine Unabhängigkeit entschieden haben, gerade sie durch Mutterschaft nicht selten in eine wirtschaftliche Abhängigkeit von dem anderen Elternteil oder anderen Personen geraten.[1461] Eine bis zu 14-wöchige Abwesenheit ohne wirtschaftliche Verluste könnte diese Situation zwar nicht grundlegend ändern, aber die Nachteile zumindest etwas lindern.[1462] Selbständig erwerbstätige Anwältinnen sind in der Regel auch während Schwanger- und Mutterschaft ohnehin kaum zu Unterbrechungen bereit, um den Mandantenkontakt nicht zu belasten und keine Mandanten dauerhaft an andere Kollegen zu verlieren. Diejenigen, die es auch zum Schutz der Gesundheit des Kindes aber müssen, sollten diese Lasten nicht alleine tragen.[1463]

Die Bremer Arbeitsgruppe „Mutterschutzrichtlinie für Selbständige" der ARGE Anwältinnen setzte sich aus diesem Grunde insbesondere für die Umsetzung folgender Anregungen[1464] ein:

1. Schaffung von bundesweiten, branchenübergreifenden qualifizierten Vertretungsstrukturen z. B. bei Industrie- und Handelskammern, der Handwerkskammer oder anderen berufsspezifischen Kammern, wie der Anwaltskammer, bzw. alternativ bei der Agentur für Arbeit. Hinsichtlich der verkammerten Berufe gilt ferner, dass auch die zugehörigen Versorgungswerke für diese Berufsstände sowohl über die notwendigen Ressourcen als auch verwaltungstechnischen Möglichkeiten verfügen, Vertretungsdienste, ähnlich der Betriebshilfe der Landwirtschaftlichen Krankenversicherung, ins Leben zu rufen.

1461 Vgl. hierzu die Ergebnisse der Umfrage „Anwältin und Mutter – geht das?" der ARGE Anwältinnen des DAV veröffentlicht in: ARGE Anwältinnen im DAV (Hrsg.), „Anwältin und Mutter – klar geht das!", Eine Umfrage und ihre Folgen, abrufbar unter http://www.davanwaeltinnen.de (zuletzt abgerufen am 15.06.2018).

1462 So auch Knigge, ZESAR 2013, 24, 30.

1463 Positionspapier der Arbeitsgruppe „Mutterschutzrichtlinie für Selbständige" der ARGE Anwältinnen im DAV vom Mai 2011; Knigge, ZESAR 2013, 24, 30.

1464 Die Auflistung ist dabei keineswegs als abschließend zu bewerten. Vgl. hierzu auch Knigge, ZESAR 2013, 24, 29. S. zudem zu den im Rahmen der im November 2014 in Kooperation mit dem Bremer Institut für Gender-, Arbeits- und Sozialrecht der Universität Bremen (bigas) und der Friederich-Ebert-Stiftung, Forum Politik und Gesellschaft, speziell zum vorliegenden Thema durchgeführten Tagung der Evangelischen Akademie Loccum erzielten Ergebnissen und zusammengefassten Forderungen: Biermann/Gather, Mutterschutz in der Selbständigkeit, in: Rust/Lange (Hrsg.), Mutterschutz für Selbständige?, Loccumer Protokoll 80/14, S. 69, 89 f.

2. Regelungen zur Rückübertragungspflicht von Aufträgen, die während einer Vertretungszeit akquiriert wurden, um zu verhindern, dass Auftraggeber dauerhaft abgeworben werden könnten.[1465]
3. Mutterschaftsleistungen für Selbständige in der Höhe der Kostendeckung für die Selbständigkeit für 14 Wochen. D.h., zur Deckung der tatsächlichen Kosten der Selbständigkeit, die sich aus diversen Fixkosten (Büromiete, Versicherungsbeiträge, Gehälter für Mitarbeiter etc.) zusammensetzen, aber auch zur Deckung der eigenen Entnahmen aus dem Gewinn, die die eigene Lebensführung der Selbständigen ermöglichen.
4. Unterstützung von Kammern und berufsbezogenen Verbänden, Hilfe bei der Vereinbarkeit von Selbständigkeit und Mutterschaft zu leisten.

Die vorbenannten Forderungen machen deutlich, dass es oftmals gar nicht so sehr um einen finanziellen Ausgleich geht, da dieser in aller Regel eh nicht die tatsächlichen Kosten der Selbständigkeit (Büromiete, Mitarbeitergehälter etc.) abdecken wird, sondern vielmehr die Frage nach einer effektiven Vertretungsregelung im Fokus steht. So jedenfalls hier im Falle der Anwältinnen. Das vorliegend in Bezug genommene Positionspapier der Bremer Arbeitsgruppe „Mutterschutzrichtlinie für Selbständige" stellt diese Frage daher auch bewusst an erste Stelle.[1466] Leider sind diese Forderungen bisher ungehört geblieben. Weder im Rahmen der umfassenden Gesetzesnovellierung des Mutterschutzgesetzes oder im Zuge der Einführung des § 192 Abs. 5 S. 2 VVG wurden sie berücksichtigt.

Die Umsetzung bzw. Finanzierung solcher Ansätze, insbesondere einer umfassenden Vertretungsregelung, könnte derweil wie folgt aussehen:

Bereits bestehende Besonderheiten, wie z. B. die Regelungen für die landwirtschaftlichen Unternehmer oder die in der Künstlersozialkasse versicherten Selbständigen, sollten selbstverständlich beibehalten werden. Sie können gleichzeitig als gutes Beispiel und Ideengeber vorangehen.

Im Übrigen gilt es ein stabiles System zu schaffen, das nicht zu Lasten der Selbständigen geht und für alle Selbständigen gleichermaßen gilt. So könnte beispielsweise eine weitere Ergänzung der Versicherungspflicht nach § 193VVG, wie es schon bei der Einführung des Basistarifes geschehen ist, ein durchaus denkbarer Ansatz sein, um eine ausdrückliche Anspruchsgrundlage für alle

1465 Zu dieser Problemstellung und den sonstigen abzusichernden Risiken im Übrigen auch: Fachinger in: Rust/Lange (Hrsg.), Mutterschutz für Selbständige?, Loccumer Protokoll 80/14, S. 121, 126 ff. m.w.N.

1466 Positionspapier der Arbeitsgruppe „Mutterschutzrichtlinie für Selbständige" der ARGE Anwältinnen im DAV vom Mai 2011.

betroffenen (werdenden) Mütter zu schaffen.[1467] Bereits Anfang 2013 hatte die Verfasserin darauf hingewiesen, dass schon die Einführung des Basistarifes gezeigt hatte, dass eine solche Erweiterung des Leistungskataloges des Versicherungsvertragsgesetzes und damit die Bindung der privaten Versicherer sehr wohl durchsetzbar, wie auch umsetzbar ist, und vertrat insofern die Auffassung, die privaten Krankenversicherer seien entsprechend mit ins Boot zu holen und zu verpflichten, zumindest ein Mutterschaftsgeld in Höhe des Krankengeldes zu zahlen. Den Mutterschutz, wie nun geschehen, allerdings nur in den Leistungsumfang des aktiv zu wählenden Krankentagegeldanspruchs nach § 192 Abs. 5 VVG zu integrieren, erscheint diesseits als zu kurz gegriffen. Das bestehende System an Basisleistungen sollte an dieser Stelle nochmals weiter ausgebaut werden.

Die bislang bestehende Frage, ob die voranstehenden Vorschläge überhaupt politisch durchsetzbar seien, wurde vom Gesetzgeber im April 2017 mit der Schaffung des § 192 Abs. 5 S. 2 VVG grundsätzlich mit ja beantwortet. Mehr als eine finanzielle Absicherung für einen Teil der Betroffenen wurde jedoch nicht geschaffen.

Zur Finanzierung eines weitergehenden Anspruches sollte daher auch weiterhin darüber nachgedacht werden, ob eventuell ergänzend zu der zwischenzeitlich neu geschaffenen Anspruchsgrundlage des § 192 Abs. 5 S. 2 VVG ein dem Aufwendungsausgleichsgesetz und/oder der Finanzierung der Künstlersozialkasse angelehntes Finanzierungssystem (Fonds) sinnvoll sein könnte. Es könnte in Anlehnung an die Regelungen des Ausgleichsaufwendungsgesetzes bzw. der Finanzierung der Künstlersozialkasse ein Sondervermögen geschaffen werden, in das alle Selbständigen gleichermaßen, solidarisch einzahlen. Aus diesem könnten sodann die Kosten für einen angemessenen Mutterschutz für Selbständige in Höhe des *tatsächlichen* Einkommensausfalls und nicht nur in Höhe eines Krankentagegeldes finanziert werden. Auch der Bund könnte sich, wie schon bei der Künstlersozialkasse, mit einem Zuschuss beteiligen und so die Selbständigen zumindest in Teilen entlasten. Auf diese Weise könnte zudem von den gesetzlichen und inzwischen auch privaten Krankenkassen zumindest einigen Selbständigen schon jetzt gewährte Kranken(tage)geld angemessen bis zum Einkommensverlust i.S.d. Art. 8 Abs. 3 lit. b) der Richtlinie 2010/41/EU aufgestockt werden. Auch könnte solchen Selbständigen, die keinen Anspruch auf Mutterschaftsgeld bzw. -leistungen geltend machen können, da sie sich z. B. aus finanziellen Gründen den Wahltarif nicht leisten können und deshalb auf einen Krankengeldanspruch und

1467 Vgl. hierzu auch Porsche, Streit 2013, 64, 70.

damit auch auf einen Anspruch auf Mutterschutzleistung (unfreiwillig) verzichten müssen, oder etwa wegen der einzuhaltenden Wartezeiten die erforderlichen Voraussetzungen für einen Tarifwechsel (noch) nicht erfüllen, überhaupt erst einen solchen Anspruch ermöglichen.[1468]

Darüber hinaus sollte, wie schon voranstehend betont, über ein staatliches Bezuschussungsmodell für befristete Vertretungskräfte nachgedacht werden. Ein solches könnte sodann (gegebenenfalls teilweise) alternativ zu rein einkommensersetzenden Mutterschaftsleistungen entwickelt werden. Da nämlich in der Bundesrepublik Deutschland bisher kein institutionalisierter „sozialer Dienst" zur Bereitstellung einer zeitlich befristeten Vertretung für selbständig erwerbstätige (werdende) Mütter besteht, ist zu überlegen, die Vertretungskraft staatlicherseits zu bezuschussen, wie z. B. gemäß §§ 88 SGB III, wonach Arbeitgeber einen Eingliederungszuschuss von bis zu 50 % des berücksichtigenden Arbeitsentgelts für ArbeitnehmerInnen erhalten, deren Vermittlung in den ersten Arbeitsmarkt aus persönlichen Gründen erschwert ist. Mit einer solchen Bezuschussung wäre es den betroffenen selbständigen Frauen erlaubt, tatsächlich ihre Tätigkeit für die erforderliche Zeit von rund 14 Wochen ruhen zu lassen, so auch schon *Porsche*.[1469]

Ganz in diesem Sinne gilt es weiterhin zu bedenken, dass gerade Existenzgründerinnen durch zu hohe Beiträge nicht zusätzlich belastet werden sollten. Sie könnten eine Sonderregelung, wie z. B. eine Beitragsbefreiung für die ersten Jahre erhalten. Die Beiträge der Selbständigen zu einem etwaigen Fonds sollten darüber hinaus steuerlich begünstigt werden, um zumindest einen gewissen Anreiz zu schaffen und insbesondere den männlichen Selbständigen entgegenzukommen. Weiterhin ist bei der Kostentragung stets zu berücksichtigen, dass die Selbständigen für die Schwanger- bzw. Mutterschaft ihrer eigenen Mitarbeiterinnen, wie im Falle der Anwältinnen für die Rechtsanwaltsgehilfinnen, den Arbeitgeberzuschuss zu den Leistungen der Krankenkassen tragen, der den weitaus größten Teil der Leistungen ausmacht. Eine wiederum durch die Selbständige getragene Versicherung entspreche daher nicht einer gerechten Lastenverteilung für die gesellschaftlich gewollte Steigerung der Population in Deutschland. Auch unter diesem Gesichtspunkt wäre, aber die Selbständigen

---

1468 Vgl. so schon Positionspapier der Arbeitsgruppe „Mutterschutzrichtlinie für Selbständige" der ARGE Anwältinnen im DAV vom Mai 2011. Zu den verschiedenen Möglichkeiten der Ausgestaltung eines etwaigen Leistungssystems sowie dessen Finanzierung s. zudem Fachinger in: Rust/Lange (Hrsg.), Mutterschutz für Selbständige?, Loccumer Protokoll 80/14, S. 121, 128 ff. m.w.N.

1469 So auch Porsche, Streit 2013, 64, 70.

letztlich wieder belastend, eine Regelung entsprechend dem Aufwendungsausgleichsgesetz sinnvoll.[1470]

Doch wie auch immer die Umsetzung im Einzelnen aussieht, in jedem Falle muss den Frauen die Sicherheit gegeben werden, ihre Arbeit während der Zeit des Mutterschutzes wirklich ruhen lassen zu können. Ehrgeizige Forderungen, die aber gerade aus Sicht der betroffenen selbständigen Frauen erstrebenswert und (an anderer Stelle) durchaus diskussionswürdig sind. Leider geschieht dies nach diesseitigem Dafürhalten bis heute nicht im erforderlichen Maße. Die hiermit vorgelegte Ausarbeitung soll daher als Anreiz dienen, die notwendige Diskussion zu fördern.

Informieren, sensibilisieren, das Rechtsbewusstsein der Betroffenen wecken. All dies ist mit einer klar umrissenen, allgemein bekannten Anspruchsgrundlage möglich, auf die sich die selbständigen Frauen berufen können. Die Vorschriften für selbständig Erwerbstätige sollten entsprechend vereinheitlicht und transparenter gestaltet werden.[1471] Ganz in diesem Sinne fordert daher Art. 13 der Richtlinie 2010/41/EU auch zu Recht, dass die nationalen Gesetzgeber alle getroffenen Regelungen und Maßnahmen den Betroffenen bekannt zu machen haben. Die neu geschaffene Regelung des § 192 Abs. 5 S. 2 VVG schafft dies kaum. Die Regelung ist nahezu unbekannt und bisher nur wenig kommentiert.

Die dem deutschen Gesetzgeber gestellte Aufgabe ist klar formuliert. Das Ziel ist von der Europäischen Union vorgegeben. Es liegt am Gesetzgeber dieses gebührend umzusetzen.

1470 Positionspapier der Arbeitsgruppe „Mutterschutzrichtlinie für Selbständige" der ARGE Anwältinnen im DAV vom Mai 2011.

1471 S. hierzu Knigge ZESAR 2013, 24, 29; Franzen/Gallner/Oetker-*Mohr*, RL 2010/41/EU Art. 16 Rdnr. 4.

6. Kapitel: Ergebnisse und Schlussthesen

Die Entscheidung, wie eine Mutter ihre eigene Erwerbsbiografie gestalten möchte, muss frei und chancengleich gewährt werden. Es dürfen Frauen keine unnötigen Hindernisse in den Weg gestellt werden, sollten sie sich für den Schritt in die eigene Selbständigkeit entscheiden. Die Frage

„Kind oder Selbständigkeit“

darf sich nicht stellen. Die Frage

„Kann ich mir die notwendige Ruhe rund um die Geburt leisten?“

muss für alle (werdenden) Mütter – egal, ob selbständig oder abhängig erwerbstätig – eindeutig mit „ja“ beantwortet werden können. Leider ist das nicht immer der Fall. Viel zu viele Frauen zerreißen sich noch immer zwischen ihren Wünschen und dem, was praktisch wie finanziell machbar ist. Insbesondere der Umstand, dass die Mehrheit der selbständig erwerbstätigen Frauen als „Solo-Selbständige“ tätig ist, tut hierzu sein Übriges.

Die voranstehenden Ausführungen haben zu den sich daraus ergebenden Fragen, inwieweit (auch) selbständig erwerbstätigen Frauen nach aktuellem deutschen Recht Mutterschutz gewährt wird und inwieweit in diesem Zusammenhang gegebenenfalls Umsetzungsdefizite hinsichtlich der Forderungen des Art. 8 der Richtlinie 2010/41/EU bestehen, zusammenfassend zu folgenden Erkenntnissen und Schlussfolgerungen geführt:

1. Mutterschutz ist gemäß heutigem Verständnis in jedem Fall Arbeitsschutz. Es stellt zudem einen speziellen Schutz der Frauen, also ein besonderes Frauenrecht, dar. Die rechtshistorische Entwicklung des Frauenrechts auf Mutterschutz zeigt dabei, dass die Ziele des Mutterschutzes stets eine Frage ihrer Zeit waren. Unser heutiges Mutterschutzrecht soll in erster Linie vor denjenigen Gesundheitsgefahren schützen, welchen die (werdende) Mutter an ihrem Arbeitsplatz ausgesetzt wird. Hinzutreten die weiteren Schutzziele des Entgelt- und des Arbeitsplatzschutzes. Frauen sollen die Chance haben ihre Erwerbstätigkeit auszuüben, ohne Angst vor finanziellen Einbußen oder Kündigung haben zu müssen, um nach der Geburt wieder fit und gesund ins Berufsleben zurückkehren zu können. Etwaige Einkommenseinbußen, die die Frauen wegen geringerer Produktionsleistung erleiden können, werden hierzu auf den Arbeitgeber oder die Allgemeinheit verlagert. Diese Schwerpunkte bilden gemeinsam die drei tragenden Säulen des Mutterschutzes,

wie wir ihn heute kennen. Zur Gewährleistung dieser Regelungsziele ist der Mutterschutz im deutschen Recht sowohl verfassungsrechtlich, wie auch einfachgesetzlich verankert.

2. Auf europäischer Ebene steht neben der Frage des Gesundheitsschutzes seit Längerem zunehmend die Frage nach der Chancengleichheit und einer verbesserten Vereinbarkeit von Beruf und Familie im Mittelpunkt. Eine 14-wöchige gegenfinanzierte Auszeit rund um die Geburt, wie sie von Art. 8 der Richtlinie 2010/41/EU ausdrücklich (nun auch) für Selbständige gefordert wird, könnte dabei ein Weg sein, dieses Ziel für selbständig erwerbstätige Mütter zu erreichen. Dies gilt insbesondere, da Frauen heute zwingend besser in die Erwerbstätigkeit eingebunden werden sollen und müssen, weil nur so ein kontinuierliches Wachstum der Wirtschaft weiterhin garantiert werden kann.
   Heute geht es demnach also gerade im Falle des Frauenrechts auf Mutterschutz nicht mehr allein um Arbeitsschutz, sondern inzwischen vor allem auch darum, einen weiteren Anstieg der Frauenerwerbstätigkeit überhaupt zu erreichen. Neben den unter Ziff. 1 dargestellten Schutzzielen wird heutzutage daher zu Recht auch die Frage nach der Vereinbarkeit von Familie und Beruf und welche Rolle der Mutter dabei zukommt, diskutiert. Die Frage der Chancengleichheit rückt zunehmend in den Fokus.
3. Im deutschen Rechtssystem standen selbständige Mütter bislang nicht im Mittelpunkt des Interesses. Auf den ersten Blick existiert für sie nach unserer derzeitigen nationalen Rechtslage deshalb auch kein bedeutender Mutterschutz. Von den Regelungen des Mutterschutzgesetzes (MuSchG) sind sie jedenfalls ausgeklammert. Als sich im Jahre 1952 die Chance bot, einen umfassenden Mutterschutz (auch) für Selbständige im Mutterschutzgesetz aufzunehmen, wurde dieser Weg vom damaligen deutschen Gesetzgeber aus finanziellen Gründen nicht gewählt. Und auch als sich die Chance vor kurzem erneut auftat, wurde sie nicht aufgegriffen. Obwohl das Mutterschutzrecht im Jahre 2017 umfassend novelliert wurde, werden die selbständig erwerbtätigen (werdenden) Mütter noch immer vom Mutterschutzgesetz ausgeklammert, obgleich sich doch *jede* schwangere Frau bzw. Wöchnerin in einer Art „körperlichen Ausnahmezustand“ befindet. Aus schulmedizinischer Sicht erscheint es indiziert, sämtliche (werdenden) Mütter und deren Kinder in ihrer Gesundheit zu schützen. D.h., selbstverständlich sind auch die selbständig erwerbstätigen Frauen und deren Nachwuchs aus medizinischer Sicht gleich schützenswert. Die Gesundheit der Mutter und die des Kindes machen keinen Unterschied dahingehend, ob die Frau selbständig oder abhängig erwerbstätig beschäftigt ist.

4. Wer heute das tatsächlich gegebene weibliche Potenzial selbständiger Erwerbstätigkeit effektiv nutzen möchte, muss Frauen fördern. Dies gilt insbesondere für den Bereich der Vereinbarkeit von Beruf und Familie sowie hinsichtlich der Rahmenbedingungen in Schwangerschaft und den ersten Jahren nach der Geburt. Die bereits vorhandenen Rahmenbedingungen können dabei an vielen Stellen noch verbessert werden. Der Ansatz muss lauten, die grundsätzlich gute Potenzialbasis unter den gründungsoffenen Frauen im weiteren Prozess zu erhalten und den sich im Laufe des Gründungsprozesses zunehmend manifestierenden „gender gap" zu verhindern. Es sollte beides möglich sein, Kind und ein erfülltes Berufsleben, wie z. B. als selbständig erwerbstätige Frau und Mutter. Eine Möglichkeit zur Zielerreichung könnte dabei insbesondere in einer verbesserten Vereinbarkeit von Beruf und Familie im Wege eines angemessenen Mutterschutzes (auch) für Selbständige liegen. Zur verbesserten Vereinbarung von Familie und Beruf bedarf es dabei eines „policy-mix", der eine umfassende Strategie bietet, die es Müttern wie Vätern ermöglicht, gleichberechtigt am Erwerbsleben teilzunehmen. Hierzu zählen neben Regelungen zum Mutterschutz vor allem solche zur sich an die Geburt anschließenden Elternzeit oder ein Anspruch auf einen Platz in der KiTa für unter 3-Jährige. Auch dies darf nicht unberücksichtigt bleiben.
Insbesondere im Wege von Richtlinien wurde binnen der letzten Jahre von Seiten der Europäischen Union ein umfassendes Setting gebildet, das den Zielsetzungen „Wachstum, Beschäftigung und sozialer Zusammenhalt" sowie der Frage nach einer verbesserten Vereinbarkeit von Beruf und Familie auch im obigen Sinne Genüge tun soll. Die Richtlinie 2010/41/EU und der in Art. 8 der Richtlinie vorgesehene Mutterschutz für selbständig erwerbstätige Frauen ist eine solche Regelung, die sich in dieses Setting eingliedern lässt. Anders als auf nationaler Ebene, sind die Selbständigen hier im unmittelbaren Blick des europäischen Gesetzgebers.
5. Die selbständige Tätigkeit kennzeichnet allen voran das eigene Unternehmerrisiko, die Verfügungsmöglichkeit über die eigene Arbeitskraft und die im Wesentlichen freigestaltete Tätigkeit und Arbeitszeit. Entscheidend ist das Gesamtbild der vertraglichen Gestaltung und tatsächlichen Handhabung. Dies birgt Chancen, aber auch Risiken in sich. Wie ausführlich im 1. Kapitel unter B. III. statistisch belegt, steigt die Zahl der selbständig Erwerbstätigen gleichwohl stetig. Die wachsende Anzahl an selbständigen Erwerbstätigen in unserer Gesellschaft ist dabei nicht allein durch ihre zunehmende Tertiarisierung begründet, sondern – wie die Ausführungen des 1. Kapitels unter B. II. zeigen – vor allem auch auf die Entwicklungen auf dem Arbeitsmarkt

Mitte der 2000er Jahre, wie den stetigen Anstieg der Arbeitslosigkeit und der staatlichen Förderung der selbständigen Erwerbstätigkeit. Finanzielle Hilfen für Existenzgründer, umfassendere Beschäftigungsmöglichkeiten, z. B. durch die Novellierung der Handwerksordnung, sind nur einige der Faktoren, die insbesondere die Zunahme an Solo-Selbständigen im Zeitraum zwischen 1998 und 2008 begünstigt haben. Viele greifen den Weg in die Selbständigkeit auf, um einer drohenden Arbeitslosigkeit zu entfliehen.

6. Flexible Arbeitsformen, phasenweise Arbeitslosigkeit und selbständige und freiberufliche Tätigkeit verdrängen zunehmend das Normalarbeitsverhältnis und auch Veränderungen in der Arbeitswelt machen eine klare Abgrenzung zwischen abhängiger Beschäftigung und selbständiger Tätigkeit zumindest in einer gewissen Grauzone zunehmend schwieriger. Die Diskussion um die Thematiken der „neuen Selbständigkeit" sowie der „Scheinselbständigkeit" sind nur ein spezieller Aspekt dieser Entwicklung. Die zunehmenden Abgrenzungsprobleme zwischen abhängiger Beschäftigung und selbständiger Tätigkeit führen zu wachsender Unsicherheit. Es wird zunehmend schwierig die Selbständigen als geschlossene Gruppe zu sehen.
7. Sowohl auf nationaler als auch auf unionsrechtlicher Ebene existiert derzeit keine positive allgemeingültige Definition des Begriffs der Selbständigkeit, auf die einheitlich zurückgegriffen werden könnte. Die Rechtsprechung ist diejenige Quelle, auf die somit verwiesen werden muss. Diese passt sich dabei den Fortentwicklungen in unserer Gesellschaft und dem damit einhergehenden, sich fortlaufend ändernden Verständnis von abhängiger oder selbständiger Erwerbstätigkeit stetig an und auch die hier im Fokus stehende Richtlinie 2010/41/EU bietet lediglich eine Definition, die zum einen zwar grundsätzlich eine gemeinschaftliche Begriffsbestimmung zugrunde legen möchte, zum anderen aber zugleich auch den nationalen Besonderheiten gerecht werden soll. Sie verweist einerseits auf den unionsrechtlichen Selbständigenbegriff, wie ihn der Europäische Gerichtshof entwickelt hat, und nimmt andererseits mit der Bestimmung des Art. 2 lit. a) der Richtlinie zugleich auch nationale Besonderheiten in Bezug, denen Rechnung getragen werden müsse. Dieser Spagat bewirkt, dass eine vollumfängliche Harmonisierung kaum möglich wird und letztlich einzig der sich stetig fortentwickelnde, einzelstaatliche Begriff als Maßstab verbleibt.
8. Die Zahl derjenigen, die selbständig erwerbstätig sind, ist in den letzten Jahren stark gestiegen. Dabei ist insbesondere die Zahl der Solo-Selbständigen hervorzuheben. Ebenso ist die besondere Rolle der Frauen nicht zu vernachlässigen. Der sog. „Gründerinnen-Boom" der letzten Jahre hat stark dazu

beigetragen, dass die Zahlen der Selbständigen fortwährend steigen, dennoch liegt der Anteil der Frauen insgesamt auch weiterhin verhältnismäßig niedrig. Im Jahr 2008 waren nur rund 30 % aller Selbständigen weiblichen Geschlechts. Frauen waren – und sind auch heute noch – unter den Selbständigen deutlich unterrepräsentiert. Der „gender gap" ist allgegenwärtig. Es handelt sich bei der selbständigen Erwerbstätigkeit noch immer um eine Männerdomäne.

Insgesamt betrachtet mag die Erwerbsorientierung von Frauen und insbesondere Müttern zwar stetig zunehmen und doch werden noch immer weniger Frauen als Männer selbständig erwerbstätig. Die Mehrheit der erwerbstätigen Frauen ist dabei vor allem in Teilzeit abhängig beschäftigt. Die Herausforderung der Selbständigkeit – und sei es auch nur im Wege der Teilselbständigkeit – wird im Verhältnis selten angenommen oder die Frauen ziehen sich aus dieser erneut zurück, sobald sie merken, dass sie Familie und Beruf nach ihrem Dafürhalten womöglich nicht ausreichend in Einklang bringen können. Letzteres geschieht nicht selten dann, wenn sich die Frau für das Muttersein entschieden hat und nun glaubt sich die für die Geburt notwendige Auszeit nicht leisten zu können. Gerade in diesem Zusammenhang zeigt sich deutlich, dass Frauen zwar die Flexibilität der Selbständigkeit grundsätzlich wohl zu schätzen wissen, jedoch weniger Freude am Umgang mit den damit einhergehenden Chancen und Risiken verspüren. Dafür, dass nicht nur insgesamt seltener Frauen eine Gründungsabsicht als Männer verfolgen und diese dann auch noch weniger häufig umsetzen, sind vor allem Schwächen in der sozialen Infrastruktur der Frauen verantwortlich, wodurch ihnen die Vereinbarkeit von Familie und beruflicher Selbständigkeit über Gebühr erschwert wird. Es mangelt an KiTa-Plätzen und anderen Netzwerken sowie oftmals an organisatorischer und finanzieller Unterstützung. Aber auch die alten Rollenklischees müssen durchbrochen werden.

9. Die Selbständige ist nicht selten Einzelkämpferin, die auf sich allein gestellt ist und sich selbst damit dem nicht zu vernachlässigen Risiko aussetzt, im Falle einer beruflichen Auszeit, z. B. aufgrund von Krankheit oder Schwangerschaft, die Selbständigkeit nicht hinreichend fortführen zu können. Die soziale Heterogenität, insbesondere der „neuen Selbständigkeit", hat zudem zur Folge, dass diese Personengruppe über eine geringe bzw. keine zentralisierte Interessenvertretung verfügt. Für sie besteht das erhöhte Risiko von prekären Arbeitsverhältnissen. Vor allem ihre sozialpolitische Situation, z. B. hinsichtlich der Frage des Mutterschutzes, gilt es daher zu stärken. Genau das soll die überarbeitete Selbständigen-Richtlinie nun bewirken.

10. Schon seit 1986 legte die Selbständigen-Richtlinie 86/613/EWG den Mitgliedsstaaten die allgemeine Verpflichtung auf, zu prüfen, ob und unter welchen Bedingungen die selbständig erwerbstätigen Frauen sowie die Ehefrauen von selbständig Erwerbstätigen bei Schwangerschaft und Mutterschaft Unterstützung in Form von Vertretungsdiensten oder öffentlichen Geldleistungen erhalten könnten. Es war mithin die Angelegenheit der einzelnen Mitgliedsstaaten zu entscheiden, ob und wie betroffene Frauen für die Zeit des Mutterschutzes Sozialleistungen erhalten sollten oder nicht. Ein tatsächliches Tätigwerden wurde derweil nicht erwartet. Die Richtlinie war vor allem aus diesem Grunde nie sehr erfolgreich. Änderungen hatte sie kaum bewirkt.
Dies soll sich mit der Novellierung der Richtlinie, d. h. mit Hilfe der Richtlinie 2010/41/EU, ändern. Weg vom bloßen Prüfungsauftrag, wird den Mitgliedsstaaten der Europäischen Union nun erstmals ein ausdrücklicher Umsetzungsauftrag erteilt. Die Mitgliedsstaaten sind erstmals aufgefordert, eine Anspruchsgrundlage zur Gewährung eines Mutterschutzes (auch) für alle Selbständigen zu schaffen. Das „Ob" eines Mutterschutzes (auch) für Selbständige ist künftig nicht mehr zu diskutieren. Insbesondere die Europäische Frauenlobby, der Bund der Familienorganisationen in der Europäischen Union sowie die Gewerkschaften und Landwirtschaftsverbände begrüßten den Vorstoß der Europäischen Kommission aus dem Jahr 2008, während im Bereich der klein- und mittelständischen Unternehmen und der Arbeitgeberverbände oder auch vom Centrum für Europäische Politik (CEP) und einzelnen Mitgliedsstaaten, wie z. B. Deutschland, Kritik geübt wurde. Vor allem die Kompetenz der Europäischen Union wurde angezweifelt, aber auch die etwaig drohenden Kosten für die Sozialsysteme gegen den Vorstoß angeführt.
Zweck der Richtlinie 2010/41/EU ist es, eine Verbesserung des sozialen Schutzes für selbständig Erwerbstätige und deren Ehepartner zu schaffen. Die Richtlinie 2010/41/EU betrifft insofern die „soziale Sicherheit", welche grundsätzlich in die Zuständigkeit der Mitgliedstaaten fällt. Sie ist jedoch ausdrücklich darauf bedacht, nicht in die „Grundprinzipien der Systeme der sozialen Sicherheit" einzugreifen, den Mitgliedsstaaten also keine Vorgaben hinsichtlich der Organisation oder der Finanzierung ihrer sozialen Sicherungssysteme zu machen. Der Regelungsbereich der neuen Richtlinie 2010/41/EU beschränkt sich dementsprechend auf das Maß, das notwendig ist, um das Prinzip der Gleichbehandlung von Männern und Frauen gewährleisten zu können. Die Kritik vereinzelter Stimmen ist zwar sicherlich ernst zu nehmen, greift vorliegend aber nicht durch. Mit Art. 157 Abs. 3

AEUV wurde eine Kompetenzgrundlage gewählt, die geeignet ist; auch die Grundsätze der Subsidiarität und Verhältnismäßigkeit sind eingehalten. Den Mitgliedsstaaten werden Mindestvorgaben zur Umsetzung eines effektiven Mutterschutzes (auch) für Selbständige gesetzt. Auch die übrigen formellen Voraussetzungen der Rechtmäßigkeit der Selbständigen-Richtlinie 2010/41/EU sind erfüllt.

11. Die verabschiedete Richtlinie 2010/41/EU entspringt einem politischen Kompromiss, der insbesondere den unerschütterlichen Bemühungen der Berichterstatterin *Astrid Lulling* geschuldet ist. Für sie war es ein harter Kampf, angesichts der erheblichen Widerstände, die ihr aus einigen Mitgliedsstaaten, insbesondere auch aus Deutschland, entgegenschlugen. Im Ergebnis wurde den Mitgliedsstaaten der Europäischen Union mit den Vorgaben des Art. 8 der Richtlinie 2010/41/EU erstmals ausdrücklich die Pflicht auferlegt, einen Anspruch auf Mutterschaftsleistungen (auch) für alle selbständig erwerbstätigen Frauen zu schaffen. Hierin ist ein echter Fortschritt zu sehen.
Zum Schutz (auch) der selbständig erwerbstätigen (werdenden) Mütter fordert Art. 8 der Richtlinie 2010/41/EU nunmehr im Einzelnen folgendes: Die Mitgliedstaaten sollen diejenigen Maßnahmen ergreifen, die erforderlich sind, um sicherzustellen, dass den weiblichen Selbständigen und weiblichen Ehepartnern und Lebenspartnern ausreichende Mutterschaftsleistungen zugestanden werden, die eine Unterbrechung ihrer Erwerbstätigkeit wegen Schwangerschaft oder Mutterschaft während mindestens 14 Wochen ermöglichen; Art. 8 Abs. 1 der Richtlinie.
Dabei soll es den Mitgliedstaaten nicht verwehrt sein, zu entscheiden, ob die Mutterschaftsleistungen auf obligatorischer oder freiwilliger Basis gewährt werden; Art. 8 Abs. 2 der Richtlinie.
Die Mitgliedstaaten sind – vorbehaltlich der Einhaltung der in dieser Richtlinie festgelegten Mindestanforderungen – weiterhin dafür zuständig, diese Leistungen zu organisieren. Was dabei als angemessene Mutterschaftsleistung gelten und damit Mindestanforderung sein soll, regelt Art. 8 Abs. 3 der Richtlinie. Laut Erwägungsgrund (19) soll der Zeitraum, in dem selbständig erwerbstätigen Frauen sowie Ehepartnerinnen oder Lebenspartnerinnen von selbständigen Erwerbstätigen Mutterschaftsleistungen gewährt werden, in seiner Dauer zudem der des Mutterschaftsurlaubs für Arbeitnehmerinnen, wie er derzeit auf Unionsebene gilt, ähneln. Falls die Dauer des Mutterschaftsurlaubs für Arbeitnehmerinnen auf Unionsebene geändert wird, soll die Kommission dem Europäischen Parlament und dem Rat Bericht erstatten und prüfen, ob die Dauer der Mutterschaftsleistungen für selbständig er-

werbstätige Frauen sowie Ehepartnerinnen und Lebenspartnerinnen ebenfalls geändert werden sollte.

Hinsichtlich der Möglichkeit einer zeitlich befristeten Vertretung regelt Art. 8 Abs. 4 der Richtlinie weiterhin, dass den weiblichen Selbständigen und weiblichen Ehepartner und Lebenspartner der Zugang zu jeglichen bestehenden Diensten zur Bereitstellung einer zeitlich befristeten Vertretung oder zu jeglichen bestehenden sozialen Diensten auf nationaler Ebene gewährt werden soll. Die Mitgliedstaaten können dabei selbst entscheiden, ob der Zugang zu diesen Diensten als eine Alternative zu oder als ein Teil von der Vergütung gemäß Richtlinie ausgestaltet wird.

Den einzelnen Mitgliedsstaaten bleibt damit ein erheblicher Spielraum zur Umsetzung. Die Botschaft der aus Brüssel vorgegebenen Marschroute ist gleichwohl eindeutig: Es darf keine Diskriminierung zwischen Frauen und Männern geben, weder im Hinblick auf Bezahlung oder sonstige Arbeitsbedingungen, noch hinsichtlich des Gesundheitsschutzes von Schwangeren oder deren Anspruch auf einen ausreichenden Mutterschutz. Die Richtlinie 2010/41/EU steht damit eindeutig in der Tradition der in den letzten Jahren zum Themenkreis Chancengleichheit und Gleichbehandlung von Männern und Frauen, seien sie abhängig beschäftigt oder selbständig erwerbstätig, ergangenen Richtlinien.

12. Im Rahmen des Primärrechts der Europäischen Union fordert darüber hinaus längst auch Art. 33 Abs. 2 der Europäischen Grundrechtecharta (GReCh) einen Mutterschutz für Selbständige. Um den Spagat zwischen Familien- und Berufsleben zu schaffen, also beide Lebenssphären miteinander hinreichend in Einklang bringen zu können, soll jeder Mensch, also ebenso jede selbständig erwerbstätige (werdende) Mutter einen Anspruch auf bezahlten Mutterschaftsurlaub haben, so die Forderung der Grundrechtecharta. Hieran hat sich die Bundesrepublik Deutschland als Mitglied der Europäischen Union zu halten. Den einzelnen Mitgliedsstaaten werden durch Art. 33 Abs. 2 GReCh beachtenswerte Schutzpflichten auferlegt. Die rechtlich verbindliche Formulierung der Grundrechtecharta schafft eine europäische Werteordnung, die es zu beachten gilt. Das „Ob" eines Mutterschutzes (auch) für alle Selbständige ist damit nicht länger zu diskutieren, allenfalls das „Wie". Allein die diesbezügliche Definitionsmacht liegt weiterhin bei den Mitgliedsstaaten.

Der Forderung von Art. 33 Abs. 2 GReCh ist das Diskriminierungsverbot von Frauen und der Grundgedanke zu entnehmen, dass Frauen und Männer chancengleich Familie und Beruf in Einklang bringen können sollen. Ferner ist die Notwendigkeit eines ausreichenden Mutterschutzes allgemein anerkannt. Chancengleichheit und eine verbesserte „Work-Life-Balance", die u. a. im Wege des Mutterschutzes ermöglicht wird, stehen dabei in einem sehr engen Zusammenhang zueinander. Und so hat in etwa auch der Europäische Gerichtshof im Rahmen seiner Entscheidung in der Rechtssache „*Kiiski*" vom 20. September 2007 den Anspruch auf Mutterschutz richtigerweise als „sozialrechtliches Schutzinstrument von besonderer Bedeutung" bezeichnet. Eine Anspruchsgrundlage, auf die sich selbständig erwerbstätige (werdende) Mütter effektiv stützen können, bietet Art. 33 Abs. 2 GReCh allerdings nicht. Art. 33 Abs. 2 GReCh bindet die Mitgliedsstaaten der Europäischen Union allerdings im obigen Sinne zumindest immer dann, wenn es gilt, entsprechende Bestimmungen einer europäischen Richtlinie in die nationalen Rechtsordnungen zu übersetzen. Und so hat die Bundesrepublik Deutschland die von Art. 33 Abs. 2 GReCh verbrieften Schutzrechte zu beachten, wenn es seinen Umsetzungspflichten hinsichtlich der Vorgaben eines Mutterschutzes für Selbständige gemäß Art. 8 der Richtlinie 2010/41/EU nachkommt. Vorliegend bedeutet dies folglich, für jede selbständig erwerbstätige Mutter einen bezahlten Mutterschaftsurlaub zu schaffen. Das „Ob" eines Mutterschutzes für Selbständige steht somit nicht länger zur Diskussion. Allenfalls das „Wie" bietet den Mitgliedsstaaten der Europäischen Union einen gewissen Umsetzungsspielraum.

13. Auf national-verfassungsrechtlicher Ebene fordert Art. 6 Abs. 4 GG den Ausgleich der mit der Mutterschaft zusammenhängenden Nachteile und zielt insofern ebenfalls darauf ab, die Mutter davor zu bewahren, dass ihr individueller Lebensentwurf durch Schwangerschaft und Geburt nachhaltig vereitelt wird. Der Gesetzgeber muss gemäß Art. 6 Abs. 4 GG dabei zwar nicht jeder Mutter dasselbe Maß an Schutz und Fürsorge zukommen lassen, er darf allerdings i.S.d. Art. 3 Abs. 1 GG auch keine bestimmte Gruppe von Müttern in der Form ausschließen, dass ihnen gar kein Mutterschutz zur Seite stehen kann. Verfassungsrechtlich soll jeder Mutter ein Minimum an Mutterschutz gewährt werden, so schon die ausdrückliche Wortwahl des Art. 6 Abs. 4 GG. Soweit also aus verfassungsrechtlicher Sicht (auch) für selbständig erwerbstätige Mütter zumindest ein Minimum an Mutterschutz nicht unterschritten werden darf, muss der Gesetzgeber jedenfalls solche Regelungen schaffen, die es auch der selbständig erwerbstätigen Mutter ermöglichen, nicht revidierbare Schäden in gesundheitlicher, wirtschaftlicher und beruflicher Hinsicht zu vermeiden und sich dadurch ihre Entwicklungschancen zu erhalten. Zumindest die elementaren Schutzinteressen einer jeden Mutter müssen, sofern sie im Einzelfall betroffen sind, folglich durch bestimmte Kategorien von

Schutzvorschriften befriedigt werden können. Eine gänzliche Verweigerung von Schutz und Leistungen stellt hingegen einen Eingriff in das grundrechtlich gewährte Recht auf Mutterschutz dar.
Das Argument, Selbständige können ihre Zeit und Arbeitskraft so einteilen, dass sie sich die notwendige Auszeit selbst verschaffen können, ist heutzutage nicht mehr auf alle selbständig erwerbstätigen (werdenden) Mütter im gleichen Maße zu übertragen. Die Statistik zeigt vielmehr, dass insbesondere die als „Solo-Selbständige" erwerbstätigen Frauen über keine solchen personellen Ressourcen verfügen, die den Betrieb während ihrer Abwesenheit fortführen können. Es drohen Auftragsverlust und Einkommenseinbußen. Auch befinden sich die betroffenen Frauen altersbedingt nicht selten in der Aufbauphase ihrer eigenen Selbständigkeit; die geschäftlichen Bindungen zu den verschiedenen Auftraggebern müssen zum Teil erst noch wachsen. Finanzielle Rücklagen sind selten. Ohnedies hat die Zahl der prekären Selbständigkeiten (auch) bei Frauen, z. B. im Wege der Scheinselbständigkeit, Freelancer-Tätigkeiten oder als Franchisenehmer, in den letzten Jahren zugenommen. Sie können ihre Existenzgrundlage kaum selbst sichern. Insofern droht gerade weiblichen Solo-Selbständigen die Gefahr des sozialen Absturzes. Angesichts der Tatsache, dass Kinder für unsere Gesellschaft ebenso unverzichtbar sind, wie im zunehmenden Maße die Erwerbstätigkeit von Frauen ist der Gesetzgeber daher gehalten, hier eine spezifische Fürsorgeregelung zu finden, die über die allgemeinen sozialhilferechtlichen Regelungen hinausgeht.
Das Recht aus Art. 6 Abs. 4 GG ist nicht bloß Programmsatz oder gesetzgeberische Richtlinie. Art. 6 Abs. 4 GG enthält einen subjektiven Schutzanspruch und einen Leistungsanspruch im Rahmen des vernünftig Möglichen. Der Gesetzgeber hat diesen Verfassungsauftrag nach diesseitigem Dafürhalten bisher nicht voll erfüllt, da er, den vorliegenden Erkenntnissen folgend, nur für einen Teil der Mütter verwirklicht ist. Zwar mag eine unterschiedliche Behandlung gerechtfertigt sein, soweit die bestehenden gesetzlichen Mutterschutzbestimmungen rein arbeitsrechtlichen Charakter haben, also auf Erleichterungen und Schutz im Arbeitsverhältnis abzielen, da diesbezüglich bei weisungsgebundenen und selbständigen Müttern tatsächlich ein unterschiedliches Fürsorgebedürfnis besteht. In neuerer Zeit ist das Mutterschutzrecht jedoch zunehmend deutlich in die Bereiche der Familienpolitik und des Familienlastenausgleichs gerückt. Die Frage der Vereinbarkeit von Beruf und Familie ist eine, die ausdrücklich auch den Mutterschutz umfasst. Der (werdenden) Mutter soll es nicht nur aus gesundheitlichen Gründen

ermöglicht werden, die notwendige Auszeit rund um die Geburt zunehmen. Es soll ihr zugleich auch die Chance gegeben werden, Beruf und Familie angemessen miteinander in Einklang zu bringen. Allein die Geburt des Kindes soll kein Grund sein, seine berufliche Tätigkeit aufgeben oder Angst haben zu müssen, dass diese unter der Auszeit leidet. Je mehr nun aber vor allem diese familienpolitische Zielsetzung in die Mutterschutzgesetzgebung einfließt, desto problematischer erscheint es, dass der Gesetzgeber die Zubilligung staatlicher Leistungen nur auf Arbeitnehmerinnen beschränkt. Dies wird gerade beim 14-wöchigen Mutterschutz rund um die Geburt besonders deutlich, da hier nur der Freistellungsanspruch der Arbeitnehmerin als rein arbeitsrechtlich einzustufen ist, nicht jedoch die Gewährung des Mutterschaftsgeldes für denselben Zeitraum vor und nach der Entbindung. Dieser Aspekt kann auch auf die selbständig erwerbstätigen (werdenden) Mütter übertragen werden.
Um den Vorgaben des Art. 6 Abs. 4 GG i.V.m. Art. 3 Abs. 1 GG gerecht zu werden, muss zumindest (auch) denjenigen selbständig erwerbstätigen (werdenden) Mütter ein angemessener Mutterschutz zu teil werden, die gerade nicht für sich selbst sorgen können. Eine unterschiedliche Behandlung ist heute allein anhand der Form der konkret ausgeübten selbständigen Erwerbstätigkeit nicht mehr zu begründen.

14. Im deutschen Recht ist der verfassungsrechtliche Auftrag zur Gewährung eines Anspruches auf Schutz von Müttern und deren Fürsorge also in Art. 6 GG fest verankert. Der deutsche Gesetzgeber nimmt dies durchaus ernst und versucht ihn auf verschiedenstem Wege einfachgesetzlich auszufüllen. Jede Phase, von der Schwangerschaft bis hin zur Betreuung des Kleinkindes, ist vom Gesetzgeber grundsätzlich (einfach-)gesetzlich berücksichtigt. Eine ganze Reihe an Einzelnormen versuchen den familiären Belastungen von berufstätigen Frauen punktuell Beachtung zu schenken. Kern ist dabei vor allem der Mutterschutz mit seiner Arbeitsbefreiung gemäß den Regelungen des Mutterschutzgesetzes, aber auch der sich zeitlich anschließende Anspruch auf Elternzeit nach dem Bundeselterngeld- und Elternzeitgesetz. Der Gesetzgeber hat bei alldem jedoch regelmäßig nur die abhängig beschäftigten Frauen im Blick, weniger die Selbständigen. Der Anwendungsbereich des deutschen Mutterschutzgesetzes richtet sich vornehmlich an in einem Arbeitsverhältnis beschäftigte (werdende) Mütter, also an Arbeitnehmerinnen, die einer abhängigen Erwerbstätigkeit nachgehen. Selbständig erwerbstätige Frauen sind vom Anwendungsbereich ausgeschlossen; eine Ausweitung wurde auch im Rahmen der Neuregelung des Mutterschutzrechts nicht vorgenommen.

Durchbrochen wird dieses Prinzip einzig im Falle der in Heimarbeit Beschäftigten, die gemäß § 1 Nr. 2 MuSchG a. F. / § 1 Abs. 2 S. 2 Nr. 6 MuSchG 2018 vom Anwendungsbereich umfasst sein sollen. Zu ihnen zählen gemäß §§ 1 Abs. 1, 2 Abs. 2 HAG auch die Heimgewerbetreibenden, die als selbständig Erwerbstätige zu bewerten sind. Für sie wird eine Schutzbedürftigkeit anerkannt. Für andere selbständig erwerbstätige Frauen hingegen nicht. Sie sind grundsätzlich für sich selbst verantwortlich.

Die Regelungen der §§ 11 ff. MuSchG a. F. / §§ 18 ff. MuSchG 2018 sollen dafür Sorge tragen, dass den erwerbstätigen (werdenden) Müttern deren bisheriger Lebensstandard erhalten bleibt. (Werdende) Mütter sollen nicht gezwungen sein, gegen gesetzliche Beschäftigungsverbote zu verstoßen und damit die eigene Gesundheit und die ihres Kindes zu gefährden, nur um nicht in wirtschaftliche Nöte zu geraten. Hierzu gewährt das Mutterschutzgesetz neben dem Mutterschutzlohn vor allem das Mutterschaftsgeld, das für einen Zeitraum von sechs Wochen vor und acht Wochen bzw. bei Mehrlingsgeburten zwölf Wochen nach der Entbindung gezahlt wird. Die gesetzlichen Krankenkassen sind ferner verpflichtet für den gesamten Zeitraum einen Betrag von maximal 13,00 EUR pro Kalendertag an ihre Mitglieder zu zahlen. Dieser Betrag wird dann von den Arbeitgebern so aufgefüllt, dass die (werdende) Mutter auch weiterhin über das bisher durchschnittliche kalendertägliche Nettoeinkommen verfügen kann. Frauen, die nicht Mitglied einer gesetzlichen Krankenkasse sind, gleichwohl aber in den Anwendungsbereich des Mutterschutzgesetzes fallen, erhalten vom Bund ebenfalls pro Kalendertag 13,00 EUR, maximal aber nur 210,00 EUR, nebst Arbeitgeberzuschuss. Die mit dem Mutterschutz einhergehende finanzielle Last wird also grundsätzlich sowohl auf den Arbeitgeber als auch auf die gesetzliche Krankenversicherung und den Bund verteilt.

15. Neben den Regelungen des Mutterschutzgesetzes sind darüber hinaus die Bestimmungen des Fünften Buch Sozialgesetzbuch (SGB V) zu berücksichtigen. Gemäß § 24i Abs. 1, Abs. 2 S. 7 SGB V erhalten „sonstige Mitglieder" einer gesetzlichen Krankenkasse ein Mutterschaftsgeld in Höhe des Krankengeldes, sofern sie von der Möglichkeit des Wahltarifs Gebrauch machen und den Anspruch auf Krankengeld mitversichert haben. Zu der Gruppe der „sonstigen Mitglieder" zählen dabei auch die freiwillig in der gesetzlichen Krankenversicherung versicherten Selbständigen. Auf diese Weise können zumindest die in einer gesetzlichen Krankenkasse freiwillig versicherten selbständig erwerbstätigen Frauen unter bestimmten Voraussetzungen einen Anspruch auf Mutterschaftsgeld geltend machen. Auch andere Mutterschaftsleistun-

gen können ihnen gemäß den Regelungen der §§ 24c ff. SGB V zur Seite stehen. Im Übrigen schreibt der Gesetzgeber nur zwei weiteren Personengruppen ein besonderes Schutzbedürfnis zu und ermöglicht ihnen aus diesem Grunde einen sozialversicherungsrechtlichen Schutz, wie er auch abhängig Beschäftigten zusteht. Dies gilt sowohl für das besondere Schutzinteresse der selbständig erwerbstätigen Künstler und Publizisten als auch für das der Landwirte. Die Regelung des § 24i SGB V wird im Wege der Verweisung gemäß § 1 KSVG auf die selbständigen Künstlerinnen und Publizisten sowie gemäß § 14 KVLG 1989 auf die Landwirtinnen übertragen.
Üblicherweise steht den anspruchsberechtigten Selbständigen ein Anspruch in Höhe des ihnen zu gewährenden Krankengeldes, also in Höhe von 70 % des vor Beginn der Arbeitsunfähigkeit für die Beitragsbemessung maßgeblichen Einkommens, zu. Fixkosten, wie Büromiete, Gehälter für Mitarbeiter etc. werden so jedoch kaum finanzierbar sein. Privat krankenversicherte selbständig erwerbstätige Frauen, familienversicherte selbständig erwerbstätige Frauen oder solche, die sich im Rahmen ihrer Wahlerklärung nach § 44 Abs. 2 S. 1 Nr. 2 SGB V für den ermäßigten Beitrag, also gegen den Anspruch auf Krankengeld entschieden haben, haben hingegen keinen Anspruch auf Mutterschaftsgeld i.S.d. Bestimmungen nach § 24i SGB V. Wird vor allem gemäß § 44 Abs. 2 S. 1 Nr. 2 SGB V auf die Möglichkeit einer Krankengeldversicherung verzichtet, besteht aufgrund der gesetzlichen Verknüpfung des Anspruchs auf Mutterschaftsgeld mit dem Anspruch auf Krankengeld kein entsprechender Leistungsanspruch. Die Regelung des § 44 Abs. 2 S. 1 Nr. 2 SGB V dürfte unter Berücksichtigung der Vorgaben des Art. 8 der Richtlinie 2010/41/EU nach diesseitigem Dafürhalten jedoch nicht richtlinienkonform sein.

16. Mit Aufnahme einer selbständigen Erwerbstätigkeit müssen sich auch selbständig erwerbstätige Frauen für eines der zwei bestehenden Krankenversicherungssysteme entscheiden. Es besteht insoweit eine Pflicht zur Krankenversicherung. Sollte die notwendige Vorversicherungszeit in einer gesetzlichen Krankenkasse bestehen, so kann sie sich für eine freiwillige (Weiter-)Versicherung in der gesetzlichen Krankenversicherung entscheiden oder aber den Weg in die private Krankenversicherung, gegebenenfalls auch in den von den privaten Krankenversicherern angebotenen Basistarif, wählen. Dass die damit einmal getroffene Wahl jedoch auch Auswirkungen auf den Anspruch auf Mutterschaftsgeld hat, ist den allermeisten Selbständigen allerdings nicht bekannt. Hat sich die Selbständige nämlich für die Absicherung in einen der klassischen Tarife der privaten Krankenversicherung entschieden,

hat sie keinen Anspruch auf die staatliche Leistung des Mutterschaftsgeldes nach SGB V; s. Ziff. 15. Ein Wechsel von der einmal gewählten privaten Krankenversicherung (zurück) in die gesetzliche Krankenversicherung ist jedenfalls für Selbständige in aller Regel nicht länger möglich. Der Weg zurück ist ihnen von Gesetzeswegen grundsätzlich versperrt. Die Voraussetzungen einer freiwilligen Mitgliedschaft in der gesetzlichen Krankenversicherung, wie sie von den §§ 9, 188 SGB V vorgesehen sind, können in aller Regel nicht erfüllt werden.

17. Die Möglichkeit den Mutterschutz für Selbständige im Wege einer privaten Verdienstausfallversicherung abzusichern, ist dem frei zu vereinbarenden Tarifsystem erst seit Neustem bekannt. Vor Einführung des § 192 Abs. 5 S. 2 VVG war ein solcher aus Sicht der privaten Krankenversicherung nicht notwendig und daher auch nicht von den Musterbedingungen umfasst. Bestätigt wurde diese Auffassung von der Regelung des § 193 Abs. 3 VVG, der gerade keine Lohnersatzleistung für den Fall der Mutterschaft von den privaten Krankenversicherern einfordert.

Obgleich spätestens seit 2009 eine allgemeine Krankenversicherungspflicht für alle Bundesbürger besteht, eine Pflicht zur Schaffung eines Anspruchs auf Mutterschaftsleistungen für alle erwerbstätigen Mütter, egal, ob sie selbständig oder abhängig beschäftigt sind, bestand dagegen bis vor kurzem nicht. Das Risiko Mutterschaft konnte gemäß § 193 Abs. 3 VVG, anders als das Risiko Krankheit, also tatsächlich von den Versicherern grundsätzlich unberücksichtigt bleiben. § 192 Abs. 5 S. 2 VVG hat dies nun geändert; jedoch ausschließlich für den Fall der Krankentagegeldversicherung, für die es gemäß § 193 Abs. 3 VVG gerade keine Versicherungspflicht gibt. Möchte die Versicherte einen entsprechenden Anspruch geltend machen können, muss sie ausdrücklich einen Vertrag mit einem ergänzenden Krankentagegeldtarif abschließen, also den entsprechenden Schutz zusätzlich erkaufen. Im Falle eines Tarifwechsels bzw. Neuabschlusses ist zudem grundsätzlich eine Wartezeit von acht Monaten zu berücksichtigen.

Mit §192 Abs. 5 S. 2 VVG und damit einhergehend mit § 1a MB/KT 2009 wurde eine Rechtsgrundlage geschaffen, die der Regelung des § 24i Abs. 1, Abs. 2 S. 7 SGB V nachempfunden ist. D.h., auch die privaten Versicherer haben fortan in ihren Tarifen eine entsprechende Absicherung vorzusehen. Nach § 24i Abs. 1, Abs. 2 S. 7 SGB V haben selbständig erwerbstätige Mütter nur dann einen Anspruch auf Mutterschaftsgeld gegenüber ihrem (gesetzlichen) Krankenversicherer, sollten sie zugleich auch einen Anspruch auf Krankentagegeld haben. Dies gilt nun auch hier. Ebenso parallel wie in der gesetzlichen Krankenversicherung ist allerdings das Krankentagegeld bei Selbständigen nicht von vornherein Gegenstand des Vertrages, sie können diese Leistung aber freiwillig – gegen einen höheren Versicherungsbeitrag – mitversichern.

18. Die privaten Krankenversicherer bieten verschiedene Tarifmodelle an, unter denen die Mitglieder frei wählen können. Der Basistarif ist dabei neben dem Krankentagegeldtarif i.S.d. § 192 Abs. 5 S. 2 VVG ein weiterer, der in seinem Leistungskatalog die Frage nach einer Mutterschutzleistung in Form von Mutterschaftsgeld berücksichtigt. Er ist dem Leistungsprogramm des SGB V nachgebildet; im Übrigen aber mit diesem nicht vollumfänglich identisch.

19. Neben den verschiedenen Varianten der klassischen Krankenversicherungsleistungen, aus denen zumindest ein Teil der selbständig erwerbstätigen (werdenden) Mütter Ansprüche auf Mutterschaftsleistungen ableiten können, existiert noch eine weitere Anspruchsgrundlage, die zumindest für die Zeit nach der Geburt eines Kindes greift und gegebenenfalls als Äquivalent angesehen werden könnte: das Elterngeld. Das Elterngeld soll Eltern, egal, ob abhängig und selbständig erwerbstätig, helfen, sich im ersten Lebensjahr ihres Neugeborenen vorrangig der Betreuung des Kindes widmen zu können. Es soll dazu beitragen, dass die wirtschaftliche Situation der Familie trotz der genommenen Betreuungszeit stabil bleibt. Die Familie soll ohne größere finanzielle Nöte befürchten zu müssen, in Ruhe in die neue Situation hineinfinden können. Dies gilt für beide Elternteile und grundsätzlich vollkommen unabhängig von der Art der Erwerbstätigkeitsform. Für Männer sollen die Chancen verbessert werden, aktive Väter zu sein, Frauen soll die Rückkehr in das Berufsleben erleichtert werden.

Mutterschutzleistungen und Elterngeld verfolgen eine vergleichbare sozialpolitische Zielsetzung. Jede der zwei Maßnahmen trägt für sich zum Gesamtbild einer umfassenden Familien- sowie Gleichstellungspolitik bei. Jede Maßnahme dient für sich der Chancengleichheit und Gleichbehandlung. Der Mutterschutz soll es Müttern leichter machen, später Beruf und Familie zu vereinbaren, indem sie sich während der körperlich, wie seelisch stark belastenden Zeit rund um die Geburt allein auf sich und das Kind konzentrieren können. Die Elternzeit dient hingegen als Schonraum und damit als ein durchaus ausgedehntes Zeitfenster, in dem Vereinbarkeit von Beruf und Familie von beiden Elternteilen tatsächlich gelebt werden kann. Sowohl der Mutterschutz als auch die Elternzeit dienen damit zwar gleichsam dem Zweck einer verbesserten Vereinbarung von Beruf und Familie, sie ergänzen hierzu einander und sind dennoch nicht dasselbe. Der Mutterschutz stellt ein einzigartiges Frauenrecht dar und ist damit eine Besonderheit in unserem Rechtssystem.

Das Elterngeld mag zwar sowohl von abhängig als auch selbständig erwerbstätigen Frauen und Männern geltend gemacht werden können. Zumindest für die Zeit nach der Geburt bietet es also eine durchaus attraktive Anspruchsgrundlage, auf die auch selbständig erwerbstätige Mütter grundsätzlich zurückgreifen können und die für diese nicht gänzlich uninteressant sein dürfte, auch wenn sie an verschiedene Hürden geknüpft ist. Für die Zeit vor der Geburt bietet es hingegen keinen Schutz. Ein echtes, umfassendes Äquivalent zum Mutterschutz ist das Elterngeld nicht. Es bildet aber mit ihm ein Gesamtpaket, das zusammengenommen das Ziel einer nachhaltigen Familien- sowie Gleichstellungspolitik verfolgt.

20. Die Frage nach einem Mutterschutz (auch) für Selbständige, bzw. die diesbezüglichen Mindestanforderungen gemäß Art. 8 der Richtlinie 2010/41/EU, hatten selbst kurz vor Ablauf der Umsetzungsfrist keine Priorität für das zuständige Bundesfamilienministerium. Die zuständigen Stellen hatten sich dem Anschein nach bis zur kleinen Anfrage des Bundestages und der daraufhin vorgestellten Stellungnahme im Mai 2012 nicht oder zumindest kaum mit der Problematik beschäftigt. Anders lässt sich die damalige oberflächliche und zu kurz gegriffene Antwort nicht erklären. Augenscheinlich ging man davon aus, dass ohnedies kein Umsetzungsbedarf bestehe und bereits alles Erforderliche getan sei. Eine weitergehende Auseinandersetzung schien damit offenbar unnötig. Nicht anders ist es auch zu erklären, dass mit der gemäß Art. 15 Abs. 1 der Richtlinie erfolgten Meldung keinerlei Umsetzungsmaßnahmen hinsichtlich der Frage des Mutterschutzes mitgeteilt wurden. Erst mehr als vier Jahre später kam es schließlich still und heimlich zu einem Vorstoß aus der Mitte des Bundesgesundheitsministeriums.

21. Nahezu überraschend war es die Gesundheitsstaatssekretärin *Annette Widmann-Mauz* (CDU), die per Pressemitteilung vom 14. September 2016 angekündigte,

> ***„das Versicherungsvertragsgesetz anzupassen und zukünftig allen Frauen eine dem Mutterschaftsgeld ähnliche Leistung zu gewähren"***.[1472]

Nur knapp ein halbes Jahr später wurde am 04. April 2017 das Heil- und Hilfsmittelversorgungsgesetz (HHVG) verabschiedet und damit einhergehend – an eher ungewöhnlicher Stelle – eine Änderung des Mutterschutz-

1472 Vgl. http://www.eaf-bund.de und http://www.vsgd.de/ (zuletzt abgerufen am 15.06. 2018).

rechtes. Am 11. April 2017 trat mit ihm der neu geschaffene § 192 Abs. 5 S. 2 VVG in Kraft. Die Versicherungsgesellschaften, welche Krankentagegeldversicherungen anbieten, sind seither verpflichtet, den Verdienstausfall, der während der Schutzfristen nach § 3 Abs. 2 und § 6 Abs. 1 MuSchG a. F. / § 3 Abs. 1, Abs. 2 MuSchG 2018 sowie am Entbindungstag entsteht, durch das vereinbarte Krankentagegeld zu ersetzen, soweit der versicherten Person kein anderweitiger angemessener Ersatz für den während dieser Zeit verursachten Verdienstausfall zusteht.

Zeitglich wurde allerdings auch die Regelung des § 197 Abs. 1 S. 1 VVG verabschiedet, gemäß welcher zum 11. April 2017 ebenfalls die Möglichkeit der privaten Versicherer eine besondere Wartezeit von bis zu 8 Monaten auch für den Fall der Leistung eines Krankentagegelds nach § 192 Abs. 5 S. 2 VVG eingeführt wurde. D.h., der private Versicherer kann und wird auf diesem Wege vereinbaren, dass binnen vorgenannter Frist, auch beim Wechsel in einen Krankentaggeldtarif ein Anspruch auf Mutterschutzleistung zunächst ausgeschlossen bleibt. Die Entscheidung für oder gegen die Absicherung muss also zwingend schon zu einem Zeitpunkt getroffen werden, in dem der Bedarfsfall oftmals noch kein Thema ist. Zudem muss sich die betroffene (werdende) Mutter, wie schon im Falle eines Anspruchsbegehrens nach § 21i Abs. 2 S. 7 SGB V *rechtzeitig aktiv* für die zusätzliche Mitversicherung eines Krankentagegeldanspruchs entscheiden. Wer also keine hinreichende Kenntnis davon hat, welche Auswirkungen der Verzicht auf den kostenintensiven Versicherungstarif hat oder sich diesen schlicht finanziell nicht leisten kann, ist und bleibt im Bedarfsfall außen vor.

Es bleibt bei einer Lücke für all diejenigen, die sich den Wahltarif bzw. die Krankentagegeldversicherung nicht leisten können bzw. denen ein rechtzeitiger Wechsel nicht mehr möglich ist. Noch immer erfahren nicht alle betroffenen selbständig erwerbstätigen Frauen gleichermaßen Schutz. Eine Sicherstellung des erforderlichen Schutzes im tatsächlichen Bedarfszeitpunkt ist auch weiterhin nicht für alle betroffenen Frauen gegeben.

22. Um den betroffenen Frauen unmissverständlich zu verdeutlichen, welche Leistungen ihnen gemäß welchen Anspruchsgrundlagen zur Seite stehen, wäre eine vollumfängliche Überarbeitung der stark verstreuten Regelungen sicherlich sinnvoll gewesen. Insbesondere vor dem Hintergrund, dass ehedem das Mutterschutzgesetz zur gleichen Zeit umfassend novelliert wurde, wäre eine Einbindung der nun in § 192 VVG eingefügten Neuregelung in das Mutterschutzgesetz begrüßenswert gewesen. Die immer wieder – auch aktuell – vorgenommenen Ausweitungen des Anwendungsbereichs des Mutter-

schutzgesetzes zeigen doch immerhin, dass dies nicht unmöglich ist. Diese Chance wurde nicht genutzt.

23. Die aktuell somit faktisch noch immer zumindest für einen Teil der betroffenen Frauen bestehende Lücke ist auch nicht durch einen pauschalen Verweis auf das Elterngeld zu schließen. Das Elterngeld wird weder den Vorgaben des Art. 8 Abs. 3 der Richtlinie 2010/41/EU gerecht noch der Zielsetzung der Richtlinie, nämlich tatsächlich einen Gleichlauf mit dem Anspruch auf Mutterschaftsleistungen, wie sie den abhängig erwerbstätigen (werdenden) Müttern zustehen, zu schaffen. Mutterschaftsleistungen und Elterngeld mögen ähnliche Ziele verfolgen. Sie ergänzen einander und sind dennoch nicht dasselbe. Gerade mit Blick auf die Intention der Europäischen Union bezüglich dessen, was als Mutterschaftsleistung mindestens gewährt werden soll, wird eine Gleichstellung beider Zielsetzungen kaum zu halten sein. So wird das Elterngeld nicht selten unterhalb dessen liegen, was Art. 8 Abs. 3 der Richtlinie 2010/41/EU nach diesseitigem Verständnis für angemessen hält und damit als Mindestmaß gewährt werden muss. Mutterschaftsleistungen sollten zumindest in Höhe eines etwaig zu gewährenden Krankengeldanspruches gewährt werden. Ferner gilt, dass gerade im Bereich der Selbständigkeit Einkommen auch noch während des Leistungsbezugs von Elterngeld fließen kann. Dies führt dazu, dass die Leistungshöhe gegebenenfalls nachträglich zu korrigieren und eine Rückzahlung an zu viel geleisteten Elterngeld nicht ausgeschlossen ist. Darüber hinaus wird das Elterngeld erst auf Antrag gewährt, wobei allerdings unklar ist, wie schnell die Bearbeitung des Antrags, der erst nach der Geburt des Kindes gestellt werden kann, dauert und wann somit mit der ersten Auszahlung zu rechnen ist. Für die Zeit vor der Geburt, wie auch während der Zeit bis zum Erlass des Bescheides über den berechtigten Erhalt von Elterngeld gibt es somit faktisch keine Elterngeldzahlung; das Elterngeld wird erst nach Antragsstellung und positiver Bescheidung gezahlt. Damit ist das Elterngeld gerade kein Mittel, um Frauen für die Zeit rund um die Geburt ein tatsächlich sicheres Einkommen zu schaffen, das die Frauen wirtschaftlich so stellt, dass für sie nicht länger der Anreiz besteht, unter Inkaufnahme gesundheitlicher Gefährdung allein zum Zwecke der Existenzsicherung arbeiten zu müssen. Das Elterngeld ist für Selbständige kein verlässlicher kalkulierbarer Einkommensersatz, der nach diesseitiger Auffassung dieser Anforderung Genüge leisten kann. Ein tatsächlicher Gleichlauf kann so jedenfalls nicht erreicht werden. Sicherlich verfolgen Mutterschutzleistungen und Elterngeld in der Gesamtbetrachtung eine vergleichbare sozialpolitische Zielsetzung. Jede der zwei Maßnahmen trägt für sich zu einer umfassenden

Familien- sowie Gleichstellungspolitik bei. Jede Maßnahme dient für sich der Chancengleichheit und Gleichbehandlung. Der Mutterschutz soll es Müttern leichter machen, später Beruf und Familie zu vereinbaren, indem sie sich während der körperlich, wie seelisch belastenden Zeit rund um die Geburt allein auf sich und das Kind konzentrieren können. Die Elternzeit dient hingegen als Schonraum und als ein durchaus ausgedehntes Zeitfenster, in dem Vereinbarkeit von Beruf und Familie von *beiden* Elternteilen gelebt werden kann, während der Mutterschutz ein einzigartiges Frauenrecht darstellt und damit eine Besonderheit in unserem Rechtssystem ist, wie es der Europäische Gerichtshof in der Vergangenheit wiederholt deutlich hervorgehoben hat.
Auch die Regelung des Art. 8 Abs. 2 der Richtlinie 2010/41/EU bietet dem deutschen Gesetzgeber keine Möglichkeit, sich von seiner grundsätzlich bestehenden Pflicht zur Umsetzung freizumachen. Nicht die Schaffung einer Anspruchsgrundlage an sich soll freiwillig möglich sein, die Anspruchsgrundlage soll nur eine solche Umsetzung in die jeweiligen nationalen Rechtssysteme finden, dass die anspruchsberechtigten Frauen entweder bindend einen Anspruch erhalten oder eben nur auf Antrag freiwillig von ihrem Recht Gebrauch machen können.
Das „Ob" ist nicht länger zu diskutieren, allein das „Wie" der Leistungsgewährung – im Rahmen der Mindestvorgaben – bleibt den einzelnen Mitgliedsstaaten überlassen.

24. Die innere Stimmigkeit und Einheit des Sozialrechtes bleibt selbst nach Einführung des § 192 Abs. 5 S. 2 VVG (zumindest in Teilen) außer Acht gelassen, obgleich die in den letzten Jahrzehnten veränderte Lebenswirklichkeit einen Gleichlauf des Sozialschutzes für abhängig, wie auch selbständig erwerbstätige Frauen zumindest im Bereich des Mutterschutzes durchaus notwendig macht. Selbständig erwerbstätige (werdende) Mütter sind nach heutigem Verständnis nicht selten ebenso schutzwürdig und schutzbedürftig wie abhängig erwerbstätige Frauen. Das muss gewürdigt und gelebt werden. Gleichwohl hat es Deutschland bislang versäumt, eine ausdrückliche Anspruchsgrundlage für *alle* Selbständigen zu schaffen; stattdessen existiert weiterhin ein Flickenteppich an verschiedenen Regelungen, die für die betroffenen Frauen kaum zu überblicken sind. Die Umsetzung der Bestimmungen des Art. 8 der Richtlinie 2010/41/EU hätte bis zum 05. August 2012 erfolgen müssen.
Aufgrund der oftmals nur vagen Formulierung der Richtlinie hat der deutsche Gesetzgeber allerdings kaum Konsequenzen zu fürchten. Weder droht die Inanspruchnahme im Wege der Geltendmachung eines unionsrechtlichen Staatshaftungsanspruchs noch können die Bestimmungen des Art. 8 der Richtlinie

als unmittelbare Anspruchsgrundlage herangezogen werden. Ihnen kommt auch keine unmittelbare Wirkung zu. Für den diesseits angenommenen Fall, dass der Staat die Vorgaben des Art. 8 der Richtlinie 2010/41/EU nicht oder nur fehlerhaft in nationales Recht umgesetzt hat, können die Betroffenen hieraus keine Rechte ableiten. Allenfalls droht die Einleitung eines Vertragsverletzungsverfahrens. Der Druck zu handeln muss daher von anderer Seite, z. B. aus der Gesellschaft, der Politik oder der Rechtsprechung, kommen.

25. Nicht Aufgabe dieser Ausarbeitung kann und soll es derweil sein, konkrete Vorschläge zur Schließung der aufgefundenen Lücken anzubieten. Ideenansätze für eine weitergehende, umfassende Umsetzung der Richtlinienforderungen könnten aber wie folgt aussehen:
    - Schaffung von bundesweiten, branchenübergreifenden qualifizierten Vertretungsstrukturen, z. B. bei Industrie- und Handelskammern, der Handwerkskammer oder anderen berufsspezifischen Kammern, wie der Anwaltskammer, bzw. alternativ bei der Agentur für Arbeit. Hinsichtlich der verkammerten Berufe gilt ferner, dass auch die zugehörigen Versorgungswerke für diese Berufsstände sowohl über die notwendigen Ressourcen als auch verwaltungstechnischen Möglichkeiten verfügen, Vertretungsdienste, ähnlich der Betriebshilfe der Landwirtschaftlichen Krankenversicherung, ins Leben rufen zu können. An diese bestehende Infrastruktur könnte durchaus angeknüpft werden. Darüber hinaus könnte über ein staatliches Bezuschussungsmodell für solche befristeten Vertretungskräfte nachgedacht werden.
    - Regelungen zur „Rückübertragungspflicht" von Aufträgen, die während einer Vertretungszeit akquiriert wurden, um zu verhindern, dass Auftraggeber dauerhaft abgeworben werden können.
    - Mutterschaftsleistungen für Selbständige in der Höhe der Kostendeckung für die Selbständigkeit für 14 Wochen. D.h., zur Deckung der tatsächlichen Kosten der Selbständigkeit, die sich aus diversen Fixkosten (Büromiete, Versicherungsbeiträge, Gehälter für Mitarbeiter etc.) zusammensetzen, aber auch zur Deckung der eigenen Entnahmen aus dem Gewinn, die die eigene Lebensführung der Selbständigen ermöglichen.
    - Unterstützung von Kammern und berufsbezogenen Verbänden, Hilfe bei der Vereinbarkeit von Selbständigkeit und Mutterschaft zu leisten.
    - Bereits bestehende Besonderheiten, wie z. B. die Regelungen für die landwirtschaftlichen Unternehmer oder die in der Künstlersozialkasse versicherten Selbständigen, sollten selbstverständlich beibehalten werden. Sie können gleichzeitig aber auch als gutes Beispiel und Ideengeber voran-

gehen. Im Übrigen gilt es ein stabiles System zu schaffen, das nicht zu Lasten der Selbständigen geht.

26. Die Regelungen, die zumindest für einige der betroffenen selbständigen Frauen bereits heute Geltung finden, sind für den juristischen Laien kaum zu erkennen. Informieren, sensibilisieren, das Rechtsbewusstsein der Betroffenen wecken – all dies ist allein mit Hilfe einer klar umrissenen Anspruchsgrundlage möglich, auf die sich die selbständigen Frauen berufen können, weshalb auch vom Art. 13 der Richtlinie 2010/41/EU zu Recht eingefordert wird, dass die nationalen Gesetzgeber alle getroffenen Regelungen und Maßnahmen den Betroffenen bekannt zu machen haben. Die bestehenden Vorschriften für selbständig Erwerbstätige sollten entsprechend vereinheitlicht und transparenter gestaltet werden. Die neu geschaffene Regelung des § 192 Abs. 5 S. 2 VVG schafft dies bisher nicht.

27. Die Europäische Union hat in den vergangenen Jahrzehnten beachtliche Fortschritte auf dem Weg zur Gleichstellung von Frauen und Männern erzielt. Sie hat diese Frage stets ernst genommen, Partnerschaft in die Praxis umgesetzt und Ressourcen und Instrumente rechtlicher, politischer sowie finanzieller Art zusammengelegt. Als Ergebnis ist der Frauenanteil an der Erwerbsbevölkerung Europas heute größer als je zuvor. Europa schöpft seine Talente mehr und mehr aus und nutzt seine Fähigkeiten besser. Dennoch stehen echter Gleichstellung nach wie vor eine Vielzahl an unterschiedlichsten Hindernissen entgegen, die auch weiterhin die Lebensentscheidungen und die wirtschaftliche Unabhängigkeit vieler Frauen nachhaltig beeinflussen (Diskriminierung, Erziehungsklischees, Segregation des Arbeitsmarktes nach Geschlecht, unsichere abhängige und unabhängige Erwerbstätigkeiten, unfreiwillige Teilzeitbeschäftigung usw.). Ihr Erwerbspotenzial wird oftmals nicht so genutzt, wie es könnte und sollte (Stichwort: „Lissabon-Strategie“). Insbesondere die auch heute noch nicht selten gegebene ungleiche Verteilung familiärer Pflichten kann Frauen dazu veranlassen, sich häufiger für die Inanspruchnahme flexibler Arbeitsregelungen oder der Unterbrechung ihrer Berufstätigkeit zu entscheiden, und kann sich so durchaus negativ auf ihren beruflichen Aufstieg, ihr Einkommen, ihre Rentenansprüche oder aber ihre wirtschaftliche Unabhängigkeit auswirken. Frauen sind nicht gleich, wo familiäre Pflichten betroffen sind; Geschlechterstereotypen sind ein Hindernis mit negativen Auswirkungen auf die Beteiligung von Frauen im Unternehmertum. Eine verbesserte Work-Life-Balance ist und bleibt daher sowohl für Frauen als auch Männer weiterhin zu fordern und zu fördern. Auf diese Weise kann der notwendige Mut und die erforderliche Bereitschaft von Frauen den Schritt in die Selbständigkeit zu wagen gefördert werden. Die Richtlinie 2010/41/EU nimmt sich dieser Aufgabe an.

Literaturverzeichnis

Alexy, Robert, Theorie der Grundrechte, Baden-Baden: Nomos Verlag, 1985.

Arbeitersekretariats und Gewerkschaftskartells für Bremen und Umgebung (Hrsg.), Jahresbericht des Arbeitersekretariats und Gewerkschaftskartells für Bremen und Umgebung 1900, Bremen: Bremer Krankenkassen, 1900.

Aubel, Tobias, Der verfassungsrechtliche Mutterschutz. Ein Beitrag zur Dogmatik der Leistungsgrundrechte am Beispiel des Art. 6 Abs. 4 GG, in: Münsterische Beiträge zur Rechtswissenschaft, Bd. 151, Berlin: Duncker & Humblot, 2003.

Aubel, Tobias, Diskriminierung von Frauen durch finanzielle Belastung des Arbeitgebers, RdA 2004, S. 141–147.

Bach, Peter / Moser, Hans, Private Krankenversicherung, Kommentar zu den MB/KK- und MB/BT, 5. Auflage, München: C. H. Beck, 2015.

Bach, Peter / Moser, Hans, Private Krankenversicherung, Kommentar zu den MB/KK- und MB/BT, 3. Auflage, München: C. H. Beck, 2002.

Badinter, Elisabeth, Der Konflikt: Die Frau und die Mutter, München: C. H. Beck, 2010.

Baier, Petra, Der Basistarif der privaten Krankenversicherung, Frankfurter Reihe, Versicherungswissenschaften an der Universität Frankfurt am Main, Bd. 25, Karlsruhe: VVW Verl. Versicherungswirtschaft, 2012.

Barnard, Catherine / Blackham, Alysia in: Europäisches Netzwerk von Rechtsexpertinnen und Rechtsexperten auf dem Gebiet der Gleichstellung von Frauen und Männern (Hrsg.), Vergleichende Analyse der Umsetzung der Richtlinie 2010/41/EU zur Verwirklichung des Grundsatzes der Gleichbehandlung von Männern und Frauen, die eine selbständige Erwerbstätigkeit ausüben, Amt für Veröffentlichungen der Europäischen Union Luxemburg, Luxemburg, 2015.

Baumbach, Adolf / Hopt, Klaus, Beck'sche Kurz-Kommentare, Handelsgesetzbuch, Bd. 9, 37. Auflage, München: C. H. Beck, 2016.

Becker, Ulrich / Kingreen, Thorsten, SGB V – Gesetzliche Krankenversicherung, Kommentar, 4. Auflage, München: C. H. Beck, 2014.

Benninghoven, Cornelia / Brüning-Tyrell, Heike / Dropmann, Petra / Hesselbach, Beatrice in: ARGE Anwältinnen im DAV (Hrsg.), „Anwältin und Mutter – klar geht das!", Eine Umfrage und ihre Folgen, 2012, abrufbar unter: http://www.davanwaeltinnen.de/wp-content/uploads/2016/06/TextfertigAnwaeltin_und_Mutter.pdf (zuletzt abgerufen am 15.06.2018).

Bergmann, Jan Michael, Handlexikon der Europäischen Union, 4. Auflage, Baden-Baden: Nomos Verlag, 2012.

Bernsdorff, Norbert / Borowsky, Martin, Grundrechte in Europa. Von der Grundrechtecharta zur Europäischen Verfassung, DRiZ 2005, S. 188–193.

Bernsdorff, Norbert / Borowsky, Martin, Die Charta der Grundrechte der Europäischen Union, Handreichungen und Sitzungsprotokolle, Baden-Baden: Nomos Verlag, 2002.

Betzelt, Sigrid / Fachinger, Uwe, Jenseits des „Normalunternehmers": Selbständige Erwerbsformen und ihre soziale Absicherung, ZSR 2004, S. 312–343.

Bieback, Karl-Jürgen (Hrsg.), Neue Mitgliedschaft in der Sozialversicherung, Auf dem Weg in die Volksversicherung?, Münster: LIT Verlag, 2010.

Bieback, Karl- Jürgen, Grundlagen und Grenzen einer Veränderung der Mitgliedschaft in der Sozialversicheurng, in: Bieback, Karl-Jürgen (Hrsg.), Neue Mitgliedschaft in der Sozialversicherung, Auf dem Weg in die Volksversicherung?, Münster: LIT Verlag, 2010, S. 9–28.

Biermann, Ingrid / Gather, Claudia, Mutterschutz in der Selbständigkeit. Strukturelle Merkmale des nicht abhängigen Erwerbs und erste Vorschläge für bessere Schutzrechte, in: Rust, Ursula / Lange, Joachim (Hrsg.), Mutterschutz für Selbständige? Umsetzungsbedarfe und -perspektiven der EU-Richtlinie 2010/41/EU in Deutschland, Reihe Loccumer Protokolle Bd. 80/14, Rehburg-Loccum, 2015, S. 69–94.

Biermann, Ingrid / Gather, Claudia, Die Mutterschutzregelung in der EU-Richtlinie 2010/41: Zur Problematik der Angleichung von Rechten sozialer Sicherheit zwischen abhängiger und selbständiger Erwerbsarbeit, Sozialer Fortschritt 2014, S. 170–177.

Biermann, Ingrid / Wobbe, Theresa, Von Rom nach Amsterdam. Die Metamorphosen des Geschlechts in der Europäischen Union, Wiesbaden: VS Verlag für Sozialwissenschaften, 2009.

Bleckmann, Albert, Europarecht: Das Recht der Europäischen Union und die Europäische Gemeinschaft, 6. Auflage, Köln: Carl Heymanns Verlag, 1997.

Bögenhold, Dieter / Fachinger, Uwe, Female Solo Self-Employment between Need and Innovation Challenge: Observations on Gender and Entrepreneurship in Germany, in: Journal of Enterprising Communities: People and Places in the Global Economy 2016, S. 16–32.

Bögenhold, Dieter / Fachinger, Uwe, Neue Selbständigkeit, Wandel und Differenzierung der Erwerbstätigkeit, in: Abteilung Wirtschafts- und Sozialpolitik der Friederich-Ebert-Stiftung (Hrsg.), WISO Diskurs, Expertisen und Dokumentationen zur Wirtschafts- und Sozialpolitik, Bonn: bub, 2012.

Bögenhold, Dieter / Fachinger, Uwe, Selbständigkeit im System der Erwerbstätigkeit, Sozialer Fortschritt 2012, S. 277–287.

Böhmert, Sabine, Das Recht der ILO und sein Einfluss auf das deutsche Arbeitsrecht im Zeichen der europäischen Integration, in: Studien zum ausländischen, vergleichenden und internationalen Arbeitsrecht, Bd. 15, Baden-Baden: Nomos Verlag, 2002.

Boll, Christina, Aufschiebende Effekte für die Geburt durch das Elterngeld?, in: HWWI Update 07/08, 2008, S. 1–2.

Bologna, Sergio, Die Zerstörung der Mittelschicht: Thesen zur neuen Selbständigkeit, Graz: Nausner & Nausner, 2006.

Bosch, F. W., Zur Zahlung des Mutterschaftsgeldes nur an erwerbstätige Mütter, FamRZ 1984, S. 139–139.

Bosma, Niels / Harding, Rebecca, Global Entrepreneurship Monitor GEM 2006, Summary Results, Wellesley: Babson College and London Business School, 2007.

Böttcher, Inge / Graue, Bettina, Bundeselterngeld- und Elternzeitgesetz, Basiskommentar zum BEEG, 4. Auflage, Frankfurt a. M.: BUND Verlag, 2014.

Brixy, Udo / Sternberg, Rolf / Vorderwülbecke, Arne, Global Entrepreneurship Monitor (GEM), Länderbericht Deutschland 2011, Hannover, 2012.

Buchner, Herbert / Becker, Ulrich, Beck'sche Kommentare zum Arbeitsrecht, Mutterschutzgesetz und Bundeselterngeld- und Elternzeitgesetz, 8. Auflage, München: C. H. Beck, 2008.

Buchner, Herbert, Sicherung des Mutterschaftsgeldzuschusses durch das Aufwendungsausgleichsgesetz, Beseitigung der Verfassungswidrigkeit des § 14 MuSchG – Neues Umlageverfahren, NZA 2006, S. 121–126.

Buchner, Herbert, Gleichbehandlungsgebot und Mutterschutz, in: Arbeitsgesetzgebung und Arbeitsrechtsprechung – Festschrift zum 70. Geburtstag von Eugen Stahlhacke, Neuwied: Luchterhand, 1995, S. 83–100.

Budde, Andrea, Neues Mutterschutzrecht, AiB 1997, S. 313–316.

Bujard, Martin / Grünheid, Evelyn u. a. in: Bundesinstitut für Bevölkerungsforschung (Hrsg.), „(Keine) Lust auf Kinder?" – Geburtenentwicklung in Deutschland, 2012.

Bundesministerium für Familie, Senioren, Frauen und Jugend (Hrsg.), Zweiter Gleichstellungsbericht der Bundesregierung, Stellungnahme der Bundesregierung zum Gutachten der Sachverständigenkommission, Publikationsversand der Bundesregierung, 2017, BT-Drs. 18/12840.

Bundesministerium für Familie, Senioren, Frauen und Jugend (Hrsg.), Elterngeld Plus, Die neue Generation Vereinbarkeit, Elterngeld Plus mit Partnerschaftsbonus und einer flexibleren Elternzeit, Publikationsversand der Bundesregierung, 2015.

Bundesministerium für Familie, Senioren, Frauen und Jugend (Hrsg.), Fünfter Bericht zur Evaluation des Kinderförderungsgesetzes, Bericht der Bundesregierung 2015 über den Stand des Ausbaus der Kindertagesbetreuung für Kinder unter drei Jahre für das Berichtsjahr 2014 und Bilanzierung des Ausbaus durch das Kinderförderungsgesetz, Publikationsversand der Bundesregierung, 2015.

Bundesministerium für Familie, Senioren, Frauen und Jugend (Hrsg.), Neue Wege – gleiche Chancen. Gleichstellung von Frauen und Männern im Lebensverlauf, Erster Gleichstellungsbericht, Stellungnahme der Bundesregierung zum Gutachten der Sachverständigenkommission, Publikationsversand der Bundesregierung, 2013, BT-Drs. 17/6240.

Bundesministerium für Familie, Senioren, Frauen und Jugend (Hrsg.), Elterngeld und Elternzeit – Das Bundeselterngeld- und Elternzeitgesetz, 11. Auflage, Publikationsversand der Bundesregierung, 2012.

Bundesministerium für Familie, Senioren, Frauen und Jugend (Hrsg.), Elterngeld und Elternzeit – Das Bundeselterngeld- und Elternzeitgesetz, Publikationsversand der Bundesregierung, 2012.

Bundesministerium für Familie, Senioren, Frauen und Jugend (Hrsg.), Familienreport 2012, Leistung, Wirkung, Trends, Publikationsversand der Bundesregierung, 2012.

Bundesministerium für Familie, Senioren, Frauen und Jugend (Hrsg.), Familienreport 2010, Leistung, Wirkung, Trends, Publikationsversand der Bundesregierung, 2010.

Bundesministeriums für Familie, Senioren, Frauen und Jugend (Hrsg.), Übereinkommen der Vereinten Nationen zur Beseitigung jeder Form von Diskriminierung der Frau („CEDAW") vom 18. Dezember 1979", 2007, abrufbar unter: https://www.bmfsfj.de/bmfsfj/service/publikationen/uebereinkommen-der-vereinten-nationen-zur-beseitigung-jeder-form-von-diskriminierung-der-frau-/80796 (zuletzt abgerufen am 15.06.2018).

Bundesministerium für Familie, Senioren, Frauen und Jugend (Hrsg.), Elterngeld und Elternzeit – Das Bundeselterngeld- und Elternzeitgesetz, Publikationsversand der Bundesregierung, 2006.

Bundesministerium für Wirtschaft und Energie / Bundesministerium für Familie, Senioren, Frauen und Jugend (Hrsg.), Frauen gründen – Gründerinnen und Unternehmerinnen in Deutschland stärken" vom 13.08.2014, abrufbar unter: https://www.bmfsfj.de/blob/83098/a0b7288769bb9e13541dcfd124527783/strategiepapier-frauen-gruenden-data.pdf (zuletzt abgerufen am 15.06.2018).

Bundesregierung, Deutscher Bundestag, 16. Wahlperiode, Unterrichtung durch die Bundesregierung, Sozialbericht 2009, vom 20.07.2009, BT-Drs. 16/13830.

Bundesregierung, Deutscher Bundestag, 16. Wahlperiode, Unterrichtung durch die Bundesregierung, Bericht über die Auswirkungen des Bundeselterngeld- und Elternzeitgesetzes sowie über die gegebenenfalls notwendigen Weiterentwicklungen, vom 30.10.2008, BT-Drs. 16/10770.

Cadenau, Hilde, Inequality in equality: lacunae in European equal treatment protection of self-employed women, Universität Utrecht, Utrecht, 2008.

Cadenau, Hilde, Selbständig erwerbstätige Frauen: eine Überprüfung der Richtlinie 86/613/EWG im Lichte der Lissabon-Strategie, EGELR 2/2008, S. 6–18.

Calliess, Christian / Ruffert, Matthias, EUV / AEUV: Das Verfassungsrecht der Europäischen Union mit Europäischer Grundrechtecharta, 5. Auflage, München: C. H. Beck, 2016.

CDU Deutschlands / CSU Landesleitung / SPD Deutschlands, Koalitionsvertrag der Großen Koalition von CDU, CSU und SPD vom 11. November 2005, abrufbar unter: https://www.cdu.de/artikel/gemeinsam-fuer-deutschland-mit-mut-und-menschlichkeit-koalitionsvertrag-2005 (zuletzt abgerufen am 15.06.2018).

Chwaszcza, Christine / Kersting, Wolfgang (Hrsg.), Politische Philosophie der internationalen Beziehungen, Frankfurt a. M.: Suhrkamp, 1998.

Conrad, Johannes / Lexis, Wilhelm / Elster, Ludwig / Loening, Edgar, Handwörterbuch der Staatswissenschaften, Bd. 6, 3. Auflage, Jena: Verlag G. Fischer, 1910.

Creifelds, Carl / Weber, Claus / Guntz, Dieter, Rechtswörterbuch, 20. Auflage, München: C. H. Beck, 2011.

Detterbeck, Steffen / Windthorst, Kay / Sproll, Hans-Dieter, Staatshaftungsrecht, München: C. H. Beck, 2000.

Deutscher Juristentag (Hrsg.), Beschlüsse des 65. Deutschen Juristentages Bonn 2004, abrufbar unter: http://www.djt.de/fileadmin/downloads/65/beschluesse.pdf (zuletzt abgerufen am 15.06.2018).

Deutscher Verein für öffentliche und private Fürsorge (Hrsg.), Die Mutter in der heutigen Gesellschaft: Gesamtbericht über den 63. Deutschen Fürsorgetag 1963 in München, Verein für öffentliche und private Fürsorge, Köln, 1964.

Dieterich, Thomas / Müller-Glöge, Rudi, Beck'sche Kurzkommentare, Erfurter Kommentar zum Arbeitsrecht, 17. Auflage, München: C. H. Beck, 2017.

Dietrich, H., Empirische Befunde zur Scheinselbständigkeit, IAB Werkstattbericht Nr. 7, Nürnberg, 1996.

Dietrich, Marcel, Die Freizügigkeit der Arbeitnehmer in der Europäischen Union, Schulthess, Zürich: Schulthess, Polygraph. Verlag, 1995.

dpa, Mutterschutz für Studentinnen: Kabinett billigt Reform, in: Weser Kurier vom 04.05.2016; abrufbar unter: http://www.weser-kurier.de (zuletzt abgerufen am 15.06.2018).

Dreier, Horst, Grundgesetz, Kommentar, Bd. 1 Art. 1–19, Tübingen: Mohr Siebeck, 1996.

Düwell, Franz Josef, Die neue Elternzeit in der arbeitsrechtlichen Praxis. Kinderbetreuung, AuA 2002, S. 58–60.

Düwell, Franz Josef, Reformen im Arbeitsrecht. Für Eltern und Schwerbehinderte, AiB 2000, S. 649–650.

Düwell, Franz-Josef / Göhle-Sander, Kristina / Kohte, Wolfhard, juris-PraxisKommentar, Vereinbarkeit von Familie und Beruf, Saarbrücken: juris, 2009.

Ebener, Jost / Graue, Bettina, Mutterschutz, Elterngeld, Elternzeit, Arbeitnehmerkammer Bremen, Bremen, 2016.

Ebener, Jost / Graue, Bettina, Mutterschutz, Elterngeld, Elternzeit, Arbeitnehmerkammer Bremen, Bremen, 2013.

Edel, Ute, Die Entwicklung des Mutterschutzes in Deutschland, in: Arbeits- und Sozialrecht Bd. 29, Baden-Baden: Nomos Verlag, 1993.

Ehlert, Nancy / Rüling, Anneli in: Bundesministerium für Familie, Senioren, Frauen und Jugend (Hrsg.), Dossier: Elterngeld als Teil nachhaltiger Familienpolitik, Materialien aus dem Kompetenzzentrum für familienbezogene Leistungen im Bundesministerium für Familie, Senioren, Frauen und Jugend, 2008.

Eich, Rolf-Achim, Der Kündigungsschutz nach § 9 Abs. 1 Satz 1 MuSchG nach der neusten Rechtsprechung des Bundesverfassungsgerichts, DB 1981, S. 1233–1237.

Epping, Volker / Hillgruber, Christian, Grundgesetz, Kommentar, 2. Auflage, München: C. H. Beck, 2013.

Erlenkämper, Arnold, / Fichte, Wolfgang, Sozialrecht, Allgemeine Rechtsgrundlagen, Sozialgesetze, Verfahrensrecht, 6. Auflage, Köln: Luchterhand, 2008.

Europäische Kommission, Der Gipfel von Lissabon: Konkrete Schritte für ein wettbewerbsfähiges Europa, Single Market News, Spezial-Dossier No. 21, 2000, abrufbar unter https://ec.europa.eu/commission/index_de (zuletzt abgerufen am 15.06.2018).

Europäische Kommission – Generaldirektion für Beschäftigung und soziale Angelegenheiten (Hrsg.), Soziale Sicherheit in Europa 1995, Luxemburg, 1996.

Europäischer Rat, Gipfel von Lissabon im März 2000 – „Lissabon-Strategie" v. 23./24.03.2000, abrufbar unter http://www.europarl.europa.eu/summits/lis1_de.htm#top (zuletzt abgerufen am 15.06.2018).

Europarat (Hrsg.), Die Europäische Sozialcharta, Ein Leitfaden, Berlin: Springer, 2002.

Fachinger, Uwe, „Wer soll das bezahlen…?" Die Schwierigkeiten der Sozialversicherungs(pflicht) für (kleine) Selbständige und ihre Lehren für die Umsetzung des Mutterschutzes, in: Rust, Ursula / Lange, Joachim (Hrsg.), Mutterschutz für Selbständige? Umsetzungsbedarfe und -perspektiven der EU-Richtlinie 2010/41/EU in Deutschland, Reihe Loccumer Protokolle Bd. 80/14, Rehburg-Loccum, 2015, S. 121–146.

Fachinger, Uwe, Sparfähigkeit und Vorsorge gegenüber sozialen Risiken bei Selbständigen: Einige Informationen auf der Basis der Einkommens- und Verbrauchsstichprobe 1998, ZeS-Arbeitspapier Nr. 1/02, Universität Bremen, Zentrum für Sozialpolitik, Bremen, 2002.

Fink, Marcel / Reisenfelder, Andreas / Talos, Emmerich, Schöne neue Arbeitswelt? – Geringfügige Beschäftigung und Freie Dienstverhältnisse: Phänomene und Regelungen in Österreich, Deutschland, Großbritannien und Dänemark, Zeitschrift für Sozialreform 2003, S. 271–312.

Finke, Hugo / Brachmann, Wolfgang / Nordhausen, Willy, Künstlersozialversicherungsgesetz: Gesetz über die Sozialversicherung der selbständigen Künstler und Publizisten, Kommentar, 4. Auflage, München: C. H. Beck, 2009.

Fischbach, Ingrid / Möllring, Eva u. a., Ausschuss für Familien, Senioren, Frauen und Jugend (13. Ausschuss), Deutscher Bundestag, 16. Wahlperiode, Beschlussempfehlung und Bericht 1. zu dem Gesetzentwurf der Fraktionen CDU/CSU und SPD – Drucksache 16/1889 – Entwurf eines Gesetzes zur Einführung des Elterngeldes, 2. zu dem Gesetzentwurf der Bundesregierung – Drucksache 16/2454 – Entwurf eines Gesetzes zur Einführung des Elterngeldes, 3. zu dem Antrag der Abgeordneten Ina Lenke, Miriam Gruß, Cornelia Pieper, weiterer Abgeordneter und der Fraktion der FDP – Drucksache 16/1168 – Flexible Konzepte für die Familie – Kinderbetreuung und frühkindliche Bildung zukunftsfähig machen, 4. zu dem Antrag der Abgeordneten Jörn Wunderlich, Karin Binder, Klaus Ernst und weiterer Abgeordneter und der Fraktion DIE LINKE – Drucksache 16/1877 – Elterngeld sozial gestalten, vom 27.09.2006, BT-Drs. 16/2785.

Franco, Ana, The entrepreneurial gap between men and women, in: EUROSTAT (Hrsg.), Statistics in focus, Population and social conditions, 30/2007.

Franco, Ana, Selbständige außerhalb der Landwirtschaft in der Europäischen Union, in: Internationale Vereinigung für soziale Sicherheit / Landeskasse der Krankenversicherung der Selbständigen (Hrsg.), Soziale Sicherheit und die Entwicklung der selbständigen Erwerbstätigkeit außerhalb der Landwirtschaft, Internationale Vereinigung für soziale Sicherheit, Genf, 1998, S. 37–48.

Franzen, Martin / Gallner, Inken / Oetker, Hartmut, Beck'sche Kurzkommentare, Kommentar zum europäischen Arbeitsrecht, München: C. H. Beck, 2016.

Friese, Birgit, Das neue Mutterschutzrecht, NJW 2002, S. 3208–3211.

Fthenakis, Wassilios / Minsel, Beate, Die Rolle des Vaters in der Familie, Schriftenreihe des Bundesministeriums für Familie, Senioren, Frauen und Jugend, Bd. 2013, Stuttgart: Verlag W. Kohlhammer, 2002.

Fuchs, Maximilian, Europäisches Sozialrecht, Nomos-Kommentar, 6. Auflage, Baden-Baden: Nomos Verlag, 2013.

Fuchs, Maximilian / Marhold, Franz, Europäisches Arbeitsrecht, 4. Auflage, Wien: Verlag Österreich, 2014.

Fuchsloch, Christine / Scheiwe, Kirsten, Leitfaden Elterngeld, München: C. H. Beck, 2007.

Fürth, Henriette, Die Lage der Mutter und die Entwicklung des Mutterschutzes in Deutschland, in: Schreiber, Adele (Hrsg.), Die Mutterschaft. Ein Sammelwerk für die Probleme des Weibes als Mutter, München: A. Langen, 1912, S. 278–298.

Fürth, Henriette, Die Mutterschaftsversicherung, Jena: FISCHER Verlag, 1911.

Gerlmaier, Anja, Neue Selbständigkeit in der Informationsgesellschaft. Ein Vergleich von Anforderungen und individuellen Ressourcenpotenzialen bei autonom-flexiblen und arbeitsteiligen Arbeitsformen im IT-Bereich, Universität Dortmund, 2002.

Gerold, Horst, Krankenversicherung der Landwirte, in: Fortbildung und Praxis, Bd. 76, 2. Auflage, St. Augustin: Asgard-Verlag Hippe, 1979.

Giesen, Richard, Arbeitsmarktpolitische Maßnahmen der großen Koalition – Neuregelungen 2006, NJW 2006, S. 721–728.

Grabitz, Eberhard / Hilf, Meinhard / Nettesheim, Martin, Das Recht der Europäischen Union: Kommentar, Loseblattsammlung, 54. Ergänzungslieferung, München: C.H. Beck, 2014.

Graue, Bettina, Mutterschutzgesetz, Basiskommentar zum MuSchG, 2. Auflage, Frankfurt a. M.: BUND Verlag, 2010.

Graue, Bettina, Das neue Mutterschutzrecht, AiB 2002, S. 589–593.

Griebeling, Gert, Die Merkmale des Arbeitsverhältnisses, NZA 1998, S. 1137–1144.

Groeben, Hans v. d. / Schwarze, Jürgen / Hatje, Armin, Europäisches Unionsrecht: Vertrag über die Europäische Union, Vertrag über die Arbeitsweise der Europäischen Union, Charta der Grundrechte der Europäischen Union, Bd. 1 Art. 1 bis 55 EUV, Art. 1 bis 54 GRC, Art. 1 bis 66 AEUV, 7. Auflage, Baden-Baden: Nomos Verlag, 2015.

Groeben, Hans v. d. / Schwarze, Jürgen / Hatje, Armin, Europäisches Unionsrecht: Vertrag über die Europäische Union, Vertrag über die Arbeitsweise der

Europäischen Union, Charta der Grundrechte der Europäischen Union, Bd. 3 Art. 106 bis 173 AEUV, 7. Auflage, Baden-Baden: Nomos Verlag, 2015.

Groeben, Hans v. d. / Schwarze, Jürgen, Kommentar zum Vertrag über die Europäische Union und zur Gründung der Europäischen Gemeinschaft, Bd. 3 Art. 98–188 EGV, 6. Auflage, Baden-Baden: Nomos Verlag, 2003.

Hailbronner, Kay, Die soziale Dimension der EG-Freizügigkeit – Gleichbehandlung und Territorialitätsprinzip, EuZW 1991, S. 171–180.

Hamelmann, Gudrun, Helene Stöcker, der „Bund für Mutterschutz" und „Die Neue Generation", Frankfurt a. M.: Haag und Herchen, 1992.

Hanau, Peter / Steinmeyer, Heinz-Dietrich / Wank, Rolf, Handbuch des europäischen Arbeits- und Sozialrechts, München: C. H. Beck, 2002.

Hänlein, Andreas / Kruse, Jürgen / Schuler, Rolf, Sozialgesetzbuch V, Gesetzliche Krankenversicherung (LPK-SGB V), 4. Auflage, Baden-Baden: Nomos Verlag, 2012.

Heilmann, Joachim, Kommentar zum Mutterschutzgesetz (MuSchG), Baden-Baden: Nomos Verlag, 1984.

Helms, Tobias, Deutscher Juristentag, Rechtliche, biologische und soziale Elternschaft – Herausforderungen durch neue Familienformen, Gutachten F. zum 71. Deutschen Juristentag, München: C. H. Beck, 2016.

Herdegen, Matthias, Völkerrecht, Grundrisse des Rechts, 14. Auflage, München: C. H. Beck, 2015.

Herzog, Roman, Europäischer Grundrechtsschutz für Ehe und Familie, in: Stiftung Gesellschaft für Rechtspolitik Trier u. a. (Hrsg.), Bitburger Gespräche, Jahrbuch 2001, Stiftung Gesellschaft für Rechtspolitik, München: C. H. Beck, S. 7–14.

Heymann / Horn, Norbert, Sammlung Guttenberg, Handelsgesetzbuch Kommentar, Bd. 1, §§ 1–104, 2. Auflage, Berlin: Walter de Gryter, 1999.

Hießl, Christina / Runggaldier, Ulrich, Grundzüge des europäischen Arbeits- und Sozialrecht, 4. Auflage, Wien: Linde Verlag, 2013.

Hildebrand, Inga, Arbeitnehmerschutz von geschäftsführenden Gesellschaftsorganen im Lichte der Danosa-Entscheidung des EuGH, in: Arnold, Arnd / Oetker, Hartmut (Hrsg.), Zivilrechtliche Schriften, Beiträge zum Bank-, Wirtschafts- und Arbeitsrecht, Bd. 65, Frankfurt a. M.: Lang, 2014.

Hirt, Ludwig, Die gewerbliche Thätigkeit der Frauen vom hygienischen Standpunkt aus: mit speciellen Hinweisen auf die an eine Fabrikgesetzgebung zu stellenden Anforderungen, Neudruck der Originalausgabe, Zentralantiquariat der deutschen demokratischen Republik, Leipzig, 1976.

Hopt, Klaus J., Die Selbständigkeit von Handelsvertretern und anderen Vertriebspersonen – Handels- und arbeitsrechtliche Dogmatik und Vertriebsgestaltung, DB 1998, S. 863–870.

Horn, Jan, Die Kollisionsnormen der Verordnung (EWG) 1408/71 und die Rechtsprechung des EuGH, ZIAS 2002, S. 120–154.

Hromadka, Wolfgang, Arbeitnehmerbegriff und Arbeitsrecht, NZA 1997, S. 569–580.

Huber, Peter M., Auslegung und Anwendung der Charta der Grundrechte, NJW 2011, S. 2385–2390.

Huffschmid, Jörg, Kritik der Lissabon-Strategie, Alternativer ECOFIN – Wirtschaftspolitik für ein anderes Europa, Tagung „alternativer ECOFIN – Wirtschaftspolitik für ein anderes Europa" vom 20.04. und 21.04.2007, Berlin, abrufbar über den Internetauftritt der Hans-Böckler-Stiftung unter https://www.boeckler.de/pdf/v_2007_06_05_huffschmid.pdf (Stand 15.06.2018).

Institut für Arbeitsmarkt- und Berufsforschung der Bundesanstalt für Arbeit (Hrsg.), Bericht: Empirische Befunde zur „Scheinselbständigkeit", Zentrale Ergebnisse des IAB-Projekts „Freie Mitarbeiter und selbständige Einzelunternehmer mit persönlicher und wirtschaftlicher Abhängigkeit", NZA 1997, S. 590–595.

Internationale Vereinigung für soziale Sicherheit / Landeskasse der Krankenversicherung der Selbständigen (Hrsg.), Soziale Sicherheit und die Entwicklung der selbständigen Erwerbstätigkeit außerhalb der Landwirtschaft, Internationale Vereinigung für soziale Sicherheit, Genf, 1998.

Isele, Hellmut Georg, Die Mutter im Recht der Arbeit und der sozialen Sicherheit, in: Deutscher Verein für öffentliche und private Fürsorge (Hrsg.), Die Mutter in der heutigen Gesellschaft: Gesamtbericht über den Deutschen Fürsorgetag 1963 in München, Verein für öffentliche und private Fürsorge, Köln, 1964, S. 270–287.

Ismer, R. / Luft, T. / Schachameyer, D., Mehr oder weniger Steuerrecht? – die neuen Regeln zur Einkommensermittlung beim Elterngeld, NZS 2013, S. 327–334.

Jarass, Hans D., GRCh – Charta der Grundrechte der Europäischen Union unter Einbeziehung der vom EuGH entwickelten Grundrechte, der Grundrechtsregelungen der Verträge und der EMRK, Kommentar, 3. Auflage, München: C. H. Beck, 2016.

Jarass, Hans D., Charta der Grundrechte der Europäischen Union unter Einbeziehung der vom EuGH entwickelten Grundrechte, der Grundrechtsregelungen der Verträge und der EMRK, Kommentar, 2. Auflage, München: C. H. Beck, 2013.

Jarass, Hans D. / Pieroth, Bodo, Grundgesetz für die Bundesrepublik Deutschland, Kommentar, 14. Auflage, München: C. H. Beck, 2016.

Josten, Martina / Laux, Judith, in: Inmit – Institut für Mittelstandsökonomie an der Universität Trier e. V. (Hrsg.), Gründungsquell Campus, Zentrale Ergebnisse der Inmit-Befragungen an Hochschulen und Anregungen für die Gründungsförderung & -beratung, Trier, 2008.

Joussen, Jacob, Das neue Mutterschutzgesetz, NZA 2002, S. 702–706.

Kay, Rosemarie, Selbständigkeit im Erwerbsverlauf von Frauen in: Rust, Ursula / Lange, Joachim (Hrsg.), Mutterschutz für Selbständige? Umsetzungsbedarfe und -perspektiven der EU-Richtlinie 2010/41/EU in Deutschland, Reihe Loccumer Protokolle Bd. 80/14, Rehburg-Loccum, 2015, S. 95–112.

Keller, Matthias / Haustein, Thomas, Vereinbarkeit von Familie und Beruf, Ergebnisse des Mikrozensus 2010 in: Statistisches Bundesamt (Hrsg.), Wirtschaft und Statistik 01/2012, S. 30–50.

Kelleter, Kai, Selbständige in Deutschland – Ergebnisse des Mikrozensus 2008, in: Statistisches Bundesamt (Hrsg.), Wirtschaft und Statistik 12/2009, S. 1204–1217.

Klein, Margarita / Schön, Bernhard / Stüwe, Marion, Das Baby Buch – der große Ratgeber für Schwangerschaft, Geburt und erstes Lebensjahr, Weinheim: Beltz, 2009.

Knickrehm, Sabine / Kreikebohm, Ralf / Waltermann, Raimund, Beck'sche Kurzkommentare, Kommentar zum Sozialrecht, VO (EG) Nr. 883/2004, SGB I bis SGB XII, SGG, BAföG, BEEG, Kindergeldrecht (EStG), UnterhaltsvorschussG, WoGG, 4. Auflage, München: C. H. Beck, 2015.

Knigge, Kirsten, Die Richtlinie 2010/41/EU und Mutterschutz für Selbständige. Zum Stand der Umsetzung des Art. 8 der Richtlinie 2010/41/EU/ ins deutsche Recht, in: Rust, Ursula / Lange, Joachim (Hrsg.), Mutterschutz für Selbständige? Umsetzungsbedarfe und -perspektiven der EU-Richtlinie 2010/41/EU in Deutschland, Reihe Loccumer Protokolle Bd. 80/14, Rehburg-Loccum, 2015, S. 45–68.

Knigge, Kirsten, Mutterschutz auch für Selbständige? Zum Stand der Umsetzung des Art. 8 der Richtlinie 2010/41/EU/ ins deutsche Recht, in: Rust, Ursula / Lange, Joachim (Hrsg.), Völkerrecht und Frauen, Welche Ansatzpunkte bietet das Völkerrecht für Gleichbehandlung?, Reihe Loccumer Protokolle Bd. 59/13, Rehburg-Loccum, 2013, S. 189–211.

Knigge, Kirsten, Mutterschaftsleitungen für Selbständige: Umsetzung der Richtlinie 2010/41/EU, ZESAR 2013, S. 24–30.

Kocher, Eva, Europa räumt auf – heute – im Gleichbehandlungsrecht, Streit 2007, S. 178–180.

Kok, Wim, Die Herausforderung annehmen – Die Lissabon-Strategie für Wachstum und Beschäftigung – Bericht der Hochrangigen Sachverständigengruppe unter Vorsitz von Wim Kok, November 2004, („Kok-Bericht"), abrufbar unter: http://www.bmu.bund.de/fileadmin/bmu-import/files/pdfs/allgemein/application/pdf/lissabon_kok.pdf (zuletzt abgerufen am 15.06.2018).

Koller, Ingo / Kindler, Peter / Roth, Wulf-Henning / Morck, Winfried, Handelsgesetzbuch Kommentar, 8. Auflage, München: C. H. Beck Verlag, 2015.

Konegen, Norbert / Nitschke, Peter (Hrsg.), Revision des Grundgesetzes? Ergebnisse der Gemeinsamen Verfassungskommission (GVK) des Deutschen Bundestages und des Bundesrates, Opladen: Leske + Budrich, 1997.

König, Doris, Frauenrechte sind Menschenrechte . . . und doch anders? – Die UN-Frauenrechtskonvention (CEDAW), in: Rudolf, Beate (Hrsg.), Frauen und Völkerrecht: Zur Einwirkung auf Frauenrechten und Fraueninteressen auf das Völkerrecht, Baden-Baden: Nomos Verlag, 2006, S. 81–99.

König, Doris, Die Diskriminierungsverbote im Übereinkommen der Vereinten Nationen zur Beseitigung jeder Form der Diskriminierung der Frau (CEDAW), ZESAR 2004, S. 214–219.

Kossens, Michael, Änderungen des Jugendarbeitsschutz- und Mutterschutzgesetzes, RdA 1997, S. 209–212.

Kranig, Andreas, Arbeitsrecht im NS-Staat, Frankfurt a. M.: BUND Verlag, 1984.

Krause, Rüdiger, Deutscher Juristentag, Digitalisierung der Arbeitswelt – Herausforderungen und Regelungsbedarf, Gutachten B zum 71. Deutschen Juristentag, München: C. H. Beck, 2016.

Kreikebohm, Ralf, Sozialgesetzbuch: SGB IV Kommentar, Sozialgesetzbuch – Gemeinsame Vorschriften für die Sozialversicherung, 2. Auflage, München: C. H. Beck, 2014.

Kruppe, Thomas / Oschmianskiy, Heidi / Schömann, Klaus, Selbständigkeit: Beschäftigungsdynamik in der Europäischen Union, in: Beschäftigungsobservatorium MISEP Nr. 64/1998, S. 36–47.

Kuczynski, Jürgen, Studie zur Lage der Arbeiterinnen in Deutschland von 1700 bis zur Gegenwart, Berlin: Akad.-Verl., 1963.

Kurz, Andreas, „Man wächst da hinein". Selbständige Anwältinnen und Anwälte müssen ihre Kanzlei am Laufen halten, Richter überzeugen Mandanten umwerben. Passt in dieses Unternehmerleben noch ein Kind hinein? Eigentlich nicht. Eigentlich doch, AnwBl 2011, S. 520–525.

Langheid, Theo / Wandt, Manfred, Münchener Kommentar, VVG, §§ 192–215, Synopsen, Materialien, München: C. H. Beck, 2009.

Leicht, René / Welter, Friederike (Hrsg.), Gründerinnen und selbständige Frauen in Deutschland, Strukturen, Entwicklungen, Determination und Wachstumschancen, Potenziale und das institutionelle Umfeld, Mannheim: ifm, 2002.

Lenz, Martin, Änderungen im Mutterschutzrecht, NJW 1997, S. 1491–1492.

Lessel, Alexandra, Die berufsständische Versorgung der klassischen verkammerten Freien Berufe und das Problem der Kindererziehungszeiten, in: Recht der Arbeit und der sozialen Sicherheit Bd. 27, Frankfurt a. M.: Peter Lang Verlag, 2007.

Leube, Konrad, Die neuen Vorschriften des Mutterschutzrechts, DB 1968, S. 131–133.

Liddle, Roger / Lerais, Fréderic, Konsultationspapier des Beratungsgremiums für europäische Politik, Soziale Wirklichkeit in Europa, abrufbar unter: http://ec.europa.eu/citizens_agenda/social_reality_stocktaking/docs/background_document_de.pdf (zuletzt abgerufen am 15.06.2018).

Looschelders, Dirk / Pohlmann, Petra, VVG Versicherungsvertragsgesetz Kommentar, 2. Auflage, Köln: Carl Heymanns Verlag, 2011.

Löwisch, Manfred / Gitter, Wolfgang / Mennel, Annemarie, Deutscher Juristentag, Welche rechtlichen Maßnahmen sind vordringlich, um die tatsächliche Gleichstellung von Frau mit den Männern im Arbeitsleben zu gewährleisten?, Gutachten D zum 50. Deutschen Juristentag, München: C. H. Beck, 1974.

Luber, Silvia / Leicht, René, Growing Self-employment in Western Europe: an Effect of Modernization?, International Revue of Sociology 2000, S. 101–123.

Lück, Detlef, Der zögernde Abschied vom Patriarchat: Der Wandel von Geschlechterrollen im internationalen Vergleich, Berlin: edition sigma, 2009.

Luhr, Rüdiger, Wenn Selbständige Kinder kriegen. Ein Ratgeber von mediafon Ratgeber Rüdiger Lühr zu Mutterschafts-, Elterngeld und anderen Leistungen, ver.di Mediafon Beratungsnetzwerk für Solo-Selbständige, 2012.

Lulling, Astrid, Bericht über die Situation der mitarbeitenden Ehepartner von selbständigen Erwerbstätigen, DOC-DE\RR\317122, abrufbar unter: http://www.europarl.europa.eu/sides/getDoc.do?pubRef=-//EP//TEXT+REPORT+A4-1997-0005+0+DOC+XML+V0//DE (zuletzt abgerufen am 15.06.2018).

Mangoldt, Hermann v. / Klein, Friederich, Kommentar zum Grundgesetz, Bd. 1: Präambel, Art. 1 bis 19, 6. Auflage, München: Verlag Franz Vahlen, 2010.

Mann, Thomas MdEP, Halbzeit Lissabon, abrufbar unter: http:// www.mann-europa.de/sonstige_wirtschaft/halbzeit_lissabon09-03-2005.pdf (zuletzt abgerufen am 13.05.2015).

Marburger, Horst, Schwangerschaft – Mutterschaft – Elternzeit, Arbeits- und Sozialrecht, Schriftenreihe RdW, Bd. 232, 2. Auflage, Stuttgart: Boorberg, 2011.

Marko, Volker, Private Krankenversicherung, nach GKV-WSG und VVG-Reform, 2. Auflage, München: C. H. Beck, 2010.

Marlow, Sven / Spuhl, Udo, Die Neuregelungen der privaten Krankenversicherung durch das VVG, VersR 2009, S. 593–606.

Maunz, Theodor / Dürig, Günther / Herzog, Roman / Scholz, Rupert u. a., Grundgesetz, Kommentar, Bd. II Art. 6–15, München: C. H. Beck 2012 / 2015.

Maydell, Bernd v. / Ruland, Franz / Becker, Joachim, Sozialrechtshandbuch (SRH), 5. Auflage, Baden-Baden: Nomos Verlag, 2012.

Meisel, Peter G. / Sowka, Hans-Harald, Mutterschutz und Erziehungsurlaub, 5. Auflage, München: Vahlen, 1999.

Meyer, Jürgen, Charta der Grundrechte der Europäischen Union, 4. Auflage, Baden-Baden: Nomos Verlag, 2014.

Meyer, Jürgen, Charta der Grundrechte der Europäischen Union, 3. Auflage, Baden-Baden: Nomos Verlag, 2011.

Meyer, Sibylle / Schulze, Eva in: Senator für Gesundheit, Soziales und Familie in Berlin (Hrsg.), Wie wir das alles geschafft haben. Alleinstehende Frauen berichten über ihr Leben nach 1945, München: C. H. Beck, 1984.

Mika, Bascha, Die Feigheit der Frauen, Rollenfallen und Geiselmentalität; eine Streitschrift wider den Selbstbetrug, München: C. Bertelsmann Verlag, 2011.

Ministerium für Generationen, Familie, Frauen und Integration des Landes Nordrhein-Westfalen (Hrsg.), Frauen verändern EUROPA verändert Frauen, Düsseldorf, 2008.

Ministerrat der Europäischen Union (Hrsg.), Leitfaden des Ministerrates zum Mitentscheidungsverfahren, abrufbar unter: https://www.consilium.europa.eu/media/29854/qc0415816den.pdf (zuletzt abgerufen am 15.06.2018).

Moers, Martha, Frauenerwerbstätigkeit und ihre Wirkungen auf die Frau, Recklinghausen: Bitter, 1948.

Müller-Glöge, Rudi, Aktuelle Rechtsprechung zum Recht der Entgeltfortzahlung im Krankheitsfall, RdA 2006, S. 105–116.

Münch, Ingo v. / Kunig, Philip, Grundgesetz, Kommentar, Bd. 1: Präambel bis Art. 69, 6. Auflage, München: C. H. Beck, 2012.

Nebe, Katja, Betrieblicher Mutterschutz ohne Diskriminierung – die RL 92/85 und ihre Konsequenzen für das deutsche Mutterschutzrecht, in: Studien zum ausländischen, vergleichenden und internationalen Arbeitsrecht, Bd. 22, Baden-Baden: Nomos Verlag, 2006.

Neuhold, Brita / Pirstner, Renate / Ulrich, Silvia, Menschenrechte – Frauenrechte. Internationale, europarechtliche und innerstaatliche Dimension, Innsbruck: Studienverlag, 2003.

Niebuhr-Timpe, Petra / Becker, Karsten, Brockhaus Gesundheit: Schulmedizin und Naturheilkunde, Arzneimittel, Kinderheilkunde und Zahnmedizin, 8. Auflage, Gütersloh: Brockhaus, 2010.

Peters-Lange, Susanne / Rolfs, Christian, Reformbedarf und Reformgesetzgebung im Mutterschutz- und Erziehungsgeldrecht, NZA 2000, S. 682–687.

Petrášová, Alexandra, Social Protection in the European Union, in: EUROSTAT (Hrsg.), Statistics in focus, Population and social conditions, 46/2008.

Pfeil, Elisabeth, Die berufstätige Mutter – Mütterarbeit gestern und heute, in: Deutscher Verein für öffentliche und private Fürsorge (Hrsg.), Die Mutter in der heutigen Gesellschaft: Gesamtbericht über den 63. Deutschen Fürsorgetag 1963 in München, Verein für öffentliche und private Fürsorge, Köln, 1964, S. 123–139.

Pfleiderer, Albrecht / Breckwoldt, Meinart / Martius, Gerhard, Gynäkologie und Geburtshilfe, 4. Auflage, Stuttgart: Thieme, 2001.

Pieroth, Bodo / Schlink, Bernhard / Kingreen, Thorsten / Poscher, Ralf, Grundrechte Staatsrecht II, 31. Auflage, Heidelberg: C. F. Müller, 2015.

PKV Verband der Privaten Krankenversicherung e. V. (Hrsg.), Der private Krankenversicherungsschutz im Sozialrecht, Köln, 2015.

Porsche, Stefanie, Auswirkungen der Selbständigen-RL 2010/41/EU auf das deutsche Recht, Anmerkung zum EuGH-Urteil v. 11.11.2010 – C-232/09 – Danosa, Streit 2013, S. 64–70.

Prölss, Jürgen / Martin, Anton, Versicherungsvertragsgesetz, Kommentar zu VVG, EGVVG mit ROM I-VO, VVG-Info und Vermittlerrecht sowie Kommentierung wichtiger Vertragsbedingungen, 30. Auflage, München: C. H. Beck, 2018.

Prölss, Jürgen / Martin, Anton / Voit, Wolfgang, Versicherungsvertragsgesetz, Kommentar zu VVG, EGVVG mit ROM I-VO, VVG-Info und Vermittlerrecht sowie Kommentierung wichtiger Vertragsbedingungen, 29. Auflage, München: C. H. Beck, 2015.

Rancke, Friedbert / Conradis, Wolfgang, Mutterschutz, Elterngeld, Elternzeit, Betreuungsgeld, Handkommentar, 4. Auflage, Baden-Baden: Nomos Verlag, 2015.

Range-Dietz, Daniela in: Möller, Karl-Dieter / Nell, Thomas (Hrsg.), ARD-Ratgeber Recht, Mutterschutz, Elternzeit, Teilzeit, Verbraucherzentrale NRW, Düsseldorf, 2009.

Rat der Europäischen Union (Hrsg.), Europäische Sozialagenda, Amt für amtliche Veröffentlichungen der Europäischen Gemeinschaften Luxemburg, Luxemburg, 2001.

Recktenwal, Joachim in: EuroStat Statistische Bücher, Das Leben von Frauen und Männern in Europa, Ein statistisches Portrait, Amt für amtliche Veröffentlichungen der Europäischen Gemeinschaften, Luxemburg, 2008.

Richter, Ronald, Das Gesetz zur Vereinfachung des Elterngeldvollzugs, DStR 2012, S. 2285–2287.

Rieble, Volker / Junker, Abbo, Familienschutz und Familienverträglichkeit des Arbeitsrechts, 3. Ludwigsburger Rechtsgespräche, ZAAR Schriftenreihe Bd. 9, ZAAR Verlag, 2007, abrufbar unter: https://www.zaar.uni-muenchen.de/download/verlag/schriftenreihe/zsr_9.pdf (zuletzt abgerufen am 15.06.2018).

Römer, Wolfgang / Langheid, Theo, VVG, Versicherungsvertragsgesetz mit VVG-InfoV, Kommentar, 4. Auflage, München: C. H. Beck, 2014.

Rudolf, Beate, Frauenrechte im Europarecht, in: Ministerium für Generationen, Familie, Frauen und Integration des Landes Nordrhein-Westfalen (Hrsg.), Frauen verändern EUROPA verändert Frauen, Düsseldorf, 2008, S. 25–32.

Rudolf, Beate (Hrsg.), Frauen und Völkerrecht: Zur Einwirkung auf Frauenrechten und Fraueninteressen auf das Völkerrecht, Baden-Baden: Nomos Verlag, 2006.

Rüffer Wilfried / Halbach, Dirk / Schimikowski, Peter, Versicherungsvertragsgesetz, VVG, EGVVG, VVG-InfoV, AltZertG, PflVG, KfzPflVV, allgemeine Versicherungsbedingungen, Handkommentar, 3. Auflage, Baden-Baden: Nomos Verlag, 2015.

Ruhl, Klaus-Jörg, Verordnete Unterordnung – berufstätige Frauen zwischen Wirtschaftswachstum und konservativer Ideologie in der Nachkriegszeit (1945–1963), München: de Gryter, 1994.

Runggaldier, Ulrich / Reissner, Gert-Peter, Die Freizügigkeit der Arbeitnehmer im EG-Vertrag, in: Oetker, Hartmut / Preis, Ulrich (Hrsg.), Europäisches Arbeits- und Sozialrecht (EAS), Rechtsvorschriften, Systematische Darstellungen, Entscheidungssammlung, Gesamtausgabe, 136. Aktualisierung, Heidelberg: Forkel Verlag, 2008.

Rürup, Bert / Gruescu, Sandra in: Bundesministerium für Familie, Senioren, Frauen und Jugend (Hrsg.), Nachhaltige Familienpolitik im Interesse einer aktiven Bevölkerungsentwicklung. Gutachten im Auftrag des Bundesministeriums für Familie, Senioren, Frauen und Jugend, Berlin: DruckVogt GmbH Berlin, 2003.

Rust, Ursula, Mutterschutz selbständig erwerbstätiger Frauen aus verfassungs- und völkerrechtlicher Sicht, in: Rust, Ursula / Lange, Joachim (Hrsg.), Mutterschutz für Selbständige? Umsetzungsbedarfe und -perspektiven der EU-Richtlinie 2010/41/EU in Deutschland, Reihe Loccumer Protokolle Bd. 80/14, Rehburg-Loccum, 2015, S. 11–44.

Rust, Ursula, Europäischer Anstoß – Mutterschutz für Selbständige, in: Hamburger Frauenbündnis 100 Jahre Internationaler Frauentag (Hrsg.), Emanzipation – Macht – Gerechtigkeit, 100 Jahre Internationaler Frauentag in Hamburg 2011, Landeszentrale für Politische Bildung Hamburg, Hamburg, 2011, S. 107–111.

Rust, Ursula / Lange, Joachim (Hrsg.), Mutterschutz für Selbständige? Umsetzungsbedarfe und -perspektiven der EU-Richtlinie 2010/41/EU in Deutschland, Reihe Loccumer Protokolle Bd. 80/14, Rehburg-Loccum, 2015.

Rust, Ursula / Lange, Joachim (Hrsg.), Völkerrecht und Frauen, Welche Ansatzpunkte bietet das Völkerrecht für Gleichbehandlung?, Reihe Loccumer Protokolle Bd. 59/13, Rehburg-Loccum, 2013.

Rust, Ursula / Lange, Joachim (Hrsg.), CEDAW vor dem Zwischenbericht 2011. Handlungsspielräume und –erfordernisse der UN-Frauenrechtskonvention, Reihe Loccumer Protokolle Bd. 36/11, Rehburg-Loccum, 2012.

Sacksofsky, Ute, Das Grundrecht auf Gleichbehandlung, Eine rechtsdogmatische Untersuchung zu Artikel 3 Absatz 2 des Grundgesetzes, 2. Auflage, Baden-Baden: Nomos Verlag, 1996.

Schleicher, Hans, Mutterschutz und Grundgesetz, BB 1985, S. 340–344.

Schliemann, Harald / König, Dirk, Ärztliches Beschäftigungsverbot und krankheitsbedingte Arbeitsunfähigkeit der werdenden Mutter, NZA 1998, S. 1030–1035.

Schmalz, Grete, Gesetzlicher Mutterschutz gestern und heute, GMH 1950, S. 282–284.

Schmidt, Karsten, Münchener Kommentar zum Handelsgesetzbuch, Bd. 1, §§ 1–104, 2. Auflage, München: C. H. Beck Verlag, 2007.

Schmidt, Klaus / Koberski, Wolfgang / Tiemann, Barbara / Wascher, Angelika, Beck'sche Kommentare zum Arbeitsrecht, Bd. 9, Heimarbeitsgesetz, 4. Auflage, München: C. H. Beck, 1998.

Schmidt-Bleibtreu, Bruno / Hofmann, Hans / Henneke, Hans-Günther, GG Kommentar zum Grundgesetz, 13. Auflage, Köln: Carl Heymanns Verlag, 2014.

Schramm, Barbara, Kombinationsmöglichkeiten bei Inanspruchnahme von Elterngeld durch beide Eltern, FPR 2007, 342–345.

Schreiber, Adele, Die Mutterschaft. Ein Sammelwerk für die Probleme des Weibes als Mutter, München: A. Langen, 1912.

Schulze-Buschoff, Karin, Neue Selbständige – Die Entwicklung in Deutschland und in anderen europäischen Ländern, Wissenschaftszentrum Berlin für Sozialforschung gGmbH (WZB), Beitrag zur DGB-Tagung zum Grünbuch der EU-Kommission, Berlin, 2007.

Schweizer, Kerstin, Der Gleichberechtigungssatz – neue Form, alte Inhalte?, Untersuchung zu Gehalt und Bedeutung des neugefaßten Art. 3 Abs. 2 GG unter Einbeziehung Europäischen Gemeinschaftsrechts, Berlin: Duncker & Humblot, 1998.

Senti, Martin, Internationale Regime und nationale Politik, Die Effektivität der Internationalen Arbeitsorganisation (ILO) im Industrieländervergleich, Bern: Haupt Verlag, 2002.

Sodan, Helge, Handbuch des Krankenversicherungsrechts, 2. Auflage, München: C. H. Beck, 2014.

Sodan, Helge, Das GKV-Wettbewerbsstärkungsgesetz, NJW 2007, S. 1313–1320.

Sohn, Klaus-Dieter, Kurzanalysen und Studien zu EU-Vorhaben und EU-Rechtsakten, Gleichbehandlung selbständiger Frauen und mitarbeitender Lebenspartner: Richtlinienvorschlag KOM (2008)636, 2008 vom 05.01.2009, CEP, 2009, abrufbar unter: https://www.cep.eu/Analysen_KOM/KOM_2008_636_Gleichbehandlung_Selbstaendiger_Mitarbeitender/cepAnalyse_KOM_2008_363_Gleichbehandlung_Selbstaendiger.pdf (zuletzt abgerufen am 15.06.2018).

Springer Gabler Verlag (Hrsg.), Gabler Wirtschaftslexikon, Stichwort: Betriebsunterbrechungsversicherung, abrufbar unter: https://wirtschaftslexikon.gabler.de/definition/betriebsunterbrechungsversicherung-31246/version-170377 (zuletzt abgerufen am 15.06.2018).

Stahl, Minnie, Ehe und Familie im Lebenshorizont des jungen Mädchens von heute, in: Deutscher Verein für öffentliche und private Fürsorge (Hrsg.), Die Mutter in der heutigen Gesellschaft: Gesamtbericht über den 63. Deutschen Fürsorgetag 1963 in München, Verein für öffentliche und private Fürsorge, Köln, 1964, S. 44–50.

Steinmeyer, Heinz-Dietrich, Die Problematik der Scheinselbständigkeit, ZSR 1996, S. 348–386.

Sternberg, Rolf / Brixy, Udo / Hundt, Christian, Global Entrepreneurship Monitor (GEM), Unternehmensgründungen im weltweiten Vergleich, Länderbericht Deutschland 2006, Hannover, 2007.

Streinz, Rudolf, Europarecht, 9. Auflage, Heidelberg: C. J. Müller, 2012.

Streinz, Rudolf / Kruis, Tobias / Michl, Walter, Beck'sche Kurzkommentare, EUV/AEUV, Vertrag über die Europäische Union und Vertrag über die Arbeitsweisen der Europäischen Union, 2. Auflage, München: C. H. Beck Verlag, 2012.

Strohmeyer, Robert, Ausbildung und Berufswahl von selbständigen Frauen, in: Leicht, René / Welter, Friederike (Hrsg.), Gründerinnen und selbständige Frauen in Deutschland, Strukturen, Entwicklungen, Determination und

Wachstumschancen, Potenziale und das institutionelle Umfeld, Mannheim: ifm, 2002, S. 115–137.

Thau, Jens T., Novelliertes Mutterschutzrecht – für das Arbeitsleben von großer Bedeutung, AuA 1997, S. 213–215.

Thiede, Reinhold, Praxis Statement, in: Bieback, Karl-Jürgen (Hrsg.), Neue Mitgliedschaft in der Sozialversicherung, Auf dem Weg in die Volksversicherung?, Münster: LIT Verlag, 2010, S 94–99.

Töns, Hans, Beginn der Schwangerschaft – mutterschutzrechtlich, BB 1987, S. 1801–1805.

Tresbach, Almut, Finanzielle Absicherung löst nicht alle Probleme, Legal Tribune Online vom 13.12.2010, abrufbar unter https://www.lto.de/recht/job-karriere/j/mutterschutz-fuer-selbststaendige-frauen-finanzielle-absicherung-loest-nicht-alle-probleme/ (zuletzt abgerufen am 15.06.2018).

Ullmann, Christian, Neues Kriterium für Fehlgeburt, NJW 1994, S. 1575–1575.

Ulshoefer, Helgard, Mütter im Beruf. Die Situation erwerbstätiger Mütter in neun Industrieländern, in: Pädagogisches Zentrum (West-Berlin), Reihe A, Bd. 9, Weinheim: Beltz, 1969.

Vedder, Christoph / Heintschel von Heinegg, Wolff, Europäisches Unionsrecht – EUV, AEUV, Grundrechte-Charta, Handkommentar, Baden-Baden: Nomos Verlag, 2012.

Veltmann, Doris, Der Anwendungsbereich des Freizügigkeitsrechts der Arbeitnehmer gemäß Art. 48 EGV (Art. 39 EGV n. F.), Die Begriffe „Arbeitnehmer" und „Beschäftigung in der öffentlichen Verwaltung", Juristische Schriftenreihe, Bd. 140, Münster: LIT Verlag, 2000.

Vinken, Barbara, Die deutsche Mutter: Der lange Schatten eines Mythos, Frankfurt a. M.: FISCHER Verlag, 2007.

Vonderach, Gerd, Die „neuen Selbständigen": 10 Thesen zur Soziologie eines unvermuteten Phänomens, in: Mitteilungen aus der Arbeitsmarkt- und Berufsforschung, Bd. 13, Stuttgart: Kohlhammer, 1980.

Voß, Gerd Günther / Pongratz, Hans J., Der Arbeitskraftunternehmer. Eine neue Grundform der Ware Arbeitskraft?, in: Kölner Zeitschrift für Soziologie und Sozialpsychologie, Wiesbaden: VS Verlag für Sozialwiss., 1998, S. 131–158.

Wallström, Margot, Unterrichtung durch die Europäische Kommission, Stellungnahme der Europäischen Kommission zu dem Beschluss des Bundesrates zum Vorschlag für eine Richtlinie des Europäischen Parlaments und des Rates zur Verwirklichung des Grundsatzes der Gleichbehandlung von Männern und Frauen, die eine selbständige Erwerbstätigkeit ausüben, und zur Aufhebung der Richtlinie 86/613/EWG KOM(2008)636endg.; Ratsdok. 13891/08, vom 14.05.2009, BR-Drs. 469/09.

Waltermann, Raimund, Abschied vom Normalarbeitsverhältnis? Welche arbeits- und sozialrechtlichen Regelungen empfehlen sich im Hinblick auf die Zunahme neuer Beschäftigungsformen und die wachsende Diskontinuität von Erwerbsbiographien?, in: Ständige Deputation des Deutschen Juristentages (Hrsg.), Gutachten B zum 68. Deutschen Juristentag, München: C. H. Beck, 2010.

Wank, Rolf, Die „neue Selbständigkeit", DB 1992, S. 90–93.

Welt Online, Doppelverdienermodell ist das neue Familienideal, Die Welt vom 20.02.2013, abrufbar unter: https://www.welt.de/politik/deutschland/article113780031/Doppelverdienermodell-ist-das-neue-Familienideal.html (zuletzt abgerufen am 15.06.2018).

Welzel, Karl, Neuordnung des Mutterschutzrechts, Soziale Arbeit 1966, S. 97–104.

Wilhelmi, Ruth, Gleichstellung und Gleichberechtigung von Frauen und Männern, in: Konegen, Norbert / Nitschke, Peter (Hrsg.), Revision des Grundgesetzes? Ergebnisse der Gemeinsamen Verfassungskommission (GVK) des Deutschen Bundestages und des Bundesrates, Opladen: Leske + Budrich, 1997, S. 121–139.

Williams, David, Die selbständigen Erwerbstätigen: Versorgung der Selbstversorger, Internationale Revue für Soziale Sicherheit 1/1999, S. 7–36.

Willikonsky, Birgit, MuSchG, Kommentar zum Mutterschutzgesetz, 2. Auflage, Neuwied: Luchterhand, 2007.

Winkler, Jürgen, Sozialgesetzbuch IV, Gemeinsame Vorschriften für die Sozialversicherung, Lehr- und Praxiskommentar, 2. Auflage, Baden-Baden: Nomos Verlag, 2016.

Wrohlich, Katharina u. a. in: Bundesministerium für Familie, Senioren, Frauen und Jugend (Hrsg.), Studie Elterngeld-Monitor Kurzfassung, Berlin, 2012.

Ziegler, Andreas R., Einführung in das Völkerrecht, 3. Auflage, Bern: Stämpfli, 2015.

Zmarzlik, Johannes / Zipperer, Manfred / Viehten, Peter / Vieß, Gerhard, Mutterschutzgesetz Mutterschutzleistungen, Kommentar, 9. Auflage, Köln: Carl Heymanns Verlag, 2006.

Zmarzlik, Johannes, Die Neufassung des Mutterschutzgesetzes. Überblick über fortgeltendes und neues Recht, DB 1997, S. 474–477.

Zmarzlik, Johannes, Änderungen des Mutterschutzrechts, AuR 1965, S. 294–302.

Zmarzlik, Johannes, Das neue Mutterschutzrecht, BB 1965, S. 1071–1075.

Zulinger, Hans, Die Mutter in der heutigen Gesellschaft, in: Deutscher Verein für öffentliche und private Fürsorge (Hrsg.), Die Mutter in der heutigen Gesellschaft: Gesamtbericht über den 63. Deutschen Fürsorgetag 1963 in München, Verein für öffentliche und private Fürsorge, Köln, 1964, S. 10–22.

Zwahr, Annette (Hrsg.), Brockhaus Enzyklopädie, Bd. 19, 21. Auflage, Gütersloh: Brockhaus, 2006.

Berichte, Mitteilungen und Stellungnahmen der Europäischen Kommission, des Europäischen Parlamentes, des Rates und weiterer Beteiligter im Rahmen des Gesetzgebungsverfahrens zur Richtlinie 2010/41/EU

CEA-PME, Stellungnahme der CEA-PME, Statement on equal opportunities, abrufbar unter: https://www.bvmw.de/fileadmin/_migrated/content_uploads/Statement_Gleichstellung.pdf (zuletzt abgerufen am 15.10.2016).

COFACE, Stellungnahme der COFACE, Response to the European Commission's questionnaire on Directive 86/613/EEC, vom 15.07.2008, abrufbar unter: http://www.coface-eu.org/en/upload/03_Policies_WG1/2008%20COFACE%20equal%20treatment%20en.pdf (zuletzt abgerufen am 15.10.2016).

EIM Business & Policy Research (Hrsg.), Good practices on social protection of new entrepreneurs and assisting partners and the impact on business creation, Zoetermeer, Niederlande, 2007, abrufbar unter: http://www.tecninvest.com/_research/SocialProtectionEntrepreneursFinal_report_2007.pdf (letzter Zugriff am 15.06.2018).

EIM Business & Policy Research (Hrsg.), Kurzfassung in deutscher Sprache: „Bewährte Methoden im Bereich des Sozialschutzes für neue UnternehmerInnen und unterstützende PartnerInnen und deren Auswirkung auf Unternehmensgründungen", abrufbar unter: http://www.kmuforschung.ac.at/index.php/de/38-allg/192-social-security-for-new-entrepreneurs-and-their-spouses-2007 abrufbar ist (zuletzt abgerufen am 15.10.2016).

Europäische Kommission, Bericht der Kommission über die Umsetzung der Richtlinie des Rates vom 11.12.1986 zur Verwirklichung des Grundsatzes der Gleichbehandlung von Männern und Frauen, die eine selbständige Erwerbstätigkeit – auch in der Landwirtschaft – ausüben, sowie über den Mutterschutz, KOM(94)163.

Europäischen Kommission, Mitteilung der Kommission an den Rat, das Europäische Parlament, den Wirtschafts- und Sozialausschuss und den Ausschuss der Regionen für eine Rahmenstrategie der Gemeinschaft zur Förderung der Gleichstellung von Frauen und Männern (2001–2005) vom 07.06.2000, KOM(2000)335.

Europäischen Kommission, Mitteilung der Kommission an den Rat, das Europäische Parlament, den Wirtschafts- und Sozialausschuss und den Ausschuss der Regionen – Sozialpolitische Agenda – vom 28.06.2000, KOM(2000)379.

Europäischen Kommission, Mitteilung der Kommission an den Rat, das Europäische Parlament, den Europäischen Wirtschafts- und Sozialausschuss und den Ausschuss der Regionen – Aktionsplan: Europäische Agenda für unternehmerische Initiative vom 30.03.2004, KOM(2004)70.

Europäischen Kommission, Mitteilung der Kommission – Sozialpolitische Agenda vom 09.02.2005, KOM(2005)33.

Europäischen Kommission, Mitteilung der Kommission an den Rat und das Europäische Parlament – Gemeinsame Maßnahmen für Wachstum und Beschäftigung: das Lissabon-Programm der Gemeinschaft vom 20.07.2005, KOM(2005)330.

Europäischen Kommission, Mitteilung der Kommission an den Rat, das Europäische Parlament, den Europäischen Wirtschafts- und Sozialausschuss und den Ausschuss der Regionen – Ein Fahrplan für die Gleichstellung von Männern und Frauen 2006–2010 vom 01.03.2006, KOM(2006)92.

Europäische Kommission, Stellungnahme des Beratenden Ausschusses, Opinion on the Revision of Directive 86/613/EEC, 2008, abrufbar unter: http://ec.europa.eu/justice/gender-equality/files/opinions_advisory_committee/2008__revision_of_directive_86_613_eec_en.pdf (zuletzt abgerufen am 15.10.2016).

Europäischen Kommission, Bericht der Kommission zur Gleichstellung von Frauen und Männern – 2008 vom 20.02.2008, Amt für amtliche Veröffentlichungen der Europäischen Gemeinschaften Luxemburg, 2008, KOM(2008)10.

Europäischen Kommission, Mitteilung der Kommission an das Europäische Parlament, den Rat, den Europäischen Wirtschafts- und Sozialausschuss und den Ausschuss der Regionen, Vorfahrt für KMU in Europa – Der „Small Business Act“ für Europa vom 25.06.2008, KOM(2008)394.

Europäischen Kommission, Mitteilung der Kommission an das Europäische Parlament, den Rat, den Europäischen Wirtschafts- und Sozialausschuss und den Ausschuss der Regionen – Eine erneute Sozialagenda: Chancen, Zugangsmöglichkeiten und Solidarität im Europa des 21. Jahrhunderts vom 02.07.2008, KOM(2008)412.

Europäischen Kommission, Zusammenfassung der Folgenabschätzung – Begleitdokument zur Mitteilung „Eine erneute Sozialagenda: Chancen, Zugangsmöglichkeiten und Solidarität im Europa des 21. Jahrhunderts“ vom 02.07.2008, SEK(2008)2157 zu KOM(2008)412.

Europäischen Kommission, Mitteilung der Kommission an das Europäische Parlament, den Rat, den Europäischen Wirtschafts- und Sozialausschuss und den Ausschuss der Regionen – Bessere Work-Life-Balance: stärkere Unterstützung der Vereinbarkeit von Beruf, Privat und Familienleben vom 03.10.2008, KOM(2008)635.

Europäische Kommission, Bericht der Kommission an den Rat, das Europäische Parlament, den Europäischen Wirtschafts- und Sozialausschuss und den Ausschuss der Regionen zur Gleichstellung von Frauen und Männern vom 27.02.2009, KOM(2009)77.

Europäischen Kommission, Mitteilung der Kommission Europa 2020, Eine Strategie für intelligentes, nachhaltiges und integratives Wachstum, vom 03.03.2010, KOM(2010)2020.

Europäischen Kommission, Mitteilung der Kommission an das Europäische Parlament gemäß Art. 294 Abs. 6 des Vertrages über die Arbeitsweise der Europäischen Union zum Standpunkt des Rates in erster Lesung im Hinblick auf die Annahme des Vorschlages für eine Richtlinie des Europäischen Parlamentes und des Rates zur Anwendung des Grundsatzes der Gleichbehandlung von Männern und Frauen, die eine selbständige Erwerbstätigkeit ausüben, und zur Aufhebung der Richtlinie 86/613/EWG vom 22.03.2010, KOM(2010)99.

Europäischen Kommission, Mitteilung der Kommission, Ein verstärktes Engagement für die Gleichstellung von Frauen und Männern: eine Frauencharta, Erklärung der Europäischen Kommission anlässlich des Internationalen Frauentags 2010 sowie des 15. Jahrestags der Verabschiedung einer Erklärung und einer Aktionsplattform auf der Weltfrauenkonferenz der Vereinten Nationen in Peking und des 30. Jahrestags des Übereinkommens der Vereinten Nationen zur Beseitigung jeder Form von Diskriminierung der Frau, vom 30.04.2010, KOM(2010)78.

Europäischen Kommission, Mitteilung der Kommission an das Europäische Parlament, den Rat, den Europäischen Wirtschafts- und Sozialausschuss und den Ausschuss der Regionen – Strategie für die Gleichstellung von Frauen und Männer 2010–2015 vom 21.09.2010, KOM(2010)491.

Europäisches Parlament / Europäischer Rat, Vorschlag für eine Richtlinie des Europäischen Parlaments und des Rates zur Verwirklichung des Grundsatzes der Gleichbehandlung von Männern und Frauen, die eine selbständige Erwerbstätigkeit ausüben, und zur Aufhebung der RL 86/613/EWG vom 03.10.2008, KOM(2008)636.

Europäisches Parlament / Europäischer Rat, Vorschlag für eine Richtlinie des Europäischen Parlamentes und des Rates zur Änderung der Richtlinie 92/85/EWG des Rates vom 19. Oktober 1992 über die Durchführung von Maßnahmen zur Verbesserung der Sicherheit und des Gesundheitsschutzes von schwangeren Arbeitnehmerinnen, Wöchnerinnen und stillenden Arbeitnehmerinnen am Arbeitsplatz, vom 03.10.2008, KOM(2008)637.

Europäischer Rat, Schlussfolgerungen des Rates: Ausgewogenheit zwischen Frauen und Männern bei Arbeitsplätzen, Wachstum und sozialem Zusammenhalt, Dokument SOC 385.

Europäischer Rat, Schlussfolgerungen des Vorsitzes der Tagung des Europäischen Rates vom 07.-10.12.2000 in Nizza („Europäische Sozialagenda"), abrufbar unter: http://www.europarl.europa.eu/summits/nice2_de.htm?textMode=on (zuletzt abgerufen am 15.06.2018).

Europäischer Wirtschafts- und Sozialausschuss, Stellungnahme des Europäischen Wirtschafts- und Sozialausschusses zu dem Vorschlag für eine Richtlinie des Europäischen Parlaments und des Rates zur Verwirklichung des Grundsatzes der Gleichbehandlung von Männern und Frauen, die eine selbständige Erwerbstätigkeit ausüben, und zur Aufhebung der Richtlinie 86/613/EWG vom 24.03.2009, Amtsblatt der Europäischen Union Nr. C 228/107.

European Women's Lobby, Engendering the Lisbon Strategy: for Growth, Jobs and Social Inclusion. Equality between women and men as a central component for economic development and social well-being, 2008, abrufbar unter: https://www.womenlobby.org/Engendering-the-Lisbon-Strategy-for-Growth-Jobs-and-Social-Inclusion-March-2008?lang=en (zuletzt abgerufen am 15.06.2018).

Network of Legal Experts on the application of Community Law on equal treatment between men and women (Hrsg.), Bericht des Netzwerkes: Report on Directive 86/613/EEC, abrufbar unter: http://ec.europa.eu/social/keyDocuments.jsp?type=0&policyArea=0&subCategory=0&country=0&year=2006&advSearchKey=86%2F613%2F&mode=advancedSubmit&langId=en (zuletzt abgerufen am 15.10.2016).

Wallström, Margot, Unterrichtung durch die Europäische Kommission, Stellungnahme der Europäischen Kommission zu dem Beschluss des Bundesrates zum Vorschlag für eine Richtlinie des Europäischen Parlaments und des Rates zur Verwirklichung des Grundsatzes der Gleichbehandlung von Männern und Frauen, die eine selbständige Erwerbstätigkeit ausüben, und zur Aufhebung der Richtlinie 86/613/EWG KOM(2008)636endg.; Ratsdok. 13891/08, vom 14.05.2009, BR-Drs. 469/09.

Anlagen

General Secretariat of the Council

Institution	Council of the European Union
Session	3024th meeting
Configuration	Transport, Telecommunications and Energy
Item	2008/0192 COD (Document : PE-CONS 18/1#)
Voting Rule	Qualified majority (EU-27)*
Subject	Equal treatment between men and women engaged in an activity in a self-employed capacity - Directive

Sitting date 24/06/2010 ↑

Member State	Vote	Weighting	Member State	Vote	Weighting
BELGIQUE / BELGIE	↑	12	POLSKA	↑	27
БЪЛГАРИЯ	↑	10	PORTUGAL	↑	12
ČESKÁ REPUBLIKA	↑	12	ROMÂNIA	↑	14
DANMARK	↑	7	SLOVENIJA	↑	4
DEUTSCHLAND	↑	29	SLOVENSKO	↑	7
EESTI	↑	4	SUOMI / FINLAND	↑	7
ÉIRE/IRELAND	↑	7	SVERIGE	↑	10
ΕΛΛΑΣ	↑	12	UNITED KINGDOM	▭	29
ESPAÑA	↑	27			
FRANCE	↑	29			
ITALIA	↑	29			
ΚΥΠΡΟΣ	↑	4			
LATVIJA	↑	4			
LIETUVA	↑	7	**Vote**	**Members**	**Votes Cast**
LUXEMBOURG	↑	4	Yes ↑	25	304
MAGYARORSZAG	▭	12	No ↓	0	0
MALTA	↑	3	Abstain ▭	2	41
NEDERLAND	↑	13	Not Participating ✕		
ÖSTERREICH	↑	10	**Total**	**27**	**345**

* Qualified majority is reached if at least 255 votes in favour are cast by at least 14 Council members

For information only
More: http://www.consilium.europa.eu/public-vote

RECHT DER ARBEIT UND DER SOZIALEN SICHERHEIT

Band 1 Ulrike Wagner: Mitbestimmung bei Bildschirmtechnologien. 1985.

Band 2 Karin Dierks: Zwischen Arbeits- und Sozialrecht. Beschäftigungsverhältnisse in der Werkstatt für Behinderte. 1986.

Band 3 Inge Böttcher: Gemeinsame Ausübung eines Zurückbehaltungsrechts. 1986.

Band 4 Gabriele Peter: Frauendiskriminierung durch Teilzeitbeschäftigung. Insbesondere bei betrieblichen Sozialleistungen und der Vergütung von Überstunden. 1988.

Band 5 Uwe Schumacher: Rechtsfragen der Teleprogrammierung. Statusrechtliche Einordnung und urheberrechtlicher Schutz. 1989.

Band 6 Nashrine Ismail: Recht und Praxis bei der Bekämpfung illegaler Arbeitnehmerüberlassung. 1991.

Band 7 Karen Klöver: Der Sozialplan im Konkurs. Schutz der Sozialplangläubiger im Konkurs und alternative Regelungsmöglichkeiten in einem neuen Insolvenzrecht. 1993.

Band 8 Andrea Rudolph: Die Kooperation von Strafrecht und Sozialhilferecht bei der Disziplinierung von Armen mittels Arbeit. Vom Arbeitshaus bis zur gemeinnützigen Arbeit. 1995.

Band 9 Wolfgang Däubler: Rechtsexport. Die Einführung des bundesdeutschen Arbeitsrechts im Gebiet der früheren DDR. 1996.

Band 10 Ines Kalisch: Die Entwicklung des Verbots der mittelbaren Diskriminierung wegen des Geschlechts im Sozialrecht. Grundlagen, Analyse und exemplarische Anwendung auf Gesetze im Rentenrecht. 1999.

Band 11 Matthias Hirschfeld: Die Dienstgemeinschaft im Arbeitsrecht der evangelischen Kirche. Zur Legitimitätsproblematik eines Rechtsbegriffs. 1999.

Band 12 Véronique Demarne: Anwendung nationaler Tarifverträge bei grenzüberschreitenden Arbeitsverhältnissen. Ein deutsch-französischer Vergleich (Avec résumé et conclusions en français). 1999.

Band 13 Alexander Scharf: Das Arbeitsrecht der Russischen Föderation und der Republik Belarus. 1999.

Band 14 José João Abrantes: Contrat de travail et droits fondamentaux. Contribution à une dogmatique commune européenne, avec référence spéciale au droit allemand et au droit portugais. 2000.

Band 15 Oliver Tieste: Karôshi, ein japanisches Phänomen? Ursachen und rechtliche Hintergründe für den Tod am Arbeitsplatz. Eine rechtsvergleichende Studie. 2000.

Band 16 Detlev Reichelt: Die arbeitsrechtliche Stellung der Rote-Kreuz-Schwestern. Eine Untersuchung zur Arbeitnehmereigenschaft mitarbeitender Vereinsmitglieder und Gesellschafter am Beispiel der Krankenschwestern der Schwesternschaften vom Deutschen Roten Kreuz e.V. 2000.

Band 17 Herbert Böker: Tarifunterschreitung durch Betriebsvereinbarung und Arbeitsvertrag. 2001.

Band 18 Tatjana Aigner: Antworten auf Arbeitnehmerfehlverhalten. Reaktionen, Interventionen und Sanktionen in Österreich und Deutschland. 2002.

Band 19 Alexandra Nöth: Materieller und prozessualer Rechtsschutz gegen sexuelle Belästigung am Arbeitsplatz in den USA, Europa und Deutschland. 2003.

Band 20 Oliver Tieste: Der Tod durch Überarbeitung. Arbeits- und sozialversicherungsrechtliche Hintergründe. Materiellrechtliche, epidemiologische und betriebliche Rahmenbedingungen des Karôshi-Phänomens in Japan und Deutschland. 2003.

Band 21 Bettina Graue: Der deutsche und europäische öffentliche Dienst zwischen rechtlicher und faktischer Gleichberechtigung der Geschlechter. Ein rechtssystematischer Vergleich zur Frauenförderung in beiden öffentlichen Diensten unter besonderer Berücksichtigung des Gemeinschaftsgrundrechts der Gleichberechtigung von Männern und Frauen. 2004.

Band 22 Timo Karsten: Schuldrechtliche Tarifverträge und außertarifliche Sozialpartner-Vereinbarungen. Eine Untersuchung am Beispiel von Vereinbarungen der Tarifparteien der Chemischen Industrie. 2004.

Band 23 Katrin Stoye: Rechtsdogmatische und rechtspolitische Probleme des § 14 Abs. 2 Teilzeit- und Befristungsgesetz. Ein Beitrag zur Auslegung der Tatbestandsvoraussetzungen des § 14 Abs. 2 TzBfG sowie zur Entwicklung des Rechts der sachgrundlosen Befristungen unter Berücksichtigung der gesetzlichen Neuerungen durch die Arbeitsmarktreformen der Jahre 2002 und 2003. 2007.

Band 24 Felix Herbold: Gleichbehandlung in der betrieblichen Altersversorgung. Rechtsfragen zur Beteiligung an der zweiten Säule der Alterssicherung am Beispiel der geringfügig Beschäftigten und eingetragenen Lebenspartner. 2007.

Band 25 Andrea Henke-Klar: Unfall- und Gesundheitsschutz – ein Rechtsvergleich zwischen Japan und Deutschland. 2008.

Band 26 Gerald Peter Müller: Der vermittlungsorientierte Einsatz von Arbeitnehmerüberlassung in der Personal-Service-Agentur (PSA). Arbeitsrechtliche Auswirkungen auf die Rechtsbeziehungen der Beteiligten. 2008.

Band 27 Alexandra Lessel: Die berufsständische Versorgung der klassischen verkammerten Freien Berufe und das Problem der Kindererziehungszeiten. 2009.

Band 28 Meike Schils: Das betriebliche Eingliederungsmanagement im Sinne des § 84 Abs. 2 SGB IX. 2009.

Band 29 Hans Hoins: Die Kündigung von Berufsausbildungsverhältnissen, insbesondere aus betrieblichen Gründen. 2009.

Band 30 Sandra Buse: Die Unkündbarkeit im Arbeitsrecht. Neue Akzente durch das AGG. 2009.

Band 31 Melanie Böttger: In Vielfalt geeint. Die Europäische Integration im Lichte der offenen Methode der Koordinierung in der Alterssicherung am Beispiel der Anhebung der Regelaltersgrenze in der gesetzlichen Rentenversicherung. 2010.

Band 32 Nina N. Blinda: Altersbezogene Regelungen in Sozialplänen – eine Diskriminierung? 2010.

Band 33 Sabine Eggert-Weyand: Belästigung am Arbeitsplatz. Eine Form der verbotenen Benachteiligung wegen des Geschlechts. 2010.

Band 34 Carsten Albers: Ausschluss trotz Einschluss? Arbeitsuchende Unionsbürger und die Grundsicherung nach SGB II aus gemeinschaftsrechtlicher Perspektive. 2012.

Band 35 Lea Frey: Arbeitnehmerähnliche Personen in der Betriebsverfassung unter besonderer Berücksichtigung des Arbeitsschutzrechts. 2014.

Band 36 Kirstin Gramß-Siegismund: Altersgrenzen der Berufssoldatinnen und Berufssoldaten als Diskriminierungsproblem. Eine Betrachtung vor dem Hintergrund der Richtlinie 2000/78/EG. 2017.

Band 37 Klaus Sieveking: Statusrechte von Ausländern. Rechtswissenschaftliche Beiträge zur Freizügigkeit, sozialen Sicherung, Bildung und politischen Beteiligung. 2018.

Band 38 Kirsten Knigge: Mutterschutz (auch) für Selbständige? 2019.

www.peterlang.com